KB209051

엑스포지멘터리

출애굽기

Exodus

엑스포지멘터리 출애굽기

초판 1쇄 발행 2011년 11월 25일
개정판 2쇄 발행 2022년 3월 10일

지은이 송병현

펴낸곳 도서출판 이엠
등록번호 제25100-2015-000063
주소 서울시 강서구 공항대로 220, 601호
전화 070-8832-4671
E-mail empublisher@gmail.com

내용 및 세미나 문의 스타선교회: 02-520-0877 / EMail: starofkorea@gmail.com / www.star123.kr

ISBN 979-11-86880-50-0 93230

※ 가격은 표지 뒷면에 있습니다.

「이 도서의 국립중앙도서관 출판시도서목록(CIP)은 서지정보유통지원시스템 홈페이지(http://seoji.nl.go.kr)와 국가자료공동목록시스템(http://www.nl.go.kr/kolisnet)에서 이용하실 수 있습니다. (CIP제어번호:CIP2015000753)」

엑스포지멘터리

출애굽기

Exodus

| 송병현 지음 |

EXPOSItory comMENTARY

한국 교회를 위한 하나의 희망

저의 서재에는 성경 본문 연구에 관한 많은 책이 있습니다. 그중에는 주석서들도 있고 강해서들도 있습니다. 그러나 그중에 송병현 교수가 시도한 이런 책은 없습니다. 엑스포지멘터리, 듣기만 해도 가슴이 뛰는 책입니다. 설교자와 진지한 성경 학도 모두에게 꿈의 책이 아닐 수 없습니다. 이런 책이 좀 더 일찍 나올 수 있었다면 한국 교회가 어떠했을까를 생각해 봅니다. 저는 이 책을 꼼꼼히 읽어 보면서 가슴 깊은 곳에서 큰 자긍심을 느꼈습니다.

이 책은 지금까지 복음주의 교회가 쌓아 온 모든 학문적 업적을 망라하고 있을 뿐만 아니라 한국 교회 강단이 목말라하는 모든 실용적 갈망에 해답을 던져 줍니다. 이 책에서는 실제로 활용할 수 있는 충실한 신학적 정보가 일목요연하게 제시됩니다. 그러면서도 또한 위트와 감탄을 자아내는 감동적인 적용들도 제공됩니다. 얼마나 큰 축복이며 얼마나 신나는 일이며 얼마나 큰 은총인지요. 저의 사역에 좀 더 일찍 이런 학문적 효과를 활용하지 못한 것이 아쉽기만 합니다. 진실로 한국 교회의 내일을 위해 너무나 소중한 기여라고 생각합니다.

일찍이 한국 교회 1세대를 위해 박윤선 목사님과 이상근 목사님의 기여가 컸습니다. 그러나 이제 한국 교회는 새 시대의 리더십을 열어야 하는 교차로에 서 있습니다. 저는 송병현 교수가 이런 시점을 위해 준비된 선물이라고 생각합니다. 진지한 강해 설교를 시도하고자 하는 모든 이와 진지한 성경 강의를 준비하고자 하는 모든 성경공부 지도자에게 어떤 대가를 지불하고서라도 우선 이 책을 소장하고 성경을 연구하는 책상 가까운 곳에 두라고 권면하고 싶습니다. 앞으로 계속 출판될 책들이 참으로 기다려집니다.

한국 교회는 다행스럽게 말씀과 더불어 그 기초를 놓을 수 있었습니다. 이제는 그 말씀으로 어떻게 미래의 집을 지을 것인가를 고민하고 있습니다. 이 〈엑스포지멘터리 시리즈〉는 분명한 하나의 해답, 하나의 희망입니다. 이 책과 함께 성숙의 길을 걸어갈 한국 교회의 미래가 벌써 성급하게 기다려집니다. 더 나아가 한국 교회 역사의 성과물 중의 하나인 이 책이 다른 열방에도 나누어졌으면 합니다. 이제 우리는 복음에 빚진 자로서 열방을 학문적으로도 섬겨야 하기 때문입니다. 이 책을 한국 교회에 허락하신 우리 주님께 감사와 찬양을 드립니다.

이동원 | 지구촌교회 원로목사

총체적 변화를 가져다줄 영적 선물

교회사를 돌이켜볼 때, 교회가 위기에 처해 있었다면 결국 강단에서 하나님의 말씀이 제대로 선포되지 못한 데서 그 근본 원인을 찾을 수 있습니다. 영적 분별력이 있는 사람이라면 모두 이에 대해 동의할 것입니다. 사회가 아무리 암울할지라도 강단에서 선포되는 말씀이 살아 있는 한, 교회는 교회로서의 기능이 약화되지 않고 오히려 사회를 선도하고 국민들의 가슴에 희망을 안겨 주었습니다. 백 년 전 영적 부흥이 일어났던 한국의 초대교회가 그 좋은 예입니다. 이러한 영적 부흥은 살아 있는 하나님의 말씀이 강단에서 영적 권위를 가지고 "하나님께서 이렇게 말씀하셨다"라고 선포되었을 때 나타났던 현상입니다.

오늘날에는 날이 갈수록 강단에서 선포되는 말씀이 약화되거나 축소되고 있습니다. 이런 상황 속에서 출간되는 송병현 교수의 〈엑스포지멘터리 시리즈〉는 한국 교회와 전 세계에 흩어진 7백만 한인 디아스포라에게 주는 커다란 영적 선물이 아닐 수 없습니다. 이 시리즈는 하나님의 말씀을 쉽게 이해할 수 있도록 풀이한 것으로, 목회자와 선교사는 물론이고 평신도들의 경건생활과 사역에도 큰 도움이 될 것입니다. 무엇보다도 저는 이 시리즈가 강단에서 원 저자이신 성령님의 의도대로 하나님 나라 복음이 선포되게 하여 믿는 이들에게 총체적 변화(total transformation)를 다시 경험할 수 있는 계기를 마련해 주리라 확신합니다.

송병현 교수는 지금까지 구약학계에서 토의된 학설 중 본문을 석의하는 데 불필요한 내용들은 걸러내는 한편, 철저하게 원 저자가 전하고자 하는 메시지를 현대인들이 가장 잘 이해할 수 있도록 전하고자 부단히 애를 썼습니다. 이 시리즈를 이용하는 모든 이에게 저자의 이런 수고와 노력에 걸맞은 하나님의 축복과 기쁨과 능력이 함께하실 것을 기대하면서 이 시리즈를 적극 추천합니다.

이태웅 | GMTC 초대 원장, 글로벌리더십포커스 원장

주석과 강해의 적절한 조화를 이뤄낸 시리즈

한국 교회는 성경 전체를 속독하는 '성경통독' 운동과 매일 짧은 본문을 읽는 '말씀 묵상'(QT) 운동이 세계 어느 나라 교회보다 활성화되어 있습니다. 얼마나 감사한 일인지 모릅니다. 그러나 상대적으로 책별 성경연구는 심각하게 결핍되어 있는 것이 사실입니다. 때때로 교회 지도자들 중에도 성경해석의 기본이 제대로 갖춰져 있지 않아 성경 저자가 말하려는 의도와 상관없이 본문을 인용해서 자신이 하고 싶은 말을 하는 분들이 적지 않음을 보고 충격을 받은 일도 있습니다. 앞으로 한국 교회가 풀어야 할 과제가 '진정한 말씀의 회복'이라면 이를 위해 가장 중요한 것은 바른 말씀의 세계로 인도해 줄 좋은 주석서와 강해서를 만나는 일일 것입니다.

좋은 주석서는 지금까지 축적된 다른 성경학자들의 연구 결과가 잘 정돈되어 있을 뿐 아니라 저자의 새로운 영적·신학적 통찰이 번뜩이는 책이어야 합니다. 또한 좋은 강해서는 자기 견해를 독자들에게 강요하는(impose) 책이 아니라, 철저한 본문 석의 과정을 거친 후에 추출되는 신학적·사회과학적 연구가 배어 있는 책이어야 할 것이며, 글의 표현이 현학적이지 않은, 독자들에게 친절한 저술이어야 할 것입니다.

그러나 솔직히 말씀드리면, 저는 서점에서 한국인 저자의 주석서나 강해서를 만나면 한참을 망설이다가 내려놓게 됩니다. 또 주석서를 시리즈로 사는 것은 어리석은 행동이라는 말을 신학교 교수들에게 들은 뒤로 여간해서 시리즈로 책을 사지 않습니다. 이는 아마도 풍성한 말씀의 보고(寶庫) 가운데로 이끌어 주는 만족스러운 주석서를 아직까지 발견하지 못했기 때문일 것입니다. 그러나 제가 처음으로 시리즈로 산 한국인 저자의 책이 있는데, 바로 송병현 교수의 〈엑스포지멘터리 시리즈〉입니다.

송병현 교수의 〈엑스포지멘터리 시리즈〉야말로 제가 가졌던 좋은 주석서와 강해서에 대한 모든 염원을 실현해 내고 있습니다. 이 주석서는 분명 한국 교회 목회자들과 평신도 성경 교사들의 고민을 해결해 줄 하나님의 값진 선물입니다. 지금까지 없었던, 주석서와 강해서의 적절한 조화를 이뤄낸 신개념의 해설주석이라는 점도 매우 신선하게 다가옵니다. 또한 쉽고 친절한 글이면서도 우물 깊은 곳에서 퍼 올린 생수와 같은 깊이가 느껴집니다. 이 같은 주석 시리즈가 한국에서 나왔다는 사실에 저는 감격하지 않을 수 없습니다. 이 땅에서 말씀으로 세상에 도전하고자 하는 모든 목회자와 평신도에게 이 주석 시리즈를 적극 추천합니다.

이승장 | 예수마을교회 목사, 성서한국 공동대표

시리즈 서문

"너는 50세까지는 좋은 선생이 되려고 노력하고, 그 이후에는 좋은 저자가 되려고 노력해라." 내가 시카고 근교에 위치한 트리니티 신학교(Trinity Evangelical Divinity School) 박사과정을 시작할 즈음에 지금은 고인이 되신 스승 맥코미스키(Thomas E. McComiskey)와 아처(Gleason L. Archer) 두 교수님께서 주신 조언이었다. 너무 일찍 책을 쓰면 훗날 아쉬움이 많이 남는다며 하신 말씀이었다. 박사학위를 마치고 1997년에 한국에 들어와 신대원에서 가르치기 시작하면서 나는 이 조언을 마음에 새겼다. 사실 이 조언과 상관없이 내가 당시에 당장 책을 출판한다는 일은 불가능한 일이었다. 중학교를 다니던 70년대 중반에 캐나다로 이민을 갔다가 20여 년 만에 귀국하여 우리말로 강의하는 일 자체가 당시 나에게는 매우 큰 도전이었으며, 책을 출판하는 일은 사치로 느껴졌기 때문이다.

세월이 지나 어느덧 나는 선생님들이 말씀하신 오십을 눈앞에 두었다. 1997년에 귀국한 후 지난 10여 년 동안 나는 구약 전체에 대한 강의안을 만드는 일을 목표로 삼았다. 내 자신에게 동기를 부여하기 위하여 내가 몸담고 있는 신대원 학생들에게 매학기 새로운 구약 강해과 목을 개설해 주었다. 감사한 것은 지혜문헌을 제외한 구약 모든 책의 본문관찰을 중심으로 한 강의안을 13년 만에 완성할 수 있었다는 점이다. 앞으로 수년에 걸쳐 이 강의안들을 대폭 수정하여 매년 2-3권씩을 책으로 출판하려 한다. 지혜문헌은 잠시 미루어두었다. 시편 1권(1-41편)에 대하여 강의안을 만든 적이 있었는데, 본문관찰과 주해는 얼마든지 할 수 있었지만, 무언가 아쉬움이 남았다. 삶의 연륜이 가미되지 않은 데서 비롯된 부족함이었다. 그래서 나는 지혜문헌에 대한 주석은 육십을 바라볼 때쯤 집필하기로 작정했다. 삶을 조금 더 경험한 후로 미루어 놓은 것이다. 아마도 이 시리즈가 완성될 때쯤이면, 자연스럽게 지혜문헌에 대한 책들을 출판할 때가 되지 않을까 싶다.

이 시리즈는 설교를 하고 성경공부를 인도해야 하는 중견목회자들과 평신도 지도자들을 마음에 두고 집필한 책들이다. 나는 이 시리즈의 성향을 exposimentary("해설주석")이라고 부르고 싶다. Exposimentary라는 단어는 내가 만들어낸 용어이다. 해설/설명을 뜻하는 expository라는 단어와 주석을 뜻하는 commentary를 합성하였다. 대체적으로 expository는 본문과 별 연관성이 없는 주제와 묵상으로 치우치기 쉽고, commentary는 필요 이상으로 논쟁적이고 기술적일 수 있다는 한계를 의식해서 이러한 상황을 의도적으로 피하고 가르치는 사역에 조금이나마 실용적이고 도움이 되는 교재를 만들기 위하여 만들어낸 개념이다. 나는 본문의 다양한 요소와 이슈들에 대하여 정확하게 석의하면서도 전후 문맥과 책 전체의 문형(文形; literary shape)을 최대한 고려하여 텍스트의 의미를 설명하고 우리의 삶과 연결하려고 노력했다. 또한 히브리어 사용은 최소화했다.

이 시리즈를 내놓으면서 감사할 사람이 참 많다. 먼저, 지난 25년 동안 나의 인생의 동반자가 되어 아낌없는 후원과 격려를 해주었던 아내 임우민에게 감사한다. 아내를 생각할 때마다 참으로 현숙한 여인을(cf. 잠 31:10-31) 배필로 주신 하나님께 감사할 뿐이다. 아빠의 사역을 기도와 격려로 도와준 지혜, 은혜, 한빛에게도 고마운 마음을 표한다. 평생 기도와 후원을 아끼지 않은 친가와 처가 친척들에게도 감사하다는 말을 전하고 싶다. 항상 옆에서 돕고 격려해준 평생친구 장병환·윤인옥, 박선철·송주연 부부들에게도 고마움을 표하는 바이며, 시카고 유학시절에 큰 힘이 되어주셨던 이선구 장로·최화자 권사님 부부에게도 이 자리를 빌어 평생 빚진 마음을 표하고 싶다. 우리 가족이 20여 년 만에 귀국하여 정착할 수 있도록 배려를 아끼지 않으신 백석학원 설립자 장종현 목사님에게도 감사하는 바이다. 우리 부부의 영원한 담임목자이신 이동원 목사님에게도 고마움을 표하고 싶다.

2009년 겨울 방배동에서

감사의 글

스타선교회의 사역에 물심양면으로 헌신하여 오늘도 하나님의 말씀이 온 세상에 선포되는 일에 기쁜 마음으로 동참하시는 김형국, 백영걸, 정진성, 장병환, 임우민, 정채훈, 송은혜, 강숙희 이사님들께 감사의 마음을 전하고 싶습니다. 이사님들의 헌신이 있기에 세상은 조금 더 살맛나는 곳이 되고 있습니다.

2016년 여름이 시작된 방배동에서

일러두기

엑스포지멘터리(exposimentary)는 '해설/설명'을 뜻하는 엑스포지토리(expository)라는 단어와 '주석'을 뜻하는 코멘터리(commentary)를 합성한 단어이다. 본문의 뜻과 저자의 의도와는 별 연관성이 없는 주제와 묵상으로 치우치기 쉬운 엑스포지토리(expository)의 한계와 필요 이상으로 논쟁적이고 기술적일 수 있는 코멘터리(commentary)의 한계를 극복하여 목회현장에서 가르치고 선포하는 사역에 실질적으로 도움이 되도록 하는 새로운 장르이다. 본문의 다양한 요소와 이슈들에 대하여 정확하게 석의하면서도 전후 문맥과 책 전체의 문형(文形; literary shape)을 최대한 고려하여 텍스트의 의미를 설명하고 성도의 삶과 연결하려고 노력하는 설명서이다. 엑스포지멘터리는 다음과 같은 원칙을 바탕으로 인용한 정보를 표기한다.

1. 참고문헌을 모두 표기하지 않고 선별된 참고문헌으로 대신한다.
2. 출처를 표기할 때 각주(foot note) 처리는 하지 않는다.
3. 출처 표기는 괄호 안에 하되 페이지는 밝히지 않는다.
4. 여러 학자들이 동일하게 해석할 때 모든 학자들을 표기하지 않고

일부만 표기한다.

5. 한 출처를 인용하여 설명할 때, 설명이 길어지더라도 각 문장마다 출처를 표기하지 않는다.

주석은 목적과 주 대상에 따라 인용하는 정보 출처와 참고문헌 표기가 매우 탄력적으로 제시되는 장르이다. 참고문헌이 없이 출판되는 주석들도 있고, 각주가 전혀 없이 출판되는 주석들도 있다. 또한 각주와 참고문헌이 없이 출판되는 주석들도 있다. 엑스포지멘터리 시리즈는 이 같은 장르의 탄력적인 성향을 고려하여 제작된 주석이다.

선별된 약어표

개역	개역성경
개정	개역성경개정판
공동	공동번역
새번역	표준새번역 개정판
현대	현대인의 성경
아가페	아가페 쉬운성경
BHK	Biblica Hebraica Kittel
BHS	Biblica Hebraica Stuttgartensia
ESV	English Standard Version
CSB	Nashville: Broadman & Holman, Christian Standard Bible
KJV	King James Version
LXX	칠십인역(Septuaginta)
MT	마소라 사본
NAB	New American Bible
NAS	New American Standard Bible
NEB	New English Bible

NIV	New International Version
NRS	New Revised Standard Bible
TNK	Jewish Publication Society Tanakh
TNIV	Today's New International Version
AAR	American Academy of Religion
AB	Anchor Bible
ABD	The Anchor Bible Dictionary
ABRL	Anchor Bible Reference Library
ACCS	Ancient Christian Commentary on Scripture
AJSL	American Journal of Semitic Languages and Literature
ANET	J. B. Pritchard, ed., The Ancient Near Eastern Texts Relating to the Old Testament. 3rd. ed. Princeton: Princeton University Press, 1969.
ANETS	Ancient Near Eastern Texts and Studies
AOTC	Abingdon Old Testament Commentary
ASORDS	American Schools of Oriental Research Dissertation Series
BA	Biblical Archaeologist
BAR	Biblical Archaeology Review
BASOR	Bulletin of the American Schools of Oriental Research
BBR	Bulletin for Biblical Research
BCBC	Believers Church Bible Commentary
BDB	F. Brown, S. R. Driver & C. A. Briggs, A Hebrew and English Lexicon of the Old Testament. Oxford: Clarendon Press, 1907.
BETL	Bibliotheca Ephemeridum Theoloicarum Lovaniensium
BibOr	Biblia et Orientalia
BibSac	Bibliotheca Sacra

BibInt	Biblical Interpretation
BJRL	Bulletin of the John Rylands Library
BJS	Brown Judaic Studies
BLS	Bible and Literature Series
BN	Biblische Notizen
BO	Berit Olam: Studies in Hebrew Narrative & Poetry
BR	Bible Review
BRS	The Biblical Relevancy Series
BSC	Bible Student Commentary
BT	The Bible Today
BTCB	Brazos Theological Commentary on the Bible
BV	Biblical Viewpoint
BZAW	Beihefte zur Zeitschrift für die alttestamentliche Wissenschaft
CAD	Chicago Assyrian Dictionary
CBC	Cambridge Bible Commentary
CBSC	Cambridge Bible for Schools and Colleges
CBQ	Catholic Biblical Quarterly
CBQMS	Catholic Biblical Quarterly Monograph Series
CB	Communicator's Bible
CHANE	Culture and History of the Ancient Near East
DSB	Daily Study Bible
EBC	Expositor's Bible Commentary
ECC	Eerdmans Critical Commentary
EncJud	Encyclopedia Judaica
EvJ	Evangelical Journal
EvQ	Evangelical Quarterly
ET	Expository Times

ETL	Ephemerides Theologicae Lovanienses
FOTL	Forms of Old Testament Literature
GCA	Gratz College Annual of Jewish Studies
GKC	E. Kautszch and A. E. Cowley, Gesenius' Hebrew Grammar. Second English edition. Oxford: Clarendon Press, 1910.
GTJ	Grace Theological Journal
HALOT	L. Koehler and W. Baumgartner, The Hebrew and Aramaic Lexicon of the Old Testament. Trans. by M. E. J. Richardson. Leiden: E. J. Brill, 1994–2000.
HBT	Horizon in Biblical Theology
HSM	Harvard Semitic Monographs
HOTC	Holman Old Testament Commentary
HUCA	Hebrew Union College Annual
IB	Interpreter's Bible
ICC	International Critical Commentary
IDB	Interpreter's Dictionary of the Bible
ISBE	G. W. Bromiley (ed.), The International Standard Bible Encyclopedia. 4 vols. Grand Rapids: 1979–88.
ITC	International Theological Commentary
J–M	P. Joüon–T. Muraoka, A Grammar of Biblical Hebrew. Part One: Orthography and Phonetics. Part Two: Morphology. Part Three: Syntax. Subsidia Biblica 14/I–II. Rome: Editrice Pontificio Istituto Biblico, 1991.
JAAR	Journal of the American Academy of Religion
JANES	Journal of Ancient Near Eastern Society
JNES	Journal of Near Eastern Studies

JBL	Journal of Biblical Literature
JBQ	Jewish Bible Quarterly
JJS	Journal of Jewish Studies
JSJ	Journal for the Study of Judaism
JNES	Journal of Near Eastern Studies
JSOT	Journal for the Study of the Old Testament
JSOTSup	Journal for the Study of the Old Testament Supplement Series
JPSTC	JPS Torah Commentary
LCBI	Literary Currents in Biblical Interpretation
MHUC	Monographs of the Hebrew Union College
MJT	Midwestern Journal of Theology
MOT	Mastering the Old Testament
MSG	Mercer Student Guide
NAC	New American Commentary
NCB	New Century Bible Commentary
NCBC	New Collegeville Bible Commentary
NEAEHL	E. Stern (ed.), The New Encyclopedia of Archaeological Excavations in the Holy Land. 4 vols. Jerusalem: Israel Exploration Society & Carta, 1993.
NIB	New Interpreter's Bible
NIBC	New International Biblical Commentary
NICOT	New International Commentary on the Old Testament
NIDOTTE	W. A. Van Gemeren, ed., The New International Dictionary of Old Testament Theology and Exegesis. Grand Rapids: Zondervan, 1996.
NIVAC	New International Version Application Commentary

OBC	Oxford Bible Commentary
Or	Orientalia
OTA	Old Testament Abstracts
OTE	Old Testament Essays
OTG	Old Testament Guides
OTL	Old Testament Library
OTM	Old Testament Message
OTS	Oudtestamentische Studiën
OTWSA	Ou–Testamentiese Werkgemeenskap in Suid–Afrika
PBC	People's Bible Commentary
PEQ	Palestine Exploration Quarterly
PSB	Princeton Seminary Bulletin
RevExp	Review and Expositor
RTR	Reformed Theological Review
SBJT	Southern Baptist Journal of Theology
SBLDS	Society of Biblical Literature Dissertation Series
SBLMS	Society of Biblical Literature Monograph Series
SBLSymS	Society of Biblical Literature Symposium Series
SHBC	Smyth & Helwys Bible Commentary
SJOT	Scandinavian Journal of the Old Testament
SJT	Scottish Journal of Theology
SSN	Studia Semitica Neerlandica
TBC	Torch Bible Commentary
TynBul	Tyndale Bulletin
TD	Theology Digest
TDOT	G. J. Botterweck and H. Ringgren (eds.), Theological Dictionary of the Old Testament. Vol. I–. Grand Rapids:

	Eerdmans, 1974–.
TGUOS	Transactions of the Glasgow University Oriental Society
THAT	Theologisches Handwörterbuch zum Alten Testament. 2 vols. Munich: Chr. Kaiser, 1971–1976.
TJ	Trinity Journal
TOTC	Tyndale Old Testament Commentaries
TS	Theological Studies
TWAT	Theologisches Wörterbuch zum Alten Testament. Stuttgart: W. Kohlhammer, 1970–.
TWBC	The Westminster Bible Companion
TWOT	R. L. Harris, G. L. Archer, Jr., and B. K. Waltke (eds.), Theological Wordbook of the Old Testament, 2 vols. Chicago: Moody, 1980.
TZ	Theologische Zeitschrift
UBT	Understanding Biblical Themes
VT	Vetus Testament
VTSup	Vetus Testament Supplement Series
W–O	B. K. Waltke and M. O'Connor, An Introduction to Biblical Hebrew Syntax. Winona Lake: Eisenbrauns, 1990.
WBC	Word Biblical Commentary
WBCom	Westminster Bible Companion
WCS	Welwyn Commentary Series
WEC	Wycliffe Exegetical Commentary
WTJ	The Westminster Theological Journal
ZAW	Zeitschrift für die alttestamentliche Wissenschaft

차례

선별된 참고문헌
(Select Bibliography)

Aberbach, M.; L. Smolar. "Aaron, Jeroboam, and the Golden Calves." JBL 86 (1967): 129–40.

Ackerman, J. S. "The Literary Context of the Moses Birth Story (Exodus 1–2)." Pp. 74–119 in *Literary Interpretations of the Biblical Narratives*. Ed. by K. R. R. Gros Louis et al. Nashville: Abingdon, 1974.

Ackerman, S. "Why Is Miriam Also Among the Prophets?" (And Is Zipporah Among the Priests?)" JBL 121 (2002): 47–80.

Addinall, P. "Exodus iii 19b and the Interpretation of Biblical Narrative." VT 49 (1999): 289–300.

Akao, J. O. "Yahweh and Mal'ak in the Early Traditions of Israel: a Study of the Underlying Traditions of Yahweh/Angel Theophany in Exodus 3." IBS 12 (1990): 72–85.

Albertz, R. "Exodus: Liberation History against Charter Myth." Pp. 128–43 in *Art and Meaning: Rhetoric in Biblical Literature*. Ed. by D. J. A. Clines et al. JSOTSS Sheffield: JSOT Press, 1982.

Albright, W. F. "Jethro, Hobab and Reuel in Early Hebrew Tradition." CBQ 25 (1963): 1-11.

_____. "The Name of Yahweh." JBL 43 (1924): 370-78.

_____. *Yahweh and the Gods of Canaan: A Historical Analysis of Two Contrasting Faiths*. Garden City, NY: Doubleday, 1969.

Alexander, T. D. "The Composition of the Sinai Narrative in Exodus xix 1-xxiv 11." VT 49 (1999): 2-20.

Allen, R. B. "The Bloody Bridegroom in Exodus 4:24-26." BibSac 153 (1996): 259-69.

Alt, A. *Essays on Old Testament History and Religion*. Trans. by R. A. Wilson. Oxford: Oxford University Press, 1966.

Alter, R. "Exodus." Pp. 297-535 in *The Five Books of Moses: A Translation with Commentary*. New York: Norton, 2004.

Anderson, G.; S. M. Olyan, eds. *Priesthood and Cult in Ancient Israel*. JSOTSS. Sheffield: Sheffield Academic Press, 1991.

Archer, G. *A Survey of Old Testament Introduction*. rev. ed. Chicago: Moody, 1994.

Auld, A. G. *Joshua, Moses and the Land: Tetrateuch-Pentateuch-Hexateuch in a Generation since 1938*. Edinburgh: T. & T. Clark, 1980.

Ausloos, H. "Exod 23,20-33 and the 'War of YHWH'." Biblica 80 (1999): 555-63.

Bailey, L. R. "The Golden Calf." HUCA 42 (1971): 97-115.

Baker, D. L. "Ten Commandments, Two Tablets: The Shape of the Decalogue." Themelios 30 (2005): 6-22.

_____. "The Jubilee and the Millenium." Themelios 24 (1998): 44-69.

_____. "Safekeeping, Borrowing, and Rental." JSOT 31 (2006): 27-42.

______. "The Finger of God and the Forming of a Nation: The Origin and Purpose of the Decalogue." TynBul 56 (2005): 1–24.

Balentine, S. E. *The Hiding of the Face of God in the Old Testament*. New York: Oxford University Press, 1983.

Baltzer, K. *The Covenant Formulary*. Philadelphia: Fortress, 1971.

Bar–On, S. "The Festival Calendars in Exodus xxii 14–19 and xxxiv 18–26." VT 48 (1998): 161–95.

Barrett, M. P. V. "Tests, Tests, and More Tests: Theme Through Several Chapters. Exodus 5,14–17,32." BV 25 (1991): 29–40.

Barrick, W. D. "The Mosaic Covenant." MSJ 10 (1999): 212–32.

Batto, B. F. "Red Sea or Reed Sea: How the Mistake Was Made and What *Yam Sûp* Really Means." BAR 10/4 (1984): 57–63.

Beale, G. K. "An Exegetical and Theological Consideration of the Hardening of Pharaoh's Heart in Exodus 4–14 and Romans 9." TJ 5 (1984): 129–54.

Beitzel, B. J. "Exodus 3:14 and the Divine Name: a Case of Biblical Paronomasia." TJ 1 (1980): 5–20.

Bergan, D. "An Anthropological Approach to Biblical Interpretation: The Passover Supper in Exodus 12:1–20 as a Case Study." Semeia 67 (1994): 43–62.

Berge, K. *Reading Sources in a Text: Coherence and Literary Criticism in the Call of Moses: Models, Methods, Micro–Analysis*. St. Ottilien: EOS Verlag, 1997.

Beyerlin, W., ed. *Near Eastern Religious Texts Relating to the Old Testament*. OTL. Philadelphia: Westminster, 1978.

Bimson, J. J. *Redating the Exodus and Conquest*. Sheffield: Almond Press, 1981.

Birch, B. "Divine Character and the Formation of Moral Community in the Book of Exodus." Pp. 119–35 in *The Bible in Ethics: The Second Sheffield Colloquium*. Ed. by John W. Rogerson et al. JSOTSS. Sheffield: Sheffield Academic Press, 1995.

Blenkinsopp, J. *The Pentateuch: An Introduction to the First Five Books of the Bible*. ABRL. New York: Doubleday, 1992.

_____. "Structure and Meaning in the Sinai–Horeb Narrative (Exodus 19–34)." Pp. 109–25 in *A Biblical Itineary: In Search of Method, Form and Content: Essays in Honor of George W. Coats*. Ed. by E. E. Carpenter. JSOTSS. Sheffield: Sheffield Academic Press, 1997.

Bodenhemier, L. S. "The Manna of Sinai." BA 10 (1947): 2–6.

Booij. Th. "Mountain and Theophany in the Sinai Narrative." Bib 65 (1984): 1–26.

Boorer, S. *The Promise of the Land as Oath: A Key to the Formation of the Pentateuch*. BZAW 205. Berlin: de Gruyter, 1992.

Brenner, A., ed. *A Feminist Companion to Exodus to Deuteronomy*. FCB. Sheffield: Sheffield Academic Press, 1993.

Brenner, M. J. *The Song of the Sea: Ex 15:1–21*. BZAW 195. Berlin: de Gruyter, 1991.

Breuer, M. "Dividing the Decalogue into Verses and Commandments." Pp. 219–46 in *The Ten Commandments in History and Tradition*. Ed. by B.–Z. Segal. Jerusalem: Magnes, 1990.

Brichto, H. C. *The Names of God: Poetic Readings in Biblical Beginnings*. New York: Oxford University Press, 1998.

Brin, G. *Studies in Biblical Law: From the Hebrew Bible to the Dead Sea Scrolls*. Trans. By J. Chipman. JSOTSS. Sheffield: Sheffield Academic Press, 1994.

Brinkman, J. *The Perception of Space in the Old Testament: An Exploration of the Methodological Problems of Its Investigation, Exemplified by a Study of Exodus 25 to 31*. Kampen: Kok Pharos, 1992.

Brooks, R. *The Spirit of the Ten Commandments: Shattering the Myth of Rabbinic Legalism*. San Francisco: Harper & Row, 1990.

Brown, W. P., ed. *The Ten Commandments: The Reciprocity of Faithfulness*. Louisville: Westminster John Knox, 2004.

Bruckner, J. K. *Exodus*. NIBC. Grand Rapids: Baker Book House, 2008 rep.

Brueggemann, W. "The Book of Exodus." Pp. 675–981 in *New Interpreter's Bible*, vol. 1. Ed. by L. E. Kech. Nashville: Abingdon, 1994.

_____. "Pharaoh as Vassal: A Study of Political Metaphor." CBQ 57 (1995): 27–51.

Burns, R. J. *Exodus, Leviticus, Numbers*. OTM. Wilmington, Del.: Michael Glazier, 1983.

Busenitz, I. A. "Introduction to the Biblical Covenant: The Noahic Covenant and The Priestly Covenant." MSJ 10 (1999): 173–89.

Bush, G. *Notes on Exodus*. 2 vols. Minneapolis: James and Klock, 1976 rep.

Calvin, J. Commentaries on the Last Four Books of Moses. Vols. 2–3. Grand Rapids: Baker Book House, 1979.

Carmichael, C. M. *The Origins of Biblical Law: The Decalogues and the Book of the Covenant*. Ithaca: Cornell University Press, 1992.

_____. "Joseph, Moses, and the Institution of the Israelite Judicature." Pp. 15–25 in "*Go to the Land I Will Show You*": *Studies in Honor of Dwight W. Young*. Ed. by J. E. Coleson and V. H. Mathews.

Winona Lake: Eisenbrauns, 1996.

Carpenter, E. E. "Exodus 18: Its Structure, Style, Motifs and Function in the Book of Exodus." Pp. 91–108 in *A Biblical Itinerary: In Search of Method, Form and Content: Essays in Honor of George W. Coats*. Ed. by E. E. Carpenter. JSOTSS. Sheffield: Sheffield Academic Press, 1997.

Carrol, R. P. "Strange Fire: Abstract of Presence Absent in the Text Meditation on Exodus 3." JSOT 61 (1994): 39–54.

Cassuto, U. A. *Commentary on the Book of Exodus*. Trans. by I. Abrahams. Jerusalem: Magnes, 1974.

Childs, B. S. *The Book of Exodus: A Critical, Theological Commentary*. OTL. Philadelphia: Westminster, 1974.

______. "The Birth of Moses." JBL 84 (1965): 109–22.

Clements, R. E. *Exodus*. CBC. Cambridge: Cambridge University Press, 1972.

Clifford, R. J. "The Exodus in the Christian Bible: The Case for 'Figural' Reading." TS 63 (2002): 345–62.

Coats, G. W. *Exodus 1–18*. FOTL Grand Rapids: Eerdmans, 1999.

______. *Rebellion in the Wilderness*. Nashville: Abingdon, 1968.

______. "The Wilderness Itinerary." CBQ 34 (1972): 135–52.

Cohn, R. L. *The Shape of Sacred Space: Four Biblical Studies*. AAR Studies in Religion 23. Missoula, Mont.: Scholars Press, 1981.

Cole, R. A. *Exodus*. TOTC. Downers Grove: Inter–Varsity, 1973.

______. "The Sabbath and the Alien." AUSS 38 (2000): 223–29.

Coats, G. W. "The Traditio–Historical Character of the Reed Sea Motif." VT 17 (1967): 253–65.

______. *Rebellion in the Wilderness. The Mourning Motic in the Wilderness:*

Traditions of the Old Testament. Nashville: Nashville: Abingdon Press, Press, 1968.

_____. "The Song of the Sea." CBQ 31 (1969): 1–17.

Collins, N. L. "Evidence in the Septuagint of a Tradition in Which the Israelites Left Egypt without Pharaoh's Coensent." CBQ 56 (1994): 442–48.

Congdon, R. N. "Exodus 21:22–25 and the Abortion Debate." BibSac 146 (1989): 132–47.

Cooper, A. "The Plain Sense of Exodus 23:5." HUCA 59 (1988): 1–22.

Croatto, J. S. Exodus: A Hermeneutics of Freedom. Trans. by S. Attanasio. Maryknoll, NY: Orbis, 1978.

Cross, F. M. "The Song of the Sea and Canaanite Myth." Pp. 112–44 in *Canaanite Myth and Hebrew Epic*. Cambridge: Harvard University Press, 1973.

Crüsemann, F. *The Torah: Theology and Social History of Old Testament Law*. Trans. by A. W. Mahnke. Minneapolis: Fortress, 1996.

Currid, J. E. *Ancient Egypt and the Old Testament*. Grand Rapids: Baker, 1997.

_____. *A Study Commentary on Exodus*. 2 vols. Auburn, Mass.: Evangelical Press, 2000–2001.

Daube, D. *Exodus Pattern in the Bible*. London: Greenwood Press, 1979.

David, M. "The Codex Hammurabi and Its Relation to the Provisions of Law in Exodus." OTS 7 (1950): 149–78.

Davies, G. F. *Israel in Egypt: Reading Exodus 1–2*. JSOTSS. Sheffield: JSOT Press, 1992.

Davies, G. I. *The Way of the Wilderness: A Geographical Study of the Wilderness Itineraries in the Old Testament*. Cambridge: Cambridge

University Press, 1979.

Davis, D. R. "Rebellion, Presence, and Covenant: A Study in Exodus 32–34." WTJ 44 (1982): 71–87.

Davis, J. J. "The Patriarchs? Knowledge of Jehovah: a Critical Monograph on Exodus 6:3." GJ 4 (1963): 29–43.

_____. *Moses and the Gods of Egypt: Studies in Exodus*. Winona Lake, IN: BMH Books, 1998.

Day, J. "The Pharaoh of the Exodus, Josephus and Jubilees." VT 45 (1995): 377–78.

De Wit. *The Date and Route of the Exodus*. London: The Tyndale Press, 1960.

Dempster, S. G. "Exodus and Biblical Theology: On Moving into the Neighborhood with a New Name." SBT 12 (2008): 4–23.

Dozeman, T. B. *God on the Mountain: A Study of Redaction, Theology and Canon in Exodus 19–24*. SBLMS 37. Atlanta: Scholars Press, 1989.

_____. *God at War: Power in the Exodus Tradition*. New York: Oxford University Press, 1996.

_____. "The Song of the Sea and Salvation History." Pp. 94–113 in *On the Way to Nineveh: Studies in Honor of George M. Landes*. Ed. by S. L. Cook and S. C. Winter. ASOR Books 4. Atlanta: Scholars, 1999.

_____. *Exodus*. ECC. Grand Rapids: Eerdmans, 2009.

Driver, S. R. *The Book of Exodus*. CBSC. Cambridge: Cambridge University Press, 1911.

Dumbrell, W. J. *Covenant and Creation: A Theology of Old Testament Covenants*. Nashville: Thomas Nelson, 1984.

Dunnam, M. D. *Exodus*. ComC. Waco: Word, 1987.

Durham, J. I. *Exodus*. WB. Nashville: Thomas Nelson, 1987.

Dyrness, W. *Themes in Old Testament Theology*. Exeter: Paternoster Press, 1979.

Eisenberg, R. L. *The JPS Guide to Jewish Traditions*. Philadelphia: Jewish Publication Society, 2004.

Eissfeldt, O. *The Old Testament: An Introduction*. Trans. by P. R. Ackroyd. New York: Harper & Row, 1965.

Ellison, H. L. *Exodus*. DSB. Louisville: Westminster John Knox, 1982.

_____. *Fathers of the Covenant. Studies in Genesis and Exodus*. Exeter: The Paternoster Press, 1978.

Enns, P. *Exodus*. NIVAC. Grand Rapids: Zondervan, 2000.

_____. *Exodus Retold: Ancient Exegesis of the Departure from Egypt in Wis 15–21 and 19:1–9*. HSM. Atlanta: Scholars Press, 1997.

Eslinger, L. "Freedom or Knowledge? Perspective and Purpose in the Exodus Narrative (Exodus 1–15)." JSOT 52 (1991): 43–60.

_____. "Knowing Yahweh: Exodus 6:3 in the Context of Genesis 1–Exodus 15." Pp. 188–99 in *Literary Structure and Rhetorical Strategies in the Hebrew Bible*. Ed. by L. J. de Regt et al. Winona Lake: Eisenbrauns, 1996.

Exum, J. C. "Second Thoughts about Secondary Characters: Women in Exodus 1:8–2:10." Pp. 75–87 in *A Feminist Companion to Exodus to Deuteronomy*. Ed. by A. Brenner. Sheffield: Sheffield Academic Press, 1994.

Feder, Y. *Blood Expiation in Hittite and Biblical Ritual: Origins, Context, and Meaning*. Leiden: Brill, 2011.

Fensham, F. C. *Exodus*. 2 vols. Nijkerk: Callenbach, 1970.

Ferris, P. W. "Manna Narrative of Exodus 6:3 in the Context of Genesis 1–Exodus 15." Pp. 188–99 in *Literary Structure and Rhetorical Strategies in the Hebrew Bible*. Ed. by L. J. Regt et al. Winona Lake: Eisenbrauns, 1996.

Finkelstein, J. J. *The Ox That Gored*. Philadelphia: American Philosophical Society, 1981.

Finn, A. H. "The Tabernacle Chapters." JTS 16 (1915): 449–82.

Fishbane, M. *Biblical Interpretation in Ancient Israel*. Oxford: Clarendon, 1985.

Flatt, J. B. "The God Who Is! Exodus 3:14–15." Reformation & Revival 7.2 (1998): 103–17.

Fohrer, G. *Introduction to the Old Testament*. Trans. by D. E. Green. Nashville: Abingdon, 1968.

Fokkelman, J. P. "Exodus." Pp. 36–55 in *The Literary Guide to the Bible*. Ed. by R. Alter and F. Kermode. Cambridge: Harvard University Press, 1987.

Foote, T. C. "The Ephod." JBL 21 (1902): 1–47.

Frankel, D. "The Destruction of the Golden Calf: A New Solution." VT 44 (1994): 330–39.

_____. *The Murmuring Stories of the Priestly School: A Retrieval of Ancient Sacerdotal Lore*. VTSup 89. Leiden: Brill, 2002.

Frerichs, E. S.; L. H. Lesko. *Exodus: The Egyptian Evidence*. Winona Lake, Ind.: Eisenbrauns, 1997.

Fretheim, T. E. *Exodus*. Interpretation. Louisville: John Knox, 1991.

_____. "Suffering God and Sovereign God in Exodus: A Collision of Images." HBT 11 (1989): 31–56.

Fuchs, E. "A Jewish–Feminist Reading of Exodus 1–2." Pp. 307–27 in

Jews, Christians, and the Theology of the Hebrew Scriptures. Ed. by Ogden Bellis and J. S. Kaminsky. SBLSymS 8. Atlanta: Society of Biblical Literature, 2000.

Fuller, R. "Exodus 21:22: The Miscarriage Interpretation and the Personhood of the Fetus." JETS 37 (1994): 169–84.

Garr, W. R. "The Grammar and Interpretation of Exodus 6:3." JBL 111 (1992): 385–408.

Gillingham, S. "The Exodus Tradition and Israelite Psalmody." SJT 52 (1999): 19–46.

Gilmer, H. W. *The If–You Form in Israelite Law*. SBLDS 15. Missoula, Mont.: Scholars Press, 1975.

Gispen, W. H. *Exodus*. BSC. Grand Rapids: Zondervan, 1982.

Glisson, S. D. "Exodus 6:3 in Pentateuchal Criticism." RQ 28.3 (1985/86): 135–43.

Gnuse, R. *No Other Gods: Emergent Monotheism in Israel*. JSOTSS. Sheffield: Sheffield Academic Press, 1997.

_____. "Redefining the Elohist." JBL 119 (2000): 201–20.

Goldin, J. *The Song of the Sea*. New Haven: Yale University Press, 1971.

Goldingay, J. *Exodus and Leviticus for Everyone*. OTEv. Louisville: Westminster John Knox, 2010.

Gooding, D. W. *The Account of the Tabernacle*. Cambridge: Cambridge University Press, 1959.

Gorman, F. H. *The Ideology of Ritual: Space, Time and Status in the Priestly Theology*. JSOTSS. Sheffield: Academic Press, 1990.

Gottwald, N. K. *The Tribes of Yahweh: A Sociology of the Religion of Liberated Israel, 1250–1050 B.C.E.* Maryknoll, NY: Orbis, 1979.

Gowan, D. E. *Theology in Exodus: Biblical Theology in the Form of a Commentary*. Louisville: Westminster John Knox, 1994.

Gray, J. *The Biblical Doctrine of the Reign of God*. Edinburgh: T. & T. Clark, 1979.

Greenberg, M. *Understanding Exodus*. Melton Research Center Series 2. New York: Behrman House, 1969.

Greengus, S. "Some Issues Relating to the Comparability of Laws and the Coherence of the Legal Tradition." Pp. 60-87 in *Theory and Method in Biblical and Cuneiform Law. Revision, Interpolation, and Development*. Ed. by B. M. levinson. JSOTSS. Sheffield: Sheffield Academic Press, 1994.

Greenstein, E. L. "The First-Born Plague and the Reading Process." Pp. 555-68 in *Pomegranates and Golden Bells: Studies in Biblical, Jewish, and Near Eastern Ritual, Law, and Literature in Honor of Jacob Milgrom*. Ed. by D. L. Wright et al. Winona Lake, Ind.: Eisenbrauns, 1995.

Greifenhagen, F. V. *Egypt on the Pentateuch's Ideological Map: Constructing Biblical Israel's Identity*. JSOTSS. Sheffield: Sheffield Academic Press, 2002.

Grosby, S. *Biblical Ideas of Nationality Ancient and Modern*. Winona Lake, Ind.: Eisenbrauns, 2002.

Guilaume, Ph. "Metamorphosis of a Ferocious Pharaoh." Biblica 85 (2004): 232-36.

Gunn, D. M. "The 'Hardening of Pharaoh's Heart': Plot, Character and Theology in Exodus 1-14." Pp. 72-96 in *Art and Meaning: Rhetoric in Biblical Literature*. Ed. by D. J. A. Clines et al. JSOTS. Sheffield: JSOT Press, 1982.

Habel, N. "The Form and Significance of the Call Narratives." ZAW 77 (1965): 297–323.

Hamilton, V. P. *Exodus: An Exegetical Commentary*. Grand Rapids: Baker Book House, 2011.

Haran, M. *Temples and Temple Service in Ancient Israel: An Inquiry into the Character of Cult Phenomena and the Historical Setting of the Priestly School*. Oxford: Oxford University Press, 1978.

Harrelson, W. *The Ten Commandments and Human Rights*. OBT. Philadelphia: Fortress, 1980.

Harris, M. *Exodus and Exile: The Structure of the Jewish Holidays*. Minneapolis: Fortress, 1992.

Harrison, R. K. *Introduction to the Old Testament*. Grand Rapids: Hendrickson, 2004.

Hauge, M. R. *The Descent from the Mountain: Narrative Patterns in Exodus 19–40*. JSOTSS. Sheffield: Sheffield Academic Press, 2001.

Hendel, R. S. "Sacrifiece as a Cultural System: The Ritual Symbolism of Exodus 24,3–8." ZAW 1010(1989): 366–90.

Hendrix, R. E. "A Literary Structural Overview of Exod 25–40." AUSS 30.2 (1992): 123–38.

______. "A Literary Structural Analysis of the Golden–Calf Episode in Exodus 32:1–33:6." AUSS 28.3 (1990): 211–17.

Heppenstall, E. "The Law and the Covenant at Sinai." AUSS 2 (1964): 18–26.

Hilber, J. W. "Theology of Worship in Exodus 24." JETS 39 (1996): 177–89.

Hillers, D. R. *Covenant: The History of a Biblical Idea*. Baltimore: Johns

Hopkins University Press, 1969.

Hoehner, H. W. "The Duration of the Egyptian Bondage." BibSac 126 (1969): 306–16.

Hoffmeier, J. K. *Israel in Egypt: The Evidence for the Authenticity of the Exodus Tradition*. New York: Oxford University Press, 1997.

______. *Ancient Israel in Sinai: The Evidence for the Authenticity of the Wilderness Tradition*. Oxford: Oxford University Press, 2005.

______. "'These Things Happened': Why a Historical Exodus Is Essential for Theology." Pp. 99–134 in *Do Historical Matters Matter to Faith? A Critical Appraisal of Modern and Postmodern Approaches to Scripture*. Ed. by J. K. Hoffmeier and D. R. Magary. Wheaton: Crossway, 2012.

Holladay, W. J. "The Background of Jeremiah's Self-Understanding: Moses, Samuel, and Psalm 22." JBL 83 (1964): 153–64.

Homan, M. M. *To Your Tents, O Israel! The Terminology, Function, Form, and Symbolism of Tents in the Hebrew Bible and the Ancient Near East*. CHANE 12. Leiden: Brill, 2002.

Honeycutt, R. L. "Aaron, the Priesthood, and the Golden Calf." RevExp 74 (1977): 523–35.

Hort, G. "The Plagues of Egypt." ZAW 69 (1957): 84–103.

House, H. W. "Miscarriage or Premature Birth: Additional Thoughts on Exodus 21:22–25." WTJ 41 (1978): 108–23.

Houten, C. van *The Alien in Israelite Law*. JSOTSS. Sheffield: JSOT Press, 1991.

Houtman, C. *Exodus*. 3 vols. Trans by. J. Rebel and S. Woudstra. Kampen: Kok, 1993–2000.

Howell, A. J. "The Firstborn Son of Moses at the 'Relative of Blood' in

Exodus." JSOT 35 (2010): 63–76.

Humphreys, C. J. "The Number of People in the Exodus from Egypt: Decoding Mathematically the Very Large Numbers in Numbers I and xxvi." VT 48 (1998): 196–213.

_____. "The Number of People in the Exodus from Egypt: A Further Appraisal." VT 50 (2000): 323–28.

Hyatt, J. P. *Exodus*. NCB. Reprinted. Grand Rapids: Eerdmans, 1983.

Ibn Ezra. *The Commentary of Ibn Ezra on the Pentateuch: Volume 3: Leviticus*. Trans. and ed. by J. F. Shaghter. Hoboken, NJ: Ktav Publishers, 1986.

Isbell, C. "Exodus 1–2 in the Context of Exodus 1–14: Story Lines and Key Words." Pp. 37–61 in *Art and Meaning: Rhetoric in Biblical Literature*. Ed. by D. J. A. Clines et al. JSOTSS. Sheffield: JSOT Press, 1982.

Jackson, B. S. *Studies in the Semiotics of Biblical Law*. JSOTSS. Sheffield: Sheffield Academic Press, 2000.

Jacob, B. *The Second Book of the Bible: Exodus*. Trans. by W. Jacob. Hoboken, NJ: Ktav, 1992.

Janzen, J. G. *Exodus*. WB. Louisville: Westminster John Knox, 1997.

Janzen, W. *Exodus*. BCBC. Waterloo, Ont.: Herald, 2000.

Jastrow, M. *A Dictionary of the Targumim, the Talmud Babli and Yerushalmi, and the Midrashic Literature*. 2 vols. New York: Shalom, 1967.

Johnstone, W. *Exodus*. OTG. Sheffield: JSOT Press, 1990.

Kaiser, W. C. "Exodus." Pp. 333–561 in *The Expositor's Bible Commentary Revised Edition*. Vol. 1. Ed. by T. Longman and D. E. Garland. Grand Rapids: Zondervan, 2008.

Keil, C. F.; F. Delitzsch. *Biblical Commentary on the Old Testament. Vol. 1: The Pentateuch*. Trans. by J. Martin. Grand Rapids: Eerdmans, 1981 rep.

Kidner, F. D. *Sacrifice in the Old Testament*. London: The Tyndale Press, 1952.

Kinlaw, D. F. *Lectures in Old Testament Theology: Yahweh Is God Alone*. Wilmore, KY: Francis Asbury Society, 2010.

Kitchen, K. A. "Egyptians and Hebrews, from Raamses to Jericho." Pp. 65–131 in *The Origin of Early Israel—Current Debate, Beer-Sheva XII*. Beer-Sheva: Ben Gurion University, 1998.

______. *The Bible in Its World: The Bible & Archaeology Today*. Downers Grove, Ill.: InterVarsity Press, 1977.

Klein, D. J. "Proving and Provision at Marah." Kerux 15 (2000): 24–29.

Klein, M. G. "The Ha-Bi-Ru - Kin or Foe of Israel? Part 1." WTJ 19 (1956): 1–24.

______. "The Ha-Bi-Ru - Kin or Foe of Israel? Part 2." WTJ 19 (1956): 170–84.

______. "The Ha-Bi-Ru - Kin or Foe of Israel? Part 1." WTJ 20 (1958): 46–70.

Klein, R. W. "Back to the Future: The Tabernacle in the Book of Exodus." Int 50 (1996): 264–76.

Knight, G. A. F. *Theology as Narration: A Commentary on the Book of Exodus*. Grand Rapids: Eerdmans, 1976.

Koester, C. R. *The Dwelling of God: The Tabernacle in the Old Testament, Intertestamental Jewish Literature, and the New Testament*. CBQMS 22. Washington, DC: Catholic Biblical Association of America, 1989.

Kunin, S. D. *God's Place in the World: Sacred Space and Sacred Place in Judaism*. London: Cassell, 1998.

Laney, J. C. "God's Self-Revelation in Exodus 34:6-8." BibSac 158 (2001): 36-51.

Lang, G. H. "God's Covenants are Conditional." EQ 30 (1958): 86-97.

Lange, J. P. *Exodus*. Trans. by C. M. Mead. Grand Rapids: Zondervan, 1960.

Larocca-Pitts, E. C. *"Of Wood and Stone": The Significance of Israelite Cultic Items in the Bible and Its Early Interpreters*. HSM 61. Winona Lake, Ind.: Eisenbrauns, 2001.

Larsson, G. *Bound for Freedom: The Book of Exodus in Jewish and Christian Traditions*. Peabody, Mass.: Hendrickson, 1999.

Leder, C. A. "The Coherence of Exodus: Narrative Unity and Meaning." CTJ 36 (2001): 251-69.

_____. "Reading Exodus to Learn and Learning to Read Exodus." CTJ 34 (1999): 11-35.

Leibowitz, N. *Studies in Shemot: The Book of Exodus*. Trans. by A. Newman. 2 vols. Reprinted. Jerusalem: World Zionist Organization, 1981.

Levenson, J. D. "Exodus and Liberation." HBT 13 (1991): 134-74.

_____. *Sinai and Zion: An Entry into the Jewish Bible*. New York: Winston, 1985.

Levine, M. *The Tabernacle: Its Structure and Utensils*. 4th ed. London: Soncino, 1989.

Livingston, "A Case Study of the Call of Moses." ATJ 42.2 (1987): 89-113.

Lockshin, M. I., ed. *Rashbam's Commentary on Exodus: An Annotated*

Translation. BJS 310. Atlanta: Scholars Press, 1997.

Loewenstamm, S. E. *The Evolution of the Exodus Tradition*. Trans. by B. J. Schwartz. Jerusalem: Magnes, 1992.

Long, B. O. *Imagining the Holy Land: Maps, Models, and Fantasy Travels*. Bloomington: Indiana University Press, 2003.

Longacre, R. E. "Building for the Worship of God: Exodus 25:1–30:10." Pp. 21–49 in *Discourse Analysis of Biblical Literature: What It Is and What It Offers*. Ed. by W. R. Bodine. Atlanta: Scholars Press, 1995.

Longman, T. *How to Read Exodus*. Downers Grove, Ill.: InterVarsity Press, 2009.

Longman, T.; R. B. Dillard. *An Introduction to the Old Testament*. Grand Rapids: Zondervan, 1994.

Maloney, R. "Usury and Restriction on Interest Taking in the Ancient Near East." CBQ 36:1–20.

Master, J. "Exodus 32 as an Argument for Traditional Theism." JETS 45 (2002): 585–98.

Mattingly, G. L. "The Exodus–Conquest and the Archaeology of Transjordan: New Light on an Old Problem." GTJ 4 (1983): 245–262.

McCarthy, D. "Mose's Dealings With Pharaoh." CBQ 27 (1965): 336–47.

McEvenue, S. E. *Interpreting the Pentateuch*. OTS 4. Collegeville, Minn.: Liturgical Press, 1990.

McKenzie, S. L. *Covenant*. UBT. St. Louis: Chalice, 2000.

Mendenhall, G. *Law and Covenant in Israel and the Ancient Near East*. Pittsburg: Biblical Colloquium, 1955.

_____. "The Census Lists of Numbers 1 and 26." JBL 77 (1958): 52–66.

Mercer, S. A. "Merneptah's Israel and the Exodus." Anglican Theological Review 5 91922/23): 96–107

Meyers, C. *Exodus*. NCBC. Cambridge: Cambridge University Press, 2005.

Meyers, C. *The Tabernacle Menorah: A Synthetic Study of a Symbol from the Bibilical Cult*. ASORDS 2. Missoula, Mont.: Scholars Press, 1976.

Milgrom, J. *Leviticus*, 3 vols. AB. New York: Doubleday, 1991, 2000.

Millard, A. R. "How Reliable Is Exodus?" BAR 26.4 (2000): 50–57.

Miller, P. D. *The Divine Warrior in Early Israel*. HSM 5. Cambridge: Harvard University Press, 1973.

Moberly, R. W. *At the Mountain of God: Story and Theology in Exodus 32–34*. JSOTSS. Sheffield: JSOT Press, 1983.

Moore, R. "The Date of Exodus." EQ 1.3 (June 1929): 225–32.

Moran, W. L. "The Scandal of the 'Great Sin' at Ugarit." JNES 18 (1959): 280–81.

Motyer, J. A. *The Message of Exodus: The Days of Our Pilgrimage*. BST. Leister: InterVarsity Press, 2005.

Negev, A.; S. Gibson, eds. *Archaeological Encyclopedia of the Holy Land*. Rev. Ed. New York: Continuum, 2001.

Nicholson, E. W. *Exodus and Sinai in History and Tradition*. GPT. Richmond: John Knox, 1973.

_____. *God and His People: Covenant and Theology in the Old Testament*. Oxford: Clarendon Press, 1998.

Niehaus, J. J. *God at Sinai*. Grand Rapids: Zondervan, 1995.

Noth, M. *Exodus: A Commentary*. Trans. by J. S. Bowden. OTL. Philadelphia: Westminster, 1962.

_____. *A History of Pentateuchal Traditions*. Trans. by B. W. Anderson, Englewood Cliffs, NJ: Prentice-Hall, 1972.

Oblath, M. D. *The Exodus Itinerary Sites: Their Locations from the Perspective of the Biblical Sources*. Studies in Biblical Literature 55. New York: Peter Lang, 2004.

Oswalt, J. N. "The Golden Calves and the Egyptian Concept of Deity." EQ 45 (1973): 13-20.

Overstreet, R. L. "Exegetical and Contextual Facets of Israel's Red Sea Crossing." MSJ 14 (2003): 63-86.

Patrick, D. *Old Testament Law*. Atlanta: John Knox, 1985.

Patterson, "Victory at Sea: Prose and Poetry in Exodus 14-15." BibSac 161 (2004): 42-54.

Paul, S. M. *Studies in the Book of the Covenant in Light of Cuneiform and Biblical Law*. VTSS. Leiden: Brill, 1970.

Penchansky, D. *What Rough Beasts? Images of God in the Hebrew Bible*. Louisville: Westminster John Knox, 1999.

Petrovich, D. "Amenhotep II and the Historicity of the Exodus Pharaoh." MSJ 17 (2006): 81-110.

Pixley, G. *On Exodus: A Liberation Perspective*. Maryknoll, NY: Orbis, 1983.

Plastaras, J. *The God of Exodus: The Theology of the Exodus Narratives*. Milwaukee: Bruce, 1966.

Polzin, R. *Moses and the Deuteronomist: A Literary Study of the Deuteronomic History*. Part. 1. New York: Seabury, 1980.

Preuss, H. D. *Old Testament Theology*. Trans. by L. G. Perdue. 2 vols.

OTL. Louisville: Westminster John Knox, 1995–96.

Pritchard, J., ed. *Ancient Near Eastern Texts Relating to the Old Testament*. 3rd ed. Princeton: Princeton University Press, 1969.

Proffitt, T. D. "Moses and Anthropology: a New View of Exodus." JETS 27 (1984): 19–25.

Propp, W. H. *Exodus 1–18*. AB. New York: Doubleday, 1999.

______. H. *Exodus 19–40*. AB. New York: Doubleday, 2006.

Rashi. *Commentaries on the Pentateuch*. Trans. by C. Pearl. New York: W. W. Norton, 1970.

Ray, P. J. "The Duration of the Israelite Sojourn in Egypt." AUSS 24.3 (1986): 231–48.

Rea, J. "The Time of the Oppression and the Exodus." BETS 3 (1960): 58–66.

Reinhartz, A. *Why Ask My Name? Anonymity and Identity in Biblical Narrative*. New York: Oxford University Press, 1998.

Rendtorff, R. *The Problem of the Process of Transmission in the Pentateuch*. Trans. by J. J. Scullion. JSOTSS. Sheffield: Sheffield Academic Press, 1990.

Reist, I. W. "The Theological Significance of the Exodus." JETS 12.4 (1969): 223–32.

Riggs, J. R. "The Length of Israelite Sojourn in Egypt." GJ 12 (1971): 18–35.

Robinson, E. *Biblical Researches in Palestine*. 3 vols. Boston: Crocker and Brewster, 1857.

Roth, M. T. *Law Collections from Mesopotamia and Asia Minor*. Atlanta: Scholars Press, 1995.

Sailhamer, J. H. *The Pentateuch as Narrative: A Biblical–Theological*

Commentary. Library of Biblical Interpretation. Grand Rapids: Zondervan, 1992.

Sakenfeld, K. D. *The Meaning of Hesed in the Hebrew Bible: A New Inquiry*. Eugene, OR: Wipf and Stock Publishers, 2002.

Sanders, S. L. "Old Light on Moses' Shining Face." VT 52 (2002): 400–06.

Sarna, N. M. *Exodus*. JPSTC. Philadelphia: Jewish Publication Society, 1991.

_____. *Exploring Exodus: The Heritage of Biblical Israel*. New York: Schocken, 1986.

Sauter, G. "'Exodus' and 'Liberation' as Theological Metaphors: A Critical Case–Study of the Use of Allegory and Misunderstood Analogies in Ethics." SJT 34 (1981): 481–507.

Schramm, B. "Exodus 19 and Its Christian Appropriation." Pp. 327–52 in *Jews, Christians, and the Theology of the Hebrew Scriptures*. Ed. by Ogden Bellis and J. S. Kaminsky. SBLSymS 8. Atlanta: Society of Biblical Literature, 2000.

Seitz, C. "The Call of Moses and the 'Revelation' of the Divine Name: Source–Critical Logic and Its Legacy." Pp. 145–61 in *Theological Exegesis: Essays in Honor of Brevard S. Childs*. Ed. by C. Seitz and K. Greene–McCreight. Grand Rapids: Eerdmans, 1999.

Sheriffs, D. "Moving on With God: Key Motifs in Exodus 13–20." Themelios 15.2 (1990): 49–60.

Smith, M. S. *Exodus*. NCBC. Collegeville, MN: Liturgical Press, 2010.

Smolar, L.; M. Aberbach. "The Golden Calf Episode in Postbiblical Literature." HUCA 39 (1968): 91–116.

Sklba, R. J. "The Redeemer of Israel." CBQ 34 (1972): 1–18.

Soltau, H. W. *The Holy Vessels and Furniture of the Tabernacle of Israel.* Grand Rapids: Kregel Publications, 1986rep.

Sommer, B. D. "Conflicting Constructions of Divine Presence in the Prestly Tabernacle." BibInt 9 (2001): 40-63.

Sprinkle, J. M. "Law and Narrative in Exodus 19-24." JETS 47 (2004): 235-52.

_____. *Biblical Law and Its Relevance: A Christian Understanding and Ethical Application for Today of the Mosaic Regulations*. Lanham, MD: University Press of America, 2006.

_____. *The Book of Covenant: A Literary Approach*. JSOTSS. Sheffield: JSOT Press, 1994.

Stock, A. *The Way in the Wilderness*. Collegeville, MN: Liturgical Press, 1969.

Stuart, D. K. *Exodus*. NAC. Nashville: Broadman & Holman, 2006.

Thompson, J. A. *The Ancient Near Eastern Treaties and the Old Testament*. The Tyndale Lecture in Biblical Archaeology, 1963. London: The Tyndale Press, 1964.

_____. "The Significance of the Ancient Near Eastern Treaty Pattern." TynBul 13 (1963): 1-6.

Thompson, T. L. *Early History of the Israelite People: From the Written and archaeological Sources*. Studies in the History of the Ancient Near East. Leiden: Brill, 1992.

_____. *The Origin Tradition of Ancient Israel I: The Literary Formation of Genesis and Exodus 1-23*. JSOTSS. Sheffield: JSOT Press, 1988.

Tigay, J. H. "'Heavy of Mouth' and 'Heavy of Tongue': On Moses's Speech Difficulty." BASOR 231 (1978): 557-67.

Trible, P. "Bringing Miriam Out of the Shadows." Pp. 166-86 in *A*

Feminist Companion to Exodus to Deuteronomy. Ed. by A. Brenner. Sheffield: Sheffield Academic Press, 1994.

VanGemeren, W. *Interpreting the Prophetic Words*. Grand Rapids: Zondervan, 1996.

Van Dam, C. *The Urim and Thummim: A Means of Revelation in Ancient Israel*. Winona Lake: Eisenbrauns, 1997.

Van Seters, J. "'Comparing Scripture with Scripture': Some Observations on the Sinai Pericope of Exodus 19–24." Pp. 111–30 in *Canon, Theology, and Old Testament Interpretation: Essays in Honor of Brevard S. Childs*. Ed. by G. M. Tucker et. al. Philadelphia: Fortress, 1988.

_____. *In Search of History: Historiography in the Ancient World and the Origins of Biblical History*. New Heaven: Yale University Press, 1983.

_____. *The Life of Moses: The Yahwist as Historian in Exodus–Numbers*. Louisville: Westminster John Knox, 1994.

Vater, A. "A Plague on Both Our Houses: Form and Rhetorical Critical Observations on Exodus 7–11." Pp. 62–71 in *Art and Meaning: Rhetoric in Biblical Literature*. Ed. by D. J. A. Clines et al. JSOTSS. Sheffield: JSOT Press, 1982.

Vaux, R. de. *Ancient Israel*. Trans. by J. McHugh. 2 vols. Reprinted. New York: McGraw–Hill, 1965.

Vervenne, M. "Current Tendencies and Developments in the Study of the Book of Exodus." Pp. 21–59 in *Studies in the Book of Exodus: Redaction—Reception—Interpretation*. Ed. by M. Vervenne. BETL 126. Leuven: Leuven University Press, 1996.

Von Rad, G. *Old Testament Theology*. Trans. by D. M. G. Stalker, 2 vols. New York: Harper & Row, 1962–65.

Walters, J. A. "Moses at the Lodging Place: The Devil Is in the Ambiguities." Encounter 63 (2002): 407–25.

Walton, J. H. *Chronological and Background Charts of the Old Testament. Revised and Expanded Edition*. Grand Rapids: Zondervan, 1994.

_____. *Ancient Near Eastern Thoughts and the Old Testament: Introducing the Conceptual World of the Hebrew Bible*. Grand Rapids: Baker Academic, 2006.

Walton, J. H., V. H. Mathews; M. W. Chavalas. *The IVP Bible Background Commentary: Old Testament*. Downers Grove, Ill.: InterVarsity Press, 2000.

Weems, R. J. "The Hebrew Women Are Not Like the Egyptian Women: The Ideology of Race, Gender and Sexual Reproduction in Exodus 1." Semeia 59 (1992): 25–34.

Weinberg, W. "Language Consciousness in the Old Testament." ZAW 92 (1980): 185–204.

Wells, B. "Exodus." Pp. 160–283 in *Zondervan Illustrated Bible Backgrounds Commentary*, vol. 1. Ed. by John H. Walton. Grand Rapids: Zondervan, 2009.

Wenham, J. W. "Large Numbers in the Old Testament." TynBul 18 (1967): 19–53.

Wevers, J. H. "The Building of the Tabernacles." JNSL 19 (1993): 123–31.

Wheeler, G. "Ancient Egypt's Silence about the Exodus." AUSS 40 (2002): 257–64.

Weinfeld, M. *Deuteronomy 1–11*. AB. New York: Doubleday, 1991.

Wessner, M. D. "Toward a Literary Understanding of Moses and the

LORD 'Face to Face' in Exodus 33:7–11." RQ 44 (2002): 109–16.

Westermann, C. *Handbook to the Old Testament*. Trans. by R. H. Boyd. Minneapolis: Augsburg Publishing House, 1967.

Whybray, R. N. *The Making of the Pentateuch: A Methodological Study*. JSOTSS. Sheffield: Sheffield Academic Press, 1987.

Wilson, R. R. "The Hardening of Pharaoh's Heart." CBQ 41 (1979): 18–36.

Witvliet, T. "Exodus in the African–American Experience." Pp. 191–205 in *Religious Identity and the Invention of Tradition: Papers Read at a Noster Conference in Soesterbert, January 4–6, 1999*. Ed. by J. W. Van Henten and A. Houtepen. Studies in Theology and Religion 3. Assen: Van Gorcum, 2001.

Wood, B. G. "The Rise and Fall of the 13th Century Exodus–Conquest Theory." JETS 48 (2005): 475–89.

Worley, D. R. "God's Gracious Love Expressed: Exodus 20:1–17." RQ 14 (1971): 184–204.

Young, R. "The Talmud's Two Jubilees and Their Relevance to the Date of the Exodus." WTJ 68 (2006): 71–83.

Zevit, Z. "Three Ways to Look at the Ten Plagues." BR (June 1990): 16–23.

Zimmerli, W. *Old Testament Theology in Outline*. Trans. by D. E. Green. Atlanta: John Knox, 1978.

출애굽기

여호와께서 이르시되 내가 애굽에 있는 내 백성의 고통을 분명히 보고 그들이 그들의 감독자로 말미암아 부르짖음을 듣고 그 근심을 알고 내가 내려가서 그들을 애굽인의 손에서 건져내고 그들을 그 땅에서 인도하여 아름답고 광대한 땅, 젖과 꿀이 흐르는 땅 곧 가나안 족속, 헷 족속, 아모리 족속, 브리스 족속, 히위 족속, 여부스 족속의 지방에 데려가려 하노라 이제 가라 이스라엘 자손의 부르짖음이 내게 달하고 애굽 사람이 그들을 괴롭히는 학대도 내가 보았으니 이제 내가 너를 바로에게 보내어 너에게 내 백성 이스라엘 자손을 애굽에서 인도하여 내게 하리라(3:7–10)

모세가 하나님 앞에 올라가니 여호와께서 산에서 그를 불러 말씀하시되 너는 이같이 야곱의 집에 말하고 이스라엘 자손들에게 말하라 내가 애굽 사람에게 어떻게 행하였음과 내가 어떻게 독수리 날개로 너희를 업어 내게로 인도하였음을 너희가 보았느니라 세계가 다 내게 속하였나니 너희가 내 말을 잘 듣고 내 언약을 지키면 너희는 모든 민족 중에서 내 소유가 되겠고 너희가 내게 대하여 제사장 나라가 되며 거룩한 백성이 되리라 너는 이 말을 이스라엘 자손에게 전할지니라(19:3–6)

소개

모세 오경 중 두 번째 책인 출애굽기의 히브리어 이름인 '셰모트'(שְׁמוֹת)이다. 이를 문자적으로 풀이하면 '이름들'이라는 뜻이며, 이 책을 시작하는 히브리어 문장 "그리고 [이집트로 내려간 이스라엘의 아들들의] 이름들은 이러하니라"(וְאֵלֶּה שְׁמוֹת)(1:1)의 준말이다. 이처럼 시작하는 문구를 따서 책의 이름을 짓는 것은 고대 근동에서 흔히 볼 수 있는 관례였다(Sarna). 그러나 칠십인역(LXX)에서 이 책의 이름을 '탈출'이란 의미를 가진 헬라어 Εξοδος로 명명한 후부터는 일반적으로 '[이집트] 탈출기/출애굽기'(Exodus)라고 불렸다.

출애굽기는 크게 두 섹션으로 나뉘는데, 전반부(1-19장)에서는 이집트에서 종살이하던 이스라엘 백성이 어떻게(하나님 여호와의 개입으로) 이집트에서의 노예생활을 청산하고 자유인이 되어 당당하게 이집트를 벗어났는가를 회고하고, 후반부(20-40장)에서는 이집트의 억압으로부터 자유롭게 된 이스라엘 백성이 어떻게(시내 산에서 여호와 하나님과 언약을 맺고) 그분의 백성이 되었는가를 회고한다. 이러한 관점에서 볼 때, 출애굽기는 일부 주석가가 주장하는 것처럼(Pixley, Sauter, Albertz) 이스라엘이 이집트의 속박으로부터 해방된 일에만 관심을 두는 책이 아니다. 다시 말해, 이 책은 하나님이 진두지휘하여 이루어내신 탈출이 단순히 이집트의 억압에서 이스라엘을 해방시켰다는 의미만 갖는 것이 아니라 압제자로부터 해방된 이스라엘에게 하나님 백성이 되어 마음껏 그분을 섬길 수 있는 기회를 마련해 주는 데 궁극적 목적이 있다. 만일 출애굽기가 단순히 이스라엘의 이집트 탈출 이야기라면, 출애굽기는 40장까지 전개하지 않고 반쯤에서 끝나야 한다. 출애굽기는 하나님이 어떻게 이스라엘을 이집트에서 해방시키셨는가에 대한 책이 아니라, 하나님이 무엇을 위해 이스라엘을 탈출시키셨는가에 관한 책이다(Hamilton). 그러므로 출애굽기를 단순히 해방에 관한 책으로만 이해한다면 책이 지닌 메시지의 반(半)만 이해하는 것일 뿐, 전체 메시지는 이해하지 못하는 처사다. 이스라엘이 이집트로부터 탈출한 일은 그들이 시내 산에서 하나님과 맺은 언약의 서론에 불과하기 때문이다.

우리가 예수님을 구주로 영접하는 것 역시 사탄의 지배와 억압에서 해방되는 일로 끝나는 것이 아니라, 더 나아가 하나님 백성이 되어 마음껏 그분을 섬길 수 있는 기회를 얻게 되는 것이다. 이런 면에서 우리가 사탄의 지배에서 벗어나 하나님 백성이 되는 일과 출애굽 이야기는 평행을 이룬다고 할 수 있다(Clifford, Hamilton). 그러므로 출애굽기가 기록한 이스라엘의 이집트 탈출은 이스라엘 민족의 역사, 종교 및 신학의 바탕이 되었을 뿐 아니라 하나의 테마로서 유태인과 그리스도인의 삶에 지대한 영향을 미친 사건이라고 할 수 있다. 출애굽 사건은 이스라엘 백성에게는 민족 정체성을 확립케 하고, 그리스도인에게는 사탄이 지배하는 죄의 왕국에서 벗어나 그리스도의 십자가에 의지하여 하나님 나라로 입성하는 자유 선언의 근거가 된 것이다. 이러한 차원에서 하나님의 출애굽 사역은 세계 곳곳에서 오늘도 계속되고 있다.

1. 저자

전통적으로 출애굽기를 포함한 구약 성경의 처음 다섯 권은 모세의 저작으로 여겨져 왔다. 그러나 계몽주의 시대를 기점으로 고등 비평이 활성화되면서 출애굽기를 포함한 오경의 저작권에 대한 논쟁이 구약학계를 뜨겁게 달구기 시작했다. 우리에게 문서설(Documentary Hypothesis)로 더 잘 알려진 그라프-벨하우젠 가설(Graf-Wellhausen Hypothesis)이 1876년에 체계화된 이후 진보 성향과 보수 성향의 학자들이 오경의 저작권에 대하여 매우 상반된 주장을 펼치며 오늘에 이르렀다(Archer, Harrison).

진보적 관점에서 오경을 연구하는 학자들은 이 책들이 모세라는 한 인물에 의해 출애굽 때 저작된 것이 아니라, 주전 10세기에서 6세기를 지나면서 서로 다른 시대와 지역에 살던 사람들이 다른 신학적 관점과 관심사를 가지고 저작한 네 개의 문서—야훼 문서(J), 엘로힘 문서(E), 신명기 문서(D), 제사장 문서(P)—를 하나로 편집해 놓은 것이라고 주장했다. 이 가설은 처음 제시된 후 100여 년의 진화를 거듭한 끝에, 오늘날에 이르러서는 오경에 엘로힘 문서(E)가 독립적으로는 거의 존재하지 않기에 이 문서를 야훼 문서(J)와 구분하는 것은 현실적으로 불가능한 일이라며 둘을 합하여 야훼-엘로힘 문서(JE)로 부르기도 한다. 더 나아가 오경을 구성하는 문서가 네 개 이상이라고 주장하는 사람도 많다.[1] 안타까운 것은 이 혼란스럽고 본문 연구에 별로 도움되지 않는 과정에서 학자들은 모세를 '모세 오경'에서 몰아내는 결과를 초래했다. 진보적 학자 중 상당수는 모세는 실제로 존재하지 않았고, 이스라엘 사람이 만들어낸 신화상의 인물에 불과하며, 모세 오경은 누군가 훗날 모세의 이름을 빙자하여 여러 문서를 편집한 것이라고 생각한다.[2]

반면에 보수 성향의 학자들은 아직도 지난 2000년 동안 교회가 고수해온 대로 오경의 기본 골격은 모세가 갖추었으며 내용도 대부분 모세가 집필한 것으로 이해한다. 이들이 이러한 관점을 고수하게 된 것은 이 견해가 성경이 제시하는 증거를 종합해볼 때 가장 설득력 있다고 생각하기 때문이다. 오경을 살펴보면 하나님이 모세에게 율법을 기록하라고 명령하시는가 하면(출 17:14; 34:27), 모세가 이미 기록된 문서를 읽는 모습도 보인다(출 24:7). 또한 모세가 하나님 명령에 의해 광야 생활의 여정을 자세하게 순서대로 기록하기도 하고(민 33:2), 이스라엘에게 이미 문서화된 율법을 준수하라고 권면하기도 한다(신 28:58, 61;

---

1 예를 들면, 오늘날에는 많은 학자가 평신도주의 문서(L=Layman)를 논한다. 또한 여러 사람에 의해 추가/편집되었다 하여 각 문서를 세분화한다(예를 들어, P^1, P^2, P^3…). 이런 상황은 결국 이 가설의 신빙성에 대한 많은 의구심을 불러일으켰다.

2 문서설의 내용과 이 가설이 안고 있는 문제에 대해서도 『엑스포지멘터리 창세기』 서론을 참고하라.

29:20, 21, 27; 30:10; 31:9, 24, 26; 31:30). 이스라엘이 이집트를 떠난 때로부터 한 세대가 지난 시대를 배경으로 하는 여호수아서도 '모세의 율법책' 혹은 '모세를 통해 주신 율법'이란 말을 사용하고 있다(수 1:7-8; 8:31; 23:6). 그 외에도 '[모세의] 율법책'이란 말이 구약 성경에 자주 등장한다(왕상 2:3; 왕하 18:6; 23:2; 스 6:18; 느 8:12, 18; 13:1; 대하 25:4).[3] 이러한 점들을 고려할 때 모세가 오경을 저작했을 가능성은 훨씬 더 설득력을 얻는다.[4]

2. 역사적 정황

출애굽기의 저작 연대는 출애굽 사건의 역사적 시점과 직접적인 연관이 있다.[5] 그러나 이미 언급한 대로 진보 성향의 학자 중 많은 사람이 더 이상 모세를 실제로 존재했던 인물로 여기지 않으며 결국 출애굽 사건의 역사적 실제성도 부인하기에 이르렀다. 모세가 이스라엘 사람이 만들어낸 전설상의 인물인 것처럼 출애굽 사건 역시 역사적 사실이 아니라 이스라엘 사람이 자신들의 정체성을 확립하기 위해 만들어낸 신화에 불과하다는 것이다. 그러므로 그들이 볼 때 출애굽 사건의 역사적 시점을 논하는 것은 무의미한 일이다(Coats, Davies).

진보적인 학자들이 출애굽 사건의 역사성을 부인하고 모세가 실제로 존재했던 인물이라는 점도 부인하게 된 것은 출애굽 사건을 고고학적인 자료나 논리로 설명하기에는 여러 가지 난제가 존재하기 때문이다(Wheeler, Durham). 그중 몇 가지만 생각해보자. 첫째, 이스라엘이 이집

3 모세가 처음 오경을 기록한 때부터 오늘날 우리에게 성경이 전해지기까지 과정에 대해서는 『엑스포지멘터리 창세기』 서론을 참고하라.

4 문서설을 고수하는 한 학자(K. Darr)는 "문서설을 믿어야만 구약학을 할 수 있다"라고 한다. 문제는 학자들의 맹신을 요구하는 가설(hypothesis)은 더 이상 좋은 학문이라 할 수 없으며, 문서설은 스스로 붕괴했다고 봐도 과언이 아니다.

5 출애굽 시기에 관한 자세한 내용은 『엑스포지멘터리 창세기』 서론을 참고하라.

트의 고센 지역을 출발할 때 장정 60만 명을 앞세우고 나왔다고 한다. 여기에 노인, 여자, 아이 등을 포함한 숫자를 합한다면 이집트를 탈출한 인구는 최소한 200만 명에 달했으리라고 학자들은 결론짓는다. 그런데 이 숫자가 두 가지 문제점을 안고 있다는 것이다. 가장 근본적인 문제는 남자의 수가 겨우 70명에 달했던 야곱의 자손이 430여 년의 이집트 생활을 통해 60만 장정을 포함한 200만 명으로 그 숫자가 불어났다는 것은 이해하기 어렵다는 것이다. 더 나아가 나일 델타의 북동쪽에 있는 고센 지역은 이렇게 많은 인구가 살기에는 너무 협소하며, 오늘날에도 이 지역 인구는 겨우 5-6만 명 정도인 것으로 알려져 있다. 더군다나 이스라엘은 많은 짐승과 짐 보따리를 지고 고센을 출발했다. 여기서 200만 명이란 숫자가 얼마나 큰지 생각해보자. 만일 이 사람들이 시내 산을 향해 한 줄로 서서 1m 간격으로 행군한다면, 선발대가 시내 산에 도착했을 때 아직 고센을 출발하지 못한 사람도 많았을 것이다!

둘째, 성경에 묘사된 것처럼 홍해는 200만 명이 한순간에 건널 수 있는 바다가 아니다. 홍해는 길이가 1,200마일(2,000km)에 달하고, 넓이는 124-155마일(200-250km)에 달하는 큰 바다다. 홍해의 평균 깊이는 1,600피트(490m)이며, 제일 얕은 곳이 600피트(185m), 깊은 곳은 7,700피트(2,400m)나 된다. 그러므로 200만 명에 달하는 이스라엘 백성이 이렇게 깊고 넓은 바다를 순식간에 건넜다는 것은 믿기 어려운 일이다. 더군다나 고센을 탈출한 이스라엘이 홍해를 건너려면 매우 험난한 지역을 지나야 하고 높은 산도 넘어야 한다. 이 길은 결코 이집트 군대가 전차를 몰고 쫓아올 수 있는 곳이 아니다.

셋째, 이스라엘이 광야에서 40년 동안 살면서 먹은 음식과 마신 물은 어디서 왔단 말인가? 먼저, 시내 산 밑은 200만 인구와 그들의 가축이 살기에 턱없이 좁은 곳이다. 또 설령 그곳에서 200만 명이 살았더라도, 음식과 식수는 어떻게 충당했다는 것인가? 음식과 식수가 왜 문제가 되는지 생각해보자. 사람은 하루에 최소한 2ℓ의 물을 섭취해야 탈수현상을 면할 수 있다고 한다. 200만 명의 이스라엘 백성이 씻지도 않고 짐승들도 먹이지 않았다 해도 얼마만큼의 물이 필요한가? 식수로만 하루 24시간 분(分)당 3톤의 물이 필요하다. 모세가 쪼갠 바위에서 이처럼 많은 물이 끊임없이 쏟아져 나왔다는 것은 도저히 믿기지 않는다.

넷째, 이스라엘은 가데스 바네아에서 하나님께 반역하여 출애굽 1세대 중 20세 이상의 성인은 가나안에 들어가지 못하고 40년 동안 광야에서 떠돌며 모두 죽었다. 성경이 기록한 대로 이스라엘이 40년 동안 광야에서 방황하며 완전한 세대교체를 경험했다면 이 기간에 광야에서 죽은 사람의 수가 최소한 100만 명은 되었을 텐데, 어떻게 해서 이들이 헤매고 다녔던 광야에 이 시대의 것으로 추정되는 공동묘지 하나 발견되지 않는 것일까.

이와 같은 이유로 상당수의 학자는 출애굽 사건의 역사성을 부인한다. 그러나 일부 진보적 학자들은 제기된 문제에 대해 논리적 사고와 자연 관찰 등을 동원하여 출애굽 사건과 연관된 기적들을 설명하려고 애썼다. 물론 그들의 노력이 좋은 열매를 거두지는 못했다. 그들의 설명이 안고 있는 문제점을 생각해보자.

첫째, 논리적으로 출애굽 문제를 설명하고자 하는 사람 중 일부는 이집트를 탈출한 이스라엘 백성의 수를 200만 명이 아니라 2만 명이었다고 주장한다(Humphreys). 히브리어로 1,000을 뜻하는 단어 '엘렙'(אֶלֶף)이 '가족/지파'의 의미로도 사용된다는 데 근거한 추측이었다(삿 6:15; 민 1:16; 삼상 10:19, 21). 이 주장에 의하면 20세가 넘은 남자의 수는 5,000~6,000명 정도에 불과하다. 이 경우 이집트를 탈출한 이스라엘 백성은 2만 명 정도가 된다. 출애굽한 이스라엘 백성의 수가 100분의 1로 줄어드는 것이다. 모든 것을 감안할 때 훨씬 더 현실감 있는 숫자라는 것이 그들의 주장이다.

그들의 주장대로 성경이 이 히브리어 단어(אֶלֶף)를 가족/지파의 의미로 사용하는 경우도 있지만 모세 오경에서는 이 해석을 고수하기가 어렵다. 민수기의 인구 기록을 살펴보면 경우에 따라서 '−천(אֶלֶף), −백, −십 명'의 표기법을 사용하여 십 단위까지 계수하기 때문이다. 이런 문맥에서 이 히브리어 단어(אֶלֶף)는 1,000을 뜻하는 것으로 해석될 수밖에 없다. 또한 이스라엘의 인구가 고작 2만 명에 불과했다면, "이 백성 이스라엘 자손이 우리보다 많고 강하도다"(1:9)라는 이집트 왕의 발언은 이해하기 어려워진다. 게다가 훗날 광야에서 모세의 요청에 따라 이스라엘 백성이 장막 건설을 위해 6,500kg에 달하는 금붙이를 내놓았는데, 이는 4인 가족을 기준으로 할 때 한 집에서 평균 1kg이 넘는 엄청난 양의 금과 은을 내놓은 셈이다. 현실적으로 생각할 때, 금과 은을 1kg 이상 소지했던 가구가 얼마나 되었을까? 그러므로 이 경우 200만 명이 훨씬 더 현실적이라 생각된다. 어떤 사람들은 '1,000'(אֶלֶף)을 여덟 명을 기준으로 한 군대의 단위로 해석하기도 한다. 이 해석도 같은 문제를 안고 있다(Humphreys, Wenham).

둘째, 이스라엘이 건넌 바다는 홍해가 아니라 '갈대 바다'였다는 주장이 있다(Batto, Coats). '홍해'(Red Sea)로 번역된 히브리어 문구(יַם־סוּף)를 문자적으로 풀이하면 '갈대 바다'(Sea of Reeds)가 된다(HALOT). 만일 홍해가 아니라 갈대 바다라면 이는 어디를 두고 하는 말인가? '갈대'(סוּף)가 파피루스 등 민물에서 서식하는 풀들을 일컫는 것으로 해석하여 갈대 바다는 다름 아닌 나일 델타를 의미한다고 주장하는 사람이 많다(Batto). 또한 이집트를 출발하는 이스라엘 백성의 진로를 살펴보면 라암셋에서 숙곳으로 향했다. 이들은 이스라엘이 계속 앞으로 진군했다면 분명히 나일 델타를 지났을 것이라고 생각한다(De Wit). 이스라엘이 홍해를 건넌 것이 아니라 갈대로 우거진 나일 델타를 지나갔다는 것이다. 그러나 이 해석도 문제를 안고 있다. 일 년 중 몇 주를 제외하고는 모세 시대의 고센 지역을 중심으로 한 나일 델타 지역의 평균 수심은 성인의 무릎 높이에 불과했던 것으로 알려져 있다. 그렇다면 전차를 타고 이스라엘 백성을 추격하던 이집트 정예군 600명이 무릎 높이의 물에 빠져 죽는 기적이 필요한 것이다!

셋째, 광야에서 이스라엘 백성이 40년 동안 먹었다는 만나(מָן)는 이 지역에 서식하는 일부 나무에 기생하는 벌레/진딧물의 분비물이었다는 주장이 있다(Sarna). 이 벌레의 분비물은 하얀 색을 띠었고 분비된 직후에는 말랑말랑하다가 시간이 지나면서 딱딱하게 굳는다고 한다. 이 분비물은 단맛을 지닌 것으로 알려졌다. 문제는 이 분비물이 사시사철 생성되는 것이 아니며, 양도 극소량이다. 도대체 벌레들이 얼마나 많이 분비해야 이렇게 많은 사람이 40년 동안 매일 이것을 먹으며 살 수 있단 말인가! 별로 매력적인 해석이 아니다.

위에 나열된 설명들은 우리를 흡족하게 하지 못한다. 현실적으로 생각할 때 출애굽 사건은 분명 충분히 역사성을 지닌 이야기이지만(Kitchen, Hoffmeier, Currid), 하나님의 직접적 개입을 통한 기적의 향연(饗宴)으로 간주하지 않으면 납득하기가 어려운 부분을 갖고 있는 것도 사실이다. 출애굽 사건은 분명 우리의 믿음과 신뢰를 요구한다. 하나님이 언제든지 우리의 이성과 논리로는 쉽게 설명할 수 없는 기적을 행하실 수 있는 분이라는 것을 인정한다면, 출애굽 사건의 그 어느 부분도 문제가 될 수 없다. 결국 출애굽 사건의 역사성을 인정하느냐 부인하느냐의 문제는 하나님에 대한 이해 내지 신학과 신앙적 견해에 의해 결정되는 것이다. 고고학적인 자료나 인간의 논리가 출애굽 사건의 역사성을 입증하거나 부정하지는 못한다.

출애굽 사건이 실제로 있었던 역사적 사건이라는 점을 전제하고 출애굽기가 회고하는 기간을 생각해 보자.[6] 즉, 출애굽기 안에서 얼마만

6 출애굽 사건의 역사성을 인정하는 학자들도 시기를 놓고 주전 15세기를 주장하는 사람과 주전 13세기를 주장하는 사람들로 나뉜다. 개인적으로 이른 출애굽설(Early Exodus)로 불리는 15세기 출애굽을 선호한다. 이 논쟁에 대해서도 『엑스포지멘터리 창세기』 서론을 참고하라.

큼의 시간이 흐르고 있는가? 모세가 태어났을 때 이스라엘은 이미 이집트에서 노예생활을 하고 있었고, 모세가 40세에 광야로 도망갔다가 40년 후인 80세에 하나님의 소명을 받고 이집트로 돌아갔을 때에도 이스라엘의 노예생활은 여전히 계속되고 있었다. 이 점을 감안하면, 출애굽기는 이스라엘이 최소한 80년 동안 이집트에서 종살이했음을 증언하는 것이다. 또한 책을 잘 살펴보면 모세가 이스라엘 백성을 해방하기 위해 바로와 대결했던 일이 1년 동안 지속되었으며, 책의 나머지 부분은 진행된 그러한 갈등을 뒤로하고 이스라엘이 이집트를 떠난 후 1년 동안 있었던 일을 기록하고 있다. 즉, 출애굽기는 약 2년 동안 일어난 일에 초점을 맞추고 있는 것이다. 물론 여기에 책이 시작하면서 언급한 모세의 탄생 시점을 더하면 약 80년이 된다(Stuart).

그렇다면 출애굽기는 이 2년 동안 이스라엘 백성에게 일어난 모든 일을 기록하는 것일까? 책을 읽다 보면 때로는 한 사건이 일어난 후 다음 사건이 일어나기까지 상당한 시간이 흘렀음을 감지하게 된다. 이러한 점을 감안할 때, 출애굽기는 이스라엘 백성에게 일어난 모든 일을 기록한 것이 아님을 알게 된다. 많은 학자는 출애굽기가 선별된 역사적 가르침을 주고자 하는 역사 지혜서(historiosophy)라고 한다(cf. Sarna).

3. 다른 책들과의 관계

출애굽기는 구약 성경 전반에 매우 큰 영향을 끼친 책이다. 이는 무엇보다 이스라엘 역사에서 가장 중요한 사건인 출애굽 사건이 기록되어 있기 때문이다. 출애굽 사건은 이스라엘이 여호와 하나님의 백성이 되는 일의 역사적 근거를 제공할 뿐만 아니라, 그들의 신학적 정체성을 정의하는 매우 중요한 사건이었다. 그래서 이스라엘은 국가적 위기를 맞을 때마다 출애굽 사건을 기념하며 하나님께 부르짖었고, 좋은 일이 있을 때도 출애굽의 하나님께 감사했다(시 78편; 80편; 81편; 105편). 또한 선지자들도 죄를 범한 주의 백성이 열방으로 끌려가 고통을 받다가 그곳을 떠나 다시 약속의 땅으로 돌아오는 것을 새로운 출애굽으로 묘사하곤 했다(사 4장). 출애굽 사건은 때와 장소를 초월하여 억압받는 주의 백성에게 항상 미래를 꿈꿀 수 있는 계기를 마련해준 것이다(Pixley). 예수님 사역도 사탄의 나라에서 하나님의 자녀를 탈출시키는 일종의 출애굽으로 설명될 수 있다(Clifford, Hamilton). 심지어 하나님의 은혜로 구원받은 사람의 모습까지 닮았다. 하나님은 이집트의 억압이 너무 힘들다며 울부짖던 당신의 백성을 약속의 땅으로 인도하시고자 했건만, 최종 목적지가 아니라 잠시 지나가는 광야에서의 삶이 불편하다며 온갖 불만과 불신을 토로하던 이스라엘의 모습이 바로 우리의 모습이기 때문이다. 우리는 천국을 향해 가면서 잠시 지나가는 광야 같은 이 땅의 삶이 마치 영원한 것처럼 생각한다. 그래서 조금만 불편해도 하나님께 불만을 쏟아놓기 일쑤다. 출애굽 사건은 구약뿐만 아니라 신약과도 매우 중요한 연결 고리를 가지고 있다.

이처럼 출애굽기는 성경 전체에서 매우 중요한 부분을 차지하지만, 특별히 모세 오경의 다른 책들과 더욱 밀접한 관계를 갖고 있다. 출애굽기와 모세 오경의 다른 책들과의 관계를 하나씩 생각해보자. 때로 출애굽기와 창세기가 쉽게 설명되지 않는(uneasy) 관계를 유지하는 것으로 간주되지만(Dempster, Seitz), 학자들은 일반적으로 이 두 책이 매우 중요한 관계와 연결성을 갖고 있다고 생각한다(Thompson, Eslinger, Brueggemann). 즉, 창세기는 출애굽기를 제대로 이해하고 해석할 수 있는 역사적 배경의 일부를 제공한다는 것이다. 다음 사례들을 살펴보자(Sarna).

출애굽기를 시작하는 문장 "야곱과 함께 각각 자기 가족을 데리고 애굽에 이른 이스라엘 아들들의 이름은 이러하니"(1:1)는 요셉이 이집트에 살아 있다는 소식을 듣고 야곱이 모든 가족을 거느리고 이집트로 내려간 사건과 직접적인 연관성이 있는 구절이다(창 46장). 야곱이 이집트로 내려갔을 때 남자 자손이 70명에 달했고, 이 숫자에 포함된 요셉과 아들들은 이미 이집트에 있었다고 회고하는 출애굽기 1:5 역시 창세기 46:26-27의 내용을 그대로 반영하고 있다. 야곱의 아들들의 이름을 나열하는 출애굽기 1:2-4도 창세기 35:23-26의 내용을 반복하고 있다. 야곱의 자손이 이집트에서 무척 번성했다고 기록하는 출애굽기 1:7도 하나님이 창세기에서 야곱에게 내리신 축복이 그대로 성취되었고 또한 되어가고 있음을 시사한다. "하나님이 그에게 이르시되 나는 전능한 하나님이라 생육하며 번성하라 한 백성과 백성들의 총회가 네게서 나오고 왕들이 네 허리에서 나오리라 내가 아브라함과 이삭에게 준 땅을 네게 주고 내가 네 후손에게도 그 땅을 주리라"(창 35:11-12).

하나님은 이미 아브라함에게 그의 후손이 이방 나라에서 고통을 당하게 될 것이며 때가 되면 그곳을 탈출하게 될 것을 말씀하셨다. "여호와께서 아브람에게 이르시되 너는 반드시 알라 네 자손이 이방에서 객이 되어 그들을 섬기겠고 그들은 사백 년 동안 네 자손을 괴롭히리니 그들이 섬기는 나라를 내가 징벌할지며 그 후에 네 자손이 큰 재물을 이끌고 나오리라"(창 15:13-14). 이러한 하나님의 말씀이 그대로 실현되는 곳이 바로 출애굽기다.

창세기와 출애굽기는 요셉을 통해서도 관계를 유지하고 있다. 요셉과 형제들의 정황과 그들의 죽음 이후의 일을 요약하고 있는 출애굽기 1:5-6은 창세기 50:22-26과 직접적인 연관이 있으며, 이스라엘 백성이 이집트를 떠나면서 요셉의 뼈를 가지고 나오는 것(출 13:19) 역시 창세기에 기록된 요셉의 유언에 의한 것이었다. "요셉이 그의 형제들에게 이르되 나는 죽을 것이나 하나님이 당신들을 돌보시고 당신들을 이 땅에서 인도하여 내사 아브라함과 이삭과 야곱에게 맹세하신 땅에 이르게 하시리라 하고 요셉이 또 이스라엘 자손에게 맹세시켜 이르기를 하나님이 반드시 당신들을 돌보시리니 당신들은 여기서 내 해골을 메고 올라가겠다 하라 하였더라"(창 50:24–25). 이 외에도 출애굽기에 기록된 여러 가지 사실이 창세기와 연관성을 갖고 있다(2:24; 6:3–4, 8; 32:13; 33:1과 창 12:1–3; 15:5, 7, 18; 17:2; 28:13–14; 46:3).

출애굽기는 레위기와도 유기적인 관계를 갖고 있다. 출애굽기가 이스라엘이 어떻게 이집트를 탈출하여 시내 산에 도착해 머물게 되었는가를 기록하고 있는 데 반해, 레위기는 이스라엘이 1년 가까이 그곳에 머물면서 받은 율법을 기록하고 있기 때문이다. 그러므로 출애굽기는 레위기와 함께 율법을 기록하고 있을 뿐만 아니라 레위기의 역사적 정황을 제공해 주는 역할도 한다.

출애굽기는 민수기와도 매우 중요한 연결성을 갖고 있다. 출애굽기는 이집트를 떠나온 이스라엘이 시내 산에 도착하여 하나님과 언약을 맺으며 율법을 받은 이야기로 끝을 맺는데, 민수기는 시내 산에서의 삶을 정리하고 가나안을 향하여 떠나는 이스라엘 이야기로 시작한다. 즉, 출애굽기에서 멈춘 이스라엘 민족의 대이동이 민수기에서 다시 시작되는 것이다. 이 같은 이스라엘의 이동을 출애굽기와 민수기는 열두 개의 '여행 기록'(journeying texts)을 통해 묘사한다. 이 열두 개의 '여행 기록'은 두 책의 구조(framework)를 이해하는 데 매우 중요한 단서로 사용될 뿐만 아니라(Cross) 민수기를 출애굽기의 '속편'으로 간주할 수도 있게 한다. 열두 개의 여행 기록은 다음과 같다. 이 외에도 민수기 33장의 여행 기록을 참고하라.

1	출 12:37
2	출 13:20
3	출 14:1–2
4	출 15:22
5	출 16:1
6	출 17:1

7	출 19:2
8	민 10:12
9	민 20:1
10	민 20:22
11	민 21:10-11
12	민 22:1

출애굽기와 신명기는 큰 오해를 유발할 수 있는 관계를 갖고 있다. 모세는 신명기에서 장엄한 설교를 통해 가나안 입성을 앞둔 출애굽 2세대에게 출애굽기와 레위기에 기록된 율법 중 일부와 이 책들에 언급되지 않은 규례를 예로 들어가며 강론한다. 문제는 출애굽기와 레위기에 기록된 율법에 대한 모세의 강론 내용이, 신명기에 기록된 내용과 꼭 일치하지는 않는다. 이러한 차이는 어떻게 해서 생긴 것인가? 가장 간략하게 설명하자면, 출애굽기-레위기는 이스라엘이 시내 산 아래 거하면서 받은 율법의 내용을 알리는 데 초점을 맞추는 반면, 신명기는 이 율법의 궁극적인 목적과 의도를 설명하는 데 주안점을 두고 있다는 데서 비롯된다. 출애굽기-레위기는 '돌에 새겨진 율법'을 제시한 반면, 신명기는 하나님이 율법을 이스라엘에게 주실 때 어떤 목적과 의도로 주셨는가를 강론하여 율법의 정신을 강조한다. 그러므로 신명기는 이스라엘의 삶의 질을 향상시켜 여유 속에서 기쁨으로 하나님이 복 주신 자신의 삶을 즐길 수 있도록 율법을 주셨다는 점을 강조한다. 율법이 근본적인 의도와 정신을 잃어버린 채 기계적으로 적용되는 것은 옳지 않다고 말하는 것이다.

예를 들면, 출애굽기 34:19(cf. 13장)은 사람이든 짐승이든 첫 열매는 모두 하나님께 속한 것이므로 성소에 들여놓아야 한다고 한다. 반면 신명기 14:22-26은 첫 열매와 십일조를 성소로 가져와 온 가족과 함께 주님 앞에서 먹으며 즐기라고 한다. 이 같은 사례들은 서로 대립하며 잘 어울리지 않는 것 같지만, 출애굽기는 문서화된 율법을, 신명기는 율법의 근본 취지와 모범 적용의 예를 제시하기에 이러한 차이를 보인다.[7] 충분히 조화가 가능하다.

또, 한 주석가는 '언약 책'(Book of the Covenant)이라고 불리는 출애굽기 21–23장이 신명기의 여러 부분과 밀접한 관계가 있다고 주장한다. 어떻게 출애굽기가 신명기에서 인용되거나 강론되는가에 대해서는 다음 도표를 참고하라(von Rad).

출 21:1–11	신 15:12–18
출 21:12–14	신 19:1–13
출 21:16	신 24:7
출 22:16–17	신 22:28–29
출 22:21–24	신 24:17–22
출 22:25	신 23:19–20
출 22:26–27	신 24:10–13
출 22:29–30	신 15:19–23
출 22:31	신 14:3–21
출 23:1	신 19:16–21
출 23:2–3, 6–8	신 16:18–20
출 23:4–5	신 22:1–4
출 23:9	신 24:17–18
출 23:10–11	신 15:1–11
출 23:12	신 5:13–15
출 23:13	신 6:13
출 23:14–17	신 16:1–17
출 23:19a	신 26:2–10
출 23:19b	신 14:21b

7 신명기의 이 같은 성향에 대하여는 『엑스포지멘터리 신명기』를 참고하라.

4. 신학적 이슈들

구약의 책들처럼 출애굽기도 여러 가지 신학적 이슈를 지니고 있지만, 그중 네 가지만 생각해보고자 한다. 첫째, 출애굽기는 구약의 그 어느 책보다 기적에 대한 기사를 많이 담고 있다. 성경에 언급된 기적을 우리는 과연 어떻게 이해해야 하는가? 둘째, 하나님은 이집트에 열 가지 재앙을 내리시는데, 이 재앙이 갖는 의미와 중요성은 무엇인가? 셋째, 많은 학자가 18장은 시대적 정황을 고려하면 한참 뒤에 있었던 일이라고 주장하는데, 왜 모세는 이 장을 현재의 위치에 삽입한 것일까? 넷째, 바로는 자기 스스로 강퍅해진 것인가, 아니면 하나님이 그의 마음을 강퍅하게 하신 것인가? 네 가지 이슈에 대해 하나씩 살펴보자.

(1) 기적

우리는 구약의 그 어느 책보다 출애굽기에서 하나님이 베푸신 많은 기적을 목격한다. 이 책은 그만큼 이스라엘 역사 속에서 그 어느 때보다 강력하게 역사하신 하나님을 묘사한다. 하나님은 모세를 부르실 때 그의 호기심을 자극하기 위해 불에 타지 않는 나무를 사용하셨다(3:1-4). 하나님의 설명에도 불구하고 흔쾌히 이집트로 돌아가지 않으려는 모세를 설득하기 위해 하나님은 지팡이가 뱀으로 변하고, 손에는 문둥병이 생겼다 없어지는 기적을 베푸셨다(4:1-7). 여호와께서는 이스라엘 노예들을 내보내지 않으려고 안간힘을 쓰는 이집트와 바로를 열 가지 재앙으로 쳐서 그들로부터 항복을 받아내셨다(7-11장). 이스라엘이 이집트를 출발하는 순간부터 시내 산에 도착할 때까지 그리고 그 후 약속의 땅을 정복하고 그곳에 정착할 때까지 40년 동안, 하나님은 기적을 통해 계속 이스라엘을 먹이고 인도하셨다. 이런 관점에서 볼 때 출애굽기는 진정 기적의 책이라 할 수 있다.

하나님이 이스라엘을 위해 이처럼 많은 기적을 베푸셨다는 것은 곧 하나님이 그들 가운데 임재하셨음을 의미한다. 기적을 통해 병든 자가 고침을 받고 죽은 자가 살아나는 등 하나님의 도움이 필요한 자들이 회복되는 것은 참으로 좋은 일이지만, 사실 기적의 가장 큰 중요성은 기적을 이루시는 하나님의 함께하심에 있다. 즉, 성도의 삶에 기적이 임할 때 가장 큰 의미는 하나님의 임재에 있는 것이다. 하나님이 고통 속에서 신음하는 당신의 백성을 내버려두지 않고 그들과 함께하며 온갖 은총을 베푸셨다는 사실은 신음 속에서 하루하루를 살아가는 성도에게 큰 위로가 된다. 고통은 성도에게 하나님을 가장 가까운 곳에서 볼 수 있는 기회를 제공하기 때문이다.

그러나 기적들과 연관하여 기억해야 할 중요한 것이 하나 있다. 기적이 하나님의 특별한 은총인 것은 사실이지만, 기적만으로는 결코 사람을 변화시키지 못한다는 사실이다. 기적이 일시적으로 사람의 관심을 끌 수는 있지만 기적은 사람을 영구적으로 변화시키지는 못한다. 만일 기적이 사람을 변화시킬 수 있다면, 하나님의 기적을 경험한 모세는 이집트로 떠나는 것을 주저하지 않았을 것이며, 모세가 행한 온갖 기적을 경험한 바로도 열 번째 재앙이 있기 훨씬 전에 이스라엘 백성이 이집트를 떠나도록 허락했을 것이다.

성경에서 기적이 뭉치로 일어나는 때가 세 차례 있다. (1) 출애굽과 광야 생활, (2) 엘리야-엘리사 시대, (3) 예수님의 사역 시대. 이 세 시대에 상상을 초월하는 기적들이 일어났다. 매일 하늘에서 이스라엘을 먹이기 위해 만나가 내리고 모세가 바위를 쪼개니 200만 명이 마실 수 있는 물이 쏟아져 나왔다. 엘리야-엘리사 시대에는 선지자들이 기도하니 죽은 자들이 살아나고 물에 가라앉은 도끼가 수면 위로 떠올랐다. 예수님은 빵 다섯 조각과 물고기 두 마리로 많은 사람을 먹이셨을 뿐만 아니라, 소경이 보게 하셨고, 귀머거리가 듣게 하셨다. 만일 기적이 사람을 변화시킬 수 있다면, 출애굽과 광야시대에 온갖 기적을 경험한 이스라엘이 가데스 바네아에서 하나님께 반역하지 않았을 것이다. 만일 기적이 사람을 변화시킬 수 있다면, 엘리야와 엘리사가 하나님의 능력으로 죽은 사람을 살리는 것을 본 사람들이 바알을 좇지는 않았을 것이다. 기적이 사람을 변화시킬 수 있다면, 예수님이 베푸신 기적을 목격한 자들이 그분을 십자가에 못박지는 않았을 것이다. 즉, 기적은 사람을 변화시키지 못한다. 성경은 오직 하나님의 말씀만이 사람을 변화시킬 수 있다고 한다. 그렇다면 우리가 사모하고 추구할 대상은 기적이 아니라 하나님 말씀이다. 목회자가 프로그램이나 어떤 방법론 대신 하나님의 말씀을 선포하고 가르치는 일에 생명을 건다면 분명 세상은 변화될 것이다. 말씀만이 사람을 변화시킨다는 것은 하나님의 약속이다.

(2) 이집트를 친 열 재앙

책 전반부의 중심을 차지하는 열 재앙에 관한 이야기는 매우 짜임새 있는 구조를 갖고 있다. 이집트 사람을 벌하기 위해 펼쳐진 열 재앙은 세 재앙이 한 사이클(cycle)을 이루어 세 사이클이 반복된 후 마지막 재앙이 절정(climax)을 이루며 등장한다. 세 사이클은 다음과 같은 공통점을 갖고 있다. 각 사이클의 처음 두 재앙은 집행되기 전에 미리 경고가 주어진다. 그러나 각 사이클의 셋째 재앙은 어떠한 경고 없이 곧바로 진행된다. 각 사이클의 첫째 재앙에서는 하나님이 모세에게 바로를 '아침에' 찾아가라고 명령하신다. 반면에 나머지 두 재앙에는 시간에 대한 언급이 없다. 각 사이클의 첫째 재앙은 하나님이 모세에게 말씀하신 "자신을 세우라/서라"(station yourself)라는 지시를 중심으로 시작된다. 각 사이클의 둘째 재앙은 하나님이 모세에게 말씀하신 "바로에게 가라"라는 지시로 시작된다. 반면 각 사이클의 셋째 재앙에는 특별한 지시가 발견되지 않는다. 첫 사이클에 기록된 재앙들은 모두 아론에 의해 행해지며 마지막 사이클은 모세에 의해 행해진다. 이같이 재앙들이 짜임새 있는 순서에 따라 진행되는 것은 이 섹션이 단순히 실제 있었던 일을 언급하는 역사적 목적뿐만 아니라 '교훈적이며 신학적인 목적'도 갖고 있음을 암시한다(Sarna). 이는 이 재앙 이야기를 읽으면서 역사에 대해서만 배울 것이 아니라, 이 사건들이 주는 교훈과 내포한 신학도 볼 수 있어야 한다는 뜻이다. 다음 도표를 참고하라.

	첫째 사이클			둘째 사이클			셋째 사이클		
재앙	1	2	3	4	5	6	7	8	9
시작 경고	Y	Y	·	Y	Y	·	Y	Y	·
"아침에"	Y	·	·	Y	·	·	Y	·	·
"서라/[자신을]세우라"	Y	·	·	Y	·	·	Y	·	·
"바로에게 가라"	·	Y	·	·	Y	·	·	Y	·
특별한 지시 없음	·	·	Y	·	·	Y	·	·	Y
기타	아론에 의해 행해짐						모세에 의해 행해짐		

Y=있음 · =없음

하나님이 이집트에 내리신 재앙은 단순히 이집트 사람의 삶을 불편하게 하는 데 목적이 있는 것이 아니었다. 고대 사회에서 이집트 사람은 온갖 우상을 숭배한 것으로 유명했는데, 이 재앙들은 이집트를 대표할 만한 신들을 심판하는 일이기도 하다. 즉, 열 재앙은 이집트 사람에게 내려진 것일 뿐만 아니라, 그들이 신으로 숭배했던 것들이 얼마나 무능하고 무력한가를 보여주는 사건인 것이다. 하나님이 내리신 열 재앙과 이집트 신들과의 관계에 대해서는 다음 도표를 참고하라.

재앙	내용	연관된 이집트 신(들)	비고
1	나일 강이 피로 변함 (7:14–25)	**크눔**(Khnum): 나일 강의 수호신 **하피**(Hapi): 나일 강의 영 **오시리스**(Osiris): 나일 강이 이 신의 핏줄을 형성함	나일 강은 이집트의 생명줄이다. 앞으로 다가올 재앙들의 심각성을 예고하고 있다. 자연을 지배하는 하나님의 능력이 강조되고 있다.
2	개구리 (8:1–15)	**헤케트**(Heqet): 부활, 생명을 주는 신, 산모의 신	이집트의 마법사도 개구리는 만들어내지만, 대책이 없다. 바로가 처음으로 모세에게 도움을 요청한다. 그가 여호와 하나님을 인정하기 시작한다. 이스라엘 사람을 보내겠다고 한다.
3	이 (8:16–19)	이와 연관된 신은 없으나, 이가 된 티끌(흙)과 연관된 게브(Geb)라는 신이 있음	이집트의 마법사가 따라 하지 못하며 이 재앙을 '하나님의 손가락'이라 시인한다.
4	파리 떼 (8:20–32)	**케페라**(Khepera): 풍뎅이 모습을 한 신으로, 해의 하루 일정을 관리하는 것으로 간주됨	이 재앙부터 이집트 사람과 이스라엘 백성이 구분된다. 고센 지역에는 파리 떼의 피해가 없다. 고센의 위치는 정확하게 밝혀지지 않았다. 다만 나일 델타의 동쪽 지역에 있었던 것으로 추정된다. 이스라엘 백성이 구분되는 것을 히브리 원어는 '구원'으로 표현한다. 바로가 이집트를 벗어나지 않는 조건으로 '떠나라' 한다.
5	악질 가축 병 (9:1–7)	**하토르**(Hathor): 암소의 모습을 한 신들의 어머니 **아피스**(Apis): 타(Ptah)라는 신이 부리는 황소 신이며, 자손 번식의 신 **음네비스**(Mnevis): 황소의 모습을 한 헬리오폴리스의 수호신	

6	독종 (9:8–12)	**임호텝**(Imhotep): 치료신	모세가 풀무의 재를 날림으로 시작한다. 마법사도 모세 앞에 서지 못한다. 모방은 고사하고 쫓겨나간다.
7	우박 (9:13–35)	**누트**(Nut): 하늘을 지키는 여신 **이시스**(Isis): 생명을 주는 여신 **세트**(Seth): 곡식 보호신	
8	메뚜기 떼 (10:1–20)	**이시스**(Isis): 생명을 주는 여신 **세트**(Seth): 곡식 보호신 **세라피아**(Serapia): 메뚜기 떼에서 보호하는 신	메뚜기는 매일 자신의 몸무게만큼 먹어 치운다. 바로가 모세와 아론을 지겨워하기 시작한다. 이집트 사람도 바로를 나무란다.
9	3일간의 흑암 (10:21–29)	**레**(Re), **아톤**(Aten), **아툼**(Atum), **호루스**(Horus): 태양과 연관된 신들 **바로**: 태양신의 아들로 간주됨	'느껴지는/만져지는 흑암'(21절)은 이 재앙이 공기 중에 있는 먼지에 의해 형성되었음을 의미한다. 바로가 가축을 놓고 가는 조건으로 '떠남'을 허락한다. 바로가 아론과 모세에게 "다시는 나타나지 말라"라고 한다.
10	장자의 죽음 (11:1–10)	**바로**: 장자는 신으로 생각됨. **오시리스**(Osiris): 생명/죽음을 주는 신 **타우르트**(Taurt): 처음에는 출생을 관리하는 여신. 나중에는 집을 보호하는 수호신.	아홉째 재앙으로 바로의 '아버지' 태양신이 패배했다. 이번에는 바로의 '아들'인 장자가 심판을 받는다. 이 사건은 바로의 인격, 왕권, 신성에 치명타를 입힌다.

(3) 18장의 위치

학자들은 오래전(주후 2세기)부터 18장에 기록된 사건이 19장에 기록된 사건 이후에 일어난 것이라고 주장해 왔다(Ibn Ezra). 그들이 이런 결론을 내리는 데는 몇 가지 이유가 있다(Carpenter). 17장 마지막 부분은 이스라엘이 르비딤 지역에서 아말렉 사람과 싸우는 이야기로 끝이 났다. 19:1-2은 이스라엘이 출애굽한 지 석 달 만에 르비딤을 떠나 시내 산에 도착했다고 한다. 반면에 18:5은 모세가 이미 '하나님의 산'(הָאֱלֹהִים הַר)이 있는 광야에 진을 치고 있었다고 한다. 이야기의 흐름이 18장에 기록된 모세의 장인 이드로의 이야기로 깨지는 것이다. 19장에서 이스라엘 자손이 우여곡절을 겪으며 이집트를 떠난 지 3개월 만에 시내 산에 도착했다는 사실을 회고하고 있음을 감안할 때, 18장에 기록된 사건이 시간적으로 19장보다 앞선다면 이 사건은 이스라엘이 시내 산으로 가는 도중에 있었던 일이 된다.

그러나 지난 3개월 동안 이들이 한곳에서 머물러 쉬지도 못하고 시내 산으로 행진해 왔다는 점은 모세가 온종일 민원을 처리하며 재판하느라 지쳤음을 기록하고 있는 18장과 잘 어울리지 않는다. 그뿐만 아니라 이드로가 여호와께 번제물과 희생 제물을 바쳤다는 것(18:12)은 이때 이미 여호와께 제사를 드리는 제단이 존재했음을 의미한다. 반면에 제단에 관한 율법은 20:22-26에 가서야 언급되고, 모세가 처음으로 제단을 세운 것은 24:4에 있었던 일이다. 이스라엘이 시내 산에 도착하기 전에 마지막으로 제단을 쌓은 곳은 르비딤이었으며, 그 제단에는 기념비적인 기능이 있을 뿐 제물을 바치는 기능은 없었다. 그러므로 이드로가 제물을 바쳤던 제단은 24:4에 언급된 것이거나 장막에 있었던 것이라 보여진다. 18장에서는 아직 장막이 제작되지 않았기에 이 또한 18장이 훗날에 있었던 일이라는 사실을 암시한다.

아울러 모세가 재판하면서 사용하고, 이드로가 이스라엘의 지도자들을 가르칠 때 지침으로 삼으라는 여호와의 '율례(תּוֹרָה)와 법도(חֹק)'(18:16, 20)는 시내 산 사건 이후에 더 잘 어울린다(Heppenstall). 이 개념들은 하나님이 시내 산에서 모세를 통해 이스라엘 백성에게 내려주신 언약의 세부 사항인 율법을 칭하는 전문 용어이기 때문이다. 또한 민수기 11:11, 29-32에 의하면 이드로는 이스라엘이 이집트를 떠나온 지 2년째 되던 해 2월에 이스라엘 진영에 있었다. 그러므로 18:27에서 그가 자기 땅으로 떠난 시점을 이때로 보아야 한다. 신명기는 모세가 본문에서 언급하는 이스라엘의 재판 제도가 정비된 후에 바로 호렙 산을 떠났던 것으로 기록하고 있다(신 1:9-17).

그렇다면 모세의 장인 이드로 이야기가 시대적 순서를 무시하고 이 시점에 소개되는 이유는 무엇일까? 아마도 이 이야기의 가장 기본적인 기능은 쉴새 없이 진행되는 이스라엘의 이동 이야기 도중에 독자에게 잠시라도 숨을 돌리게 하는 쉼표(pause) 역할이기 때문일 것이다(Carpenter). 아울러 이스라엘을 대적하는 아말렉 족(17장)과 이스라엘을 돕는 미디안 족/겐 족(이드로의 민족)의 차이를 보여주려는 의도도 있다. 훗날 사울은 아말렉 족을 칠 때 이 사건을 근거로 아말렉 족의 땅에 거하던 겐 족에게 미리 화를 피할 수 있는 기회를 주었다(삼상 15:1-6). 또한 출애굽기 18:13-26은 이스라엘 법정에서의 소송에 대한 재판 기준으로 율법이 필요하다는 것을 강조한다(Greengus). 즉, 이 사건은 머지않아 모세를 통해 이스라엘에게 주어질 하나님의 율법이 여호와의 일방적인 요구에 의해 강요된 것이 아니라 이스라엘 공동체의 삶과 질서를 유지하는 데 꼭 필요한 것이었음을 암시한다.

(4) 바로의 강퍅함

바로는 스스로 자신의 마음을 강퍅하게 한 것일까, 아니면 하나님이 그의 마음을 강퍅하게 하신 것일까? 이 질문에 대한 답은 매우 중요하다. 바로가 스스로 자신의 마음을 강퍅하게 했다면, 그가 받은 벌은 당연한 것이 된다. 그러나 하나님이 그의 마음을 강퍅하게 하심으로써 그가 이스라엘을 내보내지 못한 것이라면, 하나님께도 어느 정도 책임이 있다고 생각할 수 있기 때문이다(Beale, Gunn, Guilaume). 하나님이 호렙 산에서 모세에게 소명을 주실 때 자신이 바로를 강한 손으로 치지 않으면 그가 결코 이스라엘을 내보내지 않을 것이라고 말씀하시는 것을 보면(3:19-20), 바로가 자신의 마음을 강퍅하게 한 것으로 생각된다. 이 경우 바로는 스스로 몰락을 결정한 것이 된다(Guilaume, Wilson).

그러나 책의 나머지 부분을 보면 꼭 그렇지만은 않다(Gunn). 출애굽기는 바로의 강퍅함/강퍅해짐/강퍅하게 됨에 대해 묘사하면서 세 히브리어 동사(כבד, חזק, קשה)를 4-14장에서 스무 번 언급한다(Hamilton). 이 중 열 번은 하나님이 주어다(4:21; 7:3; 9:12; 10:1, 20, 27; 11:10; 14:4, 8, 17). 바로가 주어인 경우는 네 번(8:15, 32; 9:34; 13:15), 바로의 마음이 주어로 사용된 경우는 여섯 번이다(7:13, 14, 22; 8:19; 9:7, 35). 하나님이 바로의 마음을 강퍅하게 하신 것인가? 아니면 바로가 스스로 마음을 강퍅하게 한 것인가? 저자는 이에 대해 두 가지 측면 모두를 언급한다. 열 번은 바로가 스스로 마음을 강퍅하게 했으며, 열 번은 하나님이 그를 강퍅하게 하신 것으로 묘사한다. 바로가 스스로 마음을 강퍅하게 하는 것은 7:13, 14, 22; 8:15, 19, 32; 9:7, 34, 35; 13:5에 기록되어 있다. 반면에 하나님이 그의 마음을 강퍅하게 하신 것은 4:21; 7:3; 9:12; 10:1, 20, 27; 11:10; 14:4, 8, 17에 기록되어 있다.

위 자료에서 볼 수 있는 한 가지 현상은, 처음에는 바로가 스스로 마음을 강퍅하게 하는 것이 중심을 이루다가 시간이 지남에 따라 하나님이 그의 마음을 강퍅하게 하시는 것으로 중심이 옮겨진다는 것이다. 처음에는 바로가 스스로 마음을 강퍅하게 했지만 어느 순간부터는 안 그러려고 해도 강퍅할 수밖에 없었다는 것이다. 열 가지 재앙이 이집트에 내려질 때까지 하나님이 바로의 회심을 허락하지 않으셨기 때문이다(롬 9:18; 민 21:22-23; 신 2:30). 바로의 불순종으로 재앙이 시작된 후로는 열 가지 재앙이 모두 진행될 때까지 바로와 이집트에 대한 심판은 멈추지 않았다. 재앙을 시작하고, 하지 않고는 바로의 결정에 달려 있다. 그가 겸허히 하나님의 요구를 받아들였다면 재앙이 이집트에 임하지 않았을 것이다. 그러나 바로의 불순종으로 일단 재앙이 시작되면 열 가지 재앙으로 구성된 재앙 시리즈가 끝날 때까지 멈추지 않는다. 그러므로 이집트에 내려진 열 가지 재앙은 바로가 시작한 것이며, 바로가 스스로 마음을 강퍅하게 한 결과물이다. 재앙에 대한 책임은 바로에게 있는 것이다. 우리는 보통 회개가 언제든 가능하다는 생각에 젖어 있다. 이론적으로는 옳은 말이다. 회개는 언제든 가능하다. 아무리 흉악한 죄를 지었다 할지라도 진정한 회개의 기도를 드리면 용서받을 수 있다. 그러나 현실적으로 볼 때 어느 선을 넘어가면 회개는 불가능하다. 더 이상 죄를 용서받을 수 있는 기도를 드릴 수 없거나 회개의 필요성을 느끼지 못하기 때문이다. 또한 바로의 경우처럼 때로는 하나님이 죄인을 심판하기 위해 더 이상 그가 회개하지 못하도록 막으시기도 한다(사 6장). 그러므로 회개는 항상 기회가 주어지는 것이 아니므로 기회가 있을 때 해야 한다.

5. 신학적 주제와 메시지

출애굽기는 최소한 다섯 개의 주요 신학적 주제를 바탕으로 구성되어 있다. 해방(liberation), 하나님을 아는 지식(knowledge of God), 율법(law), 언약(covenant), 임재(presence)이다(Sheriffs, Brueggemann, Stuart). 이 다섯 가지 주제는 '이집트로부터 이스라엘을 구원하신 하나님'이라는 중심 주제로 묶일 수 있다(Pixley). 성경의 다른 책도 그렇지만, 출애굽기는 처음부터 끝까지 이야기(narrative)의 중심이 하나님과 그분의 사역에 맞추어져 있다. 하나님은 이집트 사람에게 착취당하며 신음하고 있는 주의 백성을 해방시켜 약속의 땅으로 인도해 가는 과정에서 대단한 기적을 행하셨다. 이스라엘은 하나님의 기적이 탄생시킨 새로운 민족이었던 것이다. 이스라엘이 한 국가로 출범하기 전에도 세상에는 수없이 많은 민족이 있었다. 그러나 이스라엘과 같은 과정을 통해 탄생한 민족은 어디에도 존재하지 않는다는 것이 저자의 주장이다. 하나님 은혜를 통해 노예 생활을 하던 이집트에서 해방되고 시내 산에서 받은 계시를 통해 창조주 하나님과 특별한 언약을 체결한 이스라엘은 온전히 새로운 하나님의 백성이자 민족이었다. 위에 언급된 주제들을 하나씩 살펴보자.

(1) 해방(liberation)

그리스도인의 삶에서 가장 중요한 주제 중 하나는 '진정한 자유에 대한 정의'일 것이다. 이는 신앙의 상당 부분이 죄와 세상의 굴레로부터 해방되는 것을 중심으로 표현되기 때문이다. 성경 중 자유에 대해 가장 확고하게 선언하는 책이 출애굽기다. 책의 전반부는 이집트의 노예로 혹사당하던 이스라엘 자손의 해방을 위한 하나님의 사역을 회고하고 있다. 이 해방은 이집트 왕이 이스라엘을 지배하는 것에 대한 정당성을 부인하고 그 왕권을 전복시키는 것을 의미한다. 놀라운 것은 이처럼 크고 놀라운 일이 이집트 사람이 노예로 부리던 이스라엘의 하나님에 의해 비롯되었다는 점이다. 노예를 부리던 자들이 그들이 무시하고 착취하던 노예의 신에 의해 전복된 것이다!

이런 내용을 담고 있기 때문에, 출애굽기는 해방신학자들이 사랑하는 책이기도 하다(Sauter, Levenson). 근간에는 픽스리(Pixley)가 해방신학적 관점에서 본문을 주해한 출애굽기 주석을 출판하기도 했다. 해방신학자의 주장에 따르면, 출애굽기는 이스라엘 역사의 한순간에 그들만을 자유롭게 하기 위해 일어난 하나님의 구원 사역을 기록한 문서가 아니라, 시대와 장소를 초월하여 누구든/어느 무리든 간에 착취와 압제로 신음하며 해방을 갈망하는 자들을 위한 해방 선언문(liberation manifesto)이다.

해방 신학자가 주장하는 것처럼 출애굽기는 분명 억압된 자에게 해방을 선포하는 책이다. 그러나 앞에서 언급한 것처럼, 출애굽기를 해방에 관한 맹목적인 책으로 간주하는 것은 옳지 않다. 책의 전반부가 이스라엘의 해방에 대해 기록하고 있는 것은 사실이지만, 후반부인 20-40장에서는 자유롭게 된 이스라엘이 어떻게 시내 산에서 하나님과 언약을 맺고 그분의 백성이 되었는가를 회고하기 때문이다. 이 같은 연결성을 감안할 때, 출애굽기는 이스라엘이 어떻게 이집트의 속박으로부터 해방되었는가에 관한 책만은 아닌 것이다. 이집트의 부당한 억압으로부터 탈출한 이스라엘은 자신들을 해방시킨 여호와를 섬길 수 있는 기회를 얻었다. 이집트로부터의 탈출은 자유인이 된 이스라엘 백성이 하나님의 백성이 되어 마음껏 그분을 섬길 수 있는 기회를 마련해주는 데 궁극적인 목적이 있었던 것이다. 출애굽기에서 해방이라는 주제가 매우 중요한 비중을 차지하는 것은 사실이다. 하지만 출애굽기를 해방에 관한 책으로만 이해한다면, 책이 지닌 메시지의 절반만 이해하는 것일 뿐, 전체 메시지는 파악하지 못하는 처사이다(Hamilton). 그럼에도 불구하고 출애굽기에서 해방이라는 주제는 매우 중요한 비중을 차지한다.

(2) 하나님을 아는 지식(knowledge of God)

하나님이 온갖 기적을 행하시면서 이스라엘 백성을 구원하신 것은 그들로 하여금 여호와가 하나님이심을 알게 하기 위함이다. “너희를 내 백성으로 삼고 나는 너희의 하나님이 되리니 나는 애굽 사람의 무거운 짐 밑에서 너희를 빼낸 너희의 하나님 여호와인 줄 너희가 알지라”(6:7). 출애굽기에서는 이와 비슷한 의도를 가지고 “내가 여호와인 줄 너희가 알 것이다”라는 말씀이 여러 차례 사용된다. 하나님이 기적을 통해 이스라엘과 온 세상에 자신을 드러내신 것도, 계시를 통해 말씀하신 것도, 모세를 통해 율법을 주신 것도, 이스라엘 중에 함께 거하신 것도 모두 주의 백성과 온 세상이 여호와를 알게 하기 위해서다. 더 나아가 이스라엘이 가나안 땅에서 정착하여 그 땅을 누리며 살 수 있는 유일한 방법도 그들의 하나님 여호와를 지속적으로 알아가는 것이다. 그들이 자신들의 삶에서 여호와를 알고 인정하면 하나님의 은총은 지속될 것이다.

그러나 성경이 하나님을 아는 지식을 논할 때는 하나님에 대한 정보를 얻는 수준을 초월한다. 하나님을 아는 것은 곧 그분의 말씀과 뜻에 순종하며 살아가는 것을 전제로 한다. 즉, 하나님을 아는 지식은 관계를 동반한다. 그래서 사무엘서는 날마다 성막에서 여호와께 제사를 드리던 엘리 제사장의 아들들이 범죄한 이유를 그들이 여호와를 알지 못했기 때문이라고 하지 않았던가(삼상 2:12). 이스라엘 사람 가운데 그 누구보다 하나님에 대한 정보를 많이 갖고 있던 제사장이 여호와를 알지 못했다! 오늘날로 말한다면 목사, 장로가 하나님을 몰랐다는 의미다. 가능한 일인가? 충분히 가능하다. 하나님을 아는 지식은 관계적인 측면을 지니기 때문이다. 그러므로 선지자들은 이스라엘이 죄에서 헤어나지 못하는 가장 근본 이유로 그들에게 여호와를 아는 지식이 없음을 지적한다. 이스라엘이 하나님을 아는 지식이 있어 그분이 어떤 분인지 깨달았더라면 절대로 죄를 범하지 않았을 것이라는 의미다. 죄 문제의 해결책은 하나님을 아는 지식뿐이다(호 6장; 사 5장).

(3) 율법(law)

이스라엘 백성이 시내 산에서 그들을 해방시키신 여호와 하나님을 만났을 때, 하나님은 이스라엘의 종교 생활뿐만 아니라 삶의 모든 영역에서의 지침을 주셨다. 이 지침이 바로 율법이다. 율법이 두려움과 공포를 자아내는 하나님의 현현에서 비롯되었고 이스라엘 백성을 위협하고 협박하는 분위기에서 주어졌다는 것은, 그들로 하여금 율법을 이 행할 때 매우 신중하고 신실한 태도를 가질 것을 요구하는 것일 뿐만 아니라 율법이 그 어떠한 인본적인 생각이나 중개에서 비롯된 것이 아니라 말로 표현할 수 없는 하나님의 절대적인 거룩하심에서 비롯되었음을 암시한다.

율법이 하나님께로부터 온 것이라고 해서 이스라엘 백성이 모든 율법을 하나님으로부터 직접 들은 것은 아니다. 모든 율법은 모세를 통해 중개되었다고 해도 과언이 아니다. 이 과정에서 이스라엘 백성은 모세를 하나님과 자신들 사이의 중개자로 세움으로써 지속적인 하나님과의 대화 채널을 유지하게 되었다. 그렇다면 이스라엘 백성이 모세를 통해 받은 율법을 준수해야 하는 가장 근본적인 이유는 무엇인가?

하나님이 출애굽 사건을 통해 자기 백성을 구원하신 일에 대한 언급은 출애굽기에서만 반복되는 것이 아니라, 구약 성경 전체에 걸쳐 최소한 120차례 이상 등장한다(Sarna). 구약은 이스라엘 사람에게 이방인과 소외된 자를 잘 대접해야 한다고 권면할 때에도 자신들의 어려웠던 이집트 생활을 기억해서라도 그들에게 자비로워야 한다는 논리를 펼친다. 이스라엘 백성이 하나님이 주신 율법을 준수해야 하는 가장 근본적인 이유는 하나님이 한때 이집트의 노예였던 그들에게 자유를 주셨기 때문이다. 이러한 사실은 오늘을 살아가는 우리에게 두 가지 의미를 갖는다. 첫째, 하나님의 구원을 입은 이스라엘이 그들을 구원하신 분의 법에 따라 살아가는 것이 당연한 것처럼, 그리스도의 구원을 입은 우리도 그리스도의 뜻에 따라 살아가야 한다. 둘째, 하나님이 이스라엘을 구원하신 것은 그들에게 자유를 주어서 떠나 보내기 위해서가 아니라, 경건하고 거룩한 삶으로의 새로운 출발을 주시기 위해서였다. 그리스도의 구원을 입은 자의 삶에서도 죄의 억압과 고통으로부터의 구원이 경건과 성결로 이어지지 않으면 별 의미가 없다. 이러한 사실을 기억하고 거룩한 삶을 통해 두려움과 떨림으로 구원을 이루어 나가기 위해 더욱더 열심히 노력해야 한다(빌 2:12).

율법이 이스라엘만의 독특한 것은 아니었다. 함무라비 법전(Code of Hammurabi)은 성경의 율법보다 훨씬 오래된 것이며(함무라비 법전이 모세 율법보다 400년을 앞서감), 내용면에서 볼 때 성경과 현저한 차이를 갖고 있지만 비슷한 점도 상당히 많다. 그 외에 고대 근동에서 함무라비 법전 외에도 많은 법전이 발견되었으며, 이것들은 성경에 제시된 율법과 일들을 이해하는 데 많은 도움을 준다. 구약에 기록된 율법과 고대 근동에서 발견된 법전이 지니고 있는 공통점에 대해 어떻게 이해해야 할까? 구약에 기록된 율법의 상당 부분이 하나님이 이미 여러 문화권에 주셨던 가치관과 규례들을 모아놓은 것이라는 의미다. 우리는 성경에 기록된 율법이 주변 문화에서 발견되는 것과 획기적으로 다르다고 간주한다. 그러나 실제는 그렇지 않다. 하나님이 이미 여러 문화권에 주셨던 것(신학적 용어로 이를 일반 은총이라고 함)을 모아서 체계화한 것이 성경에 기록된 율법의 상당 부분을 차지한다(cf. 『엑스포지멘터리 창세기』 서론).

오늘날 많은 사람이 율법을 제사법(ritual law), 도덕법(ethical law), 사회법(civil law)으로 나눈다. 그들 가운데는 율법을 이렇게 분류한 후 제사법은 더 이상 우리가 지킬 필요가 없고, 도덕법 전체와 사회법의 일부만 지키면 된다고 주장하는 사람도 있다. 그러나 이렇게 모세의 율법을 세 종류로 나누어 어떤 것은 유효하고 어떤 것은 유효하지 않다고 해석하는 것은 임의적인 것이며 절대적이지 않다는 것이 여러 학자의 주장이다. 제사법이든 도덕법이든 동일하게 하나님의 영광을 반영하기 때문이다. 또한 율법을 세 가지로 구분하는 기준이 명료하지 않아 동일한 율법이 학자에 따라 서로 다른 세 가지로 분류되기도 하는 것이 이러한 관점이 심각한 문제를 지니고 있다는 것을 암시한다.

율법을 세 가지로 구분하는 것에 만족하지 못하는 사람 중 대안으로 구약의 율법을 오늘날도 모든 사람에게 적용되는 일반적인 것(universal laws)과 구약 시대를 살았던 이스라엘 사람에게만 적용될 수 있는 문화적인 것(culture-bound laws)으로 구분하기도 한다. 그러나 학자들 대부분은 "책의 저자가 처음부터 이 두 가지를 구분했을까?"라는 질문에 부정적으로 답한다. 즉, 율법을 이 두 가지로 나누는 것도 큰 의미가 없다는 것이다. 율법을 분석하고 구분하는 일에는 다양한 기준과 방법이 사용된다. 그러나 가장 간단하게 율법을 하나님께 드리는 예배와 하나님 백성의 삶이라는 주제로 정리하면 다음과 같이 요약될 수 있다. 율법을 이렇게 구분하는 가장 큰 장점은 주의 백성에게 예배와 삶은 결코 떼어 놓을 수 없는 유기적인 관계를 지니고 있다는 사실을 강조하는 것이다.

	출애굽기	레위기	민수기	신명기
예배의 대상/주제	20:3, 23; 22:20; 23:13, 24; 34:13-17	19:4; 20:2		5:7; 13:1-18
하나님께 드리는 예배				
다양한 제사들	20:24-26; 22:29-30; 23:18-19; 29:10-41; 34:19-20, 25-26	1-7장; 17장; 19:4-8; 20:21-22; 22:18-30	15:2-31; 28:2-8	12:13-14; 17:1
종교적 절기들	20:8-11; 23:12-17; 34:18-24; 35:2-3	16:1-34; 19:3, 30; 23:3-34; 26:2	9:10-14; 28:9-29:38	5:13-15; 16:1-17
서원		27장	6:2-21; 30:2-15	23:18-23
성전에 관한 예식	27:20-21; 30:7-21	10:9; 24:2-9		
정결에 관한 예식		19:19; 21:1-22:16	5:6-31; 19장	21-23장

십일조와 예물	30:12–16		18:8–32	12:17–19; 14:22–29; 15:19–23; 18:1–5; 26:1–15
안식년		25:8–34		15:1–18
우상숭배	20:4–6	26:1		5:8–10; 7:25–26; 12:2–4; 16:21–22
모독과 저주	20:7; 22:28	24:14–16		5:11
하나님 백성의 삶				
지도자				17:14–20
가족	20:12–14; 21:15–17; 22:16–17	19:3, 29, 32; 20:9	27:7–11	5:16–18; 21:10–21; 22:13–30; 23:17; 24:1–4; 25:5–12
노예	21:1–11	19:20; 25:39–55		23:15–16
땅 소유와 사용	23:10–11	19:9–10; 25:1–7	36:7–9	19:14; 22:9
개인 재산	20:15–17; 21:33–36; 22:1–15	19:11		5:19–21; 22:1–4; 23:24–25
인권 존중	20:13; 21:12–32	19:17–18; 24:17–22		5:17; 24:7
공평과 정의	20:16; 22:21–26; 23:1–9	19:11–16, 33–36; 25:35–37	35:11–34	5:20; 16:18–20; 17:2–13; 19:4–121; 21:22–23; 22:6–10; 23:19–20; 24:6–22; 25:1–15
성적(性的) 및 육체적 순결	22:19	12–15장; 18장; 20:10–21	5:2–3	22:5; 23:9–14
전쟁				20:1–20; 24:5
점술	22:18	19:26–31; 20:27		18:9–14
음식법	22:31	11:1–47; 20:25		12:15–27; 14:3–21

(4) 언약(covenant)

하나님이 시내 산에서 이스라엘 자손에게 주신 율법은 그들과 맺은 언약의 조건들이었다. 하나님과 이스라엘이 언약을 맺는다는 것은 쌍방이 서로에게 무조건적으로 그리고 절대적으로 헌신한다는 것을 뜻한다. 마치 결혼식에서 신랑과 신부가 서로에게 헌신을 서약하는 것처럼 말이다. 이스라엘은 국가로 태어나는 순간부터 하나님의 신실하고 헌신적인 아내가 되기를 선언했으며, 시내 산에서 세운 언약은 이러한 결혼 계약 조항이었던 것이다. 그러나 모세가 온 이스라엘 자손을 대표해서 시내 산 정상에 올라가 율법을 받는 동안 이스라엘 자손은 엉뚱한 곳에 마음을 주어 금송아지를 만들어 숭배했다. 그것도 다름 아닌 모세의 형이자 대제사장인 아론의 주도하에 말이다.

결국 금송아지 사건으로 19–31장에 제시된 계약 조항(율법)이 무효가 되는 위기를 맞았고, 32–34장에 이르러서는 언약을 재확인할 필요가 발생했다. 언약은 쌍방의 절대적인 헌신과 신실함을 전제로 하는 행위였다. 그러나 이스라엘의 역사는 신실함과 헌신을 요구하는 이상적인 언약이 신실하지 못한 이스라엘의 현실과 얼마나 자주 부딪혔는가를 증언하고 있다. 이러한 대립은 선지자들로 하여금 '뽑고 허무시는' 하나님을 유감 없이 선포하게 하는 동시에 '세우고 심으시는' 하나님을 기대하게 했다(렘 1:10). 그러므로 언약은 무시무시한 심판과 소망 사이의 긴장을 이미 암시하는 것이다(Brueggemann).

(5) 임재(presence)

출애굽기는 이스라엘의 신분이 노예에서 자유인으로 상승한 이야기로 끝나지 않는다. 출애굽기는 한 걸음 더 나아가 이스라엘이 어떻게 제도와 구조적인 장치를 통해 하나님의 임재를 보장받을 수 있게 되었는가를 기록한다. 문제는 그들의 하나님은 쉽게, 아무렇게나 그들과 함께할 수 있는 분이 아니라는 점이다. 하나님이 주의 백성과 함께하기 위해서는 이스라엘이 하나님이 요구하시는 도구와 방법을 준수해야 했다. 결국 하나님은 거룩한 장막과 그 안에서 사용되는 여러 도구 만드는 법을 직접 계시해 주시고, 제사장에 대한 규례도 가르쳐 주심으로써 자신의 방식에 따라 이들과 함께하기를 자청하셨다.

아울러 하나님의 임재는 인류 역사가 방향성 없이 우연히 일어나고 진행되는 것이 아님을 암시한다. 하나님이 자신의 백성 가운데 거하신다는 것은 그분이 인류 역사에 깊이 관련되어 있음을 뜻한다. 하나님의 임재는 곧 주의 백성을 위해 행동하시는 혹은 역사를 만들어 가시는 것을 의미하기 때문이다. 그러므로 여호와는 필요에 따라서는 언제든지 인류의 역사에 개입하실 수 있으며, 실제로 주의 백성 가운데 거하시며 인류의 역사를 자신이 의도하는 방향으로 주도해 가는 분인 것이다.

그렇다면 이스라엘은 이집트에서 탈출한 후 해방을 누리며 어떻게 하나님을 알아가면서 율법, 언약, 하나님의 임재 등도 지속시킬 수 있었다는 말인가? 출애굽기에서, 하나님은 이스라엘에게 이스라엘 종교에서 가장 중요한 세 가지 제도를 주시며 이를 통해 하나님의 임재를 누리라고 하셨다. 첫째는 중앙화된 예배 장소다. 이스라엘은 아무 데서나 예배를 드려서는 안 된다. 꼭 하나님이 지정하신 성막이라는 곳에서만 예배드려야 한다. 이러한 조치는 여호와 종교의 예배를 이방종교의 부정한 영향력으로부터 보호하기 위한 방법이었으며 주의 백성이 함께 모일 때마다 한 민족으로서의 공동체 정신을 유지하게 하기 위함이었다.

둘째는 하나님이 지정하신 장소에서 예배와 제사를 주도할 자들을 세우셨다. 이들이 바로 제사장들이다. 제사장직은 레위 지파 사람 중에서도 아론의 후손에게만 주어진 특권이었다. 역시 예배의 순수성,

일관성, 연결성, 전문성 등을 고려한 하나님의 은혜로운 조치였다. 중앙화된 예배 장소와 제사장직이 얼마나 중요한가는 40장으로 구성되어 있는 출애굽기가 무려 13장을 두 제도에 할애하고 있다는 점에서 역력히 드러난다. 출애굽기는 예배와 예식에 관한 책이라 해도 과언이 아니다.

셋째는 선지자 제도다. 물론 이스라엘 역사에서 선지자 제도가 궤도에 오른 것은 사무엘 시대에 이르러서이다. 그러나 하나님은 모세를 한 예로 삼아서 훗날 이스라엘 종교의 순수성을 유지하는 데 가장 중추적인 역할을 하게 될 선지자는 어떤 사람인지를 정의하신다. 여호와께서는 4:14-16에서 모세에게 "레위 사람 네 형 아론이 있지 아니하냐…그가 너를 대신하여 백성에게 말할 것이니 그는 네 입을 대신할 것이요 너는 그에게 하나님 같이 되리라"라고 말씀하셨다. 선지자는 하나님의 대언자로, 그분의 뜻과 의지를 주의 백성에게 전달하는 사명을 받은 자들인 것이다. 이 세 가지 제도를 통해 하나님은 이스라엘로 하여금 예배의 순수성을 유지하고 언약, 율법, 하나님 임재의 상징인 성막/성전을 보존하고 관리하도록 하셨던 것이다.

6. 개요

출애굽기는 같은 단어를 여러 차례 반복하여 사용하는 경향이 매우 강하다. 특히 숫자 7을 중심으로 사용되는 단어들이 많다(Cassuto). 산파 이야기(1:15-21)에서 산파(מְיַלְּדֹת)라는 단어가 일곱 차례 등장한다. 모세의 어린 시절 이야기(2:1-10)에서 모세를 가리키는 단어, 아이(יֶלֶד)도 일곱 차례 등장한다. 이스라엘 자손이 벽돌을 만드는 이야기(5:7-19)에서 명사 '벽돌'(לְבֵנָה) 혹은 동사 '벽돌을 만들다'(לבן)가 일곱 차례 등장한다. 첫 번째 재앙 사이클의 첫 사건(7:14-25)에서는 '나일 강'(יְאֹר)이 열네 차례(7x2) 등장한다. 두 번째 재앙 사이클의 첫 사건(8:20-32)에서는

'파리 떼'(עָרֹב)라는 단어가 일곱 차례 등장한다. 세 번째 재앙 사이클의 첫 사건(9:18–35)에서는 '우박'(בָּרָד)이란 단어가 열네 차례 등장한다. 여덟 번째 재앙(10:1–20)에는 '메뚜기 떼'(אַרְבֶּה)라는 단어가 일곱 차례 등장한다. 유월절 양, 무교병을 먹으라는 명령(12:15–20)에는 '먹다'(אכל)라는 단어가 일곱 차례 수록되어 있다. '구원'이란 의미에 대한 일곱 가지 다른 표현법이 모세의 소명 이야기(6:6–8)에 등장한다. 이처럼 7을 중심으로 한 단어 사용은 매우 의도적이고 전략적이며, 각 이야기와 텍스트에 짜임새와 통일성을 더한다.

위와 같은 편집적 의도에도 불구하고 출애굽기는 여러 개의 이야기로 구성되어 있다고 하는 사람이 있다. 한 예로 해밀턴(Hamilton)은 15 파트로 구분할 것을 제안한다. 반면에 많은 학자는 출애굽기를 두 파트로 구분할 것을 제안한다. 스트워트(Stuart)는 1–19장과 20–40장으로, 도즈맨(Dozeman)은 1–15장과 16–40장으로 구분할 것을 제안한다. 다음은 스미스(Smith)가 제시한 것이다.[8]

I. 이집트
  A. 1–2장: 모세가 이집트를 떠나 미디안으로 감
  B. 두 부르심과 두 대결
    i. 3:1–6:1: 모세의 첫 번째 부르심과 바로와의 대결
    ii. 6:2–14:31: 모세의 두 번째 부르심과 여호와의 모세 권면
    iii. 15:1–21 바다에서의 승리

8 출애굽기를 두 막(acts)으로 구성된 이야기로 보는 잔젠(Janzen)은 다음과 같은 구조를 제시했다.
A. 억압, 구원, 언약(1–24장)
  B. [하나님의] 임재를 위한 장소를 준비함(25–31장)
A'. 죄, 구원, 언약(32–34장)
  B'. 임재를 위한 장소를 준비함(35–40장)

II. 시내 산
  A. 15:22-18:27: 이스라엘이 이집트를 떠나 시내 산으로
  B. 두 언약과 두 돌판 세트
    i. 19-31장: 이스라엘의 첫 번째 언약과 첫 번째 돌판
    ii. 32-40장: 이스라엘의 두 번째 언약과 두 번째 돌판

다른 주석가들은 책을 3-4파트로 나눌 것을 제안한다(Enns, Sarna, Cassuto).[9] 롱맨(Longman)은 하나님이 하시는 일을 중심으로 다음과 같이 세 파트로 나눌 것을 제안한다. 이 제안의 장점은 책에서 일어나는 모든 일을 하나님의 사역으로 보는 것에 있다.

I. 하나님이 이스라엘을 이집트의 억압에서 구원하심(1-18장)
II. 하나님이 이스라엘에게 율법을 주심(19-24장)
III. 하나님이 이스라엘에게 성막을 지으라고 명령하심(25-40장)

출애굽기는 이야기가 전개되는 장소에 따라 구분하면 크게 세 파트로 나뉠 수 있다. 첫 번째 섹션은 이집트에서 이스라엘 백성의 고통과 자유를 위한 갈등을 묘사하는 1:1-15:21이다. 이 섹션에 언급되는 사건은 거의 모두 이집트에서 있었던 일이다. 두 번째 섹션인 15:22-18:27은 '홍해/갈대 바다'에서 시내 산까지 가는 길에 있었던 일을 회고한다. 이미 앞에서 언급한 것처럼 18장에 기록된 사건만 예외이다. 세 번째 섹션인 19-40장은 모두 시내 산 근처에서 일어난 일들이다. 이 내용은 다음과 같이 요약할 수 있다.

I. 이집트에서(1:1-15:21)

9 출애굽기가 언급하고 있는 주제들이 너무 다양하고, 독자적으로 다뤄져야 할 내용이 많기 때문에 최소한 7-8섹션으로 구분하는 학자도 많다(Sarna).

II. 홍해에서 시내 산까지(15:22-18:27)
III. 시내 산 주변에서(19:1-40:38)

주제와 신학적 전개를 중심으로 책을 구분한다면, 다음과 같이 나눌 수 있다. 이 구분과 위에 제시된 것과의 가장 큰 차이는 15:22-18:27이 독립적으로 분리되지 않고 첫 번째 주요 섹션에 속하며, 대신 19-24장이 독립적인 섹션으로 분리된다는 점이다(Kaiser).

I. 탈출(1-18장)
　이스라엘의 고통(1장)
　모세의 소명(2-6장)
　열 재앙(7-11장)
　출애굽과 시내 산으로의 행진(12-18장)

II. 언약 책(19-24장)
　준비(19장)
　법의 골자: 십계명(20장)
　율법(21-24장)

III. 예배(25-40장)
　성막 건축에 대한 세부 사항(25-31장)
　거짓 예배: 금송아지(32-34장)
　성막 건축(35-40장)

다음과 같은 구조도 가능하다. 이 구조의 가장 큰 장점은 이스라엘 역사에서 가장 중요한 순간인 출애굽 사건이 독립적으로 다뤄진다는 점이다. 그러나 네 번째 섹션의 범위가 첫 번째에서 세 번째 섹션을 더

한 것보다 크다는 것이 다소 부담으로 작용한다.[10]

I. 이집트에서의 이스라엘(1:1–12:36)
II. 출애굽 사건(12:37–15:21)
III. 광야 생활과 방황(15:22–18:27)
IV. 시내 산에서의 체험(19:1–40:38)

이미 언급한 대로 이스라엘 백성이 시내 산에 도착한 것을 기록하는 19장 전까지를 섹션화할 때, 여행 기록(journey text)에 최대한 주목해서 책을 세분화하는 것이 바람직하다(12:37; 13:20; 14:1–2; 15:22; 16:1; 17:1; 19:2). 출애굽기에는 다음과 같은 여행 기록이 있는데, 책을 섹션으로 나눌 때 이 구절들을 일종의 표시(marker)로 사용하자는 것이다(Cross). 모든 것을 감안할 때 출애굽기는 다음과 같이 세분화할 수 있다.

I. 이스라엘이 이집트를 떠남(1:1–15:21)
  A. 준비(1:1–7:7)
  B. 아홉 재앙(7:8–10:29)
  C. 출발(11:1–15:21)

---

10 베스터만(Westermann)은 다음과 같이 다섯 파트로 책을 구분하기도 했다. 아쉬운 것은 세 번째 섹션(III)이 본문의 구조를 충분히 설명하지 못하고 있으며, 17:8–16과 18장을 구조에서 배제하고 있다는 점이다.
I. 하나님의 구원 사역: 고통에서 구원(1–14장)
  A. 고통(1–11장)
  B. 구원(12–14장)
II. 찬양을 통한 인간의 반응(15:1–21)
III. 하나님의 사역: 보존(15:22–18:27)
  A. 목마름에서(15:22–27; 17:1–7)
  B. 배고픔에서(16장)
IV. 순종을 통한 이스라엘의 반응(19–31장)
V. 죄와 갱신(32–40장)

II. 시내 산에서 받은 율법(15:22-24:18)
  A. 시내 산으로 가는 길(15:22-18:27)
  B. 시내 산 언약(19:1-24:18)

III. 성막과 도구들(25:1-40:38)
  A. 성막 건축 준비(25:1-31:18)
  B. 금송아지 반역과 언약 갱신(32:1-34:35)
  C. 성막 완성(35:1-40:38)

I. 이스라엘이 이집트를 떠남
(1:1-15:21)

크게 세 섹션(1:1-15:21; 15:22-24:18; 25:1-40:38)으로 구성된 출애굽기의 첫 번째 부분인 본 텍스트는 위대하고 절대적인 하나님의 능력에 초점이 맞추어져 있다. 여호와께서는 세상의 그 어느 신도 모방할 수 없는 온갖 기적을 행하시며 자신의 백성을 억압자의 손에서 구원하신다. 모세가 백성을 구원하기 위해 바로와 대결하지만, 실상은 모세와 바로의 싸움이 아니라 하나님 대(對) 바로와 이집트 신들의 대결이다. 처음부터 무모한 싸움일 수밖에 없는 이 대결은 여호와의 일방적이고 절대적인 승리로 끝이 난다. 이 섹션에서 모세는 그 어느 신에게도 비교할 수 없는 하나님의 무한한 능력과 백성에 대한 끝없는 자비와 배려를 강조함으로써, 여호와는 이스라엘의 하나님이자 구원자로서 손색이 없는 분임을 선포한다.

사실 이스라엘처럼 작고 별 볼 일 없는, 게다가 이집트의 노예였던 백성에게 하나님은 과분한 구원자이시다. 세상의 모든 신과 민족의 '신-백성 조합(match)'을 논한다면 인류 역사상 가장 '잘못 맺어진 짝'(mismatched couple)은 단연 여호와-이스라엘이라 할 수 있다. 가장 위대하고 신 중의 신이신 여호와께서 가장 낮고 볼품없는 백성인 이스라엘의 하나님이 되셨기 때문이다. 그러나 이러한 사실은 단지 이스라엘에게만 국한된 것이 아니다. 성경은 우리가 죄인되었을 때에 주님이 먼저 손을 내밀어 우리를 구원하셨다고 한다. 더 나아가 하나님은 온 세상의 수많은 사람 중에 우리를 자기 백성으로 삼으셨다. 세상에는 우리보다 훨씬 더 능력이 있고 구원받을 만한 사람이 많다. 그런데도 별 볼 일 없는 우리를 사랑하신 것은 옛적에 다른 민족에 비해 별로 내놓을 것이 없는 이스라엘을 구원하신 일과 평행을 이룬다. 우리는 한 번 더 하나님께 감사할 이유가 있다.

이 섹션은 다음과 같이 세 부분으로 구분되며 교차대구법적 구조를 지녔다. 중심 텍스트(7:8-10:29)는 하나님이 노예 억압과 노동력 착취에 익숙해져서 이스라엘을 내보내기를 거부하는 바로와 이집트 사람을 혹독한 재앙으로 치신 일을 회고한다. 실제로 하나님이 이집트에 내리신 재앙은 아홉 가지가 아니라 열 가지다. 그중 열 번째 재앙은 이집트의 장자를 모두 죽인 무시무시한 사건이다. 이 재앙을 다른 아홉 가지 재앙과 함께 다룰 수도 있지만, 열 번째 재앙을 따로 구분하여 유월절과 함께 다음 섹션에 포함했다. 열 번째 재앙이 갖는 중요성과 이스라엘에게 영원한 신학적 정체성을 준 유월절 사건과의 연관성 때문이다.

A. 준비(1:1-7:7)

    B. 아홉 재앙(7:8-10:29)

A'. 출발(11:1-15:21)

I. 이스라엘이 이집트를 떠남(1:1-15:21)

A. 준비(1:1-7:7)

이 섹션은 하나님 대(對) 바로의 대결이 본격적으로 시작되기 전에 어떤 일이 있었는가를 설명하며 출애굽 사건의 역사적 서론 역할을 한다. 또한 이 섹션은 이집트에서 노예 생활을 하던 이스라엘의 형편이 어떠했는가를 회고한다. 한마디로 그들은 부당한 억압과 불의에 속수무책으로 당하고만 있었다. 그러나 잡초는 밟힐수록 강해진다는 말이 있듯, 이집트가 짓밟고 폭력을 행사할수록 이스라엘 백성은 더욱더 번성했고 급기야 바로가 위협을 느낄 정도로 그 수가 많아졌다. 이제 하나님이 오래전에 그들의 선조 아브라함에게 약속하신 것에 따라(창 15장) 이스라엘을 젖과 꿀이 흐르는 가나안 땅으로 인도해 갈 구세주만 오면 되는 것이다. 이스라엘이 이집트에서 경험하고 있는 혹독한 핍박과 고난이 그들이 이집트를 떠날 심적 준비를 시켜주었기 때문이다.

이 섹션의 전반부에서는 앞으로 출애굽기의 구심점을 형성하게 될 중심 주제를 소개한다(Fishbane). 첫째, 출애굽기의 시작과 함께 소개되는, 해방을 갈망하는 노예들은 새로운 민족이 아니며 창세기에 이미 등장했던 인물들과 관련 있는 사람들이다. 출애굽기가 이처럼 의도적으로 이 부분을 강조하는 것은 여호와께서 이 노예들의 조상에게 하신 약속이 아직도 유효할 뿐만 아니라 이 민족의 앞날에 결정적인 영향을 미치리란 점을 드러내기 위해서다. 그러나 이스라엘의 현실은 여호와의 약속과 거리가 멀다. 죽음에 이르는 혹독한 핍박과 착취가 그들을 압박하기 때문에 하나님의 약속을 묵상하거나 미래를 꿈꿀 겨를이 없다. 그들은 오로지 고단한 삶이 빨리 끝이 나고 인간처럼 살 수 있는 때가 오기를 갈망하고 있다. 만일 이러한 바람이 지나친 사치라면, 그저 고통이 잠시라도 멈추어주길 바랄 뿐이다. 그러므로 하나님의 약속

실현과 이 약속이 실현되는 과정에서 야기될 죽음을 불사하는 박해는 머지않아 두 가지 주제가 대립하며 긴장감을 조성할 것을 예고한다.

둘째, 히브리 노예들을 해방시킬 모세가 처음으로 2장에서 모습을 드러낸다. 아이 모세에 대한 저자의 관심은 무척 제한되고 절제되어 있다. 어린 모세에 대해서는, 그의 탄생을 둘러싼 신비로움과 죽음의 위기에 처했던 아이가 어떻게 기적적으로 생존하게 되었는가만을 간략하게 묘사할 뿐이다. 모세가 어머니와 누이 미리암의 지혜로 생존을 보장받게 된 것에 대해 여성 신학자들은 매우 큰 의미를 부여한다. 이스라엘 역사에서 가장 위대한 일을 해낸 모세가 연약한 여인에 의해 구원받게 된 것이라며 이스라엘의 이집트 탈출은 여성들의 용감한 행동에서 시작된 것이라고 한다(Ackerman). 하나님이 가장 연약한 여인을 통해 가장 강하고 위대한 사람을 보존하신 사실에 큰 의미를 부여하는 것이다. 하나님은 때론 가장 연약한 자를 사용하여 중요한 일을 이루어 나가시는 방법으로 역사를 이루어가신다.

셋째, 모세를 통해 이스라엘의 출애굽 사건을 지휘하실 여호와께서 3장에서 모세에게 자신의 모습을 나타내신다. 하나님은 이미 1장에서부터 은밀하게 역사하고 계셨지만, 고통 속에서 부르짖는 백성의 목소리가 소개된 다음(2:23), 그들의 구원 사역을 이루고자 모세를 찾으신 것이다. 특히 타지 않는 불에서 들려오는 하나님의 음성(3:6-10)은 출애굽을 실현하기 위한 여호와의 개입이 어떤 역사적 정황에서 이루어지고 있는가를 설명한다. 하나님의 말씀을 분석해보면 크게 네 가지로 구성되어 있다. (1) 이스라엘의 조상에게 하신 약속 재확인, (2) 이스라엘의 고통과 울부짖음 인정, (3) 자기 소개–정확히 무슨 뜻인지 이해할 수 없는– "나는 스스로 있는 자다"(אֶהְיֶה אֲשֶׁר אֶהְיֶה)(LXX = ἐγώ εἰμι ὁ ὤν)라는 말씀 포함, (4) 이스라엘의 고통을 해결하기 위해 모세를 백성이 있는 이집트로 파견하고자 하심.

넷째, 모세의 소명은 단순히 개인의 일로 끝나는 것이 아니라 이스라엘을 향한 하나님의 계획의 일부분임을 밝힌다(3:11–4:26). 그래서 다섯 차례나 반복되는 모세의 거부에도 하나님은 모세를 일방적으로 이집트로 보내신 것이다. 또한 하나님의 명령을 받고 강제로 떠나는 모세는 매우 연약한 사람이었다. 하나님의 계획은 실력과 능력을 겸비한 사람들만을 위한 것이 아니다. 모세와 이스라엘의 연약함은 이 책 전체를 통해 자주 등장하는 주제다. 하나님의 역사는 도구로 사용하시는 사람의 능력에 의존하지 않고, 오로지 하나님 자신이 하시는 일임을 말해준다.

이 섹션은 다음과 같은 교차대구법적 구조로 이뤄졌다. 이스라엘의 이집트 탈출에 대한 역사적 정황과 이집트 탈출 준비를 묘사하는 이 텍스트의 중심에는 백성의 울부짖음을 들으시고 그들의 안녕에 대해 염려하시는 하나님이 계신다(2:23–25). 출애굽이라는 위대한 구원 이야기는 고통 속에서 울부짖고 아파하는 자신의 백성의 신음 소리에 마음이 움직이신 전능자의 애틋함에서 시작된다. 하나님은 모세와의 대화에서도 이 사실을 재차 확인하신다(3:7–10).

A. 백성의 속박과 고통(1:1–22)
    B. 모세의 탄생과 성장(2:1–22)
        C. 백성의 신음 소리와 하나님의 염려(2:23–25)
    B'. 모세를 보내시는 하나님(3:1–4:31)
A'. 백성의 해방을 위한 마지막 준비(5:1–7:7)

I. 이스라엘이 이집트를 떠남(1:1–15:21)
A. 준비(1:1–7:7)

1. 백성의 속박과 고통(1:1–22)

한때 이집트는 요셉으로 인해 이스라엘(야곱)과 자손들에게 보금자리를 마련해 주었으며, 그들의 배려 덕에 이스라엘은 한 민족으로 성장할 수 있었다. 그러나 이스라엘이 큰 민족으로 번성하자 위협을 느낀 이집트는 온갖 억압과 박해를 감행했다. 그럼에도 이스라엘은 지속적으로 번성했으며, 그들이 번성하자 더 큰 위협을 느낀 바로는 계략을 세워 그들을 말살하려 했다. 물론 이집트 왕의 계략은 이스라엘의 늘어나는 인구를 억제하는 데 실패했다. 보이지 않는 곳에서 역사하시는 하나님이 그의 악한 계략이 성공하지 못하도록 하셨기 때문이다. 이 텍스트는 다음과 같이 구분할 수 있다.

A. 이스라엘이 한 백성이 됨(1:1-7)
B. 억압에도 번성하는 이스라엘(1:8-14)
C. 이스라엘에 대한 바로의 대책(1:15-22)

I. 이스라엘이 이집트를 떠남(1:1-15:21)
A. 준비(1:1-7:7)
1. 백성의 속박과 고통(1:1-22)

(1) 이스라엘이 한 백성이 됨(1:1-7)

[1]야곱과 함께 각각 자기 가족을 데리고 애굽에 이른 이스라엘 아들들의 이름은 이러하니 [2]르우벤과 시므온과 레위와 유다와 [3]잇사갈과 스불론과 베냐민과 [4]단과 납달리와 갓과 아셀이요 [5]야곱의 허리에서 나온 사람이 모두 칠십이요 요셉은 애굽에 있었더라 [6]요셉과 그의 모든 형제와 그 시대의 사람은 다 죽었고 [7]이스라엘 자손은 생육하고 불어나 번성하고 매우 강하여 온 땅에 가득하게 되었더라

하나님은 이미 창세기 15장에서 아브라함에게 가나안 땅을 후손에게 주실 것을 약속하셨다. 그러나 당장 주시는 것이 아니라 가나안 사람의 죄가 가득 찰 때, 그리고 이스라엘이 한 나라(viz., 이집트)로 내려가 400여 년 동안 종살이를 한 후에 주실 것이라는 말씀을 덧붙이셨다. 이 약속을 성취시키고자 하는 하나님의 계획의 일환으로 야곱과 자손들은 창세기의 마지막 부분에서 혹독한 기근을 피해 이집트로 내려갔다. 이집트에 정착한 야곱은 고센 지역에서 17년을 살다 죽었으며 요셉의 배려로 약속의 땅 가나안에 묻혔다. 세월이 지나 요셉도 죽게 되었고, 그는 유언을 남겼다. 언젠가 하나님이 이스라엘을 이집트에서 이끌어내어 가나안 땅으로 가실 그때, 자신의 뼈를 가져다가 꿈에 그리던 가나안 땅, 하나님이 선조에게 약속하신 축복의 땅, 곧 자신이 어렸을 때 거닐었던 땅에 묻어달라는 유언을 남긴 것이다. 창세기의 마지막 이야기가 끝난 지 300~400년이 지나기는 했지만, 출애굽기는 창세기에 기록된 요셉의 유언을 연결점으로 삼아 이야기를 시작한다. 출애굽기는 독립적으로 존재하는 책이라기보다 '모세 오경'이라는 책의 한 장(章)처럼 기능하는 것이다(Enns). 이러한 차원에서 출애굽기는 창세기의 '속편'이라고 할 수 있다.

출애굽기를 시작하는 히브리어 문구 "애굽에 이른 이스라엘 아들들의 이름은 이러하니"는 여섯 개의 단어로 구성되어 있는데(וְאֵלֶּה שְׁמוֹת בְּנֵי יִשְׂרָאֵל הַבָּאִים מִצְרָיְמָה, 1절), 이러한 표현은 창세기 46:8을 시작하는 여섯 단어와 똑같다(וְאֵלֶּה שְׁמוֹת בְּנֵי־יִשְׂרָאֵל הַבָּאִים מִצְרַיְמָה). 저자는 출애굽기가 새로운 이야기가 아니라 창세기에서 시작된 이야기의 연속임을 강조하기 위해 창세기에서 이미 사용된 표현법을 도입하여 출애굽기를 시작하는 것이다(Durham). 또한 모세가 창세기의 문구를 사용하여 출애굽기를 시작하는 것은 성경이 언급하지 않는 기간(viz., 창세기 시대와 출애굽 시대 사이)에도 이스라엘을 축복하신 하나님의 사역이 계속되었음을 암시한다(Stuart, cf. Kaiser).

저자는 출애굽기를 시작하면서 이집트로 내려갔던 야곱의 아들들의 이름을 나열한다(1-5절). 성경은 계보를 참으로 중요시한다. 여러 책의 중간중간에 계보가 사용될 뿐만 아니라(창세기, 민수기, 에스라, 느헤미야 등), 출애굽기처럼 역대기와 마태복음도 계보로 시작하며, 룻기는 계보로 책을 마친다. 하나님 말씀인 성경이 왜 이처럼 많은 계보를 담고 있는 것일까? 이는 계보가 주의 백성의 정체성 및 소명과 연관되어 있기 때문이다. 계보는 우리가 어디에서 왔는가를 확인해주어 우리의 정체성을 정의하는 데 매우 중요한 역할을 한다(Stuart). 또한 계보는 우리가 어떤 목적을 가지고 이 땅에 태어났는가를 이해하는 데도 크게 기여한다. 계보는 우리가 창조주 하나님으로부터 온 사람들이며, 이 세상에 그분의 뜻을 펼치기 위해 태어났음을 확인해 주는 도구다.

모세가 야곱의 아들들을 나열하는 과정에서 1절과 5절을 틀로 사용하고 그 사이에 이름들을 끼워 넣는 것은 창세기 46:6, 26-27에서 사용된 방식과 유사하다. 그러나 형식은 창세기 46장을 따르지만, 야곱의 아들들의 이름을 열거하는 순서는 창세기 46장을 따르지 않고 레아(A) – 라헬(B) – 빌하(B', 라헬의 몸종) – 실바(A', 레아의 몸종)의 아들들 순으로 열거하는 창세기 35:23-26을 따른다. 야곱 아들들의 이름이 다음과 같이 제시되고 있는데, 요셉은 이미 이집트에 가 있었기 때문에 이 목록에 등장하지 않는다(5절).

A. 르우벤, 시므온, 레위, 유다, 잇사갈, 스불론-레아의 아들들
　B. 베냐민-라헬의 둘째 아들
　B'. 단, 납달리-라헬의 몸종 빌하의 아들들
A'. 갓, 아셀-레아의 몸종 실바의 아들들

비평학자들은 이러한 차이를 저자가 다른 문서들을 사용함으로써 비롯된 것이라고 하지만(Dozeman), 훨씬 더 합리적이고 쉬운 설명이 있다. 하나님은 창세기 35:11에서 야곱에게 주신 “생육하며 번성하라 한 백성과 백성들의 총회가 네게서 나오고 왕들이 네 허리에서 나오

리라"라는 축복이(46장에는 이 내용이 없음) 상당 부분 이집트에 살고 있는 야곱의 자손들을 통해 성취되고 있음을 강조하기 위한 것이다(Sarna, Kaiser).

이집트로 내려간 야곱의 자손이 70명이었다는 사실(5절)은 상징적 숫자가 아니라(Cassuto, Houtman), 창세기 46:8-27에 기록된 실제 내용과 숫자를 회고한다.[11] 창세기 46장은 야곱의 아들들의 이름을 35장이 레아(A) - 라헬(B) - 빌하(B', 라헬의 몸종) - 실바(A', 레아의 몸종)의 아들들 순으로 열거하는 것과 달리 레아(A) - 실바(A', 레아의 몸종) - 라헬(B) - 빌하(B', 라헬의 몸종)의 아들들 순으로 열거하며, 이 아내들을 통해 얻게 된 야곱의 남자 자손은 레아가 33명, 실바가 16명, 라헬이 14명, 빌하가 7명으로 총 70명에 달했다. 이 숫자에는 이미 가나안에서 죽은 유다의 아들 엘과 오난 그리고 이집트에서 거주하고 있던 요셉과 두 아들 므낫세와 에브라임도 포함되어 있다.

이처럼 출애굽기의 서두는 여러 면에서 창세기를 회고하고 있지만, 요셉 세대가 다 죽고 이스라엘 자손이 이집트에서 번성해 온 땅을 가득 채웠다는 사실을 더하고 있다(7절). 이는 머지않아 기하급수적으로 번성한 야곱의 후손에게 새로운 삶의 터전이 필요하리라는 것을 암시한다. 앞으로 있을 출애굽을 예고하며, 이스라엘을 위한 하나님의 사역이 다음 단계로 나아가야 함을 암시한다(Durham). 이런 면에서 이 서두는 과거와 미래를 연결하는 역할을 담당한다(Childs, Stuart). 또한 요셉의 죽음을 언급하는 6절은 요셉을 모르는 왕이 보좌에 오르는 8절을 예고한다(Vriezen). 출애굽기는 홀로 존재하는 이야기가 아니며, 하나님이 주관하는 주의 백성 역사의 일부이다.

7절의 "생육하고 불어나 번성하고 매우 강하여 온 땅에 가득하게 되

11 칠십인역과 사도행전 7:14는 70명이 아니라 75명이었다고 한다. 아마도 히브리어 성경을 헬라어로 번역하는 과정이나 번역된 헬라어 텍스트가 전해지는 과정에서 오류가 들어온 것으로 보인다. 우리는 마소라 사본에 따라 70명으로 간주한다.

었더라"라는 말씀은 창세기 35:11과 상당히 유사하다. 오래전에 이 축복을 받았을 때 자기 자손이 이처럼 많아질 날이 오리라는 것을 야곱이 상상이나 했을까? 하나님의 역사는 이런 것이다. 우리가 보잘것없는 불씨로 사역을 시작할지라도 하나님의 축복 아래 그 작은 불씨는 큰 불이 될 수 있다. 그러므로 우리는 모든 것을 하나님께 맡기고 최선을 다하면 되는 것이다.

I. 이스라엘이 이집트를 떠남(1:1-15:21)
A. 준비(1:1-7:7)
1. 백성의 속박과 고통(1:1-22)

(2) 억압에도 번성하는 이스라엘(1:8-14)

[8]요셉을 알지 못하는 새 왕이 일어나 애굽을 다스리더니 [9]그가 그 백성에게 이르되 이 백성 이스라엘 자손이 우리보다 많고 강하도다 [10]자, 우리가 그들에게 대하여 지혜롭게 하자 두렵건대 그들이 더 많게 되면 전쟁이 일어날 때에 우리 대적과 합하여 우리와 싸우고 이 땅에서 나갈까 하노라 하고 [11]감독들을 그들 위에 세우고 그들에게 무거운 짐을 지워 괴롭게 하여 그들에게 바로를 위하여 국고성 비돔과 라암셋을 건축하게 하니라 [12]그러나 학대를 받을수록 더욱 번성하여 퍼져나가니 애굽 사람이 이스라엘 자손으로 말미암아 근심하여 [13]이스라엘 자손에게 일을 엄하게 시켜 [14]어려운 노동으로 그들의 생활을 괴롭게 하니 곧 흙 이기기와 벽돌 굽기와 농사의 여러 가지 일이라 그 시키는 일이 모두 엄하였더라

요셉과 형제들이 죽은 후 얼마나 세월이 흘렀을까? 이집트에 요셉을 알지 못하는(לֹא־יָדַע) 새 왕이 등장했다(8절). 출애굽기에서는 처음으로 등장하는 '알다'(ידע)라는 동사는 이 책 안에서 매우 중요한 단어이며 1-14장에서 20차례나 사용된다. 이 동사의 기본 개념은 지식적이기보다는 경험적이며 감정에 바탕을 둔 앎을 뜻한다. 그러므로 누구를 '안다'는 것은 곧 그 사람과의 접촉, 친밀함, 염려, 연관성, 관계 등을 통해 그 사람을 체험적으로 알고 있음을 의미한다(Sarna, cf. Hamilton). 이집트의 새 왕은 요셉을 전혀 경험하지 못했고, 그가 이집트를 위해 어떤 일을 했는가에 대해 관심도 없는 사람이었다(Enns). 이러한 정황은 독자를 상당히 불안하게 하며 이집트의 새 왕이 한때 온 이집트를 기근에서 구원했던 요셉의 자손을 괴롭힐 것을 암시하는 듯하다. 그러므로 요셉을 알지 못하는 바로의 무지함은 앞으로 전개될 일의 중요한 근거가 된다(Dozeman).

그렇다면 왜 새 왕은 요셉을 알지 못했을까? 요셉 시대로부터 많은 세월이 흘러서일까? 저자는 그 이유를 다른 곳에서 찾는다. "새 왕이 일어났다"(וַיָּקָם מֶלֶךְ־חָדָשׁ)(8절)라는 것은 새로운 왕조가 시작되었음을 뜻한다. 왕조가 바뀌지 않고 왕만 바뀔 경우에는 성경이 대체로 '즉위하다'(מלך)라는 동사를 사용하지 '일어나다'(קום)라는 동사를 사용하지 않기 때문이다(민 32:14; 신 13:2; 29:21; 34:10; 삿 2:10; 5:7; 10:1, 3; 왕상 3:12; 왕하 23:23). 그러나 저자가 새로이 시작된 왕조가 어느 왕조인지를 밝히지 않기 때문에 이 왕이 누구인가를 가늠하는 일은 쉽지 않다(Kaiser). 훗날 이스라엘이 라암셋이라는 도시를 건설한다는 점을 감안할 때, 이 왕조는 이집트의 19대 왕조(1306-1200 BC)이며 출애굽 때의 왕은 이집트의 행정-정책 요지를 나일 델타 동북쪽으로 옮기고 대대적인 건축 사업을 추진했던 람세스 2세(1290-1224 BC)였을 것이라는 추측이 유력하다(Sarna). 그러나 이 추측은 주전 15세기 출애굽설을 정면으로 부인하는 것이기에 수용하기가 쉽지 않다. 15세기 출애굽설을 주장하는 사람은 원래 이 도성들의 이름이 다른 것이었는데, 세월이 지나면서 옛 이름에 익숙하지 않은 독자를 배려해 이름들이 '근대화'된 것이라고 한다(Hamilton). 저자가 정확하게 밝히지 않기에 구체적으로 어느 왕조를 지목하는 것은 별로 중요하지 않다. 성경에 기록된 이집트의 왕 중 처음으로 이름이 밝혀지는 사람은 솔로몬 시대의 시삭이다. 그 이전 바로들은 모두 무명으로 등장한다.

날로 번창해 가는 이스라엘을 보면서 위협을 느낀 이집트 사람은 그들의 숫자를 제한하고 영향력을 최소화하기 위해 야곱의 후손을 노예로 부리며 갖은 학대를 가했다(8-14절). 이스라엘이 민족/백성(עַם)으로 불리기는 이곳이 처음이다(9절). 이집트로 내려갈 때 남자의 수가 70명에 불과했던 야곱의 후손이 400여 년 만에 한 민족을 이룰 정도로 급성장한 것이다. 성경은 자손의 번성은 분명 하나님의 축복이라고 한다. 야곱의 자손은 하나님의 축복 아래 매우 크게 번성한 것이다. 그러나 그들이 누리는 하나님의 축복이 화근이 되어 이집트 사람에게 혹독한 고통을 당하게 되었다는 사실이 아이러니하다. 그들이 하나님의 축복을 받지 않았다면(viz., 자손이 기하급수적으로 번성하지 않았다면), 이집트 사람이 괴롭히지 않았을 것이기 때문이다.

어떻게 이런 일이 가능한가? 하나님의 아름다운 가치관과 축복은 썩고 부패한 세상에서 위협으로 느껴질 때가 많다. 가장 쉬운 예를 생각해보자. 하나님은 독생자 예수님을 이 땅에 축복으로 보내셨다. 그러나 세상은 그 축복을 받아들이기는커녕 십자가에 매달아 죽였다. 우리는 이 같은 가치관의 대립을 항상 마음에 새기고 세상을 살아야 한다. 하나님의 축복이 이 세상에서 우리의 삶을 더 어렵게 할 때가 있다는 사실을 기억해야 한다. 그러므로 세상에서 모든 일이 형통한 것이 곧 하나님의 축복은 아니다.

요셉을 알지 못하는 이집트의 새 왕은 두려움으로 이집트 사람을 설득했다. "이 백성 이스라엘 자손이 우리보다 많고 강하도다"(9절). 그가 하는 말은 사실이 아니며 과장이다. 이스라엘은 한번도 이집트 사람보다 숫자가 더 많거나 군사적으로 강한 적이 없다. 바로가 이같이 말하는 것은 이집트 사람 사이에 이스라엘 백성에 대한 우려와 두려움을 자아내기 위해서다. 어느 백성이든 일단 두려움에 사로잡히면 비이성적이고 부도덕한 일을 서슴지 않고 행하기 때문이다. 역사를 보면 사악한 정권과 체제는 항상 두려움과 공포로 사람들을 동요시켜 반인륜적인 일을 자행토록 했다. 히틀러의 나치 체제가 그랬고, 최근에 세계 곳곳에서 자행된 인종 청소가 그렇다. 사람들을 공포와 두려움으로 협박하거나 설득하려는 권세는 경계해야 한다. 성경은 하나님이 우리를 기쁨과 평안으로 인도하신다고 가르친다.

바로는 이스라엘의 번성을 우려하는 이집트 백성에게 낭패를 경험하지 않으려거든 이스라엘을 지혜롭게 대하라고 한다(10절). 어떻게 하는 것이 이스라엘을 지혜롭게 대하는(נִתְחַכְּמָה) 것인가? 그는 폭력과 억압으로 이스라엘 자손을 짓밟는 것이 그들을 지혜롭게 대하는 것이라고 한다. 옛적에 한 바로는 요셉이 가지고 있는 지혜를 보았다. 그러나 과거의 역사와 요셉에 대한 지식이 없는 이 왕은 억압과 폭력을 지혜라고 한다. 그는 지혜를 교활한 술책으로 전락시킨 것이다(Dozeman). 과거에 대한 올바른 통찰이 없으면 이 같은 위험에 빠질 수 있다.

요셉은 죽기 전에 번성한 야곱의 후손이 이집트 사람들로부터 박해받을 때가 오리라는 것을 알았던 것 같다. 그는 죽기 전에 친지들에게 "나는 죽을 것이나 하나님이 당신들을 돌보시고 당신들을 이 땅에서 인도하여 내사 아브라함과 이삭과 야곱에게 맹세하신 땅에 이르게 하시리라"(창 50:24)라는 말을 남겼다. 그들을 위로하는 의미도 있었겠지만, 이 말은 이스라엘이 고통과 억압에서 이집트를 떠나야 하는 필연적인 상황이 올 것을 암시했던 것 같다. 그뿐만 아니라 자신이 죽으면 이스라엘의 입지가 극도로 약해질 것도 알았던 것 같다. 아버지가 죽었을 때는 요셉이 이집트 사람을 설득해 그 시신을 가나안에 묻을 수 있었다. 하지만 요셉은 자신이 죽으면 자신의 시신을 가나안에 묻을 수 있는 여력이나 영향력이 형제들에게 없다는 것을 알았기에, "하나님이 반드시 당신들을 돌보시리니 당신들은 여기서 내 해골을 메고 올라가겠다 하라"라고 맹세시켰다(창 50:25).

바로가 걱정했던 것은 전쟁 시에 이스라엘의 반역과 도주였다. 그중 그를 더욱 염려케 하는 것은 노예들의 도주이지 이들에게 통치권을 빼앗기는 것이 아니었다. “전쟁이 일어날 때에 우리 대적과 합하여 우리와 싸우고 이 땅에서 나갈까 하노라”(10절)[12]. 그가 이스라엘에게는 이집트를 점령할 능력이 없다는 생각에서 이런 말을 하는 것인지는 확실하지 않다. 이집트 왕의 말을 생각해보면, 그는 참으로 앞뒤가 맞지 않는 사람이다. 그는 이스라엘이 이집트에 거하는 것을 문제 삼는다. 그러나 돌아서서는 이스라엘이 이집트를 떠나는 것을 우려한다. 바로의 말에서 본심을 읽을 수 있어야 한다. 그는 이스라엘을 이용할 가치가 있는 노예 노동력으로 생각했으며, 이 노동력을 가장 좋은 형태와 규모로 통제하고 유지하고자 했다. 그러므로 그는 이스라엘이 너무 큰 백성이 되는 것을 원치 않으며, 그들이 이집트를 떠나는 것은 더더욱 원치 않는다. 이스라엘의 규모를 착취하고 억압하기 가장 좋은 수준으로 유지하고 싶었을 뿐이다. 즉, 왕이 추구하는 것은 통제(control)이며, 그도 이스라엘이 언젠가는 이집트의 통제로부터 ‘출애굽/탈출’을 시도할 것을 알고 있다(Brueggemann).

바로는 이스라엘을 잡아두고 영원히 노예로 부려먹겠다는 목적을 달성하기 위해 이스라엘 자손을 ‘괴롭게 하고’(ענה)(11, 12절), ‘엄하게 하였다’(עבר)(13, 14절). 두 단어는 하나님이 창세기 15장에서 아브라함에게 주셨던 자손에 대한 말씀 중에 이미 사용되었다. “네 자손이 이방에서 객이 되어 그들을 섬기겠고(עבר) 그들은 사백 년 동안 네 자손을 괴롭히리니(ענה)…”(창 15:13). 출애굽 이야기는 하나님이 오래전에 예고하신 말씀의 성취에 불과하다. 이러한 사실을 깨닫는다면 우리는 이미 이 책의 마지막을 짐작할 수 있다. 이스라엘에 대한 이집트의 억압과

---

12 공동번역은 히브리어 문구 עָלָה מִן־הָאָרֶץ(lit. “땅에서 올라가다”)를 “나라를 빼앗을 지도 모른다”로 번역하고 있지만 개역, 새번역 등의 “이 땅에서 떠나갈 것이다”가 더 적합한 해석이다.

착취는 주의 백성에게 해방의 서곡인 것이다. 훗날 모세는 바로와의 대결에서 이스라엘이 하나님을 섬기기 위해서는(עבד) 노예가 되어 바로를 위해 일하는 것(עבד)을 그만두어야 한다는 점을 누누이 강조한다(Stuart). 이스라엘은 탈출과 자유라는 아름다움을 창조하기 위해 몸부림치기 시작했다. 오늘날 우리는 무엇을 위해 노력하고, 어떤 창조를 위해 몸부림 치는가? 진지하게 생각해보자.

바로는 어떻게 이스라엘을 괴롭게 하고 엄하게 대했는가? 이스라엘을 비돔과 라암셋을 건설하는 일에 동원했다(11절). 이 도시들은 바로의 곡식을 저장하는 국고성이었다. 이 도시들의 정확한 위치는 아직까지 밝혀지지 않았다. 그러나 정황을 고려할 때, 이스라엘 백성이 살았던 고센, 곧 나일 델타의 동쪽, 시내 반도로 가는 길 근처에 있었던 것이 확실하다. 그렇다면 비돔과 라암셋은 단순히 왕의 곡식을 저장해 두는 곳만은 아니며, 전략적 위치에 있어서 북동쪽에서 침략해 오는 적들의 손에서 이집트를 보호하는 군사기지 역할도 했던 곳이다. 그러므로 이스라엘 백성이 동원되어 건설한 이 도시들은 상당한 규모와 인프라를 지니고 있었을 것이다(Stuart). 이스라엘 백성이 얼마나 많은 노동력을 착취당했을지 가히 상상할 수 있는 부분이다.

바로는 이 과정에서 본의 아니게 하나님이 아브라함에게 주신 "네 자손이 땅의 티끌처럼, 바닷가의 모래알처럼, 하늘의 별처럼 많아질 것이다"(창 15:5)라는 축복에 도전장을 내민다. 바로는 이스라엘의 왕이신 여호와의 축복을 막을 수 있을까? 결론은 이미 뻔한 것이 아닌가! 바로가 하나님의 축복이 자기 백성에게 임하는 것을 어느 정도 방해할 수 있을지는 몰라도 절대로 차단할 수는 없다. 이미 하나님과 바로의 대결 결과는 정해진 것이다.

잡초는 밟을수록 더 번지고 성장하는 것처럼, 이스라엘도 갖은 억압을 받을수록 번성해 갔다(12절). 아무리 억압해도 이스라엘이 계속 번성하자, 이집트 사람은 이스라엘 백성을 더 가혹하게 대했다(14절). 아무리 가혹하게 굴어도 이스라엘이 번성하는 것은 막을 길이 없었다. 기독교는 잡초 같은 종교다. 교회사를 보면, 교회는 박해를 받을 때 순수했을 뿐만 아니라 수적으로도 성장한 경우가 많았다. 공산주의가 중국을 장악하자 선교사들은 얼마 되지 않는 성도들을 남겨 두고 눈물을 흘리며 그 땅을 떠나야 했다. 상당수의 선교사는 아직 뿌리도 제대로 내리지 못한 중국 기독교가 공산주의자의 박해에 뿌리째 뽑힐 것을 우려했다. 그러나 그것은 기우에 불과했다. 오늘날 일부 선교학자는 중국 그리스도인의 수를 많게는 2억까지 본다! 하나님은 믿음으로 고통받는 자를 그냥 지켜보시지 않는다.

I. 이스라엘이 이집트를 떠남(1:1-15:21)
A. 준비(1:1-7:7)
1. 백성의 속박과 고통(1:1-22)

(3) 번성하는 이스라엘에 대한 바로의 대책(1:15-22)

[15]애굽 왕이 히브리 산파 십브라라 하는 사람과 부아라 하는 사람에게 말하여 [16]이르되 너희는 히브리 여인을 위하여 해산을 도울 때에 그 자리를 살펴서 아들이거든 그를 죽이고 딸이거든 살려두라 [17]그러나 산파들이 하나님을 두려워하여 애굽 왕의 명령을 어기고 남자 아기들을 살린지라 [18]애굽 왕이 산파를 불러 그들에게 이르되 너희가 어찌하여 이같이 남자 아기들을 살렸느냐 [19]산파가 바로에게 대답하되 히브리 여인은 애굽 여인과 같지 아니하고 건장하여 산파가 그들에게 이르기 전에 해산하였더이다 하매 [20]하나님이 그 산파들에게 은혜를 베푸시니 그 백성은 번성하고 매우 강해지니라 [21]그 산파들은 하나님을 경외하였으므로 하나님이 그들의 집안을 흥왕하게 하신지라 [22]그러므로 바로가 그의 모든 백성에게 명령하여 이르되 아들이 태어나거든 너희는 그를 나일 강에 던지고 딸이거든 살려두라 하였더라

이집트 사람의 학대와 억압에도 이스라엘이 날로 번성하자 바로는 히브리 산파를 불러 히브리 여인의 아이를 받을 때 남자아이는 죽이도록 했다(15-22절). 여기서 바로의 명령이 논리적으로 이해가 가지 않는다는 학자들이 있다(Greenberg). 바로가 이스라엘 인구를 제한하고자 했다면, 여자도 분명 포함했어야 했다. 또한 이스라엘을 부리기 좋은 노예로 유지하고자 했다면, 남자의 노동력도 필요했다. 아마도 바로는 남자는 죽여 이스라엘의 민족적 정체성을 없애버리고, 여자는 이집트 사람의 종이나 아내로 삼으려고 했을 것이다. 그러나 바로는 다시 실패를 맛보아야 했다. 산파들이 그의 명령을 따르지 않았기 때문이다. 산파들은 바로보다 이스라엘 하나님 여호와를 더 두려워했다. 결국 그는 극약 처방을 하기에 이르렀다. "아들이 태어나거든 너희는 그를 나일 강에 던지고 딸이거든 살려두라"(22절).

이스라엘 사람을 칭하는 '히브리'(עִבְרִי)(15, 16, 19절)라는 단어가 어디서 비롯되었는지는 아직도 수수께끼로 남아 있다(Dozeman). 이 단어가 성경에서 처음 사용되는 곳은 창세기 14:13이며, 아브라함을 칭하는 말로 사용되었다. 이 유래에 대해 유태인은 전통적으로 세 가지 가능성을 제시했다(Genesis Rabba 42:18). 이 명칭은 (1) 노아의 손자였던 에벨(עֵבֶר)에서 비롯된 것이다(창 10:24; 11:14), (2) '건너, 저편'을 뜻하는 히브리어 전치사(עֵבֶר)에서 유래되었으며 유프라테스 강 저편에서 온 자를 뜻한다, (3) 아브라함의 종교적 불일치(nonconformity)를 강조한다. 세상 모든 사람이 이편에 있지만 아브라함만 '저편'(עֵבֶר)에 있었다는 의미다. 학자들은 이 같은 가능성들이 모두 문제가 있다고 결론짓는다. 때로는 이 단어가 고대 근동 여러 곳에서 출토된 문헌에 등장하는 아피루(*apiru*)라는 무리와 연결되기도 한다.

산파는 고대 사회에서 여자가 종사하는 전문직 중 하나였으며 상당한 지위를 누렸던 것으로 알려졌다(Sarna, Stuart). '히브리 산파'(הָעִבְרִיֹּת מְיַלְּדֹת)는 '히브리 사람들을 보살피는 [이집트인] 산파' 혹은 '히브리인 산파'라는 의미로 해석될 수 있다. 칠십인역(ταῖς μαίαις τῶν Εβραίων)과 요세푸스(Ant. 2.9.2)는 전자로 이해했다. 바로가 히브리인 산파를 은밀하게 불러서 이처럼 잔인한 일을 비밀리에 수행하도록 명령하는 것은 불가능하다는 논리에 근거해 이 여자들이 이집트 사람이었다는 주장도 만만치 않다(Childs, cf. Dozeman). 그러나 본문에 기록된 두 산파의 이름이 히브리 이름이라는 점(Hamilton)과 이스라엘 여자가 아이를 낳는 예민한 순간에 이집트 산파를 받아들이기 힘들었으리라는 점을 감안할 때, 그들은 히브리인 산파였을 것이다(Jacob). 또한 바로가 이 산파들에게 은밀한 명령을 내렸을 것 같지는 않다. 사고나 실수를 가장하여 남자아이를 죽이는 일도 한두 번이지 어떻게 매번 남자아이를 죽일 수 있겠는가? 그러므로 이 명령은 공개적으로 하달된 것으로 보는 것이 바람직하다(Stuart). 그렇다면 이 명령과 나중에 나일 강에 남자 아이들을 던지라는 명령의 차이는 무엇인가? 산파들에게 내린 명령은 히브리 사람을 이용해 히브리 남자아이를 죽이려 한 것이고, 이것이 실패하자 이집트 왕 자신이 스스로 나서서 나일 강을 사용해 히브리 남자아이들을 죽이는 살인자가 된 것을 뜻한다.

지금까지 전개된 내용으로 보아 이스라엘 백성의 수가 상당했을 것으로 여겨지는데 산파가 둘밖에 안 된다는 것은 납득이 가지 않는다. 그러므로 주석가들은 대부분 이 두 사람이 다른 산파들을 지휘하는 우두머리였을 것으로 생각한다(Ibn Ezra, Stuart). 이 외에도 많은 산파가 있었지만 그들의 이름을 일일이 열거할 필요는 없으므로 이 둘을 대표적으로 언급한 것이라는 추측도 있다(Cassuto, Childs).

산파들은 바로의 명령을 듣고도 협조하지 않았다. 시민이 왕의 명령을 거역하는 것은 생명을 잃을 수도 있는 매우 위험한 행위였다. 산파들이 위험을 무릅쓰고 바로의 요구에 따르지 않았던 것은 그들이 이집트의 왕보다 이스라엘의 왕이신 하나님을 더 두려워했기 때문이다(17절). 하나님을 두려워하는 마음은 세상의 가치와 하나님의 기준이 대립할 때 가장 확실한 효과를 발휘한다. 이 일은 인류 역사에 기록된 최초의 시민 불복종(civil disobedience) 사건이다. 바로는 이스라엘에게 임한 하나님의 자손 축복을 멈추게 할 수 없었다. 모세와의 대결이 시작되기도 전에 이집트 왕은 완패하고 있다. 산파들은 남자아이를 죽이라는 바로의 명령을 거역하고 바로에게 거짓말을 했다(19절). 출애굽기의 초반부는 모세의 어머니 요게벳과 누이 미리암, 바로의 딸이자 모세의 양어머니인 여인의 이야기로 구성되어 있는데, 산파들의 영웅적인 행동은 이 여인들의 이야기를 시작하는 문의 역할을 한다(Exum, cf. Trible, Fuchs).

하나님은 이런 산파들에게 은혜를 베푸셨다(20절). 산파들은 절대 사람이나 하나님께 대가를 바라고 자신들의 생명을 담보로 유태인 남자아이들을 살린 것은 아니다. 단지 하나님에 대한 두려움 때문에 이런 일을 한 것뿐이다. 하나님은 이 일을 귀하게 여겨서 산파들을 축복하셨다. 하나님은 산파들에게 어떤 은혜를 베푸셨는가? 하나님은 그들에게 가정(בַּיִת)을 주셨다(21절). 당시 산파들은 독신이었다(Stuart). 이는 모든 시간과 노력을 산모에게 기울이기 위한 의도였다. 게다가 두 산파는 산파들의 우두머리였다. 아마 나이도 많았을 것이다. 그러므로 이런 상황에서 이들이 자신의 가정을 갖는다는 것은 기적에 가깝다. 하나님이 그 같은 기적을 베푸셔서 이들도 행복한 가정 안에서 즐길 수 있도록 남편과 자녀를 주셨던 것이다(Stuart, cf. Dozeman). 하나님이 산파들에게 가정(집)을 축복으로 주셨다는 것이 일종의 아이러니를 형성한다. 이집트 왕의 호칭을 '바로'(פַּרְעֹה)라고 하는데, '바로'는 '큰 집'(great house)이라는 뜻이다(HALOT). 하나님이 '큰 집'인 이집트 왕의 명령을 거부한 '집(가정)'이 없는 산파들에게 축복으로 '집(가정)'을 허락하셨다!

하나님은 산파들에게 가정을 주셨을 뿐만 아니라 그들의 이름을 성경에 기록해 세세토록 기억하게 하셨다. 그들의 이름은 십브라(שִׁפְרָה)(lit., '아름다움')와 부아(פּוּעָה)(lit., '영화')였다. 반면에 이들에게 부도덕한 명령을 한 독재자 바로의 이름은 언급되지 않는다. 성경의 가치관에 의하면, 연약하고 보잘것없는 신분을 지녔지만 도덕성을 중요시하는 이 여자들이, 당대를 호령했지만 부도덕하고 폭력으로 가득한 바로보다 더 소중하고 가치 있는 사람들이었던 것이다(Sarna). 속담에 "호랑이는 죽어서 가죽을 남기고 사람은 죽어서 이름을 남긴다"라는 말이 있는데 우리는 후세에 어떻게 기억될까?

하나님이 산파들의 거짓말에 복 주신 것을 어떻게 이해해야 하는가? 일부 학자들은 산파들이 거짓말을 한 것이 아니라 모든 진실을 말하지 않은 것뿐이라며 이 문제를 피해가지만(Weems), 그들은 분명 바로를 속였고, 하나님은 바로에게 거짓말을 한 산파들에게 복을 주셨다. 저자는 그들이 거짓말을 하게 된 것은 '하나님을 두려워 함'(וַתִּירֶאןָ אֶת־הָאֱלֹהִים)에서 비롯되었다는 점을 강조한다(17절). 이집트 왕도 분명 두려운 존재이지만, 그들은 생명을 사랑하시는 창조주 하나님을 더 두려운 분으로 알았던 것이다. 하나님을 두려워하는 것은 도덕과 윤리의 가장 기본적인 바탕을 형성한다. 하나님은 모든 피조물에게 도덕적이고 윤리적인 행동과 사고를 요구하시는 분이기 때문이다. 산파들이 바로의 말에 순종하는 것은 그를 두려워하는 것이다. 그러나 성경은 의인은 여호와를 두려워해야 한다고 말한다(사 8:12-13). 이들은 개인적인 이익이나 관심 때문에 바로를 거역하는 것이 아니라 하나님의 도덕적 요구를 충족시키기 위해 불합리하고 부도덕한 독재자의 요구에 불응하는 것이다. 세상의 요구와 하나님의 기준이 대립할 때, 우리는 당연히 하나님의 기준을 따라야 한다. 심지어 거짓말을 해야 하는 상황에 부딪치더라도 말이다. 성경에는 하나님이 여호와를 경외하여 거짓말한 사람들에게 복을 주신 이야기들이 있다. 창녀 라합과 기브온 사람들이 그 대표적인 예다(수 2, 9장). 거짓말하는 것보다 그 이유가 더 중요하다. 산파들은 여호와를 경외했기에 바로에게 거짓말을 했다.

이집트로 내려가던 야곱에게 하나님은 "내가 그곳에서도 너와 함께 하고 너의 자손을 지키리라"라고 약속하셨다(창 46:3-4). 우리는 몇 백

년이 지난 시점에도 그 약속이 지켜지고 있는 것을 목격한다. 바로는 이스라엘 노예의 수를 억제하기 위해 수단과 방법을 가리지 않고 이스라엘 백성을 핍박했다. 그러나 그가 이스라엘 백성을 악랄하게 짓밟으면 짓밟을수록 오히려 그들의 수는 늘어났다(20절). 하나님이 야곱에게 약속하신 것처럼, 그의 후손들과 함께하며 그들을 지키고 축복하셨던 것이다. 우리가 어디를 가든지 두려워할 필요가 없는 것은 하나님이 특정 공간이나 장소에 국한된 분이 아니기 때문이다. 여호와께서는 어디서든 백성들과 함께하신다. 야곱이 라반에게 갔을 때 하나님은 어디에 계셨는가? 요셉이 감옥에 있었을 때 하나님은 어디에 계셨는가? 항상 그들과 함께하시며 보호해 주셨다. 우리도 이 같은 하나님의 동행과 축복을 기대할 수 있다.

이스라엘 백성은 울부짖음에 침묵하시는 하나님을 무관심한 분으로 생각했을지 모른다. 그러나 침묵하시는 하나님은 이미 그들의 삶에 깊이 개입하고 계셨다. 즉, 하나님의 침묵은 무관심의 표현이 아니었다. 하나님이 적절한 때에 침묵을 깨시겠지만, 침묵하시는 상황에서도 이미 자기 백성의 삶에 개입하고 계신 것이다. 하나님은 이스라엘의 미래를 위협하는 바로의 흉측한 계략이 여호와를 두려워하는 산파들의 영웅적인 시민 불복종을 통해 효력을 발휘하지 못하도록 하셨다.

이스라엘 백성이 히브리 산파들을 통해 스스로 인구를 억제해 줄 것을 기대했던 바로는 일이 뜻대로 되지 않자 이번에는 직접 나서서 극약 처방을 내렸다. "갓 태어난 히브리 남자 아이는 모두 강물에 던지고, 여자 아이들만 살려 두어라"(22절, 새번역). 책이 시작된 후 지금까지 이스라엘 백성에 대한 이집트 사람의 학대가 계속 심화되더니 드디어 절정에 도달했다. (1) 단순한 억압(11절) - (2) 혹독한 억압(14절) - (3) 산파를 통한 살인(16절) - (4) 노골적 살인(22절). 이스라엘의 계속되는 번성을 보다 못한 바로가 스스로 아이들을 죽이는 자로 나선 것이다. 한 가지 아이러니한 것은 하나님의 축복이 이스라엘에게 강하게 임할 수록 바로의 핍박도 심해진다는 사실이다. 옛적에 야곱이 라반의 집에 거하면서 하나님의 복을 받을수록 처가의 시기와 질투가 강해졌던 것처럼 말이다(창 31장). 세상은 하나님을 미워하기에 이 땅에서 하나님을 사랑하는 주의 백성도 미움을 받는다. 이런 면에서 시기와 질투의 '끝판왕'으로 이런 일이 벌어진다고 볼 수 있다.

바로의 칙령은 두 가지 궁금증을 유발한다. 첫째, 왜 그는 나일 강에 아이들을 던지라고 했을까? 태어나는 즉시 칼로 죽이는 등의 다른 방법도 있었을 텐데 말이다. 이 질문에 대해서는 두 가지 설명이 가능하다. 먼저, 당시 사람들은 대부분 나일 강이나 나일 강과 연결된 샛강 주변에 살면서(Stuart), 나일 강물을 마시고 그곳에서 씻을 뿐 아니라 오물과 쓰레기도 강에 떠내려 보냈다. 따라서 이러한 정황을 고려하면 아이들을 다른 방법으로 죽이는 것보다 나일 강에 던져 죽이는 것이 가장 간편하고 깔끔했을 것이다. 또한 나일 강은 당시 신으로 숭배되었다. 즉, 이집트 왕은 히브리 아이들의 죽음에 대해 어느 정도의 원망이나 책임을 나일 강의 신(들)에게 돌리기를 원했던 것이다. 만일 나일 강 신이 아이를 제물로 원하지 않으면 아이는 살 것이며, 아이의 죽음은 곧 신이 그를 제물로 받은 것이 되기에 아이를 강에 던지는 자도 조금은 양심의 가책을 면할 수 있었던 것이다.

둘째, 왜 바로는 여자아이는 두고 남자아이만 죽이라고 했을까? 많은 주석가가 남자는 성장하면서 군사적 위협이 될 수 있기 때문이라고 풀이하지만(Enns), 이 외에도 여러 가지 설명이 가능하기 때문에 그가 왜 이런 명령을 내렸는지 확실하게는 말할 수 없다(Stuart). 단, 한 가지 확실한 것은 바로가 남자아이를 제거하는 것을 인구 조절의 관건이라고 생각했다는 사실이다. 바로가 내린 칙령의 효력은 언제까지 지속되었을까? 출애굽 당시 이스라엘 백성 중 모세보다 나이가 적은 남자들이 많았던 점을 고려하면, 바로의 이 같은 칙령은 몇 년 동안 일시적으로 효력을 발휘했을 뿐 영구적인 정책은 아니었던 것 같다.

바로가 남자아이를 강물에 던지라고 명한 것을 통해 이집트의 생명의 근원인 나일 강이 출애굽기에 처음으로 등장한다. 이집트 사람에게는 생명의 근원인 나일 강이 히브리 사람에게는 죽음의 상징이 되었다. 앞으로 하나님은 이집트의 생명의 근원인 나일 강을 벌하시고 죽음으로 내몰린 이스라엘을 살리실 것이다. 출애굽 이야기에서 매우 중요한 주제로 부각되는 물은 이곳에서 처음으로 소개된다(Enns). 바로는 나일 강의 물로 히브리 남자아이들을 죽이고 있다. 훗날 하나님은 홍해의 물로 이집트의 군사들을 죽이실 것이다(15:4). 평상시에는 사람을 살리는 물이, 경우에 따라 이처럼 죽이는 도구가 될 수 있다.

출애굽기 1장의 상황을 보면 이스라엘 백성이 매우 어렵고 불리한 삶을 살고 있음을 알 수 있다. 하나님이 사랑하시는 자녀인 우리에게는 이런 어려움이 없어야 한다고 생각할 수도 있다. 그러나 어려움은 꼭 있어야 한다. 이집트 생활이 만족스럽고 행복했다면, 이스라엘 백성이 가나안 땅으로 떠나겠다고 나섰겠는가? 더 위대한 것을, 더 좋은 것을 주시기 위해 고난은 필요한 것이다. 이런 것을 우리는 '창조적 고통'이라 부를 수 있다. 하나님이 우리와 함께하며 동행하고 있다는 확신이 있는 한, 우리는 어떠한 고통도 이겨낼 수 있으며, 새로운 것을 창조하기 위한 에너지로 전환할 수도 있다.

I. 이스라엘이 이집트를 떠남(1:1–15:21)
A. 준비(1:1–7:7)

2. 모세의 탄생과 성장(2:1–22)

출애굽기는 모세의 삶을 중심으로 만들어진 위인전이 아니다. 그러나 모세는 이야기 진행에 있어서 꼭 필요한 존재다. 그의 탄생 이야기가 흥미로운 것은 산파들 이야기처럼 이 이야기 속에 하나님이 보이지 않기 때문이다. 하나님이 자신을 숨기신 것이다. 그러나 모세의 탄생과 성장을 중심으로 진행되는 이야기에는 하나님의 손길이 확연히 보인다. 그러므로 우리는 칼빈(Calvin)처럼 "모세를 보호하기 위한 모든 노력은 하나님의 인도하심과 후원 아래 그분의 영의 은밀한 감동에서 비롯된 것이다"라고 말할 수 있다. 일부 학자들은 모세의 탄생 이야기가 고대 아카디아의 사르곤 대왕(Sargon the Great, 2350-2294 BC)의 탄생 이야기와 매우 비슷하게 구성되었다는 것을 발견했다. 두 사람 모두 방수처리가 된 바구니에 실려 강물에 떠내려갔으며 누군가 물에서 건져내게 된다(ANET, 119). 성경의 이야기 중에는 요셉 이야기가 모세 이야기와 비슷한 점이 많다(Carmichael). 어떤 학자는 하갈 이야기(창 16장, 21장)가 모세 이야기와 매우 많은 공통점이 있다고 한다(Dozeman). 1장과 마찬가지로 2장도 중심주제는 이스라엘의 번성이다. 그러나 이번에는 초점이 한 가정에 맞추어져 있다. 극심한 핍박 속에서 한 아이가 태어났으며(2절), 이 아이도 장성하여 혹독한 방랑자의 삶을 살면서 아들을 낳는다(22절). 이스라엘에 대한 하나님의 축복이 계속되는 것이다.

모세의 탄생은 그가 성인이 되는 즉시 이스라엘의 구세주가 되어 그들을 가나안으로 인도할 것 같은 기대를 갖게 한다. 그러나 그가 장성한 후에도 구원은 쉽게 오지 않는다. 스스로 이스라엘을 구원하는 위대한 사명을 가지고 이 땅에 태어났다고 확신했던 모세는 40세에 혈기를 이기지 못하고 살인자가 되어 광야로 도피했다. 아직 이스라엘의 구원자가 될 만한 인물이 되지 못했던 것이다. 그는 미디안 광야에서 자신의 생명을 노리던 바로가 죽기까지 40년을 보냈다. 모세가 80세 되던 해, 드디어 하나님이 그를 이스라엘이 신음과 탄식 속에서 그렇게 갈망하던 구원자로 세우셨다. 40년 광야생활을 겪으면서 모세가 이스라엘의 구세주가 될 만한 자로 준비되었기에, 하나님이 드디어 그를 통해 이스라엘의 구원 사역을 시작하신 것이다. 여기서 놓쳐서는 안 될 진실은 하나님이 모세를 구원자로 세우신 것은 그의 능력이나 재능을 보아서가 아니라 그의 겸손이다. 이 섹션은 모세의 120년 인생 중 3

분의 2인 80년 동안의 일을 간략하게 묘사하고 있다. 다음과 같이 세 부분으로 구분할 수 있다.

A. 모세의 탄생과 하나님의 보호(2:1-10)
B. 모세와 그의 백성(2:11-15)
C. 모세의 미디안 생활(2:16-22)

I. 이스라엘이 이집트를 떠남(1:1-15:21)
A. 준비(1:1-7:7)
2. 모세의 탄생과 성장(2:1-22)

(1) 모세의 탄생과 하나님의 보호(2:1-10)

[1]레위 가족 중 한 사람이 가서 레위 여자에게 장가 들어 [2]그 여자가 임신하여 아들을 낳으니 그가 잘 생긴 것을 보고 석 달 동안 그를 숨겼으나 [3]더 숨길 수 없게 되매 그를 위하여 갈대 상자를 가져다가 역청과 나무 진을 칠하고 아기를 거기 담아 나일 강 가 갈대 사이에 두고 [4]그의 누이가 어떻게 되는지를 알려고 멀리 섰더니 [5]바로의 딸이 목욕하러 나일 강으로 내려오고 시녀들은 나일 강 가를 거닐 때에 그가 갈대 사이의 상자를 보고 시녀를 보내어 가져다가 [6]열고 그 아기를 보니 아기가 우는지라 그가 그를 불쌍히 여겨 이르되 이는 히브리 사람의 아기로다 [7]그의 누이가 바로의 딸에게 이르되 내가 가서 당신을 위하여 히브리 여인 중에서 유모를 불러다가 이 아기에게 젖을 먹이게 하리이까 [8]바로의 딸이 그에게 이르되 가라 하매 그 소녀가 가서 그 아기의 어머니를 불러오니 [9]바로의 딸이 그에게 이르되 이 아기를 데려다가 나를 위하여 젖을 먹이라 내가 그 삯을 주리라 여인이 아기를 데려다가 젖을 먹이더니 [10]그 아기가 자라매 바로의 딸에게로 데려가니 그가 그의 아들이 되니라 그가 그의 이름을 모세라 하여 이르되 이는 내가 그를 물에서 건져내었음이라 하였더라

바로는 이스라엘 백성의 번성을 막으려 안간힘을 쓰면서 결국 남자아이는 태어나자마자 모두 나일 강에 던져 죽이라고 명을 내린다(1:22). 인종 청소가 시작된 것이다. 훗날 헤롯이 자신의 왕위를 위협하는 이스라엘을 구원할 메시아 아이가 유다에 태어났다는 동방 박사들의 말을 듣고 비슷한 행동을 취한 것 외에는 성경에 다시 언급되지 않는 무자비하고 잔인한 행동이다. 이스라엘 백성과 함께하시는 하나님의 손길을 보면서 해본 반항이었을까? 아니면 무식해서 물불을 못 가리는 행동이었을까? 이처럼 악한 시대에 모세는 레위 족속의 한 가정에서 태어났다(2:1-2). 바로의 피나는 노력을 나무라기라도 하듯이 이스라엘 자손 사이에는 결혼이 있었고(1절), 아이의 탄생도 있었다(2절). 죽음이 선포된 상황에서도 생명은 끊임없이 태어났다. 바로는 이집트를 호령할 수 있을지언정 창조주이자 이스라엘 하나님의 생명의 원리들을 멈추게 할 수 없었다(Brueggemann).

저자는 1절에서 부모와 아이의 이름을 밝히지 않는다. 아이가 실린 상자를 뒤따르며 상황을 지켜보는 누이의 이름도 밝히지 않는다. 심지어 아이를 살리는 바로의 딸 이름도 알려주지 않는다. 이 이야기에서 가장 중요한 역할을 하는 여인들의 이름이 밝혀지지 않는 것은 하는 일의 중요성에 초점을 맞추기 위해서다(Reinhartz). 나중에야 우리는 그의 아버지가 아므람이요, 어머니는 요게벳이며, 아이는 모세라는 것을 알게 된다. 아므람은 자기 고모 요게벳과 결혼했다(6:20). 그래서 요게벳이 아므람보다 나이가 많았을 것으로 추정된다(Hamilton). 심지어 한 학자는 요게벳이 아므람보다 40살이 더 많았다고 한다(Brichto). 훗날 선포되는 모세율법에 의하면, 이 둘은 결코 결혼할 수 없는 사이로, 근친상간이라 할 수 있다. 부모에게 모든 자식이 귀하겠지만, 이 부부는 유별나게 마음을 끄는 이 아이를 위험을 무릅쓰고 3개월 동안 숨겨 키웠다. 저자는 어머니가 아이의 '잘 생긴 것'(טוֹב)을 보고 3개월간 숨기기로 결정했다고 하는데, 이 단어는 창세기 1장에 등장하는 창조 이야기에서 무려 일곱 차례나 온 피조물이 "하나님 보시기에 좋았더라(טוֹב)"라고 회고했던 단어다. 그래서 대부분 주석가는 아이의 탄생은 새로운 창조의 시작임을 알리는 것으로 해석한다(Sarna, Brueggemann, Enns). 이 단어는 창세기와 출애굽기를 연결하는 또 하나의 고리가 되는 것이다(Dozeman). 이 아이에게 훗날 모세(מֹשֶׁה)라는 이름이 주어진다(10절). 그러나 이 이름은 이집트어에서 비롯된 이름이며, 또 아이가 태어나자마자 이름을 주는 것이 당시의 풍습이었기에 많은 사람이 '모세의 원래 이름이 무엇이었을까' 하는 의문을 갖는다(Childs, Noth). 유태인 전승은 모세의 히브리어 이름이 '토비야'(טוֹבִיָּה)였을 것이라는 추측을 내놓았다(Sotah 12a, Exodus Rabba 1:24, cf. Sarna). 이러한 추측의 근거는 2절에 언급된 아이의 준수함을 강조하는 히브리어 단어(טוֹב, '토브'로 발음함)에서 비롯되었다.

아이를 숨겨 키운 지 3개월이 지나자 더 이상은 숨길 수 없게 되었다. 아이의 어머니는 갈대 상자(תֵּבַת גֹּמֶא)를 만들어 역청(חֵמָר)과 나무 진(זָפֶת)을 칠하고 나일 강으로 가져가 아이를 넣어 갈대(סוּף) 사이로 떠나 보냈다(3절).[13] 당시 나일 강은 구역에 따라 악어가 득실거리기도 했지만, 안전해서 사람들이 목욕하는 구역도 많았다. 아이의 어머니는 분명 사람들이 목욕하는 안전 구역에 아이가 실린 갈대 상자를 띄웠을 것이다(Hamilton). 아이를 강물에 띄워 보내는 것은 인간이 할 수 있는 일은 모두 했지만 별 효과가 없어서 이제는 오직 하나님 손에 아이의 생명을 맡긴다는 절박함을 상징한다(Janzen). 차마 아이가 잘못되는 것을 지켜볼 용기가 없었던 아이의 부모는 혹시 하나님이 자신들과 아이

13 고대 근동에는 이와 비슷한 이야기가 여러 개 있었다. 학자들은 특히 사르곤의 전설(Legend of Sargon of Akkad)(cf. ANET, 119)과 모세 이야기가 매우 흡사하다고 결론짓는다. 그들은 출애굽기 저자가 이 이야기를 활용하여 모세 이야기를 만들어낸 것이라고 주장하지만(Dozeman, Enns, Stuart), 비슷한 이야기가 있다고 해서 꼭 하나가 다른 것을 모방한 것이라고 결론 내릴 필요는 없다. 설령 모방했다고 할지라도, 모방한 이야기의 진실성이 훼손된다고 전제할 필요는 더욱이 없다.

를 불쌍히 여기셔서 기적을 베푸시지 않을까 하는 일말의 소망을 가지고 아이의 누이를 시켜 아이가 실린 갈대 상자를 뒤따르게 하며 이 상자와 아이가 어떻게 되는가를 살피도록 했다(4절). 누이의 이름은 밝혀지지 않지만 미리암이었을 것이다(15:20). 아론이 모세보다 세 살이 더 많았음을 감안할 때(7:7), 미리암은 아론보다 나이가 많았고, 이때 그녀의 나이는 6-12세 정도로 추정된다(Stuart). 고대 사회에서는 여자아이가 어느 정도 성장하면 집에 머물면서 집안일을 해야 했지만, 미리암은 아직 그보다 어렸기 때문에 나일 강 둑을 배회해도 의심을 받지 않았을 것이다.

아이를 담은 '상자'(תֵּבָה)라는 히브리어 단어는 성경에서 이곳과 노아 홍수 이야기에서 방주를 가리킬 때 사용될 뿐 다른 곳에서는 사용되지 않는다. 이 단어가 여기에서 사용되는 것은 노아의 '방주'(תֵּבָה)에 몸을 실었던 모든 사람과 짐승이 위험에 노출되었지만, 하나님의 보호하시는 손길이 그들을 살리신 것처럼 작은 '상자'(תֵּבָה)에 몸을 맡긴 모세도 위험에 노출되어 있지만, 하나님의 보호하시는 손길이 그를 살리실 것을 암시하기 위함이다(Sarna). 노아가 방주를 통해 온 세상의 짐승을 구원한 것처럼, 모세도 짐승 취급을 받고 있는 이스라엘 자손을 구원할 것을 암시하는 듯하다. 모세는 제2의 노아인 것이다(Stuart).

'갈대'(גֹּמֶא)는 나일 강 유역에서 흔히 발견되는 파피루스(papyrus)를 뜻한다. 파피루스는 보통 3m까지 자라며 고대 이집트 사람이 다용도로 사용하던 식물이었고, 특히 작은 배를 만드는 데 유용하게 쓰였다(ABD). 모세를 나일 강의 갈대(סוּף) 사이로 떠나보낸 것은 훗날 모세가 이스라엘 자손을 인도하여 건너게 될 '홍해/갈대 바다'(יַם־סוּף)를 기대하게 한다(13:18). 저자는 이러한 기대감을 조성하기 위해 성경에서 매우 제한적으로 사용되는 갈대를 의미하는 히브리어 단어(סוּף)를 사용한다. 그러므로 '갈대 상자'(תֵּבַת גֹּמֶא)라는 용어는 과거 노아의 방주를 연상케 하는 '상자'(תֵּבָה)와 앞으로 이스라엘 자손이 건널 홍해/갈대 바다를 기대하게 하는 '갈대'(גֹּמֶא)로 구성되어 있으며, 모세 이야기가 과거와 미래를 잇는 다리 역할을 하게 만든다(Dozeman).

'마침'(ו)(새번역, 5절) 바로의 딸이 목욕하러 나왔다. 당시 이집트 사람은 종교적 예식 혹은 신체적 청결을 위해 나일 강으로 나와 목욕을 했는데, 아마도 공주는 둘 다를 위해 목욕하러 나왔을 것이다(Hamilton). 목욕하러 나왔던 공주는 우연히 모세를 발견하고 불쌍히 여겨 키우기로 결정한다. 지금까지 이집트의 공주는 목욕하러 나일 강을 찾을 때마다 강물에 떠내려가는 수많은 히브리 남자아이들을 보아왔을 것이다. 그때는 별 관심을 갖지 않았는데, 왠지 이번에는 마음이 끌려 상자를 가져다 열어보게 했고, 상자에 실린 아이의 눈을 보는 순간 아버지의 칙령을 어기면서까지 이 아이를 키우고 싶은 긍휼과 사랑이 싹텄던 것이다. 우연일까? 모세가 운이 좋은 것일까? '때마침'은 믿지 않는 자에게는 우연일 테지만 믿는 자에게는 확실한 하나님의 섭리다. 하나님의 사역에서 가장 중요한 것은 '때'이다. 믿는 자에게는 우연/행운이 있을 수 없다. 모든 것이 그분의 은혜이고, 그분의 섭리 속에서 이루어진다. 보이지 않는 곳에서 역사하시는 하나님이 산파들처럼, 이집트의 최고 권위자에 대한 불복종을 감수하면서까지 아이를 키우도록 공주의 마음을 움직이신 것이다.

조금 떨어진 곳에서 모세의 상자를 지켜보던 누나 미리암이 나타나 아이에게 젖을 먹여 양육시킬 수 있는 유모를 소개하겠다고 나섰다(7절). 이집트의 공주는 미리암의 제안을 좋게 받아들였고 미리암은 어머니를 데려와 바로의 딸에게 소개했다(8절). 물론 요게벳이 아이의 친모라는 것을 밝히지는 않았을 것이다. 이렇게 하여 모세는 다시 친엄마의 손에 넘겨지고, 엄마는 더 이상 모세를 숨겨 키울 필요가 없었을 뿐만 아니라 양육비까지 받아가며 당당하게 키우게 되었다! 참으로 대단한 반전이다. 요게벳은 모세를 키우면서 그가 히브리 사람이라는 사실과 하나님이 그를 들어 이스라엘을 구원하실 것이라는 비전을 끊임없이 심어주었을 것이다. 물론 어린 모세가 이 모든 것을 알아들었을 가능성은 별로 없다. 그러나 어쨌든 모세는 어렸을 때부터 자신의 정체성과 민족성에 대해 철저한 교육을 받으며 자랐다.

아이가 어느 정도 자란 다음에 바로의 딸이 모세를 데려다 양자로 삼았다(10절). 당시 아이들은 보통 만 3-4세 정도에 젖을 뗐다(Stuart). 오늘날로 말하면 모세는 유치원에 입학하기 바로 직전에 이집트 공주에 의해 입양된 것이다. 공주에게 입양된 이후에도 모세가 자기 친족들과 왕래하며 관계를 유지했을까? 정확히 알 수는 없지만, 훗날 그가 아론이 자기 형이라는 것을 알고(4:14) 함께 사역하는 것을 보면 그랬을 것이라 생각된다. 적어도 그는 자랄 때부터 자신이 히브리 사람이라는 것을 알고 있었다(2:11).

모세는 합법적으로 당당하게 바로의 궁에 입성해 이집트가 제공할 수 있는 최고의 것을 누리며 최고의 교육을 받았다. 하나님이 계획하신 일을 인간은 결코 방해할 수 없다. 반면에 이스라엘 자손을 멸하려는 바로의 계획은 또 실패하고 있다. 그것도 자신의 딸을 통해서 말이다. 이스라엘 자손을 바로의 손에서 구원할 아이가 이집트 공주에 의해 보호를 받으며 '바로의 바로 턱 밑'에서 자라게 된 것이다! 이 대목에서 유태인은 오늘날에도 열광한다. 회당에서 이 이야기를 함께 읽을 때는 손뼉을 치며, 발을 구르고, 소리를 질러 환호한다. 우리가 상상할 수 있는 최악의 조건에서도 자비를 베푸시어 택한 백성을 구원할 자를 보호하시는 하나님을 찬양하는 것이다. 어린 모세의 이야기는 이집트 사람의 '죽음의 소굴'(den of death)에도 바로의 딸, 요게벳, 미리암과 같은 '생명의 동맹군들'(allies of life)이 있었음을 시사한다(Pixley). 여성 신학자들이 말하는 것처럼, 이 여인들의 영웅적인 행동은 이스라엘 자손의 구원자가 될 모세의 생명을 구함으로써 이스라엘 역사와 신학에 영원히 빛날 출애굽 사건의 초석을 마련해 주었다(Exum, Trible).

I. 이스라엘이 이집트를 떠남(1:1-15:21)
A. 준비(1:1-7:7)
2. 모세의 탄생과 성장(2:1-22)

(2) 모세와 그의 백성(2:11-15)

[11]모세가 장성한 후에 한번은 자기 형제들에게 나가서 그들이 고되게 노동하는 것을 보더니 어떤 애굽 사람이 한 히브리 사람 곧 자기 형제를 치는 것을 본지라 [12]좌우를 살펴 사람이 없음을 보고 그 애굽 사람을 쳐죽여 모래 속에 감추니라 [13]이튿날 다시 나가니 두 히브리 사람이 서로 싸우는지라 그 잘못한 사람에게 이르되 네가 어찌하여 동포를 치느냐 하매 [14]그가 이르되 누가 너를 우리를 다스리는 자와 재판관으로 삼았느냐 네가 애굽 사람을 죽인 것처럼 나도 죽이려느냐 모세가 두려워하여 이르되 일이 탄로되었도다 [15]바로가 이 일을 듣고 모세를 죽이고자 하여 찾는지라 모세가 바로의 낯을 피하여 미디안 땅에 머물며 하루는 우물 곁에 앉았더라

이 시대 이집트 왕궁의 문헌을 살펴보면 왕족 자녀들의 교육은 어렸을 때 시작되어 12년 정도 지속되었다(Sarna). 모세를 위한 하나님의 예비하심을 생각해보자. 어머니와 어린 시절을 보낸 모세는 자신이 히브리 사람이라는 정체성에 대해 세뇌되다시피 했고, 교육을 받기 시작할 나이에는 당당히 바로의 손자 자격으로 왕궁에 입성해 그 당시 이집트가 줄 수 있는 최고의 교육을 받으며 능력의 일꾼으로 성장해 갔다. 이런 것이 삶에서 드러나는 여호와 이레의 실제적 예가 아니겠는가! 각자의 삶을 돌아보라. 분명 여호와 이레의 역사가 보일 것이다.

어머니의 교육 때문이었을까? 모세는 이집트 왕궁에서 자란 후에도 동족인 히브리 사람을 사랑했다. 물론 그가 이때 자신이 히브리 사람이라는 정체성을 가지지 않았다고 해석하는 학자도 있지만(Enns), 이 이야기와 3-4장의 내용을 고려할 때, 모세는 분명 자신이 히브리 사람이라는 것을 알고 있었다(히 11:24). 그는 또한 정의에 대해 깊이 고민했다. 아마도 '왜 하나님이 나를 선택해 특별한 대우를 하셨을까?'라는 질문에 대해 많이 묵상했을 것이다. 그런 다음 '나는 이스라엘 백성을 구원할 위대한 사명을 가진 자'라는 결론을 내렸다. 모세는 하나님의 깊은 뜻을 제대로 헤아린 것이다! 그러나 때가 문제였다. 지금은 하나님의 때가 아닌 것이 확실하다. 모세가 마음에 두었던 해방 계획도 하나님의 방법은 아니다. 그는 하나님의 때와 방법을 분별하며 기다려야 했다. 섣불리 움직이면 모세는 '메시아 증후군'(Messiah Complex)에 걸린 자밖에 되지 않는다. 하나님의 역사가 일어나려면 하나님의 뜻, 시간, 방법 등이 '삼위일체를 이루어야' 한다. 이 세 가지가 일치해야 하나님의 역사다. 오늘날 많은 목회자와 성도가 이에 대해 혼돈을 일으키고 있다. 주변에서 하나님 뜻이라며 때를 기다리지 않고 무리하게 일을 추진하는 사례들을 목격하곤 한다. 하나님의 뜻은 구하기가 쉽다. 하나님의 방법도 어느 정도는 분별하기 쉽다. 그러나 하나님의 때를 분별하는 것은 상당히 어려운 일이다. 때를 잘 타면 영웅이지만, 때를 잘못 타면 역적이라 하지 않던가! 하나님의 역사를 이루는 일에서 하나님의 때가 가장 중요하다.

하루는 모세가 노예로 고통받는 '자기 형제'(אֶחָיו)를 둘러보러 갔다. 이집트 사람이 한 히브리 사람, 곧 '자기 형제'(אֶחָיו)를 '치는 것'(נכה)을 보고 화가 났다(11절). 모세가 거룩한 분노를 느끼는 것은 좋은 일이기에 여기까지는 좋았다. 저자는 '형제'라는 말을 반복함으로써 지난 수년간의 이집트 왕궁 교육이 모세의 히브리 사람으로서의 정체성을 씻어내는 데는 실패했음을 역설하고자 한다. 화가 난 모세는 주변을 살펴서 아무도 보는 이가 없음을 확인한 후 이집트 사람을 '쳐죽여'(נכה) 조용히 모래에 묻었다(12절). 저자가 이집트 사람이 모세의 형제를 친 것(נכה)처럼 모세가 그를 쳤다(נכה)며 같은 히브리어 단어(נכה)를 사용한 것을 이집트 사람이 히브리 사람에게 행한 대로 모세가 이집트 사람에게 갚아준 것처럼 묘사하려는 것으로 해석할 수도 있다. 그러나 유태인의 한 미드라쉬(Bet ha-midrasch)는 여기에 하나님이 모세의 폭행에 대해 그를 추궁하시는 장면을 더하고 있다(Sarna). 유태인도 자기 백성에 대한 모세의 열정은 높이 샀지만, 폭력성은 정당화하지 않았다.

자기 백성을 위해 뭔가를 했다는 자부심에 가슴이 뿌듯했던 모세는 다음날 다시 이스라엘 노예들을 찾았다. 이번에는 두 사람이 싸우는 것을 보고 잘못한 자에게 "당신은 왜 동족을 때리오?"라고 야단을 쳤다(13절, 새번역). 모세가 '잘못한 자'(רָשָׁע)를 나무랐다는 것은 야단맞은 사람의 말처럼 그가 슬며시 이스라엘 백성의 재판관 자리를 굳혔음을 의미한다(Brueggemann). 물론 모세는 단순히 동족 간의 폭행이 멈추기를 원했던 것뿐이다. 그러나 이 과정에서 본인의 의도와 상관없이 이스라엘 백성의 재판관이 되어 있다. 모세의 책망을 들은 사람이 "누가 너를 우리를 다스리는 자와 재판관으로 삼았느냐 네가 애굽 사람을 죽인 것처럼 나도 죽이려느냐"라며 대들자 모세는 자기가 전날 저지른 살인의 전모가 이미 알려졌음을 알아차리고 두려워했다(14절). 이스라엘 백성 중에 분명히 밀고자가 있으리라는 것을 잘 알고 있었기 때문이다. 이 사건은 모세 오경에서 자주 부각되는 두 주제를 하나로 묶고 있다. (1) 이스라엘의 반역, (2) 이스라엘의 모세 거부(Enns).

공공연하게 알려졌던 모세의 살인이 결국 밀고자들을 통해 바로에게 알려지자 왕은 모세를 죽이기 위해 찾았고, 위급한 상황임을 깨달은 모세는 곧바로 미디안 땅으로 도망쳤다. 미디안 땅은 당시 이스라엘이 거하던 나일 델타 지역에서 두 바다를 건너야 갈 수 있는 먼 땅이었다. 바로를 얼마나 두려워했는가는 모세가 이처럼 먼 곳으로 피신한 일에서 엿볼 수 있다. 결국 이스라엘의 메시아가 되는 데 실패한 모세는 살인자가 되어 이집트를 탈출한다. 이 이야기를 읽어내려 가는 독자도 허탈하겠지만, 모세가 이스라엘 백성의 구원자가 될 것을 확신하며 기대했던 그의 가족은 얼마나 절망스러웠겠는가. 모세가 찾은 미디안 족은 아브라함과 그두라 사이에 태어난 아들에서 비롯된 것으로 생각되며(창 25:1-2), 이들의 땅은 매우 넓은 사막 지대를 중심으로 형성되었던 것으로 알려졌다.

I. 이스라엘이 이집트를 떠남(1:1-15:21)
  A. 준비(1:1-7:7)
    2. 모세의 탄생과 성장(2:1-22)

(3) 모세의 미디안 생활(2:16-22)

[16]미디안 제사장에게 일곱 딸이 있었더니 그들이 와서 물을 길어 구유에 채우고 그들의 아버지의 양 떼에게 먹이려 하는데 [17]목자들이 와서 그들을 쫓는지라 모세가 일어나 그들을 도와 그 양 떼에게 먹이니라 [18]그들이 그들의 아버지 르우엘에게 이를 때에 아버지가 이르되 너희가 오늘은 어찌하여 이같이 속히 돌아오느냐 [19]그들이 이르되 한 애굽 사람이 우리를 목자들의 손에서 건져내고 우리를 위하여 물을 길어 양 떼에게 먹였나이다 [20]아버지가 딸들에게 이르되 그 사람이 어디에 있느냐 너희가 어찌하여 그 사람을 버려두고 왔느냐 그를 청하여 음식을 대접하라 하였더라 [21]모세가 그와 동거하기를 기뻐하매 그가 그의 딸 십보라를 모세에게 주었더니 [22]그가 아들을 낳으매 모세가 그의 이름을 게르솜이라 하여 이르되 내가 타국에서 나그네가 되었음이라 하였더라

미디안 땅으로 도피한 모세는 잠시 한 우물가에서 쉬게 되었다. 물이 귀한 근동 지역에서 우물은 매우 중요한 생명의 근원이었기에 주민과 목자뿐만 아니라 여행자도 자주 들르는 곳이었다. 모세는 이곳에서 아내가 될 여자 목자 십보라(צִפֹּרָה)(lit. '새')를 포함한 일곱 자매를 만났고, 그들을 괴롭히려는 목자들을 쫓아내고 짐승들에게 물 먹이는 것을 도와주었다(17절). 모세가 남의 일에 끼어든 것이 이번이 처음은 아니다. 우물가에서 벌어진 십보라 자매들과 목자들의 갈등에 끼어든 것처럼, 전에도 히브리 사람 둘이 다투는 것을 보고 끼어들었다(2:13-14). 하지만 결과는 전혀 달랐다. 전에는 모세가 히브리 노예를 학대하는 이집트 사람을 '친/때린 일'(נכה)을 두고(2:12) 히브리 사람이 모세가 그를 '죽였다'(הרג)라고 했지만(2:14), 이번에는 모세가 심술 부리는 목자들을 '몰아낸 일'(גרשׁ, 2:17)을 두고 십보라와 자매들이 그가 자신들을 '구원했다'(נצל)라고 한다(2:19). 이집트에서 있었던 일은 죽음을, 미디안에서 있었던 일은 생명을 강조하는 것이다(Dozeman).

비록 법에 쫓기는 신세가 되었지만, 모세는 아직도 이집트에서 지녔던 공평과 정의에 대한 열정을 품고 있었다. 하나님은 이러한 모세의 마음을 귀하게 여기신다. 다만 모세가 공평과 정의를 마음껏 실현할 때가 아직 이르지 않았기에, 그날을 위해 모세는 연단을 받으며 더 다듬어져야 한다. 하나님의 손에 붙들려 사용되기에 가장 좋은 모양과 크기로 말이다.

옛적에 이삭의 아내를 찾으러 아브라함의 친척을 찾았던 아브라함의 종도(창 24장), 라반에게서 도주했던 야곱도 우물가에서 신부감을 찾았다(창 29장). 모세도 우물가에서 일어난 일로 십보라와 결혼하게 된다. 결혼할 나이가 되었지만, 아직 결혼하지 못한 교회의 모든 싱글을 우물가로 보내야 할까? 세 사건은 모두 같은 '모형 장면'(type-scene)을 형성한다.

평소보다 일찍 돌아온 일곱 자매 목동의 아버지는 그들에게서 모세에 대한 이야기를 들은 후 급히 모세를 초청해 식사를 같이 하고자 했다(18-20절). 모세는 초청에 순순히 응했으며, 그 집 딸인 십보라와 결혼하게 되었고 아들을 낳아 이름을 게르솜(lit. '거기서 객이 됨')이라 했다(21-22절). 게르솜(גֵּרְשֹׁם)이라는 이름은 '객'(גֵּר) + '그곳'(שָׁם)의 합성어이거나 히브리어 동사 '내쫓다'(גרשׁ)에서 비롯된 이름이다(Dozeman, Stuart). 모세는 아이의 이름을 부를 때마다 이집트에서 도망쳐 나와 타지에서 객이 된 자신의 처량한 신세를 생각했을 것이다(Enns). 한때 이집트의 왕자로 군림하던 그가 어쩌다가 이렇게 되었단 말인가? 하나님의 방법과 때가 아닌데 억지로 하나님의 뜻을 감행하다가 이렇게 된 것이다. 하나님을 앞서서는 안 된다는 말이 마음에 새롭게 새겨진다.

I. 이스라엘이 이집트를 떠남(1:1-15:21)
A. 준비(1:1-7:7)

3. 백성의 신음 소리와 하나님의 염려(2:23-25)

[23]여러 해 후에 애굽 왕은 죽었고 이스라엘 자손은 고된 노동으로 말미암아 탄식하며 부르짖으니 그 고된 노동으로 말미암아 부르짖는 소리가 하나님께 상달된지라 [24]하나님이 그들의 고통 소리를 들으시고 하나님이 아브라함과 이삭과 야곱에게 세운 그의 언약을 기억하사 [25]하나님이 이스라엘 자손을 돌보셨고 하나님이 그들을 기억하셨더라

모세가 미디안 땅에 정착해 살기 시작한 후 많은 세월이 흘렀다. 그를 죽이려고 찾던 이집트의 왕도 죽었다(23절). 고대 이집트에는 새 왕이 등극하면 죄인을 사면해 주고, 수감된 자를 석방하며, 노예에게 자유를 주는 관습이 있었다. 람세스 4세의 즉위를 기념하며 불려진 노래에 이런 가사가 있다. "이집트의 기쁜 날이다. 도망자들이 마을로 돌아오고, 숨어 지내던 자들이 모습을 드러내고, 감옥에 갇힌 자들이 풀려나는 기쁜 날이다"(Sarna). 이러한 정황에서 이스라엘 백성은 이집트에 새 왕이 등극하는 것을 기점으로 당연히 자신들의 형편이 조금이라도 나아지리라 기대했을 것이다. 그러나 새 왕의 등극이 가져온 혜택은 이집트 사람에게만 갔고 노예인 이스라엘 백성의 고통은 끝날 줄 몰랐다. 그래서 그들은 울부짖기 시작했고, 모세에 관한 이야기 때문에 잠시 중단되었던 이스라엘 백성의 고통이 다시 중심 주제로 떠오른다.

어떤 학자들은 이들의 울부짖음이 처음부터 신학적인 중요성을 지닌 것은 아니었다고 해석한다. 이스라엘 백성이 처음부터 하나님께 호소했거나 하나님의 뜻에 의해 울부짖었던 것이 아니라, 인간의 몸은 견딜 수 있는 고통의 한계가 있기에 그 한계를 넘어서자 자동적으로 터져 나오는 울부짖음이었다는 것이다(Brueggemann). 그러므로 탄식하는 자들이 이스라엘 백성이었기에 하나님이 반응을 보이신 것이 아니라, 고통받는 인류의 울부짖음이었기에 응답하셨다는 해석이다(Pixley). 그러나 24-25절은 하나님이 아브라함, 이삭, 야곱 등 이스라엘의 선조들과의 언약을 기억하셨을 뿐만 아니라 이스라엘의 어려운 형편에 대해 우려를 표하셨다고 기록하고 있다. 하나님은 이 울부짖음이 아브라함의 후손에게서 비롯되었기에 특별히 관심을 쏟으신 것이다. 여호와께서 창조주로서가 아니라, 아브라함과 이스라엘 자손의 하나님으로서 역사하신 것이다.

저자는 이스라엘 백성의 탄식과 하나님의 반응을 각각 네 가지로 묘사한다. 이스라엘 백성은 고역으로 인해 탄식하고(וַיֵּאָנְחוּ), 울부짖고(וַיִּזְעָקוּ), 부르짖고(שַׁוְעָתָם), 고통스러운 소리(נַאֲקָתָם)를 냈다(23절). 하나님은 분명 이스라엘이 이집트를 떠나 가나안 땅으로 가는 계획을 가지고 계신다. 그러나 이스라엘은 이 같은 하나님의 계획이 인간의 노력이나 의지와 상관없이 자동으로 진행되리라고 기대해서는 안 된다. 먼저 그들은 울부짖고 부르짖는 기도로 하나님의 계획이 실현되도록 해야 한다(Stuart). 저자는 이들의 울부짖음이 혹독한 노예 생활에서 비롯되었다고(מִן־הָעֲבֹדָה) 두 번이나 언급한다(23절). 힘들고 어려우면 그것을 묵묵히 이겨내려는 것보다는 오히려 아프다고 소리치는 것이 더 바람직하다. 하나님이 자기 백성의 신음 소리를 들으시고 개입하실 것이기 때문이다.

이스라엘이 네 가지 표현으로 하나님께 자신들의 어려운 형편을 알린 것처럼, 저자는 하나님도 이스라엘의 형편을 헤아리셨다는 것도 네 가지로 표현한다. 하나님은 그들의 부르짖음을 들으시고(וַיִּשְׁמַע), 기억하시고(וַיִּזְכֹּר), 보시고(וַיַּרְא), 헤아리셨다(וַיֵּדַע)(24절). 이스라엘의 진정한 구원자이신 하나님이 출애굽기에서 처음으로 소개되는 순간이다(Enns). 백성의 어려운 형편에 대해 매우 안타까워하시는 것이 모세가 우리에게 보여주는 여호와의 첫 모습이라는 점은 인상적이다. 하나님은 고통 속에 있는 백성에게 가장 큰 관심을 가지신다. 이 사실을 기억하면 고통을 당할 때 조금은 견디기 수월해질 것이다. 또한 하나님이 자기 백성 이스라엘이 처한 어려움에 대해 안타까워하신다는 것은 문제가 곧 해결되리라는 기대를 갖게 한다. 전능하신 하나님이 자기 백성의 신음을 못 들은 체하지 않으실 것이고, 오히려 사람들의 고통과 신음이 여호와 구원의 서곡이 될 것이다. 훗날 모세로부터 하나님의 염려를 전해 들은 이스라엘의 장로들은 하나님께 머리 숙여 경배드린다(4:31).

견디기 힘든 노예 생활에서 비롯된 백성의 탄식과 울부짖음이 하나님의 보좌를 움직이고 있다. 그들의 호소를 들으신 하나님이 아브라함, 이삭, 야곱과의 언약을 기억하신다(זכר, 24절). 이는 하나님이 이들의 일을 이때까지 잊고 계셨다는 의미가 아니라, 아브라함과 맺으신 언약을 실현할 수 있는 적절한 때가 왔음을 의미하는 표현일 뿐이다(Stuart). 구약의 성도는 하나님이 기억하시면 모든 것이 해결된다는 믿음을 가지고 있었다. 이 이야기를 듣는 이들도 하나님의 구원 사역이 머지않았음을 예측하게 된다. 하나님이 그들을 기억하셨기 때문이다. 저자는 하나님이 그들의 조상과의 언약을 기억하셨을 뿐만 아니라 그들의 어려운 형편도 헤아리셨다고(ידע) 증언한다(25절). 저자는 본문에서 이러한 정황을 회고함으로써 지금까지 펼쳐진 1–2장의 이야기를 3장 이후에 전개되는 하나님의 구원 작전과 연결한다. 그러므로 이 섹션은 앞과 뒤를 연결해 주는 연결고리(transition) 역할을 하는 것이다.

I. 이스라엘이 이집트를 떠남(1:1-15:21)
A. 준비(1:1-7:7)

4. 모세를 보내시는 하나님(3:1-4:31)

하나님은 이스라엘 백성의 신음을 들으시고 더 이상 침묵하지 않으셨다. 아브라함 후손의 울부짖음이 하나님의 마음을 움직인 것이다. 이런 면에서 볼 때 출애굽 사건은 고통당하는 자의 탄식과 부르짖음에서 시작된 것이다(Brueggemann). 하나님은 직접 이스라엘을 탈출시키실 수 있지만, 한 사람을 통해 그들의 구원을 이루기 원하셨다. 드디어 모세가 하나님께 쓰임받을 때가 온 것이다.

하나님이 이스라엘의 선조 아브라함, 이삭, 야곱과 맺으신 언약을 기억하신 후 처음으로 하신 일은 모세를 종으로 부르신 것이다. 모세는 앞으로 이스라엘을 위하여 참으로 대단한 일을 해낼 하나님의 종이다. 그러나 하나님의 부르심을 보면 어떠한 화려함이나 특별한 절차가 있지 않고, 평범하게 모세가 양을 치고 있을 때 조용히 부르셨다. 성경에는 양을 치다가 주의 백성을 섬기도록 부르심을 받은 사람이 있다. 다윗(삼하 7:8)과 아모스(암 7:14-15)가 그 대표적 예이다. 예수님은 어부였던 제자들을 불러 사람 낚는 어부가 되게 하셨다. 하나님은 직업에 상관없이 누구든 불러 자기 백성을 섬기도록 하시는 분이다. 하나님이 자신의 사역에 인간의 동참을 원하신 것은 그분의 능력이 부족해서 인간에게 도움을 요청하는 의미가 아니다. 부르심을 받은 자에게 우주만물의 창조주이신 하나님을 섬기고, 하나님의 위대한 사역에 동참할 수 있는 영광을 주시기 위한 기회이다. 피조물로서 창조주의 사역에 참여하는 것보다 더 영광스러운 일이 있겠는가. 그러므로 하나님이 기회를 주실 때 감사함으로 부르심에 순종해야 한다. 그러나 모세는 이러한 사실을 아는지 모르는지 하나님이 배려해 주신 동참의 기회를 여러 가지 변명을 늘어놓으며 끝까지 사양하다가 그분의 분노를 사고는 강압적으로 이집트로 보냄을 받는다. 하나님이 자신의 이름을 여호와라고 밝히시는 섹션이 포함된 이 부분은 다음과 같이 구분할 수 있다.

A. 모세의 소명(3:1-12)
  B. 하나님의 이름(3:13-15)
A'. 구체화된 모세의 소명(3:16-22)
    C. 모세를 위한 징표와 신뢰성(4:1-9)
    C'. 모세가 신뢰성을 의심함(4:10-12)
A". 모세가 소명을 거부함(4:13-17)
      D. 모세가 이집트로 돌아감(4:18-23)
        E. 여관에서 생긴 일(4:24-26)
      D'. 모세가 이집트에 도착함(4:27-31)

I. 이스라엘이 이집트를 떠남(1:1-15:21)
  A. 준비(1:1-7:7)
    4. 모세를 보내시는 하나님(3:1-4:31)

(1) 모세의 소명(3:1-12)

[1]모세가 그의 장인 미디안 제사장 이드로의 양 떼를 치더니 그 떼를 광야 서쪽으로 인도하여 하나님의 산 호렙에 이르매 [2]여호와의 사자가 떨기나무 가운데로부터 나오는 불꽃 안에서 그에게 나타나시니라 그가 보니 떨기나무에 불이 붙었으나 그 떨기나무가 사라지지 아니하는지라 [3]이에 모세가 이르되 내가 돌이켜 가서 이 큰 광경을 보리라 떨기나무가 어찌하여 타지 아니하는고 하니 그 때에 [4]여호와께서 그가 보려고 돌이켜 오는 것을 보신지라 하나님이 떨기나무 가운데서 그를 불러 이르시되 모세야 모세야 하시매 그가 이르되 내가 여기 있나이다 [5]하나님이 이르시되 이리로 가까이 오지 말라 네가

선 곳은 거룩한 땅이니 네 발에서 신을 벗으라 [6]또 이르시되 나는 네 조상의 하나님이니 아브라함의 하나님, 이삭의 하나님, 야곱의 하나님이니라 모세가 하나님 뵈옵기를 두려워하여 얼굴을 가리매 [7]여호와께서 이르시되 내가 애굽에 있는 내 백성의 고통을 분명히 보고 그들이 그들의 감독자로 말미암아 부르짖음을 듣고 그 근심을 알고 [8]내가 내려가서 그들을 애굽인의 손에서 건져내고 그들을 그 땅에서 인도하여 아름답고 광대한 땅, 젖과 꿀이 흐르는 땅 곧 가나안 족속, 헷 족속, 아모리 족속, 브리스 족속, 히위 족속, 여부스 족속의 지방에 데려가려 하노라 [9]이제 가라 이스라엘 자손의 부르짖음이 내게 달하고 애굽 사람이 그들을 괴롭히는 학대도 내가 보았으니 [10]이제 내가 너를 바로에게 보내어 너에게 내 백성 이스라엘 자손을 애굽에서 인도하여 내게 하리라 [11]모세가 하나님께 아뢰되 내가 누구이기에 바로에게 가며 이스라엘 자손을 애굽에서 인도하여 내리이까 [12]하나님이 이르시되 내가 반드시 너와 함께 있으리라 네가 그 백성을 애굽에서 인도하여 낸 후에 너희가 이 산에서 하나님을 섬기리니 이것이 내가 너를 보낸 증거니라

모세는 십보라와 결혼한 후 장인 이드로의 양을 치는 목자가 되었다(1절). 하루는 양 떼를 몰고 하나님의 산 호렙을 찾았을 때 기이한 현상을 목격한다. 떨기나무에 불이 붙었는데 나무는 타지 않는 것이었다!(2절) 호기심에 이끌려 모세가 사실을 파악하려고 타지 않는 불에 다가서면서 하나님과의 대화가 시작되었다. 하나님은 타지 않는 불로 모세의 시선을 끄셨다. 이 이야기는 오래전부터 여호수아 6장, 예레미야 1장과 비슷한 모형 장면(type-scene)을 지닌 것으로 파악되었다. 더 나아가 이 이야기는 야곱이 요셉이 살아 있다는 소식을 듣고 이집트로 내려가던 때의 이야기(창 46:1-5)와 여러 가지 공통점을 갖고 있다. (1) 하나님이 야곱과 모세의 이름을 두 차례 부르심(창 46:2; 출 3:4), (2) 야곱과 모세가 "내가 여기 있나이다"라는 동일한 말로 대답함(창 46:2; 출 3:4), (3) 주님이 자신을 그들의 조상의 하나님으로 밝히심(창 46:3;

출 3:6), (4) 하나님이 이집트에서도 이들과 함께하실 것을 약속하심(창 46:3; 출 3:7-8). 하나님이 야곱에게 함께 이집트로 내려갔다가(ירד) 다시 그를 데리고 올라오겠다고(עלה) 하셨는데(창 46:4), 모세와의 대화 중에는 이집트로 내려갔다가(ירד) 이스라엘을 데리고 가나안 사람의 땅으로 올라가실(עלה) 계획을 밝히신다(3:8). 하나님이 야곱에게 한 말을 회상하면서 모세에게 말씀하시는 것은 창세기와 출애굽기의 연결고리를 제공할 뿐만 아니라, 드디어 야곱에게 약속하신 것을 이루실 때가 되었음을 의미한다.

대부분의 주석가는 구약에서 시내 산(סִינַי)이 하나님의 산(הַר הָאֱלֹהִים)으로 불리는 것에 근거해 호렙 산(חֹרֵב)을 시내 산이라고 생각한다(Hamilton). 만일 모세가 장인의 양 떼를 이끌고 미디안을 떠나 시내 반도로 이동해온 상황에서 하나님의 소명을 받은 것이라면, 시내 산과 호렙 산은 같은 산이 될 수 있다(Greenberg, cf. Stuart). 실제로 모세가 장인과 작별하고 아내와 아이들과 함께 미디안을 떠나 이집트를 향해 얼마쯤 가다가 '하나님의 산'에서 아론을 만난 것을 보면(4:27), 시내 산이 호렙 산과 같은 산이라는 해석도 충분히 가능하다. 그러나 각기 다른 두 산이라는 해석도 상당한 설득력을 지니고 있으며, 많은 학자가 이 해석을 선호한다(Sarna, Durham, Dozeman).

호렙 산은 시내 산과 달리 성경에서 자주 언급되지 않는다. 게다가 '시내 광야'라는 말은 자주 등장하지만 '호렙 광야'라는 말은 아예 사용되지도 않는다. 호렙 산의 위치를 추측하는데 결정적인 단서는 르비딤에서 있었던 일을 회고하는 텍스트다(출 17:1-7; cf. 민 20:1-13). 마실 물이 없다고 모세와 하나님을 원망하고 아우성치는 백성을 위해 모세가 바위를 갈라 물이 나게 한 곳이 바로 호렙 산이다(17:5-6). 이 텍스트에 의하면 호렙 산은 '신 광야'(מִמִּדְבַּר־סִין)와 '시내 광야'(מִדְבַּר סִינָי) 사이에 있었다. 이 일은 이스라엘이 신 광야를 떠난 후의 일이지만(17:1), 시내 산이 있던 시내 광야에는 아직 도착하지 않은 상황에서 일어난 것이다

(19:1).

호렙 산에 '하나님의 산'이라는 호칭이 추가되는 것은 앞으로 이 산이 이스라엘 역사에 매우 중요한 영향을 미칠 것을 암시한다. 전통적인 해석에 의하면 이 산(호렙 산=시내 산)에서 이스라엘과 하나님의 언약 체결식이 있었다. 역시 문제는 모든 사람이 호렙 산이 시내 산의 다른 이름이라는 해석에 동의하지 않는다는 점이다. 모세가 지금 거하는 땅이 미디안이며, 미디안은 이집트에서 가자면 시내 반도를 지나 아카바 만을 건너야 접할 수 있는 땅이었기 때문이다. 호렙 산과 시내 산 문제는 앞으로도 쉽게 풀리지 않는 수수께끼로 남을 듯하다.

성경에서 하나님의 현현은 자주 불을 동반한다. 하나님의 불은 태워 파괴하거나(viz., 소돔과 고모라) 정결하게 하는(사 6장) 두 가지 기능을 가진다(Kaiser). 하나님이 임하시면 파괴하든지, 아니면 정결하게 하든지 둘 중 하나이다(Hamilton). 모세가 목격한 타지 않는 떨기나무와 불도 두 가지 상징적 의미를 지녔다. 첫째, 불이 타오르는데 아무런 땔감이 필요없는 것은 스스로 존재하시는 하나님의 임재를 상징한다. 둘째, 피어오르는 불에도 타지 않는 떨기나무는 이집트 사람의 혹독한 박해에도 굳건히 살아온 이스라엘을 상징한다(Sarna). 이집트 사람이 이스라엘 사람을 태워 없애려고 온갖 박해를 가했지만 성공하지 못했다. 오래전에 이스라엘의 조상 아브라함과 맺은 언약을 기억한 하나님이 용납하지 않으셨기 때문이다. 불에서 "모세야, 모세야" 하고 부르는 하나님의 음성이 들려 왔다(4절). 성경에서 하나님이 사람을 부르실 때는 대체로 두 차례 부르시는 것이 일반적이다(창 22:11; 46:2; 삼상 3:10). 고대 사회에서 사람의 이름을 두 차례 반복해서 부르는 것은 사랑과 관심의 표현이었다(Stuart). 신약에서도 예수님이 사람을 부르실 때 종종 두 차례 부르신다(눅 10:41; 22:31; cf. 행 9:4). 그러므로 모세는 그를 사랑하고 아끼는 분이 자기를 부르시고 계심을 직감적으로 깨달았을 것이다. 그래서 모세는 "제가 여기 있습니다"(הִנֵּנִי)라고 대답했다. 이러한 회답은 순간적으로 전혀 주저함 없이 부르심에 응답/순종하는 문구다(Calvin, cf. 창 22:1, 7, 11; 27:1; 31:11; 37:13; 46:2; 삼상 3:4, 6, 8, 16; 삼하 1:7; 사 52:6; 58:9).

하나님은 모세에게 "이리로 가까이 오지 말라 네가 선 곳은 거룩한(קֹדֶשׁ) 땅이니 네 발에서 신을 벗으라" 하고 명령하셨다(5절). 하나님의 임재가 너무나도 거룩해서 모세를 해칠 수 있기 때문에 더 이상 다가오는 것을 금하신다. 성경에서 한 공간을 거룩하다고 칭하는 것은 이곳이 처음이다. 창세기에서는 시간(안식일)을 거룩하다고 표현한 적이 있다. 근동의 이방 종교가 특정한 장소를 거룩하다고 부르는 것은 흔히 있는 일이지만, 성경에는 이러한 사상이 존재하지 않는다. 그러므로 지금 이 장소가 거룩하다고 불리는 것은 하나님이 잠시 이곳에 임하셨기 때문이다. 즉, 하나님의 현현이 이 장소를 잠시 동안이나마 거룩하게 한 것이지, 결코 장소 자체가 거룩한 것은 아니다(Bush). 하나님이 함께하시면 어느 공간이든 거룩하다.

반면 일부 그리스도인이 주장하는 '지역을 지배하는 악령'(territorial spirit)은 잘못되고 미신적인 생각이다. 사탄과 졸개들은 때와 장소를 가리지 않고 세상을 배회하며 사람들을 괴롭히지 결코 한 지역에 머물지 않는다. 하나님은 모세에게 신발을 벗으라고 하시는데, 고대 근동에서 신발을 벗는 것은 존경을 나타내고 겸손을 드러내는 행위였다. 이스라엘의 제사장은 성전에서 맨발로 사역을 했으며, 오늘날에도 랍비는 회당에서 맨발로 제사장의 축도(민 6장)를 선언한다(Sarna). 성도뿐만 아니라 사역자도 하나님 앞에 설 때는 항상 겸손해야 한다. 훗날 가나안에 입성한 여호수아도 길갈에서 신발을 벗는다(수 5장).

하나님은 모세에게 "나는 네 조상의 하나님이다"(אֱלֹהֵי אָבִיךָ)라고 자신을 소개하셨다(6절). 이 호칭은 창세기에서 자주 사용된 것으로, 모세에게 나타나신 하나님은 새로운 신이 아니라, 바로 창세기에서 여러 차례 선조들을 축복하시고 인도하신 바로 그 하나님이다. 선조의 하나님이 자손을 구원하기 위해 모세를 찾아오셨다. 모세는 하나님 뵙기가 두려워 얼굴을 가렸다(6절). 호기심으로 시작한 일(3절)이 그에게 하나님에 대한 거룩한 두려움을 준 것이다. 하나님이 투명 인간처럼 안 보이는 것이 아니라, 모세가 그분을 보는 것을 피한다. 하나님은 보인다. 그러나 인간은 하나님을 보아서는 안 된다. 인간이 하나님을 본다는 것은 그분의 거룩하심과 자유를 침해하는 행위이기 때문이다(Brueggemann).

하나님은 이스라엘 백성이 이집트에서 당하는 고통에 대해 '보고'(ראה), '듣고'(שמע), '알고 있다'(ידע)라고 말씀하신다(7절). 이 동사들은 이미 2:24-25에서 사용되었던 네 개 중 세 개다. 여기서 사용되지 않는 동사는 '기억하다'(זכר)이다. 그렇지만 하나님이 6절에서 아브라함, 이삭, 야곱을 언급하시는 것은 이 개념을 전제로 한다(2:24). 본문과 2:24-25의 가장 기본 차이는 '이스라엘의 후손들'(בְּנֵי יִשְׂרָאֵל, 2:25)이 '내 백성'(עַמִּי, 3:7)으로 일컬음을 받고 있다는 사실이다. 이곳에서 사용되는 세 동사는 하나님이 어떻게 이스라엘을 대하시고 보호하시는가를 정의하는 기본적인 행동을 묘사한다. 여호와는 보고, 듣고, 아는 것을 통해 이스라엘을 보호하신다(Brueggemann).

하나님이 백성의 신음 소리를 듣고 형편을 헤아리신 후에 내려오셨다(ירד, 8절). 이 동사는 옛적에 하나님이 바벨탑을 세운 사람들을 심판하러 내려오셨던 것을 묘사하는 데 사용되었던 단어다(창 11:7). 하나님이 인류의 역사와 일에 결정적으로 개입하시는 것을 뜻하는 개념이며(Sarna), 그분의 내려오심은 자기 백성을 울부짖게 하는 죄인들에게는 혹독한 심판이, 고통받는 자기 백성에게는 구원의 손길이 임할 것을 예고한다. 그래서 저자는 하나님이 내려오셨다는 사실을 두 개의 목적을 설명하는 동사로 수식한다. 첫째는 '건져내다/구원하다'(נצל)로, 이 동사는 모세가 우물가에서 십보라 자매들을 목동들의 행패에서 구했을 때 사용되었다(2:19). 둘째는 '데려가다'(עלה)로, 출애굽 이야기에서 매우 자주 사용되는 단어다.

'데려가다'(עלה)라는 동사는 고통의 땅(이집트)과 풍요로움과 안식의 땅(젖과 꿀이 흐르는 가나안)에 대한 언급으로 이어진다. 출애굽 이야기의 가장 기본적인 골격은 이스라엘이 한 땅에서 다른 땅으로 옮김을 받은 일이다. 하나님이 내려오신 목적은 이들을 고통의 땅에서 건져내어 젖과 꿀이 흐르는 땅으로 데려가기 위해서다. 이러한 차원에서 7절과 8절의 대조적인 이미지를 생각해보라. 하나님이 오시기 전인 7절은 온 땅에 고통과 절망뿐이다. 반면에 하나님이 내려오신 이후인 8절은 소망과 구원으로 가득하다. 마치 지옥과 천국의 차이처럼 느껴진다. 우리가 예수님을 영접하기 전과 후의 삶을 비교해 보면 이와 비슷하다는 것을 의식하게 될 것이다.

하나님은 가나안 땅을 젖(חָלָב)과 꿀(דְּבַשׁ)이 흐르는 땅이라고 말씀하신다(8절). 성경에서 젖은 대체로 '서민들의 소'라고 불리기도 하는 염소의 젖을 의미하며, 꿀은 벌들의 꿀을 뜻하기도 하지만(삿 14:8-9) 대체로 대추야자나무의 열매(dates)를 원료로 만든 시럽을 의미한다(Sarna, Dozeman). 하나님은 심각한 기근을 여러 차례 경험했던 선조에게는 한 번도 '젖과 꿀'이 흐르는 땅을 약속하시지 않았다. 그들의 신앙은 젖과 꿀이 흐르는 땅에 대한 약속으로 강화될 필요가 없었기 때문이다. 그러나 온갖 착취와 억압에 지치고 빈곤과 고통 속에 허덕이는 노예에게는 풍요를 상징하는 '젖과 꿀'은 매우 좋은 유인이자 자극이 되었을 것이다. 문제는 젖과 꿀이 흐르는 땅이 주인이 없는 땅이 아니라는 점이다. 그 땅에는 가나안 족속, 헷 족속, 아모리 족속, 브리스 족속, 히위 족속, 여부스 족속 등이 거하고 있다. 그러므로 출애굽 사건은 이스라엘이 이집트에서 탈출하는 것으로 끝나는 것이 아니라 가나안 땅을 차지하기 위해 이 민족들과 빚어야 하는 마찰을 예고한다.

하나님은 이집트 사람이 이스라엘에게 씌운 멍에를 부수실 것이며, 그들의 선조에게 약속한 땅으로 인도하실 것이다. 출애굽을 통한 구원은 분명히 하나님이 하시는 일이다. 하나님은 7절에서부터 '나'(1인칭 단수)를 여러 차례 사용하시면서 이스라엘 자손에 대한 염려와 구원 사역이 모두 자신으로부터 비롯된 것임을 강조하신다. 그러나 하나님은 인간 대행자(agent)가 필요하다. 모세가 그 대행자로 부르심을 받은 것이다(10절). 하나님이 직접 바로를 만나서 담판 지으시는 것이 아니라 모세가 하나님을 대신해서 바로를 만나야 한다. 출애굽의 역사가 인간의 사역으로 변하는 순간이다(Brueggemann). 사실 우리가 이 세상에서 펼치는 하나님의 사역이란 것이 다 그렇지 않은가! 하나님이 계획하고 진행하면서 모든 것을 이루시지만, 그분은 항상 인간 대행자를 통해 역사를 이루어 가신다. 그런 면에서 하나님의 사역은 또한 인간의 사역이라 할 수 있는 것이다. 하나님과 인간의 파트너십이 하나님의 역사를 이루어나간다.

옛적 이스라엘 백성처럼 오늘날 우리는 하나님의 백성이다. 그분의 백성으로서 우리는 절대로 하나님의 관심에서 벗어날 수 없다. 본문이 말하듯, 이집트에서 고생하는 이스라엘 백성이 하나님의 깊은 관심을 받았던 것처럼 말이다. 그러나 이 순간 하나님에 대한 이스라엘 백성의 이해는 어떠했을까? 아마 원망과 탄식으로 가득했을 것이다. 하나님이 자신들에게 무관심하다고, 그렇지 않다면 이 고통이 어디에서 오는 것이냐고 부르짖었을 것이다. 그러나 우리는 이미 1장에서부터 하나님의 은밀한 사역을 보아 오지 않았는가? 우리의 고통과 신음은 결코 하나님의 무관심을 뜻하는 것이 아니다. 하나님의 침묵은 더 원대한 일을 이루시기 위한 준비단계에 불과한 것이다. 그러므로 삶이 고통스럽고 하나님은 침묵하고 계신다고 느낄 때, 머지않아 우리를 찾아오실 하나님을 생각하며 이겨내야 한다.

하나님의 확고한 의지와 선언에도 불구하고 모세는 쉽게 하나님의 부르심에 응하지 않았다. 그는 다섯 차례나 하나님이 주신 소명에 대해 반론을 제기했다. 처음에는 겸손으로 보였지만 횟수가 거듭될수록 확연히 드러나는 것은 그가 심리적 병을 앓고 있다는 것이었다. 지난 40여 년의 세월이 그의 자존감과 자신감을 완전히 앗아가버렸고, 자신은 아무것도 할 수 없는 무능한 사람이란 생각에 빠지게 했던 것이다. 결국 여러 차례 설득을 시도하신 하나님은 모세에게 화를 내시며 일방적으로 그를 밀어붙이셨다.

모세의 발언을 자세히 살펴보면, 그는 한결같이 과거를 회상하며 자신은 할 수 없다고 말한다. 그는 과거 속에 살고 있는 사람이며, 과거의 일들이 그의 발목을 잡고 있었던 것이다. 반면에 하나님의 대안은 계속 미래지향적이다. 하나님은 모세에게 과거의 실패에 사로잡혀 살 것이 아니라, 앞으로 하나님이 하실 일을 기대하고 바라보기를 바라셨던 것이다. 즉, 서로 다른 방향을 바라보며 말을 하기 때문에, 모세가 하나님의 주파수에 자신을 맞추지 못했던 것이다.

모세의 첫 번째 반응은 단호하고 겸허했다(3:11). "제가 무엇이라고(מִי אָנֹכִי), 감히 바로에게 가서, 이스라엘 자손을 이집트에서 이끌어 내겠습니까?"(3:11, 새번역) 40년 전의 모세는 자신이 이런 일을 하는 데 적합한 사람이라 생각했었지만, 이제 80세가 되어 죽음을 바라보는 이 순간의 모세는 전혀 그렇지 않다. 불신이나 두려움에서 하는 말이 아니다. 자신의 위치와 능력의 한계를 뼈저리게 의식한 자의 마음에서 우러나오는 솔직한 고백이다. 모세는 지난 40년 동안 미디안에서 생활하며 자신의 히브리 민족성을 철저하게 깨달았다. 그래서 그의 선조가 선호했던 직업인 목자가 되었다(Stuart). 그러나 아직도 자신의 양 떼가 아니라 장인의 양 떼를 치고 있는 것으로 보아 조상 야곱처럼 성공한 목자는 아니었다(창 30:25-43). 모세는 또한 이집트 사람이 목자를 어떻게 생각하는지 잘 알고 있었다(창 46:34). 게다가 모세가 40년 전에 마지막으로 이집트에서 도망 나올 때 그는 살인자였다. 모세는 지난날의 실수와 죄에 발목이 잡혀 있다. 장인의 양을 돌보며 지낸 40년의 광야 생활이 그를 겸손하다 못해 모든 꿈과 가능성을 체념한 자로 만든 것이다. 그러므로 모세는 정작 하나님이 사용하시려는 순간 순종하겠다는 말을 할 수 없다.

이 말을 듣는 순간 하나님은 무슨 생각을 하셨을까? 아마도 '모세야, 네가 40년 전에 이렇게 말했더라면 우리는 이미 내 백성을 이집트에서 구했을 것이다'라고 생각하지 않으셨을까? 우리가 낮아지지 않는 것은 단순히 우리의 사사로운 교만으로 끝나지 않는다. 더 나아가 하나님의 사역을 지연케 하거나 방해하는 결과를 초래할 수 있다. 그러므로 우리는 계속 낮아져야 한다. 그리스도 예수께서 낮아지신 만큼 우리가 낮아진다면, 하나님은 우리를 통해 큰일을 행하실 것이다!

과거의 자신을 생각하며 "저는 도저히 할 수 없습니다"라고 대답하는 모세에게 내려진 하나님의 처방은 "내가 반드시 너와 함께 있으리라"(אֶהְיֶה עִמָּךְ, 12절)였다. 이는 창세기 마지막 부분을 장식했던 요셉 이야기를 상기시킨다. 하나님이 요셉의 삶의 모든 순간에 그와 함께하시지 않았던가! 한마디로 '임마누엘'이 약속되고 있는 것이다. 모세가 자신이 없고 능력에 한계를 느낀다 해도 하나님이 고아처럼 내버려두지 않고 함께하신다면 전혀 문제가 되지 않는다. 하나님이 함께하신다면 모세는 그분의 능력으로 이 구원 사역을 이룰 수 있다. 하나님 말씀의 중요성은 모세의 자신감을 키워주는 데 초점이 맞추어진 것이 아니라 그와 함께하신다는 약속에 맞추어져 있었다.

하나님이 이 구원 사역이 꼭 성공하리라는 '징표'(אוֹת)로 주시는 것은 무엇인가? 즉, 하나님이 모세에게 "이것이 너에게 주는 징표니라"(וְזֶה־לְּךָ הָאוֹת, 12절)라고 말씀하시는데, 여기서 '이것'(זֶה)은 무엇을 의미하는가? 징표란 대체로 약속을 믿게 하거나 하나님의 부르심을 입증하는 기적을 의미한다. 이러한 이해 속에 어떤 사람은 '이것'을 모세가 목격하고 있는 타지 않는 불로 해석한다(Orlinsky, cf. Childs). 혹은 앞으로 모세가 하나님의 권위를 가지고 이집트의 일인자인 바로를 만나 협상을 통해 이스라엘의 해방을 이룰 것을 뜻한다고 이해하기도 한다(Sarna). 반면에 개역개정, 새번역, NIV 등 대부분의 번역본은 "네가 이 백성을 이집트에서 이끌어 낸 다음에, 너희가 이 산 위에서 하나님을 예배하게 될 것"을 증표로 해석하고 있다(12절). 징표로 간주하기에 썩 만족스럽지 않은 것은 사실이지만, 이 약속/예언이 가장 설득력 있어 보인다(Durham). 모세에게 필요한 증표는 그가 이 순간 실제로 경험하거나 목격할 수 있는 것이었다. 이 상황에서 약속이 징표로 주어지는 것은 모세에게 믿음을 요구하기 위해서다(Kaiser). 앞으로 일이 이렇게 될 것을 믿고 따라와 달라는 것이다. 실제로 하나님은 오랜 시간이 지나야만 진실로 드러나는 약속을 징표로 주시는 경우가 많다(창 12:1-3). 모세가 언젠가 자기 백성과 함께 이곳에서 하나님께 예배를 드리면서 비로소 하나님의 신실하심을 기념하게 될 것이다(Keil). 성경을 통해, 우리는 믿음이 없이 하나님의 사역에 동참할 수 없다는 것을 익히 알고 있다.

I. 이스라엘이 이집트를 떠남(1:1-15:21) A. 준비(1:1-7:7) 4. 모세를 보내시는 하나님(3:1-4:31)

(2) 하나님의 이름(3:13-15)

[13]모세가 하나님께 아뢰되 내가 이스라엘 자손에게 가서 이르기를 너희의 조상의 하나님이 나를 너희에게 보내셨다 하면 그들이 내게 묻기를 그의 이름이 무엇이냐 하리니 내가 무엇이라고 그들에게 말하리이까 [14]하나님이 모세에게 이르시되 나는 스스로 있는 자이니라 또 이르시되 너는 이스라엘 자손에게 이같이 이르기를 스스로 있는 자가 나를 너희에게 보내셨다 하라 [15]하나님이 또 모세에게 이르시되 너는 이스라엘 자손에게 이같이 이르기를 너희 조상의 하나님 여호와 곧 아브라함의 하나님, 이삭의 하나님, 야곱의 하나님이 나를 너희에게 보내셨다 하라 이는 나의 영원한 이름이요 대대로 기억할 나의 칭호니라

모세의 두 번째 반응을 한마디로 요약하면 "저는 지식이 부족합니다"이다(3:13). 모세는 특별히 어떤 지식의 부족을 염려하는가? 하나님에 대한 지식의 부족이다. 그의 염려를 바꾸어 말하면 다음과 같다. "이집트에 있는 이스라엘 백성이 신학적인 질문을 하면 저는 대답할 말이 없습니다. 저 자신이 하나님에 대하여 잘 알지 못하기 때문입니다." 그는 이집트에 가면 당면하게 될 반대 세력을 의식하고 있었다. 이 사명은 매우 위험한 것인데, 자신을 보낸 자가 누군지도 잘 모른다고 토로하는 것이다. 성경은 여호와를 경외하는 것이 모든 지식의 근본이라고 한다(잠 1:7). 그뿐만 아니라 선지자는 여호와를 아는 지식이 부족한 것이 이스라엘의 가장 근본 문제이며, 여호와를 아는 지식으로 충만해지면 모든 문제가 해결될 것이라고 말한다. 그러므로 하나님에 대한 지식이 부족한 모세도 불안할 수밖에 없다.

하나님은 우려를 표하는 모세에게 "나는 스스로 있는 자이니라"(הְיֶה אֶהְיֶה אֲשֶׁר אֶ)라고 자신을 밝히신다(14절). 이 문구는 매우 다양하게 해석되어 왔다. "나는 곧 나다"(공동, 새번역), "나는 스스로 있는 자다"(새번역 각주), "I Am That I Am"(KJV), "I Am Who I Am"(NAS, NRS, NIV), "I am the Being"(ἐγώ εἰμι ὁ ὤν, LXX). 또한 이 문장을 어떻게 해석하느냐에 따라 의미가 달라진다(Kaiser). 이 문구의 중요성과 불확실성을 감안해 한 영어 번역본(TNK)은 아예 이 히브리어 문구(הְיֶה אֲשֶׁר אֶהְיֶה אֶ)를 소리 나는 대로 음역해서 Ehyeh–Asher–Ehyeh로 번역하지 않고 남겨두어 이 구절을 다음과 같이 번역해 놓았다. "And God said to Moses, 'Ehyeh–Asher–Ehyeh'. He continued, 'Thus shall you say to the Israelites, Ehyeh sent me to you.'"

이 문장의 정확한 의미에 대한 연구와 논쟁은 오늘날에도 계속되고 있지만(Enns, Dozeman, Stuart), 두 가지는 확실하다. 첫째, 이 문구는 하나님의 능력, 신실함, 임재를 부각하는 성호다(McCarthy). 하나님은 창조의 능력과 세상의 모든 것을 존재하게 하는 힘을 지닌 신이시다(Brueggemann). 둘째, 이 문구는 하나님의 이름 여호와(יְהוָה)와 깊은 연관성이 있다. 여호와라는 이름은 이 문구의 중심 요소가 되고 있는 "… 이다"(Be, היה)동사의 3인칭 남성 단수에서 비롯되었으며, 하나님의 영존성을 강조한다(Sarna, Brueggemann). 이스라엘은 당면한 위기를 해결하기 위해 "나는 스스로 있는 자니라"의 계시가 내포하는 과거를 회상하는 동시에 이 이름이 함축하는 완전히 새로운 미래를 꿈꾸어야 한다(Childs). 하나님의 성호에 그들이 당면한 문제의 해결책이 있다. 하나님은 15절에서 이 모든 사실을 정리하는 의미로 자신의 이름을 여호와(יְהוָה)라고 밝히신다.

하나님은 왜 여호와를 자신의 새로운 이름으로—과거에 그 누구도 알지 못했던 것으로—선포하시는가? 그렇다면 창세기에서 수없이 사용되었던 여호와라는 하나님의 이름은 모두 다 시대 착오(anachronism)가 될 수밖에 없다. 그러므로 본문은 하나님이 새로운 이름을 선포하시는 것이 아니라 지금부터 이스라엘과 긴밀한 관계를 유지하실 것을 선포하시는 것으로, 사용되어 오던 이름에 새로운 관계적 의미를 부여하시는 것으로 해석하는 것이 바람직하다(Kaiser, Enns). 이러한 사실은 "여호와, 너희 조상의 하나님, 곧 아브라함의 하나님"(새번역, יְהוָה אֱלֹהֵי אֲבֹתֵיכֶם אֱלֹהֵי אַבְרָהָם)의 문법적 구조에서도 분명히 드러난다. '여호와'와 '너희 조상의 하나님'은 동격(apposition) 관계를 유지하고 있는데, 이러한 구조는 그들이 이미 여호와를 자신들의 조상의 하나님으로 알고 있었음을 전제한다. 실제로 성경에는 이미 계시된 내용이나 존재하던 것에 새로운 의미를 부여하는 경우가 더러 있다. 무지개(창 9:12)는 태초부터 있는 자연적인 현상이지만, 노아 홍수 이후로 새로운 상징성과 의미를 부여받았으며, 모세율법의 정결한 짐승과 부정한 짐승의 규례는 노아 시대에도 있었던 기준을 재확인한 것에 불과하다(창 7:2-8). 할례 역시 이미 고대 근동에서 행하던 풍습인데 아브라함의 집안에서 새로운 의미를 부여받았을 가능성이 크다(창 17장).

하나님이 모세에게 하시는 말씀을 한마디로 줄인다면 "너는 가서 나를 안다 하라"이다. 모세는 하나님을 아는 지식의 부족함을 변명으로 내세웠고, 하나님은 "이제부터 너는 나를 알게 될 것이다"라고 말씀하시면서 문제를 해결해 가신다. 이 말씀은 또한 하나님을 아는 것이 모세의 영적 권위가 될 것임을 시사한다. 우리가 지향해야 할 영적 권위는 오직 한 가지, 곧 하나님을 알고 알아가는 것이다. 예레미야 선지자는 마음의 할례를 받지 못한 자는 자신의 재력과 능력을 자랑하지만(렘 9:23), 마음의 할례를 받은 자는 "나[여호와]를 아는 것과, 나 주가 긍휼과 공평과 공의를 세상에 실현하는 하나님인 것과, 내가 이런 일 하기를 좋아한다는 것을, 깨달아 알 만한 지혜를 가지게 되었음을, 자랑하는 자"라고 한다(렘 9:24, 새번역). 하나님을 아는 지식은 우리의 유일한 영적 권위가 되어야 할 뿐만 아니라 마음의 할례를 받은 자가 평생 추구해야 할 경건이다.

I. 이스라엘이 이집트를 떠남(1:1–15:21)
A. 준비(1:1–7:7)
4. 모세를 보내시는 하나님(3:1–4:31)

(3) 구체화된 모세의 소명(3:16–22)

[16]너는 가서 이스라엘의 장로들을 모으고 그들에게 이르기를 여호와 너희 조상의 하나님 곧 아브라함과 이삭과 야곱의 하나님이 내게 나타나 이르시되 내가 너희를 돌보아 너희가 애굽에서 당한 일을 확실히 보았노라 [17]내가 말하였거니와 내가 너희를 애굽의 고난 중에서 인도하여 내어 젖과 꿀이 흐르는 땅 곧 가나안 족속, 헷 족속, 아모리 족속, 브리스 족속, 히위 족속, 여부스 족속의 땅으로 올라가게 하리라 하셨다 하면 [18]그들이 네 말을 들으리니 너는 그들의 장로들과 함께 애굽 왕에게 이르기를 히브리 사람의 하나님 여호와께서 우리에게 임하셨은즉 우리가 우리 하나님 여호와께 제사를 드리려

하오니 사흘길쯤 광야로 가도록 허락하소서 하라 [19]내가 아노니 강한 손으로 치기 전에는 애굽 왕이 너희가 가도록 허락하지 아니하다가 [20]내가 내 손을 들어 애굽 중에 여러 가지 이적으로 그 나라를 친 후에야 그가 너희를 보내리라 [21]내가 애굽 사람으로 이 백성에게 은혜를 입히게 할지라 너희가 나갈 때에 빈손으로 가지 아니하리니 [22]여인들은 모두 그 이웃 사람과 및 자기 집에 거류하는 여인에게 은 패물과 금 패물과 의복을 구하여 너희의 자녀를 꾸미라 너희는 애굽 사람들의 물품을 취하리라

하나님은 모세에게 해야 할 일을 구체적으로 말씀해 주셨다. 이집트에 도착하면 제일 먼저 장로들을 불러모아 하나님이 그들의 고통을 헤아리셨으며, 잠시 후면 노예 생활에서의 해방을 맛보게 해줄 뿐만 아니라 젖과 꿀이 흐르는 약속의 땅 가나안으로 인도하실 것을 알려주라고 하셨다(16-17절). “내가 실로 너희를 권고하여”(פָּקֹד פָּקַדְתִּי אֶתְכֶם)(16절, 개역한글)는 요셉이 죽으면서 남겼던 “하나님이 너희를 권고하시고”(וֵאלֹהִים פָּקֹד יִפְקֹד אֶתְכֶם)를 그대로 반복한다(창 50:24, 개역한글). 요셉이 말했던 구원의 역사가 임박한 것이다! 본문에서 반복적으로 사용되는 성호 “아브라함의 하나님, 이삭의 하나님, 야곱의 하나님”은 하나님이 오래 전에 이스라엘의 선조와 한 약속을 잊지 않고 찾아오셨음을 강조한다. 창세기의 하나님은 출애굽기의 하나님인 것이다. 하나님은 장로들이 모세의 말을 들으면 쉽게 설득될 것이라고 하심으로써(18절), 모세가 제기한 두 번째 문제(13절)가 확실히 해결될 것을 선언하신다.

그다음 모세는 장로들을 데리고 바로를 찾아가 이스라엘 백성이 3일 동안 가야 하는 광야에서 하나님 여호와께 제사를 드릴 수 있도록 허락을 받아야 한다(18절). 물론 바로가 호락호락 순응하지 않을 것도 알려 주신다. “그러나 내가 이집트의 왕을 강한 손으로 치지 않는 동안에는, 그가 너희를 내보내지 않을 것이라는 것을 나는 안다. 그러므로 나는 손수 온갖 이적으로 이집트를 치겠다. 그렇게 한 다음에야, 그가 너희를 내보낼 것이다"(19-20절, 새번역). 우리말 번역본에는 정확히 드러나지 않지만, 20절은 언어유희를 형성하고 있다. 하나님이 이집트에 온갖 재앙을 보내셔야(שלח) 이집트 사람은 비로소 이스라엘 사람을 보낼 것이다(שלח, Cassuto). 또한 동사 '치다'(נכה)는 이미 모세가 이집트 사람을 쳐서 죽였을 때 사용된 단어다. 모세의 내리침은 아무것도 이루지 못했지만, 하나님의 내리침은 이스라엘의 해방을 이룰 것이다. 이집트를 내리쳐 이스라엘을 구원하는 이는 모세가 아니라 하나님이다.

하나님은 이 말씀을 통해 모세에게 사전에 출애굽 사건의 전체적인 내용을 요약적으로 알려 주셨다. 모세는 일을 시작하기 전에 이 일이 결코 쉬운 일이 아니며, 처음에는 바로가 매우 완강하게 반발할 것을 예측해야 한다. 그러나 그는 이 사실을 알고도 바로와의 첫 만남부터 힘없이 무너졌다. 일이 그렇게 될 것을 알았으면서도 말이다. 사실 일이 어떻게 진행될 것을 확실히 안다 해서 고통이 줄어드는 것은 아니다.

아울러 하나님은 이스라엘이 이집트를 떠날 때 많은 보물을 얻어서 가리라는 것도 말씀하신다(21-22절). 이 말씀은 하나님이 아브라함에게 약속하신 것을 반복하는 것이다(창 15:14). 하나님은 출애굽 사건을 오래전부터 계획해 오셨으며, 드디어 각본대로 모든 것을 진행해 나가실 시간에 다다른 것이다. 역사는 우연의 연속이 아니라 하나님이 계획하신 일들이 적절한 때에 성취되어 가는 무대다.

모세는 자신의 지식 부족을 변명으로 내밀었다. 하나님은 자신이 누구인가 하는 것뿐만 아니라 앞으로 진행될 일에 대해서도 말씀해 주심으로써 모세가 그 누구보다도 하나님을 잘 알 수 있도록 하셨다. 이러한 계획을 확인시키심으로써, 하나님은 전개될 일을 알려주실 뿐 아니라 역사의 흐름을 누가 지배하는지 가르쳐주신다. 우리가 섬기는 하나님은 이처럼 역사를 지배하시는 분이기에 어떠한 상황에서도 불안해 할 필요가 없는 것이다.

I. 이스라엘이 이집트를 떠남(1:1-15:21)
A. 준비(1:1-7:7)
4. 모세를 보내시는 하나님(3:1-4:31)

(4) 모세를 위한 징표와 신뢰성(4:1-9)

[1]모세가 대답하여 이르되 그러나 그들이 나를 믿지 아니하며 내 말을 듣지 아니하고 이르기를 여호와께서 네게 나타나지 아니하셨다 하리이다 [2]여호와께서 그에게 이르시되 네 손에 있는 것이 무엇이냐 그가 이르되 지팡이니이다 [3]여호와께서 이르시되 그것을 땅에 던지라 하시매 곧 땅에 던지니 그것이 뱀이 된지라 모세가 뱀 앞에서 피하매 [4]여호와께서 모세에게 이르시되 네 손을 내밀어 그 꼬리를 잡으라 그가 손을 내밀어 그것을 잡으니 그의 손에서 지팡이가 된지라 [5]이는 그들에게 그들의 조상의 하나님 곧 아브라함의 하나님, 이삭의 하나님, 야곱의 하나님 여호와가 네게 나타난 줄을 믿게 하려 함이라 하시고 [6]여호와께서 또 그에게 이르시되 네 손을 품에 넣으라 하시매 그가 손을 품에 넣었다가 내어보니 그의 손에 나병이 생겨 눈 같이 된지라 [7]이르시되 네 손을 다시 품에 넣으라 하시매 그가 다시 손을 품에 넣었다가 내어보니 그의 손이 본래의 살로 되돌아왔더라 [8]여호와께서 이르시되 만일 그들이 너를 믿지 아니하며 그 처음 표적의 표징을 받지 아니하여도 나중 표적의 표징은 믿으리라 [9]그들이 이 두 이적을 믿지 아니하며 네 말을 듣지 아니하거든 너는 나일 강 물을 조금 떠다가 땅에 부으라 네가 떠온 나일 강 물이 땅에서 피가 되리라

아무것도 염려하지 말고 이집트로 가라는 하나님의 말씀에 설득되지 않은 모세가 다시 하나님께 자신의 불안한 마음을 토로한다. 모세의 문제 제기는 이번이 세 번째인데, 그의 말을 한마디로 요약하면 "이스라엘 백성에게 거부당할까 두렵습니다"이다(1절). 하나님의 이름과 그분의 계획에 대해 상당히 자세하게 알게 되었음에도 모세에게는 여전

히 이 일을 감당할 수 있다는 확신이 없는 것이다. 심지어 그와 함께하리라는 하나님의 약속도 그를 안정시키지 못했다. 모세는 심리적으로 매우 위축된 사람이었다. 미디안에서 지낸 지난 40년의 광야 생활이 그를 이렇게까지 바꾸어 놓을 줄이야!

모세의 논리에 의하면, 하나님의 이름을 안다는 것도 그분이 보낸 사람이라는 증거로는 불충분하다. 즉, 그는 하나님과 그분의 계획에 대한 지식을 가진 것만으로는 이집트에 있는 이스라엘 백성에게 충분한 신뢰를 얻어낼 수 없다고 생각하는 것이다. 새번역과 공동번역은 모세의 발언을 조건절(if clause)로 간주하여 "그들이 믿지 않으면…"으로 번역한다(NIV, NAS, NRS). 그러나 히브리어 텍스트에는 조건성이 전혀 없으며 개역개정의 "그들이 나를 믿지 않을 것입니다"(לֹא־יַאֲמִינוּ לִי)라는 의미로 해석하는 것이 바람직하다(Brueggemann, cf. TNK). 모세는 사역을 시작하기도 전에 불가능하다며 포기하는 것이다. 그의 비관적인 반응은 처절한 패배감을 맛본 한 인간의 발버둥이기도 하다.

모세가 이렇게 단정짓는 것은 이집트에서 기세등등하게 다니던 때로부터 세월이 너무 많이 지났기 때문에 이제는 자신이 잊힌 존재가 되어 아무도 기억하지 못할 것이라는 의미일 수도 있고, 설령 기억하더라도 별로 신뢰하지 않을 것이라는 의미일 수도 있다. 한때는 메시아 증후군(Messiah Complex)에 걸렸던 모세가 자신에 대해 이렇게 진솔하게 말할 수 있다는 것 자체만으로도 대단한 일이다. 아마도 히브리 노예의 "누가 너를 우리를 다스리는 자와 재판관으로 삼았느냐"(2:14)라는 말이 평생 그를 괴롭혔던 것 같다.

이번에는 하나님이 모세의 발언에 대해 어떤 반박도 하시지 않는다. 대신 모세가 우려하는 회의론(skepticism)이 현실로 드러날 경우 이들의 의심과 불신을 불식시키는 데 사용하라고 세 가지 징표를 주셨다.[14] 세

14 징표가 선지자의 정통성을 입증하는 것으로 사용되는 것에 대해서는 신명기 13:2-6을 참고하라.

가지 징표는 이집트 풍의 마술이다(Sarna). 앞으로 모세가 온갖 마술로 가득했던 이집트에 가서 이 기적들을 행해야 한다는 점을 고려할 때, 이 징표들이 놀랄 만한 것은 아니다. 그러나 모세는 마술사가 아니다. 그가 주문을 외우거나 요술을 부려 이런 일을 할 수 있는 것은 아니다. 하나님이 말씀하신 대로 해야만 기적들을 행할 수 있다.

첫 번째 기적은 그가 가지고 있던 지팡이를 땅에 내려놓으면 뱀으로 변하는 것이었다. 하나님은 지팡이를 들고 있던 모세에게 "네가 손에 가지고 있는 것이 무엇이냐?"라고 물으셨다(2절). 비록 마술처럼 보이지만, 이 기적은 모세가 평소에 사용하던 지팡이를 뱀으로 변하게 하심으로써 눈속임이 아니라 하나님의 능력이 이루어낸 것임을 강조하고 있다. 이집트 마술사들이 사용하는 눈속임과는 질적으로 다른 일이다. 그저 마른 막대기에 지나지 않았던 모세의 지팡이가 하나님의 손에 잡히니 생명과 독으로 가득한 뱀이 되었다. 모세가 꼬리를 잡으니 다시 지팡이로 변했다. 하나님이 도구로 사용하실 수 없는 사람은 없다. 비록 몽당연필과 같은 우리라 할지라도 하나님의 손에 들리기만 하면 세상에서 가장 아름다운 사랑의 편지를 쓰는 도구가 될 수 있다. 하나님이 지시하는 대로 따라 하기만 하면 된다.

지팡이와 뱀은 몇 가지 상징적인 의미를 지녔다. 고대 이집트에서 지팡이는 왕의 권위와 능력의 상징이었다(사 10:5, 24; 14:5; 렘 48:17; 겔 7:11; 19:11-14; 시 110:2). 나일 델타를 포함한 하(下)이집트(Lower Egypt)의 수호신은 코브라 여신이었다. 이집트의 왕들이 쓰던 왕관에 이 수호신을 상징하는 코브라(the uraeus) 모형의 표상이 있었다(Enns). 왕의 왕관에 새겨진 코브라는 왕에게는 신적인 보호와 권능을 의미했고 왕을 대적하는 자에게는 죽음을 경고하는 것으로 여겨졌다. 하나님은 뱀으로 변해 버린 지팡이를 두려워 피하는 모세에게 뱀의 꼬리를 잡으라고 하셨다(4절). 모든 땅꾼이 증언하듯, 독이 있는 뱀의 꼬리로 잡는다는 것은 매우 어리석은 짓이다. 뱀이 순식간에 돌아서서 꼬리를 잡고 있는 자를 공격하기 때문이다. 그러므로 하나님이 모세에게 뱀의 꼬리를 잡으라고 하시는 것은 그에게 “나를 믿고 순종하라”라며 믿음을 요구하시는 것이다(Sarna). 이 징표의 중요성은 이집트에서 왕의 권세를 상징했던 뱀이 모세의 통제 아래 들어왔다는 것이다(Enns). 아무것도 할 수 없다며 좌절하는 세상의 가장 낮은 자 모세가 온 천하를 호령하는 이집트 왕을 호령할 날이 멀지 않았다. 모세는 이집트 왕에 견줄 만한 권위와 능력을 지녔다.

하나님이 모세에게 주신 두 번째 기적은 나병이 손에 생겼다 없어지는 일이었다(6절). 히브리어 단어(צָרַעַת)를 나병(Hansen’s disease, leprosy)으로 번역하는 것은 적절하지 않다. 이 병의 증세가 실제 나병 증세와 매우 다르기 때문이다(Dozeman, Kaiser, Sarna, cf. 레 13-14장). 본문에서 이 병의 증세가 하얀 눈에 비교되는 것은 대부분의 번역본(공동, 새번역, NRS, TNK)이 암시하듯 모세의 손이 눈처럼 하얗게 되어서가 아니다. 본문은 단순히 나병을 앓는 “그[모세]의 손이 눈처럼 되었다”(וְהִנֵּה יָדוֹ מְצֹרַעַת כַּשָּׁלֶג)라고 말할 뿐이다(개역개정, NAS, NIV). 즉, 모세의 손과 눈의 비교는 색깔에 있는 것이 아니라 그의 손에서 눈처럼 엷은 조각들이 떨어져 나오는 데 있었다(Sarna). 이 징표의 중요성은 나병을 앓고 있는 사람과 같은 이스라엘 백성이 하나님의 은혜로 완쾌되고 정결하게 될 것을 예고하는 데 있다(Houtman).

지팡이가 뱀으로 변했다가 다시 지팡이로 변하는 기적을 목격한 사람들이 설득되지 않으면 사용하라고 주신 기적이 나병을 주셨다가 회복시키는 일이다. 오늘날 사람은 두 기적을 비교할 때 지팡이가 뱀으로 변하는 것이 손이 변하는 것보다 더 큰 마술이라고 할 것이다. 그러므로 모세가 현대인을 대상으로 이 일을 행한다면, 두 기적의 순서가 바뀌어야 한다. 하지만 고대 사람은 모든 질병이 신들과 연관되어 있다고 믿었다. 질병은 곧 신들의 심판 혹은 그들이 내리는 재앙이라고 생각했던 것이다(Stuart). 지팡이가 뱀으로 변하는 것은 마술사들도 할 수 있는 일이지만, 질병을 낫게 하는 것은 마술사들이 할 수 없는 일이었다. 그래서 질병을 앓은 사람들은 그들을 쳤다고 생각되는 신에게 제물을 바치며 회복과 치유를 구해야 했다.

세 번째 징표는 나일 강의 물이 피로 변하는 것이었다(8-9절). 처음 두 기적은 되돌릴 수 있는 것이지만, 이 기적은 한 번 진행되면 다시 되돌릴 수 없는 것이었다. 또한 이 기적이 미치는 영향과 위험은 처음 두 기적보다 훨씬 광범위하고 위협적이다. 하나님은 첫 번째 기적이 이스라엘 백성을 설득하는 데 충분하겠지만, 혹시 그렇지 않더라도 두 번째 기적은 확실한 효과를 발휘할 것이라고 말씀하셨다(8절). 그러나 이 두 가지가 그들의 태도를 돌이키지 못할 때 사용하라고 주신 것이 나일 강의 물을 피로 변하게 하는 능력이었다. 물론 모세는 이 기적을 이집트에 가야만 행할 수 있다. 이는 모세에게 순종을 요구하는 것이며, 그가 하나님을 믿고 따르는 것을 전제한다. 나중에 이 기적은 이집트 사람이 당하게 되는 열 재앙 중 첫 번째 것이 된다.

고대 이집트 사람은 생명의 젖줄이라 할 수 있는 나일 강을 신으로 숭배했다. 그러므로 이집트 사람이 신격화했던 나일 강물을 하나님이 피로 변하게 하신다는 것은 그분이 자연을 다스리신다는 것을 강조할 뿐만 아니라 이집트의 모든 '신'이 여호와께 복종하리라는 것을 암시한다. 또한 피는 생명과 죽음을 상징한다. 따라서 이 기적은 하나님이 이스라엘 백성에게는 생명을, 이집트 사람에게는 죽음을 주실 것을 암시한다(Enns). 세상에 하나님 같은 분은 없으며, 이집트의 신들은 하나님 앞에서 아무런 능력을 발휘하지 못할 것이다. 온 우주를 창조하신 분을 누구에게 견주겠는가?

I. 이스라엘이 이집트를 떠남(1:1-15:21)
A. 준비(1:1-7:7)
4. 모세를 보내시는 하나님(3:1-4:31)

(5) 모세가 신뢰성을 의심함(4:10-12)

[10]모세가 여호와께 아뢰되 오 주여 나는 본래 말을 잘 하지 못하는 자니이다 주께서 주의 종에게 명령하신 후에도 역시 그러하니 나는 입이 뻣뻣하고 혀가 둔한 자니이다 [11]여호와께서 그에게 이르시되 누가 사람의 입을 지었느냐 누가 말 못 하는 자나 못 듣는 자나 눈 밝은 자나 맹인이 되게 하였느냐 나 여호와가 아니냐 [12]이제 가라 내가 네 입과 함께 있어서 할 말을 가르치리라

하나님이 함께하실 것이라는 약속뿐만 아니라 온갖 기적을 행할 수 있는 능력을 주셨는데도 모세는 여전히 불안했다. 그래서 그는 네 번째 문제를 제기한다. 모세가 자신이 이 일에 적합하지 않다며 늘어놓는 말을 요약하면 "저는 능력이 부족합니다"이다(4:10). 모세는 자신이 하나님의 대변인 역할을 하기에는 말주변이 너무 없다고 고백한다. 이곳에 기록된 모세의 고백과 선지자 예레미야의 고백(렘 1:6)이 매우 유사하다(Holladay). 모세의 이 발언에 대해서는 추측이 난무하다(Hamilton). 그가 실제로 말을 더듬었다는 해석도 있고(Greenberg, Tigay, cf. LXX), 한 유태인 주석가는 모세가 태어날 때부터 언어 장애를 갖고 태어났다고 하고, 한 유태인 전승(Exodus Rabba)은 모세가 어렸을 때 활활 타는 숯에 입을 데었다고 한다! 이러한 것들은 역사적 증거가 없는 해석이다. 그가 오랫동안 이집트를 떠나서 살다 보니 이집트어를 잊어버렸음을 뜻하는 것이라는 주장도 있다(Kaiser). 지난 40년 동안 주로 짐승하고만 살다 보니, 바로를 만날 때 필요한 협상력이나 외교력이 없어졌음을 이렇게 표현하는 것이라고 풀이하는 사람도 있다(Weinberg, cf. Enns). 또 모세의 발언을 지나친 겸손으로 풀이하는 주석가도 있다

(Stuart). 실제 말을 잘하면서도 못한다고 자신을 낮추는 것이 그가 속한 사회의 문화였다는 것이다. 본문이 정확히 설명하지 않기 때문에 여러 가지 다양한 해석이 가능하지만(Hamilton), 신약은 모세가 매우 말을 잘했다고 한다(행 7:22). 한 가지 확실한 것은 모세가 이 약점으로 자신감을 상실했다는 것이다. 그러므로 모세의 발언이 결코 지나친 겸손에서 비롯된 말은 아니다.

지금까지 하나님이 모세에게 말씀하신 것과 기적으로 주신 것들을 감안할 때, 그의 논리와 발언은 너무나 한심하다. 모세의 이 같은 고백은 핑계밖에 되지 않는다. 그러므로 이제부터 하나님의 말투에 조금씩 짜증과 화가 섞이기 시작한다(Brueggemann). 모세가 앓고 있는 무기력증에 대한 하나님의 처방은 모세에게 두 개의 '누가'(Who)? 질문을 던짐으로써 시작된다(11절). (1) 누가 사람의 입을 지었느냐? (2) 누가 벙어리를 만들고 귀머거리를 만들며, 누가 앞을 볼 수 있는 사람이 되게 하거나 못 보는 사람이 되게 하느냐?

두 질문은 수사학적인 것으로, 하나님의 절대적 주권과 통치권을 강조한다. 이 질문들의 논점은 사람이 어떻게 벙어리나 귀머거리 등이 되는가가 아니라 세상만사를 결정하시는 하나님이 모세가 부족하다고 생각하는 모든 부분을 채워주실 수 있다는 확신을 가지라는 것이다. 사람의 입을 창조하시고 귀를 만드신 전능자 하나님께 말더듬이나 오랫동안 사용하지 않은 언어 혹은 대화술이 무슨 문제가 되겠는가? 모세는 어리석어도 한참 어리석은 문제 제기를 하고 있는 것이다.

하나님이 누차 말씀하신 대로 모세는 이 일을 혼자 하는 것이 아니다. 오히려 하나님이 모세를 도구로 사용하여 이 일을 혼자 하신다! 마른 막대기에 불과한 모세는 하나님 손에 잡혀있기만 하면 된다. 모든 능력이 하나님께 있기 때문이다. 그럼에도 모세는 자신의 능력을 염려한다! 걱정하는 모세에게 하나님은 그를 도와줄 뿐만 아니라 그가 할 말까지 주실 것을 약속하신다(12절). 모세가 하나님이 주신 말씀을 백성에게 전달하면, 곧 하나님의 말씀이 되는 것이다. 모세는 훗날 이스라엘에 하나님 말씀을 선포했던 선지자의 원조가 된다. 우리는 여기서 하나님의 말씀과 그를 대변하는 사람의 말(신탁)의 관계를 생각해 보아야 한다. 하나님을 대변하는 사람은 그분의 말씀을 창의적으로 만들어내는 사람이 아니다. 단순히 하나님이 주신 말씀을 전하는 것이다. 만일 말을 만들어낸다면 그는 하나님의 대변인이라 할 수 없다. 주의 종으로서 우리도 하나님이 성경을 통해 주신 말씀만 전하면 된다.

I. 이스라엘이 이집트를 떠남(1:1–15:21)
A. 준비(1:1–7:7)
4. 모세를 보내시는 하나님(3:1–4:31)

(6) 모세가 소명을 거부함(4:13–17)

[13]모세가 이르되 오 주여 보낼 만한 자를 보내소서 [14]여호와께서 모세를 향하여 노하여 이르시되 레위 사람 네 형 아론이 있지 아니하냐 그가 말 잘하는 것을 내가 아노라 그가 너를 만나러 나오나니 그가 너를 볼 때에 그의 마음에 기쁨이 있을 것이라 [15]너는 그에게 말하고 그의 입에 할 말을 주라 내가 네 입과 그의 입에 함께 있어서 너희들이 행할 일을 가르치리라 [16]그가 너를 대신하여 백성에게 말할 것이니 그는 네 입을 대신할 것이요 너는 그에게 하나님 같이 되리라 [17]너는 이 지팡이를 손에 잡고 이것으로 이적을 행할지니라

모세는 자신이 제기한 문제들에 대한 하나님의 해결책과 대안에 설득되지 않았다. 지금까지 그는 네 차례나 변명을 늘어 놓으며 하나님이 주신 소명을 받아들이지 않았다. 하나님의 오래 참으심을 시험하고 있는 것이다. 다행히 하나님은 이런 모세를 마다하지 않으시고 계속 능력과 약속으로 설득하신다. 오랜 세월 미디안에서 사는 동안 모세의 심리상태가 상당히 망가져 있음을 잘 아셨기 때문에 그에 대한 배려로 이렇게 하시는 것이라 생각된다. 그러나 마음 문이 굳게 닫힌 모세는 하나님의 자비로운 설득에 귀를 기울이려 하지 않는다. 모든 것을 체념하고 마음의 창을 닫아버린 모세에게는 하나님의 말씀이 별 효력이 없다.

본문은 하나님의 부르심에 대한 모세의 다섯 번째 거부를 기록하고 있다. 그의 말을 요약하면 "저는 아무래도 안 되겠습니다. 다른 사람을 보내십시오"이다(4:13, cf. Stuart). 한 주석가는 이러한 상황을 고려하여 이 섹션의 타이틀을 "제가 여기 있나이다! 다른 사람을 보내시옵소서!"(Here I am, Send Him)라며 재치 있게 표현한다(Hamilton). 지금까지 하나님이 하시고자 하는 일과 이 일에 대한 계획에 대해 여러 가지로 질문해 온 모세가 내린 최종 결론치고는 너무나 부적절하다. 마치 가게에 가서 물건을 살 듯 주인에게 물건에 대해 이것저것 꼬치꼬치 따져가며 물어보고는 단지 그 물건이 필요 없다는 이유로 거부하는 것과 같다. 그럴 거라면 처음부터 묻지를 말든지, 아니면 살 것 같은 분위기를 풍기지 말든지! 게다가 모세의 반응은 하나님이 그를 종으로 세우시고자 하는 선택이 잘못되었다는 의미를 내비치기까지 한다.

하나님이 이스라엘 백성을 구원하는 일은 자신이 직접 나서서 할 테니 모세는 하나님의 도구가 되어 시키는 대로만 하면 된다고 설득하시는데도, 모세는 여전히 이스라엘 백성을 구원하는 데 자신의 능력과 재량이 필수적이라고 생각한다! 모세를 설득하려는 하나님의 모든 수고와 노력이 수포로 돌아가는 순간이다. 도대체 말귀를 알아듣지 못하는 모세! 모세는 지난 40여 년의 광야 생활을 통해 심한 심리적 병을 앓고 있었던 것이 확실하다. 자신감은 물론이고 자존감마저 상실해 버렸다. 이런 상황에서 더 이상의 설명이나 협상은 의미가 없다. 그러므로 이제부터는 하나님이 단호하게 모세를 대하신다.

그동안 꾹 참아 오셨던 하나님이 모세에게 화를 내신다(14절). 하나님의 오래 참으심에도 한계가 온 것이다. 지금까지 모세는 자신의 연약함이나 문제로 갈 수 없다며 핑계를 댔는데, 이번에는 이렇다 할 변명도 없이 자기는 갈 수 없으니 다른 사람을 보내시라고 한다. 그러니 하나님이 화가 나실 만도 하다. 모세처럼 사고가 꽉 막힌 사람에게는 더 이상 설명해 보아도 별 의미가 없다. 하나님은 단호하고 결정적인 처방을 내리신다. "입 다물고 떠나라!"(14-17절). 일단 이집트로 가서 사역하면서 나머지 부분을 정리하라고 말씀하시는 것이다. 하나님과 인간의 사역 파트너십에서 가장 중요한 것은 하나님의 준비하심이지, 인간이 얼마나 준비되었는가가 아니다. 인간도 덩달아 준비되면 좋겠지만, 경우에 따라 하나님의 준비만으로도 사역이 시작될 수 있다.

성경에는 모세처럼 끝까지 고집을 부리며 하나님의 부르심에 응하지 않은 사람이 한 명 더 있다. 니느웨로 가서 말씀을 선포하라는 하나님의 명령을 받았던 요나 선지자다. 실제로 모세 이야기(3:4-4:31)와 요나 이야기(욘 1:1-3:10)는 여러 가지 공통점을 갖고 있다. 다음 도표를 참고하라(Stuart).

내용	출애굽기	요나서
하나님이 선지자에게 가서 말씀을 선포하라고 하심	3:4-10	1:1-2
선지자가 소명을 거부함	4:13	1:3
하나님의 심판으로 선지자가 거의 죽음을 맛봄	4:24	1:4-15
선지자가 교훈을 얻음	4:25	2:1-10; 1:12
하나님이 선지자를 살려주심	4:26	1:17
하나님이 선지자를 다시 부르심	4:27-28	3:1
선지자가 드디어 소명을 받아들임	4:29-30	3:3-4
선지자가 소명에 따라 사역함	4:31ff.	3:5-10

모세의 이 마지막 거부를 통해 하나님의 원래 계획(Plan A)이 거부당함으로써 아론을 그와 함께 보내는 하나님의 대안(Plan B)이 작동했다고 해석하는 사람들이 있다(Fretheim, cf. Childs, Enns). 그러나 모세보다 세 살이 많은 형 아론(7:7)이 이미 그를 만나려고 이집트를 출발했음을 감안할 때(15절), 모세가 형 아론과 함께 사역하는 것은 하나님의 원래 계획(Plan A)이었다. 하나님이 모세의 우려를 예견하셨기 때문에 아론과 함께 사역하도록 조치를 취해 놓으신 것이다. 형 아론을 동역자로 붙여주신 것은 단지 모세가 고백한 것처럼 그에게 말주변이 없어서만은 아니다. 두 형제가 함께 사역하며 앞으로 닥칠 모든 어려움과 고난을 함께 헤쳐 나가라며 아론을 모세 곁에 세우신 것이다. 그러므로 아론은 말 못하는 모세의 부족함을 채우기 위한 하나님의 임시방편이 아니라, 모세를 배려한 주님의 은혜였다(Stuart).

하나님은 모세와 아론을 도우실 뿐만 아니라 이들에게 할 말도 주실 것을 약속하신다(15절). 그렇다면 모세와 아론은 어떤 관계를 형성해야 하는가? 하나님은 모세가 자신의 대변자인 것처럼 아론이 모세의 대변자가 될 것이라고 정리해 주신다. "그[아론]가 너를 대신하여 백성에게 말을 할 것이다. 그는 너의 말을 대신 전달할 것이요, 너는 그에게 하나님 같이 될 것이다(אַתָּה תִּהְיֶה־לּוֹ לֵאלֹהִים)"(16절, 새번역). 이 말씀을 통해 앞으로 하나님, 모세, 아론의 관계가 어떻게 설정될 것인가를 말씀하신다. 도표로 보자면 다음과 같다. 모세는 아론에게 하나님 역할을 하여, 하나님이 자신에게 말씀하시면 자신의 선지자 역할을 하는 아론에게 전해주고 아론은 곧 모세가 전해준 하나님의 말씀을 선포하는 것이다. 많은 학자가 하나님–모세–아론의 관계를 선지자의 사역에서 하나님–선지자–백성의 관계로 이해한다(van Gemeren).

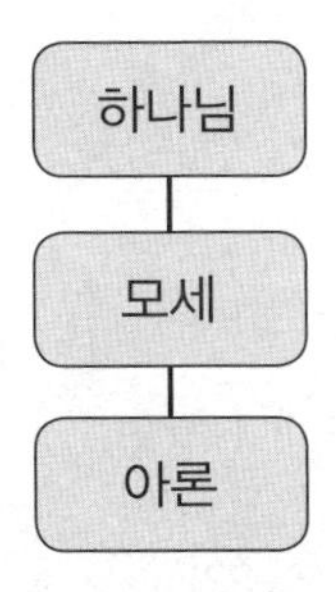

하나님은 이집트로 떠나는 모세에게 지팡이를 가져가라고 명령하셨다(17절). 지팡이를 가지고 이집트로 가서 이미 보여주신 기적을 행하라는 것이었다.[15] 지팡이를 지니고 있는 한, 모세는 자신의 능력으로 이집트 사람을 변화시키거나 바로를 설득할 필요가 없다. 하나님이 하실 것이기 때문이다. 모세의 지팡이는 목자가 양을 치면서 사용하던 평범한 나무토막이다. 하지만 모세는 앞으로 이 지팡이로 나일 강물을 피로 바꿀 것이며 홍해를 가를 것이다. 그러다 우쭐해지더라도 생기라고는 찾아볼 수 없이 말라빠진 지팡이와 같았던 자신의 삶을 회상하며 겸손해질 것이다. 또한 하나님은 모세의 지극히 평범한 막대기로 세상의 권세자들을 겸손케 하실 것이다. 하나님은 마른 지팡이 같은 우리를 들어 쓰셔서 세상을 놀라게 하실 수 있다.

오랜 설득에도 끝까지 순종하지 않으려는 모세를 하나님이 강압적으로 이집트로 보내시는 것을 보면서 어떤 생각을 하는가? 이 이야기는 우리에게 한 가지 교훈을 준다. 우리가 항상 하나님의 뜻을 헤아리거나 이해할 수 있는 것은 아니다. 도저히 이해가 되지 않을 때가 있고, 수긍이 되지 않는 부분도 있을 수 있다. 그럴 때는 이해되지 않는 것을 이해하려고 시간을 낭비할 것이 아니라 훗날 이해하게 될 것을 소망하며 순종해야 한다. 어떤 때는 이해보다 순종이 더 필요하고 중요하기

15 출애굽기뿐만 아니라 성경 전체에서 지팡이가 갖고 있는 상징성과 중요성에 대해서는 스튜어트(Stuart)를 참고하라.

때문이다.

I. 이스라엘이 이집트를 떠남(1:1-15:21)
A. 준비(1:1-7:7)
4. 모세를 보내시는 하나님(3:1-4:31)

(7) 모세가 이집트로 돌아감(4:18-23)

[18]모세가 그의 장인 이드로에게로 돌아가서 그에게 이르되 내가 애굽에 있는 내 형제들에게로 돌아가서 그들이 아직 살아 있는지 알아보려 하오니 나로 가게 하소서 이드로가 모세에게 평안히 가라 하니라 [19]여호와께서 미디안에서 모세에게 이르시되 애굽으로 돌아가라 네 목숨을 노리던 자가 다 죽었느니라 [20]모세가 그의 아내와 아들들을 나귀에 태우고 애굽으로 돌아가는데 모세가 하나님의 지팡이를 손에 잡았더라 [21]여호와께서 모세에게 이르시되 네가 애굽으로 돌아가거든 내가 네 손에 준 이적을 바로 앞에서 다 행하라 그러나 내가 그의 마음을 완악하게 한즉 그가 백성을 보내 주지 아니하리니 [22]너는 바로에게 이르기를 여호와의 말씀에 이스라엘은 내 아들 내 장자라 [23]내가 네게 이르기를 내 아들을 보내 주어 나를 섬기게 하라 하여도 네가 보내 주기를 거절하니 내가 네 아들 네 장자를 죽이리라 하셨다 하라 하시니라

장인의 양들을 이끌고 집으로 돌아온 모세는 장인에게 처가를 떠나 이집트에 있는 친척들을 돌아보겠다고 말한다(17절). 모세가 장인에게 사실을 말하지 않은 이유는 확실하지 않다. 아마도 자신이 느꼈던 것처럼 이 일이 매우 비현실적이고 어려운 일이기 때문에 장인에게 사실대로 말하면 그가 허락하지 않을 것이라고 생각했기 때문일 수 있다(Enns). 아니면 장인 이드로가 "하나님이 자네의 처지를 헤아리시지 않고 너무 큰 사명을 주셨다!"라며 비웃을까 봐 그랬을까? 오래전에 칼빈(Calvin)은 영적인 일에 대해 남에게 말을 잘 못하는 남자들의 속성을 모세를 통해 볼 수 있다고 했다.

늙은 사위가 왜 이집트로 떠나려 하는지 눈치채지 못하고 그저 친척들이 보고 싶어 잠시 방문하러 가는 것이라고 생각한 이드로는 모세에게 "평안히 가라"(לֵךְ לְשָׁלוֹם)라며 축복을 빌어주었다(18절). 그러나 모세는 막상 이집트로 떠나려니 발걸음이 떨어지지 않았다(Sarna). 하나님은 주저하는 모세에게 마음을 가볍게 할 소식을 알려 주신다. 그의 생명을 노렸던 모든 사람이 이미 죽었다는 정보였다(19절)[16]. 세월이 많이 흐르기도 했지만, 이제는 모세가 이집트로 돌아가는 것을 꺼리거나 두려워할 이유가 전혀 없다. 이미 지난날의 일은 모두 이집트 사막의 모래 아래 묻혔기 때문이다.

하나님이 주신 정보에 힘을 얻은 모세는 가족을 이끌고 길을 떠났다. 장인이 준 나귀에 아내와 아들들을 태우고 하나님이 가져가라고 하신 막대기, 곧 '하나님의 지팡이'[מַטֵּה הָאֱלֹהִים)(LXX = "τὴν ῥάβδον τὴν παρὰ τοῦ θεοῦ" (하나님께로부터 받은 지팡이)]도 챙겼다. 모세의 지팡이가 하나님의 지팡이로 불리는 이유에 대해, 학자들은 모세가 이 지팡이를 통해 하나님의 기적들을 행해야 하기 때문이라고도 하고, 하나님이 가져가라고 명령하셨기 때문이라고도 하며, 하나님의 능력이 이 지팡이에 담겨 있기 때문이라고도 한다(Sarna).

지금까지 우리는 모세의 아들 중 게르솜만을 접했지만(2:22), 그에게는 엘리에셀이라는 또 한 명의 아들이 있었다(18:4). 장인의 기대와는 달리 모세가 온 가족을 데리고 떠나는 것은 그가 잠시 이집트에 머물기 위해 떠나는 것이 아니라 그곳에 정착하여 살기 위해 이주하는 것

16 학자들은 18절과 19절의 관계에 대해 여러 가지 문제를 제기한다. 모세가 이미 이집트 행을 결정했는데(18절) 왜 하나님이 그에게 또 이집트로 가라고 하시느냐는 것이다(Dozeman, Enns). 그러나 문제는 간단히 해결될 수 있다. 이미 미디안을 떠나 이집트로 가려고 결정한 모세에게 격려 차원에서 "지금 이집트로 떠나도 별 어려움이 없을 것이다. 너의 생명을 노리던 자들이 모두 죽었기 때문이다"라고 귀띔해 주시는 것으로 해석하면 된다.

임을 의미한다. 모세가 이 순간 미디안을 떠나면 다시는 이곳으로 돌아오지 않을 것이다. 40년 전에 도망자의 신분으로 미디안 땅에 정착했던 모세가 장인과 하나님이 주신 것을 가지고 이집트로 돌아간다는 것은 그의 변화된 신분과 형편을 상징한다(Dozeman). 바로의 진노를 피해 도망왔을 때는 혈혈단신으로 미디안을 찾았는데, 이제는 하나님과 함께 당당하게 이집트로 향하고 있다(Houtman).

하나님은 길을 떠나는 모세에게 출애굽 드라마가 어떻게 전개될지 다시 한번 말씀해 주셨다. 모세가 바로의 눈앞에서 많은 기적을 행하겠지만, 이집트 왕은 여호와 하나님의 말씀을 듣고도 쉽게 이스라엘을 내보내지 않을 것이다. 이러한 사실은 앞으로 전개될 모세의 사역이 상당히 어려울 것임을 암시한다. 그러나 하나님이 이 같은 사실과 바로가 마음이 강퍅해져서 여러 가지 혹독한 재앙을 경험한 후에야 비로소 이스라엘 백성을 내보낼 것이라는 사실을 미리 알려주시는 것은, 모든 것이 주님의 계획대로 진행될 테니 모세는 염려하지 않고 하나님의 사역을 지켜보기만 하면 된다는 격려다(Stuart). 어려움이 닥쳐와도 놀라지 말고 하나님이 계획하신 이스라엘 구원 과정의 일부로 생각하고 낙심하지 말라는 것이다.

"여호와께서 말씀하신다"(כֹּה אָמַר יְהוָה, 22절)는 구약 성경 전체에서 하나님 말씀을 선포할 때 자주 사용되는 문구인데, 출애굽기에서는 4:22에 처음 사용된다. 바로는 끝까지 모세의 요구를 거부하다가 맏아들이 죽는 것을 보고서야 마지못해 이스라엘 백성을 내보낼 것이다(23절). 하나님이 바로의 맏아들(בְּכוֹר)을 죽이시는 이유는 그들이 하나님의 '맏아들'(בְּכוֹר)인 이스라엘을 내보내지 않았기 때문이다(Enns). 구약의 세계관에 의하면 세상 사람 모두가 하나님의 자녀이지만, 이스라엘은 그분의 맏아들로서 특별한 관계를 누렸다(Sarna).

한 가지 해석적 쟁점이 될 수 있는 것은 바로의 마음이 강퍅해진 동기다(Stuart). 그가 스스로 자기 마음을 강퍅하게 한 것이 아니라, 하나님이 그의 마음을 강퍅하게 하실 것을 선언하시기 때문이다. "내가 그[바로]의 마음을 완악하게 한즉"(וַאֲנִי אֲחַזֵּק אֶת־לִבּוֹ, 21절). 서론에서 언급한 것처럼 '완악하다'라는 개념은 20차례 사용되는데, 절반은 하나님이(4:21; 7:3; 9:12; 10:1, 20, 27; 11:10; 14:4, 8, 17), 절반은 바로 자신이 완악함의 동기가 된다(7:13, 14, 22; 8:11, 15, 28; 9:7, 34, 35; 13:15). 마음이 완악하다는 것은 마음이 도덕적으로 부패하고 교만하여 합리적인 사고를 할 수 없고 긍휼을 베풀지 못하는 것을 뜻한다(Sarna). 어떤 정황에서도 바로는 이 일에서 책임을 면할 수 없다. 열 가지 재앙이 진행되는 동안, 처음 다섯 재앙은 바로가 자신의 마음을 완악하게 하지만 그다음부터는 하나님이 그의 마음을 완악하게 하신다. 회개의 시간이 지나면 더 이상 하나님은 바로의 회개를 받기를 거부하실 것이다.

I. 이스라엘이 이집트를 떠남(1:1-15:21)
A. 준비(1:1-7:7)
4. 모세를 보내시는 하나님(3:1-4:31)

(8) 여관에서 생긴 일(4:24-26)

[24]모세가 길을 가다가 숙소에 있을 때에 여호와께서 그를 만나사 그를 죽이려 하신지라 [25]십보라가 돌칼을 가져다가 그의 아들의 포피를 베어 그의 발에 갖다 대며 이르되 당신은 참으로 내게 피 남편이로다 하니 [26]여호와께서 그를 놓아 주시니라 그 때에 십보라가 피 남편이라 함은 할례 때문이었더라

이 짧은 이야기는 지난 수천 년 동안 주석가들을 가장 당혹하게 한 구약 본문 중 하나다(Penchansky). 오늘날까지도 본문에 대한 설명보다 의문이 더 많이 제기된다(Sarna, Stuart, Enns, Dozeman). 해석뿐만 아니라 번역도 쉽지 않다. 이야기가 모세의 이름을 사용하지 않으며 인칭 대명사들이 누구를 의미하는지 확실하지 않기 때문이다(Walters). 학자들이 본문에 대해 던지는 질문은 매우 다양하다(Childs, Hamilton). 첫째, 이 사건은 모세 이야기의 흐름과 어떤 연관성이 있는가? 둘째, 하나님이 누구를 죽이시려 하는가? 모세 혹은 그의 아들? 하나님이 모세가 아니라 게르솜을 죽이려 하셨다는 해석도 있다(Howell). 모세의 이름을 사용하지 않고 있기에 이런 질문이 제기된다. 셋째, 모세를 죽이시려 한 것이라면, 왜 이집트로 보내기 위해 세우신 종을 죽이시려 했단 말인가? 넷째, 십보라는 이 위기를 극복하기 위해 자신이 해야 할 일을 어떻게 알았을까? 다섯째, '피 남편'(חֲתַן־דָּמִים)이란 무엇을 뜻하는가? 여섯째, '피 남편'과 아이의 할례는 어떻게 연관되는가?

이미 오래전부터 이 이야기에 대한 해석이 분분했던 것 같다. 칠십인역(LXX)은 여호와 대신 천사를 대입하고 십보라가 아들의 양피를 잘라서 천사의 발 앞에 놓음으로써 아들의 생명을 구했다고 번역/해석하고 있다("여호와의 천사가 여관을 찾아와 그를 죽이려 했다. 돌칼을 든 십보라가 자기 아들의 양피를 잘라서 그의 발에 던지며 말했다. '내 아들의 할례의 피가 코를 찌른다.' 그러자 그가 떠나갔다. 그녀가 '내 아들의 할례의 피가 코를 찌른다'라고 말했기 때문이다."). 특이한 것은 구약이 할례를 행하는 것을 묘사할 때는 양피를 자른다는 의미의 히브리어 동사 מוּל을 사용하는데, 본문만 예외적으로 '[언약을] 자르다'라는 의미의 כרת를 사용한다는 것이다(25절). '발'(רֶגֶל, 25절)은 성기를 가리키는 완곡어법(euphemism)으로 해석되기도 한다(Sarna).

대부분의 유대교와 기독교 주석가는 모세가 어떤 이유에서인지 아들에게 할례를 행하지 않았기 때문에 빚어진 일이라고 해석해 왔다(Targum Onkelos, Exodus Rabba, Calvin, Keil, Allen, Kaiser). 모세가 아들에게 할례를 행하지 않아 위험에 빠졌는데 지혜로운 십보라가 신속하게 대처해 그의 생명을 구한 것이다. 책이 시작될 때 모세가 어머니, 누이, 이집트 공주 등 여인들에게 도움을 받아 생명을 보호받더니, 이번에는 십보라 덕분에 살게 된다(Fretheim). 본문이 여호와에 대해 확실하게 가르쳐주는 한 가지는 하나님은 그 무엇이나 누구에 의해 통제될 수 없는 매우 위험한 신이라는 것이다(Brueggemann). 이스라엘의 구원자이신 여호와는 이집트에게만 위험한 분이 아니라 이스라엘에게도 위험한 분이다. 그러므로 하나님이 우리와 함께하신다고 해서 모든 것이 우리 뜻대로 될 것이라는 생각은 버려야 한다. 아울러 이 이야기는 이스라엘 사람의 삶에서 할례는 가장 중요한 예식이며 이 예식을 무시하거나 등한시하는 것은 엄청난 화를 초래할 수 있다는 경고이기도 하다(Sarna, Dozeman).

I. 이스라엘이 이집트를 떠남(1:1–15:21)
A. 준비(1:1–7:7)
4. 모세를 보내시는 하나님(3:1–4:31)

(9) 모세가 이집트에 도착함(4:27–31)

[27]여호와께서 아론에게 이르시되 광야에 가서 모세를 맞으라 하시매 그가 가서 하나님의 산에서 모세를 만나 그에게 입맞추니 [28]모세가 여호와께서 자기에게 분부하여 보내신 모든 말씀과 여호와께서 자기에게 명령하신 모든 이적을 아론에게 알리니라 [29]모세와 아론이 가서 이스라엘 자손의 모든 장로를 모으고 [30]아론이 여호와께서 모세에게 이르신 모든 말씀을 전하고 그 백성 앞에서 이적을 행하니 [31]백성이 믿으며 여호와께서 이스라엘 자손을 찾으시고 그들의 고난을 살피셨다 함을 듣고 머리 숙여 경배하였더라

얼마 후 모세는 하나님의 명령을 받고 그를 찾아온 아론을 '하나님의 산'(הַר הָאֱלֹהִים, cf. 3:1)에서 만났다(27절). 이 본문은 모세가 하나님을 만났던 산이 미디안과 이집트 사이에 있었음을 암시한다(Stuart). 하나님이 모세를 종으로 세우신 하나님의 산에서 아론을 만났다는 것은 중요한 상징적 의미를 지닌다. 하나님이 그에게 하셨던 것처럼, 이번에는 모세가 아론을 '종'으로 세우고 있음을 뜻하는 것이다(Houtman, cf. 16절). 40년 만에 만난 형제는 함께 이집트로 돌아왔다. 모세의 아내와 자식들에 대한 언급이 없는 것으로 보아 '야밤 할례 사건'에 충격을 받았는지 가족들은 이드로에게 다시 돌아간 것으로 추정된다(18:2-3). 한 미드라쉬는 이때까지 십보라와 아이들이 모세와 함께 있었는데, 아론이 앞으로 이집트에서 있을 일이 위험하기 때문에 십보라와 아이들은 돌아가도록 설득시켰다고 한다.

이집트에 도착한 모세와 아론은 장로들을 모아놓고 그동안 있었던 일과 하나님이 하신 말씀을 모두 알려 주었다. 장로들에게 말을 한 사람은 모세가 아니라 아론이었다(30절). 하나님이 말씀하신 대로 아론이 모세의 대변인이 된 것이다(16절). 모세는 아론을 통해 장로들에게 전달되는 자신의 말이 사실임을 증명하기 위해 하나님이 주신 기적들도 보여주었다(30절). 하나님이 말씀하신 대로 그들은 모세와 아론을 믿었다. 그러고는 하나님이 자신들에게 관심을 보이시며 자신들의 고난에 대해 염려하신다는 사실에 대해 경배와 찬양을 드렸다(31절).

한 가지 의아한 것은 모세가 하나님이 그에게 두 차례나 말씀하신 것처럼 바로가 쉽게 보내주지 않을 것이라는 점도 강조했을 텐데, 잠시 후 이스라엘 백성은 모세와 아론이 처음 바로를 만난 후에 모든 여건이 악화되자 모세와 아론을 원망한다. 순식간에 기억상실증에 걸린 것일까? 인간의 삶은 이렇다. 작은 고통이 임하면 지난 일을 순식간에 망각한다. 일상생활에서 하나님이 우리를 기억하고 계심에 대해 얼마나 감사하고 감격하는지 생각해보자.

5. 백성의 해방을 위한 마지막 준비(5:1-7:7)

이집트로 돌아온 모세는 아론과 함께 본격적으로 이스라엘의 구원을 위한 사역에 나섰다. 그러나 하나님이 수차례 말씀하신 것처럼, 이 일은 바로가 선뜻 허락할 만한 것이 아니었다. 처음에는 이스라엘 백성이 이집트를 위협하는 것을 사전에 방지하기 위해서라는 명분을 앞세워 그들을 노예로 삼고 핍박했지만(1:9-10), 세월이 지나면서 이집트 왕과 백성은 이스라엘 백성이 제공하는 값싼 노동력에 의존하게 되었다. 이제 그들이 착취하고 있는 노예들의 노동력 때문에 이스라엘 백성을 내보낼 수 없게 된 것이다. 우리는 이러한 사실에서 죄의 중독성을 깨달아야 한다. 처음에 죄를 지을 때는 어느 정도의 양심적 갈등이나 심리적 불편함을 동반할 수 있다. 그러나 일단 익숙해지고 나면 죄는 어느 순간 우리 삶에서 떼어내기 힘든 요소가 되어버린다. 이렇게 되면 우리의 삶에서 죄를 제거하는 것은 참으로 어려운 일이 된다. 이런 정황을 고려할 때 이집트가 이스라엘을 내보내는 일이 생긴다면, 하나님이 말씀하신 것처럼(3:19) 이집트 사람도 어쩔 수 없는 절박한 상황에서 마지못해 내보내는 게 될 것이다.

실제로 이집트 왕은 여호와께서 내리신 여러 가지 재앙을 통해 만신창이가 된 후에도 이스라엘을 내보내지 않으려 하다가 자신의 장자마저 하나님의 손에 죽은 후에야 비로소 그들의 출국을 허락했다. 그러나 이집트 사람과 그들의 왕만 문제를 안고 있다고 생각하면 오산이다. 이 구원의 드라마에서 이스라엘도 많은 문제를 갖고 있다.

모세는 이집트에 도착하자마자 이스라엘의 지도자들을 모아놓고 하나님의 구원 사역은 기정사실이지만 바로의 강력한 반발이 있을 것이므로 쉽지만은 않을 것이라고 경고했다(4:28-30). 상황이 좋아지기 전에 일시적으로 더 어려워질 것이니 이런 일이 오거든 좌절하지 말고 오히려 이집트의 핍박이 강력해질수록 오히려 하나님의 구원의 때가 더 가까이 다가오고 있음을 깨달아 인류의 역사를 주장하시는 하나님을 찬양하라는 권면도 더했을 것이다. 일시적으로 가중되는 고통은 이스라엘이 거쳐야 하는 과정이라는 점을 누누이 강조하면서 말이다. 그러나 모세와 아론이 처음으로 바로를 찾은 후 잠시 동안 바로가 이스라엘 노예들의 삶을 더 가혹하게 했을 때, 그들은 하나님을 원망하고 모세와 아론을 돌로 치려 했다. 그들은 아무런 대가를 치르지 않고 해방을 얻으려 했던 것이다. 그저 달면 삼키고 쓰면 뱉어버리는 인간의 본성이 문제 많은 이스라엘 백성의 삶에 잘 드러나고 있다. 이 섹션은 다음과 같이 구분할 수 있다.

A. 실패: 바로에게 거부당한 모세와 아론(5:1-14)
  B. 실패 확인: 가중된 노동과 불만(5:15-21)
  B'. 승리 확인: 호소와 승리 보장(5:22-6:1)
A'. 승리: 하나님이 품으신 모세와 아론(6:2-7:7)

I. 이스라엘이 이집트를 떠남(1:1-15:21)
  A. 준비(1:1-7:7)
    5. 백성의 해방을 위한 마지막 준비(5:1-7:7)

(1) 실패: 바로에게 거부당한 모세와 아론(5:1-14)

[1]그 후에 모세와 아론이 바로에게 가서 이르되 이스라엘의 하나님 여호와께서 이렇게 말씀하시기를 내 백성을 보내라 그러면 그들이 광야에서 내 앞에 절기를 지킬 것이니라 하셨나이다 [2]바로가 이르되 여호와가 누구이기에 내가 그의 목소리를 듣고 이스라엘을 보내겠느냐 나는 여호와를 알지 못하니 이스라엘을 보내지 아니하리라 [3]그들이 이르되 히브리인의 하나님이 우리에

게 나타나셨은즉 우리가 광야로 사흘길쯤 가서 우리 하나님 여호와께 제사를 드리려 하오니 가도록 허락하소서 여호와께서 전염병이나 칼로 우리를 치실까 두려워하나이다 [4]애굽 왕이 그들에게 이르되 모세와 아론아 너희가 어찌하여 백성의 노역을 쉬게 하려느냐 가서 너희의 노역이나 하라 [5]바로가 또 이르되 이제 이 땅의 백성이 많아졌거늘 너희가 그들로 노역을 쉬게 하는도다 하고 [6]바로가 그 날에 백성의 감독들과 기록원들에게 명령하여 이르되 [7]너희는 백성에게 다시는 벽돌에 쓸 짚을 전과 같이 주지 말고 그들이 가서 스스로 짚을 줍게 하라 [8]또 그들이 전에 만든 벽돌 수효대로 그들에게 만들게 하고 감하지 말라 그들이 게으르므로 소리 질러 이르기를 우리가 가서 우리 하나님께 제사를 드리자 하나니 [9]그 사람들의 노동을 무겁게 함으로 수고롭게 하여 그들로 거짓말을 듣지 않게 하라 [10]백성의 감독들과 기록원들이 나가서 백성에게 말하여 이르되 바로가 이렇게 말하기를 내가 너희에게 짚을 주지 아니하리니 [11]너희는 짚을 찾을 곳으로 가서 주우라 그러나 너희 일은 조금도 감하지 아니하리라 하셨느니라 [12]백성이 애굽 온 땅에 흩어져 곡초 그루터기를 거두어다가 짚을 대신하니 [13]감독들이 그들을 독촉하여 이르되 너희는 짚이 있을 때와 같이 그 날의 일을 그 날에 마치라 하며 [14]바로의 감독들이 자기들이 세운 바 이스라엘 자손의 기록원들을 때리며 이르되 너희가 어찌하여 어제와 오늘에 만드는 벽돌의 수효를 전과 같이 채우지 아니하였느냐 하니라

장로들을 만나 이스라엘 백성의 고통에 대한 하나님의 염려와 구원을 위한 하나님의 원대한 계획을 알린 후 모세와 아론은 당당하게 이집트 왕을 찾았다. 드디어 이스라엘의 하나님과 이스라엘 백성을 괴롭히는 이집트 왕의 대결이 시작된 것이다. 모세와 아론을 통해 이스라엘의 하나님 여호와의 뜻을 전해 받은 사이비 신(神) 바로는 오히려 더 많은 일을 하도록 이스라엘 백성을 더 괴롭혔다. 모든 것이 하나님이 말씀하신 대로다. 바로의 이러한 결정은 자신을 우습게 본 이 두 사람

과 이들을 대표로 보낸 노예들의 불손함과 무례함에 대한 분노이자 이스라엘 노예들에게 여호와와 모세에 대한 부정적인 여론을 조성하기 위함이었다. 바로의 계획은 의도한 대로 백성이 모세와 아론을 원망하게 되어 상당 부분 성공한다. 그러나 그의 성공은 일시적일 뿐이다. 하나님이 자기 백성의 고통을 묵묵히 지켜보시지만은 않을 것이기 때문이다. 하나님은 이미 일이 이렇게 진행될 것이라고 말씀하셨다. 그러므로 바라던 자유가 바로 나타나지 않고 오히려 더 큰 억압이 임했다고 해서 좌절할 필요가 없다. 모든 것이 하나님의 계획대로 되어가고 있기 때문이다.

하나님의 대변인 모세와 아론은 이스라엘 문제를 외교적으로 해결하려는 듯 바로를 찾아가 공손하게 협박했다. “주 이스라엘의 하나님이 말씀하시기를 ‘나의 백성을 보내라. 그들이 광야에서 나의 절기를 지켜야 한다’ 하셨습니다”(1절, 새번역). 이들의 발언은 마치 여호와께서 그의 부하인 바로에게 명령하시는 듯한 분위기를 조성한다(Brueggemann).

모세가 요구하는 것은 표면적으로 노예들의 영구적인 해방이 아니라 단지 광야에서 절기를 지킨 다음 다시 이집트로 돌아올 것을 의미하는 것처럼 보인다. 그러나 10:10에 의하면 이러한 요구에는 탈출/해방이 내포되어 있다(Jacob). 그래서 모세의 발언에 ‘돌아온다’라는 말은 없다. 그런데 3:18을 보면 하나님이 모세에게 장로들을 동반하고 바로를 찾아가라고 하셨는데, 장로들은 어디 가고 모세와 아론만 바로를 찾은 것일까? 한 미드라쉬에 의하면, 모세와 함께 바로를 찾아가던 장로들은 도중에 바로를 두려워하여 하나둘 슬그머니 떨어져 나갔다!(Exodus Rabba 5:17; cf. Sarna) 아니면 장로들이 함께 갔는데, 이 정보가 보존 과정에서 본의 아니게 삭제되었을 수도 있다(Enns, cf. Kaiser).

모세와 아론의 말을 들은 바로는 한마디로 하나님의 요구를 거절했다. “그 주가 누구인데(מִי יְהוָה), 나더러 그의 말을 듣고서, 이스라엘을 보내라는 것이냐? 나는 주를 알지도 못하니(לֹא יָדַעְתִּי אֶת־יְהוָה), 이스라엘을 보내지도 않겠다"(2절, 새번역). 바로의 대답은 여호와를 몰라서 하는 말이 아니라 무시해서 하는 말이다(Hamilton). 그는 여호와가 이스라엘 노예의 신이라는 것을 수없이 들었을 것이며 매일 그들이 이 신에게 기도한다는 사실도 알고 있었을 것이다. 바로는 이스라엘의 하나님을 무시함으로써 자신을 여호와의 요구를 무시하고도 후환을 두려워하지 않아도 되는 동등한 위치에 놓고 있다. 바로의 "나는 여호와를 알지도 못한다"라는 발언은 그가 여호와를 멸시하거나(Dozeman) 하나님의 권위를 인정하지 않는다는 선언이다(Sarna, Brueggemann). 그러나 우리는 이 갈등이 이스라엘의 하나님이신 여호와와 이집트의 신들과의 싸움이라는 점도 마음에 새기고 이 이야기를 읽어야 한다(Stuart). 바로의 발언은 그의 강퍅한 마음을 잘 보여준다(Enns).

바로의 "나는 여호와를 알지도 못한다"라는 선언은 앞으로 전개될 열 가지 재앙에 신학적인 의미를 부여한다. 하나님이 이 재앙들을 내리시는 궁극적인 목적은 바로를 포함한 이집트 사람이 여호와가 참 하나님이라는 것을 알게 하는 데 있다(7:5, 17; 8:19; 9:20, 27; 10:7; 14:4, 18). 바로를 포함한 온 이집트는 이스라엘이 떠나갈 무렵에 여호와가 어떤 분인지 확실히 알게 된다. 고대 이집트 사람은 벽돌을 굽는 사람에게 어떠한 휴일도 제공하지 않았다(Kitchen). 종교적 절기를 위해서 휴가를 달라는 요구는 더욱 수용될 리 없다. 그렇지만 바로와 이집트 사람이 미리 하나님의 권위를 인정하고 협조했으면 서로 좋았을 텐데, 안타깝게도 엄청나게 얻어맞고 나서야 하나님의 권위를 인정한다. 우리는 그 누구도 하나님과 싸워서 이길 수 없다는 사실을 기억해야 한다. 그러므로 처음부터 하나님과 대립을 피하는 것이 지혜로운 길이다.

출애굽 사건으로 이집트뿐만 아니라 이스라엘도 여호와가 자신들의 하나님이라는 것을 알게 될 것이다(6:7; 10:2). 하나님이 기적을 베푸시는 가장 근본 이유는 주의 백성뿐만 아니라 온 세상이 여호와가 하나님이심을 알게, 곧 여호와를 아는 지식이 온 천하에 가득하게 하기 위함이다. 그렇다면 기적을 경험하지 않고도 하나님을 알고 믿는 것은 더 복된 일이다(요 20:29). 기적은 증거가 없으면 믿지 않으려는 사람들을 설득하는 수단이기 때문이다. 그런데도 우리는 일상생활에서 왜 그렇게 하나님의 기적을 갈망하는 것일까? 물론 우리의 신앙이 바닥을 치거나 하나님의 격려가 필요할 때 기적을 바라는 것은 당연한 일이지만 신앙생활을 기적에 의존해서 하려고 하는 생각은 버려야 한다. 기적을 목격하거나 경험하지 않고도 여호와를 아는 것은 성도가 상상할 수 있는 최고의 축복 중 하나다. 기적이 전혀 필요하지 않을 정도로 믿음이 강건해졌다는 증거이기 때문이다.

바로의 당당하고 도도한 선언에 조금은 위축되었을 모세와 아론이 분명하게 경고한다. "그렇게 하지 않으면, 주님께서 무서운 질병이나 칼로 우리를 치실 것입니다"(3절, 새번역). 성경에서 '질병'과 '칼'은 신적(神的) 재앙을 뜻하는 전형적인 표현이다(Sarna). 순순히 말을 듣지 않으면 이집트와 이스라엘 모두 '다친다'는 의미다. 모세는 바로에게 한 가지 사실을 분명하게 전한다. 자신들이 이집트 왕에게 하는 말은 두 히브리 노인들이 만들어낸 이야기가 아니라 자신들을 보내신 여호와의 말씀이기 때문에, 자신들의 말을 거역하면 바로는 대가를 치러야 한다. 또한 모세와 아론은 열 가지 재앙이 시작되면 처음에는 이스라엘 백성과 이집트 사람이 함께 고통을 당할 것이라고 예고한다. 모세는 아울러 추가 정보를 제공한다. 단순히 광야에 가서 예배를 드리고 오는 것이 아니라, 사흘 길을 가서 예배를 드려야 한다는 것이다. 성경에서 사흘 길은 긴 여정을 의미한다. 일단 떠나면 돌아오지 않을 정도로 상당히 멀리 가겠다는 의미다.

바로는 모세와 아론의 경고를 완전히 무시할 뿐만 아니라 이스라엘 노예들이 일하기 싫어서 잔꾀를 부리는 것으로 생각했다(4절). 그리고 이집트가 왜 이스라엘을 내보낼 수 없는지 그 이유를 밝힌다. "이제 이 땅의 백성이 많아졌거늘 너희가 그들로 노역을 쉬게 하는도다"(5절). 주석가들은 바로의 발언을 두 가지로 해석한다. (1) 이스라엘은 이집트 경제의 매우 중요한 부분이기에 절대로 내보낼 수 없다, (2) 이집트 사람이 너무 많아져서 많은 노예의 노동력이 필요하다. 이 섹션에서 우리는 이집트가 이스라엘을 보낼 수 없는 진정한 이유를 접한다. 처음에는 이스라엘이 이집트를 해하지 않을까 하는 두려움에서 핍박이 시작되었지만 이제는 노예 노동력을 결코 포기할 수 없는 것이다. 이스라엘 백성의 노동력이 이집트 사람의 풍요로움의 바탕이 되고 있는 것이다. 착취한 노동력을 즐겨 본 사람은 결코 쉽게 포기할 수 없다. 죄의 성향이 이런 것이기에 죄는 처음부터 멀리하는 것이 가장 좋다.

모세와 아론을 쫓아낸 후 바로는 이스라엘 노예들을 부리는 강제노동 감독관과 작업반장을 불렀다. 그는 이 관리들에게 이스라엘 백성에게 더 이상 벽돌을 만드는 데 필요한 짚을 공급하지 말라고 명령했다. 그러나 절대로 생산량이 줄어서는 안 된다는 점도 덧붙였다. 바로는 히브리 노예들이 시간이 많아서 모세와 아론 같은 사람을 보내 엉뚱한 소리를 한다고 생각했던 것이다. 그러므로 시간이 남아돌아서 공상이나 하는 노예들에게는 생각할 여유를 가질 수 없도록 혹사시키는 것이 가장 적절한 해결책이라고 결론지었다(9절). 정신없이 바쁘게 일하다 보면 그 어떤 사색과 조직적인 행동도 불가능할 것이라는 생각에서였다. 바로의 이 같은 반응에 모세와 아론이 당혹했을 것이라고 해석하는 주석가도 있지만(Stuart), 하나님이 출애굽은 꼭 이루어주실 것이지만 그 과정은 쉽지 않을 것이라고 귀띔해주셨음을 감안하면(3:19) 별로 설득력 있는 해석은 아니다.

바로가 이처럼 혹독한 지시를 한 데는 또 한 가지 목적이 있었다. 이스라엘은 모세와 아론을 바로에게 보내고 자신들의 고통이 상당 부분 줄어들 것을 은근히 기대하고 있다. 모세와 아론은 하나님의 구원이 곧 그들에게 임할 것이라고 했기 때문이다. 물론 모세와 아론이 누누이 강조한 "상황이 좋아지기 전에 일시적으로 더 나빠질 수 있다"라는 말은 완전히 망각해 버린 채 말이다. 이런 상황에서 모세와 아론이 바로를 찾은 다음에 오히려 상황이 더 나빠지면 십중팔구 사람들은 모세와 아론을 원망할 것이다. 바로는 이 점을 노리고 있다. 바로는 백성 사이에 모세와 아론에 대한 신임이 땅에 떨어지게 하고 싶고(Enns), 가능하다면 아예 모세와 아론을 거짓말쟁이로 매도하고 싶은 것이다(Dozeman). 결국 모세와 아론이 대표하는 이스라엘 노예의 입장에서는 혹 떼러 가서 혹을 하나 더 붙이고 온 격이 되었다. 그러나 머지않아 하나님은 이 혹들을 송두리째 제거하실 것이다. 문제는 이스라엘이 그때까지 참고 기다려야 하는데, 그럴 만한 참을성이 없다.

바로의 명령을 받은 감독관과 작업반장은 이스라엘 백성에게 그대로 전했다. 그들은 바로의 명령을 이스라엘 작업반장에게 전하면서 "바로의 말씀에/바로가 말하기를"(כֹּה אָמַר פַּרְעֹה)이라는 표현을 사용한다(10절). 이 표현은 성경에서 하나님의 말씀을 선포하는 데 매우 자주 사용되는 "하나님이/여호와께서 말씀하시기를"(כֹּה אָמַר יְהוָה)과 같은 문구이며 출애굽기에서도 이미 사용되었다(4:22; 5:1). 특히 5:1에서는 모세와 아론이 바로에게 하나님의 명령을 전하면서 사용한 문구다. 그런데 여기서는 바로의 '말씀'을 선포하는 데 사용된다. 여호와와 바로의 권위가 정면충돌을 피할 수 없게 된 것이다(Sarna).

일이 잘 안 될 것은 불 보듯 뻔했다. 가뜩이나 분주하게 일하고 있는데 이제 짚을 스스로 구해서 벽돌을 만들되 생산량이 줄어서는 안 된다니, 현실적으로 불가능한 일이 아니겠는가! 결국 바로가 요구한 생산력을 채우지 못하자 감독관과 반장은 그들 밑에서 일하는 이스라엘 반장을 폭행하며 다그쳤다(14절). 착취와 억압이 줄어들 것을 기대했던 이스라엘이 오히려 더 많은 노동을 강요당하고, 목표를 채우지 못하자 매를 맞고 있다. 이스라엘 반장들은 도저히 이해할 수 없었다. 무슨 이유에서인지는 모르겠지만 바로가 인간적으로 불가능할 정도의 노동량을 요구해 자신들을 궁지로 몰고 있다고 생각할 수밖에 없었다. 무엇이 잘못된 것일까?

(2) 실패 확인: 가중된 노동과 불만(5:15-21)

[15]이스라엘 자손의 기록원들이 가서 바로에게 호소하여 이르되 왕은 어찌하여 당신의 종들에게 이같이 하시나이까 [16]당신의 종들에게 짚을 주지 아니하고 그들이 우리에게 벽돌을 만들라 하나이다 당신의 종들이 매를 맞사오니 이는 당신의 백성의 죄니이다 [17]바로가 이르되 너희가 게으르다 게으르다 그러므로 너희가 이르기를 우리가 가서 여호와께 제사를 드리자 하는도다 [18]이제 가서 일하라 짚은 너희에게 주지 않을지라도 벽돌은 너희가 수량대로 바칠지니라 [19]기록하는 일을 맡은 이스라엘 자손들이 너희가 매일 만드는 벽돌을 조금도 감하지 못하리라 함을 듣고 화가 몸에 미친 줄 알고 [20]그들이 바로를 떠나 나올 때에 모세와 아론이 길에 서 있는 것을 보고 [21]그들에게 이르되 너희가 우리를 바로의 눈과 그의 신하의 눈에 미운 것이 되게 하고 그들의 손에 칼을 주어 우리를 죽이게 하는도다 여호와는 너희를 살피시고 판단하시기를 원하노라

무리한 작업 요구에 작업량을 채우지 못할 때마다 폭행을 당하던 작업반장들은 직접 바로를 찾아가 자신들의 억울함을 호소했다(15-16절). 그러나 바로는 그들의 탄원을 들으려 하지 않고 오히려 자신을 찾아온 자들을 '게을러 터진 놈들'(נִרְפִּים אַתֶּם נִרְפִּים, 새번역)이라고 야단치며 내쫓았다(17절). 저자는 이스라엘 백성이 바로에게 '호소했다'(צעק)라고 하는데, 이 동사는 이스라엘 백성이 고통 속에서 하나님께 부르짖은 것을 묘사한 단어이기도 하다(2:23). 차이는 이집트 왕은 이스라엘 백성의 호소를 듣지 않지만, 하나님은 그들의 호소를 들으시고 조치를 취하신다(Enns).

작업반장들은 하는 수 없이 바로 앞에서 물러났지만, 쫓겨나기 전에 바로가 왜 노했는지 알게 되었다. 모세와 아론 때문이었다! 그들이 바로를 찾아가 "이스라엘 노예들이 광야에 가서 그들의 하나님 여호와께 제사를 드리게 해 달라"라는 여호와의 요구를 전달한 것이 화근이 되었던 것이다(17절). 바로는 이 정보를 히브리 반장들에게 제공함으로써 모세와 아론에 대한 고단수의 심리전을 펴고 있다. 자신은 손가락 하나 까닥하지 않고 모세와 아론을 제거하겠다는 계획이었다. 그것도 그들이 대표한다는 이스라엘 백성을 통해! 노예들이 무리한 작업량에 대한 전모를 알게 되면 모세와 아론을 가만두지 않을 것을 기대한 것이다.

바로에게 호소하면 작업량을 줄여줄 것이라고 기대했던 반장들은 좌절했다(19절). 그뿐만 아니라 바로가 단단히 화가 나 있었기 때문에 당분간은 감면 조치도 없을 것이라는 사실도 알았다. 바로 앞에서 쫓겨나다시피 궁을 빠져 나오던 반장들은 모세와 아론을 만났다(20절). 모세와 아론을 보는 순간 작업반장들의 입에서는 원망과 저주밖에 나오지 않았다. "너희가 우리를 바로의 눈과 그의 신하의 눈에 미운 것이 되게 하고(באשׁ) 그들의 손에 칼을 주어 우리를 죽이게 하는도다 여호와는 너희를 살피시고 판단하시기를 원하노라"(21절). 본문에서 '미운 것이 되다'로 번역된 히브리어 단어(באשׁ)는 성경의 다른 곳에서는 상관 혹은 윗사람이 도저히 용납할 수 없게 된 것을 의미하며 흔히 '매우 나쁜 냄새가 나다'로 번역된다(창 34:30; 삼상 13:4; 삼하 10:6; 16:21).

얼마 전까지만 해도 모세와 아론을 통해 하나님이 이스라엘의 고통을 권념하신다는 말을 듣고 경배와 감사를 드리던 사람들의 태도가 이처럼 순식간에 원망과 저주로 변해 있다. 이스라엘 백성의 경배와 믿음(4:29–31)이 순식간에 원망과 불신으로 바뀌었다(Stuart). 변덕이 심한 인간의 습성을 잘 보여준다. 모세와 아론이 바로가 이스라엘을 쉽게 떠나 보내지는 않을 것이라는 사실에 대해서도 권면했다는 것을 감안할 때, 이들이 너무 쉽게 무너지며 좌절하는 것이 잘 납득이 안 될 수도 있다. 게다가 논리적으로 생각해보면 그들을 괴롭게 하는 압제자는 바로이지 모세와 아론이 아니다(Enns). 그런데 그들은 마치 모세와 아론이 자신들을 억압하는 것처럼 생각한다. 어떻게 이런 일이 가능한가?

우리는 흔히 육체적 고통과 영적 고통을 구분해 마치 육체적 고통은 별것 아니고, 영적 고통만 견디기 힘든 문제인 것으로 생각한다. 그러나 그렇지 않다. 육체적 고통도 영적 고통만큼이나 힘들기는 마찬가지다. 우리는 100% 영적 존재도, 100% 육체적 존재도 아니며, 100% 영적·육체적 존재이기 때문이다. 영이 다치면 당연히 육체가 영향을 받고, 육체가 건강하지 못하면 영도 다치기 쉽다. 그러니 이들은 육체적 고통 앞에서 나약해질 수밖에 없는 인간의 모습을 그대로 보여주는 것뿐이다. 삶이 너무 고통스럽다 보면 내일에 대한 기대와 소망은 고사하고 오늘 이 순간 살아 있다는 자체가 부담스러울 때가 있다. 이런 상황에 처해 있는 사람에게는 딱 한 가지 소망이 있을 뿐이다. 자신들이 당면한 고통이 멈추는 것이다. 우리 주변에도 분명 이런 사람이 있을 것이다. 이런 사람에게 신앙 공동체는 하나님의 손이 되어 그들의 눈물을 닦아주어야 하고, 주님의 귀가 되어 그들의 신음 소리를 들어주어야 한다.

모세와 아론도 답답할 뿐이다. 그들은 분명 하나님의 부르심에 따라 출애굽이라는 위대한 구원 사역에 동참했다. 하나님은 그들과 함께하실 것을 약속하셨고 함께하고 계신다. 그런데 일은 잘 풀리지 않는다! 백성은 그들을 오해하는 수준을 초월해 저주를 퍼부어댄다! 그것도 모세와 아론을 부르시고 이 순간에도 그들과 함께 동행하시는 주님의 이름으로 말이다! 누군가가 그렇게 노래하지 않았던가? "주와 같이 길 가는 것 즐거운 일 아닌가!"라고 말이다. 훗날에는 이 찬송이 모세와 아론의 삶에서도 진실로 드러나겠지만, 지금 이 순간만큼은 이 찬송이 그들의 삶과 사역에서 사실이 아닌 것처럼 생각된다. 우리는 이 세상에서의 그리스도인의 삶과 사역에 대한 환상과 착각을 빨리 버려야 한다. 때로는 주님의 일을 하는 것이 '십자가 짐 같은 고생'이라는 사실을 알아야 한다.

I. 이스라엘이 이집트를 떠남(1:1-15:21)
A. 준비(1:1-7:7)
5. 백성의 해방을 위한 마지막 준비(5:1-7:7)

(3) 승리 확인: 호소와 승리 보장(5:22-6:1)

[22]모세가 여호와께 돌아와서 아뢰되 주여 어찌하여 이 백성이 학대를 당하게 하셨나이까 어찌하여 나를 보내셨나이까 [23]내가 바로에게 들어가서 주의 이름으로 말한 후로부터 그가 이 백성을 더 학대하며 주께서도 주의 백성을 구원하지 아니하시나이다 [6:1]여호와께서 모세에게 이르시되 이제 내가 바로에게 하는 일을 네가 보리라 강한 손으로 말미암아 바로가 그들을 보내리라 강한 손으로 말미암아 바로가 그들을 그의 땅에서 쫓아내리라

백성의 원망을 듣게 된 모세는 혼자 하나님을 찾았다. 그는 백성이 그를 원망했던 것처럼 하나님을 원망했다. 이스라엘을 해방시키는 사역이 결코 쉽지 않을 것이라는 사실을 하나님으로부터 몇 차례나 들었건만, 모세는 왜 이렇게 쉽게 무너지는가? 모세 자신도 아직 하나님을 신뢰하지 못하기 때문이라는 해석도 있지만(Enns), 모세가 하는 말을 살펴보면 바로가 쉽게 그의 요구를 수용하지 않은 것에 대한 원망이 아니라 백성의 고통이 가중되고 있는 점이 그를 괴롭혔기 때문이다.

하나님이 바로가 호락호락하지 않을 것이라고 말씀하셨지, 이 과정에서 이스라엘 백성의 고통이 더 심화될 것이라고는 언급하지 않으셨다는 것이다. 이 일을 통해 한 가지 드러나는 것은 이스라엘 자손에 대한 모세의 애정과 염려가 지난 40년 동안 바뀌지 않았다는 점이다. 많은 세월이 흐르기는 했지만, 아직도 그의 마음은 이스라엘에 대한 애틋한 감정으로 가득했다.

하나님이 좌절하는 모세에게 하신 말씀은 한마디로 말해서 '게임은 이제부터 시작이다'였다(6:1). 바로는 하나님의 '강한 손'(יָד חֲזָקָה)에 밀려서 이스라엘을 내보내지 않고는 견딜 수 없을 것이기 때문이다. 이 구절에서 하나님의 강한 손이 두 차례나 강조되는 것은 바로가 히브리 노예들을 내보내는 일은 인간의 능력에 의해 가능한 일이 아니라 오직 하나님의 능력만이 이룰 수 있는 일임을 강조하기 위해서다(Stuart). 하나님은 바로가 그들을 내보내지 않고는 견딜 수 없을 것이라는 사실을 11:1, 12:39에서도 반복하여 말씀하신다. 때가 되면 모세가 요구해서가 아니라 바로가 그와 이집트를 치는 여호와의 손이 두려워서 스스로 내보낼 것이다. 지금부터 하나님이 바로에게 엄청난 압박을 가하실 것을 예고한다(Houtman).

모세는 이제부터 하나님이 바로에게 하시는 일을 보게 될 것이다. 하나님은 혼나지 않고 이스라엘을 내보낼 수 있는 기회를 바로에게 허락하셨는데, 바로는 그 기회를 스스로 저버렸다. 그리고 오히려 그가 이스라엘 노예들을 학대한 사실이 이집트에 임할 하나님의 심판의 정당한 동기가 될 것이다. 우리는 날카롭게 대립하고 있는 모세와 이스라엘의 관점과 하나님의 관점을 목격한다. 바로의 행동이 이스라엘과 모세에게는 가뜩이나 어려운 처지에 놓인 그들의 숨통을 끊어버리는 마지막 일격으로 여겨진다. 반면에 하나님께는 드디어 큰일을 시작하실 수 있는 계기가 마련된 것이다. 사람들의 절망이 하나님께는 새로운 시작과 소망이 된다.

하나님은 모세에게 그가 하는 일의 결론을 다시 한번 확인해 주셨다. 때가 이르면 바로가 스스로 이스라엘 사람들을 내쫓다시피 하며 자유를 줄 것이다. 하나님이 바로가 그렇게 하지 않고는 견딜 수 없는 상황을 만드실 것이기 때문이다. 그때는 앞으로 약 1년 후에 일어난다. 우리는 이 상황에서 리더십에 대해 다시 한번 생각해 볼 필요가 있다. 모세가 이스라엘을 해방시키는 리더로 세움을 받았지만, 결국 그들을 해방시키시는 분은 하나님이라는 사실이다. 리더는 하나님이 손에 끼신 장갑에 불과하다. 장갑은 스스로 아무런 일을 할 수 없다. 오직 그를 지탱하고 있는 하나님의 손이 일을 해야만 사역이 가능한 것이다. 그렇다면 누구든 리더로서 하나님의 부르심을 받으면 능력이 있고 없고에 대해 걱정할 필요가 없다. 우리 자신을 하나님께 드리면 하나님이 우리를 통해 일하실 것이기 때문이다.

I. 이스라엘이 이집트를 떠남(1:1-15:21)
  A. 준비(1:1-7:7)
    5. 백성의 해방을 위한 마지막 준비(5:1-7:7)

(4) 승리: 하나님이 품으신 모세와 아론(6:2-7:7)

며칠이 지났을까? 바로를 처음으로 만나 하나님의 뜻을 전했지만 그를 설득하는 데 실패하고 쫓겨나오다시피한 후, 모세 때문에 자신들이 곤경에 빠지게 되었다고 원망하는 백성을 만나고 실의에 빠진 모세에게 하나님의 말씀이 임했다. 이스라엘에게 가서 다시 한번 앞으로 전개될 출애굽 사건의 취지와 최종 결과를 확인해주어 그들을 권면하고 위로하라는 명령이었다.

하나님은 모세와 아론에게도 개인적인 메시지를 주신다. 모세와 아론 형제의 과거와 계보를 누구보다 잘 아시는 하나님이 이런 일에 개의치 않고 부르셨으니 떳떳하고 자신 있게 사역하라는 격려다. 그뿐만 아니라 이스라엘은 하나님이 종으로 세우신 이들이 선포하는 메시지에 귀를 기울여야 한다는 경고를 함께 주신다. 이 섹션은 자격지심과 소명감 부재에 시달리고 있는 모세의 내면세계를 치유하시려는 하나님의 면모가 강한 텍스트다.

구조적으로 이 텍스트는 모세의 소명 섹션(3:1–4:17)과 같이 두 섹션으로 구성되어 있다. (1) 여호와는 누구신가(6:2–9; cf. 3:1–15), (2) 모세의 권위(6:10–7:7; cf. 3:16–4:17). 다음 도표를 참고하라(Dozeman).

광야에서 모세에게 주신 소명 (3:1–4:17)	이집트에서 모세에게 주신 소명 (6:2–7:7)
여호와는 누구신가	
자기 계시: 3:1–8	자기 계시: 6:2–5
소명: 3:9–10	소명: 6:6–8
반론: 3:11	
안심시키기: 3:12	
자기 계시: 3:13–15	
모세의 권위	
모세와 장로들: 3:16–4:9	모세와 비느하스: 6:10–27
모세와 아론: 4:10–17	모세와 아론: 6:28–7:7

더 나아가 이 텍스트는 다음과 같이 섹션화될 수 있다. 텍스트의 중심에 놓여있는 것이 모세와 아론의 계보인데, 그의 부모는 친족 간에 결혼했다는 등 다소 부끄러운 정보를 제공한다(이들의 아버지 아므람이 고모 요게벳과 결혼했음, cf. 6:20). 이런 구조는 하나님이 모세를 이스라엘의 구원자로 세우실 때 그의 부끄러운 과거와 뿌리가 하나님의 결정에 전혀 영향을 미치지 않았음을 시사한다. 그러므로 모세와 아론의 계보는

이 세상에 하나님이 종으로 쓰실 수 없는 부끄러운 혈통과 과거를 지닌 자는 없음을 강조한다.

A. 모세의 소명 확인(6:2-12)
B. 모세와 아론의 계보(6:13-27)
A'. 모세의 소명 재확인(6:28-7:7)

I. 이스라엘이 이집트를 떠남(1:1-15:21)
A. 준비(1:1-7:7)
5. 백성의 해방을 위한 마지막 준비(5:1-7:7)
(4) 승리: 하나님이 품으신 모세와 아론(6:2-7:7)

① 모세의 소명 확인(6:2-12)

[2]하나님이 모세에게 말씀하여 이르시되 나는 여호와이니라 [3]내가 아브라함과 이삭과 야곱에게 전능의 하나님으로 나타났으나 나의 이름을 여호와로는 그들에게 알리지 아니하였고 [4]가나안 땅 곧 그들이 거류하는 땅을 그들에게 주기로 그들과 언약하였더니 [5]이제 애굽 사람이 종으로 삼은 이스라엘 자손의 신음 소리를 내가 듣고 나의 언약을 기억하노라 [6]그러므로 이스라엘 자손에게 말하기를 나는 여호와라 내가 애굽 사람의 무거운 짐 밑에서 너희를 빼내며 그들의 노역에서 너희를 건지며 편 팔과 여러 큰 심판들로써 너희를 속량하여 [7]너희를 내 백성으로 삼고 나는 너희의 하나님이 되리니 나는 애굽 사람의 무거운 짐 밑에서 너희를 빼낸 너희의 하나님 여호와인 줄 너희가 알지라 [8]내가 아브라함과 이삭과 야곱에게 주기로 맹세한 땅으로 너희를 인도하고 그 땅을 너희에게 주어 기업을 삼게 하리라 나는 여호와라 하셨다 하라 [9]모세가 이와 같이 이스라엘 자손에게 전하나 그들이 마음의 상함과 가혹한 노역으로 말미암아 모세의 말을 듣지 아니하였더라 [10]여호와께서 모세에게 말씀하여 이르시되 [11]들어가서 애굽 왕 바로에게 말하여 이스라엘 자손

을 그 땅에서 내보내게 하라 [12]모세가 여호와 앞에 아뢰어 이르되 이스라엘 자손도 내 말을 듣지 아니하였거든 바로가 어찌 들으리이까 나는 입이 둔한 자니이다

하나님이 이 섹션을 통해 모세에게 하시는 말씀은 '나는 여호와다'(אֲנִי יְהוָה)라는 강조형 문구로 시작해서(2절) 같은 문구로 끝맺고 있다(8절; cf. 6, 7절). 이 문구는 일종의 수미쌍관(inclusio) 구조를 형성해 내용을 감싸고 있다(Kaiser). 출애굽기에서 하나님이 "나는 여호와다"라고 말씀하시는 것은 여기가 처음이다. 이처럼 메시지를 선포하기 전과 후에 자신이 누구라고 밝히는 것은 고대 근동 문화권에서 왕이 흔히 사용하던 형식이었다(Greenberg). 하나님은 모세와 이스라엘에게 왕으로서 말씀하시는 것이다. 아울러 이 문구는 창조주이자 구원자이신 이스라엘의 왕이 자신의 모든 것과 모든 계획을 백성에게 알리시는 것을 암시한다(Zimmerli). 본문에서 이 선언은 "나는 여호와, 너희의 언약의 하나님이다"라는 의미를 갖고 있다(Stuart). 문제는 모세와 이스라엘이 자신들의 왕이자 언약의 하나님의 말씀을 귀담아들으려 하지 않는 데 있다(9절).

하나님은 모세에게 선조들은 하나님을 '여호와'(יְהוָה)로 알지 못했고 다만 '전능의 하나님'(אֵל שַׁדָּי)으로 알았다고 말씀하셨다(3절).[17] 이 말씀의 정확한 의미가 수많은 학자의 상상력을 사로잡았다. 이 구절은 3:14-15과 함께 출애굽기에서 가장 논쟁이 되는 본문이다(Dozeman, Stuart, Enns). 그러나 이 본문의 의미는 학자들이 상상하는 것보다 간단할 수 있다. 본문은 앞으로 그들이 하나님을 여호와로 알 것이라고 말한다. 창세기를 보면 선조들은 이미 하나님을 여호와라고 불렀다. 그

17 본문에서 '전능의 하나님'으로 번역된 하나님의 성호 '엘샤다이'는 창세기 17:1에서 처음 사용되었으며, 일부 학자들은 '샤다이'(שַׁדָּי)를 산(山)과 연결하여 여호와가 산악 지역의 신임을 뜻하는 표현이라고 한다(Freedman, Houtman). 그러나 '샤다이'(שַׁדָּי)는 [사람의] '가슴'을 뜻한다(Dozeman).

렇다면 본문은 무슨 의미일까? 여호와라는 이름이 히브리 사람이 전에는 몰랐던 전혀 새로운 계시를 뜻한다는 것은 쉽게 배제할 수 있다(Sarna, Dozeman). 다만 여호와라는 이름이 이미 오랫동안 이스라엘의 기억 속에 존재했지만 이제부터는 이스라엘의 삶과 실존에 새로운 의미를 지니고 사용될 것을 뜻하는 것이다. 먼저, 하나님의 능력이 전에 비해 더욱 강하고 확실하게 드러날 것이다. 특별히, 출애굽 사건 이후로 여호와는 주로 이스라엘이 하나님과의 특별한 관계를 생각하면서 사용하게 되는 언약적 이름이다. 그러므로 지금부터 하나님이 여호와로 알려지리라는 것은 앞으로 나타날 하나님의 능력은 이전의 것을 훨씬 능가한다는 의미다. 이는 이스라엘과 하나님 사이에 매우 특별하고 새로운 관계의 형성을 의미한다. 7절에서 하나님은 "너희를 내 백성으로 삼고 나는 너희의 하나님이 되리니"라며 출애굽의 목적이 이스라엘과 관계를 맺기 위한 것에 있음을 강조하신다. 하나님의 이 관계 세우는 사역이 끝나면 이스라엘과 열방은 여호와라는 이름에 새로운 존경, 두려움을 가지게 될 것이다.

하나님은 모세에게 다시 한번 자신이 왜 출애굽 사역을 시작하셨는지 말씀하신다(4절). 이집트에서 신음하고 있는 히브리 노예들의 조상과의 약속을 지키기 위함이다. 어떤 약속인가? 그들의 후손에게 가나안 땅을 주시기로 한 약속이다(4절). 그렇다면 무엇이 동기가 되어 하나님이 지난 수백 년 동안의 침묵을 깨고 이 순간 이스라엘의 역사에 개입하셨는가? 바로 노예들의 탄식과 울부짖음이었다(5절). 인간의 고통이 하나님의 마음을 움직인 것이다. 그러므로 우리가 살다가 아프면 소리 없이 이겨내는 것도 믿음이고 미덕이라 할 수 있지만, 아프다고 소리치는 것도 하나님의 은혜를 경험하는 좋은 방법이다.

하나님이 모세에게 전하라고 하신 말씀(6-8절)의 히브리어 본문에는 일곱 개의 동사가 사용되는데, 모두 신적(神的) 1인칭 단수다. 우리말 번역에서는 새번역이 1인칭 단수를 여덟 차례 사용해 강조했다. "나는 주다. 나는 이집트 사람들이 너희를 강제로 부리지 못하게 거기에서 너희를 이끌어 내고, 그 종살이에서 너희를 건지고, 나의 팔을 펴서 큰 심판을 내리면서 너희를 구하여 내겠다. 그래서 너희를 나의 백성으로 삼고, 나는 너희의 하나님이 될 것이다. 그러면 너희는, 내가 주 곧 너희를 이집트 사람의 강제노동에서 이끌어 낸 너희의 하나님임을 알게 될 것이다. 내가, 아브라함과 이삭과 야곱에게 주기로 손을 들어 맹세한 그 땅으로 너희를 데리고 가서, 그 땅을 너희에게 주어, 너희의 소유가 되게 하겠다. 나는 주다."

이처럼 신적 1인칭이 강조되는 것은 하나님이 처음부터 끝까지 출애굽 사건을 계획하고 주도하고 끝맺을 것임을 시사하기 위해서다. 그렇다면 출애굽 사건의 최종 목표는 무엇인가? "그래서 너희를 나의 백성으로 삼고, 나는 너희의 하나님이 될 것이다"(7절, 새번역)는 시내 산에서 하나님과 이스라엘 사이에 맺어질 언약을 예고하는 말씀이다. 즉, 출애굽 사건은 하나님과 이스라엘의 매우 독특하고 특별한 관계 형성을 향해 진행되고 있는 것이다.

하나님이 이스라엘을 구원하기 위해 모세를 보내신 것은 단순히 그들을 이집트 사람의 억압에서 해방시키기 위한 것이 아니다. 더 나아가 해방된 그들을 자신의 백성으로 삼고자 그들을 구원하시는 것이다. 그러므로 이스라엘이 이집트에서 탈출하는 것은 하나님이 하고자 하는 일(그들과 언약을 맺어 그들이 자신의 백성이 되고, 자신이 그들의 하나님이 되시는 일)의 준비 단계에 불과한 것이다. 물론 하나님과 특별한 관계를 맺는 것 자체만으로도 영광이겠지만, 관계가 형성된 후 이스라엘 자손에게 주어질 실제적인 은혜는 무엇인가? 8절은 언약이 맺어진 후에 하나님이 그들에게 땅을 주실 것을 밝히고 있다. 여호와께서 선조에게 약속하신 땅을 얻으려면, 이스라엘은 먼저 선조와 약속을 맺으신 하나님의 백성이 되어야 한다. 그들의 선조가 언약 백성으로서 하나님으로부터 약속을 받았기 때문이다.

그러나 이스라엘은 이 사실을 인정하지 않는 것 같다. 심지어 출애굽의 진통이 끝나면 그들이 자유인이 되어 있을 것이라는 하나님의 선포도 믿지 않았다(9절). 개역개정이 '마음의 상함'으로 번역하는 히브리어 문구(קֹצֶר רוּחַ)의 기본 의미는 많은 고통과 심리적 압박으로 숨쉬기조차 힘들어지는 상황을 뜻한다(Kaiser). 이스라엘 백성이 당면하고 있는 고통이 어느 정도였는가를 상상할 수 있다. 그래서 그들은 미래의 평안보다 오늘의 고통이 당장 감소되는 것을 더 절실히 원했다. 이스라엘 사람이 신앙을 저버린 실용적 무신론자(pragmatic atheists)처럼 보일지는 모르지만, 그만큼 그들의 고통이 감당하기 힘들었던 점도 인정해야 한다. 고통, 특히 지속되는 고통은 미래에 대한 소망과 믿음을 순식간에 무너뜨릴 수 있다(Stuart). 그래서 우리의 사역이 사람의 영혼 구원에만 초점이 맞추어져서는 안 되며, 그들의 육체적 고통, 특히 지속되는 고통에 대해서도 적절한 조치를 취해야 한다. 예수님도 이 땅에서 사역하실 때 사람의 영적 필요뿐만 아니라 육체적 필요도 채워주셨음을 기억해야 한다.

모세는 하나님의 말씀으로 이스라엘을 위로하고 설득하는 데 실패하고 돌아왔다. 이러한 속사정을 아시는지 모르시는지 하나님은 실패와 좌절감으로 괴로워하고 있는 모세에게 다시 바로에게 가서 "내 백성을 내보내라"라고 명령하라고 하셨다(10-12절).[18] 모세가 지금 어떤 고충을 겪고 있는지 그 누구보다 잘 아셨을 하나님이 왜 일방적으로 모세를 몰아 붙이시는 것일까? 물론 모세의 심적인 부담에도 불구하고 출애굽 사역은 진행되어야 한다는 의도도 포함되어 있겠지만, 하나님이 모세

---

18 한 주석가(Hamilton)는 6:10-30의 구조를 다음과 같이 분석한다.

A. 여호와와 모세의 대화(6:10-12)

　B. 내레이터의 보고: 여호와께서 모세와 아론에게 말씀하심(6:13)

　　C. 모세와 아론과 연관된 계보(6:14-25)

　B'. 내레이터의 보고: 여호와께서 모세와 아론에게 말씀하심(6:26-27)

A'. 여호와와 모세의 대화(6:28-30)

에게 좌절과 절망에서 탈출하는 방법을 제시하시는 것이 아닐까 싶다.

실패감에 사로잡혀 있는 자가 재기할 수 있는 가장 확실한 방법은 실패한 일을 다시 한번 해보는 것이 아니겠는가? 그래서 하나님은 모세를 바로에게 다시 보내신다. 그러나 모세는 하나님의 의중을 모르기 때문에 퉁명스럽게 대꾸할 뿐이었다. 백성이 모세의 말을 듣지 않으려 했던 것처럼 이번에는 모세가 하나님의 말씀을 듣지 않으려 한다. "이스라엘 자손도 저의 말을 듣지 않는데, 어찌 바로가 저의 말을 듣겠습니까? 저는 입이 둔하여 말을 할 줄 모릅니다"(12절, 새번역). 하나님이 종으로 세우신 모세는 아직도 자신의 소명에 대해 확신이 없다. 모세의 마음은 출애굽기가 시작된 이후 최악의 상황에 와 있다(Enns). 호렙산에서 만난 하나님이 강압적으로 밀어붙이셔서(4:13-14) 어쩔 수 없이 이곳까지 왔지만, 모세는 여전히 하나님이 이스라엘 자손을 이집트에서 구원하시는 일에 참여하고 싶지 않았다. 지금이라도 이 일에서 빠지고 싶었다(Stuart). 물론 하나님이 이런 모세의 소망을 허락하실 리 없다. 하나님은 모세를 통해 이스라엘을 구원하시고자 했다. 훗날 하나님이 모세를 종으로 세우신 일이 참으로 지혜로운 결정이었음이 입증될 것이다. 그러나 이 순간에는 모든 것이 불안하기만 하다. 모세는 언제까지 이 같은 패배의식에 얽매여 있을 것인가?

새번역은 13절을 앞부분(1-12절)의 결론으로 간주한다(Dozeman). 그러나 13절은 뒷부분(14-30절)과 더 잘 어울린다. "보십시오, 저는 입이 둔하여 말을 할 줄 모릅니다. 바로가 어찌 저의 말을 듣겠습니까?"(30절, 새번역)는 "이스라엘 자손도 저의 말을 듣지 않는데, 어찌 바로가 저의 말을 듣겠습니까? 저는 입이 둔하여 말을 할 줄 모릅니다"(12절, 새번역)를 반복하다시피 한다. 아울러 "나는 주다. 너는 내가 너에게 하는 말을 모두 이집트의 임금 바로에게 전하여라"(29절, 새번역)도 "너는 이집트의 왕 바로에게 가서, 이스라엘 자손을 그의 나라에서 내보내라고 하여라"(11절, 새번역)와 비슷하다. 11-12절과 29-30절이 수미쌍관 구조를 형성하면서 13-28절의 내용을 감싸고 있는 것이다. 그래서 13절을 뒤따르는 계보와 함께 다루고자 한다(Stuart, Enns).

I. 이스라엘이 이집트를 떠남(1:1-15:21)
A. 준비(1:1-7:7)
5. 백성의 해방을 위한 마지막 준비(5:1-7:7)
(4) 승리: 하나님이 품으신 모세와 아론(6:2-7:7)

② 모세와 아론의 계보(6:13-27)

[13]여호와께서 모세와 아론에게 말씀하사 그들로 이스라엘 자손과 애굽 왕 바로에게 명령을 전하고 이스라엘 자손을 애굽 땅에서 인도하여 내게 하시니라 [14]그들의 조상을 따라 집의 어른은 이러하니라 이스라엘의 장자 르우벤의 아들은 하녹과 발루와 헤스론과 갈미니 이들은 르우벤의 족장이요 [15]시므온의 아들들은 여무엘과 야민과 오핫과 야긴과 소할과 가나안 여인의 아들 사울이니 이들은 시므온의 가족이요 [16]레위의 아들들의 이름은 그들의 족보대로 이러하니 게르손과 고핫과 므라리요 레위의 나이는 백삼십칠 세였으며 [17]게르손의 아들들은 그들의 가족대로 립니와 시므이요 [18]고핫의 아들들은 아므람과 이스할과 헤브론과 웃시엘이요 고핫의 나이는 백삼십삼 세였으며 [19]므라리의 아들들은 마흘리와 무시니 이들은 그들의 족보대로 레위의 족장이요 [20]아므람은 그들의 아버지의 누이 요게벳을 아내로 맞이하였고 그는 아론과 모세를 낳았으며 아므람의 나이는 백삼십칠 세였으며 [21]이스할의 아들들은 고라와 네벡과 시그리요 [22]웃시엘의 아들들은 미사엘과 엘사반과 시드리요 [23]아론은 암미나답의 딸 나손의 누이 엘리세바를 아내로 맞이하였고 그는 나답과 아비후와 엘르아살과 이다말을 낳았으며 [24]고라의 아들들은 앗실과 엘가나와 아비아삽이니 이들은 고라 사람의 족장이요 [25]아론의 아들 엘르아살은 부디엘의 딸 중에서 아내를 맞이하였고 그는 비느하스를 낳았으니 이들은 레위 사람의 조상을 따라 가족의 어른들이라 [26]이스라엘 자손을 그들

의 군대대로 애굽 땅에서 인도하라 하신 여호와의 명령을 받은 자는 이 아론과 모세요 [27]애굽 왕 바로에게 이스라엘 자손을 애굽에서 내보내라 말한 사람도 이 모세와 아론이었더라

"이 일에서 나를 빼달라"라는 모세의 발언으로 하나님과 모세 사이에 긴밀한 협력은 고사하고 긴장감과 위기감마저 감돌고 있다. 모세는 이 순간 마음속으로 수없이 되뇌었을 것이다. "내가 이래서 애초에 안 온다고 했잖아요! 억지로 가라고 밀어붙이시더니 결과를 보세요! 내가 당한 수모는 어떻게 보상하실 겁니까?" 하나님과 모세가 이스라엘의 구원을 이루기 위해 갈 길은 아직 멀다. 둘이 힘을 합해야 할 때 불협화음이 나는 것은 참으로 안타까운 일이다. 하나님은 자신의 입장을 변론하거나 모세를 설득하려 하시지 않는다. 3-4장에서 인내를 가지고 모세의 구차한 변명을 다 들어주시며 그를 설득하려던 하나님의 모습과 사뭇 다르다. 변론과 설득도 때와 장소를 가려야 한다. 하나님은 상황이 긴박하고 모세가 어떠한 말에도 설득되지 않을 것을 아신다. 그래서 더 이상 모세를 말로 설득하려 하시지 않는 것이다. 대신 아론이 소개된다(13절). 아론은 모세의 '둔한 입'을 대신할 대변자이기도 하지만(7:1) 바로 다음에 등장하는 계보와 자연스럽게 연결되기 때문이다.

모세와 아론이 하나님이 이스라엘을 이집트의 노예 생활에서 해방시키는 도구로 사용하기 위해 택하신 종이라는 점을 강조하는 13절과 26-27절이 일종의 수미쌍관(inclusio) 구조를 형성하는 것은 이스라엘이 모세와 아론의 메시지를 귀담아들어야 한다는 것을 강조하기 위함이다. 지금은 가중된 고통 때문에 모세와 아론을 원망하지만, 그들은 하나님이 자신들의 구원을 위해 보내신 자들이기에, 이스라엘은 그들의 정당성을 인정해야 하며 그들의 권위에 순종해야 한다.

이 같은 사실은 계보(14-25절) 자체에서도 역력하게 드러난다. 첫째,

가장 나이가 많은 야곱의 세 아들 중에서도 레위 지파의 계보가 가장 큰 비중을 차지한다(16-25절). 이 계보에 관심을 가지라는 뜻이다. 둘째, 저자는 레위의 세 아들 중 고핫의 자손을 중점적으로 부각한다. 저자는 야곱의 세 아들 중 레위가 137년을 살았다며 유독 그의 나이만 밝히는데(16절), 레위의 아들 중에서도 고핫이 133년을 살았다며 그의 나이만을 밝힌다. 레위의 아들 중 고핫 라인에 관심을 가지라는 뜻이다. 고핫의 아들 중에서도 아므람은 137년을 살았다며 유독 그의 나이만 밝힌다(20절). 이 라인을 주의 깊게 보라는 의미다. 아므람에게서 바로 모세와 아론이 태어났기 때문이다(20절). 저자가 아므람-아론-엘르아살에 이르는 3대의 아내들에 대해 언급하는 것도 이 라인이 중요하다는 증거이며, 제사장에게는 거룩하고 경건한 결혼이 매우 중요한 사안임을 강조하는 것이다(Stuart). 제사장이 경건하고 거룩한 결혼을 해야 한다는 것은 훗날 시내 산에서 받은 율법을 통해서도 확인된다(레 21:7, 14; 22:12-13). 아론과 결혼한 엘리세바는 유다 지파 여인이었으며, 그녀의 아버지와 형제는 예수님의 조상이었다(민 1:7; 2:3; 7:12, 17; 10:14; 룻 4:17; 마 1:4; 눅 3:33). 이러한 사실은 하나님의 구원 사역을 이해하는 데 도움이 되는 부분이 있다. 예수님은 다윗의 후손이시지만, 동시에 이스라엘의 첫 대제사장이었던 아론과도 어느 정도 연관이 있으신 분이다.

저자는 레위에서 비느하스에 이르기까지의 계보를 6대로 정리하는데, 아론이 중간에 끼어 있다.[19] 이 계보의 기능 중 하나가 아론이 모세의 사역 파트너로서 손색이 없음을 강조하는 것이기 때문이다. 물론 이 계보가 레위와 비느하스 사이에 있었던 모든 세대를 포함한 포괄적인 계보는 아니다. 필요에 따라서 여러 세대를 삭제한 망원경식

19 저자는 우리가 모세와 아론 중에서도 아론 라인에 관심을 집중하기 원한다. 그래서 모세의 아들들은 언급하지 않고 아론의 경우 손자 비느하스까지 언급한다(25절). 이는 이 라인이 훗날 제사장이 되어 성소/성전에서 사역하게 될 것이기 때문이다.

(telescoping)(Enns) 혹은 선별적(selective)(Stuart) 계보다. 레위로부터 비느하스 사이에 6대가 아니라 훨씬 더 많은 세대가 있었을 가능성이 크다는 의미다.[20]

성경의 계보라고 해서 다 같은 계보는 아니다. 성경 저자들은 나이 등의 추가 정보를 제공하는 계보로 독자의 관심을 유도한다. 예를 들면, 창세기 저자는 아담의 후손을 대표하는 가인과 셋 중 이름만 언급하는 가인 자손(창 4:17-22)과 대를 이을 아이를 낳았을 때의 나이와 죽을 때의 나이 등을 상세하게 언급하는 셋 자손(창 5:3-32) 계보를 차별화함으로써, 우리가 셋 자손의 계보에 관심을 집중할 것을 유도한다. 하나님의 사역이 이 계보를 통해 지속될 것이기 때문이다. 바벨탑 사건(창 11:19)을 전후로 해서 두 개의 셈족 계보가 등장한다(창 10:21-32과 11:10-26). 첫 번째 것(10:21-32)은 셈의 후손에 대한 전반적인 계보이며, 두 번째 것은 여러 후손 중 아르박삿 라인에 초점이 맞추어져 있고, 이 계보는 나이 등 추가 정보를 갖고 있다. 저자는 이 같은 차별화를 통해 우리가 아르박삿 라인에 관심을 갖기를 원하는 것이다. 모세와 아론의 계보에서도 이러한 현상이 나타난다.

그런데 왜 갑자기 여기에 계보가 등장하는 것일까? 여러 가지 이유가 있을 것이다(Stuart). 무엇보다도 모세와 아론을 창세기에 기록된 이스라엘의 선조 시대와 연결하여, 이들은 아브라함의 후손으로 이스라엘의 혈통에 속한 사람들이므로 하나님의 종으로서의 정당성을 지녔다는 것을 강조하기 위함이다. 모세와 아론은 이스라엘 민족의 밖에서 온 외부인들이 아니라 이스라엘 민족에 속한 자들이며, 하나님의 특별한 부르심을 받아 이스라엘의 구원을 위해 일하게 되었다는 것이다.

20 출애굽기 12:40이 언급하는 것처럼 야곱의 자손이 이집트로 내려가 430년을 머물고 떠났다면, 이 기간에 6대(代)(1대당 70년)가 아니라 훨씬 더 많은 세대가 있었을 것이다. 게다가 레위가 이집트로 내려가기 전에 이미 아들들이 있었던 점을 감안하면, 이집트 생활 430년 동안 태어난 자손은 불과 4대밖에 되지 않는다. 이 경우 1대(代)당 100년이 넘는다.

모세가 레위 자손 중에서도 제사장 집안에 속한 사람이라는 것을 부각함으로써, 그는 선지자일뿐만 아니라 제사장 자격도 지닌 사람이라는 점을 강조한다. 또한 이 계보가 가나안 여자를 통해 얻은 이스라엘 백성을 언급하는 것(15절)은 이스라엘 백성이 우리가 생각하는 것처럼 인종적으로 순수한 혈통이 아님을 역설한다(Stuart). 실제로 이스라엘이 이집트를 떠날 때 '허다한 잡족'이 함께 탈출하며, 훗날 이스라엘에 흡수된다(12:38).

그러나 이 부분에 계보가 등장하는 다른 이유는 없을까? 모세가 바로에게 다시 가서 이스라엘을 내보내라고 말하라는 하나님의 명령을 퉁명스럽게 거부하는 상황에서 이 계보가 등장한다는 것은 특별한 의미가 있다. 하나님이 모세의 과거를 정리해 주시어 그의 심적 장애를 치유하고 하나님이 그를 택하신 것과 그의 아프고 부끄러운 과거는 그의 사역에 전혀 해를 끼치지 않을 것임을 보여주시기 위함이다. 하나님이 모세를 이스라엘의 구원의 도구로 택하신 것은 그의 자랑스러운 가문이나 뛰어난 능력 때문이 아니며 앞으로 하나님이 그에게 사역에 필요한 능력은 모두 주실 것이니 자신 있게 사역을 해 나가라는 권면인 것이다.

이 계보가 특별히 모세의 어둡고 부끄러운 과거를 치유하기 위함이라는 것은 계보의 제한적 범위와 내용에서 암시된다. 이 계보는 야곱의 아들들을 모두 나열한 총체적인 성향을 띠지 않는다. 맨 먼저 태어났던 세 아들의 이름만 언급하면서 시작하는 매우 제한적 계보에 불과하다. 그런데 여기서 언급되는 세 아들 르우벤, 시므온, 레위는 야곱의 가장 나이 많은 아들이었다는 것 외에 또 하나의 공통점이 있었다. 그들은 야곱의 나이 많은 아들이었음에도 장자의 축복을 받지 못했다는 것이다.

야곱이 죽기 전에 아들들을 모아놓고 유언으로 빌어준 축복과 저주를 기록한 창세기 49장을 보면, 이들에게 왜 장자의 축복이 주어지지 않았는지 확실하게 알 수 있다. 르우벤은 아버지의 침상을 더럽혔기 때문에 으뜸이 되지 못할 것이라고 하는데(창 49:4), 이는 아버지의 첩 빌하를 범한 일을 두고 하는 말이다(창 35:22). 이 일은 지금도 그렇지만 그때에도 용납될 수 없는 근친상간이었다. 율법은 이러한 일을 금하고(레 18:14; 신 22:30), 저주하며(신 27:20), 이런 일을 행하는 사람은 사형에 처하라고 규정하고 있다(레 20:11). 르우벤은 아버지와 자신에게 엄청난 수치와 혐오를 가져다준 사람이었다.

야곱은 시므온과 레위에 대해 "그들이 휘두르는 칼은 난폭한 무기다. 나는 그들의 비밀 회담에 들어가지 않으며, 그들의 회의에 끼어들지 않을 것이다. 그들은 화가 난다고 사람을 죽이고, 장난삼아 소의 발목 힘줄을 끊었다. 그 노여움이 혹독하고, 그 분노가 맹렬하니, 저주를 받을 것이다"(창 49:5–7, 새번역)라고 말하며 축복하기를 거부했다. 세겜에서 있었던 디나의 강간 사건 때문에 무자비하게 세겜 사람에게 보복했던 일을 두고 하는 말이다. 이들이 세겜 사람을 몰살시킨 것은 몇 가지 윤리적 문제를 안고 있다. 첫째, 시므온과 레위는 세겜 사람을 속였다. 그들은 세겜 사람에게 할례만 받으면 서로 결혼하고 함께 살 수 있다고 말했다. 세겜 사람은 이들의 말을 그대로 믿었기 때문에 고통스러운 할례를 자청했다. 그런데 시므온과 레위는 할례 때문에 꼼짝 못하고 있는 세겜 사람을 습격해 모두 몰살했다. 신뢰를 살인으로 갚은 비열한 행위였다. 둘째, 이들은 전혀 대항할 수 없는 사람들을 몰살했다. 정정당당하게 대결해 살상하는 것은 용납되는 일이었다. 그러나 아파서 싸울 수 없고 몸을 가눌 수 없어 전혀 대항할 수 없는 사람을 죽이는 것처럼 비겁하고 부도덕한 행위가 세상 어디에 있을까! 게다가 범죄자는 세겜의 왕자이지, 세겜 사람들이 아니었다. 세겜 사람들은 억울하게 죽어간 것이다. 시므온과 레위는 이러한 만행을 서슴없이 저질렀던 것이다.

이러한 사실을 감안할 때 이집트에서 노예 생활하는 이스라엘 백성

사이에서도 르우벤, 시므온, 레위 지파는 별로 환영받지 못했음을 상상할 수 있다. 사람들은 르우벤 지파를 '아버지의 침상을 더럽힌 가증스러운 자의 후예들', 시므온, 레위 지파를 '신뢰를 악으로 갚은 사기꾼의 자손들'이라고 여기며 가장 힘없고 연약한 자를 서슴없이 살해한 자들의 후손으로 간주했던 것이다. 이 같은 이유 때문에, 비록 계보의 초점이 레위 지파에 맞추어져 있지만, 두 지파가 함께 언급된다.

그런데 바로 모세와 아론이 이처럼 부끄러운 과거를 지닌 레위 지파 사람들이 아닌가! 즉, 하나님은 부끄러운 집안 내력 때문에 자존감을 상실하고 힘들어하는 모세에게 말씀하신다. "모세야! 내가 안다. 너의 조상이 가증스럽고 비열한 짓을 했던 사람이라는 것을. 이러한 사실을 알고도 나는 너를 택했다. 그러니 너는 편안한 마음으로 내가 네게 준 사명을 감당해라. 그리고 조상 중에 네가 용서해야 할 사람들이 있다면 용서해라. 옛일 때문에, 그것도 네가 어떻게 할 수 없는 일 때문에 수치스럽게 생각할 것 없다."

이 계보의 두 번째 특징은 모세와 아론이 속한 레위 지파를 부각하는 데 있다. 야곱의 세 아들을 언급하며 시작되지만, 계보는 레위의 자손들만 상세하게 기록하고 있다. 그런데 이 레위 지파의 계보에서 주목해야 하는 것이 하나 있다. 바로 모세와 아론의 아버지와 어머니의 관계다. 모세의 아버지 아므람은 자신의 고모였던 요게벳과 결혼했다(20절). 훗날 율법이 금하는 근친결혼을 한 것이다. 물론 이들이 결혼할 때는 율법이 없었으므로 문제가 될 수 없다고 할 수 있지만, 예나 지금이나 어느 사회에서든 이러한 결혼은 정상적인 것이 아니다. 모세가 부모에 대해 수치스럽게 생각할 수 있는 여건을 충분히 제공하고 있다. 그러므로 하나님은 이러한 사실을 들추어 내심으로써 모세에게 어두운 과거를 정리하라고 권면하시는 것이다. "모세야! 나는 너의 부모의 부끄러운 관계를 알면서도 너를 택했다. 그리고 너는 그들의 관계의 희생자에 불과하니 그들의 부끄러움 때문에 네가 수치를 느낄 필요는 없다. 부모를 용서하거라. 내가 그들의 관계를 잘 알고도 너를 택했고 어떠한 일이 있어도 나는 너를 버리지 않을 것이다. 그러니 확신을 갖고 자신 있게 사역하거라."

여기에 하나를 더한다면 모세 자신의 문제다. 이집트를 떠날 때, 그는 살인하고 도망가는 자였다. 그가 호렙 산에서 하나님의 소명을 쉽게 받아들이지 못한 이유 중 하나도 이집트로 돌아오는 것이 부담스러워서였을 것이다. 이집트의 모래에는 그의 아프고 부끄러운 과거가 파묻혀 있었다. 하나님은 모세가 자신의 개인적인 과거도 정리하기를 원하셨다. 온 힘과 열정을 다해 바로를 대항해도 만만치 않을 모세가 자꾸 스스로 무너지는 것을 더 이상 방관하실 수 없었던 것이다.

그러므로 이 계보는 모세와 아론의 정당성을 입증할 뿐만 아니라 자꾸 내적으로 무너지는 모세를 치유하여 자존감과 자신감을 회복할 수 있도록 하시는 하나님의 배려다. 물론 모세가 순식간에 치유되지는 않는다. 그러나 일단은 하나님의 모세 치유가 여기서 시작되며, 홍해를 가를 때의 모세는 드디어 완전히 치유함을 얻고 자신감 넘치는 리더로 변해 있다. 오늘날 많은 사람이 모세와 비슷한 질병을 앓고 있다. 과거에 발목이 잡혀 마음껏 하나님을 위해 날지 못하는 새가 되어 있는 사람들이 있다. 우리는 하나님의 은혜 안에서 우리를 얽매는 것으로부터 자유해야 한다. 많은 약점을 지닌 모세를 부르신 하나님이 우리의 모든 약점과 부끄러움과 수치를 아시고도 우리를 부르셨다. 그러므로 하나님은 우리 모두가 우리를 얽매는 것에서 자유하여 훨훨 날기를 원하신다. 이 섹션에 언급된 이름들을 도표로 정리해 보면 다음과 같다(14-15절에 등장하는 르우벤과 시므온의 계보는 따로 다루었다).

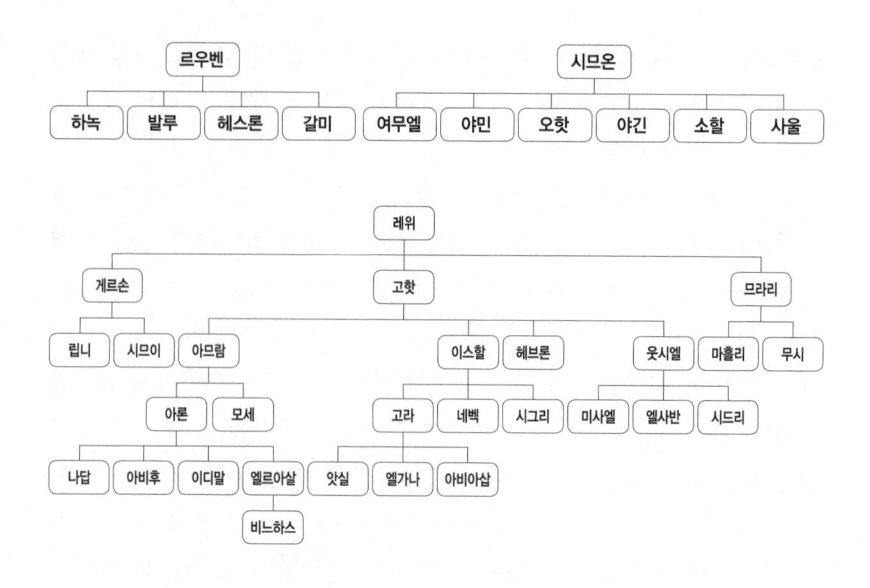

I. 이스라엘이 이집트를 떠남(1:1–15:21)
  A. 준비(1:1–7:7)
    5. 백성의 해방을 위한 마지막 준비(5:1–7:7)
      (4) 승리: 하나님이 품으신 모세와 아론(6:2–7:7)

③ 모세의 소명 재확인(6:28–7:7)

[6:28]여호와께서 애굽 땅에서 모세에게 말씀하시던 날에 [29]여호와께서 모세에게 말씀하여 이르시되 나는 여호와라 내가 네게 이르는 바를 너는 애굽 왕 바로에게 다 말하라 [30]모세가 여호와 앞에서 아뢰되 나는 입이 둔한 자이오니 바로가 어찌 나의 말을 들으리이까 [7:1]여호와께서 모세에게 이르시되 볼지어다 내가 너를 바로에게 신 같이 되게 하였은즉 네 형 아론은 네 대언자가 되리니 [2]내가 네게 명령한 바를 너는 네 형 아론에게 말하고 그는 바로에게 말하여 그에게 이스라엘 자손을 그 땅에서 내보내게 할지니라 [3]내가 바로의 마음을 완악하게 하고 내 표징과 내 이적을 애굽 땅에서 많이 행할 것이나 [4]바로가 너희의 말을 듣지 아니할 터인즉 내가 내 손을 애굽에 뻗쳐 여러 큰 심판을 내리고 내 군대, 내 백성 이스라엘 자손을 그 땅에서 인도하여 낼

지라 [5]내가 내 손을 애굽 위에 펴서 이스라엘 자손을 그 땅에서 인도하여 낼 때에야 애굽 사람이 나를 여호와인 줄 알리라 하시매 [6]모세와 아론이 여호와께서 자기들에게 명령하신 대로 행하였더라 [7]그들이 바로에게 말할 때에 모세는 팔십 세였고 아론은 팔십삼세였더라

모세와 아론의 계보로 인해 일시적으로 중단되었던 이야기가 다시 시작된다. 모세의 아픈 과거에 대한 치유를 시작하신 하나님이 다시 모세에게 그의 사명을 상기시키신다. 바로를 찾아가라는 것이다. 전에는 하나님이 모세가 아론에게 하나님처럼 될 것이라고 말씀하셨는데(4:15-16), 이번에는 모세가 바로에게 하나님처럼 될 것이라고 말씀하신다(7:1). 잠시 후 바로와 전면전을 벌여야 하는 모세에게 더욱더 확고한 권위를 주시는 것이다(Enns). 바로는 모세를 히브리 노예들이 대표로 선발해 보낸 사람으로 생각한다. 그러나 이제 곧 모세가 히브리 노예들이 아니라 여호와께서 보내신 사람이라는 사실을 깨달을 것이다. 반면에 하나님의 말씀에도 모세는 말주변이 없다는 이유로 가기를 꺼린다(30절). 모세가 이전에도(4:10) 이렇게 변명했음을 감안할 때, 그는 언변에 자신이 없었던 사람임이 분명하다. 그러나 스데반이 모세가 대단히 말을 잘한 사람이었다고 하는 것으로 보아(행 7:22), 아마도 그가 이집트 왕궁에 머물며 교육을 받던 젊은 시절에는 말을 잘했지만 나이가 들면서 말주변이 없어진 것이라 생각된다.

이렇게 주저하는 모세에게 하나님은 먼저 허락하신 도우미 아론에 대해 다시 확인시키시고(7:1), 그다음 모세와 아론이 해야 할 일에 대해 다시 명령하신다(2절). 하나님의 명령은 만일 모세가 직접 바로를 상대하기가 난처하다면 아론을 통해 그에게 이스라엘 백성을 내보내라는 하나님의 말씀을 전하는 것이었다(2절). 즉, 하나님이 모세에게 말씀하시면 모세는 그것을 아론에게 말하고, 아론은 들은 대로 바로에게 선포하는 것이다(2절). 많은 사람이 모세와 아론의 관계에서 하나님-선지자의 관계를 발견한다(VanGemeren).

하나님은 바로가 쉽게 순종하지 않을 것이며 여호와의 큰 재앙을 경험한 후에야 마지못해 내보낼 것이라는 말씀도 더하셨다(3-5절; cf. 3:18-22). 일이 이렇게 진행되는 것은 이 모든 일을 통해 이집트 사람이 여호와가 이스라엘의 하나님임을 알게 하기 위함이다(5절). 성경은 모든 하나님의 기적과 구원 사역의 목적이 이스라엘을 포함한 온 세상 사람에게 여호와가 세상을 창조하고 다스리는 하나님이심을 알게 하기 위한 것이라고 한다. 하나님의 능력과 거룩하심을 세상 모든 사람이 인정하고 시인하게 하는 것이 모든 기적의 궁극적인 목적인 것이다. 이 점을 감안한다면 하나님이 성도에게 은사를 주시는 목적도 명백해진다. 결코 개인적인 이익을 추구하기 위해서가 아니라 은사를 행하는 자와 온 세상 사람이 여호와를 알게 하기 위해서다.

며칠 전 모세는 처음으로 바로를 찾아갔다가 기가 죽어 그 자리를 빠져 나왔다. 그에 대한 이스라엘 백성의 원망도 그를 좌절시켰다. 하나님이 이런 모세에게 앞으로 자신이 어떻게 이집트와 바로를 칠 것이며, 이 일로 이스라엘이 이집트를 떠나게 될 것이라고 말씀하시는 것은 무엇을 의미하는가? 하나님은 실망한 모세에게 사실은 모든 일이 하나님이 계획하신 대로 되어가고 있음을 가르치시고자 한다. 모세는 바로가 자기 말을 듣지 않는다고 기가 죽어 있지만, 하나님은 바로의 이 같은 반응은 이미 자신의 계획 속에 포함된 하나의 요소일 뿐이라고 말씀하시는 것이다. 앞으로도 하나님이 계획하신 대로 모든 일이 진행될 테니 모세는 걱정하지 않고 자신의 역할만 잘 감당하면 되는 것이다. 모세가 이 같은 사실을 깨닫고 하나님께 적극적으로 협조한다면 얼마나 좋을까? 사실, 모세의 이야기는 비단 그의 이야기만이 아니라 우리 중 많은 사람의 이야기이기도 하다. 세상 모든 일이 하나님의 계획에 따라 진행된다는 사실을 항상 마음에 새기고 살아간다면, 우리의 삶은 어떻게, 얼마나 달라지겠는가?

소명을 받을 때 모세가 80세, 아론이 83세였다(7절). 이들은 세 살 터울의 형제였다. 성경에서 80세까지 장수하는 일은 흔치 않은 일이다. 다른 사람은 이 나이가 되도록 살아 있는 것 자체가 꿈인데, 모세는 이 나이에 새로운 인생을 시작했다. 사실 하나님께 쓰임 받는 일에 나이는 별로 중요하지 않다. 순종하려는 의지만 있다면 하나님이 나이를 불문하고 사용하실 것이다.

I. 이스라엘이 이집트를 떠남(1:1-15:21)

B. 아홉 재앙(7:8-10:29)

이스라엘 노예의 해방을 놓고 펼쳐지는 모세와 바로의 대결은 1년 동안 진행된다. 전능하신 하나님이 직접 감독하신 드라마가 하나님의 계획과 각본에 의해 진행되어가고 있음에도 한순간의 승리로 끝난 것이 아니라 상당 기간 진행되었다는 사실은 우리에게 어떤 의미를 주는가? 하나님의 일에는 때가 있고 적절한 절차, 곧 하나님이 정하신 질서가 있다. 하나님은 자신이 계획하신 순서에 따라 적절한 때가 차면 사역하신다. 우리가 하나님 일에 동참하려는 열의를 가지는 것은 좋으나 하나님을 앞서면 안 되는 이유가 여기에 있다.

구약 성경은 하나님이 이집트에 내리신 열 가지 재앙에 대해 세 차례 기록하고 있다. 이곳에 기록되어 있는 출애굽기의 회고가 가장 자세하며, 시편 78:43-51과 시편 105:27-36은 같은 사건에 대해 매우 요약된 버전을 제시한다. 그러다 보니 시편 버전이 언급하지 않는 재앙도 있다. 시편 78편은 이, 가축병, 어둠을 포함하지 않으며, 105편은 가축과 메뚜기 재앙을 포함하지 않는다. 일부 주석가는 여기에서 언급되는 재앙들을 자연 현상으로 설명하려 한다. 부분적으로는 가능한 일이겠지만, 궁극적으로는 이 일들이 하나님의 손이 행하신 기적이라는 점을 기억해야 할 것이다. 이 재앙들은 또한 이집트 사람이 신들로 섬겼던 것과 깊은 연관성을 갖고 있다. 하나님의 심판은 이집트의 신들이 결코 신이 아님을 온 천하에 드러내기 위한 것이었다.

서론에서 언급한 것처럼, 하나님이 이집트에 내리시는 재앙은 아홉 가지가 아니라 열 가지다. 그래서 대부분의 주석가는 열 번째 재앙을 처음 아홉 재앙과 함께 다룬다(Cassuto, Sarna, Dozeman, Stuart). 그러나 여기서는 열 번째 재앙을 따로 구분하여 유월절 이야기와 함께 다루고자 한다. 이 같은 입장을 고수하는 데는 몇 가지 이유가 있다. 첫째, 처음 아홉 재앙은 열 번째 재앙에 대한 서론과 정황을 제공한다. 열 번째 재앙을 통해 '재앙 시리즈'가 절정에 이르기 때문이다. 즉, 처음 아홉 재앙은 열 번째 재앙에 이르는 전(前) 단계를 제공하는 것이다. 이 같은 사실은 저자가 처음 아홉 재앙에 네 장(7-10장)을 할애하는 반면에 마지막 재앙에는 세 장(11-13장)을 할애한다는 점에서도 엿볼 수 있다. 열 번째 재앙은 매우 중요하기에 따로 다뤄야 한다는 것이다. 둘째, 서론에서 언급한 것처럼, 처음 아홉 재앙은 세 재앙씩 나뉘어 세 개의 통일성 있는 사이클을 구성한다. 이러한 현상은 이미 중세기 유태인 해석자인 아브라바넬(Abravanel, 1437-1508년), 랍비 벤메이어(Rabbi Samuel ben Meir, 1158년에 죽음) 등에 의하여 관찰되었다(Zevit, cf. Cassuto, McCarthy). 반면에 열 번째 재앙은 다음 도표에서도 볼 수 있듯이 매우 독보적이다(Kaiser). 저자는 마지막 재앙의 독특함을 강조하여 이 재앙을 따로 구분할 것을 암시한다.

재앙	아론의 지팡이	모세의 지팡이	나일 강에서 선포	왕궁에서 선포	경고 없이 시작	바로가 스스로 강퍅함	하나님이 강퍅하게 하심	재앙의 효력
나일 강	○		○			○		불편
개구리	○			○		○		불편
이	○				○	○		불편
파리			○			○		파괴
가축				○		○		파괴
피부병					○		○	파괴
가축		○	○					죽음
메뚜기		○		○			○	죽음
어둠		○			○		○	죽음
장자							○	

셋째, 열 번째 재앙은 유월절-무교절 규례(12장)와 함께 묶여 있다. 마지막 재앙은 선포(11:1-10)와 진행(12:29-36) 사이에 이 절기들에 대한 규례를 담고 있다. 저자는 열 번째 재앙을 처음 아홉 재앙에서 따로 떼어 유월절-무교절 절기와 함께 묶이기를 원하는 것이다. 유월절이 이 절기들의 신학적인 근거가 되기 때문이다. 넷째, 시간이 지날수록 재앙의 수위가 높아진다(Stuart). 첫 번째 재앙이 가장 약하며, 점차적으로 강도가 높아지다가 열 번째 재앙에 이르러서는 이집트 사람에게 가장 치명적인 피해를 입힌다. 이러한 여러 가지 이유로 열 번째 재앙을 이 섹션에 포함하지 않고 다음 섹션에 포함했다(Enns).

이 섹션은 이집트와 바로는 절대 하나님과 모세를 이길 수 없다고 경고하는 사건(7:8-13)과 하나님이 이집트에 내리신 열 재앙 중 처음 아홉 재앙의 이야기(7:14-10:29)로 구성되어 있다. 아홉 재앙 이야기가 세 개의 통일성을 가진 사이클로 구성되어 있다는 점을 감안하면(cf. 서론), 이 본문을 다음과 같이 구분할 수 있다.

A. 경고: 아론의 지팡이(7:8-13)
B. 첫 번째 재앙: 물이 피가 됨(7:14-25)
C. 두 번째 재앙: 개구리(8:1-15)
D. 세 번째 재앙: 이(8:16-19)
B'. 네 번째 재앙: 파리 떼(8:20-32)
C'. 다섯 번째 재앙: 가축들의 죽음(9:1-7)
D'. 여섯 번째 재앙: 피부병 전염(9:8-12)
B". 일곱 번째 재앙: 우박(9:13-35)
C". 여덟 번째 재앙: 메뚜기(10:1-20)
D". 아홉 번째 재앙: 어둠(10:21-29)

히브리 사람에게는 출애굽 사건이 종교 달력을 시작하는 절기가 되었다. 출애굽 사건은 그들의 역사성과 정체성에 가장 중요한 사건인 것이다. 그리스도인에게도 출애굽 사건이 중요한 것은 신약에서 예수님을 유월절 양에 비교하기 때문이다. 그러나 이처럼 절대적인 중요성을 지닌 사건을 단순히 '역사성과 상관없는 드라마'(Pedersen), '유월절 상상작'(Brueggemann), '이스라엘의 전설'(Gottward) 정도로 생각하는 사람이 진보적인 신학자 중에는 많다. 이들은 출애굽 사건의 역사성을 부인한다. 이들이 출애굽 사건의 역사성을 부인하는 데는 그럴 만한 역사적 증거가 있어서가 아니다. 다만 출애굽 이야기가 실제 있었던 일로 간주하기에는 믿기 어려운 요소들을 다분히 갖고 있다고 판단하기 때문이다(cf. 서론). 성경은 처음부터 믿음을 요구하는 책이기에 그 믿음을 소유한 자에게 이러한 논쟁은 소모적일 뿐이다.

I. 이스라엘이 이집트를 떠남(1:1-15:21)
B. 아홉 재앙(7:8-10:29)

1. 경고: 아론의 지팡이(7:8-13)

[8]여호와께서 모세와 아론에게 말씀하여 이르시되 [9]바로가 너희에게 이르기를 너희는 이적을 보이라 하거든 너는 아론에게 말하기를 너의 지팡이를 들어서 바로 앞에 던지라 하라 그것이 뱀이 되리라 [10]모세와 아론이 바로에게 가서 여호와께서 명령하신 대로 행하여 아론이 바로와 그의 신하 앞에 지팡이를 던지니 뱀이 된지라 [11]바로도 현인들과 마술사들을 부르매 그 애굽 요술사들도 그들의 요술로 그와 같이 행하되 [12]각 사람이 지팡이를 던지매 뱀이 되었으나 아론의 지팡이가 그들의 지팡이를 삼키니라 [13]그러나 바로의 마음이 완악하여 그들의 말을 듣지 아니하니 여호와의 말씀과 같더라

어떤 사람들은 모세가 지팡이를 뱀으로 바꾸는 이 기적이 첫 번째 재앙이라고 하기도 한다(Hamilton). 실제로 하나님이 열 재앙을 행하실 때 등장하는 요소들이 이 이야기에도 모습을 보인다. 하나님 명령에 따라 모세가 아론에게 기적을 행하게 하는 것과 이집트 마술사들이 눈속임으로 모방하는 것 등이다. 그러나 재앙이 되기에는 한 가지가 부족하다. 열 재앙은 모두 짐승이나 사람을 괴롭게 하는데, 이 기적은 그러한 효과를 발휘하지 않는다. 그러므로 이것은 재앙이 아니며 단지 모세와 바로의 경합일 뿐이다(Hamilton).

하나님이 이집트에 내리실 열 재앙이 시작되기 전에 모세는 바로 앞에서 지팡이를 뱀으로 바꾸는 기적을 행한다. 하나님이 모세를 이집트에 보내면서 주신 세 가지 표적 중 첫 번째다(4:1-9). 하나님은 이집트 사람이 아니라 이스라엘 백성을 설득시키는 징표로 이 표적들을 주셨다(4:1). 그런데 모세는 지금 이 징표를 바로 앞에서 사용한다. 이런 상황에 대해 문제를 제기하는 학자도 더러는 있다(Enns, Dozeman). 그러나 이미 모세는 이 징표들을 가지고 이스라엘을 설득시킨 적이 있다(4:30). 이 상황에서 모세가 바로에게 그는 하나님과 대적해서 결코 이길 수 없을 것이라고 경고하기 위해 기적을 사용하는 것은 별 문제가 없다. 그뿐만 아니라 모세는 잠시 후 하나님이 이스라엘을 설득하는 데 사용하라고 주신 세 번째 징표(나일 강의 물을 떠다가 피로 바꾸는 일, cf. 4:9)의 범위를 확대하여 이집트를 심판하는 첫 재앙으로 삼을 것이다(7:14-25).

하나님이 시내 산에서 모세에게 이 기적을 주셨을 때는 뱀을 뜻하는 본문과 다른 히브리어 명사(נָחָשׁ)를 사용하셨다(4:3). 이곳에서 사용되는 '뱀'(תַּנִּין)은 뱀(נָחָשׁ)을 포함한 다양한 파충류를 뜻하는 일반 용어다(HALOT). 특히 몸집이 큰 것에 자주 사용되는 단어다(Durham). 그래서 한 주석가는 이 명사(תַּנִּין)를 '바다 용'(sea dragon)으로 번역한다(Dozeman). 저자가 독자의 마음을 자극하기 위해 뱀을 뜻하는 평범한 단어(נָחָשׁ)를 더 큰 심적인 반응을 불러일으킬 수 있는 단어(תַּנִּין)로 대체한 것으로 생각된다(Enns). 일부 유태인 주석가는 여기에 이 단어가 사용되는 것은 바로와 특별한 연관성을 지니기 때문이라고 생각한다(Sarna). 에스겔 29:3은 "나 주 하나님이 말한다. 이집트 왕 바로야, 내가 너를 치겠다. 나일 강 가운데 누운 커다란 악어야…"라고 선언하는데(새번역), 여기서 바로를 칭하는 '커다란 악어'(הַתַּנִּים הַגָּדוֹל)에서 이 단어(תַּנִּין)가 사용된다.

여호와께서 모세의 지팡이를 뱀으로 변하게 하시는 것은 창조주 하나님으로서 자신은 피조물을 필요에 따라 언제든 변화시킬 수 있는 능력자임을 온 세상에 드러내시기 위해서다. 앞으로 일어날 열 재앙처럼, 이 사건도 기적을 행하는 일 자체에 목적이 있는 것이 아니라 기적을 행하시는 하나님이 어떤 분이신가를 알리는 데 목적이 있다(Stuart). 또한 앞으로 이집트에 임할 재앙들은 하나님이 자신이 창조하신 피조물을 이용하실 것을 암시하기 위해서다(Enns).

모세와 아론이 지팡이를 뱀으로 바꾸자 바로가 요술가들을 불러 요술을 부리게 했다. 드디어 모세와 아론을 대리인으로 앞세운 하나님과 요술가들을 앞세운 바로의 대결이 시작된 것이다. 본문은 요술가들의 이름을 밝히지 않지만 훗날 한 성경 저자는 이들의 이름이 얀네('Ιάννης)와 얌브레('Ιαμβρῆς)라고 밝힌다(딤후 3:8; cf. Targ. Jon.; Exodus Rabbah). 이들이 발람의 두 아들이었다는 유태인의 전승도 있다(민 22:22). 이집트의 요술가들은 요술을 부려 지팡이를 뱀으로 변화시켰지만 모세는 단순히 지팡이를 던져 이 일을 했다는 것이 대조적이다.

모세와 이집트의 요술가들이 같은 일을 한 것처럼 보이지만 결과적으로는 현저한 차이가 있었다. 모세의 지팡이가 요술가들의 지팡이를 삼켜버린 것이다! 요술가들이 어떤 눈속임을 했는지는 알 수 없지만(11절), 창조주 앞에서 위조된 바로의 지팡이는 변화가 오래 지속될 리 없다. 이미 언급한 대로 지팡이와 뱀은 몇 가지 상징적인 의미를 지녔다. 고대 이집트에서 지팡이는 왕적 권위와 능력의 상징이었다(사 10:5, 24; 14:5; 렘 48:17; 겔 7:11; 19:11-14; 시 110:2). 하(下)이집트(Lower Egypt)의 수호신은 코브라 여신이었다. 그러므로 모세의 지팡이가 바로가 지명한 이집트 사람의 지팡이를 삼킨다는 것은 바로의 권위가 하나님 앞에서 속절없이 무너질 것을 경고하는 것이다.

고대 이집트 왕들이 쓰던 왕관에 이 수호신을 상징하는 코브라 모형의 표상(uraeus)이 있었다. 왕의 왕관에 새겨진 뱀은 왕에게는 신적 보호와 권능을 의미했고 왕을 대적하는 자에게는 죽음을 경고했다(Hoffmeier). 그러므로 이 사건은, 이집트의 절대적인 권위자로서 신처럼 군림하는 바로와 이스라엘의 신이신 여호와의 대결은 여호와께서 바로를 '삼킴'으로 끝이 날 것을 예언하고 있다(Fretheim). 바로와 이집트 사람이 아무리 노력해도 결코 이스라엘의 하나님을 이길 수 없으니 빨리 포기하라는 경고인 것이다. 그러나 모세의 지팡이가 자신들의 지팡이를 삼키는 것을 보고도 바로는 꿈쩍하지 않는다(13절). 바로의 강퍅한 마음을 변하게 하려면 더 높은 강도의 충격이 필요하다. 이미 큰 죄에 감염된 사람이기 때문이다.

I. 이스라엘이 이집트를 떠남(1:1-15:21)
B. 아홉 재앙(7:8-10:29)

2. 첫 번째 재앙: 물이 피가 됨(7:14-25)

[14]여호와께서 모세에게 이르시되 바로의 마음이 완강하여 백성 보내기를 거절하는도다 [15]아침에 너는 바로에게로 가라 보라 그가 물 있는 곳으로 나오리니 너는 나일 강 가에 서서 그를 맞으며 그 뱀 되었던 지팡이를 손에 잡고 [16]그에게 이르기를 히브리 사람의 하나님 여호와께서 나를 왕에게 보내어 이르시되 내 백성을 보내라 그러면 그들이 광야에서 나를 섬길 것이니라 하였으나 이제까지 네가 듣지 아니하도다 [17]여호와가 이같이 이르노니 네가 이로 말미암아 나를 여호와인 줄 알리라 볼지어다 내가 내 손의 지팡이로 나일 강을 치면 그것이 피로 변하고 [18]나일 강의 고기가 죽고 그 물에서는 악취가 나리니 애굽 사람들이 그 강 물 마시기를 싫어하리라 하라 [19]여호와께서 또 모세에게 이르시되 아론에게 명령하기를 네 지팡이를 잡고 네 팔을 애굽의 물들과 강들과 운하와 못과 모든 호수 위에 내밀라 하라 그것들이 피가 되리니 애굽 온 땅과 나무 그릇과 돌 그릇 안에 모두 피가 있으리라 [20]모세와 아론이 여호와께서 명령하신 대로 행하여 바로와 그의 신하의 목전에서 지팡이를 들어 나일 강을 치니 그 물이 다 피로 변하고 [21]나일 강의 고기가 죽고 그 물에서는 악취가 나니 애굽 사람들이 나일 강 물을 마시지 못하며 애굽 온 땅에는 피가 있으나 [22]애굽 요술사들도 자기들의 요술로 그와 같이 행하므로 바로의 마음이 완악하여 그들의 말을 듣지 아니하니 여호와의 말씀과 같더라 [23]바로가 돌이켜 궁으로 들어가고 그 일에 관심을 가지지도 아니하였고 [24]애굽 사람들은 나일 강 물을 마실 수 없으므로 나일 강 가를 두루 파서 마실 물을 구하였더라 [25]여호와께서 나일 강을 치신 후 이레가 지나니라

주의 백성을 보내려 하지 않는 바로에게 여호와가 하나님이시라는 사실을 가르치기 위해(17절) 주신 첫 번째 기적 이야기는 (1) 하나님의 명령(14-19절), (2) 명령 실행(20-22a절), (3) 바로의 반응(22b-24절) 등 세 부분으로 구분할 수 있다. 바로가 '지금까지(עַד־כֹּה) 하나님의 말씀을 듣지 않아서' 이 일이 일어난 것이다(16절). 이 말씀이 바로에게는 매우 불길하게 들려야 한다(Brueggemann). 지금까지는 그가 하나님의 말씀을 듣지 않았지만, 앞으로는 본인의 의지든 타인의 의지든 하나님의 말씀에 귀를 기울일 수밖에 없는 상황을 맞이할 것이라는 예고다. 하나님이 바로가 말을 듣지 않을 것이라고 말씀하시는 14절과 바로의 완악함을 묘사하는 22-23절은 일종의 수미쌍관 구조(inclusion)를 형성하며 첫 번째 재앙 이야기를 감싸고 있다(Stuart).

일부 학자들은 이 재앙이 나일 강에서 주기적으로 일어나는 현상이라고 해석한다(Dozeman). 강의 상류에 폭우가 내리면 나일 강의 수위가 평소보다 훨씬 높아지면서 붉은 황토가 온 강을 물들인다(Hamilton). 그러면 상류에 있는 산들에서 흘러내린 붉은빛 박테리아가 물에 섞인 황토와 함께 강물의 산소 균형을 깨고 물고기들을 죽게 만드는데, 이때 심한 냄새를 내게 되는 현상이 바로 이 기적이라는 것이다(Cassuto). 일종의 적조현상이 일어났다는 것이다.

고대 근동의 문헌들을 살펴보면 이 같은 현상으로 물이 피로 물든 것처럼 보이는 경우가 가끔 있었다. 수메리아에서 발견된 글에 의하면 이난나(Inanna)라는 여신은 세상에 세 가지 재앙을 가져왔는데, 그중 첫 번째가 온 땅의 물을 피로 변하게 한 것이다. 이푸워(Ipuwer)라는 사람의 문학 작품에는 그가 사는 시대에 "나일 강이 피로 변했고 사람들이 물을 찾아 헤매고 있다"라는 글귀가 있다(ANET, 441). 람세스 2세의 아들 중 하나라고 회고하고 있는 한 요술가의 일대기에는 그가 어머니에게 자신이 시합에서 지면 그녀가 마시는 물이 피로 변할 것이라는 예언을 남겼다(Sarna). 나일 강의 범람은 오늘날 달력으로 보통 9월/10월에 있는 일이다.

그러나 모세가 행한 기적이 자연 현상에 불과하다면 이 일이 어떻게 바로에게 징표가 될 수 있단 말인가? 바로도 이 같은 자연 현상에 대해 익히 알고 있었을 텐데 말이다. 물론 하나님이 자연 현상을 이용해 사역하시는 경우가 성경 곳곳에 기록되어 있다. 그러나 이 사건이 자연 현상이라면 나일 강에 대해 잘 알고 있었던 바로에게 히브리 노예들의 하나님이 베푸신 기적으로 간주되기에는 역부족이다. 분명 이 기적에는 자연 현상과 비슷하지만 차별화된 다른 면모가 있었을 것이다. 만일 자연 현상으로만 해석한다면, 이 이야기에서 유일한 기적이라고 할 수 있는 것도 모세가 이 같은 현상이 일어나는 때를 바로와 신하들 앞에서 정확히 계산해 그 순간 강을 지팡이로 친 것이다(20절).

나일 강은 세 이집트 신과 관련되어 있었다. 하피(Hapi)는 나일 강의 영으로 알려져 있었으며 강이 범람할 때면 이집트 사람은 이 신에게 제물을 바쳤다. 나일 강은 오시리스(Osiris)라는 신의 핏줄로 간주되기도 했으며(Walton), 홍수 자체가 이 신의 현현이라고 생각되었다(Sarna). 크눔(Khnum)이라는 신은 나일 강의 수호신으로 숭배되기도 했다. 그렇다면 이 재앙은 이집트 사람의 우상이었던 나일 강을 공격하여 이집트 사람의 종교가 허위임을 드러내고자 하는 의도도 포함되어 있는 것이다.

나일 강은 진정으로 '이집트의 생명 줄'이라 해도 과언이 아니었다. 이집트의 삶에 나일 강이 공급해 주는 물 자체도 매우 중요하지만, 나일 강에 사는 많은 물고기는 이집트 사람의 식생활에서 매우 중요한 자리를 차지했다. 그러므로 썩어가는 물고기는 그들의 경제에 큰 타격을 입혔을 것이다. 그뿐만 아니라 평소에는 '생명의 냄새'로 가득하던 나일 강이 이 재앙으로 '죽음의 냄새'로 가득찼다(21절). 전에는 이스라엘 백성이 바로에게 '악취가 나는'(באשׁ) 존재들이었지만(5:21), 이제는 이스라엘 백성이 아니라 이집트가 '악취가 나는'(באשׁ) 존재가 되었다(Dozeman). 물론 이 같은 상황이 이집트에 많은 불편을 끼칠 뿐 생명을 위협하지는 않는다. 그러나 하나님의 첫 재앙으로서 이 기적은 이집트 사람의 관심을 집중시키는 데 충분한 역할을 했다(Stuart). 또한 이집트의 생명줄을 공격함으로써 바로의 완악함 때문에 앞으로 온 이집트가 치러야 할 대가가 생존까지 위협하는 수위에 이를 것을 예고한다. 비록 이집트가 여호와를 모르지만 그들의 땅과 강도 하나님의 통치 아래 있다는 점에서 우리는 자연을 지배하시는 하나님의 모습을 볼 수 있다.

모세와 아론이 나일 강과 이 강에 연결된 모든 운하와 샛강의 물을 피로 물들게 했지만, 바로는 놀라기는커녕 오히려 이집트 마술사들을 불렀다.[21] 바로의 기대대로 이집트 마술사들은 요술을 통해 비슷한 현상을 재현할 수 있었다(22절). 물론 지팡이를 뱀으로 둔갑시킨 것처럼 눈속임을 한 것이었지만 바로는 아랑곳하지 않았다. 사실 이미 이집트 물이 피로 변한 상태에서(21절) 마술사들의 속임수는 그다지 어렵지 않았을 것이다. 바로는 이들이 하는 일이 속임수였는지 진짜였는지에는 관심이 없다. 교만에 사로잡힌 그는 오직 자신이 믿고 싶은 것만 골라서 진실이라고 스스로를 속이고 있다. 그러므로 마술사들은 편한 마음으로 속임수를 펼쳤다. 그들은 바로만 속이면 되는데, 바로는 그들이 어떤 짓을 하든지 이미 스스로 속기를 원했기 때문이다(Stuart). 죄인이 죄에서 헤어나지 못하는 가장 큰 이유 중 하나가 바로 이것이다. 많은 경우 죄인은 자신의 죄를 정당화하고 합리화하기 위해 자신이 하는 일이 옳다고 스스로에게 체면을 건다. 물론 그렇다고 해서 거짓이 진실이 되지는 않으며 죄가 경건이 될 수는 없다.

이집트를 친 첫 재앙이 물을 통해 왔다는 것은 앞으로 이집트 군사가

21 이 재앙의 범위가 어느 정도까지였는가에 대해서는 학자들 사이에 다소 논란이 있다. 본문은 '물들과 강들과 운하와 못과 모든 호수'(19절)가 영향을 받았다고 한다. 학자들 사이에는 나일 강과 강줄기만 영향을 받았다는 주장에서 이집트에 있는 모든 물이 영향을 받았다는 주장까지 다양한 해석이 존재한다. 또한 일부 주석가는 이 재앙이 이집트 사람에게만 영향을 주었고 이스라엘 백성은 영향을 받지 않았다고 주장하기도 한다(Enns).

홍해에 빠져 죽게 될 일(14-15장)을 암시하는 듯하다(Enns). 하나님이 이집트의 손에서 이스라엘을 구원하신 일의 시작을 알리는 이 사건과 끝을 알리는 이집트 마병의 죽음이 하나의 쌍(pair)을 이루어 이집트에서 있었던 나머지 이야기를 감싸기 때문이다. 또한 생명의 근원인 물이 두 사건을 통해 이집트에 죽음을 안겨 준다는 공통점도 있다.

이집트의 바로가 이스라엘 백성의 아들들을 강제로 나일 강물에 띄워 보내게 한 것과 열 재앙의 시작인 첫 번째 재앙이 나일 강을 치는 것은 우연이 아니다(Sarna, cf. Exodus Rabah). 무자비하게 히브리 아이들의 생명을 앗아간 이집트 왕에 대한 하나님의 보복 차원에서의 심판이 시작되고 있음을 시사한다. 일종의 '옛적 아군이 이 순간 적이 되어' 이집트를 치고 있는 것이다(Enns). 시간이 더딜 수는 있으나 죄는 분명 하나님의 심판을 받는다. 나일 강은 또한 이집트 권력의 상징이었다. 누구든지 나일 강을 지배하는 자는 온 이집트를 지배했다. 나일 강은 이집트의 생명이었기 때문이다. 이 나일 강이 여호와의 지배하에 있다는 것은 이집트가 이미 여호와의 통제 아래 와 있음을 시사하는 것이다. 이 재앙은 7일 동안 계속되었다(25절). 열 가지 재앙 중에서 유일하게 7일간 지속된 재앙은 아홉 번째 재앙인 어둠이다(10:23). 많은 사람이 천지가 창조될 때 7일이 걸렸던 것과 나일 강의 물이 7일 동안 핏물이 되어 있었다는 사실을 연결한다. 이집트의 역(逆)창조가 시작되었다는 것이다(Hoffmeier).

I. 이스라엘이 이집트를 떠남(1:1-15:21)
B. 아홉 재앙(7:8-10:29)

3. 두 번째 재앙: 개구리[8:1-15(7:26-8:11)]

[1]여호와께서 모세에게 이르시되 너는 바로에게 가서 그에게 이르기를 여호와의 말씀에 내 백성을 보내라 그들이 나를 섬길 것이니라 [2]네가 만일 보내

기를 거절하면 내가 개구리로 너의 온 땅을 치리라 [3]개구리가 나일 강에서 무수히 생기고 올라와서 네 궁과 네 침실과 네 침상 위와 네 신하의 집과 네 백성과 네 화덕과 네 떡 반죽 그릇에 들어갈 것이며 [4]개구리가 너와 네 백성과 네 모든 신하에게 기어오르리라 하셨다 하라 [5]여호와께서 모세에게 이르시되 아론에게 명령하기를 네 지팡이를 잡고 네 팔을 강들과 운하들과 못 위에 펴서 개구리들이 애굽 땅에 올라오게 하라 할지니라 [6]아론이 애굽 물들 위에 그의 손을 내밀매 개구리가 올라와서 애굽 땅에 덮이니 [7]요술사들도 자기 요술대로 그와 같이 행하여 개구리가 애굽 땅에 올라오게 하였더라 [8]바로가 모세와 아론을 불러 이르되 여호와께 구하여 나와 내 백성에게서 개구리를 떠나게 하라 내가 이 백성을 보내리니 그들이 여호와께 제사를 드릴 것이니라 [9]모세가 바로에게 이르되 내가 왕과 왕의 신하와 왕의 백성을 위하여 이 개구리를 왕과 왕궁에서 끊어 나일 강에만 있도록 언제 간구하는 것이 좋을는지 내게 분부하소서 [10]그가 이르되 내일이니라 모세가 이르되 왕의 말씀대로 하여 왕에게 우리 하나님 여호와와 같은 이가 없는 줄을 알게 하리니 [11]개구리가 왕과 왕궁과 왕의 신하와 왕의 백성을 떠나서 나일 강에만 있으리이다 하고 [12]모세와 아론이 바로를 떠나 나가서 바로에게 내리신 개구리에 대하여 모세가 여호와께 간구하매 [13]여호와께서 모세의 말대로 하시니 개구리가 집과 마당과 밭에서부터 나와서 죽은지라 [14]사람들이 모아 무더기로 쌓으니 땅에서 악취가 나더라 [15]그러나 바로가 숨을 쉴 수 있게 됨을 보았을 때에 그의 마음을 완강하게 하여 그들의 말을 듣지 아니하였으니 여호와께서 말씀하신 것과 같더라

첫 번째 재앙이 있은 후 얼마나 시간이 지났을까? 하나님이 모세에게 바로를 찾아가 두 번째 재앙을 선포하라고 하셨다(1절).[22] 이번에는

---

22 일부 주석가는 7:25를 다음 이야기(개구리 재앙)의 서론으로 삼는다(Kaiser, Stuart). 이렇게 해석할 경우 개구리 재앙은 나일 강물이 피처럼 변한 재앙이 있은 후 일주일 만에 있었던 일이 된다. 그러나 대부분의 주석가처럼 7:25를 앞 이야기(나일 강물이 피처럼 된 재앙)의 결론으로 간주하는 것이 바람직하다(Dozeman, Enns, Sarna, Hamilton, cf. 새번역). 이

개구리 떼가 온 이집트에 가득 찰 것을 경고하라고 하신다(2-4절). 첫 재앙과 마찬가지로 이번에도 아론이 자기 지팡이로 중심 역할을 한다. 다만 첫 재앙에서는 나일 강을 내리쳤는데(7:17, 20), 이번에는 내리치지 않고 지팡이를 잡은 팔을 펼친다. 개구리 재앙은 동물 세계를 연관시키는 첫 번째 재앙이다. 동물들로 하여금 사람을 대적하게 하는 것은 창조 섭리에 역행하는 일이다. 모든 짐승이 사람의 지배를 받는 것이 창조주의 의도였기 때문이다. 그러므로 평소에는 균형과 질서를 유지하는 동물들이 하나님에 의해 균형과 질서를 어지럽히며 사람들을 위협하는 요인이 되는 것은 이 일이 하나님의 역(逆)창조 사역임을 의미한다(Enns).

바로가 모세의 경고에 어떤 반응을 보였는지 묘사하지 않고 곧장 개구리 재앙으로 넘어가는 것으로 보아(5-6절), 바로가 다시 한번 하나님의 경고를 무시한 것이 확실하다. 오만과 편견으로 마음이 강퍅해진 그는 이스라엘의 하나님 여호와와 자존심 싸움을 하고 있으며, 결코 항복할 생각이 없는 것이다. 오히려 그는 마술사들을 불러 같은 일을 하게 한다. 이번에도 마술사들은 눈속임으로 바로를 현혹했다(7절). 나일 강물을 피로 변하게 한 기적처럼 이번 기적도 마술사들은 이미 일어난 기적을 되돌리지 못한다. 이집트 마술사들이 바로의 눈을 속이고 있는 일은 악하다. 악한 마술은 악을 실현해도, 다시 제거하지는 못한다(Hamilton). 그들이 눈속임이 아니라 진짜 개구리 기적을 행할 수 있다면 되돌릴 방법도 알고 있을 것이다. 그러므로 우리는 이들이 바로를 속이는 것으로 여기는 것이다(Stuart).

이 재앙을 자연 현상으로 해석하는 사람들의 주장에 따르면, 죽은 물고기가 썩는 냄새로 진동하는 나일 강이 범람하고 난 후 수위가 줄어들면서 개구리들이 떼를 지어 강에서 뭍으로 올라오기 시작했다. 강

렇게 간주할 경우 저자는 첫 번째 재앙 이후 두 번째 재앙까지 얼마나 시간이 흘렀는지 밝히지 않는 것으로 해석된다. 오직 나일 강 재앙이 7일간 지속된 것을 강조할 뿐이다.

물이 물고기 사체와 온갖 불순물 등으로 매우 혼탁하고 생물이 살기에 적합하지 않아서였다(Hort). 이미 죽어 썩기 시작한 물고기들의 몸에서 병균을 얻은 개구리들이 육지로 올라온 후 곧 떼를 지어 죽기 시작했다는 것이다. 이 설명에도 한계가 있다. 또한 모세가 바로에게 개구리 떼가 물러갈 시간을 정하라고 하는 것은 이 일도 첫 번째 재앙처럼 자연 현상이 아니라 하나님이 하시는 일이라는 사실을 강조하기 위해서다. 모세는 이 일을 통해 바로가 자신이 정한 시간에 개구리 떼가 사라지는 것을 보고 여호와는 이집트 신들과 전적으로 다른 하나님이심을 인정할 수 있는 신학적 기회를 선사하고 있다(Childs, Stuart).

이집트 사람이 섬기던 신 중에 머리가 개구리 모양을 한 여신이 있었다. 헥트(Heqt)라는 신이다. 그녀는 크눔(Khnum)의 아내였고 이집트 신화에 의하면 진흙으로 인간을 빚어낸 것으로 알려졌다. 이 여신은 다산의 신으로도 숭배되었으며, 아이를 낳은 산모를 돕는 신으로 여겨졌다. 그러므로 이 재앙은 옛적에 바로가 산파들에게 남자아이를 죽이라고 명령했던 것에 대한 심판이라고 생각할 수도 있다(Sarna).

몇 마리는 귀여울 수 있지만, 침실, 화덕, 식기 등에 만연한 개구리는(3절) 역겹고 파괴적일 뿐이다(Fretheim). 아마도 육지로 뛰쳐나온 개구리들은 뜨거운 햇빛을 피하려고 사람들의 주거지를 침입한 것으로 생각된다. 죽은 물고기들이 나일 강을 오염시켰던 것처럼 개구리들은 사람들의 주거지를 더럽혔다. 이집트의 공중위생을 위협하는 대재앙의 주범이 된 것이다(Enns). 바로의 집안 사정도 마찬가지였다. 바로가 재앙으로 인한 피해의 중심에 서 있다(Dozeman). 이집트 사람은 실내에서 신발이나 실내화를 신지 않았다(Stuart). 그렇다면 상황이 어떠했을지 상상해보라. 썩어가는 개구리 사체들로 발생하는 온갖 악취와 전염병의 위험뿐만 아니라 발에 밟히는 물컹함과 미끄러움이 그들을 얼마나 괴롭게 했겠는가!

상황의 심각성을 판단한 바로가 출애굽 드라마가 시작된 이후 처음으로 여호와를 인정한다(8절). 드디어 재앙의 신학적 목적이 성취되어 가고 있다. 바로를 포함한 온 세상이 여호와는 이집트의 신들과 다르다는 것을 인정하게 된 것이다. 인상적인 것은 바로가 여호와를 인정하게 된 것이 하나님이 보내신 큰 인간/천사 군대 때문이 아니라, 개구리 떼로 인한 일이라는 사실이다. 하나님이 비천한 피조물을 사용하여 당대 최고의 권위자를 굴복시키고 있다. 바로는 여호와께서 이 지긋지긋한 개구리들만 제거해 주신다면 백성을 내보내겠다는 약속도 곁들였다. 약속을 하는 그 순간에는 진실이었을지 모르지만, 며칠 후 마음이 바뀌어 바로는 이 말이 거짓말이었음을 스스로 드러낸다. 바로는 처음으로 자신의 한계를 느끼며 세 가지를 인정한다. (1) 개구리는 자신이 해결할 수 없는 진정한 골칫거리라는 것, (2) 모세와 아론은 자신과 이집트 마술사들이 할 수 없는 일을 할 수 있다는 것, (3) 여호와는 자신이 할 수 없는 일, 즉 개구리 거두는 일을 하실 수 있다는 것.

알고도 속는다고, 바로가 호락호락하지 않을 것을 알면서도 모세는 바로의 제안을 그대로 받아들여 하나님께 개구리들을 물리쳐 달라고 기도했다(12절). 모세와 같은 하나님이 보내신 종도 개구리 재앙이 멈추도록 기도하고 있는 모습이 우리에게 많은 도전을 준다. 훗날 갈멜산에서 바알 선지자들과 대결했던 엘리야도 하나님께 간절히 기도했다(왕상 18:36-37). 사역자라고, 하나님이 사용하시는 종이라고 기도를 게을리하면 안 된다. 오히려 예수님처럼 더 많은 기도를 해야 한다. 개구리 떼가 이집트를 엄습한 것이 여호와로부터 온 재앙이라는 점을 강조하기 위해 모세는 바로에게 개구리 재앙이 끝나기 원하는 시간을 지명하라 했다(9절). 개구리가 자연 현상으로 이집트 땅에서 물러가는 것이 아니라 하나님이 하시는 일임을 강조하기 위한 방법이다. 바로는 내일 당장 재앙이 끝나게 해 달라고 부탁했다(10절). 모세는 그렇게 될 것이라 선언하지만 동시에 일종의 경고를 곁들인다. "개구리들이 나일 강에는 있을 것이다." 경우에 따라서는 언제든 다시 개구리들을 동원할 수 있다는 협박이다(Brueggemann). 모세는 개구리들이 육지로 올라온 것은 자연 현상이 아니라 여호와의 지시에 따라 이집트 땅을 메운 것이며, 지금은 잠시 나일 강으로 돌아가지만 언제든 다시 불러들일 수 있다는 점을 확인하고 있는 것이다. 그러므로 개구리들이 물러가면 바로와 세상 사람들은 여호와와 같은 이가 없다는 사실을 알게 될 것이다(10절). 세상 그 어느 신과도 비교할 수 없는 여호와가 바로 이스라엘의 하나님이요, 우리의 하나님이신 것이다. 땅으로 올라왔던 개구리가 대부분 죽고 나머지가 나일 강으로 돌아가자 한숨 돌린 바로의 마음이 다시 강퍅해진다. 모세에게 한 약속을 어긴 것이다(15절). 썩는 개구리 사체에서 풍겨 나온 악취에 대한 기억이 사라지면서, 이스라엘이 이집트를 떠나도 된다는 허락도 함께 사라졌다(Kaiser). 바로처럼 하나님이 베푸신 은혜를 경험하고도 교훈을 얻지 못하는 사람들이 있다. 이제부터 이집트에 어떤 재앙을 내리셔도 하나님의 행위는 정당하다. 바로가 먼저 약속을 어겼기 때문이다.

I. 이스라엘이 이집트를 떠남(1:1-15:21)
B. 아홉 재앙(7:8-10:29)

4. 세 번째 재앙: 이[8:16-19(8:12-15)]

[16]여호와께서 모세에게 이르시되 아론에게 명령하기를 네 지팡이를 들어 땅의 티끌을 치라 하라 그것이 애굽 온 땅에서 이가 되리라 [17]그들이 그대로 행할새 아론이 지팡이를 잡고 손을 들어 땅의 티끌을 치매 애굽 온 땅의 티끌이 다 이가 되어 사람과 가축에게 오르니 [18]요술사들도 자기 요술로 그같이 행하여 이를 생기게 하려 하였으나 못 하였고 이가 사람과 가축에게 생긴지라 [19]요술사가 바로에게 말하되 이는 하나님의 권능이니이다 하였으나 바로의 마음이 완악하게 되어 그들의 말을 듣지 아니하였으니 여호와의 말씀과 같더라

처음 두 재앙과 달리 세 번째 재앙은 아무런 경고 없이 찾아왔으며, 열 재앙 중 가장 짧게 묘사된 재앙이기도 하다. 물론 바로가 모세에게 약속한 것을 지키지 않았기에 빚어진 일이다(15절). 썩은 물고기로 오염된 강물과 개구리의 시체들이 곳곳에 쌓인 채로 썩어가는 땅에서 해충이 극성을 부리는 것은 당연한 일이다. 그러나 이 재앙에 구체적으로 어떤 해충을 사용했는지는 확실하지 않다. 개역개정이 '이'로 번역한 히브리어 단어(כִּנִּם)의 뜻을 다양하게 해석할 수 있기 때문이다(Dozeman). 칠십인역(LXX), 오리겐(Origen), 필로(Philo), 불가타(Vulgate) 등은 물어뜯는 파리 등을 포함한 해충/모기(gnats/mosquitoes)로(NIV, NAS, NRS), 요세푸스, 탈굼, 페쉬타 등은 이(lice)로 해석한다(TNK, Sarna, Stuart). 이 해충이 정확히 어떤 해충인지 알 수 없지만, 사람들을 무척 괴롭힌 것은 확실하다.

이집트 신 중 이(lice)와 관련된 신은 없었다. 그러나 땅/흙과 관련된 신이 있었다. 이집트 사람은 땅을 게브(Geb)라는 신의 몸으로 생각했다.[23] 그에 대해 이런 문구가 남아 있다. "보리는 게브의 갈비뼈에서 자라고 추수는 나일 강이 게브의 등에 자라게 한 결과다"(Dozeman). 그렇다면 이집트 사람에게 흙은 생명과 풍요를 의미한다. 그러나 하나님은 그들이 생명으로 여기는 흙을 통해 괴로움과 죽음을 내리신다. 이집트 신 게브(Geb)도 하나님 앞에서는 어쩔 수 없는 무기력한 우상에 불과하다.

현재까지 진행된 재앙들과 다음 재앙(파리 떼)의 순서에서 일종의 흐름을 포착할 수 있다. 맨 처음 재앙은 이집트의 생명이라고 할 수 있는 나일 강을 직접 친 일이었다. 이어서 두 번째 개구리 재앙은 모든 물과 관련된 재앙이었다(5절). 세 번째 이 재앙은 땅에 있는 먼지에서 비롯된 재앙이었다(16절). 다음에 진행될 네 번째 파리 떼 재앙은 공기와 관련이 있다. 그렇다면 첫 번째에서 네 번째까지 재앙은 우리의 자연계

---

23 게브는 아내이자 하늘(sky)인 여신 누트(Nut)와의 사이에서 오시리스(Osiris)를 낳았다.

를 형성하는 세 영역(물, 땅, 공기)과 관련이 있는 것이다(Enns). 아론이 흙에서 이 떼를 일으켰다는 것은 창세기 2:7, 3:19와 관련이 있는 듯하다. 하나님이 흙으로 아담을 빚으셨다(창 2:7). 이때 흙은 생명을 상징했다. 그러나 하나님은 죄 지은 아담에게 "네가 흙에서 왔으니 흙으로 돌아가리라"라고 말씀하셨다(창 3:19). 이때 흙은 죽음을 상징했다. 이 이야기에서도 이집트 사람에게 흙은 죽음을 상징하고 있다(Fretheim, Zevit).

저자는 "온 이집트 땅의 먼지가 모두 이로 변하였다"(17절)라고 기록하고 있는데, 이러한 표현은 과장법이다(Sarna, Enns). 두 번째 재앙까지 속임수로나마 따라 하던 이집트의 마술사들이 이번 재앙은 전혀 모방하지 못했다. 왜 그들은 눈속임도 할 수 없었을까? 한 주석가는 이가 너무 작은 것이라 마술사들이 사용하기에 적합하지 않았다고 하지만(Ellison), 별로 설득력 있어 보이지는 않는다. 지금까지 진행된 재앙 중 이번 재앙이 처음으로 이집트의 그 어떤 신들과도 연관성이 없다는 사실로 어느 정도 설명될 수 있을 것이다. 그동안 마술사들은 자신들의 신의 힘을 빌려 눈속임을 해왔는데, 그나마 힘을 빌릴 만한 신이 이번에는 없었던 것이다(Enns). 결국 그들은 이 일이 '하나님의 손가락'(אֱלֹהִים אֶצְבַּע)에 의해 된 일이라고 고백했다(19절). 오직 참 신만이 이런 일을 할 수 있다고 고백하는 것이다. 성경에서 '하나님의 손가락'은 이스라엘에게 율법을 주신 것과 연관이 있는데(출 31:18; 신 9:10), '하나님의 손'보다 더 구체적이고 강력한 하나님의 사역을 상징한다(Weinfeld). 드디어 진짜 기적이 거짓 기적을 이긴 것이며 이때까지 거짓 기적으로 바로의 눈을 속여왔던 이집트의 마술사들이 이 사실을 시인하고 있다(Childs). 바로가 가장 신뢰했던 마술사들이 여호와를 참 신으로 고백했으니, 하나님과 바로의 대결은 끝났다고 할 수 있으나 바로는 계속 고집을 피운다.

지금까지 진행된 재앙들에 대해서는 멈추었다는 내용이 첨부되어 있었는데(7:24–25; 8:13–15), 이번 재앙에는 그런 말이 없다. 그래서 학자들은 이 재앙으로 이집트 사람이 이에 시달리는 것이 삶의 일부가 된 것으로 이해한다(Fretheim, Enns). 이 일 후에 이집트 사람은 이에 물려 괴로울 때마다 바로를 원망했을 것이다. 그가 처음부터 이스라엘의 하나님과 싸우지 않고 그분의 백성을 내보냈더라면 자신들은 이런 고통을 당하지 않았을 것이라며 말이다. 바로는 이스라엘 백성을 내보내라는 하나님 말씀을 전한 모세와 아론에 대한 이스라엘 백성의 여론을 악화시키기 위해 노예들에게 더 많은 노동을 할당한 적이 있다(5:6–9). 이번 일로 바로에 대한 이집트 사람의 여론이 악화된다. 그가 모세와 아론에 대하여 의도한 바가 오히려 올무가 된 것이다. 포기할 때를 아는 사람은 현명한 사람이다. 이기지 못할 싸움은 시작하지 않는 사람도 지혜로운 사람이다. 바로에게는 그런 지혜가 없었다.

하나님은 나일 강처럼 큰 것뿐만 아니라 이처럼 아주 작은 것도 통치하신다. 물론 이 둘 사이에 있는 모든 것도 통치하신다. 크기를 막론하고 세상의 모든 피조물이 하나님의 가장 작은 명령에도 출동할 수 있는 만반의 자세를 갖추고 있는 것이다(Calvin). 이처럼 위대하신 하나님을 어찌 감히 바로가 대항할 수 있단 말인가? 그러므로 그의 반항은 처음부터 무모한 일이었다. 우리는 때로 너무나 큰 문제를 만나 어찌할 바를 모르고 당황할 때가 있다. 분명 우리에게는 큰 문제이지만, 나일 강에서부터 작은 이까지 다스리시는 하나님께는 아무런 문제가 될 수 없다. 그러므로 이 상황에서 우리가 할 수 있는 가장 현명한 일은 하나님께 이 모든 것에 대해 아뢰고 하나님의 다스리심이 그 문제에 임하게 하는 것이다.

I. 이스라엘이 이집트를 떠남(1:1–15:21)
B. 아홉 재앙(7:8–10:29)

5. 네 번째 재앙: 파리 떼[8:20–32(8:16–28)]

[20]여호와께서 모세에게 이르시되 아침에 일찍이 일어나 바로 앞에 서라 그가 물 있는 곳으로 나오리니 그에게 이르기를 여호와께서 이와 같이 말씀하시기를 내 백성을 보내라 그러면 그들이 나를 섬길 것이니라 [21]네가 만일 내 백성을 보내지 아니하면 내가 너와 네 신하와 네 백성과 네 집들에 파리 떼를 보내리니 애굽 사람의 집집에 파리 떼가 가득할 것이며 그들이 사는 땅에도 그러하리라 [22]그 날에 나는 내 백성이 거주하는 고센 땅을 구별하여 그 곳에는 파리가 없게 하리니 이로 말미암아 이 땅에서 내가 여호와인 줄을 네가 알게 될 것이라 [23]내가 내 백성과 네 백성 사이를 구별하리니 내일 이 표징이 있으리라 하셨다 하라 하시고 [24]여호와께서 그와 같이 하시니 무수한 파리가 바로의 궁과 그의 신하의 집과 애굽 온 땅에 이르니 파리로 말미암아 그 땅이 황폐하였더라 [25]바로가 모세와 아론을 불러 이르되 너희는 가서 이 땅에서 너희 하나님께 제사를 드리라 [26]모세가 이르되 그리함은 부당하니이다 우리가 우리 하나님 여호와께 제사를 드리는 것은 애굽 사람이 싫어하는 바인즉 우리가 만일 애굽 사람의 목전에서 제사를 드리면 그들이 그것을 미워하여 우리를 돌로 치지 아니하리이까 [27]우리가 사흘길쯤 광야로 들어가서 우리 하나님 여호와께 제사를 드리되 우리에게 명령하시는 대로 하려 하나이다 [28]바로가 이르되 내가 너희를 보내리니 너희가 너희의 하나님 여호와께 광야에서 제사를 드릴 것이나 너무 멀리 가지는 말라 그런즉 너희는 나를 위하여 간구하라 [29]모세가 이르되 내가 왕을 떠나가서 여호와께 간구하리니 내일이면 파리 떼가 바로와 바로의 신하와 바로의 백성을 떠나려니와 바로는 이 백성을 보내어 여호와께 제사를 드리는 일에 다시 거짓을 행하지 마소서 하고 [30]모세가 바로를 떠나 나와서 여호와께 간구하니 [31]여호와께서 모세의 말대로 하시니 그 파리 떼가 바로와 그의 신하와 그의 백성에게서 떠

나니 하나도 남지 아니하였더라 [32]그러나 바로가 이 때에도 그의 마음을 완강하게 하여 그 백성을 보내지 아니하였더라

파리 떼로 두 번째 사이클의 재앙이 시작되며, 이 이야기도 세 부분으로 나뉜다. (1) 하나님의 명령(8:20-23), (2) 재앙 진행(8:24), (3) 바로의 반응(8:25-32). 파리 떼 재앙으로 시작되는 두 번째 사이클에 속한 재앙은 여기까지 진행된 것과 몇 가지 다른 점을 지녔다. 첫째, 처음 세 재앙에서 모습을 보였던 이집트 마술사들이 자취를 감추었다. 첫째와 둘째 재앙에서는 사기극을 벌여 어느 정도 따라 하는 듯 하더니 세 번째 재앙에서 그들은 재앙이 '하나님의 손가락'만이 할 수 있는 일이라고 했다. 그러고는 다시는 모세를 대적할 만한 생각을 하지 못한다. 가면 갈수록 강력한 재앙이 임할 것이 뻔하며 세 번째 재앙에서 이미 수치를 당했기에 네 번째 재앙부터는 자취를 감춘 것이다. 둘째, 첫 사이클의 1-3 재앙들과는 달리 이 사이클에 포함된 재앙들은 지팡이와 상관없이 진행된다. 지팡이는 다음 사이클에서 다시 도구로 사용된다. 이 사이클에서는 오직 하나님의 말씀이 있을 뿐이다. 셋째, 이 재앙부터 이스라엘 백성과 이집트 사람이 차별화된다(22절). 첫 재앙 사이클은 이스라엘 백성도 함께 고통을 당했는지에 대해 침묵한다. 아마도 이스라엘 백성도 이집트 사람과 동일한 고통을 경험했을 것이다(Hamilton). 반면 모세는 이번 재앙부터 이스라엘 백성이 재앙에서 제외된다는 사실을 구체적으로 밝힌다. 여호와의 백성과 바로의 백성이 철저하게 구분되는 것이다. 넷째, 파리 떼는 이집트 사람에게 불편한 존재일 뿐만 아니라 그들의 땅을 파괴하는 첫 재앙이다(24절).[24] 처음 세 재앙은 이집트 사람에게 불편함을 안겨 주었지만, 그들의 땅을 파괴

24 파리 떼가 어떻게 이집트 땅을 파괴했는가에 대하여 다양한 해석이 가능하지만(Dozeman), 가장 합리적인 해석은 이 해충들로 이집트 사람의 삶의 질이 견디기 힘들 정도로 낮아졌다고 말하는 것이다(Stuart).

하지는 않았다. 하나님의 심판의 수위가 점차 높아지는 것이다(Kaiser, Enns).

모세는 나일 강으로 내려가는 바로를 찾아가 이 재앙을 선언한다. 그러나 이 재앙이 정확히 어떤 곤충을 동원했는지는 확실하지 않다(다양한 해석에 대해서는 cf. Kaiser). 우리말 성경이 '파리'로 번역하는 히브리어 단어(עָרֹב)는 흔히 '섞여 있는 무리'(mixture)를 뜻하기 때문에(HALOT, Dozeman, Stuart) 유태인은 전통적으로 '들짐승 떼'라고 많이 해석해 왔다(Josephus, Targ. Jonathan, Exodus Rabbah, Rashi, Rashbam, Bekhor Shor, Ramban, cf. Sarna). 반면에 칠십인역(LXX)과 필로(Philo)는 가축의 피를 빨아먹고 기생하는 파리(dog fly) 떼로 해석했다. 이 파리들은 습도와 온도만 알맞으면 순식간에 기하급수적으로 번식하는 해충이며, 짐승들에게 탄저병 등 여러 가지 병을 옮긴다(Hort). 일부 주석가들은 이 히브리어 단어를 어떤 구체적인 곤충으로 번역하는 것을 피하고 의도적으로 '해충'(vermin)으로 남겨 둔다(Houtman). 이 재앙과 관련된 이집트의 신은 케페라(Khepera)이며[25] 이 신은 풍뎅이 모습을 했고 태양의 하루 일정을 관리하는 것으로 알려졌다(Walton).

앞 섹션에서 언급한 것처럼 네 번째 재앙은 이미 진행된 두 번째, 세 번째 재앙과 한 세트를 이룬다. 두 번째 개구리 재앙은 물과 연관된 것이었으며, 세 번째 이 재앙은 땅과 연관된 재앙이었다. 이번 네 번째 재앙은 공기와 연관된 재앙이다. 그러므로 이 재앙들은 한 세트가 되어 하나님이 물, 땅, 공기를 지배하시는 분임을 드러내는 것이다. 또한 이집트의 물, 땅, 공기가 파괴되고 있음을 상징하기도 한다(Dozeman). 한 학자는 파리 떼 재앙이 창세기 1:20-22에 기록되어 있는 '날아다니는 것들'의 창조와 관련이 있다고 주장한다(Zevit). 그러나 창세기

25 일부 주석가들은 이 재앙이 이집트 신과 관련된 것이라는 점을 부인한다(Enns, Zevit). 또한 이 재앙을 이집트의 신이 아니라 신약에 등장하는 바알세불(lit., 'lord of flies')과 연결시키기도 한다(Durham).

1:20-22는 새들과 관련이 있지 곤충, 특히 해충과는 관련이 있어 보이지 않는다. 그러나 하나님이 아름답게 창조하신 세상의 균형이 해충으로 인해 파괴되고 있는 점을 감안할 때 이 재앙 역시 역창조 과정의 일부임은 확실하다(Enns).

파리 떼 재앙에서 처음으로 이스라엘 백성은 이집트 사람과 구분되며 앞으로도 이 구별은 유지될 것이다. 모세는 온 이집트가 파리 떼에 시달리는 것과 대조적으로 고센에는 파리 떼의 습격이 없을 것이라고 한다(22절). 하나님과 바로의 대결이 시작될 때 모세와 아론을 원망했던 사람들이 그들의 사역을 통해 하나님의 은혜를 입게 되었다. 하나님의 무조건적인 자비이다. 온 이집트가 파리 떼 때문에 혹독한 대가를 치르는데(24절), 이스라엘 백성이 거하는 고센 지역만 영향을 받지 않는다는 사실이 알려지면 이 재앙은 히브리 노예의 신이 하는 일이라는 것이 온 세상에 분명히 선포될 것이다. 또한 고대 근동 사람은 신들이 자기 영역을 벗어나서는 영향력을 행사할 수 없다고 생각했다(Kaiser). 그런데 히브리 노예의 하나님은 자기의 영토인 가나안을 벗어나서도 왕성하게 사역하며 자기 백성을 보호하고 이집트 사람을 벌하신다. 여호와는 근동 신들과는 전적으로 다르다. 파리 떼의 고통으로 바로에 대한 이집트 사람의 원망도 들끓기 시작할 것이다. 바로가 백성의 원망을 들어야 하는 것은 모세가 사전에 파리 떼에 대한 경고를 주었는데도(21절) 아무런 조치를 취하지 않았기 때문이다. 하나님께 심판을 받는 자와 구원을 받는 자의 희비가 극명하게 엇갈린다. 전능자가 심판하시는 날 그분의 편에 서 있는 사람은 복이 있다. 앞으로도 모세는 5, 6, 8, 10번째 재앙에 대해서도 사전에 경고한다. 만일 이집트 사람 중 회개할 사람이 있으면 회개하라는 것이다(Kaiser).

이집트 사람은 밥을 먹을 때마다 파리가 음식과 함께 씹히고, 길을 갈 때도 파리 떼 때문에 앞을 볼 수가 없고, 심지어 누워있을 때는 파리들이 온 몸을 덮으니 가려워서 잠을 잘 수가 없었다. 그들의 몸은 파리들이 물어뜯은 자국으로 가득했다. 이런 상황에서 파리 떼 때문에 백성의 원성을 들은 바로가 모세를 불렀다. 그리고 바로는 모세와 이스라엘 백성이 여호와께 제사드리는 것을 허락한다(25절). 그러나 바로의 발언에는 '이집트 안에서'라는 조건(fine print)이 포함되어 있다(Gispen). 바로는 이집트가 왜 이스라엘 백성을 노예로 삼았는지 속내를 보인다. 이집트 왕들은 '이스라엘이 이집트에 주는 위협'을 명분으로 내세웠지만(1:9–10), 사실은 경제적 이유에서 이스라엘을 착취했던 것이다. 그러므로 바로는 이스라엘 백성을 내보내지 못한다. 내보내게 되면 요즘 말로 "소는 누가 키우고?"라는 문제가 발생하기 때문이다.

바로의 제안을 들은 모세는 이집트 사람이 자신들을 혐오스럽게 생각할 것이기 때문에 광야로 나가야 한다고 고집한다(27절). 이스라엘의 제사의 어떤 부분이 이집트 사람을 자극했던 것일까? 확실하지 않으며 이에 대한 해석도 다양하다. (1) 이집트에서는 가축의 일부를 신으로 섬겼다. 그러므로 이집트에서 가축을 죽이는 것은 신을 죽이는 것이다(Targ. Onkelos), (2) 첫 번째 해석과 연관하여 특별히 양을 죽이는 것이 문제가 되었다(Jer. Targ.), (3) 짐승 전체를 번제로 드리는 것이 이집트 사람에게는 혐오스러운 일로 간주되었다(Childs). 물론 모세도 '접대용'으로 이집트 사람이 이스라엘 제사를 혐오스럽게 생각할 것이라는 말을 하고 있다. 그는 결코 이스라엘이 이집트에서 제사드리는 것으로는 만족할 수 없다. 하나님이 그에게 주문하신 것은 이스라엘의 완전한 해방이기 때문이다. 모세는 이스라엘이 이집트 땅을 완전히 벗어날 때까지 바로와 대결하며 협상해야 한다.

표면적으로는 모세와 바로의 의견 차이가 장소의 문제로 보이지만, 내면적으로는 주도권 문제다. 하나님은 결코 바로의 제안에 동의하실 수 없으며, 자기 백성이 주님이 정하신 장소에서, 주님의 방식에 따라 예배를 드리도록 여건을 만들어 가실 것이다. 그때까지 하나님은 쉬지 않으실 것이다. 바로는 하는 수 없이 모세의 제안을 받아들이고 속히 이 재앙이 멈추도록 기도해 달라고 부탁했다. 바로가 하나님의 요구를 수용하는 척하는 것이다. 중요한 것은 자기를 여호와와 비등한 위치에 두었던 바로가 모세에게 "자기를 위하여 여호와께 기도해달라"라고 간곡히 부탁한다(28절). 바로는 드디어 여호와와 견줄 수 없다며 이스라엘 하나님 앞에서 자기를 낮추고 있다. 모세는 다시 한번 바로와 이집트를 위해 기도했고 파리 떼는 물러갔다. 하나님이 모세와 함께하시면서 이 일을 진행하고 있다는 사실이 모세의 기도로 '이집트 땅에 파리 한 마리 남지 않게 된 것'을 통해 확연하게 드러난다(Kaiser, cf. 31절). 그러나 바로는 또 약속을 지키지 않았다(32절). 그는 오직 임기응변으로 거짓말을 하여 순간의 위기를 모면하고 있는 것이다. 이집트에서 거의 신으로 숭배되었던 바로는 믿을 만한 왕이 못 된다. 그와 이집트에 임한 하나님의 재앙의 정당성이 다시 한번 입증되는 순간이다. 바로와 이집트 사람들 머리 위에 하나님의 재앙의 숯불이 쌓이고 있다.

I. 이스라엘이 이집트를 떠남(1:1–15:21)
B. 아홉 재앙(7:8–10:29)

6. 다섯 번째 재앙: 가축들의 죽음(9:1–7)

[1]여호와께서 모세에게 이르시되 바로에게 들어가서 그에게 이르라 히브리 사람의 하나님 여호와께서 말씀하시기를 내 백성을 보내라 그들이 나를 섬길 것이니라 [2]네가 만일 보내기를 거절하고 억지로 잡아두면 [3]여호와의 손이 들에 있는 네 가축 곧 말과 나귀와 낙타와 소와 양에게 더하리니 심한 돌림병이 있을 것이며 [4]여호와가 이스라엘의 가축과 애굽의 가축을 구별하리니 이스라엘 자손에게 속한 것은 하나도 죽지 아니하리라 하셨다 하라 하시고 [5]여호와께서 기한을 정하여 이르시되 여호와가 내일 이 땅에서 이 일을 행하리라 하시더니 [6]이튿날에 여호와께서 이 일을 행하시니 애굽의 모든 가축은 죽었으나 이스라엘 자손의 가축은 하나도 죽지 아니한지라 [7]바로가 사람

을 보내어 본즉 이스라엘의 가축은 하나도 죽지 아니하였더라 그러나 바로의 마음이 완강하여 백성을 보내지 아니하니라

본문이 묘사하는 다섯 번째 재앙은 (1) 재앙 선언(9:1-5), (2) 재앙 진행(9:6), (3) 바로의 반응(9:7) 등 세 부분으로 나뉜다. 이 가축병 재앙은 두 번째 재앙과 스타일이 비슷하지만 훨씬 더 간략하게 진행된다. 두 번째 재앙처럼 이번 재앙도 바로에게 모세의 경고에 대해 반응할 기회가 주어지지 않고 곧장 진행된다. 아마도 다섯 번째 재앙 이야기가 요약된 형태로 제시되기 때문일 것이다(Houtman). 가장 큰 차이점은 두 번째 재앙에서는 이스라엘 백성과 이집트 사람이 차별화되지 않은 데 반해 다섯 번째 재앙에서는 차별화된다는 것이다. 이 재앙은 이집트에 대한 심판의 수위를 한 단계 더 끌어올리는 역할을 한다. 지금까지 하나님은 창조된 것을 사용해 이집트를 심판하셨는데, 이번에는 창조된 것을 죽이는 일로 심판을 감행하신다. 물론 죽음의 주제(motif)는 열 번째 재앙에서 절정에 이른다.

한 가지 혼란을 가져오는 것은 죽은 가축의 범위가 어디까지냐 하는 것이다. 6절에 의하면 이집트 사람의 모든 가축이 죽었다. 그러나 일곱 번째 재앙에 가축이 다시 등장한다. 그러므로 본문이 이집트 사람의 모든 가축이 죽었다고 말하는 것은 일종의 과장법이라고 해석하는 것이 바람직해 보인다(Cassuto, Fretheim). 모세는 이미 첫 번째 재앙에서도 과장법을 사용한 적이 있다(7:19). 가축은 원래 창조주께서 인간에게 지배하라고 주신 것이다(창 1:26). 하나님은 이 재앙을 통해 이집트 사람에게서 가축을 빼앗으신다. 역(逆)창조 모티프가 계속된다(Zevit). 이 재앙을 창조 이야기와 연결하는 것을 거부하는 주석가도 있다(Houtman). 중요한 것은 이집트 사람의 모든 가축이 죽은 것과 달리 이스라엘 백성의 모든 짐승은 안전했다는 것이다(4절).

이집트의 재앙들을 자연 현상을 통해 해석하는 사람들에 의하면 개구리의 시체가 썩어가면서 오염된 흙이 많은 병균, 특히 탄저균(anthrax) 발생의 원인이 되었을 것이며, 이 균들이 들에서 풀을 뜯던 가축을 병들게 한 것이 이 재앙이라고 한다(Durham, cf. Stuart). 그러나 이스라엘 백성의 가축은 아무런 해를 입지 않았다는 점이 이들의 주장을 반박한다. 이 일은 하나님이 행하신 기적으로 해석되는 것이 바람직하다. 하나님이 이 일을 주권적으로 행하고 계시다는 점이 다른 차원에서도 강조된다(Kaiser). 이 재앙은 하나님의 손이 하신 일이다(3절). 또한 두 번째 재앙에서는 바로에게 재앙이 멈추기 원하는 때를 정하라고 하셨다(8:9). 이번에는 어떠한 기회도 주시지 않고 '내일' 재앙이 임할 것이라고 하신다(5절). 기회가 주어졌을 때 스스로 그 기회를 차버린 바로에게 더 이상의 기회는 없다. 이제부터는 오직 하나님이 하시는 대로 속수무책으로 당할 뿐이다.

죽게 된 가축 중 '낙타'(גָּמָל)가 있다는 것이 해석상의 문제를 제기하고 있다(3절). 이집트의 예술품과 문헌을 살펴보면 이집트에서 낙타가 언급되는 것은 페르시아 제국 시대(주전 6세기 이후)다(Sarna). 고고학적 자료에 의하면 낙타가 본격적으로 짐을 나르는 짐승으로 사용되기 시작한 것은 주전 12세기다. 고대 바빌론 시대(1950-1530 BC) 문헌도 낙타에 대해 침묵한다. 그러나 모든 자료가 이 시대에 이집트에 낙타가 가축화되었던 가능성을 부정하는 것은 아니다. 메소포타미아 지역에서 발견된 수메리아어-아카디아어 사전(事典) 같은 자료들은 '해양지역의 노새'(donkey-of-the-sea-land)를 단봉(單峰) 낙타(dromedary)로 정의하고 있다. 그들은 이미 이 시대(2000-1700 BC)에 낙타의 존재에 대해 알고 있었다는 것이다. 그뿐만 아니라 이 시대의 서기관은 단봉 낙타와 쌍봉 낙타를 구분하고 있다. 심지어 어떤 수메리아어 텍스트는 낙타의 우유를 먹는 것을 기록하고 있다. 이 모든 자료를 고려해 볼 때, 낙타가 주전 12세기까지 짐 나르는 짐승으로 활성화되지 않았을 뿐이지 그 이전에 낙타가 가축화되지 않았던 것은 아니다. 아브라함이 이삭의 아내를 찾으러 떠나는 노종에게 낙타 10마리를 준 적이 있다(창 24:10).

이집트에는 가축의 대표인 소에 대한 우상이 많았다(Kaiser, cf. Sarna). 하토르(Hathor)는 모든 신의 어머니가 되는 모신(母神)이었으며 암소의 모습을 했다(Zevit). 아피스(Apis)는 프타(Ptah)라는 신이 부리던 황소 신이었으며 자손 번식을 주도하는 다산의 신이었다. 또한 음네비스(Mnevis)라는 신은 황소의 모습을 한 헬리오폴리스(Heliopolis, '태양의 도시')의 수호신이었다(Gispen). 다섯 번째 재앙은 이 모든 이집트 신에 대한 심판이라 할 수 있다.

이집트의 가축이 모두 다 죽다시피 하자 바로는 사람을 보내 고센을 살펴보도록 했다(7절). 모세가 말한 대로 이스라엘 백성의 짐승은 무사한지 알아보기 위해서였다. 모세가 말한 대로 이스라엘 백성의 짐승은 무사했다. 바로는 보고를 통해 이 일이 분명 히브리 노예들의 신 여호와께서 하신 일이라는 것을 직감했을 것이다. 그런데도 바로는 하나님의 요구를 거절했다. 쪽박을 찰지언정 여호와께 굴복하기는 싫은 것이다. 문제는 이번 재앙이 끝이 아니라는 점이다. 그가 여호와께 굴복하고 이스라엘 백성을 내보내지 않는 한 이집트의 파괴는 계속될 것이며 사람들의 삶은 날로 피폐해질 것이다. 바로가 상황을 파악하고도 이스라엘 백성 내보내기를 거부했다는 것은 그의 교만과 강퍅함이 새로운 국면을 맞고 있음을 의미한다(Dozeman).

I. 이스라엘이 이집트를 떠남(1:1-15:21)
B. 아홉 재앙(7:8-10:29)

7. 여섯 번째 재앙: 피부병 전염(9:8-12)

[8]여호와께서 모세와 아론에게 이르시되 너희는 화덕의 재 두 움큼을 가지고 모세가 바로의 목전에서 하늘을 향하여 날리라 [9]그 재가 애굽 온 땅의 티끌이 되어 애굽 온 땅의 사람과 짐승에게 붙어서 악성 종기가 생기리라 [10]그

들이 화덕의 재를 가지고 바로 앞에 서서 모세가 하늘을 향하여 날리니 사람과 짐승에게 붙어 악성 종기가 생기고 [11]요술사들도 악성 종기로 말미암아 모세 앞에 서지 못하니 악성 종기가 요술사들로부터 애굽 모든 사람에게 생겼음이라 [12]그러나 여호와께서 바로의 마음을 완악하게 하셨으므로 그들의 말을 듣지 아니하였으니 여호와께서 모세에게 말씀하심과 같더라

세 번째 재앙처럼 이 재앙은 아무런 사전 경고 없이 이집트를 강타한다. 아마도 바로가 어떠한 경고에도 응할 자세가 안 되었기 때문에 곧장 재앙이 진행되는 듯하다(Houtman). 바로의 강퍅한 마음을 조금이라도 흔들어 놓고 다음 단계로 넘어가기 위해서일 것이다. 피부병 전염은 매우 짧은 시간에 진행되며 가장 짧게 묘사된 재앙이다. 또한 열 재앙 중 처음으로 사람의 생명을 위협한다. 앞으로 진행될 재앙들은 사람의 생명을 위협하며 이 위협은 열 번째 재앙에서 절정에 이른다(Enns, Kaiser).

개역개정이 '악성 종기'(개역은 '독종')로 번역하고 있는 히브리어 단어(שְׁחִין)가 어떤 질병이었는지는 정확하지 않다(Tigay, Levine). 다만 이 재앙의 출처가 화덕에 있는 그을음이라는 사실은 확실하다. 그동안 재앙들은 자연적 요소(물, 흙, 공기 등)를 이용했는데, 이번에는 완전히 다른 출처를 사용한다. 이집트 사람이 화덕에서 비롯된 그을음으로 재앙을 겪는다는 것은 일종의 '시적 정의'(poetic justice)라고 할 수 있다(Cassuto, cf Kaiser). 바로가 이스라엘 백성에게 화덕에서 벽돌을 굽도록 한 이후 화덕은 이스라엘이 이집트에서 당하는 고난의 상징이 되었다(1:14; 5:7-19). 이제 그와 이집트가 그 화덕에서 비롯된 재앙을 받고 있기 때문이다. 한때 남의 눈에서 피눈물 나게 한 사람이 피눈물을 흘리게 된다.

일부 학자는 이 '악성 종기'가 탄저병(anthrax)이었을 것으로 추정한다(Sarna, Kaiser). 이 질병은 이집트에 매우 흔한 병이었으며 많은 생명을 앗아간 것으로 보인다(신 28:27). 어떤 질병이었든지 간에 매우 고통스럽고 전염성이 강했던 것은 확실하다(Enns). 이집트에서는 임호텝(Imhotep)이라는 신이 모든 질병을 치료하는 것으로 숭배되었다. 그러므로 이 재앙은 임호텝이 여호와 앞에서 아무런 능력을 발휘하지 못한다는 사실을 강조한다. 또한 이집트에서는 피부병이 매우 부정한 것으로 여겨져, 피부병에 걸린 사람은 어떠한 종교 예식에도 참석할 수 없었다(Zevit). 그렇다면 이 재앙은 이집트 종교 전반에 대한 심판이라고 할 수 있다.

한 가지 아이러니한 것은 바로의 마술사들도 이 피부병 때문에 모세 앞에 나아오지 못했다는 점이다. 더 이상 마술사들의 어떠한 속임수도 통하지 않을 뿐만 아니라, 그들은 자신의 몸조차 구할 수 없다. 바로와 신하들이 지속적으로 이집트의 통치권을 잃어가더니 드디어 자신조차 돌볼 수 없는 처지가 된 것이다. 이 상황을 아는지 모르는지, 바로는 상황에 아랑곳하지 않고 모세의 말을 듣지 않는다. 하나님이 그의 마음을 강퍅하게 하셨기 때문이다(12절).

이 사건을 통해 바로와 하나님의 대결은 또 하나의 새로운 국면을 맞는다. 그동안은 바로가 자신의 마음을 스스로 강퍅하게 했다. 이번에는 하나님이 그의 마음을 강퍅하게 하셨다. 이러한 표현은 이 재앙에서 처음 사용된다. 즉, 이 재앙은 모세 앞에서 도주하는 이집트 마술사의 심장에 일격을 가했을 뿐만 아니라, 바로에게도 큰 심적 부담을 주었던 것이다(Dozeman). 물론 새로운 것은 아니다. 하나님이 모세에게 말씀하신 대로 일이 진행되는 것뿐이다(12절). 지금까지 하나님이 모세에게 누누이 말씀하신 것처럼 모든 일이 하나님의 계획에 따라 진행되고 있음을 확인하는 대목이다. 이런 능력이 무한하신 하나님께 모세는 왜 반항했던 것일까? 주님만 믿고 따라오면 되었을 것을! 게다가 하나님이 그를 부르셨을 때 타지 않는 불 징표를 통해 능력을 충분히 보여주셨는데 말이다. 이렇게 해서 이 재앙은 마지막 재앙 사이클의 시작을 준비한다. 일곱 번째 재앙부터는 이집트 사람 사이에서도 그분의 말씀을 무시하는 자들과 여호와를 경외하는 자들이 구별된다.

I. 이스라엘이 이집트를 떠남(1:1-15:21)
B. 아홉 재앙(7:8-10:29)

8. 일곱 번째 재앙: 우박(9:13-35)

[13]여호와께서 모세에게 이르시되 아침에 일찍이 일어나 바로 앞에 서서 그에게 이르기를 히브리 사람의 하나님 여호와의 말씀에 내 백성을 보내라 그들이 나를 섬길 것이니라 [14]내가 이번에는 모든 재앙을 너와 네 신하와 네 백성에게 내려 온 천하에 나와 같은 자가 없음을 네가 알게 하리라 [15]내가 손을 펴서 돌림병으로 너와 네 백성을 쳤더라면 네가 세상에서 끊어졌을 것이나 [16]내가 너를 세웠음은 나의 능력을 네게 보이고 내 이름이 온 천하에 전파되게 하려 하였음이니라 [17]네가 여전히 내 백성 앞에 교만하여 그들을 보내지 아니하느냐 [18]내일 이맘때면 내가 무거운 우박을 내리리니 애굽 나라가 세워진 그 날로부터 지금까지 그와 같은 일이 없었더라 [19]이제 사람을 보내어 네 가축과 네 들에 있는 것을 다 모으라 사람이나 짐승이나 무릇 들에 있어서 집에 돌아오지 않는 것들에게는 우박이 그 위에 내리리니 그것들이 죽으리라 하셨다 하라 하시니라 [20]바로의 신하 중에 여호와의 말씀을 두려워하는 자들은 그 종들과 가축을 집으로 피하여 들였으나 [21]여호와의 말씀을 마음에 두지 아니하는 사람은 그의 종들과 가축을 들에 그대로 두었더라 [22]여호와께서 모세에게 이르시되 너는 하늘을 향하여 손을 들어 애굽 전국에 우박이 애굽 땅의 사람과 짐승과 밭의 모든 채소에 내리게 하라 [23]모세가 하늘을 향하여 지팡이를 들매 여호와께서 우렛소리와 우박을 보내시고 불을 내려 땅에 달리게 하시니라 여호와께서 우박을 애굽 땅에 내리시매 [24]우박이 내림과 불덩이가 우박에 섞여 내림이 심히 맹렬하니 나라가 생긴 그 때로부터 애굽 온 땅에는 그와 같은 일이 없었더라 [25]우박이 애굽 온 땅에서 사람과 짐승을 막론하고 밭에 있는 모든 것을 쳤으며 우박이 또 밭의 모든 채소를 치고 들

의 모든 나무를 꺾었으되 [26]이스라엘 자손들이 있는 그 곳 고센 땅에는 우박이 없었더라 [27]바로가 사람을 보내어 모세와 아론을 불러 그들에게 이르되 이번은 내가 범죄하였노라 여호와는 의로우시고 나와 나의 백성은 악하도다 [28]여호와께 구하여 이 우렛소리와 우박을 그만 그치게 하라 내가 너희를 보내리니 너희가 다시는 머물지 아니하리라 [29]모세가 그에게 이르되 내가 성에서 나가서 곧 내 손을 여호와를 향하여 펴리니 그리하면 우렛소리가 그치고 우박이 다시 있지 아니할지라 세상이 여호와께 속한 줄을 왕이 알리이다 [30]그러나 왕과 왕의 신하들이 여호와 하나님을 아직도 두려워하지 아니할 줄을 내가 아나이다 [31]그 때에 보리는 이삭이 나왔고 삼은 꽃이 피었으므로 삼과 보리가 상하였으나 [32]그러나 밀과 쌀보리는 자라지 아니한 고로 상하지 아니하였더라 [33]모세가 바로를 떠나 성에서 나가 여호와를 향하여 손을 펴매 우렛소리와 우박이 그치고 비가 땅에 내리지 아니하니라 [34]바로가 비와 우박과 우렛소리가 그친 것을 보고 다시 범죄하여 마음을 완악하게 하니 그와 그의 신하가 꼭 같더라 [35]바로의 마음이 완악하여 이스라엘 자손을 내보내지 아니하였으니 여호와께서 모세에게 말씀하심과 같더라

대부분의 재앙 이야기처럼 우박 이야기도 세 부분으로 나뉜다. (1) 재앙 선언(9:13-21), (2) 재앙 진행(9:22-26), (3) 바로의 반응(9:27-35). 앞에서 행해진 여섯 번째 재앙과 함께 이 사이클에 속한 재앙들은 모두 대기/공중과 관련된 것이다. 여섯 번째 피부병 재앙(9:8-12)은 화덕의 그을음을 공중에 던질 때, 일곱 번째 우박 재앙(9:13-35)은 하늘에서 내리는 것이며, 여덟 번째 메뚜기 떼 재앙(10:1-20) 역시 동쪽에서 바람을 타고 날아온 것이다. 세 번째 재앙 사이클의 절정이라 할 수 있는 아홉 번째 어둠 재앙(10:21-29)도 대기/하늘에 관한 것이다. 이집트에 내려진 재앙들이 전반적으로 물에서 땅으로, 땅에서 공중으로 옮겨가며 진행되는 것이다.

지금까지 이집트에 내려진 재앙 중에 이 재앙이 가장 상세하게 기록되어 있다. 처음 일곱 재앙 중 이 재앙이 일종의 절정을 이루기 때문이다(Enns). 또한 마지막 사이클을 구성하는 일곱 번째에서 아홉 번째 재앙은 지금까지 진행되었던 재앙들보다 파괴력과 공포감이 한층 가중된다. 이러한 취지에서 하나님이 바로에게 "내가 이번에는 모든 재앙을 너와 네 신하와 네 백성에게 내리겠다"(14절)라고 하신 것이다. 바로와 이집트 사람은 모세를 통한 여호와의 경고를 가볍게 여기지 말라는 것이다.

이 우박은 이집트 사람이 들에 심어놓은 작물과 짐승에게 치명적인 피해를 입혔다. 그러나 이 재앙의 핵심은 우박의 파괴력에 있는 것이 아니라 지속성에 있다. 이집트 사람은 그동안 수많은 우박을 경험했을 것이다. 일반적으로 우박은 오래 내리지 않는다. 잠시 내리다가 멈추는 것이 우박이다. 그러므로 농작물 피해는 감수해야겠지만 우박이 내리면 그다지 두려워할 것은 아니다. 그런데 이번 우박은 멈출 줄 몰랐다! 번개와 천둥을 동반하여 사람들을 공포에 떨게 하기도 했다. 바로가 사람을 보내 모세가 기도한 후에야 겨우 멈추었다(27-28절). 상당히 오랫동안 우박이 이집트를 강타했던 것이다. 이 재앙은 이집트 역사상 최악의 우박으로 기록되었다(18절).

지금까지 여섯 재앙을 통해 많은 피해를 본 이집트 사람도 여호와를 섬기지는 않더라도 조금씩 모세와 이스라엘처럼 행동해 재앙을 피해보고자 했다(20절). 그들은 바로보다 이스라엘의 하나님 여호와를 더 신임하고 두려워하게 된 것이다. 그럴 수밖에 없는 것이 지금까지 내려진 재앙은 사람을 직접 죽이는 경우가 없었지만, 이 재앙은 짐승뿐만 아니라 사람도 죽을 수 있다는 경고를 동반하기 때문이다(19절). 재앙의 수위가 한층 높아진 것이다. 이 재앙에서 처음으로 바로는 공개적으로 자신의 잘못을 인정한다. 그러나 이미 때는 늦었다. 하나님은 열 재앙이 끝날 때까지 바로의 마음을 강퍅하게 해 회개하지 못하게 하실 것이다. 재앙을 내리는 것은 바로의 자세에 달려 있었는데, 바로가 마음을 강퍅하게 하여 재앙이 시작되었다. 하나님이 애초에 계획하신 재앙은 열 개가 한 세트를 이루었다. 그러므로 일단 재앙이 시작되면 열 번째 재앙이 실현될 때까지 그 과정을 멈출 수 없다. 하나님이 바로의 마음을 강퍅하게 하여 회개하지 못하게 하시는 일도 바로가 처음에 자신의 마음을 강퍅하게 하여 하나님의 말씀을 듣지 않았기에 빚어진 일이다. 바로는 일이 이렇게 된 것에 대하여 여호와를 원망할 수는 없다. 성경은 여호와를 찾을 만할 때에 찾으라고 한다. 때가 지나면 찾고 싶어도 만나주지 않기 때문이다.

정말 우박이 사람을 죽일 수 있을까? 우박은 초속 50m의 속도로 내리기 때문에 땅에 부딪칠 때는 엄청난 파괴력을 갖는다. 때로는 우박 하나의 무게가 1kg에 달하는 것으로 관측되곤 한다. 엄청난 속력과 무게가 동반한 우박의 파괴력은 태풍의 파괴력과 비교되기도 한다. 기록에 따르면, 1888년 인도의 동북쪽에 있는 모라다바드(Moradabad)에서 우박으로 200명이 죽고 수백 명이 부상을 입었다(Stuart). 2002년 7월 22일 중국 후난성에서는 우박으로 22명이 죽고 200명이 다치는 일이 있었다. 여호수아 10장은 이스라엘과 가나안의 전쟁을 회고하면서 그날 가나안 사람 중 "이스라엘의 칼에 맞아 죽은 사람보다 우박에 맞아 죽은 사람이 더 많았더라"라고 기록하고 있다. 우박은 사람을 얼마든지 죽일 수 있다.

나일 강의 범람 여부에 의해 결정되는 이집트의 농사 시기는 비에 의존하는 가나안 지역과 달랐다. 이집트의 농사철은 각각 4개월씩 세 분기로 나뉘었다(Sarna, Hamilton). 첫 번째 분기는 아케트(Akhet, lit., '범람의 계절')로 나일 강이 범람하는 6/7월에 시작되었다. 두 번째 분기는 페로에트(Peroyet, lit. '싹트는 계절')로 10/11월에 시작되었다. 세 번째 분기는 쇼무(Shomu, lit., '부족한 계절')로 2/3월에 시작되었다. 이 철에 곡식이 추수되었다. 31-32절에 주어진 정보에 의하면, 이 재앙은 2월(Sarna, cf. Stuart), 곧 쇼무 철에 있었던 일이다(Kaiser, Dozeman). 보리는 이미 싹이

나와서 우박의 피해를 입었지만, 밀은 아직 싹이 나지 않았으므로 피해가 없었기 때문이다. 학자들은 이러한 정보가 쇼무 철과 가장 잘 어울린다고 생각한다. 바로는 이 일곱 번째 재앙부터 열 번째 재앙이 임할 때까지 약 8주 동안 가장 고통스러운 시간을 보내게 된다(Kaiser).

이 재앙은 이집트의 신 중 최소한 네 신과 연관이 있다. 이집트 사람은 하늘을 지키는 여신으로 누트(Nut)를, 생명을 주는 여신으로는 이시스(Isis)를, 곡식을 보호하는 신으로는 세트(Seth)와 민(Min)을 숭배했다(Sarna). 이 재앙으로 네 신이 모두 무능하고 허구적인 것임이 드러났다. 성경에서 우박은 심판하시는 하나님의 임재와 깊이 연관되어 있다(수 10:11; 시 18:12; 사 28:2, 17; 30:30; 겔 13:11–13; 38:22). 우박은 단순히 재앙이 아니라 하나님의 임재의 상징이기도 하다. 그러므로 이 재앙으로 이스라엘의 하나님 여호와께서는 그 어느 때보다 이들의 삶에 가까이 와 계신 것이다. 우박 재앙으로 시작된 하나님의 임재는 나머지 재앙에도 함께하실 것이다(Enns).

하나님은 지금까지 진행되어온 모든 재앙과 앞으로 진행될 재앙이 하나같이 세상에 여호와와 같은 분이 없다는 점을 드러내기 위함이라고 밝히신다(14절). 그뿐만 아니라 지금까지 바로를 해하거나 치지 않으신 것은 자신의 능력을 보여주어 온 세상이 여호와의 명성을 듣도록 하기 위함이라는 것도 밝히신다(16절). 하나님은 자신의 명예 때문에 지금까지 바로에게 은혜를 베푸신 것이다.

이 재앙은 바로에게 적절하게 대처할 길을 제시해주는 첫 재앙이다. 내일 들판에 우박이 와서 방목 중인 가축을 죽이고 재배하고 있는 작물을 파괴할 것이니 가축을 죽이기 싫으면 집 안으로 들이라는 것이다(19절). 바로는 더 이상 여호와와 싸울 만한 자가 아님을 온 이집트 사람에게 선포하고자 하는 사건이다. 이집트 사람이 지금까지는 일방적으로 여호와께서 내리시는 재앙에 희생되어야 했다면, 이번에는 재앙을 피해갈 수는 없더라도 자신들의 대처에 따라 재앙의 피해를 최소화할 수는 있었다. 실제로 바로의 신하 중 상당수가 들판에 나가 있던 가축들과 노예들을 불러들임으로써 재앙의 피해를 줄였다(20-21절). "와서 하나님의 자비의 영역을 보라. 하나님은 분노 속에서도 죄인들과 그들의 짐승들에 은혜를 베푸신다"(Exodus Rabbah). 적절하게 대처하는 이집트 사람이 있었다는 사실은 바로의 통치 진영이 그를 지지하는 세력과 여호와를 지지하는 세력으로 양분화되고 있음을 시사한다(Pixley).

드디어 재앙이 시작되자 이집트의 광야에는 우박을 동반한 무섭고 두려운 천둥과 벼락이 한참 동안 진행되어 살아 있는 모든 것에 엄청난 피해를 주었다(23-25절). 이 재앙도 역(逆)창조 모티프를 연상시킨다(Zevit). 물론 이스라엘 백성이 살던 고센 지역에는 전혀 피해가 없었다(26절). 견디다 못한 바로가 급히 모세를 불러 처음으로 자신의 죄를 인정하며 우박과 천둥이 그치게 해 달라고 호소했다. 바로의 심적 변화는 그가 협상을 하기에 적절한 수준으로 발전해가고 있음을 시사한다(Childs). 모세는 바로가 원하는 대로 재앙을 멈추게 해주겠다고 하면서도 바로가 또다시 배신해 이스라엘을 내보내겠다는 약속을 어길 것을 알고 있었다. 하나님이 죄인을 심판하시는 방법 중 하나가 그 죄인이 계속 죄를 짓도록 내버려두시는 것이다(Stuart). 계속 죄를 짓는 바로는 머지않아 엄청난 대가를 치러야 할 것이다. 모세는 바로가 이 순간 두려움 때문에 자신의 죄를 고백하지만, 그의 고백은 진심이 아니라는 것을 알고 있다. 일부 이집트 사람과 달리 바로와 신하들이 아직도 여호와를 두려워하지 않기 때문이다(30절). 그러므로 그들이 진정으로 여호와를 두려워할 때까지 재앙은 앞으로도 계속될 것이다. 이스라엘의 해방도 중요한 이슈지만, 바로를 포함한 온 이집트 사람이 여호와를 두려워하게 되는 것이 하나님이 재앙을 내리시는 주목적이다.

우박으로 보리와 삼이 심하게 파손된 것(31절)은 이스라엘 백성에게 직접 짚을 구해다 벽돌을 만들라고 했던 바로의 요구(5:11)에 대한 '가려진 보복'(veiled reprisal)이다(Houtman). "그러나 밀과 쌀보리는 자라지 아니한 고로 상하지 아니하였더라"(32절)라는 추가 정보를 주는 것은 이곳에서 모든 작물이 다 파손된 것 같지만 다음 재앙에서 메뚜기들이 먹어 치울 곡식들이 들판에 남아 있었음을 설명하기 위함이다. 우리는 이미 비슷한 현상을 가축병과 우박 재앙에서 목격했다. 이집트에서 밀과 쌀보리는 8월에 심어 봄에 추수하는 곡물이다(Sarna).

I. 이스라엘이 이집트를 떠남(1:1-15:21)
B. 아홉 재앙(7:8-10:29)

9. 여덟 번째 재앙: 메뚜기(10:1-20)

[1]여호와께서 모세에게 이르시되 바로에게로 들어가라 내가 그의 마음과 그의 신하들의 마음을 완강하게 함은 나의 표징을 그들 중에 보이기 위함이며 [2]네게 내가 애굽에서 행한 일들 곧 내가 그들 가운데에서 행한 표징을 네 아들과 네 자손의 귀에 전하기 위함이라 너희는 내가 여호와인 줄을 알리라 [3]모세와 아론이 바로에게 들어가서 그에게 이르되 히브리 사람의 하나님 여호와께서 말씀하시기를 네가 어느 때까지 내 앞에 겸비하지 아니하겠느냐 내 백성을 보내라 그들이 나를 섬길 것이라 [4]네가 만일 내 백성 보내기를 거절하면 내일 내가 메뚜기를 네 경내에 들어가게 하리니 [5]메뚜기가 지면을 덮어서 사람이 땅을 볼 수 없을 것이라 메뚜기가 네게 남은 그것 곧 우박을 면하고 남은 것을 먹으며 너희를 위하여 들에서 자라나는 모든 나무를 먹을 것이며 [6]또 네 집들과 네 모든 신하의 집들과 모든 애굽 사람의 집들에 가득하리니 이는 네 아버지와 네 조상이 이 땅에 있었던 그 날로부터 오늘까지 보지 못하였던 것이리라 하셨다 하고 돌이켜 바로에게서 나오니 [7]바로의 신하들이 그에게 말하되 어느 때까지 이 사람이 우리의 함정이 되리이까 그 사람들을 보내어 그들의 하나님 여호와를 섬기게 하소서 왕은 아직도 애굽이 망한 줄을 알지 못하시나이까 하고 [8]모세와 아론을 바로에게로 다시 데려오니 바로가 그들에게 이르되 가서 너희의 하나님 여호와를 섬기라 갈 자는

누구 누구냐 [9]모세가 이르되 우리가 여호와 앞에 절기를 지킬 것인즉 우리가 남녀 노소와 양과 소를 데리고 가겠나이다 [10]바로가 그들에게 이르되 내가 너희와 너희의 어린 아이들을 보내면 여호와가 너희와 함께 함과 같으니라 보라 그것이 너희에게는 나쁜 것이니라 [11]그렇게 하지 말고 너희 장정만 가서 여호와를 섬기라 이것이 너희가 구하는 바니라 이에 그들이 바로 앞에서 쫓겨나니라 [12]여호와께서 모세에게 이르시되 애굽 땅 위에 네 손을 내밀어 메뚜기를 애굽 땅에 올라오게 하여 우박에 상하지 아니한 밭의 모든 채소를 먹게 하라 [13]모세가 애굽 땅 위에 그 지팡이를 들매 여호와께서 동풍을 일으켜 온 낮과 온 밤에 불게 하시니 아침이 되매 동풍이 메뚜기를 불어 들인지라 [14]메뚜기가 애굽 온 땅에 이르러 그 사방에 내리매 그 피해가 심하니 이런 메뚜기는 전에도 없었고 후에도 없을 것이라 [15]메뚜기가 온 땅을 덮어 땅이 어둡게 되었으며 메뚜기가 우박에 상하지 아니한 밭의 채소와 나무 열매를 다 먹었으므로 애굽 온 땅에서 나무나 밭의 채소나 푸른 것은 남지 아니하였더라 [16]바로가 모세와 아론을 급히 불러 이르되 내가 너희의 하나님 여호와와 너희에게 죄를 지었으니 [17]바라건대 이번만 나의 죄를 용서하고 너희의 하나님 여호와께 구하여 이 죽음만은 내게서 떠나게 하라 [18]그가 바로에게서 나가서 여호와께 구하매 [19]여호와께서 돌이켜 강렬한 서풍을 불게 하사 메뚜기를 홍해에 몰아넣으시니 애굽 온 땅에 메뚜기가 하나도 남지 아니하니라 [20]그러나 여호와께서 바로의 마음을 완악하게 하셨으므로 이스라엘 자손을 보내지 아니하였더라

여덟 번째 재앙 이야기도 세 부분으로 나뉜다. (1) 재앙 선언(10:1-12), (2) 재앙 진행(10:13-15), (3) 바로의 반응(10:16-20). 이 메뚜기 재앙에서는 새로운 주제가 소개되고 있다. 이제까지 재앙들은 이스라엘과 바로를 포함한 이집트 사람이 여호와가 하나님이심을 알게 하기 위해 내려졌다. 이제 하나님이 이집트와 바로를 치시는 것은 "내가 이집트 사람들을 어떻게 벌하였는지를, 그리고 내가 그들에게 어떤 이적을

보여 주었는지를, 네가 너의 자손에게도 알리게 하기 위함"(2절)이라는 것을 밝히고 있다. 이스라엘 종교의 가장 기본적인 바탕이며 출애굽 신앙의 주춧돌인 기념/회고 주제가 이 재앙을 통해 소개되는 것이다.

출애굽 사건은 당대의 이스라엘 사람만을 위한 것이 아니라 그들의 자손을 위한 것이기도 하다. 이스라엘은 대대로 출애굽 사건을 회고하고 기념하면서 그들의 역사에 개입하고 기적을 베푸신 하나님을 찬양할 뿐만 아니라 자신들의 정체성을 찾았다. 그들이 어떠한 역경 속에서도 좌절하지 않고 미래를 꿈꾸며 재기할 수 있었던 것도 그들을 출애굽시키신 하나님을 바라보았기 때문에 가능했다. 이스라엘에게 출애굽 사건은 과거를 기념하는 빛바랜 사진이 아니었다. 그들은 이 사건을 기념할 때마다 새로운 에너지와 소망을 공급받았던 것이다.

이집트의 모든 농작물을 파괴하여 온 땅에 죽음의 그림자를 드리우는 이 재앙이 심판하는 이집트의 신들은, 생명을 주는 여신 이시스(Isis), 곡물을 보호하는 신 세트(Seth)와 민(Min), 메뚜기 떼로부터 보호해 주는 신으로 섬겨졌던 세라피아(Serapia) 등이다(Sarna, cf. Zevit). 이 재앙도 다른 재앙처럼 이집트 사람이 숭배했던 신들의 무력함을 드러냄으로써 세상에는 결코 여호와와 비교할 만한 신이 없음을 확고히 한다. 하나님만이 참 신이고 사람들이 숭배하는 신들과 우상들은 모두 인간들이 만들어낸 것에 불과하기 때문이다. 곡물과 채소의 파괴 역시 역(逆)창조 모티프와 관련이 있다(Enns).

메뚜기 떼는 최근까지 인류를 괴롭히는 가장 두려운 재앙 중 하나였다. 중동 지방에서 메뚜기 떼가 나타나면 보통 1㎢당 5천만 마리에 달했으며, 이 메뚜기들은 하루 사이에 10만 톤의 채소와 풀을 먹어 치웠다. 최근의 예를 살펴보자. 1899년에 홍해에서 목격된 메뚜기 떼의 규모는 5천 ㎢에 달했으며, 1㎢ 안의 메뚜기 수는 4천 7백만 마리에 달하는 것으로 관측되었다. 1957년에 소말리아(Somalia)에서 목격된 메뚜기 떼의 크기는 160억 마리로 추정되었으며, 이 메뚜기들의 무게만도 5만

톤에 달했던 것으로 기록되었다. 1881년에 키프로스(Cyprus)에서 메뚜기 떼의 부화를 방지하는 사업으로 부화 전에 메뚜기의 알을 찾아 파괴하는 프로젝트를 진행했는데, 그때 파괴된 메뚜기 알만 1천 3백 톤에 달했던 것으로 알려졌다.

메뚜기는 보통 수명이 127일에 달하며 하루에 평균 자기 몸무게만큼, 경우에 따라서는 세 배까지 먹어 치운다.[26] 그뿐만 아니라 메뚜기 떼 때문에 먹을 것이 귀해지면 사람들은 더욱더 연약해지고, 메뚜기 떼가 썩는 곳에서 비롯되는 병은 매우 쉽게 확산된다. 발진티푸스(typhus)가 그 대표적인 전염병이다. 그렇다면 성경에 등장하는, 오늘날도 가끔 세상을 곤경에 빠뜨리는 메뚜기 떼는 평소에 우리가 들에서 접하는 메뚜기와 전혀 다른 종류의 것인가? 이 질문은 1921년에서야 답을 찾았다. 우바로브(B. P. Uvarov)는 평소에는 독립적으로 돌아다니며 연약하게까지 보이는 사막 메뚜기(dessert grasshoppers)는 체질과 날개 색깔 등이 온도와 습도에 따라 변하며, 번식하기에 이상적인 기후 조건만 갖추어지면 매우 무서운 속도로 번식하고 먹어대는 거대한 집단들로 변한다는 사실을 발견했다. 메뚜기 떼는 이처럼 무지막지한 파괴를 가져오기 때문에 일부 학자들은 이 사건에서 하나님의 창조와 질서를 위협하는 혼돈(chaos)이라는 주제의 등장을 간파하기도 한다(Fretheim, Brueggemann).

모세는 바로를 찾아가 일곱 번째 재앙이었던 우박이 파괴하지 않은 것을 메뚜기 떼가 먹어 치울 것이라고 경고했다(5절; cf. 12절). 가뜩이나 어려워진 이집트 경제를 파탄에 이르게 하겠다는 뜻이다. 모세는 이집트를 습격할 메뚜기 떼는 이집트 건국 이래 최대 규모가 될 것이라는 말을 덧붙였다(6절; cf. 14-15절). 이번에 이집트를 습격할 메뚜기 떼는 상상을 초월하는 파괴력을 동반할 것이라는 경고다. 이 말을 남기고

26 메뚜기 떼와 피해에 대한 자세한 내용은 Stanley Baron, *The Desert Locust* (New York: Scribner, 1972)를 참고하라.

모세는 이집트 궁을 빠져 나왔다. 그러자 별다른 반응을 보이지 않는 바로를 신하들이 설득했다. 이스라엘 때문에 이집트가 망하게 되었으니 빨리 그들을 내보내라는 것이다(7절). 그동안 이집트는 이스라엘 백성을 노예로 부려 많은 이익을 남겼지만, 지금은 이스라엘 노예가 이집트에 머무는 것이 전혀 이익이 되지 않는다는 것이다. 바로 주변에 있는 사람들은 점차로 동요하기 시작하는데 바로는 전혀 바뀔 기미를 보이지 않는다. 하나님이 그의 마음을 강팍하게 하셨기 때문이다(1, 20절; cf. 9:12).

바로는 신하들의 호소에 못 이기는 척하며 모세와 아론을 불렀다(8절). 그리고 요구 사항을 들어보았다. 어느덧 강자와 약자가 바뀌었다. 예전에는 바로가 강자고 모세가 약자였는데, 이제는 모세가 강자고 바로가 약자다(Kaiser). 바로가 모세의 요구 사항을 들어주지 않으면 이집트 건국 이래 가장 큰 메뚜기 떼가 이집트를 습격할 것이기 때문이다. 모세는 하나님께 예배를 드리기 위해서 어린아이까지 포함한 이스라엘 백성 모두와 짐승까지 같이 가야 한다고 했다(9절). 모세는 이스라엘의 '완전한 출애굽'을 허락하는 것이 유일한 선택임을 바로에게 부드럽게 말하고 있는 것이다(Stuart). 바로는 히브리 노예들이 광야로 나가서 그들의 신에게 예배를 드리고 다시 돌아올 것을 기대했지만, 모세는 이스라엘이 다시는 이집트로 돌아오지 않을 것을 암시한 것이다. 모세의 요구사항을 들어줄 듯했던 바로는 호통을 쳤다(10절). 모세의 요구사항을 수용해야 메뚜기 떼 재앙이 오지 않을 것을 알지만, 노예들을 내보낼 경우 발생할 경제적 손실을 생각하니 화가 치밀었던 것이다. 게다가 바로가 아직 메뚜기 떼를 보지 못했으므로 이런 반응을 보이고 있다. 그러고는 바로는 대안을 제시했다. 아이들은 이집트에 두고 어른들만 예배를 드리러 다녀오라는 것이다(11절). 부모들이 제사를 드리고 나서 다시 이집트로 돌아오도록 아이들을 인질로 잡아두겠다는 의도다. 역시 이집트가 이스라엘을 내보내지 못하는 것은 경제적인 이득 때문임이 다시 한번 입증된 것이다.

바로 앞에서 쫓겨나온 모세는 하나님의 말씀대로 팔을 내밀어 하루 종일 동풍을 타고 온 메뚜기 떼를 불러들였다(13절). 훗날 동풍이 홍해를 가르는 것을 감안하면, 메뚜기 떼가 동풍을 타고 오는 것은 홍해를 가르는 일의 예고일 수 있다(Enns). 메뚜기들은 이집트에 참으로 무시무시한 피해를 안겨주었다(14-15절). 메뚜기의 습격에 다급해진 바로는 모세를 불러와 간곡히 호소했다(16절). 물론 자신의 죄도 인정한다고 했다(17절). 다만 메뚜기 떼만 물러가게 해 달라는 것이었다. 모세는 바로가 위기를 모면하기 위해 임기응변을 한다는 것을 알았기 때문에(1절) 아무 말도 하지 않고 밖으로 나와 메뚜기 떼가 떠나도록 하나님께 기도했다(18절). 모세의 침묵은 바로로 하여금 엄청난 수치심을 느끼게 했을 것이다(Sarna).

모세의 기도를 들으신 하나님이 메뚜기 떼를 홍해에 집어 넣으셨다. 히브리어로 '홍해'(ים־סוף)를 문자적으로 풀이하면 '갈대 바다'가 된다. 이 용어는 오늘날 우리에게 홍해로 알려진 바다가 아니라, 다른 곳일 수도 있음을 시사한다. 그러나 이번만큼은 '갈대 바다'가 홍해일 가능성이 크다(Stuart). 이처럼 많은 메뚜기 떼를 수장시킬 정도로 넓고 큰 바다로는 홍해가 가장 적합한 장소이기 때문이다. 하나님은 메뚜기 떼를 홍해에 수장시키기 위해 이번에도 바람을 이용하셨다(19절). 동풍을 타고 온 메뚜기 떼가 홍해를 가르는 일을 상징하는 것처럼, 메뚜기 떼가 홍해에서 최후를 맞는 것 역시 이 바다에서 최후를 맞이할 이집트 군대를 예고한다(Cassuto, Enns, cf. Dozeman). 메뚜기 떼가 물러가자 바로의 마음이 또 바뀌었다. 결국 바로는 계속 말을 바꾸는 믿을 수 없는 사람이 되었다. 히브리 노예를 이대로 내보내기에는 너무 아까운 생각이 들어서일 것이다. 바람에 흔들리는 갈대처럼 흔들리는 바로의 마음이 하나님의 심판을 자초하고 있다. 바로가 이처럼 계속 마음을 바꾸는 것은 하나님이 그의 마음을 강퍅하게 하셨기 때문이다(20절; cf. 1절).

I. 이스라엘이 이집트를 떠남(1:1-15:21)
B. 아홉 재앙(7:8-10:29)

10. 아홉 번째 재앙: 어둠(10:21-29)

[21]여호와께서 모세에게 이르시되 하늘을 향하여 네 손을 내밀어 애굽 땅 위에 흑암이 있게 하라 곧 더듬을 만한 흑암이리라 [22]모세가 하늘을 향하여 손을 내밀매 캄캄한 흑암이 삼 일 동안 애굽 온 땅에 있어서 [23]그 동안은 사람들이 서로 볼 수 없으며 자기 처소에서 일어나는 자가 없으되 온 이스라엘 자손들이 거주하는 곳에는 빛이 있었더라 [24]바로가 모세를 불러서 이르되 너희는 가서 여호와를 섬기되 너희의 양과 소는 머물러 두고 너희 어린 것들은 너희와 함께 갈지니라 [25]모세가 이르되 왕이라도 우리 하나님 여호와께 드릴 제사와 번제물을 우리에게 주어야 하겠고 [26]우리의 가축도 우리와 함께 가고 한 마리도 남길 수 없으니 이는 우리가 그 중에서 가져다가 우리 하나님 여호와를 섬길 것임이며 또 우리가 거기에 이르기까지는 어떤 것으로 여호와를 섬길는지 알지 못함이니이다 하나 [27]여호와께서 바로의 마음을 완악하게 하셨으므로 그들 보내기를 기뻐하지 아니하고 [28]바로가 모세에게 이르되 너는 나를 떠나가고 스스로 삼가 다시 내 얼굴을 보지 말라 네가 내 얼굴을 보는 날에는 죽으리라 [29]모세가 이르되 당신이 말씀하신 대로 내가 다시는 당신의 얼굴을 보지 아니하리이다

세 번째 사이클의 세 번째 재앙은 다른 사이클의 세 번째 재앙처럼 아무런 경고도 없이 진행된다. 이집트의 온 땅이 3일 동안 혹독한 어둠에 덮였다. 재앙이 진행된 3일 동안의 기간은 모세가 이스라엘 백성을 이끌고 3일을 가서 여호와께 예배를 드리겠다던 것을 연상시킨다. 하나님이 천지를 창조하실 때 제일 먼저 빛을 창조하여 어둠을 다스리셨다는 점을 감안하면(창 1:3), 이집트에 임한 어둠은 역(逆)창조의 절정인 혼돈(chaos)이라고 할 수 있다(Enns). 창조 이야기와의 연결성 때문에 저

자는 어둠을 뜻하는 일반적인 단어 '밤'(לַיְלָה)을 사용하지 않고 원시적인 어둠을 뜻하는 '흑암'(חֹשֶׁךְ, 창 1:2)을 사용한다(Dozeman). 이 어둠은 손으로 만질 수 있을 정도로 진한 어둠이었다(Alter).

이 재앙을 자연 현상으로 설명하는 사람은 아프리카의 사하라 사막에서 불어오는 모래 폭풍/바람으로 풀이한다. 이 바람이 불기 시작하면 대기는 먼지로 가득 차 매우 어둡게 되며 며칠 동안 계속되는 매우 혹독한 상황이 지속된다(Cassuto, cf. Sarna, Houtman). 그러나 이 일이 자연 현상이었다면, 왜 이스라엘이 거주하는 고센 지역만 날씨가 멀쩡했을까? 자연 현상으로 설명하는 것은 이 상황을 충분히 해명하지 못한다.

고센에 거하던 이스라엘은 이 기간에도 빛을 즐기고 있었다(23절). 빛과 어둠이 대조를 이루는 것처럼 하나님의 백성과 그분을 대적하는 사람들의 현실과 미래가 대조된다. 이집트 사람은 소망이 없다. 이러한 대조는 그동안 노예로 고달픈 나날을 보냈던 이스라엘이 머지않아 '구원의 빛'을 즐기게 될 것을 암시하는 듯하다. 아니, 그들은 이미 그 빛 안에 거하고 있다. 반면에 이집트 사람에게 임한 어둠은 죽음을 뜻하며(삼상 2:9; 욥 15:30; 17:13; 18:18; 시 88:12, 18; 143:3), 다음 재앙을 예고한다(Enns).

이집트 사람은 태양을 신 중 우두머리로 숭배했으며 바로를 태양신의 아들로 생각했다. 그러므로 이집트의 가장 강력한 신 태양을 가리는 어둠이 3일 동안이나 이집트에 머물렀다는 것은 매우 충격적이었을 것이다(Enns). 레(Re), 아텐(Aten), 아툼(Atum), 호루스(Horus)는 모두 태양신 혹은 태양신과 함께 활동하는 신들의 이름이다. 어둠 재앙은 이집트 사람이 숭배하던 태양신뿐만 아니라 바로에게도 직격탄을 날리고 있다. 또한 이 재앙은 여호와와 바로의 대결에 종지부를 찍을 여호와의 날이 임박했음을 의미한다(Dozeman).

이집트뿐만 아니라 거의 모든 고대 사람에게 어둠의 위력은 참으로 대단했다. 무엇보다도 어둠이 자아내는 공포감은 상상을 초월했다. 어둠이 지배하는 밤은 죽음과 온갖 귀신과 도둑이 장악한 시간이었다. 그래서 고대 사람은 밤에 외출을 하지 않았다(Stuart). 심리적 두려움 속에서 3일을 보내며 죽음을 의식한 바로는 모세를 불러 이스라엘 백성을 데리고 광야에 가서 예배를 드리라고 허락했다. 단 한 가지 조건은 짐승(viz., 재산)은 두고 가라는 것이었다(24절). 바로가 짐승이 필요해서 이런 요구를 하는 것이 아니다. 짐승이 필요한 사람은 이스라엘 백성이다. 즉, 짐승을 잡아두어 이스라엘 백성이 돌아올 것을 보장받으려 했던 것이다(Enns). 그러나 모세는 바로의 제안을 거부했다. 바로가 제시하는 조건이 아닌 자신이 마음에 둔 조건이 충족될 때 떠나겠다는 의지를 보여준 것이다. 이제는 이스라엘이 아니라 이집트가 다급해진 것을 모세는 잘 알고 있었다. 자존심이 상할 대로 상한 바로는 모세에게 "다시는 내 앞에 나타나지 마라. 다시 내 앞에 나타나는 날에는 죽는다!"라고 협박하고 내보냈다(28절). 바로는 지금 매우 어리석은 결정을 했다. 좋든 싫든 모세와 아론은 바로에게 유일한 구원의 통로다. 그는 이 통로를 스스로 닫고 있는 것이다. 바로는 다음에 모세를 보면 죽이겠다고 협박하지만, 실제로 이 둘이 다시 만나는 날 모세가 아니라 바로의 맏아들이 죽게 된다(11:4-7). 떠나가는 모세는 당당했다. "나도 당신을 다시는 보고 싶지 않다"(29절).

지금까지 하나님은 바로의 마음이 부드러워질 수 있도록 여러 차례 기회를 주셨다. 모세의 기도를 통해(8:8, 28; 9:28; 10:17), 이집트 마술사들의 증언을 통해(8:19), 그가 부분적으로나마 하나님께 순종하고(8:8, 25-28) 부분적으로나마 회개하게 하신 것을 통해(9:27; 10:16), 마지막 재앙이 임할 때까지 꾸준히 회개의 기회를 주심으로써 말이다. 그러나 바로는 그 기회를 살리지 못했다. 저자는 하나님의 주권과 바로의 불순종이 결코 상반되지 않음을 강조하고자 한다.

I. 이스라엘이 이집트를 떠남(1:1-15:21)

C. 출발(11:1-15:21)

하나님은 이미 오래전에 아브라함에게 그의 자손이 한 나라에서 노예가 되어 사백 년 동안 괴로움을 받은 후에 당신이 직접 그 나라를 치고 그의 자손을 해방시켜 예비한 땅으로 인도하겠다고 약속하셨다(창 15:13-21; cf. 출 12:40-41). 때가 차매 여호와께서는 살인을 하고 광야로 도망한 모세를 부르셨다. 그리고 사십 년 만에 이집트 땅으로 돌아가 그의 형 아론과 함께 이집트에서 종살이하던 이스라엘의 구원 사역을 시작하게 하셨다. 이 과정에서 하나님은 모세와 아론을 통해 끝까지 마음이 강퍅해져서 순순히 이스라엘 자손 내보내기를 거부하던 바로와 이집트에 아홉 개의 재앙을 내리셨다. 바로는 재앙이 자신의 영토에 임할 때마다 곤욕을 치렀지만 이스라엘 자손을 쉽게 내보내려 하지 않았다. 이스라엘 자손을 내보냄으로 발생할 경제적인 손실이 두려워 무모하게 저항한 것이다.

드디어 바로의 강퍅해진 마음을 대책 없이 무너뜨릴 열 번째 재앙이 임할 순간이 왔다. 이 재앙으로 바로를 포함한 모든 이집트 사람의 장자가 죽을 것이다. 또한 소유한 짐승 중에서도 첫째는 모두 죽을 것이다. 끝까지 고집을 부리며 하나님의 요구를 거부하다가 바로 자신뿐만 아니라 온 이집트가 그 죗값을 치르게 된 것이다. 이집트 사람이 고통을 받아야 하는 이유는 딱 한 가지, 잘못된 지도자 밑에 있었기 때문이라는 사실이 우리에게 많은 생각을 하게 한다. 지도자인 우리가 잘못하면 그 대가를 우리 자신뿐 아니라 우리가 이끄는 모든 사람이 치러야 하기 때문이다. 목회자가 좋은 성도를 만나는 것도 축복이지만, 좋은 지도자 아래서 신앙생활하는 사람이 하나님의 더 큰 축복이다.

이집트의 장자가 죽는 열 번째 재앙은 이 섹션의 가장 중심적인 사건일 뿐만 아니라 책 전반부의 가장 핵심적인 사건이기도 하다. 그래서 열 번째 재앙만큼은 다른 재앙들이 하나의 본문에서 다뤄진 것과 달리 이 재앙이 임하게 된 역사적 경위(11:1-10), 진행(12:29-36) 등 두 섹션으로 구분해 따로 다룰 것이다. 다음 도표를 참고하라(Dozeman).

<table>
<tr><th>재앙 경위(11:1-10)</th><th>공통 모티프</th><th>재앙 진행/성취(12:29-36)</th></tr>
<tr><td>(A) 자정</td><td>시간</td><td>(A') 자정</td></tr>
<tr><td>(B) 이집트의 모든 장자가 죽을 것</td><td>내용</td><td>(B') 여호와께서 이집트의 모든 장자를 치심</td></tr>
<tr><td>(C) 바로에서 여종과 가축에 이르기까지</td><td>범위</td><td>(C') 바로에서부터 죄수와 가축에 이르기까지</td></tr>
<tr><td>(D) 큰 울부짖음</td><td rowspan="2">결과</td><td>(D') 큰 울부짖음</td></tr>
<tr><td>(E) 관리들이 이스라엘에게 떠나라 호소할 것</td><td>(E') 이집트에서 떠남</td></tr>
</table>

열 번째 재앙은 단순히 바로의 항복을 받아내기 위한 사건이 아니라 이스라엘이 한 신앙 공동체로서 새로운 정체성을 지니게 하기 위한 사건이기도 하다. 하나님은 이미 이스라엘을 자신의 맏아들로 선언하신 적이 있다(4:21-23). 이 같은 선언은 이집트 맏아들의 죽음을 암시하는 것이었으며, 그 암시가 이 재앙에서 현실로 드러나고 있다(Dozeman). 이집트에 내려진 열 번째 재앙을 근거로 하나님은 유월절(12:1-13, 21-28, 40-51), 이스라엘의 장자 봉헌(13:1-2, 11-16), 무교절(12:14-20; 13:3-10)에 관한 규례들을 주셨고, 이 규례들은 이스라엘의 신학적 정체성을 정의하는 데 핵심 역할을 한다. 이 섹션에서도 세 가지 규례는 구조적으로 이집트 장자들을 죽인 열 번째 재앙과 서로 연관되어 흐름이 있는 한 쌍을 이룬다.

열 번째 재앙이 가져온 공포와 두려움으로 이스라엘 자손을 떠나 보내기는 했지만, 바로는 이를 못내 아쉬워하여 그들을 다시 이집트로 끌어오거나 광야에서 죽이기 위해 이집트의 정예군 중 최고의 엘리트 마병들로 하여금 그들을 뒤쫓게 했다. 그러나 여호와는 그들을 바다에 수장시킴으로써 다시는 이집트가 이스라엘을 넘보지 못하도록 하셨다. 이 섹션은 다음과 같은 짜임새를 갖고 있다.[27]

서론: 구원 시작 – 마지막 재앙에 대한 역사적 회고(11:1–10)
A. 규례: 유월절 – 무교절에 관한 것들(12:1–28)
B. 보호: 여호와께서 죽음으로부터 이스라엘을 보호하심(12:29–36)
C. 해방: 이스라엘이 이집트의 노예 생활에서 탈출(12:37–42)
A'. 규례: 유월절 – 무교절 – 장자 봉헌에 관한 것들(12:43–13:16)
B'. 보호: 여호와께서 구름 기둥과 불기둥으로 이스라엘을 보호하심(13:17–14:4)
C'. 해방: 이스라엘이 홍해를 건넘으로써 두려움에서 탈출(14:5–31)
결론: 구원 완성—하나님의 구원 찬양(15:1–21)

I. 이스라엘이 이집트를 떠남(1:1–15:21)
C. 출발(11:1–15:21)

1. 서론: 구원 시작 – 마지막 재앙에 대한 역사적 회고(11:1–10)

[1]여호와께서 모세에게 이르시기를 내가 이제 한 가지 재앙을 바로와 애굽에 내린 후에야 그가 너희를 여기서 내보내리라 그가 너희를 내보낼 때에는 여기서 반드시 다 쫓아내리니 [2]백성에게 말하여 사람들에게 각기 이웃들에게

27 사건이 벌어지는 장소를 기준으로 본문을 나눠 보면 (1) 라암셋에서 있었던 일(11:1–12:36), (2) 숙곳에서 있었던 일(12:37–13:16), (3) 홍해에서 있었던 일(13:17–15:21)로도 구분될 수 있다.

은금 패물을 구하게 하라 하시더니 [3]여호와께서 그 백성으로 애굽 사람의 은혜를 받게 하셨고 또 그 사람 모세는 애굽 땅에 있는 바로의 신하와 백성의 눈에 아주 위대하게 보였더라 [4]모세가 바로에게 이르되 여호와께서 이와 같이 말씀하시기를 밤중에 내가 애굽 가운데로 들어가리니 [5]애굽 땅에 있는 모든 처음 난 것은 왕위에 앉아 있는 바로의 장자로부터 맷돌 뒤에 있는 몸종의 장자와 모든 가축의 처음 난 것까지 죽으리니 [6]애굽 온 땅에 전무후무한 큰 부르짖음이 있으리라 [7]그러나 이스라엘 자손에게는 사람에게나 짐승에게나 개 한 마리도 그 혀를 움직이지 아니하리니 여호와께서 애굽 사람과 이스라엘 사이를 구별하는 줄을 너희가 알리라 하셨나니 [8]왕의 이 모든 신하가 내게 내려와 내게 절하며 이르기를 너와 너를 따르는 온 백성은 나가라 한 후에야 내가 나가리라 하고 심히 노하여 바로에게서 나오니라 [9]여호와께서 모세에게 이르시기를 바로가 너희의 말을 듣지 아니하리라 그러므로 내가 애굽 땅에서 나의 기적을 더하리라 하셨고 [10]모세와 아론이 이 모든 기적을 바로 앞에서 행하였으나 여호와께서 바로의 마음을 완악하게 하셨으므로 그가 이스라엘 자손을 그 나라에서 보내지 아니하였더라

아홉 차례의 재앙을 수습하는 과정에서 바로는 더 이상 모세와 협상하지 않을 것을 밝혔다(10:28). 시간이 갈수록 바로와 이집트는 더 혹독한 재앙을 당하지만 바로의 마음은 강퍅해져만 간 것이다. 이렇게 해서 바로의 마음을 꺾을 최종 재앙이 펼쳐질 무대가 형성되었다. 물론 하나님이 바로의 마음을 강퍅하게 하신 것이 일이 여기까지 진행되는데 가장 중요한 역할을 했다(10:27).

내용에 있어서 이 본문이 새롭게 제시하는 것은 없다. 이 장은 열 번째 재앙을 실행하기 전에 어떻게 하여 이곳까지 오게 되었는가에 대한 역사적 회고다. 그래서 NIV는 1절을 과거 완료형(pluperfect)으로 해석하여 "전에 주님께서 말씀하시기를"(the Lord had said)이라고 번역한다(Keil). NIV는 9절도 과거 완료형으로 번역해 본문에 기록된 모든 내용이 지난날에 있었던 일을 회고하는 것임을 밝힌다. 대부분 주석가도 이 장(章)을 과거 완료형으로 간주한다(Stuart, Enns).

그렇다면 다른 재앙에 없는 역사적 회고가 왜 이 재앙에는 필요한 것일까? 몇 가지 이유가 있다. 첫째, 열 번째 재앙은 이집트를 강타한 재앙 중 가장 큰 파괴력과 고통을 동반한다. 그러므로 역사적 회고는 수많은 사람의 탄식과 울부짖음을 초래할 이 재앙의 필요성과 정당성을 제시한다. 둘째, 열 번째 재앙은 '재앙 시리즈'의 마지막이자 절정이다. 절정이라 함은 이 재앙이 가장 큰 파괴력을 동반할 것을 의미한다. 그러므로 역사적 회고는 하나님의 심판이 절정에 이르기까지의 경위를 설명하려는 목적도 있다. 셋째, 마지막 재앙까지 온 것이 순전히 바로의 교만과 강퍅함 때문임을 알리기 위해서다. 하나님이 여러 차례 기회를 주셨지만 바로는 번번이 하나님의 요구를 거부했다. 그러므로 역사적 서론은, 온 이집트가 이렇게 혹독한 고통을 받게 된 것이 바로의 어리석은 선택에서 비롯된 비극임을 선언하는 부분이다.

이 섹션은 세 말씀으로 나뉜다. (1) 하나님이 모세에게 하셨던 말씀(10:1-3), (2) 모세가 바로에게 선포했던 말씀(10:4-8), (3) 하나님이 모세에게 하셨던 마지막 말씀(10:9). 마지막 절인 10절은 여기까지 전개된 이야기에 일종의 결론을 맺고 있다. 내용에 있어서 모세와 아론이 자신들의 임무와 역할을 잘 감당했다는 점을 부각함으로써 지금까지의 이야기와 연결 짓고 있으며, 동시에 바로와 이집트 사람을 무조건적인 항복으로 몰고 갈 임박한 하나님의 재앙을 기대하게 한다. 이러한 차원에서 이 장(章)은 과거와 미래를 연결하는 것이다.

마지막 재앙이 얼마나 혹독한지, 하나님은 바로가 더 이상 주저하지 않고 이스라엘을 신속하게 '쫓아낼 것'이라고 예고하신다(1절). 히브리어 동사 '쫓아내다'(גרשׁ)는 매우 강력한 의미를 지닌 동사인데(HALOT), 여기에 동사를 심화시키는 부정사가 추가되어 있다. "꼭 몰아낼 것이다/신속하게 내칠 것이다"(גָּרֵשׁ יְגָרֵשׁ). 이스라엘의 이집트 탈출은 더 이상 바로의 동의에 연연한 문제가 아니라는 것이다. 그동안 이스라엘이 떠나면 빚어질 경제적 손실 때문에 온갖 재앙에도 보내기를 거부하던 바로가 이번 재앙이 이집트를 강타하면 제발 떠나 달라고 애원할 것이다! 그것도 이스라엘이 당장 신속하게 떠나줄 것을 바라며 이집트 사람이 많은 '이별 선물'을 주면서 말이다. 그러나 바로는 이스라엘 자손을 떠나 보내자마자 곧장 후회하고는 다시 그들을 이집트로 끌고 오려 한다(14:5-9). 물론 이스라엘의 하나님이 이런 일을 허락하실 리 없다.

이 재앙은 이집트의 여러 신을 한꺼번에 공격한다. 바로와 장자는 신으로 숭배되었으며, 때로는 태양신의 아들들로 여겨지기도 했다. 그러므로 이 재앙은 신으로 여겨진 바로 부자와 태양신 레/라(Re/Ra)를 치는 재앙이다(Dozeman). 또한 생명과 죽음의 신으로 알려진 오시리스(Osiris)를 무력화하는 재앙이다(Zevit). 이집트 사람은 타우르트(Taurt)라는 신도 숭배했는데, 처음에는 출생을 관리하는 신으로, 나중에는 집을 보호하는 수호신으로 여겼다(Walton). 장자를 출생시킨 여신이 자신이 보호하는 집에서 아무것도 할 수 없어 그 장자가 죽어가는 것을 지켜보아야 했던 것이다. 당연히 이집트 신들은 참 신이 아니라 인간이 조각한 나무와 돌덩어리에 불과했기 때문이다. 짐승들의 첫 새끼도 죽는다고 했는데(5절), 이집트 사람이 소를 신성시 여겼던 점을 감안하면 소들의 죽음도 이집트 사람의 종교를 공격하는 것으로 볼 수 있다(Sarna).

열 가지 재앙 중 마지막이자 절정인 이 재앙은 이집트의 장자들을 죽이는 것이다. 장자(長子)라는 용어는 오해를 불러일으킬 수 있다. 우리말에서 장자는 맏아들을 뜻하기 때문이다. 같은 맥락에서 NIV도 "firstborn son"이라고 하는데, 이렇게 번역된 히브리어 단어(בְּכוֹר)는 단순히 '맏이'(firstborn)라는 뜻을 지녔을 뿐 성(性)은 포함하지 않는다(HALOT). 실제로 성경은 '맏아들'을 뜻할 때 '남자 맏이'(בְּכוֹר זָכָר)라는 말을 사용한다(민 3:40). 그러므로 대부분의 영어 번역본과 학자들처럼 '맏이'(firstborn)로 번역하는 것이 좋다(NAS, NRS, TNK, Dozeman). 딸만 둔 집에도 재앙이 닥쳤던 것이다(Stuart). 하나님은 사람들뿐만 아니라 짐승들도 죽이실 것이다(5절). 모세 시대를 앞서가는 여러 이집트 텍스트에서도 재앙으로 같은 날 밤 장자들이 죽은 이야기가 여럿 나온다(Kaiser).

이 재앙은 1장 이야기와도 연관이 있다. 출애굽기는 요셉을 모르는 바로가 이스라엘 자손을 핍박하는 일로 시작했다. 바로는 이스라엘 자손의 인구를 억제하기 위해 갓 태어난 남자아이들을 죽이는 만행을 저질렀다. 이제 하나님이 이집트의 아이들을 죽이실 것이다. 오래전에 바로가 저지른 죄에 대한 보복이 시작되는 순간이다. 하나님이 왜 바로가 이스라엘 자손의 아이들을 죽인 일에 대해 보복하시는가? 바로는 자신이 이스라엘 자손의 아이들을 죽인다고 생각했지만, 실제로는 하나님의 아이들을 죽인 것이기 때문이다(Enns).

하나님은 모세에게 열 번째 재앙이 임하면 곧 이집트를 떠나게 될 이스라엘 자손에게 지시할 사항을 알려주셨다(2-3절). 지금까지 재앙이 진행되는 과정 그 어디에서도 모세가 이스라엘 자손에게 하나님 말씀을 전하는 것은 보지 못했다. 이번이 처음이다. 이스라엘 사람은 이집트 사람들로부터 은과 금을 얻어내야 한다(2절, LXX는 '의복'을 더하고 있다). 이스라엘 자손이 이집트 사람들로부터 귀중품을 얻어 떠나는 일에 대해 학자들 사이에 추측이 난무하다. 어떤 사람은 이집트 사람과 이스라엘 자손의 관계가 좋아서 가능한 일이었다고 하고(Noth, McCarthy), 어떤 사람은 이스라엘 자손이 이집트 사람들에게 빌리는 척 속인 것이라고 하며(Coats), 다른 사람은 자유인이 된 노예를 빈손으로 내보낼 수 없다는 법 때문이라고 한다(Daube, Greenberg, Cassuto). 심지어 이스라엘 자손이 이집트 사람들에게 귀중품을 얻어가는 것을 전쟁에서 승리한 자가 패한 자에게서 전리품을 약탈해 가는 것에 비교하는 해석도 있다(Childs, Dozeman). 그러나 가장 자연스러운 해석은 3절이 말하는 것처럼 하나님이 이집트 사람의 마음을 움직이셔서 이스라엘 자손에게 친절/은혜를 베풀도록 하셨기 때문이다. 모세가 큰 명성을 날리고 있었던 것도 일조했을 것이다(Kaiser). 강조되는 것은 이스라엘 자손과 이집트의 관계가 아니라, 하나님의 능력이다. 그러므로 마지막 해석(승자가 전리품을 가져가는 것)이 본문의 정황에 가장 잘 어울린다. 그러나 약탈한 것이라기보다는 패자가 승자를 축복하며 선물을 준 것으로 보는 것이 더 바람직하다. 예전에 아브라함이 이집트에서 엄청난 부를 얻은 적이 있다(창 12장).

자유하게 된 이스라엘 노예들이 빈손으로 떠나지 않고 재산을 챙겨 떠나는 것은 이미 3:21-22에 예고되었다. 그들이 이집트 사람들로부터 많은 것을 얻어서 떠난 것이 전례가 되었을까? 훗날 희년(신 15:1-11)에 관한 규례와 노예들에게 자유를 줄 때의 권면에 빈손으로 내보내지 않아야 된다는 것이 하나의 원칙으로 규정된다. "네 동족 히브리 남자나 히브리 여자가 네게 팔렸다 하자 만일 여섯 해 동안 너를 섬겼거든 일곱째 해에 너는 그를 놓아 자유하게 할 것이요 그를 놓아 자유하게 할 때에는 빈 손으로 가게 하지 말고 네 양 무리 중에서와 타작 마당에서와 포도주 틀에서 그에게 후히 줄지니 곧 네 하나님 여호와께서 네게 복을 주신 대로 그에게 줄지니라"(신 15:12-14). 이 같은 하나님의 요구 사항이 이스라엘 자손이 이집트에서 해방된 사건에 근거한다는 사실은, 이러한 배려야말로 하나님이 시간과 장소를 초월해 모든 사람에게 요구하는 자비임을 알게 해 준다.

I. 이스라엘이 이집트를 떠남(1:1-15:21)
C. 출발(11:1-15:21)

2. 규례: 유월절-무교절에 관한 것들(12:1-28)

열 번째 재앙에 대한 역사적 회고를 마친 모세는 곧 이집트에 임하게 될 하나님의 심판과 연관된 절기들에 대해 하나님께로부터 받은 규례를 제시하고 이어 백성에게 이 규례에 따라 최초의 유월절을 준비하도록 지시한다. 유월절과 무교절은 분명 두 개의 절기이지만 무교절이 유월절 바로 다음 날부터 시작되기 때문에 종종 하나로 간주되기도 한다(신 16장).

이야기 진행의 흐름으로 볼 때 11장에서 시작된 열 번째 재앙 이야기는 12:29에 가서야 다시 맥을 잇는다. 즉, 12:1–28에 언급되어 있는 규례들은 일종의 문학적 우회(detour)로 간주될 수 있다. 이야기 진행 중에 왜 이런 우회가 삽입되었는가? 유월절 사건은 단순히 역사의 한 순간에 일어난 사건에 그치는 것이 아니라 이스라엘 민족의 정체성에 영원한 영향력을 미치는 기념비적 사건이기 때문에, 유월절 절기를 통해 이 사건을 기억할 때마다 여호와의 놀라운 구원이 기념되게 하려는 것이다.

또한 이스라엘 자손이 광야, 특히 시내 산에서 율법의 대부분을 받았다는 점을 감안할 때, 유월절과 무교절에 관한 규례가 이집트를 출발하기 전에 그 땅에서 주어졌다는 점(12:1)은 이 절기들의 독특한 위치를 더욱 강조하는 것 같다. 유월절에 관한 규례(12:1–14)는 전적으로 모세의 인도하에 있었던 출애굽 전야에 적용된 것이다. 유월절에 관한 두 번째 언급의 후반부(12:24–27)에 가서야 이 절기가 영원토록 지켜져야 하며 이 절기를 기념할 때마다 자손에게 여호와의 구원을 가르쳐야 한다는 것이 강조된다. 반면 무교절에 대한 규례(12:15–20)는 전적으로 후세대를 위해 주어진 것이다.

저자는 이 절기들이 영원토록 지켜져야 한다는 것을 강조하기 위해 12장에서 '지키다/보존하다'(שָׁמַר)를 일곱 차례나 사용한다. 이 절기들의 역사성과 현실–미래지향적 성향은 우리의 신앙생활에도 큰 도전이 되어야 할 것이다. 우리의 신앙생활은 그 뿌리가 오랜 역사 속에서 여호와의 구원 사역에 바탕을 두며, 단순히 하나님의 구원은 과거에 국한된 일만은 아니다. 우리의 신앙생활은 당면한 현실의 문제를 다룰 뿐만 아니라, 후세대 신앙인을 가르칠 수 있도록 미래 지향적이어야 한다. 이 본문은 다음과 같은 구조를 이루고 있다.

A. 유월절 규례(12:1-14)
　B. 무교절 규례(12:15-20)
A'. 유월절 준비에 대한 지시(12:21-28)

I. 이스라엘이 이집트를 떠남(1:1-15:21)
　C. 출발(11:1-15:21)
　　2. 규례: 유월절-무교절에 관한 것들(12:1-28)

(1) 유월절 규례(12:1-14)

[1]여호와께서 애굽 땅에서 모세와 아론에게 일러 말씀하시되 [2]이 달을 너희에게 달의 시작 곧 해의 첫 달이 되게 하고 [3]너희는 이스라엘 온 회중에게 말하여 이르라 이 달 열흘에 너희 각자가 어린 양을 잡을지니 각 가족대로 그 식구를 위하여 어린 양을 취하되 [4]그 어린 양에 대하여 식구가 너무 적으면 그 집의 이웃과 함께 사람 수를 따라서 하나를 잡고 각 사람이 먹을 수 있는 분량에 따라서 너희 어린 양을 계산할 것이며 [5]너희 어린 양은 흠 없고 일 년 된 수컷으로 하되 양이나 염소 중에서 취하고 [6]이 달 열나흗날까지 간직하였다가 해 질 때에 이스라엘 회중이 그 양을 잡고 [7]그 피를 양을 먹을 집 좌우 문설주와 인방에 바르고 [8]그 밤에 그 고기를 불에 구워 무교병과 쓴 나물과 아울러 먹되 [9]날것으로나 물에 삶아서 먹지 말고 머리와 다리와 내장을 다 불에 구워 먹고 [10]아침까지 남겨두지 말며 아침까지 남은 것은 곧 불사르라 [11]너희는 그것을 이렇게 먹을지니 허리에 띠를 띠고 발에 신을 신고 손에 지팡이를 잡고 급히 먹으라 이것이 여호와의 유월절이니라 [12]내가 그 밤에 애굽 땅에 두루 다니며 사람이나 짐승을 막론하고 애굽 땅에 있는 모든 처

음 난 것을 다 치고 애굽의 모든 신을 내가 심판하리라 나는 여호와라 [13]내가 애굽 땅을 칠 때에 그 피가 너희가 사는 집에 있어서 너희를 위하여 표적이 될지라 내가 피를 볼 때에 너희를 넘어가리니 재앙이 너희에게 내려 멸하지 아니하리라 [14]너희는 이 날을 기념하여 여호와의 절기를 삼아 영원한 규례로 대대로 지킬지니라

'유월절'(פֶּסַח)은 출애굽을 눈앞에 둔 이스라엘 자손의 각 가정이 아빕월[28] 10일에 한 살 이전의 흠 없는 숫양이나 숫염소를 취해 4일 동안 집 안에 두어 부정한 것에 접하지 않도록 준비하면서 시작되었다(3-5절). 아빕(אָבִיב)은 '곡식의 새 이삭'이라는 뜻을 지녔으며, 아빕월은 이 달에 접어들면서 곡식의 이삭이 여물어 가기 시작한다는 뜻에서 붙여진 이름이다(Tigay). 아빕월은 훗날 바빌론어로 니산월이라 불렸으며, 오늘날 달력으로 3월 중순경에 시작하는 달이다. 유월절인 아빕월 14일에 이 짐승을 잡고 우슬초 묶음에 그 짐승의 피를 적셔 문설주에 발랐다. 하나님이 이집트에 보내실 죽음의 사자들이 문설주에 피가 묻어 있는 집은 그냥 지나치고('유월'), 문설주에 피가 없는 집의 맏이는 죽였다. 물론 문설주에 발라진 마른 피 자체에 마력이 있어서가 아니다. 하나님의 말씀을 믿고 순종하는 그 집 사람들의 믿음이 문설주에 발라진 피로 표현되었기 때문이다. 문설주에 발라진 피는 믿는 자의 간증이었던 것이다(Stuart).

저자는 고기가 날것이어서는 안 되며 삶아서도 안 되고 적절하게 구워야 된다고 구조적으로 강조한다. 하나님은 왜 고기를 꼭 구우라고 하시는가? 본문의 정황을 볼 때 무엇보다 신속함과 다급함이 강조된다(11절). 이러한 상황에서 날것은 건강에 좋지 않고 맛이 없을 뿐만 아니라 피가 섞여 있을 수도 있으니 안 되며, 삶을 경우에 고기를 삶을 그릇을 화덕에 올려야 하는 등 일거리를 만드는 것이므로 신속하게 떠나

28 아빕월은 훗날 바빌론어로 니산월이라 불리며, 오늘날의 3-4월에 해당한다.

야 하는 상황에서는 바람직하지 않기 때문이다(Stuart).[29] 훗날에는 레위 사람이 성전에서 유월절 양을 굽고, 내장 부위를 삶아 예배자에게 나눠준 것으로 기록하고 있다(대하 35:11-13; cf 신 16:7). 저자는 8-10절에 대해 다음과 같은 구조를 제시한다(Dozeman).

A. 시간 - 밤(먹는 시간)
  B. 지시 - 무교병과 쓴 나물과 함께 먹을 것
    C. 금지 - 날것, 삶은 것은 안 됨
  B'. 지시 - 머리, 다리, 내장 등 모든 고기를 구울 것
A'. 시간 - 아침(남은 것 처리하는 시간)

불에 잘 구운 고기는 무교병(누룩을 넣지 않고 만든 빵, מַצּוֹת)과 쓴 나물(מְרֹרִים)과 함께 먹었다(8절). 무교병은 이집트를 떠나기 전 급히 먹을 것을 만드느라 제대로 준비할 수 없었던 상황을 상징하며, 쓴 나물은 이집트에서의 고통스러웠던 삶을 상징한다. 아울러 출애굽이 임박함을 상징하기 위해 음식을 먹는 자는 허리에 띠를 띠고 발에 신을 신고 손에 지팡이를 들고 급히 먹었다(11절). 미처 먹어치우지 못한 고기는 아침에 모두 태워 없앴다(10절).

유월절을 언급하는 신명기 16장과 본문은 유월절 제물에 대해 차이를 보인다. 본문은 양이나 염소만을 드리라고 하는데, 신명기는 소를 드려도 된다고 하기 때문이다(신 16:2). 일부 주석가들은 이러한 상황을 두 책이 서로 상반된 내용을 기록하는 것으로 간주하지만, 역대하 35:7-13에 의하면 유월절 제물로 소도 드렸던 것이 확실하다. 이러한 현상을 학자들은 유월절 제물 범위가 광야 시절을 지나면서 넓어진 것

29 신명기 16:7은 고기를 굽지 말고 삶으라고 한다. 신명기는 본문에 기록된 첫 유월절이 지난 지 40년이 되었기 때문에 되돌아보며 여유를 가지고 융통성을 보이는 듯하다. 즉, 본문에서는 '신속함'이 강조되지만, 신명기에서는 이 사건을 가족이 함께 '기념하는 것'이 강조되는 것이다.

이라고 해석한다(Craigie, cf. McConville). 즉, 양이나 염소 대신 소를 드려도 문제가 없게 되었던 것이다. 그러나 역대하 35:7-13는 소가 염소와 양을 대신한 것이 아니라, 유월절 제물로 규정되었던 염소와 양과 함께 추가적으로 드려진 제물이었음을 시사하는 듯하다. 유태인의 전승도 이러한 해석을 선호했다(Tigay).

본문은 유월절 제물을 각 집에서 먹으라고 하는 데 반해 신명기는 하나님이 정하시는 곳에서 먹으라고 한다(신 16:2, 6, 7). 하나님이 정하신 곳(viz., 성소)에서 유월절 밤을 새며 고기를 구워 먹고, 아침이 되면 각자 집으로 돌아갈 수 있는 것이다(신 16:7). 이스라엘에서 매년 세 차례 의무적으로 성소로 순례를 가야 하는 사람이 성인 남자로 제한된 점을 감안할 때, 신명기의 규정은 형편이 된다면 온 가족이 성소로 유월절 순례를 떠나지만, 형편이 되지 않을 경우 성인 남자만 성소에 가서 유월절을 지내고, 여자와 어린아이는 집에서(필요하면 이웃과 함께 어울려) 유월절 양을 먹으며 보내라는 것으로 풀이할 수 있다.

이 유월절이 이스라엘 역사에서 얼마나 중요한지, 하나님은 유월절이 있는 달을 1년의 시작(viz., '정월')으로 정하라고 하신다(2절). 하나님이 이스라엘 민족에게 베푸신 가장 큰 구원이 이루어지는 날이 그들의 삶의 시작이자 중심이 되어야 한다는 의미다. 이러한 차원에서 유월절은 창조 모티프(창 1장)의 연속이며 '새로운 창조'다(Enns). 우리도 하나님의 구원을 입은 순간 새로운 삶이 시작되었기에, 우리의 모든 가치관과 세계관은 하나님이 이루신 구원을 중심으로 형성되어야 한다. 이렇게 해야 하나님이 이루신 구원의 목적이 우리의 삶에서 이루어지기 때문이다.

하나님이 유월절이 있는 달을 1년의 시작으로 하라고 말씀하신 후부터 이스라엘은 아빕월을 1월로 정한 종교 달력과 아빕월이 7월이 되는 일반 달력을 동시에 사용했다. 또한 유월절에 대한 준비를 시작하는 10일은 이스라엘 종교에 있어서 특별한 날이다. 속죄일은 일곱 번째 달 10일이다. 이날은 또한 희년이 시작되던 날이기도 했다. 여호수아는 첫째 달 10일에 요단 강을 건넜다. 대체로 10일은 속박과 구속에서 해방과 자유를 가져다준 날이었던 것이다. 이스라엘의 종교 달력과 일반 달력 및 연관된 행사는 다음 도표를 참고하라(Walton).

<table>
<tr><th>종교 달력</th><th>일반 달력</th><th>이름</th><th>오늘날 달력</th><th>농사</th><th>날씨</th><th>특별한 날</th></tr>
<tr><td>1</td><td>7</td><td>Nisan</td><td>3–4월</td><td>보리 추수</td><td rowspan="2">늦은 비
(Malqosh)
우기</td><td>14일 유월절
21일 첫 수확 절기</td></tr>
<tr><td>2</td><td>8</td><td>Iyyar</td><td>4–5월</td><td>전반적 추수</td><td></td></tr>
<tr><td>3</td><td>9</td><td>Sivan</td><td>5–6월</td><td>밀 추수
포도나무 가꿈</td><td rowspan="5">건기</td><td></td></tr>
<tr><td>4</td><td>10</td><td>Tammuz</td><td>6–7월</td><td>첫 포도</td><td></td></tr>
<tr><td>5</td><td>11</td><td>Ab</td><td>7–8월</td><td>포도, 무화과, 올리브</td><td>9일 성전 파괴</td></tr>
<tr><td>6</td><td>12</td><td>Elul</td><td>8–9월</td><td>포도주</td><td></td></tr>
<tr><td>7</td><td>1</td><td>Tishri</td><td>9–10월</td><td>밭갈이</td><td>1일 신년
10일 속죄일
15–21일 초막절</td></tr>
<tr><td>8</td><td>2</td><td>Marchesvan</td><td>10–11월</td><td>씨앗 파종</td><td rowspan="5">이른 비
(Yoreh)
우기</td><td></td></tr>
<tr><td>9</td><td>3</td><td>Kislev</td><td>11–12월</td><td></td><td>25일 수전절</td></tr>
<tr><td>10</td><td>4</td><td>Tebet</td><td>12–1월</td><td>봄철 성장</td><td></td></tr>
<tr><td>11</td><td>5</td><td>Shebat</td><td>1–2월</td><td>겨울 무화과</td><td></td></tr>
<tr><td>12</td><td>6</td><td>Adar</td><td>2–3월</td><td>아마 수확</td><td>13–14일 부림절</td></tr>
<tr><td></td><td></td><td>Adar Sheni</td><td>윤달</td><td></td><td></td><td></td></tr>
</table>

I. 이스라엘이 이집트를 떠남(1:1-15:21)
C. 출발(11:1-15:21)
2. 규례: 유월절-무교절에 관한 것들(12:1-28)

(2) 무교절 규례(12:15-20)

[15]너희는 이레 동안 무교병을 먹을지니 그 첫날에 누룩을 너희 집에서 제하라 무릇 첫날부터 일곱째 날까지 유교병을 먹는 자는 이스라엘에서 끊어지리라 [16]너희에게 첫날에도 성회요 일곱째 날에도 성회가 되리니 너희는 이 두 날에는 아무 일도 하지 말고 각자의 먹을 것만 갖출 것이니라 [17]너희는 무교절을 지키라 이 날에 내가 너희 군대를 애굽 땅에서 인도하여 내었음이니라 그러므로 너희가 영원한 규례로 삼아 대대로 이 날을 지킬지니라 [18]첫째 달 그 달 열나흗날 저녁부터 이십일일 저녁까지 너희는 무교병을 먹을 것이요 [19]이레 동안은 누룩이 너희 집에서 발견되지 아니하도록 하라 무릇 유교물을 먹는 자는 타국인이든지 본국에서 난 자든지를 막론하고 이스라엘 회중에서 끊어지리니 [20]너희는 아무 유교물이든지 먹지 말고 너희 모든 유하는 곳에서 무교병을 먹을지니라

유월절과 병행하는 절기가 무교절이다. 무교절은 아빕월 14일 저녁 혹은 다음날 아침에 시작해 일주일 동안 이스라엘 자손이 이집트에서 당했던 고통을 생각하고(신 16:3은 무교병을 '고난의 떡'으로 부름) 이집트를 얼마나 급히 나오게 되었나를 묵상하며(누룩을 넣어 빵을 만들 시간이 없었다는 의미를 지님) 무교병을 먹고 지내는 절기였다. 오늘날도 유태인은 이 절기 때 빵을 만들기 위해 밀가루와 물만 사용해 반죽하여 오븐에 넣는 데 18분 이상이 경과하지 않도록 각별히 신경을 쓴다(Sarna).

무교절 기간에는 그 누구도 누룩이 들어간 빵을 먹어서는 안 되며, 첫째 날과 마지막 날은 어떠한 노동도 하지 않고 경건한 마음으로 출애굽 사건을 생각하며 지냈다. 이 절기 역시 영원히 지켜야 하며 지키지 않는 자들은 이스라엘 자손이든지 이방인이든지 모두 이스라엘 회중에서 끊어진다는 것이 두 차례 강조된다(15, 19절). 물론 백성들 자신이 범법자를 색출해 내서 내보내야 한다는 뜻은 아니다(Stuart). 여호와께서 그들을 이스라엘에서 끊어버리시겠다는 경고다(레 20:1-6).

I. 이스라엘이 이집트를 떠남(1:1-15:21)
C. 출발(11:1-15:21)
2. 규례: 유월절-무교절에 관한 것들(12:1-28)

(3) 유월절 준비에 대한 지시(12:21-28)

[21]모세가 이스라엘 모든 장로를 불러서 그들에게 이르되 너희는 나가서 너희의 가족대로 어린 양을 택하여 유월절 양으로 잡고 [22]우슬초 묶음을 가져다가 그릇에 담은 피에 적셔서 그 피를 문 인방과 좌우 설주에 뿌리고 아침까지 한 사람도 자기 집 문 밖에 나가지 말라 [23]여호와께서 애굽 사람들에게 재앙을 내리려고 지나가실 때에 문 인방과 좌우 문설주의 피를 보시면 여호와께서 그 문을 넘으시고 멸하는 자에게 너희 집에 들어가서 너희를 치지 못하게 하실 것임이니라 [24]너희는 이 일을 규례로 삼아 너희와 너희 자손이 영원히 지킬 것이니 [25]너희는 여호와께서 허락하신 대로 너희에게 주시는 땅에 이를 때에 이 예식을 지킬 것이라 [26]이 후에 너희의 자녀가 묻기를 이 예식이 무슨 뜻이냐 하거든 [27]너희는 이르기를 이는 여호와의 유월절 제사라 여호와께서 애굽 사람에게 재앙을 내리실 때에 애굽에 있는 이스라엘 자손의 집을 넘으사 우리의 집을 구원하셨느니라 하라 하매 백성이 머리 숙여 경배하니라 [28]이스라엘 자손이 물러가서 그대로 행하되 여호와께서 모세와 아론에게 명령하신 대로 행하니라

모세가 장로들을 불러서 하나님께 받은 유월절에 대한 규례를 알려주고 행하도록 했다(21절). 또한 이번만 이 절기를 지키는 것이 아니라 자손 대대로 지킬 것이며, 이 절기를 지킬 때마다 자녀에게 하나님을 가르치는 기회로 삼으라고 했다(24-27절; cf. 14절). 모세는 이스라엘 종교는 기념하는 종교임을 확고히 하고 있다. 여호와 하나님이 자기 백성에게 베푸신 은혜를 두고두고 묵상하고 감사하는 것이 구약 종교의 핵심이기 때문이다. 예수님도 제자들과 함께 지내신 유월절 잔치에서 "나를 기념하라"라고 하셨다. 기독교도 기념하는 종교인 것이다. 물론 기념해야 할 것은 하나님의 놀라운 구원이다. 우리는 왜 기념해야 하는가? 첫째는, 은혜를 입은 자들이 입은 은혜를 기념하며 은혜를 베푸신 자에게 감사하는 것이 당연한 일이기 때문이다. 둘째는, 우리가 지난날 입은 하나님의 은혜를 기념하면 현실에 대한 불안감과 미래에 대한 불확실함이 사라지기 때문이다. 그러므로 하나님이 베푸신 은혜를 기념하는 것은 믿음과 확신에 이르는 가장 좋은 통로다.

유월절 사건은 단순히 여호와의 구원을 찬양하는 절기에 그치는 것이 아니라 이스라엘 역사의 중심에 큰 영향을 미쳤다. 이집트에 내려진 열 번째 재앙은 이스라엘의 종교 달력을 새로이 시작하도록 했을 뿐만 아니라(12:2), 이스라엘이 품위를 갖춘 한 민족으로서 출발하도록 해주었다. '이스라엘 회중'(3; 19, 47절)이란 표현이 성경에서 처음으로 이곳에서 사용되었다. 그러나 과연 '이스라엘 회중'을 구성하는 자들은 누구인가? 아브라함의 계보적 자손만을 포함하는가? 그렇지 않은 것 같다. 12:19는 "무릇 유교물을 먹는 자는 타국인이든지 본국에서 난 자든지를 막론하고 이스라엘 회중에서 끊어지리니"라고 경고하며, 12:49는 유월절에 관한 규례가 "본토인에게나 너희 중에 거류하는 이방인에게 이 법이 동일하니라"라고 선포한다. 또한 이스라엘 자손이 이집트를 출발할 때 많은 민족이 그들과 함께 길을 떠났음을 기록하고 있다(12:38). 그러므로 출애굽 사건은 이방인에게도 해방을 가져다줄 뿐만 아니라, 그들로 하여금 하나님 백성에 속할 수 있는 기회를 허용한다. 하나님의 구원 사역은 처음부터 주님을 경외하는 이방인을 포함했던 것이다.

이스라엘 역사에 가장 큰 영향을 미친 출애굽 사건을 기념하는 유월절이 가정적인 절기였다는 것은 매우 의미가 크다. 온 가족이 함께 모이거나, 가족이 적을 때는 유월절 양을 먹으며 이 절기를 기념했다. 요세푸스와 탈굼 요나단은 양 한 마리에 최소한 10명이 함께한 것으로, 미쉬나는 양 한 마리에 최소한 30명이 함께 모인 것으로 기록하고 있다. 유월절이면 상당히 많은 사람이 함께 모여 교제하며 하나님의 은혜와 구원에 대해 이야기꽃을 피우고, 이 절기의 유례에 대해 함께 자녀를 가르치며 밤을 세웠던 것을 상상해 보라. 그들은 같이 음식을 먹으며 서로간의 관계를 돈독하게 했다. 얼마나 아름다운 모습인가!

거의 모든 현대 교회의 큰 문제 중 하나는 여러 세대가 한 공동체를 이루고 있지만, 함께 어울리는 시간은 극히 제한되어 있다는 점에 있다. 교회 안에서도 세대 간의 대화가 단절된 시대를 살아가는 우리에게 유월절 사건의 유래는 신선한 도전이 되어야 할 것이다. 물론 훗날 이 절기는 성전을 중심으로 지켜졌다(신 16:1-2; 왕하 23:21-23; 대하 30:1-15; 35:1-19). 출애굽 사건과 유월절은 예수 그리스도의 사역 및 죽음과 매우 밀접한 관계를 지니고 있다. 신약 저자들은 예수님을 '유월절 양'으로 표현하기도 한다. 예수님이 제자들과 함께하신 최후의 만찬은 유월절이었으며, 예수님의 사역과 유월절은 상징적으로도 밀접한 관계를 지니고 있다.

I. 이스라엘이 이집트를 떠남(1:1-15:21)
　C. 출발(11:1-15:21)

3. 보호: 여호와가 죽음으로부터 이스라엘을 보호하심(12:29-36)

[29]밤중에 여호와께서 애굽 땅에서 모든 처음 난 것 곧 왕 위에 앉은 바로의 장자로부터 옥에 갇힌 사람의 장자까지와 가축의 처음 난 것을 다 치시매 [30]

그 밤에 바로와 그 모든 신하와 모든 애굽 사람이 일어나고 애굽에 큰 부르짖음이 있었으니 이는 그 나라에 죽임을 당하지 아니한 집이 하나도 없었음이었더라 [31]밤에 바로가 모세와 아론을 불러서 이르되 너희와 이스라엘 자손은 일어나 내 백성 가운데에서 떠나 너희의 말대로 가서 여호와를 섬기며 [32]너희가 말한 대로 너희 양과 너희 소도 몰아가고 나를 위하여 축복하라 하며 [33]애굽 사람들은 말하기를 우리가 다 죽은 자가 되도다 하고 그 백성을 재촉하여 그 땅에서 속히 내보내려 하므로 [34]그 백성이 발교되지 못한 반죽 담은 그릇을 옷에 싸서 어깨에 메니라 [35]이스라엘 자손이 모세의 말대로 하여 애굽 사람에게 은금 패물과 의복을 구하매 [36]여호와께서 애굽 사람들에게 이스라엘 백성에게 은혜를 입히게 하사 그들이 구하는 대로 주게 하시므로 그들이 애굽 사람의 물품을 취하였더라

바로의 강퍅함도 마지막 재앙 앞에서는 한계를 드러냈다. 여호와께서는 이집트의 모든 신을 심판하겠다고 선언하셨으며(12:12), 사람들 앞에서 신처럼 행세한 바로도 예외일 수 없었다. 사이비 신(神)인 바로는 이집트 전역에서 일어난 장자의 죽음과 죽음으로 인한 통곡 소리 앞에서 무릎을 꿇어야 했다. 열 번째 재앙으로 장자를 잃은 바로는 자청해서 급히 모세와 아론을 불러 이스라엘 자손과 함께 빨리 이집트를 떠나라고 명했다(31절). 그때까지 모세와 아론이 요구했던 모든 조건을 수용하면서 말이다. 여기서 사용된 '이스라엘 자손'이라는 표현은 출애굽 이야기를 시작하며 사용되었지만(1:1), 바로는 이 순간까지 한번도 사용하지 않았다. 드디어 그가 이스라엘 자손이 한 나라로 존재할 수 있는 정당성을 인정한 것이다.

바로는 마치 죽은 아들의 부활을 기대하는 사람처럼 이스라엘의 모든 백성과 그들의 짐승과 소유물을 이끌고 떠나는 모세와 아론에게 "나를 위하여 축복하라"라고 말했다(32절). 이런 바로의 발언에는 더 이상 비웃음도, 거짓도 섞이지 않았다. 그는 아들의 죽음 앞에서 엄숙했다. 이 재앙과 연관되어 심판을 받은 이집트의 신으로는 생명을 주는 신으로 알려진 오시리스(Osiris), 처음에는 아이들의 탄생을 주관하는 것으로 알려졌다가 나중에는 집의 수호신으로 섬겨졌던 여신 타우르트(Taurt)가 있다. 또한 바로의 아비로 여겨졌던 태양신 레/라(Re/Raabe)도 심판을 받고 있다.

열 번째 재앙은 다른 재앙과 몇 가지 차이점이 있다. 다른 재앙은 일종의 엑스트라였으며, 이 재앙이야말로 주인공 역할을 하고 있다. 저자의 이런 관점은, 처음 아홉 재앙은 한 사이클(cycle)에 세 재앙씩 묶은 세 개의 사이클로 일관성 있게 제시하는 반면에 열 번째 재앙은 전적으로 따로 취급하는 것에서 알 수 있다. 또한 열 번째 재앙은 총 열 가지 재앙으로 구성된 재앙 시리즈의 진행 속에서 클라이맥스로 사용할 뿐만 아니라 문학적으로 독특하게 차별화하여 묘사한다는 점에서 포착할 수 있다(cf. 서론).

이스라엘은 죽음의 공포에 사로잡혀 속히 떠나 달라는 이집트 사람에게 많은 귀중품을 얻을 수 있었다(35-36절). 얼마나 무서운 공포와 두려움이 이집트를 엄습했는지 상상이 간다. 그도 그럴 것이 각 집의 맏이가 다 죽고 그들이 신성시했던 가축까지 죽었으니, 이 재앙은 단순히 사람만 치고 경제적 손실만 입힌 것이 아니라 이집트의 종교적 근간까지 흔들어놓았던 것이다. 게다가 이 재앙을 피한 가정은 하나도 없었다(30절). 얼마나 큰 공포가 온 이집트를 사로잡았을지 상상이 간다. 이스라엘은 제발 한순간이라도 빨리 떠나 달라며 금붙이를 안겨주는 이집트 사람들의 환송을 받으면서 모세의 명령에 따라 준비해 두었던 누룩을 넣지 않은 반죽을 그릇에 담아 길을 떠났다(34절). 이스라엘은 승자로서 당당하게 이집트를 떠났다(Enns). 순식간에 일어난 일이었다. 물론 시간이 흐르면 바로는 이들을 내보낸 것을 후회하고 군사를 보낼 것이다. 그러므로 이스라엘은 바로가 정신을 차리기 전에 빨리 이집트를 떠나 최대한 멀리 가야 한다.

열 번째 재앙은 그 어느 사이클에 속한 재앙과도 현저한 차이를 나타낸다. 또한 처음 아홉 재앙은 부분적으로나마 자연 현상을 통해 설명될 수 있으나, 열 번째 재앙은 어떤 자연 현상으로도 설명될 수 없다. 즉, 이 재앙은 전적으로 여호와께서 행하신 것이다. 또한 이 재앙은 바로의 무조건적인 항복을 받아냈으며, 온 이집트 백성으로 하여금 이스라엘에게 재물을 주어 떠나게 했다. 이는 그동안 이스라엘의 종살이에 대한 당연한 대가라고 생각될 수도 있지만, 저자는 이 모든 것이 여호와의 은혜임을 강조한다(36절). 훗날 이스라엘이 얻어 떠나는 귀금속의 상당 부분이 성막과 도구들을 만드는 데 사용된다. 역시 '여호와 이레' 개념이 예시되는 사건이다. 오늘날에도 이 원리가 우리의 삶에서 그대로 드러나지 않는가! 하나님은 자신이 쓰실 것을 미리 준비하시는 분이다.

이 시점에서 바로의 마음을 누가 강퍅하게 했는지 다시 한번 생각해보자. 저자는 4-14장에서 바로의 마음을 묘사하며 세 가지 히브리어 동사(כָּבֵד, חָזַק, קָשָׁה)를 정확히 20회 사용한다. 이 중 10회(7:13, 14, 22; 8:11, 15, 28; 9:7, 34, 35; 13:5)는 바로 자신이, 나머지 10회(4:21; 7:3; 9:12; 10:1, 20, 27; 11:10; 14:4, 8, 17)는 하나님이 그의 마음을 강퍅하게 하신 것으로 기술한다. 하나님의 주권과 바로의 의지가 함께 이루어낸 일이라는 것이 저자의 주장인 듯하다. 그러나 한 가지 포착할 수 있는 현상은 그 단어들이 바로가 자신의 마음을 강퍅하게 하는 데 비중을 두고 사용되다가 점차 하나님이 그(바로)의 마음을 강퍅하게 하시는 데 비중을 두고 사용된다는 점이다. 즉, 처음에는 바로가 자신의 의지로 마음을 강퍅하게 했지만, 나중에는 여호와의 섭리에 따라 마음을 바꾸고 싶어도 쉽게 바꾸지 못한다는 인상을 받게 한다. 이 사실은 우리 중에 "지금은 죄를 실컷 짓고 나중에 회개하겠다"라는 생각으로 하루하루를 살아가는 자들에게 경고가 되어야 할 것이다. 하나님의 은혜에는 때가 있으며 항상 자동적으로 주어지는 것이 아니다. 그때를 놓치면 다시는 기회가 주어지지 않을 수도 있다.

I. 이스라엘이 이집트를 떠남(1:1–15:21)
C. 출발(11:1–15:21)

4. 해방: 이스라엘이 이집트의 노예에서 탈출(12:37–42)

[37]이스라엘 자손이 라암셋을 떠나서 숙곳에 이르니 유아 외에 보행하는 장정이 육십만 가량이요 [38]수많은 잡족과 양과 소와 심히 많은 가축이 그들과 함께 하였으며 [39]그들이 애굽으로부터 가지고 나온 발교되지 못한 반죽으로 무교병을 구웠으니 이는 그들이 애굽에서 쫓겨나므로 지체할 수 없었음이며 아무 양식도 준비하지 못하였음이었더라 [40]이스라엘 자손이 애굽에 거주한 지 사백삼십 년이라 [41]사백삼십 년이 끝나는 그 날에 여호와의 군대가 다 애굽 땅에서 나왔은즉 [42]이 밤은 그들을 애굽 땅에서 인도하여 내심으로 말미암아 여호와 앞에 지킬 것이니 이는 여호와의 밤이라 이스라엘 자손이 다 대대로 지킬 것이니라

이스라엘은 먼저 자신들이 건설하던 라암셋을 떠나 숙곳으로 갔다(37절; cf. 1:11). 라암셋은 나일 델타의 북동쪽에 있었다는 것만 짐작될 뿐 정확한 위치는 밝혀지지 않았다(Dozeman). 물론 숙곳의 정확한 위치도 알 수 없다. 다만, 이스라엘이 이집트를 탈출하는 과정에서 들린 도시라는 점으로 미루어 볼 때, 숙곳은 라암셋의 동쪽에 있었을 것이다(Stuart, cf. Kaiser). 이 구절은 서론에서 언급한 여행 여정 텍스트(travel itinerary text) 중 첫 번째 것이다. 이스라엘이 민수기 마지막 부분에서 모압 평지에 이를 때까지 오경에는 11개의 여정 텍스트가 더 있다(Coats).

이스라엘이 이집트를 떠날 때 장정들의 수가 60만 명이었음을 감안하면(37절), 출애굽을 한 백성의 수는 200만 명에 달했을 것으로 추정된다. 그러나 이 숫자 자체가 학자들에게 커다란 문제가 되고 있다

(Mendenhall, cf. Hamilton). 400여 년 만에 70명의 남자가 200만 명으로 급성장한 것도 믿기 어렵기 때문이다. 출애굽 당시 이집트의 인구가 400-500만 명으로 추산되는 정도니 이스라엘의 혹독한 종살이도 이해하기 어렵고, 특히 학자들이 주장하는 것처럼, 당시 이집트의 군대가 총 2만 명 정도에 불과했다면 60만 명에 달하는 이스라엘 장정들이 두려워할 이유가 어디에 있었는가 하는 점도 문제로 제기된다(Stuart).

고고학자들은 주전 8세기까지 이스라엘의 총 인구가 100만 명을 넘지 못한 것으로 추측하는데, 그렇다면 이스라엘은 출애굽 이후로 현저이 인구가 감소했다는 결론이 나온다. 이스라엘 사람이 머물렀던 고센 지역을 중심으로 한 나일 델타는 결코 200만 명의 인구를 수용할 수 없으며 오늘날 그 지역의 인구는 2만 명에 달한다는 점, 이스라엘이 40년 동안 방황했다는 광야에서 아직 그 많은 인구의 이동에 대해 괄목할 만한 증거가 발견되지 않았다는 점도 문제로 제기된다. 한 주석가는 60만 명에 이르는 장정의 수가 출애굽 당시의 수가 아니라 훗날 다윗 왕국이 거느리게 된 장정의 수라는 해석을 내놓았지만(Sarna), 이는 본문을 이해하는 데 별로 도움이 되지 않는다.

그래서 일부 학자들이 나름 해결책을 제시하고 있지만, 이 해결책들 역시 모두 문제를 안고 있는 것이 현실이다. 상당수의 학자가 60만 대군과 200만 명의 출애굽은 역사적 근거가 없는 과장된 숫자이며, 1,000을 나타내는 히브리어 단어(אֶלֶף)는 '가족/부족'을 뜻하는 것으로(삿 6:15; 민 1:16; 삼상 10:19, 21), 이집트를 떠난 이스라엘 사람 중 20세가 넘은 남자들은 5,000-6,000명 정도라고 주장한다(Stuart). 어떤 사람들은 이 히브리어 단어(אֶלֶף)가 여덟 명으로 구성된 군대의 단위를 뜻하는 것으로 해석하기도 한다. 그러나 이러한 경우 바로의 "이스라엘 자손이 우리보다 많고 강하도다"(1:9)라는 말은 어떻게 해석할 것인가? 게다가 훗날 모세가 장막 건설을 위해 금붙이를 헌납받을 때 이스라엘 사람들이 내놓은 6.5톤은 엄청난 규모의 백성을 전제한다. 결국 이스라엘에게 새로운 정체성을 부여한 이 사건은 처음부터 끝까지 여호와께서 철저하게 관여하신 기적이라고 해석될 수밖에 없다. 과거에 여호와의 기적이 일어났다면 오늘날에도 일어나지 않는다고 누가 말할 수 있겠는가? 간혹 우리의 삶에서도 이성을 초월한 분명한 사건을 볼 때마다 이런 영적 현실을 인정하게 되지 않는가?

본문은 이스라엘의 민족적 정체성에 대해서도 작은 힌트를 제공한다. 우리는 흔히 이스라엘이 아브라함의 자손들로만 구성된 순수 혈통을 지닌 민족이라 생각한다. 그러나 본문은 이스라엘 노예들이 이집트를 탈출할 때, '수많은 잡족'(38절)도 함께 이집트를 떠났다고 한다. 훗날 이들은 어떻게 되었을까? 자연스럽게 이스라엘에 흡수되지 않았겠는가? 게다가 여호수아서를 보면 라합과 가족, 온 기브온 사람들이 이스라엘 중에 거하게 된다. 그들도 세월이 지나며 저절로 이스라엘에 흡수되었을 것이다. 이스라엘은 처음부터 혈통을 중심으로 한 공동체가 아니라 신앙을 중심으로 한 공동체였던 것이다.

출애굽은 야곱이 자손들과 함께 이집트로 내려간 지 430년 만에 있었던 일이다(40절; cf. 창 15:13). 430이란 숫자는 구약에서 중요한 상징성을 지닌다(Fretheim). 이스라엘이 이집트에서 종살이한 기간이 430년이었다. 그때부터 언약궤가 예루살렘에 이를 때(삼하 7:2)까지가 430년이다. 또한 성전이 건축된 후 바빌론으로 귀양을 떠날 때까지 430년이었다. 이 세 숫자를 더하면 1,290이 나오는데, 이 숫자가 바로 다니엘 12:11에 나오는 번제물 폐지와 가증스러운 것이 세워질 때부터 미래의 성전 건축까지의 숫자다.

I. 이스라엘이 이집트를 떠남(1:1–15:21)
C. 출발(11:1–15:21)

5. 규례: 유월절 – 무교절 – 맏이 봉헌에 관한 것들(12:43–13:16)

[43]여호와께서 모세와 아론에게 이르시되 유월절 규례는 이러하니라 이방 사람은 먹지 못할 것이나 [44]각 사람이 돈으로 산 종은 할례를 받은 후에 먹을 것이며 [45]거류인과 타국 품꾼은 먹지 못하리라 [46]한 집에서 먹되 그 고기를 조금도 집 밖으로 내지 말고 뼈도 꺾지 말지며 [47]이스라엘 회중이 다 이것을 지킬지니라 [48]너희와 함께 거류하는 타국인이 여호와의 유월절을 지키고자 하거든 그 모든 남자는 할례를 받은 후에야 가까이 하여 지킬지니 곧 그는 본토인과 같이 될 것이나 할례 받지 못한 자는 먹지 못할 것이니라 [49]본토인에게나 너희 중에 거류하는 이방인에게 이 법이 동일하니라 하셨으므로 [50]온 이스라엘 자손이 이와 같이 행하되 여호와께서 모세와 아론에게 명령하신 대로 행하였으며 [51]바로 그 날에 여호와께서 이스라엘 자손을 그 무리대로 애굽 땅에서 인도하여 내셨더라 [13:1]여호와께서 모세에게 일러 이르시되 [2]이스라엘 자손 중에서 사람이나 짐승을 막론하고 태에서 처음 난 모든 것은 다 거룩히 구별하여 내게 돌리라 이는 내 것이니라 하시니라 [3]모세가 백성에게 이르되 너희는 애굽 곧 종 되었던 집에서 나온 그 날을 기념하여 유교병을 먹지 말라 여호와께서 그 손의 권능으로 너희를 그 곳에서 인도해 내셨음이니라 [4]아빕월 이 날에 너희가 나왔으니 [5]여호와께서 너를 인도하여 가나안 사람과 헷 사람과 아모리 사람과 히위 사람과 여부스 사람의 땅 곧 네게 주시려고 네 조상들에게 맹세하신 바 젖과 꿀이 흐르는 땅에 이르게 하시거든 너는 이 달에 이 예식을 지켜 [6]이레 동안 무교병을 먹고 일곱째 날에는 여호와께 절기를 지키라 [7]이레 동안에는 무교병을 먹고 유교병을 네게 보이지 아니하게 하며 네 땅에서 누룩을 네게 보이지 아니하게 하라 [8]너는 그 날에 네 아들에게 보여 이르기를 이 예식은 내가 애굽에서 나올 때에 여호와께서 나를 위하여 행하신 일로 말미암음이라 하고 [9]이것으로 네 손

의 기호와 네 미간의 표를 삼고 여호와의 율법이 네 입에 있게 하라 이는 여호와께서 강하신 손으로 너를 애굽에서 인도하여 내셨음이니 [10]해마다 절기가 되면 이 규례를 지킬지니라 [11]여호와께서 너와 네 조상에게 맹세하신 대로 너를 가나안 사람의 땅에 인도하시고 그 땅을 네게 주시거든 [12]너는 태에서 처음 난 모든 것과 네게 있는 가축의 태에서 처음 난 것을 다 구별하여 여호와께 돌리라 수컷은 여호와의 것이니라 [13]나귀의 첫 새끼는 다 어린 양으로 대속할 것이요 그렇게 하지 아니하려면 그 목을 꺾을 것이며 네 아들 중 처음 난 모든 자는 대속할지니라 [14]후일에 네 아들이 네게 묻기를 이것이 어찌 됨이냐 하거든 너는 그에게 이르기를 여호와께서 그 손의 권능으로 우리를 애굽에서 곧 종이 되었던 집에서 인도하여 내실새 [15]그 때에 바로가 완악하여 우리를 보내지 아니하매 여호와께서 애굽 나라 가운데 처음 난 모든 것은 사람의 장자로부터 가축의 처음 난 것까지 다 죽이셨으므로 태에서 처음 난 모든 수컷들은 내가 여호와께 제사를 드려서 내 아들 중에 모든 처음 난 자를 다 대속하리니 [16]이것이 네 손의 기호와 네 미간의 표가 되리라 이는 여호와께서 그 손의 권능으로 우리를 애굽에서 인도하여 내셨음이니라 할지니라

이 섹션은 다음과 같이 네 부분으로 구분될 수 있다. (1) 유월절 규례(12:43–51), (2) 장자 봉헌 규례(13:1–2), (3) 무교절에 대한 지시(13:3–10), (4) 장자 봉헌에 대한 지시(13:11–16). 이렇게 구분하면 13:1–16이 장자 규례(A, 1–2절) – 무교절 규례(B, 3–10) – 장자 규례(A', 11–16절)로 구성되었다는 것을 알 수 있다. 그러나 별다른 새로운 내용 없이 12장에서 제시된 내용을 재차 확인하는 것뿐이기 때문에 이 섹션을 한꺼번에 다루고자 한다.

유월절, 무교절에 관한 규례들은 12장 첫 부분에서 언급된 내용들을 기초로 하여 이 절기들이 영원토록 지켜질 것을 다시 한번 강조한다. 이방인은 유월절 제물을 먹지 못한다(43절). 이 같은 규례는 이스라

엘과 함께 이집트를 탈출한 '수많은 잡족'을 염두에 둔 규정이라 생각할 수 있다(Enns). 출애굽기는 이스라엘을 초월하여 많은 족속의 해방에 관한 책인 것이다. 이들은 이스라엘과 함께 있더라도 믿음과 할례로 이 믿음 공동체에 들어오지 않으면 유월절에 참여할 수 없다(44절). 일부 주석가들은 '이방인'으로 번역된 히브리어 단어(נֵכָר)가 본문에서는 '[언약] 밖에 있는 자'(outsider)라는 의미를 지닌 것으로 풀이한다(Stuart). 이 규례가 유월절 절기에서 이방인을 배제하는 것이 아니라 언약 공동체에 속하지 않은 자를 배제한다는 것인데, 충분히 가능한 해석이다.

이곳에 기록된 규례는 미래지향적인 면모를 다분히 담고 있다(Enns). 이집트를 떠나는 히브리 노예들이 돈을 주고 산 노예를 소유할 리는 만무하다. 그런데 하나님은 "돈으로 사들인 종으로서 할례를 받은 사람은 누구나 그것을 먹을 수 있다"라고 하신다(44절). 앞으로 그런 상황이 생기면 이렇게 하라는 것이다. 12:45, 13:5 등에 기록된 내용도 미래에 있을 일에 대한 대비적 차원에서의 책임을 확실하게 한다. 하나님은 노예의 신분으로 이집트를 탈출하는 주의 백성이 언젠가는 큰 부를 누리게 것을 선언하신다.

유월절 짐승의 뼈는 하나라도 꺾어서는 안 된다(46절). 우리는 왜 뼈를 꺾어서는 안 되는지 정확한 이유를 알 수 없다. 뼈를 꺾는다고 해서 고기가 부정해지거나 어떤 문제가 생기는 것은 아니기 때문이다. 이 규정과 유일하게 연결할 수 있는 것은 세상 죄를 지신 하나님의 어린양(요 1:36) 예수님이 십자가에서 죽으실 때 이 규례가 주님께 적용되었다는 점이다(요 19:36). 유월절 양은 온 인류의 죄를 구속하러 오신 예수님의 모형인 것이다.

장자 봉헌은 사람이나 짐승을 막론하고 행해져야 한다(13:2). 공동번역과 NIV는 이 구절의 '장자'(בְּכוֹר, cf. 11:5)를 '맏아들'(firstborn male)로 번역하지만 대부분의 번역본은 성(性)을 구체화하지 않고 '맏이'로 남겨둔다(개역개정, 새번역, NAS, NRS, TNK). 이 규례는 남자아이나 짐승의 수

컷에만 적용되는 것이 아니라 여자아이와 짐승의 암컷에도 동일하게 적용된다(Stuart).

이스라엘의 맏이 봉헌은 열 번째 재앙이 이집트에 임할 때 여호와께서 이집트의 모든 사람과 짐승 중 맏이들을 치셨지만, 이스라엘 사람과 그들의 짐승 중에는 이런 일이 없었음에 근거한다(13:14-15). 하나님은 이집트의 맏이는 짐승들까지 모두 죽이셨지만, 이스라엘의 맏이는 죽이지 않고 대속하도록 하셨다. 이 일이 있은 후 약 1500년 후에 하나님은 예수님으로 하여금 죽어 마땅한 우리를 대속하도록 하셨다. 이 사건은 그리스도의 사역에 대한 하나의 모형(type)이 될 수 있다. 또한 이스라엘의 탈출이 이집트 맏이들의 죽음에서 비롯된 것처럼, 그리스도의 죽음은 우리에게 사탄의 나라에서 탈출하여 하나님 나라를 향한 힘찬 새 출발을 할 수 있도록 했다.

본문은 맏이의 대속 가격을 언급하지 않지만, 율법은 은 다섯 세겔로 규정한다(민 18:16). 그 당시 노동자의 1년 수입이 은 10세겔이었음을 감안할 때, 6개월분 봉급을 요구한 것이다. 결코 만만치 않은 돈이다. 생명의 값으로 생각하면 큰 금액은 아니다. 오늘날에도 유태인은 장자를 대속한다(Sarna). 그들은 은 다섯 세겔 대신에 이스라엘 정부가 특별히 이 목적을 위해 발행한 동전을 사용한다. 또한 오늘날 그들이 주장하는 해석에 의하면 이 규례는 '태에서 처음 난 것'(13:12)에 관한 것이기 때문에 제왕절개 수술로 태어난 아이는 제외된다. 자연분만으로 태어난 아이에 대해서만 이 규례를 적용하는 것이다. 제왕절개 수술로 태어난 맏이도 하나님께 속했을 텐데 말이다. 유태인의 율법 적용이 종종 지나치게 문자적인 적용을 하는 경우가 있다.

하나님이 왜 이스라엘 백성에게, 특히 가난한 자에게, 큰 경제적 부담이 될 수 있는 이 규례를 강요하시는가? 물론 주님의 구원이 갖는 가치가 요구된 액수의 수천 배 가치가 있는 것은 모두가 인정한다. 그러나 구약 전체의 분위기를 살펴보면 하나님은 가난한 자와 궁핍한 자를 각별히 보호하시는 분이심을 알 수 있다. 이 점을 생각할 때, 여기서 요구되는 것이 조금 의외로 여겨질 수는 있다. 무엇보다도 여호와께서는 이 규례들이 영원토록 기억되고 지켜지기를 원하셨다. 가난한 자든 부자든 상관없이 모든 백성의 삶이 여호와의 구원과 은혜에 대한 감사와 찬송으로 가득하기를 원하신다. 가난한 자는 속전을 내는 것이 어렵겠지만, 일단 내고 나면 뿌듯함이 있고, 큰 대가를 치른 후에 누리는 기쁨이 이루 말할 수 없을 것이다. 하나님은 오늘날도 그분의 자녀들 가운데서 감사와 감격으로 가득 찬 삶을 찾으신다.

모세는 이스라엘 백성에게 무교절 절기도 영원히 자손 대대로 지킬 것을 명령했다. 유월절 다음날 시작되어 일주일 동안 진행된 무교절에는 누룩이 든 빵을 먹어서는 안 된다. 이집트에서 급히 나오느라 누룩을 섞은 반죽이 부풀어 오를 때까지 기다릴 겨를이 없었던 때를 기념하기 위해서였다. 오늘날도 유태인은 맛조(Matzo)라는 누룩을 넣지 않은 크래커를 먹으며 이 절기를 기념한다. 모세는 이 절기 동안 주변에 누룩이 있어서도 안 된다고 한다(7절). 유태인은 무교절이 되기 전에 집 안 전체를 돌며 누룩이 있는지를 살피는 예식을 지금도 행한다. 이 절기는 또한 자녀에게 하나님과 유월절에 대해 교육하기 위한 좋은 수단으로 사용되어야 한다(8절). 모세는 이스라엘 백성에게 이 절기를 기념할 때마다 하나님이 베푸신 은혜와 주신 규례를 마음에 새길 수 있도록 하라고 권면한다(9절). 이집트에 내려진 재앙뿐만 아니라 이스라엘의 절기도 하나님을 알고 그분의 말씀을 묵상하고 마음에 새기는 데 목적이 있다는 뜻이다. 우리가 교회에서 진행하는 모든 행사에도 이런 목적이 있다면 얼마나 좋을까? 하나님의 은혜와 말씀이 중심이 되고 존귀해지는 행사들이 그리워진다.

성경에는 일곱 개의 유월절 기사가 있다. (1) 본문이 묘사하는 맨 처음 유월절, (2) 이스라엘 백성이 광야에서 지킨 유월절(민 9장), (3) 여호수아가 가나안에 들어와 지킨 첫 유월절(수 5:10), (4) 히스기야 왕 때의 유월절 축제(대하 30장), (5) 요시야 왕 때의 유월절 축제(대하 35장), (6) 바빌론 귀양에서 돌아온 후의 유월절 축제(스 6:19), (7) 예수님이 고난 받으시기 전에 제자들과 함께 지내셨던 유월절(cf. 복음서).

I. 이스라엘이 이집트를 떠남(1:1-15:21) C. 출발(11:1-15:21)

6. 보호: 여호와가 구름 기둥과 불 기둥으로 이스라엘을 보호하심 (13:17-14:4)

[17]바로가 백성을 보낸 후에 블레셋 사람의 땅의 길은 가까울지라도 하나님이 그들을 그 길로 인도하지 아니하셨으니 이는 하나님이 말씀하시기를 이 백성이 전쟁을 하게 되면 마음을 돌이켜 애굽으로 돌아갈까 하셨음이라 [18]그러므로 하나님이 홍해의 광야 길로 돌려 백성을 인도하시매 이스라엘 자손이 애굽 땅에서 대열을 지어 나올 때에 [19]모세가 요셉의 유골을 가졌으니 이는 요셉이 이스라엘 자손으로 단단히 맹세하게 하여 이르기를 하나님이 반드시 너희를 찾아오시리니 너희는 내 유골을 여기서 가지고 나가라 하였음이더라 [20]그들이 숙곳을 떠나서 광야 끝 에담에 장막을 치니 [21]여호와께서 그들 앞에서 가시며 낮에는 구름 기둥으로 그들의 길을 인도하시고 밤에는 불 기둥을 그들에게 비추사 낮이나 밤이나 진행하게 하시니 [22]낮에는 구름 기둥, 밤에는 불 기둥이 백성 앞에서 떠나지 아니하니라 [14:1]여호와께서 모세에게 말씀하여 이르시되 [2]이스라엘 자손에게 명령하여 돌이켜 바다와 믹돌 사이의 비하히롯 앞 곧 바알스본 맞은편 바닷가에 장막을 치게 하라 [3]바로가 이스라엘 자손에 대하여 말하기를 그들이 그 땅에서 멀리 떠나 광야에 갇힌 바 되었다 하리라 [4]내가 바로의 마음을 완악하게 한즉 바로가 그들의 뒤를 따르리니 내가 그와 그의 온 군대로 말미암아 영광을 얻어 애굽 사람들이 나를 여호와인 줄 알게 하리라 하시매 무리가 그대로 행하니라

당시 이집트에서 가나안 땅으로 가는 경로는 최소한 세 가지였다(Kaiser). 첫째, 지중해 해안 도로를 따라 블레셋을 지나 가사와 가나안으로 입성하는 것이다. 둘째, 시내 반도를 관통하여 네게브(남쪽 광야)와 브엘세바를 지나 가나안으로 가는 경로다. 셋째, 남서쪽으로 행진하여 시내 반도의 최남단을 거쳐 가나안으로 들어가는 길이다. 이 중 지름길은 지중해 해안을 중심으로 놓였던 첫 번째 경로인 '왕의 대로'(King's Highway)를 따라가는 것이었다. 이 길의 총 길이는 1,600㎞에 이르며 소아시아와 메소포타미아 지역까지 뻗어 있던 상업 도로였다.

그러나 이 길에는 길목마다 그 지역 나라의 주둔군이 배치되어 있었기에 이스라엘이 그 길을 따라갔다면 당연히 크고 작은 전쟁을 수없이 치를 수밖에 없었을 것이다(Kaiser). 여호와께서는 이러한 상황을 염려해 일부러 광야 쪽으로 그들을 인도하셨다(17절). 그런데 이스라엘이 하나님이 이집트에 내리신 열 재앙을 목격하고도 다시 이집트로 돌아가려 할 것이라는 우려가 현실적일까? 이스라엘이 이집트에서 살아온 기간이 430년임을 감안할 때, 그들이 아는 유일한 세상은 이집트뿐이라고 할 수도 있다.

그러므로 이집트가 힘들게 했음에도, 그들에게는 언제든 자신들이 알고 있는 유일한 세상으로 돌아갈 수 있는 가능성이 있었다. 또한 인간은 지난날의 아픔과 고통을 너무 쉽게 잊고 당면한 현실이 조금만 어려워져도 오히려 그런 날들을 동경하고 그리워하는 나쁜 습성을 지니고 있다. 우리도 실제로 이런 경험을 종종 하지 않는가? 실제로 이스라엘은 이집트를 떠난 지 2년도 되지 않아 이집트로 돌아가려 했다(민 14:3, 14). 하나님의 우려는 타당한 것이었다.

이스라엘이 가나안으로 가는 짧고 신속한 길을 놓고 일부러 광야로 가는 데는 또 한 가지 이유가 있었다. 하나님은 마치 이집트를 떠난 이스라엘이 광야에서 방황하는 것처럼 보이도록 만드셔서 바로의 군대가 그들을 다시 이집트로 끌어 가겠다고 광야로 추격해오게 하기 위해서였다(14:1–3). 이 일로 강퍅한 바로는 최후의 일격을 당할 것이요, 온 세상은 여호와가 하나님이심을 알게 될 것이다(14:4).

광야로 나가는 이 길은 홍해(יַם־סוּף) 쪽으로 가는 길이라고 한다(18절). 문제는 '홍해'가 어디냐는 것이다. 이 히브리어 명사를 문자적으로 풀이하면 '갈대 바다'가 된다. 학자들은 이 바다가 수에즈만, 아카바만, 시르보니쿠스 호수(Sirbonicus Lake)라며 다양한 해석을 내놓았다(HALOT, Hamilton, cf. Gispen, Durham, Sarna, Kaiser). 어떤 학자들은 이 바다를 실제 장소가 아닌 고대 근동 신화에 등장하는 가상적 장소로 '아주 멀리 있어서 거의 알려지지 않은, 사람들이 범위나 경계선을 알지 못하는 미지의 남쪽에 있는 바다'(Snaith), '전멸의 바다'(Batto)라고도 말한다. 홍해가 바다가 아니라 '길'(path)일 가능성을 제시하는 사람도 있다(Dozeman). 학자들은 홍해의 위치와 시내 산과 호렙 산의 관계와 위치에 대해 지난 수백 년 동안 끊임없는 논쟁을 해 왔으나 모든 사람을 만족시킬 만한 해석은 나오지 않았기에 이 논쟁은 앞으로도 계속될 것이다. 출애굽과 40년 광야생활의 구체적 경로를 정확하게 알 수 있다면 성경을 해석하는 데 많은 도움이 될텐데, 모른다고 해서 신앙에 영향을 끼치는 것은 아니다.

이집트를 떠나던 이스라엘 사람은 요셉이 유언한 대로 그의 유골을 가지고 나왔다(19절; cf. 창 50:24–25). 17세에 이집트로 팔려갔던 요셉이 400여 년의 세월이 흐른 뒤에 드디어 꿈에 그리던 약속의 땅에 묻히게 될 것이다. 여호수아는 훗날 요셉의 유골을 세겜에 안치한다(수 24:32). 살아 있는 동안 형제들에게 형제로 환영받지 못해 평생 외로운 삶을 살다 죽었던 요셉이 드디어 죽어서나마 조상과 부모가 묻힌 약속의 땅에 받아들여진 것이다. 요셉의 뼈가 세겜에 안치되는 날, 창세기에서 시작된 그의 이야기가 드디어 종지부를 찍는다.

이집트가 또다시 이스라엘을 혹사할 일은 없다. 물론 잠시 후에 정신을 차린 바로가 이스라엘을 다시 잡아들이든지 안 되면 죽이기 위해 군대를 보내겠지만, 결과는 참담할 수밖에 없다. 여호와께서 자기 백성의 길을 인도하실 뿐만 아니라 주야로 그들을 보호하시기 때문이다(21-22절). 이러한 차원에서 이 이야기는 14장에서 전개될 여호와와 바로의 마지막 싸움이 전개될 무대를 제공한다(Enns).

숙곳을 떠난 이스라엘은 에담에 진을 쳤다(20절). 에담은 출애굽 이야기에만 등장하는 장소다(민 33:6-7). 에담의 정확한 위치는 알 수 없지만(Rawlinson, Kaiser), 본문과 민수기는 에담이 광야의 끝, 곧 경계선에 있었다고 한다. 이 이야기에서 홍해와 에담은 이집트와 광야를 나누는 경계를 상징한다(Stuart). 머지않아 이스라엘은 이 경계를 넘어 그들의 역사에서 다음 단계를 시작할 것이다. 그러나 며칠 동안은 이 주변에서 마치 갈 길을 잃고 방황하는 자들처럼 맴돌게 될 것이다. 이미 만신창이가 된 바로를 이곳으로 끌어내 최후의 일격을 가하고 광야로 떠나기 위해서다. 그렇게 하면 바로가 다시는 이스라엘을 마음에 두지 않을 것이다.

여호와께서는 이스라엘의 행렬이 사람을 지치게 하는 낮의 뜨거운 불볕이나 밤의 뼈를 에이는 추위에도 해를 받지 않도록, 낮에는 구름 기둥으로 밤에는 불기둥으로 그들을 보호하셨다(21절). 오늘의 개념으로 말하자면 구름 기둥은 냉방기, 불기둥은 난방기 역할을 했던 것이다. 처음부터 끝까지 모든 것을 책임지고 섬세한 돌보심으로 이스라엘과 함께하신 여호와의 위대한 사랑을 목격할 수 있는 대목이다. 또한 하나님의 임재를 상징하는 구름 기둥과 불기둥은 자기 백성과 함께하시는 하나님이 물리적으로 더 가까이 다가오셨음을 뜻한다(Enns). 처음에 모세를 부르셨을 때 하나님은 타지 않는 불로 그에게 임하셨다. 이번에는 불기둥으로 백성을 보호하신다. 하나님이 이스라엘 백성에게 가까이 다가오심은 시내 산에서 절정에 달한다. 하나님이 얼마나 가까이 오셨던지, 이스라엘은 비명을 지르며 두려워한다(20:18-19). 하나님은 사람이 결코 가까이할 수 없는 두려움을 주는 분이신가?

하나님의 인도를 받으며 이스라엘은 오던 길을 되돌아가서 믹돌과 바다 사이의 비하히롯 앞 곧 바알스본 맞은편 바닷가에 장막을 쳤다(14:2). 이 장소들이 어디를 뜻하는지는 정확히 알 수 없다(Stuart, Kaiser). 한 가지 확실한 것은 이스라엘의 이동 경로가 바로에게는 길을 잃고 갈팡질팡하는 것처럼 보였다는 점이다(3절). 그러므로 이집트가 볼 때는 광야로 도망가던 이스라엘이 다시 이집트 쪽으로 돌아오고 있는 것이다! 비하히롯(פִּי הַחִירֹת)은 이집트어가 아니라 아카디아어 '피히리티'(pi-hiriti)에서 비롯되었으며 문자적으로는 '수로/운하의 시작'(the mouth/opening of the canal)이라는 뜻이다(Currid). 오늘날의 수에즈 운하의 바탕이 된 수로 근처 어딘가를 의미한다.

I. 이스라엘이 이집트를 떠남(1:1-15:21)
C. 출발(11:1-15:21)

7. 해방: 이스라엘이 홍해를 건넘(14:5-31)

노예와 속박의 땅 이집트에서 젖과 꿀이 흐르는 약속의 땅으로 가려면 이스라엘은 두 개의 물을 건너야 한다. 바로 홍해와 요단 강이다. 이 물들은 이스라엘의 삶을 셋으로 나누는 역할을 하기도 한다. 홍해를 건너기 전에 이스라엘은 이집트에서 노예로 살았다. 홍해를 건넌 후에는 광야에서 나그네로 살았다. 요단 강을 건넌 후에는 가나안에서 정착민으로 살았다. 그러므로 이스라엘이 첫 번째 물인 홍해 앞에 와 있다는 것은 다음 단계로 넘어가기 위한 경계선에 와 있음을 뜻한다. 땅 주제를 중심으로 이스라엘의 역사를 물로 구분하면 다음과 같다(Dozeman).

<table>
<tr><td>창 1-11장</td><td>천지 창조</td><td rowspan="10">땅 약속
↓
이집트
↓
광야
↓
가나안</td></tr>
<tr><td>창 12-50장</td><td>선조들에게 약속하심</td></tr>
<tr><td>출 1-15장</td><td>이집트의 학대</td></tr>
<tr><td colspan="2">홍해</td></tr>
<tr><td>출 16-18장</td><td>광야 여정</td></tr>
<tr><td>출 19장-민 10장</td><td>산에서의 계시</td></tr>
<tr><td>민 11-25장</td><td>광야 여정</td></tr>
<tr><td colspan="2">요단 강</td></tr>
<tr><td>여호수아</td><td>땅 정복</td></tr>
<tr><td>사사기-왕하</td><td>땅을 잃음</td></tr>
</table>

바로가 병거 600대를 앞세우고 이스라엘을 추격했다가 낭패를 본 일을 회고하는 이 이야기는, 두 부분으로 구분할 수 있다. 엉겁결에 이스라엘의 떠남을 허락했던 바로가 제정신을 차리고 이스라엘을 공격하기 위해 추격한 일과 이 추격이 이스라엘 사이에 큰 공포를 조성한 일을 회고하는 14:5-14과 하나님이 바다에 길을 열어주셔서 이스라엘을 무사히 건너게 하고 이집트 군은 바다에 수장시킨 일을 기록하는 14:15-31이다. 같은 바닷물이 이스라엘에게는 구원을, 이집트에게는 죽음을 선사했다. 이 사건 이후 이스라엘은 두 번 다시 이집트를 접하지 않았다.

I. 이스라엘이 이집트를 떠남(1:1-15:21)
C. 출발(11:1-15:21)
7. 해방: 이스라엘이 홍해를 건넘(14:5-31)

(1) 이집트 군의 추격과 이스라엘의 공포(14:5-14)

[5]그 백성이 도망한 사실이 애굽 왕에게 알려지매 바로와 그의 신하들이 그

백성에 대하여 마음이 변하여 이르되 우리가 어찌 이같이 하여 이스라엘을 우리를 섬김에서 놓아 보내었는가 하고 [6]바로가 곧 그의 병거를 갖추고 그의 백성을 데리고 갈새 [7]선발된 병거 육백 대와 애굽의 모든 병거를 동원하니 지휘관들이 다 거느렸더라 [8]여호와께서 애굽 왕 바로의 마음을 완악하게 하셨으므로 그가 이스라엘 자손의 뒤를 따르니 이스라엘 자손이 담대히 나갔음이라 [9]애굽 사람들과 바로의 말들, 병거들과 그 마병과 그 군대가 그들의 뒤를 따라 바알스본 맞은편 비하히롯 곁 해변 그들이 장막 친 데에 미치니라 [10]바로가 가까이 올 때에 이스라엘 자손이 눈을 들어 본즉 애굽 사람들이 자기들 뒤에 이른지라 이스라엘 자손이 심히 두려워하여 여호와께 부르짖고 [11]그들이 또 모세에게 이르되 애굽에 매장지가 없어서 당신이 우리를 이끌어 내어 이 광야에서 죽게 하느냐 어찌하여 당신이 우리를 애굽에서 이끌어 내어 우리에게 이같이 하느냐 [12]우리가 애굽에서 당신에게 이른 말이 이것이 아니냐 이르기를 우리를 내버려 두라 우리가 애굽 사람을 섬길 것이라 하지 아니하더냐 애굽 사람을 섬기는 것이 광야에서 죽는 것보다 낫겠노라 [13]모세가 백성에게 이르되 너희는 두려워하지 말고 가만히 서서 여호와께서 오늘 너희를 위하여 행하시는 구원을 보라 너희가 오늘 본 애굽 사람을 영원히 다시 보지 아니하리라 [14]여호와께서 너희를 위하여 싸우시리니 너희는 가만히 있을지니라

바로와 이집트 사람들이 얼마나 두려웠는지 이스라엘 사람에게 갖은 선물을 주면서 제발 떠나달라며 애원하며 이집트에서 내보냈지만, 일단 히브리 노예들이 떠나고 나니 바로와 이집트 사람에게 노예들의 빈자리는 너무 컸다(5절). 예전에는 노예가 해주던 일을 이제는 자신들이 직접 해야 하니 당연히 그렇게 느껴졌을 것이다. 게다가 이스라엘의 동태를 살펴보니 그들이 고센을 떠난 후 길을 잃고 방황하고 있지 않는가! 바로에게 이스라엘의 방황은 단순한 해프닝이 아니다. 그들의 방황은 중요한 신학적 의미를 지녔다. 바로는 열 가지 재앙을 통해 그

렇게 강하게 이집트를 치면서도 고센에 살던 자기 백성 이스라엘은 차별하여 보호하던 여호와께서 광야에서 이스라엘을 버렸든지 혹은 어떤 이유인지는 모르겠지만, 이스라엘을 인도하는 여호와의 힘과 능력이 급속하게 줄어든 것으로 판단했을 것이다. 그 당시 종교인이라면 충분히 이렇게 생각할 수 있다.

가서 히브리 노예들을 잡아오라는 여론을 등에 업고 바로는 병거 600대를 끌고 이스라엘을 추격하기 시작했다(6-7절). 한 주석가는 바로가 모세와 이스라엘이 3일 길을 가서 여호와께 예배를 드리고 돌아오기를 기대했는데 돌아오지 않자 잡으러 간 것이라고 주장하지만(Enns), 모든 정황을 고려할 때, 그가 이스라엘에게 자유를 주어 떠나보낸 것을 뒤늦게 후회했다고 풀이하는 것이 바람직하다.

이집트 사람과 바로는 이스라엘을 추격하는 것이 자신들이 판단하고 진행하는 일이라고 생각했을 것이다. 그러나 바로와 이집트 사람은 자신들도 모르게 하나님의 졸(卒)이 되어 그분의 계획에 따라 움직이는 것이다(8절; cf. 2-4절). 그러므로 우리는 눈에 보이는 것이 전부가 아니라는 점을 마음에 새기고 보이는 것만으로 판단하고 결정을 내려서는 안 된다. 눈에 보이는 것이 사실과 전혀 다를 수 있기 때문이다. 마치 바로가 보는 것과 하나님이 보시는 것이 다른 것처럼 말이다.

이 사건에서 두 가지가 눈에 띈다. 첫째, 이스라엘이 모세를 원망하며 "애굽에 매장지가 없어서 당신이 우리를 이끌어 내어 광야에서 죽게 하느냐…우리가 애굽에서 당신에게 이른 말이 이것이 아니냐…우리를 내버려 두라 우리가 애굽 사람을 섬길 것이라 하지 아니하더냐"(14:11-12)라는 발언이다. 이스라엘은 아무리 이해하려 해도 이해가 되지 않는 사람들이다. 하나님은 이미 일이 이렇게 될 것이라고 말씀하셨다(14:2-4a). 또한 분명히 바로와 그 군대를 물리치심으로써 주님의 영광을 드러낼 것이라는 말씀도 더하셨다(14:4b). 그렇다면 이집트 군이 쫓아올 때 모든 것이 하나님의 뜻대로 되고 있음을 깨닫고 하나님께 감사와 영광을 돌려야 하지 않겠는가? 곧 하나님의 승리와 영광을 보게 될 것을 기대하면서 말이다. 이집트 군이 쫓아오지 않았다면 오히려 이스라엘이 걱정했어야 한다(Stuart). 하나님의 말씀대로 되지 않았기 때문이다. 이스라엘은 걱정할 때와 찬양할 때를 구분하지 못하고 있다. 그러나 이런 문제가 어디 이스라엘 사람에게만 국한되겠는가? 우리도 종종 이런 착오를 저지르지 않는가.

어떻게 생각하면 이스라엘 백성이 하나님께 먼저 부르짖었다가(10절) 하나님이 침묵하시자 주님의 종 모세에게 원망을 퍼붓는 것은 당연하다고 생각할 수도 있다. 그러나 이스라엘이 모세를 원망하며 내뱉는 말은 그들이 얼마나 완악하고 배은망덕한지를 잘 보여준다. 이들의 말은 바로 며칠 전에 유월절을 통해 여호와의 구원과 보호를 삶에서 체험했던 사람들의 입에서 나온 것이라고는 도저히 믿어지지 않는다. 그러나 이것이 사람이다. 자신이 남에게 베푼 은혜와 남에게 받은 상처는 오래 기억해도, 남에게 받은 은혜와 자신이 남에게 준 상처는 기억하지 못한다. 바로 얼마 전까지 하나님이 베푸신 수많은 기적과 은총을 경험하고 그 은혜로 이곳까지 온 사람들이 이처럼 순식간에 변질되었다. 은혜를 모르고, 기념하지 않는 사람은 오래가지 못한다. 이스라엘은 결국 1년 후 가데스바네아에서 큰 죄를 짓고, 이집트를 떠나온 1세대는 심판을 받아 광야에서 죽게 된다.

하나님이 가장 싫어하시는 것 중 하나가 감사할 줄 모르는 것이다. 필자의 '은혜 망각증'을 반성하게 만드는 한 사건을 경험한 적이 있다. 필자는 중학교 때 캐나다로 이민을 갔다가 20여 년 간의 이민생활을 정리하고 97년 8월에 가족과 함께 귀국했다. 한국 생활에 다시 적응하는 데 가장 커다란 문제는 아이들의 학교 문제였다. 큰딸 지혜와 둘째딸 은혜(쌍둥이)는 초등학교 2학년에, 셋째 아들 한빛은 1학년에 들어갔다. 첫 학기에는 좋은 선생님을 만나서 그럭저럭 잘 견디고 적응해 갔지만 이듬해 3월에 새 학년이 되면서 문제가 생겼다. 쌍둥이가 외국에서 태어난 아이들의 심리를 잘 이해하지 못하는 까다로운 담임 선생님을 만난 것이다. 날이 갈수록 아이들의 하루하루가 고통스러웠고 때로는 울면서 집에 오기도 했다. 결국, 엄마가 선생님을 만나러 학교에 찾아가는 상황까지 발생했다. 그렇게 1년을 힘들게 마치고 겨울방학에 접어들면서 밤마다 가정예배를 통해 아이들이 드린 기도는 "새 학기에는 좋은 선생님을 만나게 해주세요"였다. 개학 첫날 집에 돌아온 아이들의 얼굴은 환히 빛나고 있었다. 하나님이 기도를 들어주신 것이다. 아이들은 그날 밤 좋은 선생님을 만나게 하신 하나님께 깊은 감사의 기도를 드렸다. 놀라운 것은 그날 이후에도 수개월 동안 밤마다 "좋은 선생님을 주셔서 감사합니다"라는 감사기도를 계속하는 것이었다! 어른들은 기도가 응답되었을 때 한 번 감사기도를 드리고 나면 다시 감사하는 일이 흔치 않은 데 반해 아이들은 지속적으로 같은 일을 기념하며 감사하는 것을 보았다. 예수님께서 "어린아이와 같이 되라"라고 말씀하신 것에는 이러한 아이들의 성향도 포함되지 않았을까?

둘째, 본문에서 변화된 모세의 모습을 보라. 여느 때 같으면 백성이 원망하면 즉시 하나님께 부르짖으며 "왜 저를 힘들게 하십니까?"라고 항의했을 모세가 이 순간에는 "너희는 두려워하지 말고 가만히 서서 여호와께서 오늘 너희를 위하여 행하시는 구원을 보라"(13절)라고 자신 있게 외친다. 이때까지 모세가 보여준 리더십 중 가장 빛나는 순간이다(Stuart). 오늘 이후로 다시는 이집트를 볼 일이 없을 것이라는 말도 덧붙였다. 호렙 산에서 이집트로 내려가 이스라엘을 구원하라는 하나님의 명령 앞에 끝까지 "저는 못합니다"라고 거부했던 모세의 모습과는 사뭇 다르다. 일그러졌던 자아가 치유된 모세가 드디어 지도력을 발휘한다. 하나님이 이 순간을 얼마나 기다리셨던가!

한 주석가는 모세가 이스라엘 백성의 불신을 책망하고 있다고 하지만(Enns), 대부분의 번역본과 주석가는 그의 스피치를 격려와 확신에 찬 권면으로 본다(Sarna, Stuart, Dozeman). 문맥도 이 같은 해석을 지지하는 듯하다. 모세의 권면은 하나님의 성품에 대해 다섯 가지를 암시한다(Stuart). (1) 하나님은 두려움을 몰아내고, 두려워하는 자를 품으시는 분이다, (2) 하나님은 위기에서 구원하시는 분이다, (3) 하나님은 자기 백성이 믿고 신뢰하기를 기대하시는 분이다, (4) 하나님은 위험을 제거하시는 분이다, (5) 하나님은 악의 세력과 싸우시는 분이다. 이 같은 하나님의 성품이 드러나는 때와 장소는 인간이 결정할 수 있는 것이 아니라 하나님이 조정하신다. 그러나 모세는 이 순간 하나님의 성품이 확고히 드러날 것을 이스라엘 백성에게 확신을 가지고 선언할 수 있다. 이미 하나님이 그렇게 될 것이라는 언질을 주셨기 때문이다(14:2-4).

때로는 모세처럼 사역하고 봉사하면서 하나님의 치유를 경험하기도 한다. 어떤 체계적인 치유 프로그램이 아니라 하나님을 예배하고 섬기면서 치유가 되는 경우도 있다는 의미다. 이웃을 섬기다 보면 내가 남을 위해 무언가를 할 수 있다는 사실에 감사하게 된다. 우리의 작은 노력과 사랑이 이웃에게 큰 힘과 격려가 된다는 사실에서 은사를 발견하게 된다. 봉사하다가 그동안 자기 중심적으로만 살아온 자신을 돌아보며 새로운 의욕과 삶의 목적을 갖게 된다. 여기에 하나님의 치유하고 회복하는 은총이 섬기고자 하는 자에게 임한다. 이로써 우리도 모세처럼 사역하고 봉사하면서 치유와 회복을 경험하는 것이다.

I. 이스라엘이 이집트를 떠남(1:1-15:21) C. 출발(11:1-15:21) 7. 해방: 이스라엘이 홍해를 건넘(14:5-31)

(2) 홍해의 나뉨과 이집트 군의 수장(14:15-31)

[15]여호와께서 모세에게 이르시되 너는 어찌하여 내게 부르짖느냐 이스라엘 자손에게 명령하여 앞으로 나아가게 하고 [16]지팡이를 들고 손을 바다 위로 내밀어 그것이 갈라지게 하라 이스라엘 자손이 바다 가운데서 마른 땅으로

행하리라 [17]내가 애굽 사람들의 마음을 완악하게 할 것인즉 그들이 그 뒤를 따라 들어갈 것이라 내가 바로와 그의 모든 군대와 그의 병거와 마병으로 말미암아 영광을 얻으리니 [18]내가 바로와 그의 병거와 마병으로 말미암아 영광을 얻을 때에야 애굽 사람들이 나를 여호와인 줄 알리라 하시더니 [19]이스라엘 진 앞에 가던 하나님의 사자가 그들의 뒤로 옮겨 가매 구름 기둥도 앞에서 그 뒤로 옮겨 [20]애굽 진과 이스라엘 진 사이에 이르러 서니 저쪽에는 구름과 흑암이 있고 이쪽에는 밤이 밝으므로 밤새도록 저쪽이 이쪽에 가까이 못하였더라 [21]모세가 바다 위로 손을 내밀매 여호와께서 큰 동풍이 밤새도록 바닷물을 물러가게 하시니 물이 갈라져 바다가 마른 땅이 된지라 [22]이스라엘 자손이 바다 가운데를 육지로 걸어가고 물은 그들의 좌우에 벽이 되니 [23]애굽 사람들과 바로의 말들, 병거들과 그 마병들이 다 그들의 뒤를 추격하여 바다 가운데로 들어오는지라 [24]새벽에 여호와께서 불과 구름 기둥 가운데서 애굽 군대를 보시고 애굽 군대를 어지럽게 하시며 [25]그들의 병거 바퀴를 벗겨서 달리기가 어렵게 하시니 애굽 사람들이 이르되 이스라엘 앞에서 우리가 도망하자 여호와가 그들을 위하여 싸워 애굽 사람들을 치는도다 [26]여호와께서 모세에게 이르시되 네 손을 바다 위로 내밀어 물이 애굽 사람들과 그들의 병거들과 마병들 위에 다시 흐르게 하라 하시니 [27]모세가 곧 손을 바다 위로 내밀매 새벽이 되어 바다의 힘이 회복된지라 애굽 사람들이 물을 거슬러 도망하나 여호와께서 애굽 사람들을 바다 가운데 엎으시니 [28]물이 다시 흘러 병거들과 기병들을 덮되 그들의 뒤를 따라 바다에 들어간 바로의 군대를 다 덮으니 하나도 남지 아니하였더라 [29]그러나 이스라엘 자손은 바다 가운데를 육지로 행하였고 물이 좌우에 벽이 되었더라 [30]그 날에 여호와께서 이같이 이스라엘을 애굽 사람의 손에서 구원하시매 이스라엘이 바닷가에서 애굽 사람들이 죽어 있는 것을 보았더라 [31]이스라엘이 여호와께서 애굽 사람들에게 행하신 그 큰 능력을 보았으므로 백성이 여호와를 경외하며 여호와와 그의 종 모세를 믿었더라 성경에 기록된 하나님의 위대하고 장엄한 구원 이야기 중 하나가 이곳에 기록되어 있다. 이스라엘은 갈라진 물 사이로 마른 땅을 걸어 홍해를 건넜고, 그들을 추격하던 이집트 병거들은 물에 수장된 이야기다. 이 사건이 얼마나 대단한 일인지 본문에서는 이야기로, 다음 장에서는 모세와 미리암의 노래로 다시 한번 묘사된다. 수많은 군인이 수장되는 것이 오늘날의 기준으로 볼 때 다소 잔인한 면이 있지만, 하나님은 이 사건을 두 가지 목적을 위해 행하셨다. (1) 하나님의 영광이 드러나게 하기 위해, (2) 이집트 사람이 하나님이 여호와이신 줄 알게 하기 위해(17절).

이 섹션은 하나님이 모세를 책망하는 듯한 말씀으로 시작한다. 앞 섹션에서 절망하는 백성에게 걱정하지 말고 오직 하나님만 바라보라고 했던 모세가 야단맞을 만한 말을 한 적이 없는데도 말이다. 전통적으로 이 문제는 학자들에게 많은 추측과 논란을 제공했다. 15절이 안고 있는 문제는 다음 구조에서 분명하게 드러난다(Dozeman). 이 구조에 따르면 우리가 15절에서 기대하는 것은 하나님이 이스라엘의 부르짖음에 응답하시는 것이다. 그런데 하나님은 부르짖지도 않은 모세에게 응답하신다.

A. 이스라엘이 여호와께 부르짖음(10절)
　B. 이스라엘이 모세를 원망함(11-12절)
　B'. 모세가 이스라엘의 원망에 답함(13-14절)
A'. 여호와가 모세의 부르짖음에 응답함(15절)

이 문제에 대해 학자들은 다음과 같은 해석을 내놓았다. 첫째, 14절과 15절 사이에 있었던 내용이 세월이 지나면서 실수로 삭제되었다는 해석이다(Sarna, Durham). 그들은 삭제된 내용에 모세가 하나님께 도와달라고 부르짖는 내용이 담겨 있을 것이라고 생각한다. 그러나 모세가 백성을 달래며 하는 말을 볼 때(11-12절), 이러한 해석은 그다지 설득력이 없다. 그는 이미 하나님이 구원을 베푸실 것을 확실히 알았기 때문이다. 둘째, 모세는 백성과 하나이기 때문에 모세에게 응답하시는 것은 곧 이스라엘의 부르짖음에 응답하시는 것과 같다는 해석이다(Enns). 셋째, 모세가 이스라엘과 하나님 사이를 중개하고 있기 때문에 그에게 하는 말은 곧 이스라엘에게 하는 말이라는 해석도 있다(Stuart, Dozeman). 출애굽기에서 하나님이 이스라엘에게 직접 말씀하시는 경우는 거의 없고 항상 모세를 통해 말씀하신다는 점을 고려할 때, 세 번째 해석이 가장 설득력 있어 보인다.

하나님은 모세에게 지팡이를 든 팔을 바다 위로 펼치면 바다가 갈라질 것이며 갈라진 바다 사이로 이스라엘 백성이 걸어가게 될 것이라고 말씀하셨다(15-16절). 반면에 이집트 군대는 같은 곳을 지나다가 수장될 것이라고 하셨다(17절). 바다 사이에 난 한 길이 주의 백성에게는 생명의 길이지만 원수들에게는 죽음의 길이 될 것이다. 이집트 사람은 자신들의 기병이 모두 죽고 나서야 비로소 여호와가 하나님이심을 알게 될 것이다(18절). 죽지 않고 하나님을 고백하고 그분의 주권을 인정할 수 있으면 참 좋을 텐데 말이다.

하나님의 말씀이 끝나자 이스라엘 진을 인도하던 천사가 진 뒤로 옮겨 갔으며, 천사가 이동하자 진 앞에 있던 구름 기둥도 함께 뒤로 갔다(19절). 모세가 호렙 산에서 하나님을 처음 뵈었을 때 있었던 천사(3:2)가 그동안 모습을 보이지 않다가 다시 나타난 것이라고 해석한다(Dozeman). 또한 하나님이 구름 기둥과 불기둥으로 이스라엘을 앞서가셨음을 고려해(13:21) 본문의 천사가 하나님의 현현으로 풀이되기도 한다(Enns). 구름 기둥 자체가 천사라는 해석도 있다(Stuart). 어떤 해석을 따르든 한 가지 확실한 것은 구름 기둥과 천사가 이스라엘이 하나님의 철저한 인도하심과 보호를 받고 있음을 입증한다는 사실이다.

무리의 뒤쪽으로 옮겨간 구름 기둥은 이집트 군과 이스라엘을 나누어 서로 가까이 갈 수 없도록 했다(20절). 여기까지는 확실하지만, 구름이 어떻게 이러한 역할을 감당했는지는 확실하지 않다. 마소라 사본의 문장(וַיְהִי הֶעָנָן וְהַחֹשֶׁךְ וַיָּאֶר אֶת־הַלָּיְלָה)을 문자적으로 해석하면 "구름과 어둠이 [함께] 있었다. 그러나 구름이 밤을 비추었다"가 된다. 이 문장이 정확히 무엇을 의미하는지 알 수 없기 때문에 영어 번역본은 다양하게 해석한다(NAS, NIV, NRS, TNK). 우리말 해석도 다양하다. 공동번역은 "구름 때문에 캄캄해져서 서로 가까이 가지도 못하고 밤을 새웠다"라고 번역하는데, 이 해석에 따르면, 이스라엘은 밤새 바다를 건널 수 없었으며 겨우 새벽녘에야 건널 수 있었던 것이다(LXX). 개역, 개역개정, 새번역 등은 모두 구름이 이스라엘 쪽에는 빛을 주었고, 이집트 쪽은 캄캄하게 했다고 번역한다.

이 같은 이해는 히브리어에 근거하기보다 유태인의 고전적인 해석을 따른 것이다. 이 해석에 따르면, 동풍이 바다를 가르자마자 이스라엘은 밤새 바다를 건넌 것이다. 이스라엘의 수가 참으로 많다는 점을 감안할 때 후자(개역, 새번역 등)가 정황에 더 잘 어울린다. 이집트에 열 번째 재앙을 내리시던 밤처럼, 하나님은 그날 밤에도 이스라엘과 이집트 사람을 차별적으로 대하셨다. 또한 이스라엘에게는 구름 기둥뿐만 아니라 불기둥도 있지 않은가? 이 불기둥이 이스라엘에게 빛을 주었을 것이다.

하나님이 바다를 가르는 데 사용하신 도구는 동풍이다(21절). 메뚜기 떼 재앙에서 곤충들을 몰고 온 것도 동풍이었다(10:13). 일부 학자들은 가나안과 이집트에 부는 동풍이 매우 뜨겁고 건조하다는 점을 근거로 본문이 말하는 바다가 나뉘었다는 것은 물이 별로 없는 습지가 매섭게 불어온 동풍에 말랐음을 의미한다고 해석한다(Stuart, Enns). 그러나 이스라엘이 목격한 좌우 물 벽(22절)은 이러한 현상으로 설명될 수 없다. 이 사건은 자연 현상으로 설명될 수 없는 기적이었다.

새벽녘이 되자 이집트 군도 바다 한가운데 있었다(24절). 밤새 자신들의 진영은 어둡지만 이스라엘의 진영은 초자연적인 불기둥이 밝은 빛을 발하는 것을 보았으면서도 이들이 돌아가지 않고 계속 쫓아온 이유는 무엇일까? "이스라엘 사람들이 저 바닷길을 걸을 수 있다면 나도 할 수 있다"라는 생각에서였을 것이다(Enns). 또한 그들은 냉정한 판단력을 잃은 것으로 생각된다. 바로 얼마 전까지 열 가지 재앙을 경험한 입장에서 또다시 빛과 어둠으로 기적을 경험했다면 하나님이 두려울 만도 한데, 이들은 무모한 추격을 계속한다. 아마도 자존심이 상할 대로 상한 데다 노예들 없이 살아본 지난 며칠의 경험이 무슨 일이 있어도 이스라엘을 끌고 돌아가야겠다고 생각하게 만든 것 같다. 죄에 대한 욕망은 이처럼 이성을 상실하게 하고, 이성을 상실하면 판단력이 흐려진다.

하나님은 이집트 병거들이 더 이상 진군하지 못하도록 만들고 혼란에 빠뜨렸다(24절). 아무리 앞으로 나가려 해도 진군할 수 없자, 비로소 이집트 군은 여호와께서 자신들을 대적하고 계심을 깨닫고 돌아가려 했다(25절). 참 일찍도 깨달았다! 이곳까지 오는 것은 이집트 군의 자유였지만, 이곳에서 돌아가는 것은 마음대로 할 수 없었다. 하나님이 막으셨기 때문이다. 하나님은 모세에게 다시 팔을 펴라고 하셨다(27절). 모세가 팔을 펴자 이집트 군은 모두 물에 휩쓸려 죽었다(28절). 출애굽의 구원 역사가 드디어 완성되는 순간이다. 이스라엘은 더 이상 바로를 섬길 필요가 없다. 이제부터 그들은 자유로이 하나님을 섬길 수 있다. 이 광경을 보고 난 이스라엘 사람은 비로소 하나님을 두려워하며 하나님과 모세를 믿었다(31절). 기적에 압도된 것이다. 물론 안타깝게도 이들의 믿음은 오래가지 못한다.

이스라엘은 하나님의 도우심으로 그들 앞에 펼쳐진 홍해 바다를 건너지만 이집트의 마병들과 병거들은 그 바다에 수장되는 또 한 차례의 수치와 패배를 맛보았으며, 이 사건 이후로 바로와 이집트는 결코 여호와의 상대가 될 수 없음을 깨닫고 이스라엘을 더 이상 괴롭히지 않았다. 바로는 이스라엘의 하나님과 대적할 의욕을 상실했을 뿐만 아니라, 더 이상 그럴 만한 기력도 없었던 것이다. 하나님이 사이비 신이었던 바로를 완전히 녹아웃시키신 것이다. 우리의 하나님은 이처럼 위대하신 분이다.

이집트를 떠나온 이스라엘 백성의 숫자에 관한 논쟁처럼 홍해를 건넌 일 또한 학자들 사이에 논란이 많다. 본문에서 '홍해'로 번역된 히브리어 문구(ים־סוף)를 문자적으로 풀이하면 '갈대 바다'라는 뜻이 된다. 여기서 갈대란 당시 종이의 원료가 되었던 파피루스(papyrus)를 의미한다는 것이 학자들 대부분의 주장이다. 그런데 이 파피루스는 나일 강 주변의 민물에서만 자라는 풀이며 바다에서는 자라지 않는다(Hamilton). 또한 이스라엘이 출발한 고센에서 홍해까지는 190㎞나 되는 거리다. 이 많은 무리가 며칠 사이에 그 먼 거리를 여행했다는 것은 믿기 어려운 일이다. 홍해는 길이가 2,000㎞, 너비가 200–300㎞, 평균 깊이는 530m, 제일 얕은 곳이 200m, 깊은 곳은 2,300m나 되는 것으로 알려졌다. 게다가 200만 명의 이스라엘 사람이 한 줄로 행진한다면 그 길이가 300㎞나 된다는 계산도 있다. 이렇게 많은 사람이 하룻밤 사이에 200㎞를 건넌다는 것은 불가능하다는 것이 학자들의 주장이다. 그러나 홍해의 북서쪽 가지인 수에즈만은 훨씬 좁고 깊이도 이렇게 깊지 않다는 점을 고려할 때, 이 학자들의 주장은 상당 부분 설득력을 잃게 된다. 게다가 이 일은 하나님이 개입하셔서 이루신 기적이라는 점을 감안하면 문제될 것은 하나도 없다.

일부 학자들은 '홍해'가 나일 델타의 북동 코너에 있는 늪이나 습지였을 것이라는 주장을 내놓았다. 그러나 이 주장도 이곳에 기록된 사건을 설명하기에 만족스럽지 못하다. 당시 이 지역의 평균 수심이 평상시에는 성인의 무릎 높이 정도였다고 한다. 그렇다면 이런 물에 빠져 죽은 이집트 군인들은 어떻게 설명할 것인가? 그러므로 이 같은 주장을 펼쳐 나가는 학자들의 설명은 홍해를 가르는 것보다 더 큰 기적을 필요로 한다. 우리가 다시 한번 고백해야 하는 것은 홍해를 건넌 사건도 하나님의 기적이 아니고는 있을 수 없다는 사실이다. 폐경이 되고 또 노년에 이르기까지 아이를 낳지 못하던 사라에게 아들을 허락하시면서 시작된 이스라엘의 역사는 그 자체가 기적의 연속이다. 그러므로 하나님이 자기 백성이 홍해를 무사히 건널 수 있도록 기적을 행하셨다는 것이 그다지 놀랄 만한 일은 아니다.

이스라엘이 그들의 삶을 세 부분으로 나누는 두 물(홍해와 요단 강) 중 첫 번째 관문인 홍해를 통과하는 순간이다. 40년 후에 두 번째 관문인 요단 강을 통과해야 그들은 드디어 젖과 꿀이 흐르는 약속의 땅에 이를 것이다. 이 두 곳을 통과하는 일은 비슷하지만, 서로 다른 면모를 지니고 있다. 다음을 참고하라(Dozeman).

	홍해	요단 강
정황	이집트에서 탈출	가나안 정복
이야기의 초점	이스라엘의 믿음	열방과 성전(聖戰)
통과하는 방법	마른 바다를 '들어감'(בוא)	마른 강을 '건넘'(עבר)

I. 이스라엘이 이집트를 떠남(1:1-15:21)
C. 출발(11:1-15:21)

8. 결론: 구원 완성 – 하나님의 구원 찬양(15:1-21)

이스라엘을 뒤쫓던 이집트 군이 홍해에 빠져 죽은 일로 주의 백성은 다시 한번 죽음의 위기를 벗어날 수 있었다. 홍해를 건넌다는 것은 이집트의 위협과 영향력에서 완전히 벗어난다는 것을 의미하기도 한다. 이제부터 이스라엘은 더 이상 이집트의 위협을 염려하지 않아도 된다. 모세와 미리암은 이 감격스러운 순간을 기념하기 위해 노래를 불러 하나님을 찬양했다. 하나님의 놀라운 구원 역사를 묘사한 내러티브(14장)

후에 같은 사건을 기념하는 노래(15장)가 등장하는 것은 사사기 4, 5장과 같은 성향과 구조를 띠고 있다.

이 본문은 두 부분으로 구분된다. (1) 모세의 노래(1-18절), (2) 미리암의 노래(19-21절). 이 중 모세의 노래는 학자들 사이에 가장 오래되고 중요한 히브리 시 중 하나로 알려져 있으며, 훗날 이스라엘의 노래와 찬송에 많은 영향을 미쳤다.[30] 많은 주석가는 출애굽기에서 모세의 노래가 가장 먼저 문서화되었을 것으로 추정하기도 한다(Stuart). 15장 전체가 '모세와 미리암의 노래'로 알려져 있지만(Kaiser), 유태인은 전통적으로 '바다의 노래'(the Song of the Sea)라고 불렀다. 장르에 대한 이해는 찬송(Fohrer, Childs, Coats), 즉위시(Haupt, Mowinckel), 탄원(Beer, Muilenburg), 승전가(Cross & Freedman, Brenner, Poethig), 감사시(Noth) 등 학자들에 따라 다르다(Dozeman).

I. 이스라엘이 이집트를 떠남(1:1-15:21)
  C. 출발(11:1-15:21)
    8. 결론: 구원 완성 - 하나님의 구원 찬양(15:1-21)

(1) 모세의 노래(15:1-18)

성경은 모세의 노래 세 개를 기록하는데(신 31:30-32:43, 시 90편), 본문은 그중 첫 번째 노래이다. 모세의 노래를 기점으로 이스라엘은 광야 생활에 접어든다. 그렇다면 본문은 뒤로는 1-14장에 기록된 내용을 회고하며, 앞으로는 광야에서의 새로운 삶에 대한 기대감을 조성한다 [cf. 과거(1-12절)와 미래(13-18절)의 대조]. 이 노래는 이스라엘 역사에서 하나의 전환점이 된다. 이 같은 사실은 시를 구성하는 두 섹션의 대

30 학자들이 이 노래를 히브리 성경에서 가장 오래된 시로 간주하는 것은 구문론적으로 성경 다른 곳에서는 찾아볼 수 없는 독특한 성향들을 다분히 지니고 있기 때문이다(cf. Hamilton, Dozeman).

조에서도 역력히 드러난다. 전반부(1–12절)의 초점은 (1) 오직 여호와, (2) 전쟁, (3) 원수들의 패배, (4) 하나님의 승리와 왕권 등에 맞추어져 있는 데 반해 후반부(13–17절)는 (1) 이스라엘, (2) 여호와께서 인도하시는 여정, (3) 열방을 지나감, (4) 이스라엘이 성소에 도착할 것 등에 초점이 맞추어져 있다. 이 노래는 히브리 신앙의 가장 기본 요소들을 담고 있으며, 성경적 신앙이 어떠한 모습을 지녀야 하는지 잘 보여준다. 이 본문은 다음과 같이 구분할 수 있다. 아래와 같은 구조는 과거–현재–미래의 시간 흐름을 기초로 한다. 하나님이 특별한 노력을 기울이지 않고도 이집트 군을 완벽하게 물리치신 것은 그분의 초월성을 극적으로 묘사하는 것이며, 이 초월성이 이스라엘에게 미래의 승리도 보장하는 것이다. 물론 이 승리 보장을 믿음으로 자신들의 것으로 만드는 것은 이스라엘 몫이다.

A. 과거: 이집트를 이기신 하나님(15:1–10)
  B. 비교할 수 없는 여호와(15:11–13)
  B'. 위대하신 여호와의 영향력(15:14–16)
A'. 미래: 하나님에 대한 기대(15:17–18)

I. 이스라엘이 이집트를 떠남(1:1–15:21)
  C. 출발(11:1–15:21)
    8. 결론: 구원 완성 - 하나님의 구원 찬양(15:1–21)
      (1) 모세의 노래(15:1–18)

a. 과거: 이집트를 이기신 하나님(15:1–10)

[1]이 때에 모세와 이스라엘 자손이 이 노래로 여호와께 노래하니 일렀으되
내가 여호와를 찬송하리니 그는 높고 영화로우심이요
말과 그 탄 자를 바다에 던지셨음이로다
[2]여호와는 나의 힘이요 노래시며 나의 구원이시로다

그는 나의 하나님이시니 내가 그를 찬송할 것이요
내 아버지의 하나님이시니 내가 그를 높이리로다
[3]여호와는 용사시니 여호와는 그의 이름이시로다
[4]그가 바로의 병거와 그의 군대를 바다에 던지시니
최고의 지휘관들이 홍해에 잠겼고
[5]깊은 물이 그들을 덮으니
그들이 돌처럼 깊음 속에 가라앉았도다
[6]여호와여 주의 오른손이 권능으로 영광을 나타내시니이다
여호와여 주의 오른손이 원수를 부수시니이다
[7]주께서 주의 큰 위엄으로 주를 거스르는 자를 엎으시니이다
주께서 진노를 발하시니
그 진노가 그들을 지푸라기 같이 사르니이다
[8]주의 콧김에 물이 쌓이되 파도가 언덕 같이 일어서고
큰 물이 바다 가운데 엉기니이다
[9]원수가 말하기를 내가 뒤쫓아 따라잡아 탈취물을 나누리라,
내가 그들로 말미암아 내 욕망을 채우리라,
내가 내 칼을 빼리니 내 손이 그들을 멸하리라 하였으나
[10]주께서 바람을 일으키시매 바다가 그들을 덮으니
그들이 거센 물에 납 같이 잠겼나이다

이 노래의 중심 주제인 하나님이 이집트 군대를 상대로 승리하신 일이 1절에 묘사되어 있다. 모세는 쫓아오던 이집트 군대를 홍해에 수장시킴으로써 이스라엘에게 놀라운 구원을 베푸신 여호와 하나님의 여러 가지 성품과 능력을 찬양하면서 노래를 시작한다. 일부 주석가들은 이 노래에 기록된 내용과 14장의 내용이 서로 어긋난다고 주장한다(Enns, Dozeman). 그 첫 번째 예로 14장에서는 이집트 군이 수장된 것으로 기록되어 있는데, 1절은 하나님이 그들을 바다에 던지셨다고 회고

한다는 것이다. 이 같은 표현의 차이는 시 전체에 배어 있다. 문제는 이러한 상황에 대해 어떤 결론을 내리느냐이다. 비평학자들은 이 같은 차이를 바탕으로 14장과 15장의 역사적 관계("누가 저작했으며, 어느 것이 먼저인가?" 등을 연구하는 것)를 논한다. 그러나 이 같은 차이는 시와 내러티브라는 장르상의 차이로 충분히 설명될 수 있다. 시는 감성과 상상의 언어이기에 당연히 내러티브와 표현이 다를 수밖에 없다. 게다가 내러티브와 동일한 표현을 사용해 시를 전개해 나갈 거라면 무엇 때문에 하나님의 구원을 새로이 노래하겠는가? 내러티브로도 충분할 텐데 말이다.

모세는 본격적인 찬양을 시작하기 전에 마음을 가다듬고 있는 1-2절에서 여호와(יהוה)의 이름을 세 차례, 1-10절에서 일곱 차례나 부른다. 그는 1절에서 하나님이 이집트 군대를 물리치신 일을 확인한 후 곧바로 2절에서 개인적인 찬양으로 연결한다. 어떻게 이집트 군을 물리치셨는가를 찬양하는 이 노래의 특징은 끊임없는 개인화(personalization)에 있다. 모세는 2-3절에서 하나님을 일곱 가지 호칭으로 찬양한다. (1) 나의 힘, (2) 나의 노래,[31] (3) 나의 구원, (4) 나의 하나님, (5) 나의 아버지의 하나님, (6) 용사, (7) 여호와. 이스라엘의 구원자이신 하나님은 곧 모세의 전부이시다. 특별히 인상적인 표현이 두 가지 있는데, 하나님을 '나의 노래'와 '나의 아버지의 하나님'이라고 부르는 것이다. 모세에게 여호와는 전혀 새로운 분이 아니라 조상의 하나님이며, 하나님이 하신 일을 찬송할 뿐만 아니라 하나님 자체를 찬양하고 있다. 노래에는 여러 종류가 있다. 기쁠 때 부르는 노래가 있는가 하면 슬플 때 부르는 노래도 있다. 그러므로 인생의 사계절을 지나면서 항상 주님을 노래할 수 있어야 한다. 특별히 하나님 자체를 즐기고 기뻐하며 '하나

31 대부분의 번역본(개역, 개정개역, 새번역, NAS, NIV, KJV)이 '노래'로 번역하는 히브리어 단어(זִמְרָה)를 일부 주석가와 번역본은 우가릿어 dmr을 근거로 '힘/보호'로 번역해야 한다고 주장한다(Dozeman, NRS, TNK, 공동). 그러나 이렇게 번역할 경우 바로 앞에 등장하는 '나의 힘'과 의미가 중복된다. 그러므로 '노래'로 두는 것이 좋다.

님이 나의 노래/찬송'되심을 찬양하는 것은 우리가 항상 마음에 새겨 두어야 한다. 모세는 하나님을 승리의 노래로, 기쁨의 찬가로 부르고 있다.

'나의 아버지의 하나님'은 1-14장에 기록된 내용을 되돌아볼 때 특별한 의미를 지닌다(2:24; 3:6, 15, 16; 6:3). 하나님이 이스라엘을 구원하기 위해 이집트까지 찾아오시고 지금까지 그들을 위해 놀라운 기적과 은혜를 베푸신 것은 무엇보다도 그분이 이스라엘 선조의 하나님이기 때문이다. 선조들에게 하신 약속을 지키기 위해 그들의 후손을 찾아오셨다. 이 같은 사실은 우리가 후손을 위해 할 수 있는 최선이 무엇인가를 생각하게 한다. 우리 중 몇 명이나 엄청난 돈을 남겨 자손이 대대로 풍요롭게 살게 할 수 있는가? 우리가 후손을 위해 할 수 있는 가장 현명하고 확실한 투자는 신앙에 관한 것이다. 오늘 우리의 하나님을 향한 헌신과 신실하심이 먼 훗날에도 복이 되어 우리의 자손을 찾을 것이다. 하나님이 우리의 믿음을 보시고 후손을 지켜주실 것이기 때문이다. 이스라엘의 선조들의 믿음을 보시고 그들의 후손을 구원하신 것처럼 말이다. 후손들은 이 같은 사실을 깨닫고 믿음의 선조들을 둔 것에 대해 감사할 수 있어야 한다. 모세가 이곳에서 조상을 기념하는 것처럼 말이다.

이 섹션의 나머지 부분(4-10절)은 하나님이 이집트 군의 계획을 완전히 수포로 돌아가게 하시고(9절) 승리하신 것을 찬양한다. 모세는 4-5절에서 이집트 군이 바다(יָם), 홍해(יַם־סוּף), 깊은 물(תְּהוֹם), 깊음(מְצוֹלָה)에 빠졌다며 4차례나 하나님이 그들을 수장시키신 일을 강조한다. 인간의 계획과 하나님의 계획이 서로 대립할 때, 인간의 계획이 꺾이고 하나님의 계획이 진행됨을 선포한다. 인간이 아무리 확실하고 구체적으로 계획할지라도, 하나님이 허락하지 않으면 그 계획은 이루어지지 않을 것이다. 그렇다면 우리가 가장 먼저 해야 할 일은 계획을 세우기 전에 하나님의 뜻을 묻는 일일 것이다. 하나님의 뜻을 알고 난 후에 그 뜻에 맞추어 계획해야 한다. 성경은 주님의 종이 구하면 하나님이 자신의 뜻을 알려 주신다고 한다. 또한 하나님의 뜻은 상당 부분 성경을 묵상하는 일을 통해 분별할 수 있다.

하나님이 온 이스라엘을 구원하신 일이 모세에게 개인적인 차원의 감사와 찬양을 불러일으키고 있다. 우리가 속한 공동체에서도 하나님의 사역과 은총을 목격할 때마다 그분을 찬양해야 한다. 남의 일처럼 생각해서는 안 된다. 모세는 자신의 신앙고백을 역사적 사건과 잘 조화시키고 있다.

I. 이스라엘이 이집트를 떠남(1:1-15:21)
C. 출발(11:1-15:21)
8. 결론: 구원 완성 - 하나님의 구원 찬양(15:1-21)
(1) 모세의 노래(15:1-18)

b. 비교할 수 없는 여호와(15:11-13)

[11]여호와여 신 중에 주와 같은 자가 누구니이까
주와 같이 거룩함으로 영광스러우며
찬송할 만한 위엄이 있으며
기이한 일을 행하는 자가 누구니이까
[12]주께서 오른손을 드신즉 땅이 그들을 삼켰나이다
[13]주의 인자하심으로 주께서 구속하신 백성을 인도하시되
주의 힘으로 그들을 주의 거룩한 처소에 들어가게 하시나이다

모세는 이집트의 손에서 이스라엘을 구원하신 하나님의 능력을 찬양하는 데서 주제를 바꿔 이 세상에서 그 누구와도 비교될 수 없는 여호와를 찬양한다. 전반부에서는 바다를 지배하는 분으로 여호와를 묘사한 반면에, 이 섹션에서는 땅을 지배하는 분으로 묘사한다(Dozeman). 이 같은 찬양이 전제하는 것은 이집트를 치셨을 때 하나님이 바로를 상대로 승리하셨을 뿐만 아니라 이집트의 신들을 상대로도 승리하셨다는 사실이다(Enns). 그래서 모세는 "신 중에 주와 같은 자가 누구니이까?"라며 수사학적인 질문을 한다. 수사학적인 질문은 답이 정해져 있으며, 많은 경우에 사실을 강조하기 위해 사용되는 문법적 도구다. 하나님은 거룩하심, 영광, 능력에 있어서 그 누구와 그 어떤 신과도 비교될 수 없는 분이다(11절).

또한 백성을 향한 여호와의 사랑이 각별하기에 미래에도 이스라엘을 거룩한 처소로 인도하실 것을 기대할 수 있다(13절). 모세는 이때까지 하나님이 이집트를 상대하신 일을 기념하면서, 지난날에 하나님이 하신 일들을 근거로 앞으로도 하나님이 이스라엘을 인도하실 것을 확신하며 이 노래를 부른다. 성경은 우리에게 과거를 기념하라고 누누이 권면한다. 과거에 하나님이 하신 일을 잘 묵상하면 미래에 대한 확신이 생기기 때문이다. 이런 면에서 과거는 미래를 기대할 수 있는 근거가 되며, 미래의 세계를 향한 관문이 될 수 있다.

그런데 주님의 '거룩한 처소'(נְוֵה קֹדֶשׁ, 13절)는 어디를 의미하는가? 학자들은 대체로 세 가지 가능성을 논한다. 첫째, 잠시 후 모세가 백성을 인도해 도착할 시내 산을 뜻한다. 시내 산/호렙 산은 모세가 하나님을 처음 뵈었던 산일뿐만 아니라 '하나님의 산'(הַר הָאֱלֹהִים)으로 불리기도 한 산이다(3장). 둘째, 약속의 땅 가나안을 뜻한다(3:7, 17). 가나안은 하나님이 이스라엘에게 선물로 주신 땅이기에, 그곳이 하나님의 처소로서 거룩하다는 뜻이다. 셋째, 성전을 뜻한다. 솔로몬 시대에 건축된 성전이야말로 모든 면에서 하나님의 성소라는 것이다(사 33:20). 세 가지 가능성 중에 모세가 마음에 두고 있는 것은 아마도 시내 산일 것이다. 그는 이 하나님의 산에서 주님을 만났고, 하나님도 그가 백성을 이끌고 나와 이곳에서 예배할 것이라고 말씀하셨다. 또한 가나안 땅에 입성하는 것은 먼 훗날의 일이다. 반면에 모세는 이 노래에서 머지않아 이 백성을 이끌고 시내 산에 도착해 그곳에서 하나님을 예배할 것을 기대하고 있다. 이러한 정황을 고려할 때, 모세가 하나님의 거룩한 처소라고 하는 곳은 시내 산을 의미한다. 물론 모세가 이 세 곳을 모두 염두에 두고 이 표현을 사용했을 것이라는 해석도 있다(Enns).

I. 이스라엘이 이집트를 떠남(1:1-15:21)
C. 출발(11:1-15:21)
8. 결론: 구원 완성 - 하나님의 구원 찬양(15:1-21)
(1) 모세의 노래(15:1-18)

c. 위대하신 여호와의 영향력(15:14-16)

[14]여러 나라가 듣고 떨며
블레셋 주민이 두려움에 잡히며
[15]에돔 두령들이 놀라고
모압 영웅이 떨림에 잡히며
가나안 주민이 다 낙담하나이다
[16]놀람과 두려움이 그들에게 임하매
주의 팔이 크므로 그들이 돌 같이 침묵하였사오니
여호와여 주의 백성이 통과하기까지
곧 주께서 사신 백성이 통과하기까지였나이다

하나님의 놀라운 능력과 이 능력으로 이스라엘을 구원하신 역사는 그들만의 일이 아니라 주변 국가, 특히 이스라엘의 탄생에 부정적인 견해를 지니고 있는 모든 나라의 간담을 서늘케 하는 사건이기도 하다는 것이 이 섹션의 주제다. 이러한 사실을 강조하기 위하여 모세는 본문에서 두려움에 대한 언어를 일곱 차례나 사용한다. '떨며', '두려움에 잡히며'(14절), '놀라고', '떨림에 잡히며', '낙담하다'(15절), '놀람', '두려움'(16절). 공포에 질린 그들은 돌처럼 침묵할 수밖에 없다(16절). 모세는 하나님의 구원 사역은 현재 진행형이며 두루 영향을 미칠 것이라고 한다. 처음부터 열방은 이스라엘의 출범을 달가워하지 않았다. 이처럼 놀라운 능력의 하나님이 그들의 앞길을 인도하고 있으니 그 누가 두려워하지 않겠는가! 그들은 침묵 속에서 이스라엘의 행진을 지켜볼 수밖에 없었다. 여호와에 대한 두려움이 그들을 엄습했기 때문이다(16절).

모세가 이곳에서 언급하는 블레셋, 에돔, 모압, 가나안 등 네 곳은 젖과 꿀이 흐르는 땅이자 약속의 땅인 가나안과 주변에 있는 족속들이다. 블레셋은 이스라엘에서 가장 가까운 곳에 있는 지역이며, 광야를 지나 약속의 땅으로 가려면 이스라엘은 에돔-모압-가나안 순으로 지나가야 한다(민 20-21장; 수 1-10장). 물론 이곳에 언급된 나라 중 이스라엘의 번영을 기뻐하는 나라는 하나도 없으며, 모두 이스라엘을 견제한다. 그래서 모세는 하나님이 이집트를 상대로 승리하신 일의 의미를 앞으로 있을 광야 여정과 정복 전쟁에 연계시키는 것이다. 그가 이 순간 목격한 일이 미래에 대한 보증수표가 된 것이다. 우리가 지금 이 순간 하나님이 하신 일을 신앙의 눈으로 바라보면 그 일은 미래에 대한 소망의 근거가 될 수 있다.

I. 이스라엘이 이집트를 떠남(1:1-15:21)
C. 출발(11:1-15:21)
8. 결론: 구원 완성 - 하나님의 구원 찬양(15:1-21)
(1) 모세의 노래(15:1-18)

d. 미래: 하나님에 대한 기대(15:17-18)

[17]주께서 백성을 인도하사
그들을 주의 기업의 산에 심으시리이다
여호와여 이는 주의 처소를 삼으시려고 예비하신 것이라
주여 이것이 주의 손으로 세우신 성소로소이다
[18]여호와께서 영원무궁 하도록 다스리시도다
하였더라

여호와의 구원은 이스라엘의 미래에 대해 기대하게 한다. 이곳까지 인도하신 에벤에셀(אֶבֶן הָעֵזֶר)의 하나님은 이들의 미래까지 준비하고 인도하실 여호와 이레(יְהוָה יִרְאֶה)의 하나님이기도 한 것이다. 이처럼 하나님의 인도하심과 축복에 있어서 과거는 미래에 대한 거울이 되어야 한다. 그러므로 아무것도 보이지 않고 심지어 하나님이 침묵하시는 것 같을지라도, 과거에 하나님의 선하심을 체험한 성도는 낙심할 필요가 없다. 훗날 이날을 돌아보며 다시 그분께 감사할 수 있는 소망이 있기 때문이다.

모세가 하나님이 주의 백성을 '자기 기업의 산'(הַר נַחֲלָתְךָ)에 심으실 것이라고 하는데(17절), 이 산은 어디인가? 이스라엘은 선조 때부터 자신들이 산악 지대에 정착해 살 것이라는 사실을 알고 있었다. 하나님이 아브라함과 선조들에게 가나안 땅을 약속하셨기 때문이다. 그러므로 모세는 이 산이 이스라엘이 차지하게 될 가나안에 있는 산이라는 사실을 알고 있다. 훗날 하나님이 시온 산에 자신의 거처를 세우기로 결정하신 일은(삼하 24장) 곧 이 말씀의 성취다(Stuart). 시온이 하나님의 기업의 산이 되는 것이다.

모세는 여호와의 영원한 통치를 찬양하며 노래를 끝맺는다(18절). 하나님이 이집트를 치신 것은 범세계적 의미를 지녔다. 하나님은 자신이 창조하신 세상에서 악이 지속적으로 군림하고 폭력을 행사하는 것을 결코 용납하지 않고 심판할 것이다. 온갖 죄가 난무하는 세상에서 선하신 창조주 하나님은 악하고 무질서한 세력을 벌하시어 자신이 창조한 세상이 다시 선해질 수 있도록 하신다(Fretheim). 출애굽 사건은 하나님이 어떤 분이고 어떤 일을 하시는지 잘 드러내고 있다. 그러므로 이 노래의 핵심 교훈은 하나님이 이집트를 벌하시는 분이라는 것이 아니라 세상을 영원히 통치하시는 분이라는 점이다(Enns, Stuart). 이 세상이 하나님의 영원한 통치 아래 있기에 우리는 악인이 성행하고 의인이 핍박당하는 세상이 되어도 절망할 필요가 없다. 영원히 세상을 통치하시는 선하신 하나님이 자신이 통치하는 세상에서 악이 성행하는 것을 오랫동안 지켜보고만 있지 않으실 것이기 때문이다. 하나님이 통치하시는 세상에서 악이 성행하는 것은 항상 일시적 현상일 뿐 오래 지속되지는 않는다. 하나님의 성품이 이 같은 상황을 결코 용납하지 않으실 것이기 때문이다.

I. 이스라엘이 이집트를 떠남(1:1-15:21) C. 출발(11:1-15:21) 8. 결론: 구원 완성 – 하나님의 구원 찬양(15:1-21)

(2) 미리암의 노래(15:19-21)

[19]바로의 말과 병거와 마병이 함께 바다에 들어가매 여호와께서 바닷물을 그들 위에 되돌려 흐르게 하셨으나 이스라엘 자손은 바다 가운데서 마른 땅으로 지나간지라 [20]아론의 누이 선지자 미리암이 손에 소고를 잡으매 모든 여인도 그를 따라 나오며 소고를 잡고 춤추니 [21]미리암이 그들에게 화답하여 이르되

너희는 여호와를 찬송하라
그는 높고 영화로우심이요
말과 그 탄 자를
바다에 던지셨음이로다
하였더라

이 섹션은 이집트 군이 모두 수장된 데 반해 이스라엘은 바다 속에서도 마른 땅을 걸었던 사실을 다시 한번 확인하고(19절), 미리암과 여인들이 부른 짤막한 노래를 담고 있다(21절). 내용은 모세가 자신의 노래를 시작하며 선언했던 것(1절)을 거의 그대로 반복하고 있다. 한 학자는 미리암의 노래를 찬양시(hymn of praise)로 규정하는데(Anderson), 장르를 정확히 판단하기에는 노래가 너무 짧다.

모세가 1절에서는 1인칭을 사용한 데 반해, 미리암과 여인들은 21절에서 2인칭을 사용해 여호와의 업적을 기린다. 모세의 개인화된(personalized) 찬양이 어느덧 모든 사람이 따라 하는 공동체적(communal) 찬양이 된 것이다. 개인적으로 하나님을 찬양한 일이 우리가 속한 공동체 전체에 번져가면 얼마나 좋을까!

같은 내용을 반복하는 1절과 21절은 일종의 수미쌍관(inclusio) 구조를 형성한다. 저자는 같은 내용으로 이 장을 시작하고 마무리하여 홍해를 건넌 사건은 어느 성경 저자의 상상력에서 탄생한 것이 아니라 실제로 있었던 일이라는 사건의 역사성을 다시 한번 더 상기시키고자 한다. 출애굽의 역사성과 하나님이 갈라놓은 홍해를 이스라엘이 건넌 일은 그 누구도 부인할 수 없는 역사적 사건으로 받아들여야 한다. 앞에서 말한 것처럼, 구약 신앙과 신학의 모든 것이 이 일이 실제로 있었던 역사적 사건이라는 사실에 기반하여 세워져 있기 때문이다. 출애굽의 역사성을 부인하면 구약을 제대로 읽을 수 없다.

그다음 미리암(מִרְיָם)이 소개된다(20절). 그녀의 이름을 문자적으로 풀이하면 '선물'(HALOT) 혹은 '명성'이라는 뜻이다(Dozeman). 우리는 이미 미리암을 만난 적이 있다(2:4, 7-9). 그때는 갈대 상자에 동생을 띄워 보내고는 먼발치에서 동생이 어떻게 되는지 지켜보던, 이름이 알려지지 않은 소녀였다. 여기서는 인생의 황혼기에 접어든 지 오래된 여자로 등장한다. 미리암에게는 두 가지 타이틀이 주어진다. '여 선지자'(הַנְּבִיאָה), '아론의 누이'(אֲחוֹת אַהֲרֹן, 20절). 그녀가 아론의 누이로는 언급되지만, 모세와 연계성은 언급되지 않는 것은 미리암이 아론과는 동급일지는 몰라도 모세와는 차별화되어야 함을 암시한다(Keil, Kaiser). 또한 모세의 노래는 길고 장엄하게 기록된 것에 반해 미리암의 노래는 한 절(21절)에 기록되어 있는 것에 불만을 토하는 여성 신학자들이 많다. 그들은 15장이 남자 중심적 사회가 만들어낸 불합리함이라고 한다

(Hamilton). 모두 근거 없는 이야기다. 성경은 하나님 말씀이기에 무엇이 포함되고, 생략되고, 배제되는가는 하나님이 결정하셨다. 미리암은 물을 통한 구원과 연관이 있다(Dozeman). 그녀는 모세가 나일 강에서 구출될 때 그 자리에 있었다. 이번에는 하나님이 홍해를 통해 이스라엘을 구원하신 일을 목격했다. 사실 출애굽 이야기는 여인들이 주도하는 상황에서 시작되었다(1-2장). 이제 여인들이 출애굽 이야기의 종지부를 찍는다(Trible).

구약에서 여 선지자로 불리는 사람 중에는 미리암 외에도 드보라(삿 4:4), 훌다(왕하 22:14), 노아댜(느 6:14) 등이 있었다. 유태인 전승은 여기에 한나, 아비가일, 에스더를 더한다. 구약 시대에 사역했던 여 선지자 중 이름이 알려진 사람의 숫자를 7로 만들기 위해서였다(Sarna). 성경은 이사야의 아내도 여 선지자로 부른다(사 8:3).

미리암과 여인들은 다시 한번 이집트 군대를 수장시키신 하나님의 능력과 위대하심을 찬양한다. 세상에 그 누구와도 비교할 수 없는 위대한 분이 이스라엘의 하나님 여호와이다. 이런 하나님을 섬기는 것은 특권이다. 아무나 그분의 백성이 되는 것은 아니기 때문이다. 또한 하나님은 자기 백성을 무척이나 사랑하신다. 백성에 대한 사랑을 표현하기 위해 하나님은 끊임없는 자비와 은혜를 베푸신다. 그러므로 주님의 백성은 복이 있다.

II. 시내 산에서 받은 율법
(15:22-24:18)

이집트 생활 430년 만에 이스라엘이 이집트를 탈출해 홍해를 건넌 것은 하나님의 기적적인 개입이 이루어낸 결과였다. 끝까지 안간힘을 쓰며 노예로 부리던 이스라엘을 보내려 하지 않던 이집트는 연속되는 하나님의 재앙에 결국 항복하고 이스라엘을 내보내야 했다. 그러나 이집트 사람은 떠나 보낸 이스라엘 노예에게 미련이 남아 다시 그들을 잡아오라며 군대를 보냈다. 하나님을 상대로 한 무모한 저항이었다. 이집트는 자신들이 보낸 수많은 군인이 홍해에서 목숨을 잃고 나서야 비로소 포기했다. 이스라엘의 새로운 삶을 위한 출발은 이렇게 시작되었다.

일부 학자는 인간의 성장기에 빗대어 이스라엘이 이집트를 떠난 것을 탄생으로, 이곳에서부터 회고하는 광야 생활을 어린 시절(혹은 청소년기)로, 여호수아 3장에서 요단 강을 건넌 일을 성인기로 묘사한다(Fretheim, Enns).[32] 이스라엘이 이집트에서의 노예 생활을 정리하고 새

32 혹은 이스라엘처럼 사회적 변화를 겪는 그룹은 '분리 - 변방의 삶 - 새로운 사회적 구조' 단계를 지나간다는 한 사회학자의 이론에 따라 이스라엘이 이집트를 떠난 것을 첫째 단계인 분리로, 광야에서의 삶을 둘째 단계인 변방의 삶으로, 이스라엘이 가나안에 입성한 것을 마지막 단계인 새로운 사회적 구조의 출범으로 보는 주석가도 있다(Dozeman).

로운 삶을 시작하는 것은 좋은 일이다. 그러나 어디서, 어떻게 새로운 삶을 시작하는가는 노예생활에서의 해방보다 더 중요한 이슈였다. 이스라엘의 이집트 탈출이 단순히 억압에서 풀려난 일로 끝난다면, 하나님의 이스라엘 구원이 제 빛을 발하지 못하기 때문이다. 하나님은 홍해를 건넌 이스라엘을 광야를 지나 시내 산으로 인도하셨다. 그곳에서 하나님은 이스라엘과 언약을 맺어 그들의 하나님이 되고 이스라엘은 그분의 백성이 되었다. 하나님은 언약 체결 이후 자기 백성 이스라엘이 어떻게 살아야 하는가에 대한 지침과 규정을 주셨다. 이 섹션은 이스라엘의 시내 산 여정과 하나님이 주신 율법의 일부를 담고 있다. 본문은 다음과 같이 구분할 수 있다.

A. 시내 산으로 가는 길(15:22-18:27)
B. 시내 산 정상으로 간 모세(19:1-25)
C. 십계명(20:1-21)
D. 언약 책(20:22-23:19)
E. 우상숭배에 대한 마지막 경고(23:20-33)
F. 언약 체결과 봉인(24:1-18)

A. 시내 산으로 가는 길(15:22-18:27)

이집트 군인들이 쫓아오는 위기의 순간에 하나님의 놀라운 구원으로 극적으로 홍해를 건넌 이스라엘은 이제 시내 광야를 가로질러 시내 산으로 가고자 했다. 3개월 정도 진행된 이 행진은 한마디로 위기와 실패의 연속이었다. 이 기간에 이스라엘이 당면했던 위기는 네 가지였는데, 그중 처음 세 가지는 열악한 자연환경에 의해 발생된 마실 물과 먹을 것 부족에 대한 것이었고, 네 번째로 맞이한 위기는 이스라엘을 싫어하는 이방 족속에 의해 비롯된 것이었다. 위기를 맞이할 때마다 이스라엘은 믿음으로 문제를 해결하려고 하기보다 하나님과 모세를 원망한다. 그래서 학자들은 이 사건을 '원망(투덜거림) 이야기'(murmuring/grumbling stories) 혹은 '항의 이야기'(protesting stories)라고 부르기도 한다(Vervenne, Kaiser, Stuart, Enns). 사실 하나님에 대한 이스라엘의 원망은 홍해를 건너기 전에 이집트 군이 쫓아올 때부터였다(14:10-14). 그래서 홍해를 건넌 일도 원망 이야기로 간주한다(Dozeman).

원망 이야기는 이스라엘에게 선택을 요구한다. 비록 노예의 삶이지만, 안정과 평안을 보장하는 이집트로 다시 돌아갈 것인가, 아니면 비록 위험하고 모험으로 가득 차 있지만 여호와의 인도하심 아래 모세와 함께 광야로 행진할 것인가의 선택을 요구한 것이다(Dozeman). 생각해보면 이스라엘이 광야를 지나면서 계속 불만을 토해내는 것은 참으로 한심하다고 아니할 수 없다. 하나님이 광야에서 영원히 살라고 하신 것도 아니고, 광야는 단지 젖과 꿀이 흐르는 땅으로 가기 위해 잠시 지나는 곳인데도 불만이 많으니 말이다. 안타깝게도 이 같은 현상은 꼭 이스라엘의 문제만은 아닐 것이다. 우리도 이 세상에서 영원히 머물 것은 아니며, 이 세상은 영원한 안식처인 천국으로 가기 위해 잠시 지나가는 곳이다. 그런데 우리도 출애굽한 이스라엘처럼 잠시 사는 이곳에서 많은 불만과 원망을 쏟아내고 있지 않은가! 우리에게는 천국이 최종 목적지라는 사실을 마음에 새기며 잠시 지나가는 이 세상에서의 불편함을 기꺼이 감수할 수 있는 믿음이 필요하다.

비록 이 이야기들이 이스라엘의 하나님과 모세에 대한 원망을 담고 있지만, 이 사건들의 근본적인 목적은 믿음이 없는 이스라엘을 비난하기 위해서가 아니다. 이 위기들이 제시하고자 하는 신학적 메시지는 이스라엘 하나님의 위대하신 능력을 온 세상에 드러내기 위해서다. 이스라엘이 불평할 때마다 하나님이 그들을 심판하지 않고 오히려 그들의 문제를 해결해 주신다는 것이 이 같은 사실을 암시한다. 아말렉 족속과의 전쟁을 통해, 이스라엘의 하나님 여호와는 전쟁에 능하신 하나님으로 온 천하에 알려지게 되었다. 먹고 마시는 것과 연관된 처음 세 위기는 여호와께서 전쟁에 능하신 하나님일 뿐만 아니라 백성이 먹고 마시고 사는 것도 직접 챙기는 자상한 분이라고 선언한다. 특히 물에 대한 위기가 두 차례나 반복되면서 하나님이 그들에게 생수를 주실 수 있는 분임을 거듭 강조한다. 물과 연관된 기적은 물이 귀한 가나안 땅의 입성을 앞둔 사람들에게는 매우 특별한 의미로 다가왔을 것이다. 물이 넉넉하지 못한 가나안에서도 하나님께 순종하면 이스라엘은 물 걱정을 하지 않아도 된다는 징표였기 때문이다. 또한 물과 연관된 두 가지 위기는 모든 생명의 근원이 되는 물은 바알 등을 포함한 이방신들이 줄 수 있는 것이 아니라, 오직 여호와 하나님만 주실 수 있다는 것을 암시한다.

이스라엘이 이집트를 떠나 광야 생활에 첫 걸음을 떼며 불편을 토로하는 이 원망 이야기들에서 하나님은 이스라엘을 정죄하거나 심판하지 않으신다. 그뿐만 아니라 이 이야기들은 하나님, 이스라엘, 모세의 관계를 정리하는 긍정적인 기능을 한다(Dozeman). 이 사건들은 이스라엘이 아직 하나님을 잘 모르고, 모세가 그들과 하나님 사이에 어떤 역할을 할 것인가에 대해서도 정확한 정의가 내려지지 않은 혼란한 상태에서 빚어진 일들이었으나, 사건이 하나씩 해결됨에 따라 하나님-모세-이스라엘의 관계와 질서가 점차 확립되어 갔기 때문이다.

안타까운 것은 이스라엘이 시내 산 밑에서 1년을 머물며 하나님이 매일 베풀어주신 기적으로 먹고 마시며 살면서도 교훈을 얻지 못했다는 것이다. 그들은 시내 산을 떠나 가나안을 향해 가는 동안에도 먹고 마시는 것이 불편할 때마다 하나님과 모세를 원망했다(민 11-21장). 모세 오경에는 또 하나의 원망 이야기(murmuring stories) 세트가 있다. 본문을 구성하고 있는 첫 번째 세트에서는 하나님이 이스라엘을 정죄하지 않으셨지만, 두 번째 세트에서는 이스라엘이 원망할 때마다 그들을 벌하셨다. 처음에는 이스라엘의 믿음이 아직 어려서 혹은 하나님을 충분히 경험하지 못해서 등 여러 가지 이유로 그들의 투정을 받아주셨지만, 이스라엘이 1년이나 시내 산에서 하나님과 함께 시간을 보낸 후 그들의 불신과 불평은 더 이상 용납될 수 없었기 때문이다(Hamilton, cf. Childs). 본문에서 시작되고 민수기 끝부분에 가서야 끝이 나는 광야 여정에서 이스라엘이 얼마나 하나님을 원망했는가는 다음 도표를 참고하라(Dozeman).

첫 번째 원망 이야기 세트 = 긍정적 기능(출 14-18장)		
본문	주제	장소
14:11-12	위협	홍해
15:22-26	쓴 물	술
15:27-16:36	식량/만나	엘림/신
17:1-7	물 부족	르비딤
시내 산에서 율법과 제사가 계시됨(출 19장-민 10장)		
32:1-35	금송아지	하나님의 산
두 번째 원망 이야기 세트 = 부정적 기능(민 11-21장)		
11:1-3	전반적	다베라
11:4-35	식량/고기	기브롯 핫다아와
13-14장	땅	가데스/바란
16장	제사장직	가데스/바란
20:1-13	물 부족	가데스
21:4-9	전반적	홍해 길

광야 생활은 많은 위험 요소를 지니고 있다. 그러나 이스라엘 사람이 당면했던 위기는 자연재해라기보다 하나님이 그들에게 주신 시험이었다고 할 수 있다(Sarna). 그들이 맞이한 위기는 앞으로 이스라엘이 시내 산에서 하나님과 맺게 될 은혜로운 언약을 받을 만한 자들인가를 테스트하는 자격 시험의 성격을 지니고 있다. 그렇기에 이 섹션에서는 '시험하다'(נסה)라는 단어가 지속적으로 사용된다. 하나님이 이스라엘을 '시험하셨고'(15:25; 16:4), 이스라엘이 하나님을 '시험하였다'(17:2, 7). 결국 이스라엘은 이 시험에서 철저하게 실패했다. 낙제 점수인 F학점을 받은 것이다! 감사한 것은 그럼에도 불구하고 하나님이 그들을 버리지 않으셨을 뿐만 아니라 자격도 없는 그들과 언약을 체결하셨다는 점이다. 여기에 우리의 소망이 있는 것이 아닐까? 이 섹션은 다음과 같이 구분할 수 있다.

A. 쓴 물이 단물로(15:22-27)
B. 바위에서 생수가(17:1-7)
C. 만나와 메추라기(16:1-36)
D. 아말렉 족을 물리침(17:8-16)
E. 이드로가 모세를 찾아옴(18:1-12)
F. 이드로의 제안(18:13-27)

II. 시내 산에서 받은 율법(15:22-24:18)
A. 시내 산으로 가는 길(15:22-18:27)

1. 쓴 물이 단물로(15:22-27)

[22]모세가 홍해에서 이스라엘을 인도하매 그들이 나와서 수르 광야로 들어가서 거기서 사흘길을 걸었으나 물을 얻지 못하고 [23]마라에 이르렀더니 그 곳 물이 써서 마시지 못하겠으므로 그 이름을 마라라 하였더라 [24]백성이 모세에

게 원망하여 이르되 우리가 무엇을 마실까 하매 [25]모세가 여호와께 부르짖었더니 여호와께서 그에게 한 나무를 가리키시니 그가 물에 던지니 물이 달게 되었더라 거기서 여호와께서 그들을 위하여 법도와 율례를 정하시고 그들을 시험하실새 [26]이르시되 너희가 너희 하나님 나 여호와의 말을 들어 순종하고 내가 보기에 의를 행하며 내 계명에 귀를 기울이며 내 모든 규례를 지키면 내가 애굽 사람에게 내린 모든 질병 중 하나도 너희에게 내리지 아니하리니 나는 너희를 치료하는 여호와임이라 [27]그들이 엘림에 이르니 거기에 물샘 열둘과 종려나무 일흔 그루가 있는지라 거기서 그들이 그 물 곁에 장막을 치니라

모세와 미리암의 노래로 14:29에서 멈추었던 이스라엘의 이동 이야기가 다시 시작된다. 이스라엘이 이집트를 떠난 이후의 여정에 대해서는 민수기 33장이 자세하게 기록하고 있으며, 본문은 매우 간략하게 축소해 언급한다. 이스라엘은 홍해를 건넌 후 수르 광야(מִדְבַּר־שׁוּר)로 향했다(22절). 민수기 33장은 이곳을 에담 광야(בְּמִדְבַּר אֵתָם)라고 부른다. 히브리어 단어 수르(שׁוּר)는 '벽'(wall)이라는 뜻이며(HALOT) 아시아 사람의 이집트 침입을 막기 위해 이집트의 여러 왕이 수에즈만 동쪽에 건축한 성벽을 의미하는 것으로 간주된다(Sarna). 주전 27세기가 근원으로 여겨지는 네퍼로후의 예언(the Prophecy of Nefer-rohu)과 주전 20세기에 저작된 시누헤 이야기(the Story of Sinuhe) 등은 이미 아시아 사람의 침략을 막기 위한 '통치자의 성벽'(Wall of the Ruler)의 존재를 언급한다.

이스라엘은 3일 동안 광야를 행진하면서 물을 찾지 못했다. 만일 이 3일이 실제 시간이라면 이스라엘의 규모를 생각할 때 이들은 아마 최소 70㎞ 정도를 걸었을 것이다(Kaiser). 그러나 성경에서 3일이라는 숫자는 먼 거리나 상당한 시간의 흐름을 뜻하는 표현으로도 많이 사용된다. 그러므로 꼭 문자적으로 해석할 필요는 없다. 이스라엘은 3일 동안 마실 만한 물을 찾지 못했다. 드디어 3일이 지나 마라에 도착했고, 그곳에 물이 있었으나 마실 수 없는 '쓴 물'(מָרָה)이었다. 그래서 그들은 "이런 물을 어떻게 마시란 말이냐?"라며 탄식했다(Houtman). 저자는 그곳에 마실 수 없는 쓴물이 있는 곳이라 해서 그 지역 이름을 '쓴 물'(히브리어로 '마라'라고 소리남)이라고 불렀다는 설명을 덧붙인다(23절). 오늘날 아인하와라(Ain Hawarah)가 마라라고 많은 사람이 생각한다. 아인하와라는 홍해에서 몇 마일 내륙에 있으며, 매우 짜고 철분 맛이 진한 물이 나는 곳이다(Robinson). 아랍 사람은 이 물이 지역에서 가장 나쁜 물이라고 한다.

갈증에 시달리던 사람들은 발견한 물이 마실 수 없는 물이라는 것을 의식하자 모세를 원망하기 시작했고, 위기를 느낀 모세는 하나님께 부르짖었다. 히브리어 동사 '부르짖다'(צעק)는 이스라엘이 이집트의 억압 때문에 힘이 들어 하나님께 울부짖은 일을 묘사할 때 자주 사용된 단어였다. 모세가 백성의 원망에 엄청난 스트레스를 받은 것 같다(Enns). 모세는 마음대로 기적을 행하는 사람이 아니라 하나님의 명령대로 움직이는 종이었기에, 이런 상황에서 하나님께 부르짖는 것은 당연한 일이었다. 하나님은 부르짖는 모세에게 한 나무토막(עֵץ)을 보여주셨고 모세가 그 나무를 물에 던지자 쓴 물(마실 수 없던 물)이 단물(마시기에 적합한 물)이 되었다. 하나님이 다시 한번 기적을 베푸셔서 이스라엘의 필요를 채우신 것이다.

이 나무에 대해 여러 가지 영해적(allegorical) 해석이 난무하다. 그리스도인에게 가장 흔한 영해는 이 나무를 예수님으로 해석하는 것이다. 일부 유태인은 이 이야기를 전적인 은유로 취급하며 나무를 율법(תּוֹרָה)으로 해석했다. 그들은 이스라엘 사람이 3일 동안 물을 접하지 못해 위기에 처하게 된 것을, 사람이 3일 동안 율법을 접하지 못하면 생명의 위협을 받는 것으로 풀이했다. 어떤 사람들은 이 나무의 정체와 화학적 기능을 찾아나서기도 했다(Enns). 다 부질없는 일이다. 이 이야기는 단순히 하나님의 인도하심을 따라 살아가는 자는 어떤 위협에도 안전하다고 해석하는 것이 바람직하다. 하나님은 이집트에 있는 나일 강이나 이스라엘이 건넌 홍해와 같은 큰 물도 다스리실 뿐만 아니라, 마라처럼 작은 물도 다스리시는 분임을 강조하는 사건이다.

많은 학자가 이 사건과 연관하여 이곳에서 율법의 일부가 이스라엘에게 내려진 것으로 생각한다(25b절). 이야기의 흐름이 이미 율법의 상당 부분이 계시되었음을 암시하기 때문이다(26절). 한 주석가는 본문이 원래 율법을 기록하고 있었는데 오래전에 분실되어서 더 이상 우리에게 전해지지 않았다고 해석하지만(Sarna), 본문이 어떤 구체적인 율법을 염두에 두고 있는 것이 아니라 율법을 지키라는 원칙적인 요구를 한다고 보는 것이 바람직하다(Dozeman). 혹은 본문이 언급하는 율법이 시내 산 율법에 포함된 것으로 볼 수도 있다. 이스라엘이 이집트를 탈출하던 날과 연관하여 하나님이 주신 유월절과 무교절 율법과 장자 봉헌에 관한 율법도 나중에 시내 산 율법과 함께 간주되지 않는가? 그러므로 본문에서 언급하는 율법이 잊혀진 것으로 보는 것은 바람직하지 않다. 율법은 우리가 전수 받은 그대로가 완벽하고 온전한 것이지, 일부가 잊힌 불완전한 것은 아니다.

이스라엘이 하나님의 계명과 율법을 순종하면 그들은 이집트 사람에게 내려졌던 재앙과 질병 때문에 고생하지는 않을 것이다. 이스라엘이 하나님으로부터 이집트 사람처럼 취급받지 않을 수 있는 방법이 제시되고 있다. 곧 하나님의 말씀에 순종하면 된다. 물론 이 말씀은 이스라엘이 순종하지 않으면 하나님이 그들을 이집트 사람처럼 대하실 것이라는 의미가 되기도 한다. 하나님은 질병으로 백성을 치는 분이 아니라 그들을 치료하기를 원하는 분이다. 하나님은 치유자(רֹפֵא)로서 우리의 모든 질병과 심적 고통을 치료하실 수 있는 분이다.

이 일 후 이스라엘은 샘물이 열두 개나 있고 야자수 나무가 일흔 그루나 있었던 엘림이란 오아시스에 도착해 마음껏 마실 수 있었다

(27절). 엘림은 아름다운 가란델 계곡(Valley of Gharandel)에 있으며, 마라로 알려진 아인 하와라에서 남쪽으로 12㎞ 떨어져 있다(Kaiser). 이스라엘이 며칠 간격으로 접한 두 개의 대조적인 물을 상징하는 마라와 엘림은 마치 광야와 약속의 땅의 대조를 보여주는 듯하다(Enns). 마실 수 없는 물이 있는 마라는 생명을 위협하는 광야와 같고, 젖과 꿀이 흐르는 가나안 땅은 생수의 샘이 있던 엘림과 같다는 것이다.

이 사건은 치유하시는 하나님(viz., '여호와 라파')이 만일 주의 백성이 순종만 하면 그들에게 얼마든지 좋은 생수를 주실 수 있다는 사실을 확인해 주는 하나의 시범 사례 역할을 한다. 그분은 범람하는 요단 강이나 홍해처럼 큰물뿐만 아니라 엘림과 마라처럼 작은 물도 통치하시며, 심지어 사람이 마실 수 없는 물도 생수로 변하게 하실 수 있다. 하나님은 오늘날에도 우리를 마실 만한 물가로 인도하시는 분이다. 우리는 순종으로 이 하나님의 축복을 우리 것으로 만들어야 한다.

II. 시내 산에서 받은 율법(15:22–24:18)
A. 시내 산으로 가는 길(15:22–18:27)

2. 만나와 메추라기(16:1–36)

[1]이스라엘 자손의 온 회중이 엘림에서 떠나 엘림과 시내 산 사이에 있는 신 광야에 이르니 애굽에서 나온 후 둘째 달 십오일이라 [2]이스라엘 자손 온 회중이 그 광야에서 모세와 아론을 원망하여 [3]이스라엘 자손이 그들에게 이르되 우리가 애굽 땅에서 고기 가마 곁에 앉아 있던 때와 떡을 배불리 먹던 때에 여호와의 손에 죽었더라면 좋았을 것을 너희가 이 광야로 우리를 인도해 내어 이 온 회중이 주려 죽게 하는도다 [4]그 때에 여호와께서 모세에게 이르시되 보라 내가 너희를 위하여 하늘에서 양식을 비 같이 내리리니 백성이 나가서 일용할 것을 날마다 거둘 것이라 이같이 하여 그들이 내 율법을 준행하나 아니하나 내가 시험하리라 [5]여섯째 날에는 그들이 그 거둔 것을 준비

할지니 날마다 거두던 것의 갑절이 되리라 [6]모세와 아론이 온 이스라엘 자손에게 이르되 저녁이 되면 너희가 여호와께서 너희를 애굽 땅에서 인도하여 내셨음을 알 것이요 [7]아침에는 너희가 여호와의 영광을 보리니 이는 여호와께서 너희가 자기를 향하여 원망함을 들으셨음이라 우리가 누구이기에 너희가 우리에게 대하여 원망하느냐 [8]모세가 또 이르되 여호와께서 저녁에는 너희에게 고기를 주어 먹이시고 아침에는 떡으로 배불리시리니 이는 여호와께서 자기를 향하여 너희가 원망하는 그 말을 들으셨음이라 우리가 누구냐 너희의 원망은 우리를 향하여 함이 아니요 여호와를 향하여 함이로다 [9]모세가 또 아론에게 이르되 이스라엘 자손의 온 회중에게 말하기를 여호와께 가까이 나아오라 여호와께서 너희의 원망함을 들으셨느니라 하라 [10]아론이 이스라엘 자손의 온 회중에게 말하매 그들이 광야를 바라보니 여호와의 영광이 구름 속에 나타나더라 [11]여호와께서 모세에게 말씀하여 이르시되 [12]내가 이스라엘 자손의 원망함을 들었노라 그들에게 말하여 이르기를 너희가 해 질 때에는 고기를 먹고 아침에는 떡으로 배부르리니 내가 여호와 너희의 하나님인 줄 알리라 하라 하시니라 [13]저녁에는 메추라기가 와서 진에 덮이고 아침에는 이슬이 진 주위에 있더니 [14]그 이슬이 마른 후에 광야 지면에 작고 둥글며 서리 같이 가는 것이 있는지라 [15]이스라엘 자손이 보고 그것이 무엇인지 알지 못하여 서로 이르되 이것이 무엇이냐 하니 모세가 그들에게 이르되 이는 여호와께서 너희에게 주어 먹게 하신 양식이라 [16]여호와께서 이같이 명령하시기를 너희 각 사람은 먹을 만큼만 이것을 거둘지니 곧 너희 사람 수효대로 한 사람에 한 오멜씩 거두되 각 사람이 그의 장막에 있는 자들을 위하여 거둘지니라 하셨느니라 [17]이스라엘 자손이 그같이 하였더니 그 거둔 것이 많기도 하고 적기도 하나 [18]오멜로 되어 본즉 많이 거둔 자도 남음이 없고 적게 거둔 자도 부족함이 없이 각 사람은 먹을 만큼만 거두었더라 [19]모세가 그들에게 이르기를 아무든지 아침까지 그것을 남겨두지 말라 하였으나 [20]그들이 모세에게 순종하지 아니하고 더러는 아침까지 두었더니 벌레가 생기고 냄새가 난지라 모세가 그들에게 노하니라 [21]무리가 아침마다 각 사람은 먹을 만큼만 거두었고 햇볕이 뜨겁게 쬐면 그것이 스러졌더라 [22]여섯째 날에는 각 사람이 갑절의 식물 곧 하나에 두 오멜씩 거둔지라 회중의 모든 지도자가 와서 모세에게 알리매 [23]모세가 그들에게 이르되 여호와께서 이같이 말씀하셨느니라 내일은 휴일이니 여호와께 거룩한 안식일이라 너희가 구울 것은 굽고 삶을 것은 삶고 그 나머지는 다 너희를 위하여 아침까지 간수하라 [24]그들이 모세의 명령대로 아침까지 간수하였으나 냄새도 나지 아니하고 벌레도 생기지 아니한지라 [25]모세가 이르되 오늘은 그것을 먹으라 오늘은 여호와의 안식일인즉 오늘은 너희가 들에서 그것을 얻지 못하리라 [26]엿새 동안은 너희가 그것을 거두되 일곱째 날은 안식일인즉 그 날에는 없으리라 하였으나 [27]일곱째 날에 백성 중 어떤 사람들이 거두러 나갔다가 얻지 못하니라 [28]여호와께서 모세에게 이르시되 어느 때까지 너희가 내 계명과 내 율법을 지키지 아니하려느냐 [29]볼지어다 여호와가 너희에게 안식일을 줌으로 여섯째 날에는 이틀 양식을 너희에게 주는 것이니 너희는 각기 처소에 있고 일곱째 날에는 아무도 그의 처소에서 나오지 말지니라 [30]그러므로 백성이 일곱째 날에 안식하니라 [31]이스라엘 족속이 그 이름을 만나라 하였으며 깟씨 같이 희고 맛은 꿀 섞은 과자 같았더라 [32]모세가 이르되 여호와께서 이같이 명령하시기를 이것을 오멜에 채워서 너희의 대대 후손을 위하여 간수하라 이는 내가 너희를 애굽 땅에서 인도하여 낼 때에 광야에서 너희에게 먹인 양식을 그들에게 보이기 위함이니라 하셨다 하고 [33]또 모세가 아론에게 이르되 항아리를 가져다가 그 속에 만나 한 오멜을 담아 여호와 앞에 두어 너희 대대로 간수하라 [34]아론이 여호와께서 모세에게 명령하신 대로 그것을 증거판 앞에 두어 간수하게 하였고 [35]사람이 사는 땅에 이르기까지 이스라엘 자손이 사십 년 동안 만나를 먹었으니 곧 가나안 땅 접경에 이르기까지 그들이 만나를 먹었더라 [36]오멜은 십분의 일 에바이더라

이스라엘이 이집트를 떠난 것이 첫째 달 15일이었으니까 이 이야기가 둘째 달 15일(1절)을 언급하며 시작하는 것은 출애굽한 지 어느덧

한 달이 지났음을 알 수 있다. 앞으로 이스라엘은 약 2주 후인 셋째 달 1일에 시내 산 밑에 도착하게 된다(19:1). 한동안 천막을 치고 짐을 풀었던 엘림을 떠나 시내 산(סִינָי)으로 가는 길에 신 광야(מִדְבַּר־סִין)에 이르렀을 때, 이스라엘은 다시 모세와 아론을 원망하기 시작했다(2절). 먹을 것이 마땅치 않다는 것이 이유였다. 그들은 자신들의 인권을 송두리째 빼앗기고 혹사당했던 이집트 시절을 동경하며 지금보다 그때가 좋았다고 한다(3절). 이집트를 탈출한 지 딱 한 달 만에 이스라엘에게 이집트는 에덴 동산이 되어 있다(Hamilton).

물론 그들이 당면한 현실이 고통스러워 그럴 수 있다고 생각할 수도 있다. 그러나 광야 생활은 용광로 같았던 이집트 시절과는 질적으로 다르고 의식주가 불편하지만 혹독한 노동 착취와 억압은 없다는 것을 생각할 때 이스라엘의 이 같은 행동은 결코 용납될 수 없다. 게다가 그들은 "우리 모두가 굶어 죽고 있다"라고 엄살을 피웠다. 지금까지 수많은 하나님의 기적과 은혜를 체험했으면서도 이렇게 순식간에 돌아서서 하나님을 원망하는 이스라엘 사람을 보며 우리는 무엇을 배우는가? 인간은 본질이 바뀌지 않는 한 결코 소망이 없다.

하나님은 원망하는 그들을 벌하지 않으시고 오히려 하늘에서 양식을 비처럼 내려 주기로 결정하셨다. 이 사건은 구약에서 하나님 은혜가 어떠한 것인가를 가장 설득력 있게 보여주는 사건 중 하나다(Enns). 하나님은 그들이 받을 양식에 순종 시험을 곁들이셨다(4절). 사실 이스라엘에게 만나를 주시기 전에 그들에 대한 하나님의 테스트는 시작되었다. 양식에 대한 불만이 터지기 전에 만나를 주실 수도 있었지만, 음식이 부족한 상황에서 그들이 어떻게 하는가를 지켜보신 것이다(Stuart). 물론 이스라엘은 이 테스트에서 좋은 점수를 받지 못했다.

하나님이 병행하신 시험은 각 사람이 아침에 나가 수북이 쌓여 있는 하늘의 양식 중 단 하루치의 분량만 가져와야 하며 다음날을 위하여 조금이라도 남겨두어서는 안 된다는 것이었다. 하나님이 매일 일용할 양식을 주실 것을 믿고 순종하라는 믿음의 훈련이었던 것이다. 그러나 안식일 전날에는 이틀 분량을 거두어오도록 하셨다(5절; cf. 24-30절). 안식일에는 하늘의 양식이 내리지 않을 것이기 때문이었다. 성경에서 하나님이 천지를 지으시고 안식하셨다고 회고한(창 2:1-2) 후 안식일이 언급되거나 특별한 날로 지켜져야 한다고 하는 것은 이곳이 처음이다. 그러므로 훗날 안식일에 대한 규례가 공식화되지만(출 20:8-11), 이 본문은 이스라엘 사람이 그 전에도 안식일의 특별함에 대해 상당 부분 이해하고 있었으며 이날을 기념하고 있었을 가능성을 시사한다고 볼 수 있다(Enns).

우리는 안식일을 생각할 때 단순히 사람이 일하지 않는 것에만 초점을 맞춘다. 그러나 구약의 안식일 규례를 살펴보면, 그 초점이 인간이 일하지 않는 것에 맞추어진 것이 아니라 하나님이 일하지 않으신 것에 맞추어져 있음을 보게 된다. 본문에서도 이스라엘이 안식일에 만나를 구하러 나가지 않아야 하는 이유는 하나님이 이날은 만나를 내리시지 않을 것이기 때문이다. 안식일은 이스라엘이 아직도 들에 쌓여 있는 만나를 거둘 수 없는 날이 아니라 거둘 만나가 아예 없는 날이었다. 이 날은 하나님이 일하지 않으셨기 때문이다. 즉, 안식일 규례는 하나님이 일을 멈추신 것을 따라 하는 것이었다(Enns). 이스라엘은 하나님이 보여주신 모범사례를 따라 안식일을 지켜야 했다. 하나님이 안식일에 만나를 거두는 것에 제한을 두신 이유는 주의 백성이 하나님의 명령에 복종하고 이날뿐만 아니라 다음날에도 양식이 있을 것을 믿게 하기 위함이었다(Ibn Ezra).

저자는 하나님이 이같이 이스라엘을 시험하신 이유가 그들이 하나님의 지시를 순종하는지 보기 위해서였다고 한다. '지시'(תּוֹרָה)는 이스라엘이 시내 산에서 받게 될 '율법'(תּוֹרָה)과 동일한 표현이다. '토라'가 하나님이 이스라엘에게 준수하라며 주신 규례에 대한 전문적인 표현이지만, 때로는 이처럼 넓고 보편적인 의미에서 하나님의 명령을 의미할 수도 있다(Enns). 안타깝게도 이스라엘 사람은 하나님이 주신 시험에서 낙제했다. 그들은 하나님이 명령하신 대로 하지 않고 한 오멜(2.3ℓ) 이상을 거두어들였다. 다음날을 위해 아끼다가 썩게 만들었으며, 안식일에도 만나를 거두려고 광야에 나갔다(27절). 안식일 아침이면 전날에 거둔 만나가 다른 날처럼 썩지 않은 채 충분히 남아 있었는데, 그들은 왜 안식일에 만나를 찾아 나섰을까? 이스라엘은 참으로 하나님의 말씀을 듣지 않는 못된 백성이었다. 다른 날에는 남은 만나가 모두 썩었지만 안식일에는 썩지 않은 것도 기적이었다. 그러므로 이스라엘은 광야에서 사는 내내 주중에는 매일 최소한 한 가지 기적(매일 만나가 내린 일)을, 주말이면 두 가지 기적(double miracle)을 체험했다. 즉 안식일 전날에 하늘에서 만나가 내린 기적과 이 만나가 안식일에도 썩지 않는 기적을 체험했던 것이다(Stuart).

결국 모세는 불순종한 이스라엘에게 화를 냈고(20절), 하나님이 그들을 심하게 책망하셨다(28절). 특히 하나님의 책망은 이집트에서 모세를 통해 마음이 강퍅해진 바로를 책망한 것과 비슷하다(10:3). 이스라엘에 대한 하나님의 오래 참으심이 벌써 한계에 도달했다는 뜻일까? 한 가지 확실한 것은 이스라엘이 자꾸 이집트 사람처럼 되어가고 있다는 사실이다(Enns). 독자로서 우리의 마음이 매우 불안하다. 이스라엘의 이 같은 행동이 앞으로 이들이 하나님께 대한 순종을 요구하는 테스트에서 철저하게 실패할 것을 예고하기 때문이다.

하나님은 고기에 굶주린 자기 백성을 위해 메추라기도 주셨다. 저녁에는 메추라기 파티가 열렸고, 아침에는 하늘에서 양식이 내려왔다(13절; cf. 8, 10절). 메추라기는 오늘날에도 잘 알려진 새로, 유럽에서 아프리카로 이동하는 철새다. 시내 광야는 봄에 아프리카에서 유럽으로, 가을에 유럽에서 아프리카로 이동하는 메추라기가 잠시 여행을 멈추고 쉬는 곳이다(Kaiser). 최근까지도 엄청난 수의 메추라기가 정기적으로 시내 광야를 찾았으며, 이곳에 잠시 멈춘 메추라기들이 얼마나 기진맥진해 있던지, 사람들이 아무런 어려움 없이 손으로 잡을 수 있었다고 한다(민 11:31–32). 민수기 11장은 광야 생활 중 메추라기가 두 규빗(90cm) 두께로 이스라엘 진 주변에 쌓인 적이 있었다고 한다.

하늘에서 비처럼 내려온 빵이 무엇이었는가는 해석자들 사이에 아직도 논란의 대상이 된다. 새벽이면 지면에 쌓여 있다가 해가 뜨면 녹았다는 것에서 이것이 마치 눈이나 서리와 같은 성향을 지닌 것임을 알 수 있다. 이스라엘 사람은 이것을 '만나'(מָן)라고 불렀으며, 이 말은 "이게 뭘까?"(מָן הוּא)라는 말에서 비롯되었다(15절). 이스라엘 사람이 하늘에서 내려온 이 빵을 먹을 때마다 머리를 긁적이며 "이게 뭘까?"라고 물으면서 먹는 모습을 상상해보라! 만나는 하나님이 이스라엘에게 매일 내려 주신 하늘의 양식이었다.

만나를 자연 현상으로 설명하고자 하는 사람은 이것이 광야에 사는 벌레의 분비물이었다고 주장한다(Bodenheimer, Jacob, cf. Stuart). 문제는 이 벌레들이 얼마나 많은 분비물을 생산해 내야 온 이스라엘 백성이 매일 먹고 살 수 있느냐는 것이다. 하루 이틀도 아니고 40년을 말이다. 게다가 왜 주중에는 만나가 하루만 지나면 상하다가도 안식일이면 괜찮아지느냐는 것이다. 벌레들이 안식일 전날에는 두 배로 싸고 방부제까지 더했단 말인가! 메추라기는 자연 현상으로 해석될 수 있지만 만나의 경우는 기적으로 해석될 수밖에 없다(Rawlinson). 본문은 만나가 하늘에서 내려왔다는 점을 지속적으로 강조한다. 만나는 이 땅의 소산이 아니라 하늘에서 내려온 특별한 양식이었다(Stuart, Dozeman). 시편 78:24는 만나를 천사들이 먹는 양식이라고 한다. 만나는 먹는 사람마저도 자신이 정확하게 무엇을 먹고 있는지 알지 못했던 신비의 양식이었다.

만나와 메추라기의 공급은 이스라엘이 하나님을 믿고 따를 것을 요구하는 사건이었다. 사람이 떡으로만 살 것이 아니라 하나님의 입에서 나오는 말씀으로 살아야 한다는 것이다(신 8:3). 그러므로 굶주림을 두려워하는 사람들에게 하나님이 매일 일용할 양식을 내려주실 것이니 욕심부리지 말고 하나님의 말씀을 믿으라는 의미가 포함되어 있었다. 삶과 죽음을 두고 하나님을 신뢰하라는 요구였다. 주의 백성이 이렇게 하는 것은 단순히 의식주의 문제가 아니라 그분이 여호와이심을 인정하는 일이기도 했다(12절). 물론 사람들은 하나님의 명령을 어겨 필요 이상의 만나를 거두어들이면서 '미래를 위한 저축'이라고 자신들의 행동을 정당화했을 것이다. 그러나 그들의 기대와 달리 만나는 다음날까지 신선도가 유지되지 않았다. 결국 이스라엘 사람이 미래를 위해 남겨둔 만나는 모두 썩어서 버려야 했다. 우리도 끊임없이 질문해 봐야 한다. 우리는 과연 미래를 위하여 무엇을 남기고자 하는가? 만나처럼 얼마 안 가서 썩을 것인가? 아니면 영원히 없어지지 않을 것인가? 만나와 같은 일용할 양식에 욕심을 부리지 말고 썩어 사라지지 않을 것을 추구해야 한다. 물론 이 모든 일에서 하나님을 믿고 따라야 한다.

내용과 전개 방식을 감안할 때 31-36절은 훗날 삽입된 것을 알 수 있다. 만나 항아리를 "영원히 여호와 앞에 두라"(33절)라는 말씀은 법궤에 넣으라는 것인데, 법궤는 앞으로도 1년 동안 만들어지지 않는다. 또한 35절은 이스라엘이 광야에서 만나를 40년 동안 먹었다고 기록하고 있는데, 이 사실은 광야의 여정이 다 끝난 다음에 이 부분에 삽입되었음을 암시한다. 한 오멜이 10분의 1에바라고 밝히는 것은(36절), 마지막 섹션(31-36절)이 더해졌을 때 '오멜'은 더 이상 흔히 쓰는 단위가 아니었음을 의미한다.[33] 구약에서 에바의 크기도 다른 단위처럼 시대에 따라 어느 정도 차이는 있지만, 대체로 220ℓ 정도로 간주하면 된다. 그러므로 한 오멜은 22ℓ 정도로 볼 수 있다. 중세기 랍비도 31-36절이 훗날 삽입된 말씀이라는 것을 깨달았으며 이 본문을 모세 오경이 시대적인 순서로 기록된 것이 아님을 입증하는 증거로 사용하기도 했다. 그러나 오멜이 이 섹션의 저자/편집자 시대에는 더 이상 사용하는 단

33 학자들은 이 섹션이 모세 시대로부터 한참 후에 첨부된 것으로 이해한다(Enns).

위가 아니기에 이 같은 설명이 필요했다는 것은 만나와 메추라기 이야기가 매우 오래된 이야기임을 입증한다(Enns).

II. 시내 산에서 받은 율법(15:22-24:18)
A. 시내 산으로 가는 길(15:22-18:27)

3. 바위에서 생수가(17:1-7)

[1]이스라엘 자손의 온 회중이 여호와의 명령대로 신 광야에서 떠나 그 노정대로 행하여 르비딤에 장막을 쳤으나 백성이 마실 물이 없는지라 [2]백성이 모세와 다투어 이르되 우리에게 물을 주어 마시게 하라 모세가 그들에게 이르되 너희가 어찌하여 나와 다투느냐 너희가 어찌하여 여호와를 시험하느냐 [3]거기서 백성이 목이 말라 물을 찾으매 그들이 모세에게 대하여 원망하여 이르되 당신이 어찌하여 우리를 애굽에서 인도해 내어서 우리와 우리 자녀와 우리 가축이 목말라 죽게 하느냐 [4]모세가 여호와께 부르짖어 이르되 내가 이 백성에게 어떻게 하리이까 그들이 조금 있으면 내게 돌을 던지겠나이다 [5]여호와께서 모세에게 이르시되 백성 앞을 지나서 이스라엘 장로들을 데리고 나일 강을 치던 네 지팡이를 손에 잡고 가라 [6]내가 호렙 산에 있는 그 반석 위 거기서 네 앞에 서리니 너는 그 반석을 치라 그것에서 물이 나오리니 백성이 마시리라 모세가 이스라엘 장로들의 목전에서 그대로 행하니라 [7]그가 그 곳 이름을 맛사 또는 므리바라 불렀으니 이는 이스라엘 자손이 다투었음이요 또는 그들이 여호와를 시험하여 이르기를 여호와께서 우리 중에 계신가 안 계신가 하였음이더라

만나와 메추라기를 통해 일용할 양식에 대한 시험에서 철저하게 실패한 이스라엘은 르비딤에 도착하자 다시 물 때문에 모세와 하나님을 원망하기 시작했다. 르비딤은 이스라엘이 시내 산으로 가는 여정 중 마지막으로 진을 친 곳이며 하나님의 산에서 매우 가까운 곳이다. 일부 학자들은 르비딤이 오늘날 예벨무사(Jebel Musa)로 불리는 곳이라고 하기도 하고(Stuart), 와디레파이드(Wadi Refayid)라고도 한다(Kaiser). 이스라엘은 아직도 하나님이 그들에게 깊은 관심을 가지고 계시기 때문에 때에 따라 그들의 필요를 채워 주실 것이라는 사실을 인정하지 않는다. 그래서 이스라엘은 이 사건을 통해 "여호와께서 우리 가운데 계시는가, 안 계시는가?"(7절)라고 질문한다. 그들의 논리는 "기왕 이집트에서 인도해 냈으니 잘 좀 해주지 왜 걸핏하면 어렵게 만드느냐?"라는 것이다. 이스라엘의 이 같은 질문은 여기까지 그들과 함께해 오신 하나님께 최고의 수모와 모멸감을 안겨 준다(Stuart). 다행히 하나님은 이스라엘의 질문에 분노하지 않으셨다.

이스라엘은 이번 시험에서도 낙제 점수를 받았다. 마라에서 쓴 물이 단물로 변한 기적을 체험하고도 이 모양이었다.[34] 하나님이 행하신 온갖 기적을 체험하고도 계속 불신하는 이스라엘은 마음이 강퍅하여 끝까지 하나님을 거역했던 바로와 별로 다를 바가 없다(Enns). 하나님이 이집트를 벌하시고 이스라엘을 구원하신 것은 일방적이고 조건 없는 결정에 의한 것이지 결코 그들이 우수했기 때문이 아니다. 그들이 남을 원망할 시간에 주님께 도와달라고 기도했다면 하나님이 얼마나 기뻐하셨을까?

자신에게 불만을 토로하는 백성 때문에 모세도 매우 당황했다. 백성의 행동은 그들을 시험하시고자 하는 하나님을(15:25, 164) 오히려 그들이 시험하려고 했기 때문이다(7절, cf. 시 78:56; 106:7, 14, 25, 29). 성경은 하나님이 사람을 시험하는 것은 당연한 일이라고 하지만(창 22:1; 출 15:25; 16:4; 20:20; 신 8:2, 16; 13:3; 삿 2:22; 3:1), 인간이 하나님을 시험하는 것은 옳지 않다고 한다(출 17:2, 7; 민 14:22; 신 6:16; 시 78:18; 106:14).

34 일부 주석가들은 본문에 기록된 사건이 실제 있었던 일이 아니라 15:22-26에 기록되어 있는 사건을 한 번 더 활용하고 있다고 주장한다. 그러나 두 이야기를 같은 사건으로 간주하기에는 세부적인 사항들이 많이 다르다(Stuart).

이것이 옳지 않음은 인간의 기준에 따라 하나님의 성품을 정의하겠다는 의지 때문이며(Janzen), 하나님의 주권을 침해하는 일이기 때문이다(Fretheim). 하나님의 주권은 인간이 침해할 수 있는 것이 아니라 하나님이 인간에게 순응하도록 주시는 것이다. 그래서 모세는 하나님께 불평하는 것은 곧 하나님께 맞서는 것과 같다고 해보았지만 소용이 없었다(2-3절). 결국 곤경에 처한 모세가 하나님께 부르짖었다(4절). 모세도 이스라엘의 행동이 배은망덕할 뿐만 아니라 몰상식한 처사라고 생각했다. 훗날 모세는 이 사건을 상기시키면서 하나님을 시험해서는 안 된다는 권면을 남긴다(신 6:16). 모세는 하나님께 "이 백성을 제가 어떻게 해야 합니까?"(4절)라고 절규하며 이스라엘은 구원할 가치가 전혀 없는 사람들임을 강조함과 동시에 자신이 앞으로 이처럼 배은망덕한 사람들을 어떻게 약속의 땅으로 인도해야 할지 답답할 뿐이라며 토로했다.

하나님은 모세가 나일 강을 칠 때 사용했던 지팡이로 호렙 산(혹은 호렙 산 근처에 있는) 바위를 치게 하셨고 그 반석에서 물이 나오게 하셨다(5-6절). 모세가 지팡이로 나일 강을 친 일과 바위를 친 일은 둘 다 물과 연관되어 있다는 공통점이 있지만, 결과에는 현저한 차이가 있다. 모세가 지팡이로 친 나일 강물은 생명을 위협하는 물이 되었고, 모세가 내리친 반석은 이스라엘의 생명을 유지하는 물을 내었다(6절). 같은 내리침이지만, 한 곳에서는 어둠을 내리는 심판이, 한 곳에서는 빛을 선사하는 하나님의 은혜가 되었다(Kaiser). 하나님이 이집트와 이스라엘을 확실하게 차별하여 대하신 것이다.

훗날 하나님은 모세에게 바위에서 물을 내라고 한 번 더 말씀하신다(민 20:1-13). 그러나 민수기에 기록된 사건과 본문에 기록된 사건은 분명 다른 사건이며 중요한 차이점이 있다. 본문은 바위를 지팡이로 내리치라고 하지만, 민수기에서는 바위에게 말하라고 하신다. 그러나 백성에게 잔뜩 화가 나 있던 모세는 바위를 내리쳐 물을 냈다. 결국 모세는 민수기에 기록된 사건으로 약속의 땅에 들어가지 못한다. 둘은 비슷하지만 다른 사건이다.

하나님이 모세에게 장로들과 함께 가서 호렙 산 바위를 치라고 하신 것은 이스라엘이 진을 친 르비딤에서 호렙 산(시내 산)이 멀지 않다는 뜻이다. 또한 모세가 이집트에서 사용했던 지팡이를 사용하여 물을 내는 것은 이스라엘이 이집트를 떠날 수 있게 하셨던 바로 그 하나님이 이 순간에도 이스라엘과 함께하시기 때문에 '염려하지 말라'는 메시지를 선포하기 위해서다(Enns). 먹고 마시는 것 때문에 더 이상 걱정하지 말라는 의미다. 이집트에서 온갖 이적을 베푸신 하나님이 그들과 함께 하신다.

일부 학자들은 모세가 바위에서 물을 낸 사건을 수맥을 덮고 있던 석회암을 쳤을 때 일어나는 자연 현상으로 설명한다(Sarna). 설령 이 같은 추측이 어느 정도 신빙성이 있다 할지라도 놀라운 것은 바로 그 순간 수맥이 거기에 있었다는 것이 아니겠는가! 또한 저자는 이 사건을 모세가 아닌 하나님이 하신 일이라는 것을 강조함으로써 주님이 이스라엘을 위해 베푸신 특별한 기적이었음을 강조한다. 이스라엘의 하나님 여호와는 쓴 물을 단물로 바꾸실 수 있을 뿐만 아니라 필요하면 반석에서 물을 내실 수도 있는 능력의 하나님이다. 그러므로 이 사건은 이스라엘이 가나안 땅에 들어가서 누구를 의지하며 살아야 하는가를 암시한다. 바알이 구름을 몰고 와 물을 뿌리는 신이라면, 여호와는 무에서 유를 창조하시듯 반석에서 물을 내시는 분이다. 물론 바알은 인간이 만들어낸 무능한 우상에 불과할 뿐 스스로 존재하는 신은 아니다. 그러므로 그가 구름을 몰고 와 세상에 비를 내린다는 것은 바알을 조각한 사람의 생각이지 사실이 아니다.

이스라엘은 원하던 물을 실컷 마시게 되었지만, 이번에도 하나님이 의도하고 기대하시던 대로 시험에 합격한 것은 아니었다. 이러한 이유 때문에 이곳의 이름이 '맛사와 므리바'(מַסָּה וּמְרִיבָה)가 되었다. 맛사는 '시험'을, 므리바는 '다툼'을 의미한다. 므리바의 '다툼'(רִיב)은 전(前) 장에서 사용되었던 '원망/불만'보다 훨씬 더 강력한 의미를 지녔다. 시간이 지날수록 백성의 불만이 커지고 있음을 의미한다. 우리는 기적이 사람을 변화시키지 못함을 다시 한번 실감한다. 이스라엘은 이집트에서 1년 동안 진행된 열 가지 재앙을 경험했다. 사람들을 혹독하게 괴롭히는 재앙들에서 이스라엘은 제외되기도 했다. 이후 그들은 하나님이 베푸신 기적으로 홍해를 건너서 이곳까지 왔다. 이곳까지 오는 지난 한 달여 사이에도 이스라엘은 만나와 메추라기 등 하나님이 베푸신 기적을 경험했다. 그러나 그들은 변하지 않았고 오히려 마음이 더 강퍅해졌다! 우리는 사람을 변화시키지 못하는 기적이 아닌 온전히 변화시키는 말씀을 사모해야 한다. 홍해를 건넌 후 이스라엘이 벌써 여러 차례 모세를 원망하고 하나님이 주신 믿음 시험에서 낙제했지만, 하나님은 그들을 탓하거나 징계하지 않으신다. 아직 언약을 통한 공식적인 관계가 체결되지 않았고, 이스라엘의 신앙이 초보 단계였기 때문이다. 이처럼 주의 백성에게 임하는 하나님의 징계와 심판이 항상 부정적인 것을 의미하지는 않는다. 이는 무엇보다도 하나님과의 관계가 확고함을 전제로 한다.

II. 시내 산에서 받은 율법(15:22-24:18)
A. 시내 산으로 가는 길(15:22-18:27)

4. 아말렉 족을 물리침(17:8-16)

[8]그 때에 아말렉이 와서 이스라엘과 르비딤에서 싸우니라 [9]모세가 여호수아에게 이르되 우리를 위하여 사람들을 택하여 나가서 아말렉과 싸우라 내일 내가 하나님의 지팡이를 손에 잡고 산 꼭대기에 서리라 [10]여호수아가 모세의 말대로 행하여 아말렉과 싸우고 모세와 아론과 훌은 산 꼭대기에 올라가서 [11]모세가 손을 들면 이스라엘이 이기고 손을 내리면 아말렉이 이기더니 [12]모세의 팔이 피곤하매 그들이 돌을 가져다가 모세의 아래에 놓아 그가 그 위

에 앉게 하고 아론과 훌이 한 사람은 이쪽에서, 한 사람은 저쪽에서 모세의 손을 붙들어 올렸더니 그 손이 해가 지도록 내려오지 아니한지라 [13]여호수아가 칼날로 아말렉과 그 백성을 쳐서 무찌르니라 [14]여호와께서 모세에게 이르시되 이것을 책에 기록하여 기념하게 하고 여호수아의 귀에 외워 들리라 내가 아말렉을 없이하여 천하에서 기억도 못 하게 하리라 [15]모세가 제단을 쌓고 그 이름을 여호와 닛시라 하고 [16]이르되 여호와께서 맹세하시기를 여호와가 아말렉과 더불어 대대로 싸우리라 하셨다 하였더라

이 이야기는 짧지만 매우 짜임새 있는 구조를 갖고 있다. 다음을 참고하라(Dozeman). 우리말 번역본과 히브리어 문장의 순서가 다르므로 히브리어 문장의 구조를 따랐다.

A. 아말렉과의 전쟁(8절)
  B. 지시(9-10a절)
    C. 여호수아가 아말렉과 싸움(10b절)
      D. 모세, 아론 훌(10c절)
        E. 모세의 팔(11절)
        E'. 모세의 팔(12a절)
      D'. 모세, 아론, 훌(12b절)
    C'. 여호수아가 아말렉과 싸움(13절)
  B'. 지시(14-15절)
A'. 아말렉과의 전쟁(16절)

이스라엘이 홍해를 건넌 후 여기까지 이르면서 그들을 괴롭혔던 것이 먹을 것과 마실 것에 대한 불편함이었다면, 이번에는 다른 유형의 괴롭힘, 곧 그들의 생존을 위협하는 적들의 공격이었다. 이 사건은 이스라엘 사람의 사고의 전환을 요구한다. 그동안 이스라엘은 내부적인 갈등을 빚어왔다. 먹을 것이 없다며 모세를 비난했고, 마실 것이 없다며 하나님을 원망했다. 앞으로 그들이 가나안에 정착하기 위해서 얼마나 많은 외부의 적과 싸워야 하는가를 생각해 본다면 내부적인 갈등으로 시간을 낭비할 때가 아니었다. 지금은 마음과 힘을 합하여 외부의 공격에 대비할 때였던 것이다. 이스라엘은 바로 앞에 기록된 므리바 물 사건에서 "하나님이 우리와 함께하시는가?"라며 불만을 토로하기를 서슴지 않았는데(17:1-7), 이 사건은 하나님이 그들과 함께하심을 확실하게 보여준다(Dozeman). 그러나 이번에도 하나님의 임재가 이루어낸 기적을 체험한 이스라엘은 변하지 않을 것이다.

어느 공동체든 내부의 갈등을 해소하고 힘을 모으고 마음을 합할 수 있는 가장 좋은 방법은 공동체를 위협하는 외부의 적에 대항하는 것이다. 이스라엘은 이 전쟁을 통해 자신들의 적이 모세와 하나님이 아니라는 사실을 확실히 깨닫고 삶의 자세를 바꿔야 한다. 교회도 선교와 구제 등 외부 활동을 줄이거나 멈출 때 가장 큰 불화에 휩싸이지 않는가? 바꾸어 말하면, 교회의 내부 문제와 결집력 결여를 해결하는 가장 좋은 방법은 본래 교회가 이 세상에 존재하는 목적, 곧 선교(전도)와 구제 사역에 공동체의 열정을 쏟는 것이다. 교회가 해야 할 일을 하다 보면 하나님이 그 공동체에 기쁨과 만족뿐만 아니라 치유까지 주신다.

이스라엘이 광야를 행진하는 동안 아말렉이 그들을 쳤다. 아말렉은 주로 가나안 남쪽에 살았으며(창 14:7) 에서의 손자 아말렉에서 비롯되었다. 아마도 아말렉은 많은 사람이 이동하는 것을 보고 스스로 위협을 느껴 이스라엘을 공격했을 수도 있다. 그러나 그들이 조상 에서의 동생 야곱에게 주어진 가나안 땅에 대한 하나님의 약속을 기억했다면 이스라엘을 두려워할 필요가 없다. 단지 이스라엘은 여호와의 약속을 성취하러 가나안을 향하는 길인데, 아말렉이 살고 있는 땅과는 상관없는 곳이기 때문이다. 이집트를 겨우 탈출해 시내 산으로 가고 있는 이스라엘을 제일 먼저 공격한 자들이 다름 아닌 먼 친척뻘 되는 민족이라는 것이 다소 씁쓸함을 남긴다. 인류 최초의 살인이 동생을 죽이는 것이었고, 훗날 모세를 가장 반대한 사람 중에 형 아론과 누이 미리암이 있었다는 사실은 이 사건과 함께 우리와 가장 가까운 자들이 때로는 우리를 가장 힘들게 하는 자들이라는 것을 상기시킨다.

하나님은 누구든지 주의 백성 이스라엘을 공격하면 어떤 결과를 초래하는지 경고하기 위해서라도 이 민족을 철저하게 치고자 하셨고, 이 사건으로 아말렉은 이스라엘의 영원한 원수가 되었다. 어떻게 생각하면 너무 혹독한 처벌이라고 할 수도 있지만, 이 사건을 회고하고 있는 신명기 25:17-19을 읽어 보면 아말렉은 이러한 심판을 받을 만한 야비한 사람들이라는 것을 알 수 있다. 본문은 결과에 초점을 맞추어 이 사건을 회고하기에 과정을 생략하고 있는데, 신명기는 아말렉이 오랜 행진으로 지칠 대로 지쳐 있는 이스라엘의 행렬, 그것도 힘없는 여자와 노인이 밀집되어 있는 뒷부분의 행렬을 쳤다고 한다. 아말렉은 매우 비열한 족속이기에 이 같은 벌을 받을 만한 것이다.

아말렉은 우리가 성경에서 만나는 족속 중에 가장 넓게 퍼져 사는 민족 가운데 하나였다. 그들은 이스라엘이 정복해야 할 가나안에도 있었다. 사울 시대에 이스라엘은 아말렉과 싸웠으며, 사울이 하나님께 버림받은 이유 중 하나가 하나님이 아말렉을 진멸하라고 하셨는데 사울이 여론을 의식해 아각 왕과 좋은 짐승을 살려줬기 때문이었다. 다윗 시대 이후로 아말렉은 더 이상 이스라엘을 상대할 만한 적이 되지 못했다. 아말렉의 왕이었던 아각에게서 비롯된 족속의 대표가 페르시아에서 에스더와 모르드개를 괴롭게 했던 하만이다. 하만은 우리가 성경에서 접하는 아말렉의 마지막 후손이다. 하나님이 본문에서 말씀하신 것처럼 이스라엘과 아말렉은 둘 중 하나가 멸망할 때까지 영원히 싸우는 원수 관계였다.

이 사건을 통해 여호수아가 성경에 처음으로 모습을 드러낸다(9절). 그가 특별한 소개 없이 등장하는 것으로 보아 이스라엘 사람은 그를 잘 알고 있었던 것 같다. 그는 에브라임 지파 사람이었으며, 본명이 '호세아'였는데 모세가 '여호수아'로 바꾸어 주었다(민 13:8, 16). 우리가 성경에서 접하는 여호수아의 첫인상은 모세의 지시에 순종하는 모습이다. 그는 하나님이 들어 쓰실 만한 인물이었다는 것을 의미한다(Enns). 여호수아는 앞으로 모세의 몸종처럼 곁에서 시중을 들며 40년 동안 지도자 훈련을 받게 된다. 모세는 가나안 땅에 입성하지 못하고 모압 평지에서 출애굽 2세에게 고별 설교를 한 후 죽게 되는데, 여호수아는 모세의 후계자가 되어 이스라엘을 가나안 땅으로 인도하고 정복 전쟁을 지휘한다. 모세의 성격이 다혈질이었던 것을 생각하면 여호수아가 모세의 시종으로 있었던 40년은 결코 평온하고 즐거운 시간만은 아니었을 것이다. 하나님이 모세를 통해 여호수아에게 많은 연단과 훈련을 주신 후 그를 들어 사용하셨던 것이다. 모든 사람에게는 때가 있으며 경우에 따라서는 하나님이 만들어가시는 과정이 꼭 필요하다.

아론과 함께 산에 올라가 모세를 돕는 사람은 훌이다(10절). 훌이 여호수아처럼 별다른 소개 없이 이야기에 등장하는 것으로 보아 출애굽한 사람에게 잘 알려진 인물이었을 것이다. 훌(חוּר)은 이집트어 이름 호루스(Horus)에서 비롯된 것이다(Dozeman, cf. HALOT). 역대기에 기록된 계보에 의하면 그는 유다와 다말 사이에 태어난 베레스의 후손이며, 얼마 후 성막과 도구를 만드는 일을 감독하게 될 브살렐의 할아버지였다(대상 2:19-20). 그의 조상에는 갈렙도 포함되어 있는데, 이 갈렙은 여호수아와 함께 가나안을 정탐하고 온 갈렙과 다른 인물이다. 물론 동명이인(同名異人)일 가능성을 배제할 수는 없다. 요세푸스는 훌이 모세의 누이 미리암의 남편이었다는 전승을 이야기한다(Ant. 3.54). 아론과 훌은 모세의 팔을 하나씩 부축했다(12절). 이러한 모습은 함께 사역하는 사람이 어떠해야 하는지 잘 보여준다(Hamilton). 아론과 훌은 모세를 필요하고, 모세는 아론과 훌이 필요하다. 아말렉과의 싸움이 만만치 않기 때문이다. 하나님이 승리를 약속하셨지만, 모세가 손을 올리면 이스라엘이 승리하고 내리면 패한다. 마치 그리스도인의 삶에서 때로는 승리하고, 때로는 실패하는 것처럼 말이다. 그러므로 모세와 아론과 훌이 함께한 것처럼 그리스도인이 함께하는 것은 매우 중요하다.

아말렉과의 전쟁에서 이상한 현상이 포착된다(11절). 모세가 손을 들 때는 이스라엘이 이기고 내릴 때는 아말렉이 이기는 것이다! 마치 안테나를 세우고 있으면 하늘의 신호를 받고, 안테나를 접으면 더 이상 하늘의 신호를 받지 못하는 것처럼 말이다(Dozeman). 일부 주석가들은 히브리 사람이 기도할 때 하늘을 향해 손을 들었다는 사실을 근거로 모세가 기도하는 것이라고 하는데(Sarna), 이야기의 전체적인 내용을 볼 때 이 같은 해석은 설득력을 얻지 못한다. 모세가 하늘을 향해 손을 치켜든 것은 단지 하나님의 개입을 바라는 간절한 마음을 표현한 것이다(Kaiser). 모세가 자신의 지팡이를 가지고 일종의 마술을 행하는 것이라고 해석하는 사람도 있다(Houtman). 역시 본문과는 거리가 먼 주장이다(Kaiser). 자신이 손을 들면 이스라엘이 승리하고 내리면 아말렉이 승리한다는 사실을 깨달은 모세는 계속 들고 있기를 원했지만, 팔이 너무 아파 불가능했다. 아론과 훌이 양쪽에서 모세의 손을 붙잡아 들어 올렸고, 모세는 돌에 앉아 이들의 부축을 받으며 해가 질 때까지 이스라엘이 승리하도록 최선을 다했다(12절).

모세가 손을 올릴 때 이스라엘이 이기고, 내리면 지게 되는 현상 역시 이 전쟁은 하나님이 하신 일임을 확고히 보여준다. 모세의 손에 신비한 능력이 있었던 것이 아니라, 하나님이 이집트를 치고 홍해를 가를 때 사용하셨던 모세의 손을 다시 사용하시는 것뿐이다. 같은 맥락에서 모세가 '내일' 산에 올라가겠다고(9절) 하는 것도 이 일이 하나님이 하신 일임을 강조한다. 출애굽기에서 '내일'은 하나님이 역사하시는 날이기 때문이다(Enns). 하나님이 이집트에 재앙을 내리실 때 모세는 '내일' 재앙이 올 것이라고 누누이 말했다(8:23, 29; 9:5, 18; 10:4). 가장 마지막에 '내일'이 사용된 것은 만나와 연관되어서다(16:23). 또한 하나님이 온갖 기적을 행하실 때 도구로 사용하신 모세의 지팡이가 이 이야기에 언급되어 있다는 사실은 승리는 하나님이 이루신 일이라는 점을 암시한다. 물론 이스라엘 군이 직접 무기를 들고 아말렉을 대적하여 싸웠지만, 하나님이 승리를 주신 것이다. 하나님의 사역은 대부분이 같은 방식으로 진행된다. 때로는 하나님의 개입과 간섭이 인간의 노력과 최선을 배제한 상태에서도 진행되지만, 대부분의 경우 인간의 노력과 최선을 전제하고 사용함으로써 역사하시는 것이다.

이스라엘이 완벽한 승리를 얻은 다음 하나님은 모세에게 이날의 일을 책에 기록하라고(כתב) 명령하셨다(14절). 성경에서 처음으로 이 단어가 사용된다. 이 사건은 그만큼 중요한 신앙의 유산이 되어 두고두고 기념되어야 하는 것이다. 모세는 광야에서의 첫 승리를 기념하기 위해 제단을 쌓고 그 제단 이름을 '여호와 닛시'라고 불렀다. 선조들은 중요한 일을 기념하기 위해 제단을 쌓았다(창 12:7-8; 26:25; 35:7). 모세도 이 같은 전통을 이어받아 이날의 승리를 기념하고자 했다. 이 전쟁은 출애굽한 이스라엘이 치른 첫 번째 성전(聖戰)이었기 때문이다. 그러므로 모세는 이날 두 가지 기념비적인 일(책에 기록한 것과 제단을 세운 일)을 통해 이 전쟁의 중요성을 선포하고 전쟁을 승리로 이끈 것은 자신이나 이스라엘이 아니라 여호와 하나님임을 기념하는 것이다.

'여호와 닛시'(יְהוָה נִסִּי)를 문자적으로 풀이하면 '여호와는 나의 깃발'이라는 뜻이다. 이 성호는 매우 중요한 신학적 상징성을 지녔다(Enns). 앞으로도 아말렉처럼 가나안을 향해 진군하는 이스라엘의 길을 가로막고 방해하는 족속이 있을 것이다. 또한 이스라엘이 약속의 땅 가나안을 차지하기 위해서는 많은 민족과 전쟁을 치러야 한다. 그중에는 아말렉 족속도 있다(민 13:29). 그러나 이스라엘은 걱정할 필요가 전혀 없다. 하나님이 그 땅을 주시겠다고 약속하셨을 뿐만 아니라 이스라엘이 그 땅을 완전히 정복할 때까지 여호와께서 이스라엘을 위해 싸워서 승리하실 것이기 때문이다. '여호와 닛시'는 그런 의미를 지녔다. 바로 이 하나님이 우리의 주님이시니 우리도 걱정할 필요가 없다. 하나님이 우리의 삶에서도 승리하실 것이기 때문이다.

한국어, 영어 번역본을 다양하게 해석하는 것처럼, 16절 전반부를 정확하게 번역하는 것은 매우 어렵다(Cassuto, Childs, Stuart, Hamilton). 히브리어 문장이 정확하지 않기 때문이다(cf. 새번역 각주). 그러나 의미를 파악하는 것은 어렵지 않다. 하나님은 이스라엘에게 승리를 주시는 분이라는 점이 강조되고 있다. 일부 학자들은 이 구절이 이제는 잊혀 버린 '여호와의 전쟁기'(민 21:14) 혹은 '야살의 책'(수 10:13; 삼하 1:18)의 일부가 아니었을까 하는 추측을 해보기도 한다(Cassuto, Sarna, cf. Dozeman). 이 문서가 어떤 책이었든 간에 중요한 것은 모세가 뭔가를 기록하고 있으며, 이 기록물을 이스라엘 자손에게 보존하도록 했다는 사실이다. 우리는 이처럼 모세가 문서화하는 정황을 근거로 그를 오경의 저자로 간주하는 것이다.

하나님은 아말렉이 완전히 멸망할 때까지 영원토록 그들과 전쟁하실 것을 선포하신다. 아말렉은 훗날 이스라엘의 영원한 적을 상징했다. 아말렉과 이스라엘은 최초의 '제도화된 적대관계'(institutionalized hostility)를 형성하게 되었다(Brueggemann). 이스라엘의 역사를 살펴보면 아말렉 사람은 주변 국가의 용병으로 혹은 독자적으로 이스라엘을 침략하여 괴롭혔다(삿 3:12-13; 6:3-6; 7:12; 10:12). 이스라엘에서는 사울이 아말렉 사람을 효과적으로 물리쳤던 첫 사례가 되었다(삼상 14:48; 15). 그의 뒤를 이어 다윗은 아말렉 사람의 전쟁 능력을 완전히 제거해 버렸다(삼상 27:8; 30:18; 삼하 1:1). 그러나 히스기야 시대에 가서야 비로소 남아 있던 마지막 아말렉 사람이 제거되었다(대상 4:43). 요세푸스는 에스더와 모르드개를 곤경에 빠뜨렸던 아각 사람(אֲגָגִי) 하만이 아말렉(עֲמָלֵק) 사람이라고 했다(Ant., 11.6, 5). 그의 이러한 해석은 이후 많은 사람에게 영향을 미쳤는데, 그 근거는 사무엘상 15:8이다. 사무엘은 사울에게 아말렉 사람을 진멸하라고 했는데, 사울은 사무엘의 명령을 거역하고 그들의 가축 일부와 아말렉 왕 아각(אֲגַג)을 살려두었다. 요세푸스는 이 아각이 하만의 조상이라고 해석했던 것이다. 충분히 가능한 일이다 (Stuart, Hamilton, Kaiser).

II. 시내 산에서 받은 율법(15:22–24:18)
A. 시내 산으로 가는 길(15:22–18:27)

5. 이드로가 모세를 찾아옴(18:1–12)

[1]모세의 장인이며 미디안 제사장인 이드로가 하나님이 모세에게와 자기 백성 이스라엘에게 하신 일 곧 여호와께서 이스라엘을 애굽에서 인도하여 내신 모든 일을 들으니라 [2]모세의 장인 이드로가 모세가 돌려 보냈던 그의 아내 십보라와 [3]그의 두 아들을 데리고 왔으니 그 하나의 이름은 게르솜이라 이는 모세가 이르기를 내가 이방에서 나그네가 되었다 함이요 [4]하나의 이름은 엘리에셀이라 이는 내 아버지의 하나님이 나를 도우사 바로의 칼에서 구원하셨다 함이더라 [5]모세의 장인 이드로가 모세의 아들들과 그의 아내와 더불어 광야에 들어와 모세에게 이르니 곧 모세가 하나님의 산에 진 친 곳이라 [6]그가 모세에게 말을 전하되 네 장인 나 이드로가 네 아내와 그와 함께 한 그의 두 아들과 더불어 네게 왔노라 [7]모세가 나가서 그의 장인을 맞아 절하고 그에게 입 맞추고 그들이 서로 문안하고 함께 장막에 들어가서 [8]모세가 여호와께서 이스라엘을 위하여 바로와 애굽 사람에게 행하신 모든 일과 길에서 그들이 당한 모든 고난과 여호와께서 그들을 구원하신 일을 다 그 장인에게 말하매 [9]이드로가 여호와께서 이스라엘에게 큰 은혜를 베푸사 애굽 사람의 손에서 구원하심을 기뻐하여 [10]이드로가 이르되 여호와를 찬송하리로다 너희를 애굽 사람의 손에서와 바로의 손에서 건져내시고 백성을 애굽 사람의 손 아래에서 건지셨도다 [11]이제 내가 알았도다 여호와는 모든 신보다 크시므로 이스라엘에게 교만하게 행하는 그들을 이기셨도다 하고 [12]모세의 장인 이드로가 번제물과 희생제물들을 하나님께 가져오매 아론과 이스라엘

모든 장로가 와서 모세의 장인과 함께 하나님 앞에서 떡을 먹으니라

18장의 내용은 이틀이라는 짧은 시간에 있었던 일로 묘사된다. 그런데 여기서 생각해 볼 문제는, 서론에서 언급한 것처럼, 18장에 기록된 내용은 시대적으로 19장 이후에 있었던 일인데 여기에 삽입되어 있다는 점이다. 이 같은 견해를 뒷받침하는 가장 기본적인 증거는 이드로가 모세를 찾았을 때 모세는 하나님의 산(시내 산) 근처에 머무르고 있었는데, 17장이 끝나갈 때 이스라엘은 르비딤에 있었으며, 19:1-2에 가서야 시내 산 근교에 도착한다는 것이다. 물론 르비딤이 시내 산 근처에 있었던 것은 확실하지만(17:6), 분명 둘은 서로 다른 장소다.

이 외에도 다음 사항은 18장의 시대적 배경이 19장 이후라고 결론짓게 한다. 18장에서 이드로가 번제를 드리는데(12절), 그가 번제를 드릴 수 있었던 것은 제단이 이미 세워졌음을 의미한다. 지금까지의 내용을 정리해 보면 제단이 르비딤에 세워졌는데, 이 제단은 번제를 드리기 위한 것이 아니라 아말렉 사람과의 싸움에서 승리한 것을 기념하기 위한 기념비였다(17:15). 그렇다면 이드로가 번제를 드렸던 제단은 24:4에 가서야 만들어진 제단이거나 장막에 있는 것으로 추정된다. 그러므로 이드로가 번제를 드릴 수 있었던 제단 둘은 모두 19장 이후에나 세워진 것들이며, 이로써 18장 이야기는 19장 이후에 있었던 일이라는 것을 알 수 있다.

또한 모세의 장인 이드로가 '하나님의 율례와 법도'(אֱלֹהִים וְאֶת־תּוֹרֹתָיו אֶת־חֻקֵּי הָ)를 언급하는데(16, 20절), 이러한 표현은 시내 산에서 하나님의 율법이 주어진 이후에 더 적절한 표현이다. 민수기 11:11, 29-32에 따르면, 이드로는 출애굽 2년째 2월에 이스라엘 회중에 있었다. 본문을 민수기에 기록된 내용과 함께 읽으면 27절에 언급되어 있는 그의 떠남은 이때를 의미하며, 본문에 기록된 사건은 그로부터 1년 후에나 있을 이야기인 것이다. 신명기 1:9-17은 이드로가 제안한 판결 제도를 언급하는데, 이 제도를 도입하고 얼마 되지 않아 이스라엘이 호렙 산을 떠난 것으로 기록하고 있다. 신명기는 본문에 기록된 사건이 이스라엘이 시내 산에 도착한 후 한참 만에 있었던 일로 기록하고 있다.

이 모든 증거는 본문에 묘사된 사건이 시내 산에서의 생활이 끝나갈 무렵에 있었던 일이었음을 암시한다. 그렇다면 이 사건이 왜 시대적인 순서를 거스르며 이곳에 기록되어 있는 것일까? 중세기 랍비 라닥(Radak)의 설명이 가장 설득력 있어 보인다. 그에 따르면, 이드로의 이야기가 이곳에 삽입된 것은 17장에 기록된 아말렉과 대조를 이루기 위함이다. 아말렉은 이유도 없이 이스라엘을 멸하려는 나쁜 의도를 가지고 있었지만, 이방인이라도 이드로로 대표되는 미디안 족/겐 족은 이스라엘에 매우 우호적이었음을 드러내고자 하는 것이다. 이방인이라도 모두 이스라엘을 미워하거나 좋아한 것이 아니라 분명 호불호가 엇갈리는데, 하나님이 이스라엘에게 적대적인 이방인을 벌하고 우호적인 이방인을 축복할 것을 암시한다. 사무엘상 15:6도 라닥의 주장을 지지하는 듯하다. 아말렉을 진멸할 때, 사울은 그들 사이에 살고 있는 겐 족에게 모두 그곳을 빠져 나와 죽음을 면하라고 한다. 모두 과거에 이 족속이 이드로를 통해 이스라엘에게 베푼 우호적인 제스처 때문이었다. 이 같은 사실은 이제는 잊혔지만 한때는 이스라엘이 겐 족을 우호적으로 묘사한 기록이 존재했음을 시사한다.

저자가 아말렉 이야기와 이드로 이야기를 통해 이스라엘에게 우호적인 이방인과 비우호적인 이방인을 대조하고자 한다는 것이 두 섹션이 사용하는 용어의 공통점과 차이점에서도 역력하게 드러난다(Cassuto). 다음 사항을 생각해 보라(Sarna).

아말렉 사건(17:8–16)	이드로 이야기(18:1–27)
아말렉이 와서(בוא) 공격했다(לחם) (8절)	이드로가 와서(בוא) 반겼다(שׁאל) (5–7절)

모세가 돌 위에 앉아(ישׁב) 있다(12절)	모세가 재판석에 앉아(ישׁב) 있다(13절)
공격은 다음날 시작될 것이며, 하루 종일 있을 것이다(12절)	모세는 다음날 재판석에 앉아 하루 종일 재판을 했다(13-14절)
모세가 피곤했다(12절)	모세가 피곤했다(18절)

성경이 언급하는 이방인 제사장 중 이드로가 세 번째다. 이드로는 출애굽기에서 두 차례 모습을 보인 적이 있다. 모세를 사위로 맞아들였을 때(3:1)와 모세가 이집트로 떠나며 작별을 고했을 때이다(18:1). 성경이 기록하는 첫 번째 이방인 제사장은 전쟁 포로로 끌려가던 롯을 구해 돌아온 아브라함에게 복을 빌어주었던 멜기세덱이다(창 14:18-20). 두 번째는 요셉의 장인이었던 온의 제사장 보디베라였다(창 41:45). 이 세 사람은 이방인이지만, 아브라함과 후손에게 은혜를 끼친 사람이다. 성경은 모든 이방인을 적대적으로 보지 않는다. 이방인 중에도 주의 백성을 축복하는 사람이 있었다는 사실을 분명히 한다.

이드로는 모세가 집으로 돌려보낸 아내와 자식들을 이끌고 그를 찾았다(1-5절). 그러므로 이 이야기는 4:20-26에 기록된 사건을 전제로 한다. 이집트로 가는 길에 아들들이 할례를 받지 않았다는 이유로 하나님(천사)에 의해 야밤에 죽을 뻔했던 모세가 언제 어떤 상황에서 아내와 자식을 되돌려보내게 되었는가는 풀리지 않는 수수께끼로 남아 있다(Hamilton). 성경이 언급하지 않기 때문이다. 한 미드라쉬는 아론이 하나님의 산에서 모세를 만나자마자 그들을 돌려보내도록 설득했다고 해석한다(Kaiser). 이집트는 그들에게 너무 위험한 곳이었기 때문이라는 것이다. 모세가 아내와 아이들을 이집트로 데리고 갔다가, 바로의 손에서 그들을 보호하기 위해 열 재앙이 시작되기 전에 미디안으로 돌려보냈다는 주장도 있다(Durham). 모세는 가족이 하나님의 기적을 직접 목격하기를 원했던 사람이기 때문에 이스라엘이 이집트의 손에서 구원을 받은 후에 미디안으로 보냈다는 추측도 있다(Calvin). 심지어 십보라가 모세와 이혼한 상황이었다는 주장도 있다(Stuart). 이처럼 추측만 난무할 뿐 언제 모세의 가족이 미디안으로 돌아갔는지는 알 수 없다.

십보라와 아이들이 언제 미디안으로 돌아갔는가 하는 것보다는 모세의 아이들의 이름이 지닌 의미가 이스라엘이 경험한 일을 요약한다는 사실이 더 중요하다. 모세의 큰아들은 게르솜인데, 모세가 "내가 타국 땅에서 나그네가 되었구나"라면서 지은 이름이다(3절). 둘째 아들의 이름은 엘리에셀로서 모세가 "내 아버지의 하나님이 나를 도우셔서, 바로의 칼에서 나를 건져 주셨다"라고 고백하면서 지은 이름이다(4절). 두 아이의 이름은 이스라엘이 어떤 상황에서 이집트를 탈출했는가를 요약적으로 설명한다. 그래서 저자가 이 책에서 한 번도 이집트 왕의 이름은 밝히지 않지만, 바로보다 훨씬 더 역할이 작은 모세의 두 아들의 이름은 밝히는 것이다(Enns). 이스라엘의 삶과 두 아들의 이름의 연관성 때문이다.

모세는 장인에게 그동안 하나님이 이스라엘을 위해 하신 일을 모두 말해 주었다(8절). 모세의 이야기를 모두 들은 이드로가 여호와를 찬양했다(8-11절). 특히 이 미디안 제사장의 고백이 인상적이다. "주님이 그 어떤 신보다도 위대하시다는 것을 이제 나는 똑똑히 알겠네"(11절, 새번역). 이방인인 이드로는 하나님의 능력을 인정했으며, 이 고백은 이 이야기가 전하고자 하는 메시지의 핵심이다(Enns). 즉, 이드로 이야기를 아말렉과의 전쟁에 비교할 때, 저자는 이방인이라고 해서 모두 이스라엘에게 적대적이지는 않았다는 사실을 강조하고자 하는 것이다. 아말렉처럼 이스라엘을 시기하고 미워하는 족속이 있었는가 하면, 이드로로 대표되는 미디안 족/겐 족처럼 이스라엘의 번영과 평안을 기뻐하는 족속도 있었다는 것이다. 하나님은 이스라엘의 번영과 평안을 기뻐하는 이방 족속은 주의 백성과 어울려 살 수 있는 축복을 주신다. 일부 주석가들은 이드로의 고백을 그가 회심하고 하나님의 백성이 되었다는 증거로 삼는다(Stuart). 그러나 이드로가 여호와를 찬양했다고 해서 그가 여호와만 섬기는 사람이 되었다는 것을 의미하지는 않는다. 성경에는 하나님을 찬양하면서도 그를 섬기지 않았던 사람이 허다하다. 아마도 이드로는 훌륭한 다신주의자였을 것이다.

어떤 학자들은 이스라엘이 처음으로 이드로를 통해 여호와에 대해 듣게 되었다는 주장을 펼치지만, 별로 의미 없고 증거도 불충분한 학설에 불과하다(K. Budde, cf. Rowley). 이렇게 주장하는 사람은 이 이야기를 통해 이드로가 미디안 사람의 종교적 풍습이었던 번제와 번제단을 모세와 이스라엘에게 전해 주었다고 말한다(Dozeman). 여호와 종교가 미디안 사람으로부터 이스라엘로 들어오게 된 것이라는 뜻이다. 허무맹랑한 주장이다. 이스라엘은 선조 때부터 제단을 쌓았고 그 위에 번제를 드려왔다(창 12장).

이드로 찬양의 일부를 구성하고 있는 11절의 번역은 쉽지 않다(Hamilton). 그러나 의미는 분명하다. 세상 어디를 찾아봐도 여호와처럼 능력과 덕을 갖추신 신은 없다는 것이다. 그는 찬양을 끝내고 여호와께 번제를 드렸으며(12절), 아론과 이스라엘의 장로들이 그와 함께 여호와 앞에서 음식을 나누어 먹었다. 일부 주석가들은 이 말씀을 이방 종교의 제사장인 이드로가 직접 여호와께 제물을 드렸다는 뜻으로 해석한다(Hamilton). 그러나 그가 바친 제물을 모세나 아론이 대신해서 제단에 드렸다는 뜻이지 이드로가 직접 여호와의 제단에 제물을 바친 제사장 역할을 했다는 의미가 아니다(Kaiser). 하나님이 이방 종교 제사장이 드린 예물을 받으실 리가 없기 때문이다. 율법에 의하면 이스라엘 사람 중에도 레위 지파, 그중에도 아론과 후손만 여호와께 제물을 드릴 수 있었다. 본문은 이드로가 하나님(אֱלֹהִים)께 제물을 드렸다고 하는데(12절), 이러한 표현이 다소 특이하다. 오경에는 제물을 받는 분이 항상 여호와로 기록되어 있는데, 본문이 유일한 예외이기 때문이다(Cassuto). 아마도 이드로가 이방인이기에 이러한 배려(viz., 그가 창조주 하나님께 예물을 드렸다는 사실)를 한 것으로 생각된다. 저자가 주의 백성이 여호와께 드리는 예물과 이방인인 이드로가 드린 예물을 구별하려고 하는 듯하다.

모세가 바로에게 이스라엘을 이끌고 광야에 가서 여호와께 번제를 드리도록 해달라고 여러 차례 요구했지만, 이스라엘이 광야에 나와서 번제를 드리는 것은 이번이 처음이다. 출애굽 이후 이스라엘이 드리는 첫 제사가 이방인 이드로와 함께 드리는 것이 상징하는 바가 크다. 하나님은 무조건 이스라엘을 편애하고 이방인을 미워하지 않으신다. 하나님은 이스라엘과 이방인이 함께 연합하여 드리는 예배를 가장 기뻐하신다. 모세와 이드로는 이 번제를 '장막'(7절)에서 드렸을 것이다(Fretheim). 대체로 근동에서는 신전이나 제단 앞에서 함께 음식을 먹는 것으로 계약을 체결했다(창 31:54; 출 24:5, 11). 이드로가 여호와 종교로 개종했다고 주장하는 사람은 모세와 이드로가 함께 먹는 것을 새로운 신앙을 기념하는 일종의 애찬식으로 생각한다(Stuart). 그러나 이곳에서는 하나님 앞에서 함께 그분을 찬양하는 같은 마음을 품은 것을 의미하는 듯하다(Houtman).

II. 시내 산에서 받은 율법(15:22-24:18)
A. 시내 산으로 가는 길(15:22-18:27)

6. 이드로의 제안(18:13-27)

[13]이튿날 모세가 백성을 재판하느라고 앉아 있고 백성은 아침부터 저녁까지 모세 곁에 서 있는지라 [14]모세의 장인이 모세가 백성에게 행하는 모든 일을 보고 이르되 네가 이 백성에게 행하는 이 일이 어찌 됨이냐 어찌하여 네가 홀로 앉아 있고 백성은 아침부터 저녁까지 네 곁에 서 있느냐 [15]모세가 그의 장인에게 대답하되 백성이 하나님께 물으려고 내게로 옴이라 [16]그들이 일이 있으면 내게로 오나니 내가 그 양쪽을 재판하여 하나님의 율례와 법도를 알

게 하나이다 [17]모세의 장인이 그에게 이르되 네가 하는 것이 옳지 못하도다 [18]너와 또 너와 함께한 이 백성이 필경 기력이 쇠하리니 이 일이 네게 너무 중함이라 네가 혼자 할 수 없으리라 [19]이제 내 말을 들으라 내가 네게 방침을 가르치리니 하나님이 너와 함께 계실지로다 너는 하나님 앞에서 그 백성을 위하여 그 사건들을 하나님께 가져오며 [20]그들에게 율례와 법도를 가르쳐서 마땅히 갈 길과 할 일을 그들에게 보이고 [21]너는 또 온 백성 가운데서 능력 있는 사람들 곧 하나님을 두려워하며 진실하며 불의한 이익을 미워하는 자를 살펴서 백성 위에 세워 천부장과 백부장과 오십부장과 십부장을 삼아 [22]그들이 때를 따라 백성을 재판하게 하라 큰 일은 모두 네게 가져갈 것이요 작은 일은 모두 그들이 스스로 재판할 것이니 그리하면 그들이 너와 함께 담당할 것인즉 일이 네게 쉬우리라 [23]네가 만일 이 일을 하고 하나님께서도 네게 허락하시면 네가 이 일을 감당하고 이 모든 백성도 자기 곳으로 평안히 가리라 [24]이에 모세가 자기 장인의 말을 듣고 그 모든 말대로 하여 [25]모세가 이스라엘 무리 중에서 능력 있는 사람들을 택하여 그들을 백성의 우두머리 곧 천부장과 백부장과 오십부장과 십부장을 삼으매 [26]그들이 때를 따라 백성을 재판하되 어려운 일은 모세에게 가져오고 모든 작은 일은 스스로 재판하더라 [27]모세가 그의 장인을 보내니 그가 자기 땅으로 가니라

다음날 이드로가 모세의 업무를 관찰하고는 혀를 찼다. 모세가 하루 종일 백성 사이에 빚어지는 법적 논쟁을 듣고 판결하느라 기진맥진한 모습을 보았기 때문이다. 늙은 모세가 혼자 아침 일찍부터 저녁 늦게까지 수많은 백성의 소송을 듣고 재판을 하다 보니 지치는 것은 당연한 일이다. '효율성 전문가'(efficiency expert)인 이드로는 이런 상황을 지켜만 볼 수는 없어(Kaiser), 새로운 리더십 모델을 제안해 단숨에 문제를 해결해 준다. 그런데 모세는 어떤 기준을 근거로 판결했을까? 역시 두 가지 가능성이 전제된다. 첫째, 우리가 주장하는 것처럼 이 사건이 이스라엘이 시내 산에서 율법을 받고 그곳을 떠난 다음에 있었던 일이라

면, 모세가 적용하는 기준은 시내 산 율법이다. 둘째, 이 사건이 이스라엘이 시내 산에 도착하기 전에 있었던 일이라면, 시내 산 율법의 일부는 모세가 산 위에서 받은 것이 아니라 오랜 세월 동안 이스라엘을 포함한 온 인류에게 조금씩 주신 창조주의 가치관과 기준을 법률화한 것임을 알 수 있다(Stuart, Enns). 모세는 신학적인 용어로 '일반 은총/보편 계시'를 기준으로 판결하고 있는 것이다.

사위 모세의 어려운 상황을 파악한 이드로가 그에게 큰 지혜를 주었다. 신실하고 믿을 만한 사람을 뽑아 천부장, 백부장, 오십부장, 십부장으로 세워 그들로 하여금 일반적인 재판을 진행하게 하고 특별히 어려운 것만 모세가 재판하라는 조언이었다. 이드로의 제안은 한 사람의 생각이 아니라 하나님이 그를 통해 모세에게 주신 규정 내지는 지혜다(Fretheim, Houtman). 이드로도 이 같은 사실을 깨닫고, 모세에게 하나님이 함께하셔야만 자기의 제안이 실행될 것이라고 말한다(19, 23절). 하나님의 율법의 중개자인 모세가 이방인에게 하나님의 율법을 듣고 있는 것이다. 하나님이 모세에게 직접 말씀하지 않고 왜 이드로를 통해 말씀하셨는지는 알 수 없지만, 이방인인 우리에게 이 같은 사실은 큰 격려가 된다. 만일 이 이야기가 모세 시대에 있었던 일이 아니라 훗날 누군가에 의해 삽입된 이야기라면 이스라엘의 법정 시스템을 미디안 사람으로부터 전수받았다는 점이 잘 이해가 가지 않는다. 이스라엘의 우월주의적 성향이 이를 용납하지 않았을 것이기 때문이다. 그래서 심지어 유태인 학자도 이 이야기가 꾸밈없는 사실이며, 모세 시대로부터 유래한 것이라는 점을 인정한다(Sarna).

이드로가 제안한 조직체를 갖춘다는 것은 법정이 더 이상 아무나 재판관으로 세워서 소송을 임의로 아무렇게나 진행하는 곳이 아니라 공동체의 선택을 받은 전문가들을 양성하고 세워 진행하는 전문성을 띤 곳이었음을 시사한다. 모세는 장인의 제안을 좋게 받아들여 그대로 적용했다. 이드로가 제안한 제도는 오늘날 가장 널리 사용되는 형법과 사법재판의 모델이 되었다.

이드로는 과거에 모세가 그와 그의 집안에 베풀었던 은혜를 되갚고 있다. 모세가 사람을 죽이고 이집트에서 도망하여 미디안에 처음 왔을 때, 그는 행패를 부리는 남자 목동들로부터 이드로의 딸들과 양 떼를 보호해 주었다. 이번에는 이드로가 모세와 그의 '양 떼'에게 은혜를 베풀고 있다. 두 이야기는 이 같은 공통 주제를 담고 있다. 그래서 두 이야기는 이들이 함께 식사한 이야기도 포함하는 것이다(Enns).

이로써 모세는 자신의 건강을 보존할 수 있었고 재판뿐만 아니라 다른 일도 할 수 있었다. 지도자로 세워진 자들은 특별한 조건을 충족시켜야 했다. 그들은 '능력과 덕을 함께 갖춘 사람, 곧 하나님을 두려워하며 참되어서 거짓이 없으며 부정직한 소득을 싫어하는 사람들'(21절, 새번역)이었다. 우리말 성경에는 '능력과 덕을 갖춘 사람'이라고 정의하지만, 히브리어 성경은 단순히 '능력의 사람'(אַנְשֵׁי־חַיִל)으로 정의한다. 그러나 이 단어가 단순히 능력을 뜻하는 것은 아니다. 여성에게 이 단어가 사용될 때는 '현숙한' 여인을 뜻한다. 룻이 그 대표적인 인물이었고, 잠언 31장에 기록되어 있는 현숙한 여인에 대한 찬양에서도 이 단어가 사용된다. 그러므로 이 단어의 의미를 그대로 전달하자면 '현숙한 사람'이라는 말이 더 맞을 것이다.

그렇다면 누가/어떤 사람이 능력의/현숙한 사람인가? 이드로는 세 가지 조건을 들어 규정한다(21절). 첫째, 하나님을 두려워해야 한다. 하나님을 경외하는 것이 모든 지식과 지혜의 근본이라고 강조하는 성경의 가르침에 잘 맞는 말이다. 하나님을 두려워하는 것이 삶의 기반이 될 때, 그 사람은 결코 엉뚱한 짓을 할 수 없을 것이다. 둘째, 거짓이 없어야 한다. 세움을 받은 사람은 진실되게, 모든 증거를 잘 참고해서 소신껏 판단하고 판결해야 하는 것이다. 한쪽 말만 듣고 판결을 하다 보면 정의가 실현되지 않을 때가 많다. 재판관은 무엇보다도 자신과 하나님 앞에 떳떳해야 한다. 하나님을 속이고 자신을 속이는 결론은 당연히 부적절한 판결로 연결될 수밖에 없다. 셋째, 뇌물 등과 같은 불로소득(不勞所得)을 거부할 줄 아는 사람이어야 한다. 아마도 이것이 리더에게 가장 어려운 부분이 될 것이다. 뇌물이라는 것이 단순히 돈 봉투로만 표현되는 것이 아니기 때문이다. 특히 한국 같은 사회에서는 뇌물과 정/감사 표시의 구분이 결코 쉽지 않다.

본문을 포함한 14–18장의 배경이 되고 있는 '광야 모티프'(wilderness motif)는 구약 전체에서 매우 중요한 부분을 차지한다. 광야 모티프는 생명을 위협하는 상황(신 2:7; 8:3–4, 15–16; 시 78:15–16; 106:15; 느 9:15)이 하나님의 끊임없는 은혜와 자비로 해결되는 것을 전제하며, 광야 모티프가 사용될 때마다 드러나는 몇 가지의 가르침이 있다. 다음 사항을 참고하라.

1	하나님이 그들을 인도하셨다(출 14:15; 신 8:15; 암 2:10; 시 136:16).
2	하나님이 그들을 보호하셨다(출 14:19; 호 11:3).
3	하나님이 그들을 팔에 안으셨다(출 15:16; 신 1:31; 호 11:3).
4	하나님이 그들을 독수리가 새끼를 품은 것같이 품으셨다(출 19:4; 신 32:11–12).
5	때로는 하나님이 그들을 강제로 인도하셨다(호 11:4).

이처럼 광야 모티프는 이스라엘이 끊임없이 실패하는 인간들임에도 불구하고 가나안으로 인도하시는 여호와의 은혜를 강조한다. 또한 하나님의 특별한 인도하심이 여러 가지를 통해 강조된다. 다음을 참고하라.

1	낮에는 구름 기둥, 밤에는 불기둥으로 이들과 함께하신다. 또한 이 기둥은 보호도 상징한다(바로의 군대가 쫓을 때, 14:19–20).
2	구름은 하나님이 모세와 만나는 장막을 감쌌다(33:7–11).
3	하나님의 '영광'이 이스라엘과 함께하신다.
4	하나님의 사자가 이스라엘보다 앞장선다(14:19; 32:34; 33:2; 민 20:16).

B. 시내 산 언약(19:1-24:18)

이스라엘은 이집트에서부터 여기까지 이르는 동안 하나님께 온전한 순종을 보여주지 못했다. 그들은 조금만 불편해도 모세를 비방했고 하나님을 원망하기 일쑤였다. 그럼에도 불구하고 하나님은 그들에게 출애굽이라는 놀라운 은혜를 베푸셔서 홍해를 건너게 하셨다. 이집트의 장자들이 모두 죽어가는 상황에서 이스라엘은 전혀 해를 받지 않는 자비도 체험했다. 그러나 이스라엘 사람들의 기억력은 상상을 초월할 정도로 나빠서 하나님의 기적을 체험할 때만 감사할 뿐, 시시때때로 원망하고 감사할 줄 몰랐다. 지난 2개월 동안의 광야 생활에서도 무슨 위기만 생기면 그들은 끊임없이 하나님과 모세를 원망했다. 이스라엘의 원망은 단순히 개인적인 불쾌감을 표하는 것에 그치지 않았다.

이집트를 떠나온 후 지난 2개월의 광야 생활은 사실상 하나님이 이스라엘을 시험하시는 기간이었다. 이스라엘이 과연 거룩한 백성이 될 자격이 있는가를 시험해 보는 시간이었지만, 우리가 예측한 대로 이스라엘은 이 시험에서 철저하게 낙제했다. 이러한 상황에서 우리는 이스라엘이 하는 행실로 보아서는 도저히 주의 백성이 될 수 있는 자격이 없다는 것을 고백하게 된다. 그러면서도 조심스럽게 은혜를 베푸시는 하나님을 바라보고 있다. 하나님이 이스라엘의 과오와 부패에도 불구하고 그들을 자신의 백성으로 삼아주실 것인가를 주시하는 것이다.

다행히 하나님은 연단과 시험에 완전히 낙제한 이스라엘 사람을 버리지 않으셨을 뿐만 아니라 그들과 전적으로 은혜에만 근거한 언약을 체결하신다. 이 섹션은 시내 산에서 하나님과 이스라엘 사이에 구체적으로 어떤 계약이 체결되었는가를 설명한다. 언약의 세부 사항도 나열되어 있다. 시내 산(호렙 산)의 정확한 위치에 대해서는 아직도 많은 논쟁이 있는 부분이다(Hamilton, Kaiser). 많은 사람이 시내 산에서 하나님과 이스라엘 사이에 행해지는 일을 결혼으로 묘사한다. 신랑 되신 여호와께서 이스라엘을 아내로 맞이하신 것이다. 결혼 계약에서 아내에게 요구되는 가장 기본 덕목은 남편을 향한 일편단심이다. 물론 이스라엘이 이 기대를 저버릴 것인가 아니면 그 기대에 부응한 삶을 살 수 있을 것인가는 앞으로 두고 보아야 한다. 이스라엘은 앞으로 1년을 시내 산에 머무는데, 이때 일과 받은 율법이 출애굽기 19장-민수기 10장에 이르는 59장 분량이 성경에 기록되어 있다.[35] 우여곡절 끝에 하나님과 시내 산에서 맺는 이 언약은 앞으로 이스라엘 백성에게 영구적으로 유효하며 유대 종교의 기본 정신이 된다. 이스라엘이 하나님의 백성이 된다는 것이 무엇을 의미하는가를 정의하는 이 섹션은 다음과 같은 구조를 갖고 있다(Brueggemann).[36]

A. 하나님의 현현(19:1-25)
  B. 율법: 십계명(20:1-17)
    C. 중개자(20:18-21)
    C'. 중개자(20:22-26)
  B'. 율법: 세부 사항(21:1-23:33)
A'. 하나님의 현현(24:1-18)

---

35 이야기와 율법을 중심으로 본 텍스트를 구분하면 다음과 같은 구조가 드러난다(Sprinkle).
A. 이야기(Narrative): 언약 제시(19:3-25)
  B. 전반적인 율법(Laws, general): 십계명(20:1-17)
    C. 이야기(Narrative): 백성이 두려워함(20:18-21)
  B'. 구체적인 율법(Laws, specific): 언약 책(20:32-23:33)
A'. 이야기(Narrative): 언약 체결(21:1-11)

36 이 본문을 언약 중심으로 구분한다면 다음과 같은 구조도 가능하다(Dozeman).
A. 언약 제안(19:1-8a)
  B. 하나님의 현현(19:8b-19)
  B'. 하나님의 율법 계시(19:20-23:33)
A'. 언약 체결식(24:1-11)

II. 시내 산에서 받은 율법(15:22-24:18)
B. 시내 산 언약(19:1-24:18)

1. 하나님의 현현(19:1-25)

이스라엘은 시내 산에서 한 국가와 한 민족으로서의 정체성을 확립하는 데 필요한 신학적 주춧돌을 받게 된다. 그들은 이때까지 온 백성이 함께 이집트에서 노예 생활을 했고 함께 이집트를 탈출하는 경험을 했다. 이제 온 백성이 함께 여호와의 백성이 되는 장엄한 의식을 치르게 된다. 한 가지 우리가 염두에 두어야 할 것은 이스라엘이 결코 민족적으로 순수한 혈통이 아니었다는 사실이다. 그들은 이미 선조 시대부터 끊임없이 다른 민족과 피를 섞어 왔으며, 이집트를 탈출할 때도 이스라엘만 나온 것이 아니었다. 이집트의 주류 사회에 섞이지 못하고 주변만 맴돌며 착취당했던 민족 중 상당수가 이스라엘의 탈출에 합류했다. "이스라엘 자손이 라암셋을 떠나서 숙곳에 이르니 유아 외에 보행하는 장정이 육십만 가량이요 수많은 잡족과 양과 소와 심히 많은 가축이 그들과 함께 하였으며"(12:37-38). 이방인들은 지금 시내 산 근처에 모여든 이스라엘 백성 중에 거하며 시내 산 언약 체결 예식에 참여하고 있다는 것은 그들도 이 언약 공동체의 일원임을 의미하는 것으로 해석할 수 있다. 즉, 출애굽 사건과 시내 산 언약 체결이 아브라함의 후손을 중심으로 진행되고 있지만, 일부 이방인도 포함하고 있는 것이다. 이런 차원에서 많은 학자가 출애굽기를 압제받는 모든 민족의 자유 선언으로 삼는 것이다(Pixley).

고대 근동에서 사람과 사람, 국가와 국가 등의 관계는 대체로 계약(언약)에 의해 정의되었다. 그러므로 모세 오경이 탄생하기 오래전부터 근동에서는 계약 체결이 매우 흔하게 이루어졌으며 오늘날에도 수많은 고대 계약서가 발굴되고 있다. 이 모든 계약서를 종합해 보면 크게 두 가지 종류로 나눈다. (1) 동등 계약(parity treaty), (2) 종주-종속자 계약(suzerain-vassal treaty)(cf. Dozeman, Stuart). 동등 계약(parity treaty)은 계약을 맺는 쌍방이 동등한 자격과 권한으로 체결하는 것이다. 종주-종속자 계약은 종주가 종속자에게 구체적인 요구 사항을 제시하고 종속자는 이 사항을 잘 지킬 것을 약속하는 형식을 취한다. 이 두 번째 유형이 구약에서 하나님과 이스라엘 사이에 체결되는 계약의 형태와 동일하다. 즉, 시내 산 언약도 종주-종속자 계약의 일종인 것이다(Mendenhall, Baltzer).

시내 산 언약이 형태면에서는 이처럼 고대 근동에서 흔히 사용되던 유형을 갖고 있다 하더라도 내용면에서는 매우 파격적이다. 무엇보다도 이 언약은 이스라엘을 향한 하나님의 끊임없는 사랑과 자비를 바탕으로 하고 있다. 또한 지금까지 발견된 계약서를 모두 살펴봐도 하나님(신)이 민족 전체와 계약을 체결하는 예는 없다. 시내 산 언약이 내러티브(narrative) 형식을 취하는 것도 고대 근동의 계약서와 비교했을 때 매우 독특한 점이다. 하나님과 이스라엘 사이에 맺어진 언약은 이스라엘 공동체에 속한 사람의 개인적인 행동과 관계를 규정하여 그들의 내적인 삶을 조정하려 한다. 이러한 시내 산 언약의 의도는 종속자의 외형적인 사고에만 치중했던 고대 근동의 계약과 현저한 차이를 두고 있다. 이 본문은 다음과 같이 구분할 수 있다.

A. 시내 산 도착(19:1-2)
B. 언약 체결의 근거와 골자(19:3-6)
C. 이스라엘의 반응(19:7-8)
D. 하나님을 만날 준비(19:9-15)
E. 하나님의 강림(19:16-25)

II. 시내 산에서 받은 율법(15:22-24:18)
B. 시내 산 언약(19:1-24:18)
1. 하나님의 현현(19:1-25)

(1) 시내 산 도착(19:1-2)

[1]이스라엘 자손이 애굽 땅을 떠난 지 삼 개월이 되던 날 그들이 시내 광야에 이르니라 [2]그들이 르비딤을 떠나 시내 광야에 이르러 그 광야에 장막을 치되 이스라엘이 거기 산 앞에 장막을 치니라

이스라엘은 이집트를 떠난 지 3개월 만에 드디어 시내 산 근처에 도착했다(1절). 본문이 말하는 '삼 개월'이 이스라엘이 이집트로부터 출발한 때부터 3개월이 지났다는 뜻인지(개역개정), 그들이 이집트를 떠난 때가 1월 14일이었는데 시내 산에 도착할 때 3월 1일이었다는 것인지(공동, 새번역) 확실하지 않다. 학자들과 번역본이 이 쟁점에 대해 입장이 나뉘어 있다(Dozeman, Hamilton, Stuart). 대부분의 영어 번역본은 후자를 선호한다(NAS, NIV, TNK, NRS). 두 견해의 차이는 약 6주의 기간이다. 만일 3개월이 걸려 넷째 달에 도착했다면, 나일 델타 지역에서 시내 산까지의 거리가 세 달을 갈 만한 거리가 안 된다. 반면에 셋째 달 1일에 시내 산에 도착했다면, 이스라엘은 고센을 떠난 지 6주 만에 시내 산에 도착했다는 결론이 나온다. 출발지와 도착지의 위치를 고려할 때 6주 정도로 보는 것이 바람직하다. 게다가 이스라엘은 가능한 한 최대한 빨리 시내 산에 도착할 필요가 있었다. 이스라엘은 시내 산에 도착하기 전에 르비딤에 진을 쳤는데, 실제로 르비딤에서 시내 산은 몇 ㎞ 떨어지지 않은 가까운 곳이었다(Stuart, cf. 17:6).

타지 않는 떨기나무에서 모세에게 소명을 주시면서 하셨던 말씀, 곧 그가 이스라엘 백성을 이끌고 이 산에서 예배할 것이라고 하셨던 약속이 성취되는 순간이다(3:12). 모세는 1년 만에 처음 그가 하나님을 만났던 곳에 서 있다. 그때 모세는 자신은 결코 이 일을 할 수 없으니 다른 사람을 보내라고 하다가 하나님의 진노를 샀다. 하나님의 강압에 떠밀려 어쩔 수 없이 이집트로 갔지만, 이제 되돌아보니 하나님이 그를 보내신 것은 옳은 결정이었다고 생각했을 것이다. 모든 것이 하나님이 타지 않은 떨기나무에서 말씀하신 대로 되었기 때문이다. 아마도 모세는 이 순간 속으로 '이렇게 될 줄 알았으면 그때 하나님께 반항하지 말고 그냥 갈 것을!' 하며 쓴웃음을 짓고 있었으리라.

우리는 모세 이야기에서 마음에 새길 교훈을 얻어야 한다. 하나님이 우리에게 소명을 주실 때는 우리와 함께하시며 그 일을 감당할 능력도 주실 것이기 때문에 순종하기만 하면 된다는 사실이다. 하나님은 우리의 능력이나 재력을 보고 우리를 부르시는 분이 결코 아니다. 만일 하나님이 그런 식으로 일하셨다면 이미 오래전에 부도 처리되셨을 것이다. 여호와 이레의 하나님은 모든 것을 스스로 준비하시고 우리를 부르신다. 필요하면 새로운 은사도 주실 것이다. 그러므로 우리가 해야 할 일은 순종 외에 아무것도 없다. 노벨 평화상을 수상했던 테레사 수녀의 말을 빌리자면, 우리는 오직 하나님의 손에 잡힌 몽당연필이 되어 하나님이 세상을 향해 쓰시고자 하는 사랑의 편지를 우리 몸으로 써 내려가기만 하면 되는 것이다.

이스라엘은 앞으로 시내 산에서 거의 1년을 보내게 된다(민 10:11). 시내 산 근처에는 이스라엘이 양식을 얻을 만한 곳과 물을 얻을 만한 샘이 없었다. 그러므로 이곳에 머무는 동안 이스라엘은 철저하게 하나님만 의지하는 훈련을 받게 된다. 하나님이 그들에게 먹을 것과 마실 것을 주셔야만 살 수 있는 척박한 곳이 시내 산 주변이다. 이집트를 떠나기 전부터 여기에 이르기까지 불평만 해온 이스라엘은 이곳에서 지내면서 예배하는 하나님의 백성으로 변화될 것이다(Dumbrell). 물론 중간에 실수도 하고, 시내 산을 떠나면 다시 신학적 정체성도 잃어버릴 것이다. 그러나 여기에 머무는 1년 동안이라도 그들은 예배하는 백성이 되기 위해 집중 훈련을 받게 된다. 시내 산은 전통적으로 예벨 무사(Jebel Musa: 아랍어로 '모세의 산'이란 뜻)로 불렸으며, 오늘날도 이 이름으로 불린다. 시내 산은 해발 2,300m에 이르는 높은 산이다. 모세는 앞으로 며칠 사이에 이 산을 최소한 세 번 오르게 된다(19:3; 7, 9, 14, 20, 25). 이미 80세가 넘은 고령의 노인이 쉽게 할 일은 못 되는 것 같지만 하나님이 그에게 힘을 주셨기에 가능했다.

II. 시내 산에서 받은 율법(15:22-24:18) B. 시내 산 언약(19:1-24:18) 1. 하나님의 현현(19:1-25)

(2) 언약 체결의 근거와 골자(19:3-6)

3모세가 하나님 앞에 올라가니 여호와께서 산에서 그를 불러 말씀하시되 너는 이같이 야곱의 집에 말하고 이스라엘 자손들에게 말하라 4내가 애굽 사람에게 어떻게 행하였음과 내가 어떻게 독수리 날개로 너희를 업어 내게로 인도하였음을 너희가 보았느니라 5세계가 다 내게 속하였나니 너희가 내 말을 잘 듣고 내 언약을 지키면 너희는 모든 민족 중에서 내 소유가 되겠고 6너희가 내게 대하여 제사장 나라가 되며 거룩한 백성이 되리라 너는 이 말을 이스라엘 자손에게 전할지니라

본문은 이스라엘이 하나님과 언약을 맺어 매우 독특하고 특별한 관계를 갖게 될 것이라고 선언한다. 모세가 호렙 산에서 하나님께 받았던 첫 번째 과제(이스라엘을 이집트에서 인도하여 하나님의 산으로 오는 일)를 성공적으로 마치고 두 번째 과제(언약을 통해 이스라엘을 하나님의 백성으로, 하나님을 그들의 주님으로 관계를 형성하는 일)를 시작하는 순간이다. 학자들은 본문과 다음 섹션(7-8절)이 고대 근동의 언약 양식을 따르고 있다고 말한다. 다음을 참고하라(Sklba).

서문(preamble): 3절 하나님이 부르심
역사적 도입부(historical prologue): 4절
조항(stipulation): 5a절
축복(blessings): 5b–6a절
공동체의 동의(acceptance in a solemn assembly): 7–8절

하나님과 관계를 맺는 것은 책임과 의무를 전제로 한다. 선지자 아모스는 훗날 이렇게 회고했다. "내가 땅의 모든 족속 가운데 너희만을 알았나니 그러므로 내가 너희 모든 죄악을 너희에게 보응하리라"(암 3:2). 시내 산 언약은 이스라엘에게 많은 특권을 부여했지만, 책임과 의무도 요구했던 것이다. 모세가 시내 산에 올라가 처음으로 들었던 하나님의 말씀은 지금까지 책에 기록된 그 어떤 말씀보다도 중요하다(Enns).

언약을 체결하기에 앞서 하나님은 지난 1년 동안 진행되었던 일–어떻게 하나님이 이집트를 치시고 그들의 손에서 이스라엘을 건져내셔서 이곳까지 인도해 오셨는가–을 회고하신다(4절). 지난 1년을 되돌아볼 때 이집트의 노예 생활에서 해방된 이스라엘에게 당연히 그들을 해방시키신 하나님께 충성해야 하는 의무가 있다는 점을 암시한다. 한 유태인 미드라쉬(Mekhilta de Rabbi Ishmael)는 이런 정황에 대해 다음과 같은 비유를 남겼다(Greenberg). 본문의 내용을 잘 반영하고 있다.

> 오경은 왜 율법으로 시작하지 않았는가? 다음 비유가 설명할 것이다. 한 사람이 한 나라에 들어가 "나를 왕으로 세우라"라고 말했다. 그 나라 사람들은 "당신이 우리를 위하여 무엇을 했다고 왕으로 세우라고 하는가?"라고 대답했다. 그 사람은 그 나라 백성을 위하여 성벽을 세우고, 수로를 만들고, 전쟁에 나가 싸웠다. 그리고 그는 다시 "나를 왕으로 세우라"라고 말했다. 그들은 "당연히 그렇게 하겠습니다!"라고 했다. 이와

> 같이 하나님은 이스라엘을 이집트에서 해방시키셨고, 그들을 위하여 바다를 가르셨고, 하늘에서 내려온 만나로 먹이셨고, 물도 마시게 하셨고, 메추라기를 주셨고, 아말렉 족속을 물리치셨다. 하나님이 드디어 "나를 왕으로 세우라"라고 말씀하셨고 온 백성은 "당연히 그렇게 하겠습니다"라고 대답했다.

모세는 또한 지난 1년 동안 이스라엘이 하나님을 섬기면서 누렸던 축복과 보호를 생각해볼 때 앞으로 그들의 미래를 여호와께 맡기고 의지하는 것이 당연하다는 점을 시사하기도 한다. 과거에 하나님이 베풀어주신 은혜를 기념해야 하는 이유가 여기에 있다. 하나님의 은혜를 묵상할수록 하나님이 고마운 분이기에 미래까지도 그분에게 맡기고 싶은 마음이 생기게 된다.

저자는 하나님의 보호와 섭리를 독수리가 새끼를 보호하는 것에 비유한다. 독수리는 여러 가지 이유로 성경 저자들을 감동시켰다. 펼쳐진 독수리의 거대한 날개(신 32:11; 렘 48:40; 49:22; 겔 17:3, 17), 새끼를 등에 태우고 나는 세심하고 보호 본능이 강한 모성(신 32:10-11), 창공을 높이 날 수 있는 힘(렘 49:16; 옵 4; 욥 39:27), 속력을 내는 날렵함(삼하 1:23; 렘 4:13; 애 4:19), 먼 거리를 날 수 있는 지구력(신 28:49; 사 40:31) 등이 많은 사람의 상상력을 사로잡았던 것이다.

하나님이 과거에 베푸신 은혜에 근거하여 현재의 일이 조명된다. 하나님이 이 순간 이스라엘과 맺고자 하시는 언약은 이스라엘에게 복을 주기 위한 것이며, 이러한 사실은 과거를 회상하면 쉽게 나올 수 있는 결론이다. 언약은 의무 사항이라기보다 이미 하나님이 이루신 구원에 대한 자연스러운 반응인 것이다. 출애굽기에서 '언약'(בְּרִית)이라는 단어가 처음으로 사용되는 순간이기도 하다(5절). 일부 주석가는 본문이 언급하는 언약이 앞으로 이스라엘이 하나님과 맺을 시내 산 언약이 아니라 이미 하나님이 아브라함을 비롯한 이스라엘의 선조들과 맺은 언약이라고 주장하지만(Dumbrell, Enns), 잠시 후에 이스라엘이 언약을 체결할 것이고, 이 언약을 통해 이스라엘이 '하나님의 소유, 제사장의 나라, 거룩한 백성'이 될 것이라는 5-6절 말씀과 연결하여 생각해 보면 선조와의 언약이 아니라 잠시 후 맺어질 시내 산 언약을 뜻하는 것으로 생각된다. 시내 산에서 이스라엘은 하나님과 새로운 관계를 형성한다.

하나님은 언약 조항을 제시하기에 앞서 이스라엘이 이 조항을 잘 지키면 매우 특별한 축복이 그들에게 임할 것이라고 말씀하신다. 이스라엘 공동체에 임할 하나님의 축복은 세 가지로 표현된다. (1) 그들은 하나님의 '소유'(סְגֻלָּה)가 되고, (2) '제사장 나라'(מַמְלֶכֶת כֹּהֲנִים)가 되며, (3) '거룩한 백성'(גּוֹי קָדוֹשׁ)이 될 것이다(5-6절). 이 개념들은 각기 매우 의미심장한 뉘앙스를 지닌 것으로, 하나님과 이스라엘, 이스라엘과 열방, 이스라엘과 자신의 관계를 정의하는 표현이다.

저자는 하나님과 이스라엘의 관계를 '소유'라는 표현으로 정의하고 있다. '소유'(סְגֻלָּה)는 주변 언어에서도 드러나듯이 물건의 소유주만이 누릴 수 있는 매우 귀중한/가치 있는 특별한 소유물을 뜻한다(Hamilton, Greenberg, cf. 전 2:8; 대상 29:3). 성경은 이스라엘을 하나님이 특별히 '소유하신 백성'(עַם סְגֻלָּה)이라고 부르며 하나님과 이스라엘이 매우 특별한 언약으로 하나가 되었음을 강조하기도 한다(신 7:6; 14:2; 26:18-19). 또한 하나님의 특별한 소유가 되는 것은 곧 그분의 거룩한 백성이 되어 성결을 배우고 경건과 거룩함을 추구하는 것과 직접 연관되어 있다(레 11:44-45; 20:7, 26; 21:6; 신 6:6; 14:2, 21; 26:19; 28:9).

'제사장 나라'(מַמְלֶכֶת כֹּהֲנִים)는 이스라엘과 열방의 관계를 정의하는 문구다. 이스라엘의 사명 선언문(mission statement)인 것이다. 이스라엘은 열방 가운데 제사장 역할을 해야 한다. 그들은 열방을 하나님께로 인도해야 하며 경우에 따라서는 열방을 향해 하나님의 말씀을 대언해야 한다. 이것이 이스라엘이 세상에 존재하는 의미이며, 열방 사이에서 추구해야 할 본분이다. 이것을 관계적으로 표현하면 다음과 같다(Dozeman).

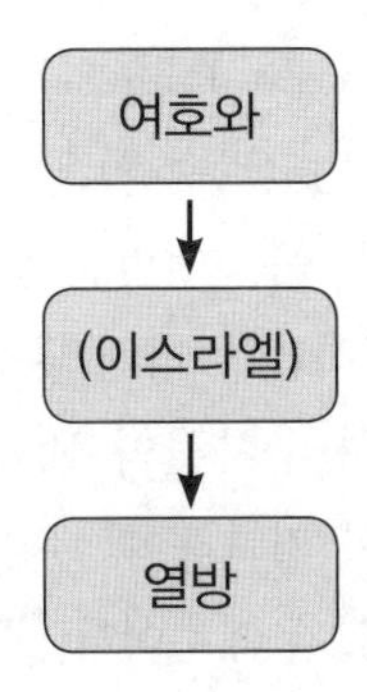

그러나 이스라엘이 이 순간 시내 산 밑에서 경험하고 있는 현실에 이 말씀을 비추어보면, 이스라엘은 결코 제사장의 나라가 아니다. 그러므로 많은 학자는 이 말씀을 이스라엘이 영원히 추구해야 할 이상적인 모습으로 풀이하지 그들의 현실을 정확하게 반영하고 있다고 생각하지 않는다(Sarna, Schwartz). 제사장 나라가 되는 것은 이스라엘이 영원히 가슴에 품어야 할 사명이다. 제사장 나라에 대한 사명은 드디어 신약 시대에 접어들면서 그리스도인을 통해 성취된다(Kaiser).

이스라엘이 열방 사이에 제사장 역할을 감당하려면 자신이 먼저 제사장의 삶을 추구해야 한다. 세상 사람과는 다른 삶의 방식, 가치관 등을 가지고 살아야 하는 것이다. 저자는 이러한 정황을 이스라엘은 하나님의 '거룩한 백성'(גּוֹי קָדוֹשׁ)으로 살아가야 한다는 것으로 정의한다. 대체로 구약에서 이스라엘을 백성으로 칭할 때 다른 히브리어 단어(עַם)를 사용하지 본문의 단어(גּוֹי)를 사용하는 경우는 흔치 않다. 하나님이 아브라함에게 그를 '큰 민족'(גּוֹי גָּדוֹל)으로 만들어주신다고 약속하실 때 이 단어를 사용하셨다(창 12:2). 아마도 모세는 이 순간 아브라함에게 하신 말씀을 회상하며 이 단어를 사용하는 것 같다(Enns). 시내 산에서 이스라엘이 하나님과 언약을 맺고 있는 것은 곧 오래전 하나님이 아브라함에게 하신 약속의 성취라는 의미다.

성경이 말하는 '거룩'(קָדוֹשׁ)이라는 개념의 가장 기본 핵심은 구별/분별된다는 것이다(Milgrom, Douglas, Dozeman). 이스라엘이 제사장의 나라로 살아가려면 다른 민족처럼 살 수 없으며 세상 민족의 삶의 방식과는 다른 삶을 추구해야 한다. 즉, 이 말씀은 이스라엘이 하나님과 열방과의 관계를 형성하고 유지하려면 자신의 삶의 방식을 개혁해 나가며 하나님의 거룩하심을 추구하여 자신의 삶도 거룩하게 지켜 나가야 한다는 것이다. 제사장의 삶이 거룩해야 백성의 필요와 요구에 따라 하나님 앞에 제사를 드릴 수 있기 때문이다. 주의 백성의 삶에서 가장 중요한 것은 경건과 거룩을 추구하고 실천하려는 노력이다(Sarna). 우리가 믿고 고백하는 것이 단지 지식이나 이론으로 멈추어서는 안 된다. 하나님이 우리를 거룩한 백성으로 부르셨을 때는 분명 거룩하게 살아야 하는 책임과 사명도 함께 주셨기 때문이다.

II. 시내 산에서 받은 율법(15:22–24:18)
B. 시내 산 언약(19:1–24:18)
1. 하나님의 현현(19:1–25)

(3) 이스라엘의 반응(19:7–8)

7모세가 내려와서 백성의 장로들을 불러 여호와께서 자기에게 명령하신 그 모든 말씀을 그들 앞에 진술하니 8백성이 일제히 응답하여 이르되 여호와께서 명령하신 대로 우리가 다 행하리이다 모세가 백성의 말을 여호와께 전하매

모세는 이스라엘 백성을 대표하는 장로들을 만나 하나님의 말씀을 전했다. 하나님이 언약을 통해 이스라엘을 세상에서 가장 소중한 소유로 규정하기를 원하며, 또한 이스라엘이 하나님과 계약을 체결한다는 것은 곧 그분의 거룩한 백성이 되어 구별된 삶을 산다는 것과 제사장 나라가 되어 열방에 대한 사명을 수행해야 한다는 것을 의미한다고 자세하게 전했을 것이다.

모세의 설명을 들은 이스라엘은 언약의 세부 사항을 듣기도 전에 한 목소리로 그렇게 하기를 원한다고 고백했다. 이들의 결정은 하나님이 과거에 베풀어주신 은혜를 생각할 때 여호와는 믿고 따를 수 있으며 이스라엘을 위해 최고의 선을 허락하시는 분이라는 신뢰에서 비롯되었다. 이스라엘의 적극적인 반응을 보면서 우리는 왜 항상 이렇게 하나님 앞에 적극적이고 긍정적이지 못했던가에 대해 반성해야 한다. 하나님이 분명 우리에게 해가 되는 것을 요구하지는 않으실 텐데 말이다. 모세는 하나님께 이스라엘이 주님과 언약 맺기를 사모한다는 말을 전했다.

II. 시내 산에서 받은 율법(15:22-24:18)
B. 시내 산 언약(19:1-24:18)
1. 하나님의 현현(19:1-25)

(4) 하나님을 만날 준비(19:9-15)

[9]여호와께서 모세에게 이르시되 내가 빽빽한 구름 가운데서 네게 임함은 내가 너와 말하는 것을 백성들이 듣게 하며 또한 너를 영영히 믿게 하려 함이니라 모세가 백성의 말을 여호와께 아뢰었으므로 [10]여호와께서 모세에게 이르시되 너는 백성에게로 가서 오늘과 내일 그들을 성결하게 하며 그들에게 옷을 빨게 하고 [11]준비하게 하여 셋째 날을 기다리게 하라 이는 셋째 날에 나 여호와가 온 백성의 목전에서 시내 산에 강림할 것임이니 [12]너는 백성을 위하여 주위에 경계를 정하고 이르기를 너희는 삼가 산에 오르거나 그 경계를 침범하지 말지니 산을 침범하는 자는 반드시 죽임을 당할 것이라 [13]그런 자에게는 손을 대지 말고 돌로 쳐죽이거나 화살로 쏘아 죽여야 하리니 짐승이나 사람을 막론하고 살아남지 못하리라 하고 나팔을 길게 불거든 산 앞에 이를 것이니라 하라 [14]모세가 산에서 내려와 백성에게 이르러 백성을 성결하게 하니 그들이 자기 옷을 빨더라 [15]모세가 백성에게 이르되 준비하여 셋째

날을 기다리고 여인을 가까이 하지 말라 하니라

모세가 다시 산에 올라가 하나님께 이스라엘 백성이 "하나님이 말씀하시는 대로 따르겠다"라고 다짐했다는 점을 보고하자 하나님은 3일 후에 강림할 것이니 백성을 적절하게 준비시키고 만반의 준비를 하라고 명령하셨다(11절). 성경에서 3일은 상당한 시간을 의미한다. 본문을 이해하는 데 가장 도움이 되는 것은 아브라함이 이삭을 바치기 위해 3일 동안 길을 떠났던 사건이다(창 22장). 아브라함이 즉흥적으로 이삭을 번제로 드리기로 결정했다면, 그는 3일 동안 길을 가면서 마음을 바꾸고 돌아올 수 있었다. 만일 8절에 기록된 "주께서 말씀하시는 대로 따르겠습니다"라고 외쳤던 이스라엘 사람의 결정이 즉흥적인 것이었다면 3일 동안 준비하고 묵상하면서 하나님과 언약을 체결한다는 것이 무엇을 의미하는가를 생각해볼 수 있다. 하나님과 언약을 체결한다는 것은 이스라엘의 삶에서 어떤 희생이 요구되는 것인가를 깊이 생각하고 득과 실을 신중하게 따져보는 기회를 허락하시는 것이다. 하나님은 순간적인 감정에 의해 즉흥적으로 결정한 순종보다는 깊이 생각하고 득과 실을 따져본 후에 결단한 순종을 더 기뻐하신다.

하나님은 자신이 강림하면 온 백성이 지켜보는 가운데 모세와 직접 대화를 나누심으로써 모세의 권위를 세워주겠다고 말씀하셨다(9절). 모세는 사람이 누릴 수 있는 최고의 권위와 위상을 받게 된다(Kaiser). 함부로 모세에게 대들거나 그의 말을 거역하는 행위를 막고 그가 하나님이 택하여 세운 특별한 종이라는 것을 다시 확인해 줄 필요를 느끼셨던 것이다. 모세가 출애굽을 전후로 해서 이집트와 광야에서 하나님의 이름으로 행했던 모든 기적과 사역의 약효가 벌써 다했단 말인가? 그런 이유보다는 앞으로 모세를 통해 주어질 언약 규정(율법)이 하나님으로부터 비롯된 것임을 모든 사람에게 인지시키기 위함이다.

이스라엘 사람은 3일 동안 옷을 빨아 입고 성생활도 하지 않는(신

23:10-14) 자제력을 보이며 하나님을 만날 준비를 해야 했다. 제사장 나라이자 거룩한 백성으로 부르심을 받은 이스라엘이 그 부르심에 부응하는 첫 단계를 수행하는 것이다(Enns). 바울도 부부가 하나님께 기도하기 위하여 일시적으로 성관계를 갖지 않는 것은 좋은 일이라고 한다(고전 7:5). 하나님 앞에 설 때는 온전한 마음과 전심으로, 경건과 최고의 거룩함을 갖추고 나아가야 한다.

그런데 이스라엘이 성결하기 위해서 왜 옷은 빨아 입어야 하는가? 한 주석가는 옷은 부정함의 상징이기 때문이라고 한다(Houtman). 이스라엘이 옷을 세탁하는 것은 모세가 호렙 산에서 신발을 벗은 것과 같은 의미를 지녔다는 해석도 있다(Enns). 더러운 옷과 성생활이 부정해서가 아니라 단순히 특별한 행사를 앞두고 몸과 마음가짐을 단정하게 하라는 의미에서 이 같은 명령이 내려졌을 수도 있다(Stuart). 이유는 확실하지 않지만, 옷을 빨아 입고 성생활을 절제하는 일은 거룩하신 하나님을 만나기 위한 준비과정의 일부다.

하나님이 강림하실 시내 산 주변에는 테두리를 쳐서 사람이나 짐승이 접근하지 못하도록 했다. 혹시 사람이나 짐승이 이 경계선을 넘을 경우 손을 대지 말고 죽이라고 명령하셨다. 일정한 거리를 두고 돌로 쳐죽이라는 뜻이다. 어떠한 경우라도 경계선을 넘은 사람이나 짐승을 다른 사람이 붙들어서는 안 된다. 붙든 사람도 똑같은 죄를 저지르는 결과를 초래하기 때문이다. 그러므로 이러한 사람이나 짐승은 붙들지 않은 상태에서 돌로 쳐 죽이든지 활과 같은 도구로 쏴 죽이라는 것이다.

이스라엘의 성결 준비와 하나님의 거룩하심을 범한 사람과 짐승에 대한 규정을 읽어 내려가며 우리는 하나님의 거룩하심에 대하여 다시 한번 생각해야 한다. 하나님이 도대체 얼마나 거룩하신 분이기에 그분의 현현을 보게 될 사람들, 그것도 매우 먼발치에서 보게 될 사람들에게 이처럼 강력한 요구를 하시는 것일까? 하나님은 죄인이 가까이하기에는 참으로 먼 곳에 계시는 거룩하신 분이다.

모든 절차가 끝나고 드디어 나팔이 울리면 그때는 산에 오를 수 있다고 말씀하셨다(13절). 시내 산 자체가 거룩한 곳이 아니다. 하나님이 그곳에 임하시는 동안만 거룩할 뿐이다. 그러므로 하나님의 현현이 멈추면 시내 산은 다시 보통 산이 되는 것이다. 이때는 누구든지 그 산에 오를 수 있다. 생각 없이 특정한 장소를 성지순례하는 행위의 위험이 여기에 있다. 자칫 잘못하면 그곳에 임하셨던 거룩하신 하나님을 묵상하고 기념하는 것이 아니라, 그 장소 자체에 의미를 부여하기 때문이다.

이미 중세 시대부터 많은 사람이 본문에 제시된 시내 산에 대한 규정과 머지않아 이스라엘이 건축하게 될 장막의 공통점을 지적했다. 중세기 유태인 성경학자 람반(Ramban)에 의하면 시내 산과 장막은 다음과 같은 유사점을 가졌다.

첫째, 시내 산과 장막은 세 구역으로 구분되어 있다. 시내 산의 정상은 성막의 가장 중심인 지성소(Holy of Holies)에 해당한다. 산에서 내려오자면 정상 아래 지역인 산등성이는 장막의 성소(Holy Place)와 일치한다. 산등성이 아래에 있는 지역은 제사장이 제물을 준비하던 성소 밖 뜰(Outer Court)에 해당한다.

둘째, 시내 산이 높은 곳에서 낮은 곳으로 구분되며 거룩성이 지형이 낮아질수록 줄어드는 것처럼, 장막도 거룩성에 있어서 세 부분으로 구분되었다. 가장 거룩한 부분인 산 정상에는 오직 모세 한 사람만 오를 수 있듯이 장막의 가장 거룩한 곳인 지성소에도 오직 대제사장 한 사람만–그것도 1년에 딱 한 번만–들어갈 수 있었다. 제사장과 장로만이 산등성이의 일정한 장소까지 오를 수 있었던 것처럼 장막 안에서도 성소(Holy Place)는 오직 제사장만 출입할 수 있었다. 일반인이 번제단이 위치했던 장막의 뜰까지만 출입할 수 있었던 것처럼, 이스라엘 백성은 시내 산 주변 테두리를 친 곳까지만 접근할 수 있었다.

셋째, 하나님이 시내 산에서 모세와 이스라엘에게 임하시는(בוא) 것처럼 장막에도 임하셨다(בוא)(출 19:11, 20; 34:5; cf. 민 11:17). 또한 시내 산에서 하나님의 현현을 동반한 연기, 진한 구름, 불은 장막과 연관된 현상이기도 하다(출 19:9, 16, 18; 20:15, 18; 24:15-18; 신 4:11; cf. 출 40:34-38; 민 9:15-22). 여러 면에서 시내 산은 성막의 모형이었다.

II. 시내 산에서 받은 율법(15:22-24:18)
B. 시내 산 언약(19:1-24:18)
1. 하나님의 현현(19:1-25)

(5) 하나님의 강림(19:16-25)

[16]셋째 날 아침에 우레와 번개와 빽빽한 구름이 산 위에 있고 나팔 소리가 매우 크게 들리니 진중에 있는 모든 백성이 다 떨더라 [17]모세가 하나님을 맞으려고 백성을 거느리고 진에서 나오매 그들이 산 기슭에 서 있는데 [18]시내 산에 연기가 자욱하니 여호와께서 불 가운데서 거기 강림하심이라 그 연기가 옹기 가마 연기 같이 떠오르고 온 산이 크게 진동하며 [19]나팔 소리가 점점 커질 때에 모세가 말한즉 하나님이 음성으로 대답하시더라 [20]여호와께서 시내 산 곧 그 산 꼭대기에 강림하시고 모세를 그리로 부르시니 모세가 올라가매 [21]여호와께서 모세에게 이르시되 내려가서 백성을 경고하라 백성이 밀고 들어와 나 여호와에게로 와서 보려고 하다가 많이 죽을까 하노라 [22]또 여호와께 가까이 하는 제사장들에게 그 몸을 성결하게 하라 나 여호와가 그들을 칠까 하노라 [23]모세가 여호와께 아뢰되 주께서 우리에게 명령하여 이르시기를 산 주위에 경계를 세워 산을 거룩하게 하라 하셨사온즉 백성이 시내 산에 오르지 못하리이다 [24]여호와께서 그에게 이르시되 가라 너는 내려가서 아론과 함께 올라오고 제사장들과 백성에게는 경계를 넘어 나 여호와에게로 올라오지 못하게 하라 내가 그들을 칠까 하노라 [25]모세가 백성에게 내려가서 그들에게 알리니라

하나님의 현현을 묘사하는 16-19절은 다음과 같은 교차대구법적 구조로 이루어졌다(Dozeman). 중심에는 시내 산에 다가가는 이스라엘과 시내 산에 강림하시는 하나님이 있다. 현현 이야기의 핵심은 종주와 종속자의 만남인 것이다.

A. 나팔 소리(16a절)
  B. 모든 백성이 떪(16b절)
    C. 백성이 산으로 다가옴(17절)
    C'. 하나님이 산에 강림하심(18a절)
  B'. 온 산이 떪(18b절)
A'. 나팔 소리(19a절)

드디어 3일째 되던 날 아침이 밝아오자 모세가 호렙 산에서 하나님의 불을 보았던 것처럼(3장) 이번에도 하나님의 불을 보았다. 그러나 이번에는 엄청난 규모의 불이었다. 우레와 번개가 천지를 흔들었고 짙은 구름과 연기가 시내 산을 감싸고 있었다(16절). 구름 속에서는 나팔 소리가 진동했다. 먼발치에서 이 상황을 지켜보던 이스라엘이 두려워 떠는 것은 말할 나위가 없었다. 모세는 두려워 떠는 백성을 이끌고 시내 산 밑까지 다가갔다(17절). 시간이 지날수록 소리도 요란해지고 번갯불도 더 번쩍거렸다. 이같이 놀라운 현상은 예수님이 불꽃 가운데 나타나실 때에나 재현된다(Kaiser, cf. 살후 1:7-12). 백성은 공포와 두려움에 사로잡혔다. 하나님의 현현이 이렇다. 주변에 종종 직접 하나님을 만났다면서도 하나님을 두려워하지 않는 사람이 있다. 이는 모두 거짓이다. 하나님을 만난 사람은 그분의 거룩하심에 압도되어 두려워하게 된다.

모세는 하나님께 말했고, 하나님은 천둥으로 그에게 응답하셨다(19절). 이윽고 하나님은 모세를 산 정상으로 부르시고 다시 한번 사람들이 함부로 산에 접근해서 화를 당하는 불상사가 없도록 조치를 취하라고 명령하셨다. 이스라엘에게 최고 수위의 경건과 거룩함을 유지하라는 것이다. 한 가지 혼란스러운 것은 "제사장들(כֹּהֲנִים)에게 그 몸을 성결하게 하라"라는 22절 말씀이다. 성경에서 이스라엘의 제사장이 언급되는 것은 이곳이 처음이다. 출애굽기 28-29장에 의하면 제사장 제도는 이스라엘이 시내 산에서 하나님의 율법을 받은 후에 생겨났다. 그러므로 주석가들은 이 문구가 훗날에 삽입된 것(anachronism)으로 간주한다(Enns). 그러나 다른 해석도 가능하다. 유태인 주석가들은 이 제사장들을 이스라엘의 장자들로 이해했다(Sarna). 하나님이 열 번째 재앙을 통해 이집트의 장자를 모두 죽이셨지만, 이스라엘의 장자들은 죽이지 않으셨다. 이 일로 이스라엘의 장자들은 전적으로 하나님께 속한 것으로 구별되었고, 레위인들이 이들을 대신할 때까지 이들은 제사장 역할을 감당했다는 것이다(민 3:11-13; 8:16-18; cf. 출 13:1-2, 13; 34:20). 충분히 가능한 해석이다. 당시에는 장로들과 젊은이들(24:5)이 제사장 역할을 하고 있었다는 해석도 있다(Cassuto).

이 일을 통해 아론의 지위가 급부상한다. 하나님이 그를 모세의 대변인으로 임명하신 이후(3-4장) 지금까지 아론은 모세를 돕는 자로 자리를 잡아왔다. 모세가 바로와 대결할 때도 그는 모세 옆에 있었다. 드디어 아론이 매우 특별한 축복을 받게 되었다. 하나님이 그 누구도 접근할 수 없다고 경고하셨던 하나님의 산에 아론이 모세와 함께 오르게 된 것이다(24절). 모세는 내려가서 아론을 데려오라는 하나님의 명령에 따라 시내 산에서 내려왔다(25절). 이번이 세 번째였다. 나이 많은 모세가 고생한다고 생각할 수도 있지만, 그가 이처럼 며칠 사이에 이 높은 산을 세 차례나 오르내릴 수 있는 것은 그가 80세의 나이에도 불구하고 매우 건강했음을 시사한다. 체력은 영성이라는 말이 생각난다.

II. 시내 산에서 받은 율법(15:22-24:18)
B. 시내 산 언약(19:1-24:18)

2. 율법: 십계명(20:1-17)

이 섹션은 구약 율법의 골자라고 할 수 있는 십계명으로 구성되어 있다. 율법은 주의 백성이 거룩하게 살아가는 것이 어떤 것인가를 규정하는 수단이었지만 동시에 하나님이 어떤 분인가를 보여주는 창이기도 하다(Enns). 그런 면에서 주의 백성이 율법을 준수하는 일을 통해 지향해야 하는 윤리와 도덕성은 하나님의 의지(divine will)의 표현이라고 할 수 있다(Sarna). 또한 혼란스러운 세상에서 하나님의 질서와 가치관으로 살아가는 것이 어떤 것인가를 정의하는 것이기도 하다(Fretheim). 그러나 사람이 정작 십계명을 포함한 율법을 잘 준수하며 살 수 있는지는 별개 문제다. 율법은 참 좋은 것이고 하나님의 성품을 반영하지만, 사람이 그것을 지킬 능력을 지니지 않았기 때문이다. 그러므로 율법은 예수님의 사역을 기대하게 하며, 두 가지 역할을 한다. 첫째, 율법은 거룩하신 하나님과 윤리적으로 좁힐 수 없는 거리감을 유지하고 있는 인간의 한계를 지적한다. 둘째, 언젠가는 이 거리감을 좁혀줄 메시아의 사역을 소망하게 한다. 예수님이 하나님과 인간 사이의 거리감을 해결해 주는 역할을 하신다.

십계명이란 명칭은 영어의 Ten Commandments 혹은 Decalogue에서 비롯된 말이며, 히브리어 문구(עֲשֶׂרֶת הַדְּבָרִים, 출 34:28; 신 4:13; 10:4)를 잘못 번역한 데서 유래되었다. 이 문구는 단순히 '열 단어 혹은 열 가지'라는 의미를 갖고 있을 뿐이다. 게다가 전통적으로 유태인은 이 섹션을 열 개가 아닌 열세 개의 계명으로 구분했다(Cassuto).

본문에 열 개의 계명이 포함된 것으로 간주하는 개신교와 가톨릭교마저도 계명을 구분하는 데 있어서 미묘한 차이를 보이고 있다(Kaiser). 유태인은 대체로 20:2를 첫 번째, 3-4절을 두 번째 계명으로 간주한다. 필로(Philo)와 요세푸스(Josephus)는 3절을 첫 번째, 4-6절을 두 번째 계명으로 이해했다. 가톨릭과 루터교는 3-6절을 첫 번째 계명으로 간주하고, 마지막 구절인 17절을 두 개의 계명으로 나누었다.[37] 개신교에서는 첫째와 둘째 계명을 각각 20:2-3, 4-6절로 구분하는 것이 일반화되어 있다. 그러나 20:2-6을 첫 번째 계명으로 이해하는 사람도 있다. 이처럼 이 섹션은 결코 모든 사람이 동의하는 명확한 십계명으로 규정될 수 없는 것이다. 이 책에서는 개신교의 일반화된 구분을 따를 것이다.

일반적으로 십계명은 하나님이 이스라엘에게 이행할 것을 요구하시는 율법의 골자를 요약하는 것으로 간주한다. 그러나 이러한 정황이 모든 사람에 의해 명확하게 이해된 사실은 아니다. 이 섹션을 시작하고 있는 20:1은 단순히 "하나님이 이 모든 말씀으로 이르시되"(וַיְדַבֵּר אֱלֹהִים אֵת כָּל־הַדְּבָרִים הָאֵלֶּה לֵאמֹר)라고 기록할 뿐 정확히 누구를 대상으로 삼는지도 밝히고 있지 않다. 이 같은 방식으로 새로운 섹션을 시작하는 것은 모세 오경 안에서 이 본문이 매우 독특하며 말씀의 대상에 대한 복합성(complexity)을 내포하고 있음을 보여주려는 것으로 이해된다(Sarna). 한편에서 볼 때 이 말씀이 하나님과 언약을 맺으려는 공동체를 형성하는 모든 사람에게 주어진 말씀이지만, 동시에 이 공동체에 속해 있는 각 개인에게 주시는 말씀이다. 즉, 2인칭 남성 단수를 꾸준히 사용하여 명령하시는 것이다. 이스라엘은 공동체로서 십계명을 준수해야 하며, 이스라엘 공동체에 속한 개인도 십계명을 마음에 새기고 각자 실천해야 한다.

하나님의 현현이 시작되고 말씀이 계시되자 백성은 두려워 떨며 모세가 중개해 줄 것을 요구한다(18-21절; cf. 신 5:4-5). 이 사실을 감안하면 율법은 시내 산에서 모든 사람을 대상으로 선포된 계시가 어느 순

37 일부 주석가들은 3-6절을 하나의 계명으로 보고, 17절도 하나의 계명으로 보아 10계명이 아닌 9계명을 논한다(Houtman, cf. Harrelson).

간에는 모세를 통해 중개되었음을 알 수 있다(Enns). 유태인은 전통적으로 백성이 처음 두 계명(2-6절)만 하나님께 직접 듣고 나머지는 모두 모세를 통해 중개된 것으로 생각했다. 이들이 이렇게 결론지은 것은 하나님이 2-6절에서는 신적 일인칭(divine 1st person) '나'(I)로 말씀하시지만, 7절 이후부터는 하나님에 대한 언급이 3인칭으로 바뀌기 때문이다.

십계명이 주어진 장소에 대한 중요성도 유태인 사이에서 많은 논란이 된 것으로 알려져 있다. 십계명은 유태인뿐만 아니라 세상의 모든 사람에게 주어진 우주적인 계명이다. 그러므로 십계명은 어떤 국가에 속한 땅이 아닌 광야에서 선포된 것이라고 주장한다(Ginzberg). 물론 사실일 가능성은 희박하지만, 유태인이 십계명을 얼마나 특별하게 생각하는지는 엿볼 수 있다. 또한 설득력은 전혀 없지만, 한 유태인 전승에 의하면, 십계명은 선포된 순간 모든 인간 언어로 통역된 것이다(Shab. 88b, cf. Sarna).

성경은 이 간단명료한 명령문이 두 개의 돌판에 새겨졌다는 점을 누누이 기록하고 있다(출 24:12; 31:18; 32:15; 34:1, 4; 신 4:13; 9:10, 11, 15; 10:1-5; 왕상 8:9; 대하 5:10). 왜 두 개의 돌 판이 필요했는가와 이 두 돌판에 어떻게 십계명 말씀이 배열되었을지에 대해서는 전혀 알 수 없다. 전통적으로 처음 다섯 계명이 하나의 돌판에, 나머지 다섯 계명이 다른 돌판에 새겨진 것으로 생각했다. 그러나 이렇게 할 경우 본문의 비중이 전혀 균형을 이루지 못한다. 처음 다섯 계명이 기록된 돌판은 146개의 히브리어 단어로 구성된 반면에 나머지 다섯 계명이 기록된 두 번째 돌판은 고작 26개의 히브리어 단어를 새기고 있을 뿐이기 때문이다. 팔레스타인 탈무드는 각 돌판이 십계명 전체를 새기고 있었다고 주장한다. 중세기 주석가 사아디아(Saadia)는 한 돌판은 출애굽기 20장에 기록된 십계명을, 다른 돌판은 신명기 5장에 기록된 십계명을 새기고 있었다고 추측한다.

학자들은 오래전부터 십계명을 두 부류로 구분했다. 첫 번째 부류의 계명은 하나님과 이스라엘 공동체에 속한 각 개인의 관계를 정의하며 첫째에서 넷째 계명이 이 부류에 속한다. 이 계명들은 '여호와 너의 하나님'이란 표현을 다섯 차례나 반복하여 사용한다. 이 계명들은 여호와를 섬기는 자들의 의무를 규정하고 있으며 고대 근동 지역의 종교 풍토를 감안할 때 매우 독특한 것이다. 두 번째 부류의 계명은 인간 사이의 관계에 관한 것이며 다섯째에서 열째 계명이 이 부류에 속한다. 이 계명들은 하나님에 대한 언급을 포함하지 않는다. 또한 이것들은 이스라엘의 종교와 상관없이 범우주적으로 적용되는 사회질서 확립을 위한 원리다. 십계명이 '여호와 너의 하나님'으로 시작했다가 '너의 이웃'으로 막을 내린다는 점도 이 계명들이 삶의 모든 영역에 영향을 미쳐야 한다는 것을 암시하는 듯하다. 십계명은 제일 중요한 것부터 덜 중요한 순으로 구성되어 있다는 것이 학계의 전반적인 결론이다. 처음 여섯 가지 계명을 어기는 경우 죽임을 당하는 것도 이러한 해석을 뒷받침한다(Wenham, McConville).[38]

십계명은 율법의 요약이자 심장이라 할 수 있다. 이는 하나님과 이스라엘 사이에 맺어진 언약 관계를 지속할 수 있는 법적인 근거이기 때문이다. 그러므로 십계명을 중개하는 모세는 진정한 의미에서 이스라엘의 '율법 수여자'(lawgiver)다(Enns). 그러나 십계명의 법률성을 강조하면 우리는 십계명의 목적을 쉽게 상실할 것이다. 십계명은 마치 결혼 계약과 같다. 결혼한 사람이 사랑으로 결혼의 요구 사항을 충족시키지 않는다면 진정한 결혼이라고 할 수 없다. 이와 마찬가지로 십계명을 하나님에 대한 사랑이 아닌 마지못해 이행하는 의무감으로 준수하게 된다면 하나님이 이 계명들을 주신 근본 취지를 상실하는 것이다(Craigie). 이 섹션의 분량이 그다지 많지는 않지만, 십계명의 중요성

38 그러나 간음에 관한 제7계명, 납치/유괴와 인신매매를 금하는 제8계명, 거짓 증언을 금하는 제9계명 모두 범죄자를 사형에 처할 수 있는 것들이다.

을 감안하여 다음과 같이 구분하여 주해하고자 한다. 신명기 5장도 십계명을 기록하고 있으므로, 평행 텍스트를 표기했다. 출애굽기 20장과 신명기 5장은 거의 비슷하지만 세세한 차이가 있다(Hamilton).

A. 서론과 제1계명(20:2-3; 신 5:6-7)
B. 제2계명(20:4-6; 신 5:8-10)
C. 제3계명(20:7; 신 5:11)
D. 제4계명(20:8-11; 신 5:12-15)
E. 제5계명(20:12; 신 5:16)
F. 제6계명(20:13; 신 5:17)
G. 제7계명(20:14; 신 5:18)
H. 제8계명(20:15; 신 5:19)
I. 제9계명(20:16; 신 5:20)
J. 제10계명(20:17; 신 5:21)

II. 시내 산에서 받은 율법(15:22-24:18)
B. 시내 산 언약(19:1-24:18)
2. 율법: 십계명(20:1-17)

(1) 서론과 제1계명(20:1-3; cf. 신 5:6-7)

[1]하나님이 이 모든 말씀으로 말씀하여 이르시되 [2]나는 너를 애굽 땅, 종 되었던 집에서 인도하여 낸 네 하나님 여호와니라 [3]너는 나 외에는 다른 신들을 네게 두지 말라

하나님은 2절에서 먼저 자신이 이스라엘과 어떤 관계인지를 밝힌 후에 첫 번째 계명을 주신다. 이스라엘은 여호와가 그들을 이집트에서의 노예 생활과 고통에서 구원하신 하나님이라는 점을 기억해야 한다. 하나님은 이들을 구속과 압제에서 구원하신 구세주의 자격으로 계명을 주시는 것이다. 하나님은 이집트 사람의 손에서 구원하신 이스라엘을 자기의 소유로 간주할 권한이 있기 때문이다(Fensham). 이 같은 관계를 '인애 관계'(hesed relationship)라고 하기도 한다(Sakenfeld, Stuart). 그렇다고 해서 이스라엘이 빚을 갚는 심정으로 율법을 준수하라는 것은 아니다. 하나님의 말씀은 아무런 전제 조건 없이도 지킬 만한 가치가 있다. 십계명은 인간의 지혜나 지식이 아닌 하나님의 의지에서 비롯되었기에 시간과 장소를 초월한다. 하나님의 첫 번째 계명은 간단하다. 하나님 외에 그 어떤 신도 섬기지 말라는 것이다(3절).

"네게 두지 말라"(3절)에서 '두게 하다'(יִהְיֶה־לְךָ)를 명령어로 보지 않고 단순히 선언문(indicative)으로 간주하여 이 말씀의 의미를 출애굽을 체험한 이스라엘의 삶에서 모든 신이 사라졌다는 것을 선포하는 것으로 해석하는 학자도 있다. 그러나 이 표현이 결혼 서약에서도 많이 사용되는 절대적인 소유권에 관한 표현으로 볼 때 이 문구는 선언을 초월한 강력한 명령이자 요구이다(Sarna, cf. 신 24:2, 4; 삿 14:20; 삼하 12:10; 호 3:3; 룻 1:13).

하나님은 첫 번째 계명에서 이스라엘의 절대적이고 독점적인 충성을 명령하신다. 여호와께서는 시내 산에서 이스라엘을 아내로 맞이하는 남편의 자격으로 아내의 일편단심을 요구하시는 것이다. 성경은 다른 신들은 진짜가 아니라는 것을 전제하지만, 첫 번째 계명에서는 이러한 사실에 관심조차 없다. 첫 번째 계명은 한 여자에게는 한 남편만이 있는 것처럼, 이스라엘은 오직 남편이신 하나님만 바라볼 것을 요구한다(Enns, Stuart, Dozeman). 하나님의 이 같은 요구는 긴밀한 애정 관계를 전제로 하므로 결코 무리한 것이라 할 수 없다. 사랑이 깊을수록 기대도 크기 때문이다.

우리말 성경에는 생략되어 있지만 히브리어 본문과 영어 번역본에는 '내 앞에서'(עַל־פָּנָי)라는 문구가 들어 있다. 이 문구의 문자적 의미는 '내 얼굴 앞에서'라는 뜻이다. 성경에서 성전이나 제단이 몇 차례 하나님의 '얼굴'로 표현되는 것에 근거하여 이 말씀이 "내 성전에 다른 신들을 두지 말라"라는 뜻으로 해석하는 사람도 있다(Brueggemann, cf. Dozeman). 그러나 이러한 해석은 너무 제한적이고 편협하다. 하나님은 지금 자신의 성전 뜰뿐만 아니라 이스라엘 사람의 삶 전체가 그분 앞에서 부끄러움이 없기를 기대하신다. 이스라엘과 새로운 관계를 설정하시는 하나님이 이 계명을 통해 남편으로서의 권위를 세우고자 하시는 것이다. 그분은 자기 백성의 모든 삶의 중심에 있기를 원하신다.

II. 시내 산에서 받은 율법(15:22-24:18)
B. 시내 산 언약(19:1-24:18)
2. 율법: 십계명(20:1-17)

(2) 제2계명(20:4-6; cf. 신 5:8-10)

[4]너를 위하여 새긴 우상을 만들지 말고 또 위로 하늘에 있는 것이나 아래로 땅에 있는 것이나 땅 아래 물 속에 있는 것의 어떤 형상도 만들지 말며 [5]그것들에게 절하지 말며 그것들을 섬기지 말라 나 네 하나님 여호와는 질투하는 하나님인즉 나를 미워하는 자의 죄를 갚되 아버지로부터 아들에게로 삼사 대까지 이르게 하거니와 [6]나를 사랑하고 내 계명을 지키는 자에게는 천 대까지 은혜를 베푸느니라

두 번째 계명은 하나님의 형상을 세상의 그 어떤 것으로도 형상화하지 말 것을 요구한다. 하늘에 있는 것이나, 땅에 있는 것이나, 땅 밑에 있는 것이나 그 어떠한 것도 하나님의 모습을 대신할 수 없다(4절). 하나님은 우리 눈에 보이는 이 세상의 그 어떠한 물체나 짐승과 전적으로 다르시기(wholly other) 때문이다. 하나님의 거룩하심이 강조되는 순간이다. 이 계명의 중심을 이루고 있는 세 개의 "…하지 말라"라는 히브리어 부정사(לֹא)에 미완료형 동사를 더한 것으로 매우 강력한 금지령으로 이해된다. “[새긴 우상을] 만들지 말고(לֹא תַעֲשֶׂה)…[그것들에게] 절하지 말며(לֹא־תִשְׁתַּחֲוֶה) [그것들을] 섬기지 말라.(לֹא תָעָבְדֵם)(4-5절)” 이 부분을 오늘날의 정황에서 생각해 본다면 특별한 의미와 중요성을 지닌 종교적 유물과 상징도 우리 신앙에 올무가 될 수 있음을 지적한다. 만일 십자가가 단순히 예수님의 생애와 사역을 기념하는 상징이 아니라, 그 자체가 어떠한 신비한 힘을 지녔다고 생각하고 십자가나 어떤 성인의 동상 앞에서 특별한 예식을 행한다면 우리는 다시 한번 이 계명이 경고하는 위험에 빠지게 되는 것이다.

이 계명은 그 당시 근동에 팽배했던 이방 종교에 대한 일종의 간접적인 가치 판단이라고 할 수 있다. 이방 종교는 하나같이 이미지/우상을 가져다 신으로 숭배했다. 이 같은 정황에서 하나님은 세상의 모든 우상이 인간의 손에 의해 새겨진 돌과 나무 덩어리에 불과하다는 사실을 상기시키신다. 우상은 인간의 상상력이 창조해낸 물건들에 불과함을 드러내며, 동시에 이방 종교의 허무함도 역설하시는 것이다. 물론 고대 근동의 여러 종교는 자신들의 우상들이 실제로 존재하는 신들을 상징하는 것뿐이라고 생각했다는 주장이 종종 제기된다. 하지만 지금까지 발굴된 문헌과 유물을 모두 살펴보면 고대 근동 사람은 우상들과 그 우상들이 상징하는 혹은 표현하는 신들과 동일시했지 결코 명백한 구분을 짓지는 않았다.

우상이 인간의 창조물에 불과하다면, 하나님은 왜 질투하면서까지 이스라엘이 하나님만을 바라보기를 원하시는가? 하나님을 ‘질투하는 하나님’(אֵל קַנָּא)이라고 밝히는데(5절), 이 표현은 결혼에서 비롯된 것으로서 남편 되신 하나님이 아내 이스라엘에게 절대적 충성을 요구하시는 것으로 이해된다(Sarna). 즉, 남편의 권한을 이행하시는 것이다. 단어의 어근이 되고 있는 히브리어 동사(קנא)의 원 의미는 “[얼굴이] 붉게 달아오르다”이며 사람이 분노했을 때 얼굴색이 붉게 변하는 것을 묘사하고 있다. 남편 되신 하나님이 아내의 불륜을 알게 되면 얼굴이 붉어

지도록 분노한다는 뜻이다.

하나님은 어떠한 형태의 우상도 만들지 말라는 명령과 함께 순종하는 자에게 임할 축복과 불순종하는 자에게 임할 저주를 선포하신다. 순종하는 자의 자손에게는 1,000대에 이르기까지 복이 임할 것이요, 불순종하는 자에게는 3대에 이르기까지 책임을 묻겠다는 말씀이다(5-6절). 일부 교인은 이 말씀이 마치 저주가 자손에게 전가되어 흐르는 것으로 풀이하지만, 본문의 핵심은 대조에 있다. 1,000대 3이 상징하는 것처럼 하나님의 계명을 잘 지키면서 살아가는 사람들의 집안에 임할 하나님의 은혜는 영원하며(viz., 1,000대에 이름), 하나님의 명령을 거역하고 우상을 만들어 그것이 하나님인 양 그 앞에서 절하고 섬기는 사람들의 집안에 그분의 진노가 분명히 임하지만 그 진노는 잠시라는 것이다(3대에 이름). 즉, 이 말씀에서 사용되는 숫자는 결코 문자 그대로 해석될 성향의 것이 아닌 것이다(Stuart).

두 번째 계명은 주의 백성에게 두 가지를 요구한다. (1) 주의 백성은 이방인의 신들을 숭배하지 말 것, (2) 주의 백성은 이방인들이 자기 신들을 숭배하는 방식으로 하나님을 섬기지 말 것(Enns). 그리스도인은 우상을 숭배하지 말아야 할 뿐만 아니라, 어떠한 이미지나 형상을 통해서도 하나님의 존엄성과 품위를 망가뜨리는 일을 삼가해야 한다. 또한 기독교 예배는 하나님의 성품을 그대로 반영해야 하며 우리의 욕심이나 계획을 성취하기 위한 방법으로 이용되어서는 안 되며, 예배가 다른 종교에서 도입한 이교적 요소들로 오염되어서도 안 된다. 우리의 삶과 예배는 여호와가 진정 하나님이심을 밝히 드러내고 세상의 그 어떠한 것도 하나님을 상징할 수 없음을 고백해야 한다. 그만큼 하나님은 이 세상의 모든 것에서 확실하게 구별되는 분이다.

II. 시내 산에서 받은 율법(15:22-24:18)
B. 시내 산 언약(19:1-24:18)
2. 율법: 십계명(20:1-17)

(3) 제3계명(20:7; cf. 신 5:11)

[7]너는 네 하나님 여호와의 이름을 망령되게 부르지 말라 여호와는 그의 이름을 망령되게 부르는 자를 죄 없다 하지 아니하리라

"네 하나님 여호와의 이름을 망령되게(לַשָּׁוְא) 부르지 말라"라는 세 번째 계명은 하나님의 인격 모독을 주제로 한다는 점에서 처음 두 계명과 맥락을 같이하고 있다. 이때까지 하나님은 1인칭으로 말씀하셨는데(5-6절), 이 계명에서는 3인칭으로 말씀하신다. 주의 백성과 하나님 사이의 거리감/차별을 강조하기 위해서다(Dozeman). 이스라엘은 항상 자신들과 하나님 사이의 거리감을 의식해야 한다는 의미다. 하나님은 우리의 가장 친한 친구가 되시지만, 동시에 우리가 결코 범할 수 없는 거룩한 분이라는 점을 마음에 새겨야 한다.

성경에서 이름은 그 사람의 본질과 능력 등을 상징한다. 하나님이 모세를 처음 부르셨을 때 모세에게 자신의 이름의 의미가 무엇인지를 차분하게 설명해 주셨다(3-4장). 하나님의 이름 자체에 하나님의 신비로운 임재가 어느 정도 내포되어 있기 때문이다(Noth, Dozeman). 그렇기 때문에 그분을 주님으로 아는 우리가 하나님의 이름을 부를 때 왠지 마음이 평안해지고 위로가 됨을 느끼는 것이다. 마치 루이스(C. S. Lewis)의 『나니아 연대기』에서 아이들이 '아슬란'이란 이름을 듣는 순간 평안과 기쁨을 경험한 것처럼 말이다.

또한 고대 근동에서 신의 이름을 부른다는 것은 곧 그 신에 대한 접근권(accessibility)을 의미했다(Dozeman). 우리가 예수님의 이름을 부르는 것이 곧 삼위일체 하나님께 나아가는 것을 의미하는 것처럼 말이다. 그래서 우리는 모든 기도를 '예수님의 이름'으로 마친다. 오래전에 가나안 땅을 배회하던 선조들과 이집트에서 노예 생활을 하던 이스라엘을 연결해 준 것도 하나님의 이름이라고 할 수 있다. 과거에 선조들에게 자기 이름을 알려 주셨던 하나님이 그 이름을 기억하고 부르짖는 후손을 구원하기 위해 오셨기 때문이다(Enns). 그래서 하나님이 구원 사역을 시작하기 전에 불에 타지 않는 떨기나무에서 모세에게 자신을 먼저 아브라함, 이삭, 야곱의 하나님이신 여호와라고 밝히셨던 것이다.

세 번째 계명은 하나님의 이름을 아는 것이 동반하는 위험에 대한 경고다(Dozeman). 하나님의 이름을 아는 것은 무한한 위로와 복이 될 수 있지만, 경우에 따라서는 파괴와 재앙을 동반할 수도 있다는 의미다. 또한 하나님의 이름을 망령되게 하지 말라는 것은 하나님의 능력과 임재를 상징하는 그분의 이름을 개인적인 목적과 이익을 위해 사용하는 죄를 범하지 말라는 뜻이다(Harrelson). 하나님의 이름으로 거짓 예언을 하고, 점을 치는 것 등도 이 범주에 속한다(Cassuto, Noth). 하나님의 이름은 매우 거룩하고 경이롭기 때문에, 경외와 경배를 자아내지 결코 인간에게 이용당하라고 있는 것이 아니다. 법정에서 증언할 때 하나님의 이름으로 맹세하면 진실을 말해야 하는 의무가 있으며, 거짓을 말하면 그분의 이름을 망령되이 일컫는 일이 된다. 위증을 금하는 것이 이 계명의 가장 기본 의미이지만, 우리의 삶 모든 분야에 적용될 수 있는 포괄성을 가졌다(Stuart, Tigay).

하나님의 이름이 얼마나 거룩한지 혹시라도 본의 아니게 그분의 이름을 망령되이 일컫는 죄를 범할까 봐 우리에게 히브리어 성경을 전해 준 마소라 학파 사람은 아예 하나님의 이름을 소리내어 말하지 못하도록 표기해 놓았다. 우리말 성경은 하나님의 이름을 '여호와' 혹은 '야훼'로 표기해 놓았는데, 이것들은 추측일 뿐 정확한 음은 아니다. 특히 '여호와'는 하나님의 이름의 히브리어 표기와 거리가 먼 발음이다. 그래서 대부분의 영어 번역본은 더 이상 하나님의 이름을 표기하지 않고 'LORD'로 표기한다(NAS, NIV, NRS, TNK). 우리말 번역본 중에는 새번역이 하나님의 이름을 피하고 '주'로 표기한다. 오늘날에도 많은 유태인은 하나님의 이름을 소리 내서 발음하는 것을 피하기 위해 '여호와'가 나올 때마다 'Hashem'('그 이름')으로 대체한다.

세상 사람은 하나님을 '신'으로 알지만, 그의 백성은 '여호와'로 아는 특권을 가졌다. 이 이름을 가진 분이 그들을 구원하고, 가장 귀한 소유로 삼았으며, 거룩한 백성으로 부르셨다. 그러므로 우리는 이 이름을 최고의 존경과 경외로 대해야 한다. 제3계명은 세상에서 살아가는 주의 백성이 그분의 이름에 합당한 삶을 살아가도록 권고하는 명령이다. 비록 개인적으로 해가 될지라도 하나님의 이름으로 맹세할 때 우리는 진실을 말할 것을 다짐해야 한다. 행동을 조심하여 하나님을 향한 우리의 각오가 세상에 뚜렷하게 드러나도록 해야 한다. 진실이 아니거나 책임지지 못할 말을 하나님의 이름으로 하는 것은 심판을 자청하는 행위다. 그러므로 하나님의 이름을 망령되이 부르지 말라는 것은 하나님을 부정과 오염으로부터 보호하기 위해서가 아니라 그분의 백성을 보호하기 위해서다(Durham). 사람이 하나님의 거룩하신 이름을 함부로 부르는 것은 곧 심판을 자청하는 행위이기 때문이다.

II. 시내 산에서 받은 율법(15:22-24:18)
B. 시내 산 언약(19:1-24:18)
2. 율법: 십계명(20:1-17)

(4) 제4계명(20:8-11; cf. 신 5:12-15)

[8]안식일을 기억하여 거룩하게 지키라 [9]엿새 동안은 힘써 네 모든 일을 행할 것이나 [10]일곱째 날은 네 하나님 여호와의 안식일인즉 너나 네 아들이나 네 딸이나 네 남종이나 네 여종이나 네 가축이나 네 문안에 머무는 객이라도

아무 일도 하지 말라 [11]이는 엿새 동안에 나 여호와가 하늘과 땅과 바다와 그 가운데 모든 것을 만들고 일곱째 날에 쉬었음이라 그러므로 나 여호와가 안식일을 복되게 하여 그 날을 거룩하게 하였느니라

안식일이 주제인 네 번째 계명은 십계명 중 가장 긴 것이다. 또한 이 계명과 다음 계명만이 십계명 중 유일하게 긍정적인 것("…을 하라")이고, 나머지 여덟 계명은 모두 부정적인("…을 하지 말라") 것이다. 안식일은 고대 근동 지역의 다양한 문화권 속에서 이스라엘 종교에만 국한되어 있었던 독특한 것이었다. 시간을 7일 기준으로 분류하는 것은 근동의 여러 문명에서 흔히 있었던 일이다. 그러나 월, 계절, 년이 하나같이 해나 달의 움직임과 연관되어 있는 상황에서 안식일은 이러한 천체를 지배하는 것과 전혀 연관성 없이 주어지고 있다. 하나님은 온 우주의 밖에 계신 분으로서 자연의 지배를 받지 않는다는 점을 강조하는 듯하다(Sarna).

히브리어 성경에서 이 계명은 '기념하다'(זכר)라는 개념으로 시작한다. 구약에서 기념한다는 것은 단순히 기억을 떠올린다는 의미가 아니라, 구체적으로 행동하고 실천하는 것을 전제로 한다(2:24; 6:5). 마치 결혼기념일을 기억한 남편이 빈손으로 집에 들어갈 수 없는 것처럼 말이다(Enns). 매주 7일째 되는 날에 대한 계명이 히브리어 알파벳 중 7번째로 등장하는 자인(ז)으로 시작한다는 것이 어떤 사람에게는 특별한 의미로 이해되기도 한다. 또한 안식일에 쉬어야 하는 사람들의 관계도 7가지의 예로 정리되어 있다. "너나 네 아들이나 네 딸이나 네 남종이나 네 여종이나 네 가축이나 네 문안에 머무는 객." 주의 백성과 연관된 모든 사람이 안식일에 쉴 수 있어야 한다.

하나님은 안식일을 다른 날과 구별하여 거룩하게 지킬 것을 당부하신다. '거룩'(קדש)의 가장 기본 의미는 구별/분별하는 것이다. 하나님은 일주일 중 하루를 다른 날과 구별된 날로 지내라고 하신다. 이유는 하나님이 천지를 창조하실 때 6일 동안 완성하셨고, 7일째 되는 날에는 모든 것을 멈추고 6일 동안 창조한 것을 음미하고 즐기셨기 때문이다. 물론 하나님이 6일 동안 천지를 창조하신 것과 하나님의 능력은 무관한 일이다. 무에서 유를 창조하시는 하나님은 6일이 아니라 한순간에도 온 우주를 창조할 수 있는 분이다. 그러나 백성이 주님이 하신 대로 안식일을 잘 지키게 하기 위해 하나의 모델(role model)로 제시하신 것이다. 일부 학자들은 하나님이 출애굽 해방을 통해 평화스러운 창조 세계를 회복시켰다고 해석한다(Fretheim, Brueggemann). 이렇게 이해하면 이 계명처럼 출애굽 사건과 창조의 섭리를 적절하게 연결시키는 율법도 흔하지 않다. 하나님이 천지를 창조하신 후 안식일에 쉬셨기 때문에 출애굽한 이스라엘도 쉬어야 한다. 그들은 하나님의 새 피조물이기 때문이다.

그렇다면 이스라엘은 어떻게 안식일을 거룩하게/구별되게 지킬 수 있는가? 외형적으로는 자신들뿐만 아니라 자신들에게 속한 모든 짐승과 노예도 안식일에 일을 하지 않게 함으로써 이날을 기념해야 한다. 이 복되고 거룩한 날의 혜택이 주의 백성과 연관 있는 모든 사람과 짐승에게도 적용되어야 하는 것이다. 그러나 안식일의 중요성은 하던 일을 멈추는 데만 국한되어 있는 것이 아니다. 주의 백성이라고 자청하는 이스라엘은 안식일을 구별하여 자신들의 정체성을 확립해 나가야 한다. 일주일 중 하루는 하던 일을 멈추고 그들에게 은혜를 베푸신 하나님을 기념하고 기뻐하는 예배에 전념해야 한다. 이렇게 하여 이스라엘은 지루하게 느껴질 수 있는 자신의 존재성을 감동적이고 영적인 체험으로 승화시키게 되는 것이다.

주님은 안식일에 일하지 말고 쉬라고 하셨는데, 그 이유는 하나님이 천지를 창조하실 때 6일 동안 일하고 7일째 되는 날을 거룩하게 구별하여 복을 주시고 쉬셨기 때문이라고 한다. 그러므로 안식일을 거룩하게 지키는 것은 곧 창조주 하나님이 6일 동안 이 세상을 아름답게 창조하셨다는 것을 고백하고 기념하는 것을 의미한다. 이러한 관점에서 볼 때 '쉼'은 우리의 삶에서 가장 중요한 예배 행위 중 하나다. 우리는 왜 쉬는지를 생각해 보아야 한다. 흔히 사람들은 다음 주에 일하기 위하여 주말에 쉰다. 그러나 본문을 다시 보라. "엿새 동안은 힘써 네 모든 일을 행할 것이나 일곱째 날은…아무 일도 하지 말라"(9-10절). 하나님은 일하기 위해 쉬라고 하시는 것이 아니라 쉬기 위해 일하라고 하신다. 즉, 안식일을 동반하는 쉼은 일주일 내내 열심히 일하는 자들의 목표이고 보상인 것이다. 그래서 성경 기자들은 우리가 영원한 안식에 들어갈 것을 목표로 이 세상에서 열심히 살고 하나님을 사랑할 것을 요구한다(히 4장). 영원한 안식은 이 세상에서 열심히 하나님을 사랑한 자들이 누리기를 소망하는 것이기 때문이다.

물론 이스라엘이 하나님을 기념하기 위해 성전을 찾을 때는 적절한 예물의 동반을 전제로 한다. 주의 백성의 선물을 즐기는 것은 하나님의 특권이기 때문이다. 하나님은 우리가 성심껏 바친 제물과 예배와 경배를 받고 누릴 수 있는 특권을 가진 분이다. 예배자는 항상 값지고 비싼 예물을 하나님께 가져와야 한다는 의미는 아니다. 각자 자기 형편에 따라 하되 정성껏 하면 된다. 예물을 드리는 행위의 가장 중요한 의미는 우리가 하나님의 주권을 인정하는 것에 있기 때문이다.

십계명은 이곳과 신명기 5장 등 두 곳에 기록되어 있는데 두 곳에 기록되어 있는 열 가지 계명 중 가장 큰 차이를 보이는 것이 바로 안식일 계명이다. 가장 큰 차이는 신명기에 기록된 계명이 더 자세하며, 이스라엘이 안식일을 거룩하게 지켜야 하는 이유가 본문에서는 천지창조를 근거로 하고 있는데, 신명기는 이집트에서 탈출한 것을 근거로 삼고 있다는 점이다. 새번역본으로 쓴 다음 도표를 참고하라(Dozeman, cf. Hamilton). 출애굽기에 기록된 계명과 비교했을 때 신명기에 기록된 계명이 보이는 차이와 추가 부분은 *이탤릭체*로 표기했다.

	출애굽기 20:8-11	신명기 5:12-15
명령	안식일을 기억하여(זכר) 그 날을 거룩하게 지켜라.	안식일을 거룩하게 지켜라(שמר). *이것은 주 너희의 하나님이 너희에게 명한 것이다.*
지침		
1. 노동하는 시간	너희는 엿새 동안 모든 일을 힘써 하여라(9절). 그러나 이렛날은 주 너희 하나님의 안식일이다(10절).	너희는 엿새 동안 모든 일을 힘써 하여라(13절) 그러나 이렛날은 주 너희 하나님의 안식일이다(14절).
2. 율법의 범위	너희는 어떤 일도 해서는 안 된다. 너희나, 너희의 아들이나 딸이나, 너희의 남종이나 여종만이 아니라, 너희 집짐승이나, 너희 집에 머무르는 나그네라도, 일을 해서는 안 된다.	너희는 어떤 일도 해서도 안 된다. 너나, 너의 아들이나 딸이나, 너희의 남종이나 여종뿐만 아니라, *너희의 소나 나귀나,* 그밖에 모든 집짐승이나, 너희의 집안에 머무르는 식객이라도, 일을 해서는 안 된다. *너희의 남종이나 여종도 너와 똑같이 쉬게 하여야 한다.*
이유	여호와께서 엿새 동안 하늘과 땅과 바다와 그 안에 있는 모든 것을 만들고 이렛날에는 쉬었기 때문이다. 그러므로 나 주가 안식일을 거룩하게 하였다(11절).	*너희는 기억하여라(זכר). 너희가 이집트 땅에서 종살이를 하고 있을 때에, 주 너희의 하나님이 강한 손과 편 팔로 너희를 거기에서 이끌어 내었으므로, 주 너희의 하나님이 너에게 안식일을 지키라고 명한다(15절).*

II. 시내 산에서 받은 율법(15:22-24:18)
B. 시내 산 언약(19:1-24:18)
2. 율법: 십계명(20:1-17)

(5) 제5계명(20:12; cf. 신 5:16)

[12]네 부모를 공경하라 그리하면 네 하나님 여호와가 네게 준 땅에서 네 생명이 길리라

부모를 공경하라는 다섯 번째 계명을 통해 명령의 주제가 바뀌고 있다. 지금까지 제시된 네 개의 계명은 백성과 하나님의 관계를 정의했다. 이제부터 주어지는 여섯 개의 계명은 사람과 사람 간의 관계를 정의한다. 그래서 일부 학자들은 이 계명부터는 두 번째 돌판에 새겨졌을 것이라고 생각한다(Fretheim, Dozeman). 인간관계에 관한 여섯 계명들 중 처음 것인 제5계명은 긍정적 문장("…하라")으로 표현되지만, 나머지 다섯 계명들은 모두 부정적 문장("…하지 말라")으로 구성되어 있다. 인간관계를 언급하면서 부모와의 관계에 대한 계명이 제일 먼저 등장하는 것은 부모–자식의 관계가 가장 기본적인 인간관계이기 때문이다(Durham). 그러나 성경에 의하면 부부관계가 가장 기본적인 인간관계다(창 2:20–24). 부모–자식 관계가 먼저 언급되는 것은 아마도 하나님–백성 관계를 설명하는 데 가장 기본적인 관계가 될 수 있기 때문일 것이다(Enns).

성경 저자에게 아버지와 아들의 관계가 얼마나 중요한 비유인가 하는 것은 두말할 필요가 없다. 성경이 하나님과 이스라엘의 관계를 아버지와 아들의 관계로 묘사하는 것을 보아도 알 수 있다. 아들은 아버지를 공경해야 하는데, 성경에서 '공경하다'(כבד)라는 개념은 흔히 주의 백성이 하나님을 향한 자세를 묘사하는 데 자주 사용된다(레 20:9; 신 21:18–21; 27:16; 민 15:30). 실제로 이 단어가 인간관계에 적용되는 경우는 부모와의 관계뿐이다. 부모를 대할 때 마치 하나님을 대하듯 공손히 하라는 의미인 듯하다. 이 계명의 중요성은 축복 약속이 첨가된 것에서도 알 수 있다. 다섯 번째 계명은 약속이 첨가된 첫 번째 계명인 것이다(엡 6:2). 하나님이 명령하시는 대로 부모를 공경하는 자는 하나님이 그들에게 허락하시는 땅에서 오래 살 것이다.

자식이 부모를 잘 섬기는 것이 왜 그렇게 중요한가? 무엇보다도 이스라엘 사회를 구성하는 기본 요소는 가정인데, 가정에서 가장인 아버지의 권위가 흔들려서는 안 되기 때문이라는 해석이 일반적이다(Sarna).

그러나 이 계명을 자식은 무조건 부모에게 복종하고 순종하라는 의미로 해석하는 학자는 많지 않다. 오히려 이 계명은 잘못하면 무시될 수 있는 부모의 권위를 보호하려는 취지로 이해된다. 옛적에 우리나라에 고려장이 있었던 것처럼, 고대 근동 지역에서도 나이가 들어 노동력을 상실해 버린 노인이 집에서 쫓겨나고 길거리로 내몰리는 경우가 있었다(출 21:15, 17; 레 20:9; 신 27:16). 이 계명은 이러한 상황에 처해 있는 힘없는 노부모의 인권을 보호하는 데 그 본래 취지가 있다(Childs, Dozeman). 다섯 번째 계명은 부모의 권위 아래 자라고 있는 어린아이에게 주어진 것이 아니라, 성인 자녀에게 노부모를 어떻게 대해야 하는가에 대해 말하는 것이다(Harrelson).

II. 시내 산에서 받은 율법(15:22-24:18)
B. 시내 산 언약(19:1-24:18)
2. 율법: 십계명(20:1-17)

(6) 제6계명(20:13; cf. 신 5:17)

[13]살인하지 말라

"살인하지 말라"(לֹא תִּרְצָח)가 모든 살생을 금하는 것은 아니다. 학자들은 이 말씀이 인간의 생명이 하나님께 속한 것이기에 생명을 존중하라는 의미로 해석한다(Harrelson). 또한 이 동사(רצח)의 의미가 집안 간의 원수 갚음에서 비롯된 것(한 집안 사람이 다른 집안 사람을 죽였을 때, 죽임을 당한 사람의 집안은 그의 원수를 갚아주어야 한다는 의무감)이라고 주장하는 사람도 있다. 그러나 율법의 다른 부분이 이러한 원수 갚음을 허락하는 것으로 보아 크게 설득력은 없어 보인다. 이 계명은 불법적이고 허용되어서는 안 될 폭력으로부터 이스라엘 공동체의 삶을 보호하는 데 그 취지가 있다.

동사 '살인하다'(רצח)는 구약성경에서 46차례 사용되는데, 죽이는 것을 의미할 때 보편적으로 사용되는 동사(הרג)의 165회에 이르는 빈도수에 비하면 그리 흔하게 사용되는 것은 아니다. '살인하다'로 해석되는 이 동사(רצח)가 전쟁을 통해 사람을 죽이는 것이나 법적인 절차를 통해 정당하게 범죄자를 처형하는 것을 설명하는 데는 한 번도 사용되지 않는 것으로 보아, 이 동사는 사람을 불법으로 살해하는 것으로 해석되는 것이 바람직하다(Childs, Sarna, cf. Rashbam, Bekhor Shor). 그러므로 이 말씀은 결코 사형 제도를 금하는 증거로 사용될 수 없다(Sarna). 실제로 성경은 하나님과 이스라엘이 정당한 이유로 사람을 죽이는 일에 대해 누누이 기록하고 있고, 이 계명은 범법자들을 처형하는 등의 정당한 이유로 사람을 죽이는 것을 금하는 것이 아니다(Enns, Stuart).

수년 전에 미국의 한 시사 프로그램에서 다섯 명의 사형수가 출현하여 사형 제도를 폐지해야 한다고 주장하는 것을 본 기억이 있다. 그들은 하나같이 이 계명을 들먹거렸다. 성경은 미국 사회가 그들의 사형을 집행하는 것을 금한다고 말이다. 그러나 본질적인 문제는 애초에 아무도 이 범죄자들에게 타인을 살인할 권리를 주지 않았다는 것이다. 그들은 살인해도 되고, 사회는 그들을 처형해서는 안 된다는 말인가? 사형 제도의 윤리성은 다른 말씀과의 차원에서 논의되어야 한다.

성경은 인류 최초의 살인 사건인 가인과 아벨의 이야기에서 가인과 아벨이 형제였다는 말을 일곱 차례나 반복하여 모든 살인은 '형제 살해'(fratricide)라고 규정한다(창 4장). 근본적으로 이 계명은 우리에게 생명의 소중함을 알라고 호소한다. 살인은 형제를 죽이는 일일뿐 아니라 하나님이 아름답게 창조하신 귀하고 값진 것을 없애는 흉악한 일이다. 구약에서는 실제로 죽여야 살인이었지만, 신약은 마음만 품어도 살인이라고 한다. 우리는 행실만큼이나 마음가짐도 중요하다는 사실을 깨달아야 한다.

(7) 제7계명(20:14; cf. 신 5:18)

[14]간음하지 말라

이 계명은 인류의 가장 오래된 문제이자 거의 모든 사회에 깊숙이 뿌리박고 있는 성윤리 문제를 언급한다. 정당한 결혼관계 밖에서 이루어지는 성관계를 금하는 것이다. 고대 근동 사회도 간음을 '심각한/큰 죄'(the great sin)로 여겼다(Moran). '간음'(נאף)은 결혼한 여자와 남자가 서로 동의한 상황에서 이루어지는 성행위다(NIDOTTE). 고대 근동에서도 간음을 이렇게 정의했다. 고대 근동에서 발견된 여러 법전을 살펴보면 간음의 가장 근본 이슈는 간음한 여자의 남편이 절대적이고 고유한 권한을 침해당하는 것이었다. 그래서 고대 근동 사회에서는 간음하다 잡힌 사람에 대한 처벌은 권리를 침해당한 남편에게 일임되는 것이 보편적이었다(Sarna).

한편 결혼은 하나님이 세우신 거룩한 제도라고 생각했던 이스라엘에서는 간음이 사회를 위협하는 부도덕한 행위일 뿐만 아니라 하나님의 진노를 사는 범죄로 규정되었다. 이런 이유로 권리를 침해당한 남편마저도 간음한 아내나 그녀의 정부를 마음대로 용서할 수 있는 법적인 권한이 없었다. 간음의 심각성은 이 주제가 십계명에서 차지하는 위치에서도 알 수 있다. 간음을 금하는 계명은 살인을 금하는 여섯 번째와 도둑질을 금하는 여덟 번째 계명 사이에 있다. 율법은 간음한 사람에게 매우 심각한 형벌을 가한다(레 20:10; 신 22:22; cf. 렘 29:21-23; 겔 16:38).

이 계명이 강조하는 것은 결혼생활의 소중함이다. 결혼은 하나님이 세우신 거룩한 제도이자 인간이 누릴 수 있는 가장 오래된 축복 중 하나다(창 2장). 하나님의 이름으로 서약한 두 사람은 죽을 때까지 그 서약대로 살도록 최선을 다해야 하는 것이다. 하나님이 짝지어주신 대로 아내는 남편을, 남편은 아내를 진정으로 사랑해야 한다. 이것이 하나님의 뜻이다.

미국에서 한 목사가 이 말씀으로 설교하는 것을 들었다. 그 목사는 설교 도중 자신에 대해 이런 말을 했다. "만일 내가 간음을 하거든 나를 사랑하는 사람이 차라리 나를 죽여 달라." 생명을 걸고 결혼생활을 지키겠다는 그의 의지가 보여 좋았다. 우리 모두 이 같은 각오로 부부관계를 지킨다면 세상이 훨씬 더 행복한 곳이 될 수 있을 것이다.

II. 시내 산에서 받은 율법(15:22-24:18) B. 시내 산 언약(19:1-24:18) 2. 율법: 십계명(20:1-17)

(8) 제8계명(20:15; cf. 신 5:19)

[15]**도둑질하지 말라**

"도둑질하지 말라"(לֹא תִּגְנֹב)라는 말씀의 기본 취지는 서로의 재산권을 인정해야 한다는 것으로 해석된다. 그러나 이 여덟 번째 계명이 목적어를 규정하지 않기 때문에 다른 해석도 가능하다. 거의 모든 학자가 이 계명은 인권 유린을 금하는 것으로 해석한다. 유괴/납치 혹은 인신매매처럼 다른 사람에게 행하는 범법 행위를 금하는 것이다(Jacobson, Sarna, NIDOTTE).

학자들이 이렇게 해석하는 데는 몇 가지 이유가 있다. 첫째, 바로 앞에서 선포된 십계명은 모두 사형에 처할 수 있는 범죄 행위를 금하고 있다. 부모를 공경하지 않거나, 살인하거나, 간음하는 경우 모두 사형에 처할 수 있다. 위증을 금하는 다음 계명 역시 범죄자를 사형에 처할 수 있다는 점을 감안할 때, 사형에 처할 수 있는 범죄들 사이에 끼어 있는 이 계명도 그러한 취지라는 것이다. 반면에 도둑질에 대하여는 율법이 배상을 요구하지 처형을 요구하지는 않는다.

둘째, 재산권 보호는 마지막 계명인 열 번째 계명에서 충분히 논의되고 있고, 모든 도둑질을 포괄적으로 금하고 있다. 그러므로 이 계명이 재산권을 전제로 하는 것이라면, 두 계명은 상당히 겹치는 부분이 있다.

셋째, '훔치다'(גנב)라는 동사를 사람에게 적용하여 사용한 예를 생각해볼 필요가 있다. "사람을 납치한(גנב) 자가 그 사람을 팔았든지 자기 수하에 두었든지 그를 반드시 죽일지니라"(출 21:16)와 "사람이 자기 형제 곧 이스라엘 자손 중 한 사람을 유인하여(גנב) 종으로 삼거나 판 것이 발견되면 그 유인한 자를 죽일지니 이같이 하여 너희 중에서 악을 제할지니라"(신 24:7)는 유괴 내지 인신매매를 금하는 조항들이다(Childs).

넷째, 이스라엘처럼 유목과 농경을 중심으로 한 사회에서는 각 개인의 재산권 보호는 그다지 큰 쟁점이 아니었다는 것이 학자들의 일반적인 견해다. 이러한 사회의 성향 자체는 철두철미한 재산권 행사를 어렵게 한다는 것이다(Sarna). 그러므로 십계명에서 재산권에 관한 규례가 두 차례나 나올 필요는 없다.

그러나 이 계명이 어떠한 목적어를 제시하지 않는 상황에서 그 범위를 지나치게 좁히는 것은 적절하지 않다는 주장도 만만치 않다(Stuart, Enns, Dozeman). 그러므로 원래의 의도는 유괴와 인신매매였을지라도 세월이 지나면서 재산권도 포함하게 되었다고 해석하는 것이 가장 바람직해 보인다(Brueggemann, Sarna, NIDOTTE). 한 가지 염두에 두어야 할 점은 성경이 개인의 재산권을 인정하기 전에 공동체/사회에 속한 사람들로 하여금 서로를 위해 일정한 양의 재산/물질을 공동체에 기부해서 모든 지체의 가장 기본적인 생존권과 존엄성이 유지되도록 요구한다는 것이다. '도둑질하지 말라'라는 계명은 자신이 소속된 공동체에 속한 사람이나 가족의 자존감이나 존엄성을 빼앗는 행위를 금한다(Harrelson).

II. 시내 산에서 받은 율법(15:22-24:18) B. 시내 산 언약(19:1-24:18) 2. 율법: 십계명(20:1-17)

(9) 제9계명(20:16; cf. 신 5:20)

[16]네 이웃에 대하여 거짓 증거하지 말라

이 계명의 문화적 배경은 법정에서 증언하는 것이다. '거짓 증거'(שָׁקֶר עֵד)는 이스라엘뿐만 아니라 고대 근동의 많은 문화권의 법정에서 사용되던 전문 용어다(Childs, cf. NIDOTTE). '[증거]하다'로 번역된 히브리어 동사(ענה) 역시 법정에서 증언하는 것을 배경으로 한다. '이웃'(רֵעַ)은 모든 권리를 지닌 공동체의 일원을 의미한다(Brueggemann). 그러므로 이 모든 것을 종합해볼 때, 이 말씀은 법정에 출석하여 증인으로서 거짓 증언을 하는 것을 의미한다(Dozeman). 왜 거짓 증언이 십계명에 등장할 정도로 심각한 범죄인가? 고대 근동의 법정이 증인들을 신들의 이름으로 맹세한 후에 증언하도록 하지 않았던 점을 감안할 때, 이 계명의 중요성은 위증함으로써 하나님께 죄를 범하는 것보다 피해자와 피의자에 대한 진실을 밝히는 데 초점이 맞추어져 있다(Sarna).

위증은 진실을 왜곡하는 것 외에도 사회의 진실성과 질서를 위협했다. 만일 위증에 근거하여 죄 없는 사람을 처형할 경우, 그 죗값은 온 공동체가 치러야 하는 딜레마에 빠지는 것이 일반적이었다. 그래서 고대 사회도 여러 가지 방법을 통해 위증을 막으려고 노력했다. 이스라엘의 경우 중요한 사안에 대해서는 최소한 두 명의 증인이 필요했다(민 35:30; 신 17:6; 19:15; cf. 왕상 21:10; 사 8:2). 재판 결과 사형이 집행되어야 할 경우에는 증인들이 먼저 돌을 던지는 것도 의무 조항이었다(신 13:10; 17:7; 19:16-20). 또 위증을 하다가 들통이 나면 심각한 처벌을 받는 것은 당연한 일이었으며, 사형에 처할 수 있는 일을 증언하다가 진실이 아니라는 것이 드러나면 증인이 사형을 당하는 형식의 무거운 처벌을 받았다. 사회의 진실성과 질서를 보존하려면 어쩔 수 없는 극약처방이었다.

오늘날 사회와 법정 제도를 바라보면서 우리는 과연 어떤 제도 아래 살고 있는지 생각해볼 필요가 있다. 진실성에 상관없이 마녀사냥식으로 여론을 몰아가 사회에서 억울한 자의 피를 흘리게 하는 경우를 본다. 법원에서는 유전무죄 무전유죄(有錢無罪 無錢有罪)가 성행한다. 그리스도인이 사명감과 의식을 가지고 더 많이 정계와 법조계로 진출해 이처럼 부패한 사회와 법정 제도를 바로 잡아가는 것이 필요하다.

II. 시내 산에서 받은 율법(15:22-24:18)
B. 시내 산 언약(19:1-24:18)
2. 율법: 십계명(20:1-17)

(10) 제10계명(20:17; cf. 신 5:21)

[17]네 이웃의 집을 탐내지 말라 네 이웃의 아내나 그의 남종이나 그의 여종이나 그의 소나 그의 나귀나 무릇 네 이웃의 소유를 탐내지 말라

열 번째이자 마지막 계명은 타인의 소유권을 인정하는 것을 요점으로 한다. 독특한 것은 이때까지 다른 계명은 행동을 금했는데, 이 계명은 마음을 금한다는 점이다(Enns). 마음에서 모든 악과 죄가 시작되기에 한 사회의 질서와 정의가 유지되려면 사람들의 마음이 죄를 짓지 않도록 하는 것은 당연한 일이다. 내 소유권이 존중되기를 원한다면 당연히 타인의 소유권도 인정해야 한다. 그뿐만 아니라 이 계명은 나의 권리의 한계를 인정해야 하는 필연성을 전제한다. 나의 권리가 중요한 만큼 타인의 권리도 중요하며, 이 두 권리가 서로 대립할 때는 상대방에게만 포기를 요구할 것이 아니라 나의 권리의 한계도 신중하게 생각해 보아야 한다는 것이다.

많은 학자가 '탐내다'(חמד)라는 동사가 성경에서 어떻게 쓰이는지 연구했다. 전반적인 결론은 이 동사가 사람이 삶의 질을 향상시키기 위해 의욕적으로 사는 것을 뜻하는 것이 아니라, 소유욕에 불타 특정한 물건에 집착하는 행위를 뜻한다는 것이다(Sarna). 탐욕은 집착 혹은 일종의 중독이라고도 볼 수 있다.

전통적으로 유태인은 탐욕을 품는 것으로 끝나지 않고 그 탐욕에 의한 행위를 탐내는 것이라고 정의했다(Mekhilta, Ibn Ezra). 탐욕이 마음에 자리잡으려 할 때 싹을 잘라내는 것이 가장 현명한 대처방법이다. 이러한 차원에서 예수님도 산상수훈을 통해 팔복을 주셨으며, 마음으로 살인하는 것의 문제를 지적하셨다. 이 말씀은 또한 욕심/욕망의 파괴력을 전제한다(Brueggemann). 하나님은 이 계명에서 탐하지 말 것을 일곱 가지로 정의하시는데, 가장 중요한 집이 먼저 언급되고 이 집을 구성하는 것들이 가치의 소중함에 따라 나열된다. "집, 아내, 남종, 여종, 소, 나귀, [모든] 소유." 어떠한 탐욕이라도 용납되어서는 안 되며, 특히 남의 가정을 파괴하는 행위는 법적으로 금해야 한다.

II. 시내 산에서 받은 율법(15:22-24:18)
B. 시내 산 언약(19:1-24:18)

3. 중개자(20:18-21)

[18]뭇 백성이 우레와 번개와 나팔 소리와 산의 연기를 본지라 그들이 볼 때에 떨며 멀리 서서 [19]모세에게 이르되 당신이 우리에게 말씀하소서 우리가 들으리이다 하나님이 우리에게 말씀하시지 말게 하소서 우리가 죽을까 하나이다

[20]모세가 백성에게 이르되 두려워하지 말라 하나님이 임하심은 너희를 시험하고 너희로 경외하여 범죄하지 않게 하려 하심이니라 [21]백성은 멀리 서 있고 모세는 하나님이 계신 흑암으로 가까이 가니라

일부 학자들은 이 섹션이 십계명에 대해 어떠한 언급도 하지 않는 데다, 19장 마지막 부분과 연결하여 읽을 때 문맥이 더 자연스럽다며 본래 19장 마지막 부분과 연결된 이야기가 20:1-17에 십계명이 삽입됨으로써 흐름이 깨진 것이라고 주장한다(Childs). 그리고 저자가 이처럼 문맥의 흐름을 깨는 이유는 구약 율법의 골자이자 요약이라고 할 수 있는 십계명이 하나님의 입에서 직접 선포된 것을 강조하기 위해서라고 풀이한다. 그러나 19장에서 시작된 천둥과 번개가 산을 울리는 동안 십계명이 주어진 것으로 보아도 별 어려움은 없다.

십계명이 선포되는 동안 시내 산 주변은 온통 연기, 번개 그리고 천둥으로 가득했다. '번개'(לַפִּיד)라는 단어가 독특하다. 이 단어는 모세오경에서 본문과 창세기 15:17에서만 사용된다. 창세기 15장은 아브라함이 둘로 갈라놓은 짐승들 사이로 지나가며 태우실 때의 모습을 묘사한다. 이 단어를 통해 묘사될 때, 하나님의 현현은 사람들이 직접 볼 수 있고 느낄 수 있는 물리적인 현상으로 드러난다(Enns). 본문에서 이 단어가 사용되는 것은 시내 산에서 이스라엘에게 임하신 하나님은 곧 아브라함을 포함한 선조들의 하나님이라는 점을 암시하기 위해서다. 이스라엘 선조들의 하나님이 그들과의 약속을 지키기 위해 후손을 찾아오셔서 약속하신 대로 언약을 체결하시는 것이다. 또한 이스라엘은 하나님의 현현을 현상적으로 목격하고 있다.

평생 처음으로 이러한 상황을 경험하게 된 이스라엘 백성이 두려워 떠는 것은 당연한 일이다. 이미 산에서 조금 떨어진 곳에서 이 모든 일을 목격하고 있으면서도 이렇게 공포에 사로잡히는 것으로 보아 하나님의 현현은 정말 대단한 광경(spectacle)을 동반했던 것으로 추정된다.

백성은 모세 혼자 하나님의 말씀을 듣고 와서 자신들에게 전해줄 것을 호소했다. 모세가 중개하면 그 말씀에 어떤 문제 제기도 하지 않고 그대로 순종하겠다는 것이다. 하나님의 음성을 직접 듣고 너무 두려워서 생명에 위협을 느꼈기 때문이다.

모세는 두려움에 떨고 있는 백성에게 "두려워 말라"라고 한다(20a절). 하나님은 죽이러 오신 것이 아니라 시험하려고 오셨기 때문이다. 평소에 경건하고 거룩한 삶을 사는 사람은 하나님의 현현을 전혀 두려워할 필요가 없다는 의미다(Stuart). 그러나 이스라엘의 경우 삶이 경건하지 못했기에, 하나님은 그들에게 두려운 분이 되셨다. 안타까운 일이다. 평소에 경건하게 살아왔으면 하나님의 현현은 기쁨과 즐거움으로 가득한 잔치와 교제의 시간이 될 텐데 말이다. 하나님을 직접 만나는 순간 두려워 숨지 않고 담대히 은혜로운 주님의 보좌 앞으로 나아갈 수 있는 삶을 살도록 노력해야 한다.

모세는 하나님이 이날 시내 산에서 이스라엘을 찾아오신 것은 이들로 하여금 하나님에 대한 경건한 두려움에 휩싸이게 하기 위함이었다고 했다(20b절). 두려운 광경의 하나님의 현현을 마음에 새기고, 평상시에 경건과 거룩한 삶을 살게 하는 자극으로 삼으라는 것이다. 백성의 삶에 하나님에 대한 건전한 두려움이 있을 때, 그만큼 신앙생활을 영위하는 것이 수월해지고 의미가 생기기 때문이다. 또한 하나님을 두려워하는 마음이 죄를 덜 짓도록 하는 것도 사실이다(20c절). 모세는 백성의 간곡한 호소에 먼저 하나님의 말씀을 듣고 백성에게 중개해 주기로 했다. 그는 백성을 뒤로하고 홀로 하나님이 계시는 곳으로 향했다(21절). 모세의 중개 역할은 이번 한 번으로 끝나는 것이 아니다. 그는 앞으로 제사장과 선지자 등을 통해 이스라엘에서 영구적으로 존재할 중개자 제도를 시작하고 있다. 훗날 이스라엘은 하나님의 육성을 통한 계시보다 선지자와 제사장을 통한 말씀을 근거로 하나님 백성의 삶을 살아가게 된다. 모세가 이러한 제도의 창시자가 된 것이다.

하나님의 음성을 먼발치에서 듣고도 이렇게 두려워 떠는 백성을 보며 무엇을 배우는가? 하나님의 거룩하심은 우리의 모든 상상을 초월한다. 그분은 심히 두려운 분이다. 그래서 하나님을 만난 사람들은 삶이 바뀐다. 우리 주변에는 종종 죽음을 경험하는 등 매우 특별한 경험을 통해 하나님을 직접 보았다고 간증하는 사람이 있다. 문제는 그 사람 중 상당수가 윤리적으로 문제 있는 삶을 산다는 것이다.

그런데 사람을 심히 두렵고 떨리게 하는 거룩하신 하나님을 만난 사람이 그렇게 무책임하고 부도덕한 삶을 살 수 있을까? 절대로 그럴 수 없다. 성경은 나무를 판단할 때 그 열매로 알 수 있다고 하지 않는가? 하나님을 만난 사람들의 삶에 부도덕하고 악한 열매가 맺힐 수 없다. 그러므로 우리는 삶이 일치하지 않는 사람들의 간증은 거짓이라고 보아야 한다. 하나님을 만난 사람들은 삶이 바뀐다는 것이 성경의 가르침이기 때문이다.

십계명이 이스라엘 율법에서도 독특한 위치를 차지하는 것은 하나님의 현현(19:16-25) 후에 계명이 주어졌고(20:1-17), 이 계명이 주어진 이후에 중개가 진행되기(20:18-21) 때문이다. 이제까지 그 어디에도 공식적인 계명이 주어진 적은 없었다. 십계명 이후에 주어진 모든 율법은 모세의 중개를 통한 것이지 하나님이 이스라엘에게 직접 선포하신 것이 아니다. 그러므로 십계명(20:1-17)은 하나님의 직접적이고 매우 독특한 계시로 자리매김한다. 앞으로 주어질 계명도 중요하지만 십계명과는 비교될 수 없다.

II. 시내 산에서 받은 율법(15:22-24:18)
B. 시내 산 언약(19:1-24:18)

4. 중개자(20:22-26)

[22]여호와께서 모세에게 이르시되 너는 이스라엘 자손에게 이같이 이르라 내

가 하늘로부터 너희에게 말하는 것을 너희 스스로 보았으니 [23]너희는 나를 비겨서 은으로나 금으로나 너희를 위하여 신상을 만들지 말고 [24]내게 토단을 쌓고 그 위에 네 양과 소로 네 번제와 화목제를 드리라 내가 내 이름을 기념하게 하는 모든 곳에서 네게 임하여 복을 주리라 [25]네가 내게 돌로 제단을 쌓거든 다듬은 돌로 쌓지 말라 네가 정으로 그것을 쪼면 부정하게 함이니라 [26]너는 층계로 내 제단에 오르지 말라 네 하체가 그 위에서 드러날까 함이니라

이스라엘이 하나님께 예배를 드릴 때마다 주의해야 할 사항을 기록하고 있는 이 섹션은 특별히 우상숭배와 제단에 관한 규례를 담고 있다. 우상숭배에 관한 규례(22-23절)는 하나님의 일반적인 염려를 전달하고 있으며, 표현 방식이 단수가 아닌 복수를 취하고 있다. 즉, 이 규례는 온 이스라엘을 대상으로 선포된 권고인 것이다. 이스라엘 공동체에 속한 사람은 어떠한 경우라도 다른 신들을 섬겨서는 안 되며 어떠한 형상이나 이미지를 통해 신(들)을 표현하려고 해서도 안 된다.

반면에 제단에 대한 규례(24-26절)는 단수를 취하여 개별적이고 구체적인 상황에 대한 법규임을 시사한다. 하나님은 먼저 23절에서 이스라엘이 자신 외에 그 어떤 신도 숭배하는 것을 가만둘 수 없다고 정의하신 다음, 예배를 드릴 때마다 어떤 제단에서 드려야 하는가를 규정하신다(24-26절). 하나님의 성품에 근거한 예배가 요구되는 것이다(Alt, Brueggemann).

하나님은 '흙으로 쌓은 제단'(מִזְבַּח אֲדָמָה)에서 제물을 드릴 수 있다고 말씀하신다(24절). 흙 제단은 짐승을 잡고 태우는 데 충분한 공간을 제공하는 흙을 쌓아 만든 조그마한 언덕으로 해석된다. 이 예배 장소에 대한 첫 규례의 의도는 제물을 드리는 곳이 수수하고 검소한 곳이 되도록 하는 것이다(Brueggemann). 훗날 시리아 장군 나아만이 엘리사를 통해 문둥병을 치료받고 본국으로 돌아갈 때 이스라엘의 흙을 가져간 것은 이러한 제단을 쌓기 위함이었다(왕하 5:17).

하나님은 이스라엘로 하여금 자신의 이름을 기억/기념하도록 흙 제단을 쌓는 곳이라면 어디든 찾아가서 복을 주겠다고 약속하신다. 이 약속에서 중요한 두 가지를 생각해 보자. 첫째, 하나님이 인정하시는 제단은 "내가 내 이름을 기념하게 하는 모든 곳"(בְּכָל־הַמָּקוֹם אֲשֶׁר אַזְכִּיר אֶת־שְׁמִי)으로 정의된다. 주어와 목적어가 하나님인 이러한 문장은 성경의 다른 곳에서는 찾아볼 수 없다(Sarna). 이스라엘이 하나님께 드리는 예배 장소마저도 여호와께서 스스로 예비하시리라는 것을 의미한다. 전통적으로 학자들은 이 말씀이 실로, 놉, 예루살렘 등 장막과 성전이 세워질 곳을 암시하는 것으로 해석한다. 둘째, 제단은 '하나님의 이름을 기억/기념하는 곳'으로 정의된다. 이스라엘이 제단 자체에 어떠한 중요성이나 신비성이 있다고 생각하고 이것을 마치 부적처럼 취급할 수 있는 위험에 빠지는 것을 방지하기 위한 말씀이다. 주의 백성이 하나님께 예배와 제사를 드릴 때 하나님을 기념하는 행위가 중요하지 하나님을 기념하는 장소가 중요한 것은 아니다.

하나님은 흙으로 만든 제단뿐만 아니라 '돌로 만든 제단'(מִזְבַּח אֲבָנִים)도 허용하신다(25절). 일반적으로 땅은 돌과 흙으로 구성되어 있지만, 돌만 있거나 흙만 있는 땅도 종종 있다. 그러므로 본문이 돌로 쌓은 제단과 흙으로 세운 제단을 허용하는 것은 어떤 곳이든지 하나님을 예배할 수 있음을 의미한다. 척박한 자연환경도 하나님께 드리는 예배를 멈추게 할 수는 없다는 뜻이다. 그러나 결코 사람이 다듬은 돌을 사용해서는 안 된다는 경고를 더하신다. 금기시되는 돌을 다듬는 연장이 어떤 것인지가 본문에서 정확히 밝혀지지 않았지만, 신명기 27:5, 열왕기상 6:7 등을 감안했을 때 쇠로 만든 정이라고 해석하는 것이 일반적이다. 정으로 돌을 다듬으면 돌이 부정해진다는 것이다. 모세가 에발 산에 세운 제단에도 이 규례가 적용되었고(신 27:5-6), 여호수아도 훗날 이 규정에 따라 에발 산에 제단을 세웠다(수 80:30-31).

하나님은 왜 제단 돌에 정을 사용하는 것을 금하신 것일까? 한 유태인 전승은 이 규례에 대해 이렇게 말한다. "쇠는 사람의 수명을 단축시키기 위해 창조되었다(전쟁에서 서로를 죽이는 데 사용된다는 점을 염두에 둔 말). 반면에 제단은 사람의 수명을 연장하기 위해 창조되었다(하나님과 관계가 회복되는 것을 염두에 둔 말). 그러므로 사람의 생명을 단축하는 수단이 사람의 수명을 연장하는 것을 만드는 데 사용되는 것은 적절하지 못하다"(Mishnah Middot 3:4). 중세기 유태인 주석가는 제단 돌을 여러 가지 이미지로 꾸미고자 하는 인간의 욕망을 막기 위해서라고 생각했다(Rashbam). 한 주석가는 가나안 사람이 다듬은 돌을 사용하여 제단을 세웠기에, 이 규정은 반(反)가나안 종교적인 성향이 짙으며 여호와 종교는 가나안 종교와 차별화되어야 한다는 점을 강조하는 것이라고 해석한다(Durham). 어떠한 이유든 하나님이 금하신 것은 백성이 준수해야 한다. 예배는 하나님께 드리는 것이므로, 쉽게 납득하지 못하더라도 하나님이 원하시는 대로 드리는 것이 당연하다.

하나님은 제단을 만드는 데 흙이나 돌을 사용할 수 있음을 강조하여 재료에 대한 융통성을 허락하셨다. 그러나 어떤 종류의 제단이라도 결코 계단을 두어서는 안 된다는 규정을 더하신다(26절). 다듬은 돌로 제단을 쌓는 것처럼 계단을 오르내리는 것은 이방 종교의 풍습이다. 이집트와 수메리아 사람의 예배에는 계단을 오르내리는 예식이 있었다(Cassuto). 성경은 여기에 한 가지 이유를 더한다. 계단을 오르다 보면 '부끄러움'(עֶרְוָה)이 드러나기 때문이라는 것이다. 제사장이 제사를 집례할 때 완전 나체로 진행했던 경우가 허다하던 고대 근동 종교에 비하면 매우 획기적인 금지 사항이라고 할 수 있다(Sarna, cf. Durham). 이스라엘의 예배에서는 예절 혹은 단정함이 매우 중요하다는 것을 시사하는 조항이다(Kaiser). 많은 학자가 이 말씀을 이스라엘 종교에서는 어떠한 경우라도 성적인(sexual) 요소들이 자리잡지 못하도록 하는 데 그 의도가 있다고 해석한다(Noth, De Groot).

II. 시내 산에서 받은 율법(15:22-24:18)
B. 시내 산 언약(19:1-24:18)

5. 율법: 세부 사항(21:1-23:33)

하나님이 시내 산에 강림하셔서 직접 십계명을 선포하시자 두려워 떨던 백성은 모세에게 하나님과 자신들 사이를 중재해 주기를 간청했다. 모세는 그들의 간청을 들어주었고, 이제 모든 율법이 하나님이 직접 백성에게 말씀하시는 것이 아니라 중개자 모세의 입을 통해 선포된다. 그 첫 번째 예가 이 섹션이다. 학자들은 이 섹션에 기록된 율법을 구약에서 가장 오래된 법전이라고 추정한다(Brueggemann). 또한 매우 다양한 주제에 대한 율법을 기록하고 있어서 구조를 파악하는 것이 쉽지 않다는 결론이 일반적이다(Hanson). 그러나 24:7에서 '언약서'(סֵפֶר הַבְּרִית)에 대해 언급하는 것으로 보아, 24장에 이르러서는 이미 상당한 양의 율법이 문서화되어 있음을 짐작할 수 있다(24:3-4).

이에 근거하여, 보편적으로 21-23장을 '계약 법전'(Covenant Code) 혹은 '언약서'(Book of Covenant)라고 부른다(Patrick). 물론 모든 학자가 24:7을 이 섹션에 대한 언급으로 여기는 것은 아니다. 이 경우 이스라엘이 시내 산에 도착하기도 전에 존재했던 법전을 통해 자신들과 여호와의 관계를 다시 그리고 새롭게 생각하는 계기를 만든 것으로 풀이된다(Brueggemann). 이 율법들은 십계명을 통해 제시된 근본 원리를 예를 들어가며 설명하는 것이라고 풀이할 수도 있다. 아쉬운 것은 이 섹션은 매우 다양한 율법들로 구성되어 있어서 구조를 파악하기가 쉽지 않지만, 이 책에서는 다음과 같은 전반적인 윤곽을 바탕으로 본문을 주해하고자 한다.[39]

---

39 앞 섹션(20:22-26)을 포함하여 구조를 분석하면 이 본문은 다음과 같이 나뉠 수 있다(Cassuto, Sarna). 이 구조에서 율법은 여호와께 드리는 예배에 대한 규례에 둘러싸여 있으며, 근본적으로 이스라엘이 여호와를 잘 섬길 수 있도록 돕기 위해 제시된다.
A. 우상숭배 금지(20:22-23)

A. 노예에 관한 법(21:1-11)
B. 사형에 해당하는 범죄(21:12-17)
C. 신체적 피해에 관한 법(21:18-27)
D. 사람을 해하는 짐승에 관한 법(21:28-32)
E. 가축 피해에 관한 법(21:33-36)
F. 재산권 침해에 관한 법(22:1-15)
G. 도덕과 종교에 관한 법(22:16-31)
H. 법정 행정에 관한 법(23:1-9)
I. 종교 달력(23:10-19)
J. 약속과 추가적인 지시 사항(23:20-33)

II. 시내 산에서 받은 율법(15:22-24:18)
B. 시내 산 언약(19:1-24:18)
5. 율법: 세부 사항(21:1-23:33)

(1) 노예에 관한 법(21:1-11)

저자는 21장부터 선포되는 법을 '법규/율례'(הַמִּשְׁפָּטִים)라고 부른다. 이 단어는 원래 법정에서의 판결(judicial rulings)을 의미하는 데 사용되다가 일반적인 준법정신을 뜻하게 되었다(Sarna). 하나님은 모세에게 이 모든 법규를 공표하라고 명령하여 이 법들이 이스라엘 사회의 일부 특별한 전문가를 위한 것이 아니라 모든 사람의 특권이자 의무임을 강조하신다.

근동에서 발견된 여러 고대 법전들을 생각할 때, 한 민족이 준수해야 할 법전이 노예에 관한 규정으로 시작하는 이스라엘의 경우는 매우 예외적임을 알 수 있다. 지금까지 발견된 그 어떠한 법전에도 이러한

B. 진정한 예배(20:24-26)
C. 42(7 X 6)가지 법률(21:1-23:12)
A'. 우상숭배 금지(23:13)
B'. 진정한 예배(23:14-19)

사례는 없다. 함무라비 법전의 경우 노예에 관한 조항을 맨 마지막에 담고 있다. 하나님이 이스라엘에게 주시는 율법을 노예에 대한 법률로 시작하는 것은 역사적인 중요성을 지닌다. 바로 자신들이 얼마 전에 이집트의 지긋지긋한 노예 생활에서 해방되었기에, 그들은 노예들의 인권이 유린당하고 상식을 초월할 정도로 노동력이 착취당하는 부분에 예민하다.

우리가 보았듯이, 십계명도 이스라엘이 이집트에서 종살이했던 것을 바탕으로 시작하지 않았던가. "나는 너를 애굽 땅, 종 되었던 집에서 인도하여 낸 네 하나님 여호와니라"(20:2). 하나님의 은혜로 속박에서 해방을 맛본 백성은 억압되어 사는 것이 얼마나 고통스러운가를 누구보다 잘 알기 때문에 속박당한 자들에 대한 염려가 각별해야 한다. "독한 시어머니 밑에서 시집살이한 사람이 더 독한 시어머니가 된다"는 말처럼, 많은 사람이 '올챙이 적 시절을 잊은' 개구리처럼 살아간다. 하나님의 놀라운 구원을 체험한 사람은 아직 구원받지 못한 자에 대한 부담감으로 가득 차야 한다. 이 같은 부담감이 선교와 전도의 바탕이 되어야 하는 것이다.

노예 제도는 고대 근동 사회에 매우 광범위하게 퍼져 있었고 역사에 깊이 뿌리박고 있는 제도였다. 그러나 이 제도가 고대 근동의 경제에 미친 영향은 생각보다 크지 않았다(Sarna). 또한 노예에 대한 대우도 노예 제도가 행해지는 곳마다 차이가 있었다. 어떤 곳에서는 노예가 매일 주인의 가족과 매우 밀접한 관계를 유지하며 긴밀하게 생활했던 반면, 어떤 곳에서는 돈에 사고 팔리는 재산에 불과했다.

성경은 히브리 노예의 사회적·법적 권한을 강화하는 데 심혈을 기울였다(Hamilton). 성경의 노력은 다양하게 표현되어 있다. 노예는 '너의 형제'이다(레 25:39-42; 신 15:12; 렘 34:9, 14, 17). 노예는 안식일과 여러 종교 절기에 쉴 수 있는 권한이 있다(출 20:10; 23:12; 신 5:14; 16:11-12, 14). 노예가 할례를 받을 경우, 그는 하나님이 이스라엘과 맺은 언약 공동체의 일원으로 인정되어 유월절 양을 함께 먹을 수 있다(창 17:13, 27; 출 12:44-45). 노예가 주인의 학대로 죽게 되면, 그의 죽음은 꼭 보복되어야 한다(출 21:20). 주인의 폭행으로 다리를 잃거나 심지어 치아 하나를 잃어도 자동적으로 자유를 얻게 된다(출 21:26-27). 도망친 노예는 결코 강제로 다시 잡아올 수 없으며, 학대로부터 보호받을 권리가 있고, 어디든 본인이 원하는 곳에서 살 수 있는 권한이 있다(신 23:16-17). 노예는 6년 동안 일하면 7년째 되는 해에는 자유를 얻게 된다.

이처럼 히브리 노예의 인권과 권한이 상당히 높았기에 한 유태인 문헌은 이스라엘 사회에서 히브리 노예를 사는 것은 주인을 사는 것과 같다는 말이 나올 정도였다고 기록하고 있다(Kiddushin 20a). 이 섹션은 다음과 같이 두 부분으로 나뉜다.

A. 남자 노예에 관한 규정(1-6절)
B. 여자 노예에 관한 규정(7-11절)

II. 시내 산에서 받은 율법(15:22-24:18)
B. 시내 산 언약(19:1-24:18)
5. 율법: 세부사항(21:1-23:33)
(1) 노예에 관한 법(21:1-11)

a. 남자 노예에 관한 법(21:1-6)

[1]네가 백성 앞에 세울 법규는 이러하니라 [2]네가 히브리 종을 사면 그는 여섯 해 동안 섬길 것이요 일곱째 해에는 몸값을 물지 않고 나가 자유인이 될 것이며 [3]만일 그가 단신으로 왔으면 단신으로 나갈 것이요 장가 들었으면 그의 아내도 그와 함께 나가려니와 [4]만일 상전이 그에게 아내를 주어 그의 아내가 아들이나 딸을 낳았으면 그의 아내와 그의 자식들은 상전에게 속할 것이요 그는 단신으로 나갈 것이로되 [5]만일 종이 분명히 말하기를 내가 상전과 내

처자를 사랑하니 나가서 자유인이 되지 않겠노라 하면 [6]상전이 그를 데리고 재판장에게로 갈 것이요 또 그를 문이나 문설주 앞으로 데리고 가서 그것에다가 송곳으로 그의 귀를 뚫을 것이라 그는 종신토록 그 상전을 섬기리라

고대 이스라엘에서는 경제적으로 어려운 일을 당하거나 생계가 어려운 사람이 종종 스스로 노예가 되어 불안한 생활에서 조금이나마 안정을 찾기도 했다. 빚을 지고 갚을 길이 없는 사람, 남의 물건을 훔쳤다가 들통이 나서 피해자에게 보상을 해주어야 하는데 돈이 없는 사람도 강제로 노예로 팔린 경우가 있었다. 이러한 근거에서 유태인은 흔히 이 말씀이 도둑질하다 잡혀서 피해자에 대한 보상의 일환으로 노예로 팔린 자에 관한 법률이라고 해석했다(Sarna). 그러나 이 율법의 적용 범위를 그처럼 제한할 필요는 없다.

본문의 '히브리 종'(עֶבֶד עִבְרִי, 2절)은 누구인가? 같은 이스라엘 사람이라는 해석이 지배적이다. 그러나 반론도 만만치 않다. 이 호칭이 주전 2000년대에 고대 근동의 여러 사회에서 법적·사회적으로 소외당하던 계층을 가리킨다는 것이다(Cassuto, Childs, Dozeman). 한 학자는 누지(Nuzi) 문서들을 바탕으로 경제적 어려움 때문에 스스로 노예가 된 사람들도 이 계층에 포함시킨다(Paul). 이러한 해석을 뒷받침하듯 모세 오경에서 30차례나 '히브리 사람'(עִבְרִי)이라는 말이 이집트 사람과 대조(창 39:14; 41:12; 43:32; 출 1:15ff, 2:1, 6; 3:18)를 이루며 사용된다. '히브리 사람'(עִבְרִי)은 특정한 인종을 뜻하는 것이 아니라 경제적 약자를 의미할 가능성이 다분하다.

남자 노예를 대하는 이스라엘의 기본 원리는 2절에 기록되어 있다. "네가 히브리 종을 사면 그가 여섯 해 동안 섬길 것이요 일곱째 해에는 몸값을 물지 않고 나가 자유인이 될 것이며." 주인은 6년 동안 노예를 부린 후에 그에게 자유를 주어야 한다. 대부분 6년을 노예 생활이 시작된 해부터라고 해석하지만, 이스라엘의 종교 달력에 따라 진행되는 7년 사이클을 두고 하는 말로 해석하는 사례도 있다(Targ. Jonathan, Bekhor Shor). 경우에 따라서는 1-2년의 노예 생활 후 자유인이 될 수도 있다는 것이다. 두 해석 모두 매우 오래된 것이며, 나름 설득력을 지닌 해석이다. 희년이 일부 소수가 아니라 온 공동체에 정기적으로 찾아왔던 점을 감안하면, 이 율법도 온 사회가 7년 사이클로 찾아온 안식년을 지키는 것을 전제하는 듯하다. 그렇지 않으면 희년과 엇박자가 생길 수 있기 때문이다.

이 율법은 어떤 경우에도 노예의 노동력을 6년 이상 착취해서는 안 된다고 강조한다. 만일 6년이 되기 전에 희년이 오면 노예 생활의 기간이 그만큼 더 짧아져야 한다(레 25:40). 하나님은 이 같은 규례를 통해 인권이 돈보다 먼저라고 강조하시며, 경제적인 어려움으로 인해 사람의 기본적인 인권이 박탈되는 것의 한계를 정하셨던 것이다. 함무라비 법전은 사람이 빚을 지게 되어 빚쟁이의 노예가 되면 3년 후에는 놓아주어야 한다고 규정하고 있다.

본문에 의하면 주인이 6년 동안 부리던 노예에게 자유를 줄 때는 어떤 조건도 제시해서는 안 된다. 이 법과 유사한 신명기 15:12-15는 주인이 떠나가는 노예를 위해 '한살림' 준비해 줄 것을 권고한다. 역시 신명기 율법의 핵심은 배려다. 노예로 살던 사람이 자유를 얻는다 해도 당장 먹고 살 대책이 없으면 다시 노예가 되어야 할 가능성이 다분했다. 이러한 상황에서 해방된 노예가 장사를 해서라도 먹고 살 수 있도록 어느 정도의 재산을 챙겨서 내보내라는 것은 참으로 파격적인 배려가 아닐 수 없다. 이렇게 해야만 가난 때문에 자신을 팔아야 하는 악순환의 고리를 끊을 수 있다.

저자는 2절에서 제시한 기본적인 원리에 대한 세 가지 세부 사항을 더하고 있다. 첫째, 노예의 결혼관계가 존중되어야 한다(3절). 홀로 들어왔으면 홀로 나가고, 아내를 데리고 들어와 함께 노예가 되었다면 아내와 함께 나갈 수 있는 권리가 있다. 둘째, 홀로 들어와서 주인의 배려로 가정을 일구었다면, 가족은 두고 홀로 나가야 한다(4절). 셋째, 6년의 봉사를 통해 자유를 앞둔 노예가 스스로 영구적으로 노예 신분을 자청할 수 있다(5-6절). 노예가 이것을 선택할 경우 그는 먼저 "나는 나의 주인과 나의 처자를 사랑한다"라고 고백해야 한다. 성경에 기록된 율법에서 사랑을 선언하는 것은 이곳이 유일하다. 그다음 그는 성전이나 장막의 기둥에 가서 증인들 앞에서 귀를 뚫어야 한다.

노예가 자유인이 되기를 거부하고 영원히 주인집에 노예로 남겠다고 자청하는 것이 잘 이해되지 않을 수 있다. 그러나 그 당시 사회를 생각해보면 충분히 가능하다. 많은 사람이 하루 벌어서 하루 사는 인생이었기에, 자유인 신분은 있더라도 의식주를 해결하지 못하는 사람이 많았고, 심지어 여자는 생계를 위해 몸을 팔기도 했다. 그러므로 자유인이 되어 배를 굶느니, 차라리 주인집에서 영원히 노예로 살더라도 식생활은 해결하겠다고 생각하는 사람이 있었다. 그러므로 이 규정은 노예에 대한 배려이며, 특히 장애를 지닌 노예에게 복음이었을 것이다. 게다가 좋은 주인을 만나면 더욱더 그러했다.

유태인의 전승에 의하면 오른쪽 귀를 뚫었다. 또한 이 전승에 의하면 귀를 뚫는 것은 징계의 상징이었다. 시내 산에서 하나님이 그들을 노예 생활에서 해방시키시고 그분의 종이 되게 하셨는데, 하나님의 종이 되는 것을 거부하고 한 인간의 노예가 되는 것을 자청한 데 대한 심판이라는 것이다. 라시밤(Rashibam)은 새로이 시작되는 노예 생활을 영구적인 것으로 간주했지만, 다음 희년이 오거나 주인이 죽으면 다시 자유를 얻게 된다는 것이 가장 오래된 이스라엘 사람의 해석이다(Sarna). 귀를 뚫는 일이 돌이킬 수 없는 영구적인 흉터를 남긴다는 점을 감안할 때 라시밤의 해석이 본문과 더 잘 어울리는 듯하다(Kaiser).

II. 시내 산에서 받은 율법(15:22-24:18)
B. 시내 산 언약(19:1-24:18)
5. 율법: 세부 사항(21:1-23:33)
(1) 노예에 관한 법(21:1-11)

b. 여자 노예에 관한 법(21:7-11)

[7]사람이 자기의 딸을 여종으로 팔았으면 그는 남종 같이 나오지 못할지며 [8]만일 상전이 그를 기뻐하지 아니하여 상관하지 아니하면 그를 속량하게 할 것이나 상전이 그 여자를 속인 것이 되었으니 외국인에게는 팔지 못할 것이요 [9]만일 그를 자기 아들에게 주기로 하였으면 그를 딸 같이 대우할 것이요 [10]만일 상전이 다른 여자에게 장가 들지라도 그 여자의 음식과 의복과 동침하는 것은 끊지 말 것이요 [11]만일 이 세 가지를 시행하지 아니하면, 여자는 속전을 내지 않고 거저 나가게 할 것이니라

여자 노예(אָמָה)의 경우 결코 남자 노예를 내보내듯 내보낼 수 없다는 원리가 제시된다(7절). 지금까지 언급한 남자 노예에 관한 규정은 여자에게 적용되지 않는다는 것이다. 여자 노예는 6년이 지나서도 자유로울 수 없다. 표면적으로는 이 율법이 성차별을 하는 듯 보이지만 실제로는 여자에 대한 배려다. 여자의 경제권이 거의 인정되지 않던 고대 사회에 홀로된 여자가 발붙이고 살아가는 것은 너무 버거운 일이었고, 집에서 버려지면 몸을 팔아 생명을 연명하는 일이 허다했다. 이 같은 사회에서 이 율법은 여자 노예를 내보내지 못하게 하여 최소한의 존엄성을 유지하며 살 수 있도록 배려하는 것이다.

본문이 말하는 여자 노예는 여느 노예들과는 다른 위치에 있는 자를 의미한다. 7절은 이미 어떤 경위를 통해 노예가 된 여자에게 적용하는 규례인지 암시하고 있다. 부모에 의해 노예로 팔린 여자들에 관한 율법인 것이다. 고대 사회에서는 빈곤에 처한 부모가 딸의 미래를 보장하기 위해 부잣집으로 파는 경우가 종종 있었다. 이 경우 사는 자와 파는 자는 결혼을 전제로 한다(Durham). 주인이 직접 아내로 맞거나 자신의 아들에게 아내로 주기 위해 다른 사람의 딸을 사는 것이다. 누지(Nuzi)에서도 이러한 주인-노예의 결혼에 대한 문서들이 발견되었다(Sarna).

이스라엘의 여러 문헌도 아버지가 딸을 파는 경우를 극히 제한하고 있다. 극도의 경제적인 압박에 시달리는 아버지만이 딸을 팔 수 있으며, 그나마 딸이 미성년자일 경우에만 가능했다. 고대 이스라엘에서 여자 미성년자는 만 12세 하고 하루 이하여야 한다. 결혼하지 않은 여자는 자신을 노예로 팔 수 없으며, 도둑질하다 잡혔을 경우 피해자에게 적절한 보상을 할 수 없더라도 법원은 그 여자를 노예로 팔 수 없었다. 그뿐만 아니라 본인의 동의 없이는 다른 사람의 아내로도 팔릴 수 없었다(Mendelson, Maimonides).

이스라엘에서 여자 노예가 어떤 위치에 있었는가는 예루살렘 밖에 있는 실로암 마을 출신의 한 왕궁 청지기가 남긴 글에 드러난다. 그는 자신이 죽으면 이미 죽어 땅에 묻혀 있는 자기의 여자 노예 옆에 묻어 달라는 부탁을 남겼다. 다른 문서에는 '하나넬의 여자 노예 알리아'라는 사람이 매우 높은 사회적 지위를 누린 것으로 기록되어 있다(Sarna). 이스라엘에서 여자 노예는 결코 짓밟혀 사는 사람이 아니었던 것이다.

본문은 한 남자가 아내로 맞기 위해 여자 노예를 샀다가 그 여자와의 결혼을 포기할 경우 적절한 보상을 해서 친정으로 돌려보내라고 지시한다(8절). 여자를 돌려보내는 시점이 주인이 여자와 성관계를 갖기 전인지 후인지를 파악하는 것은 참으로 어려운 일이다(Carmichael, Paul, Dozeman). 한 가지 확실한 점은 이렇게 하는 것이 처음에 이 여자를 구입할 때의 조건이었던 결혼이 성사되지 않은 데 대한 보상이라는 것이다. 결과적으로 남자가 여자를 속인 셈이므로, 여자가 적절한 금전적 배상을 받아야 한다는 것이다. 또한 어떠한 경우에도 이 여자를 타국인에게 팔아서는 안 된다.

한 남자가 여자 노예를 며느리로 삼기 위해 샀다면, 그녀를 딸처럼 대해야 하는 의무가 있다(9절). 한 주석가는 이곳에 기록된 법은 여자를 노예로 산 사람이 다시 그 여자를 친정으로 돌려보내려 했지만 그 집에서 딸을 돌려받기를 거부한 경우에 관한 규정이라고 해석한다(Noth). 그러나 그렇게 해석하기에는 증거가 불충분해 보인다. 그러므로 더 폭넓은 의미에서 살펴보면, 노예 신분으로 출발했지만 결혼을 통해 가족의 구성원이 되었으니 그녀가 누릴 수 있는 모든 법적인 권한을 보장하라는 의미로 해석하는 것이 바람직하다(Dozeman).

한 남자가 여자 노예를 아내로 삼았다가 세월이 지나 더 이상 그녀를 즐거워하지 않고 다른 여자 노예를 아내로 구할 경우, 남자는 첫 번째 아내에 대한 책임과 의무를 죽는 날까지 다해야 한다(10절). 남편의 의무는 아내에게 '먹을 것'(שְׁאֵר), '입을 것'(כְּסוּת), '그녀와 동침하는 것'(עֹנָה)을 제공하는 등 세 가지로 규정되어 있다. 칠십인역(LXX), 시리아어역(Peshitta), 아람어역(Targum) 등은 '동침하는 것'을 부부관계/성관계로 이해한다. 만일 이 해석이 옳다면, 이 율법은 고대 근동의 어떤 법전에서도 찾아볼 수 없는 독특한 법이다. 여자는 남편을 통해 성적 욕구를 만족시킬 권리가 있다는 것이다(Sarna).

남편이 세 가지 의무를 꺼려할 경우, 남자는 그 여자를 아무런 조건 없이 자유인으로 내보내야 한다(11절). 경제적인 논리가 적용되기 전에 인간의 존엄성이 존중되어야 하며, 종으로 팔려왔을지라도 자존감을 박탈해서는 안 된다는 것이 이 법규의 취지다. 그러므로 이스라엘의 노예법, 특히 여자 노예에 관한 법은 착취와 억압이 아니라 노예의 인권 존중과 권리 수호에 초점이 맞추어져 있다고 볼 수 있다. 당시 사회에서는 매우 파격적인 법이다.

(2) 사형에 해당하는 범죄(21:12-17)

[12]사람을 쳐죽인 자는 반드시 죽일 것이나 [13]만일 사람이 고의적으로 한 것이 아니라 나 하나님이 사람을 그의 손에 넘긴 것이면 내가 그를 위하여 한 곳을 정하리니 그 사람이 그리로 도망할 것이며 [14]사람이 그의 이웃을 고의로 죽였으면 너는 그를 내 제단에서라도 잡아내려 죽일지니라 [15]자기 아버지나 어머니를 치는 자는 반드시 죽일지니라 [16]사람을 납치한 자가 그 사람을 팔았든지 자기 수하에 두었든지 그를 반드시 죽일지니라 [17]자기의 아버지나 어머니를 저주하는 자는 반드시 죽일지니라

이 섹션은 살인, 부모 폭행, 유괴라는 사형에 해당하는 세 가지 범죄를 규정하고 있다. 인간 생명의 존엄성을 선포한 창세기 9:6을 근거로 한 법이기도 하다. 이 규례들은 1-11절의 판례법과 달리 온 사회의 가치와 법의 바탕을 세우는 대중적인 성향을 띠고 있다(Brueggemann). 또한 세 가지는 십계명이 언급한 주제들이기도 하다. 이 법의 적용은 자유인에게만 제한되어 있는데(Hamilton), 노예의 경우는 다른 율법이 뒤따르기 때문이다(20절).

살인에 관한 법률(12-14절)은 가해자의 치밀한 계획성과 의도가 확고히 증명되었을 경우를 뜻한다. 레위기 24:17, 21과 신명기 17:6, 19:15도 비슷한 법을 선언하고 있으며, 살인자 처형은 오직 두 사람의 증언에 의해서만 가능한 것으로 규정하고 있다. 위증의 위험을 줄이고 만에 하나라도 잘못을 저지르지 않은 사람을 처형하는 것을 최대한 막아보자는 의도에서다. 여기에 민수기 35:30-31은 어떠한 금전적 보상도 살인자 처형을 대신할 수 없다는 점을 명백히 한다. 이러한 규정은 살인을 피해자의 가족이 감당해야 할 경제적인 손실로만 정의하던 고대 근동의 모든 법전과 비교했을 때 매우 독특하다고 할 수 있다(Sarna). 본문은 처형 방법에 대해 언급하지 않지만, 유태인 전승은 참수형으로 규정한다(Cassuto). 그러나 구약에서는 돌로 치는 것이 가장 기본 처형법이라는 점을 감안할 때 이 범법자도 이 방법으로 처형되었을 것이다.

고의성이 없이 실수로 사람을 죽인 경우에는 살인죄가 적용되지 않는다(13절). 이 경우 가해자는 앞으로 하나님이 지명하실 도피성으로 피하면 생명의 위협을 느끼지 않고 살 수 있다(신 4:41-43; 19:1-10). 도피성은 본의 아니게 사람을 죽인 자의 생명을 보호하기 위한 제도적인 장치다. 그러나 사람들이 나쁜 마음을 품고 이러한 제도를 남용한다면, 사회는 또다시 불의에 희생될 수 있다. 이러한 악용을 사전에 막기 위해 또 하나의 규례가 함께 제시된다. 나쁜 마음을 품고 계획적으로 사람을 살해했다면, 이스라엘 공동체는 그 사람이 어디로 도망가든지 반드시 찾아서 처형해야 한다. 심지어 그 범인이 하나님의 제단으로 피한다 해도 끌어내어 죽여야 한다. 제사장이 살인을 했다가 발각될 경우, 그가 성전에서 제사를 진행하는 중이라 해도 그를 끌어다가 처형하라는 권고가 유태인 전승으로 내려오고 있다(Sarna). 그 누구도 남의 생명을 해치면 면제부를 받을 수 없다. 성경에서 아도니야(왕상 1:50-53), 요압(왕상 2:28-34) 등이 이 규례에 의해 처형되었다.

부모 학대에 관한 율법(15, 17절)은 마소라 사본에서는 유괴에 관한 규례를 중간에 끼워넣고 있지만, 칠십인역(LXX)은 두 구절을 함께 붙이고 있다. 첫 번째 구절은 자녀가 부모를 신체적으로 학대하는 경우를 언급하며, 두 번째 구절은 자녀의 언어 폭행을 문제 삼는다. 함무라비 법전은 부모를 때리는 자식의 손을 자르라는 규정을 담고 있는 데 반해, 성경은 이런 자식을 아예 처형하라고 지시한다. 그런데 부모를 '저주하는'(קלל) 행위는 무엇을 뜻하는가? 이 율법은 부모를 공경하라는 다섯 번째 계명과 대조되는 말이다(Cassuto). 부모를 공경한다는 것은 곧 늙은 부모를 보살펴야 한다는 의미를 갖고 있다. 그러므로 대부분의 주석가는 부모를 저주한다는 것의 의미는 늙고 재력이 없어 스스로 살아갈 수 없는 부모를 돌보지 않고 방치하는 등의 자식으로서의 의무를 다하지 않는 것이라고 풀이한다(Sprinkle, Brichto, Enns).

반면에 이 단어의 의미를 문자적으로 해석하여 부모를 해할 의도를 가지고 악의적으로 비방하는 행위, 곧 부모를 욕하는 행위로 풀이하는 주석가도 있다(Stuart). 자식의 도리를 다하지 않은 자를 처형하라는 규정은 이스라엘 사회가 부모의 명예와 존엄성을 얼마나 중요시하는 공동체였는가를 보여준다. 사회의 가장 기본 구성요소인 가정이 위협받는 것을 용납하지 않겠다는 의지에서 이 율법은 선포되었다. 랍비들은 부모를 때리거나 욕하는 자식은 돌로 쳐서 사형에 처하도록 했다.

유괴에 관한 법률(16절)은 이익을 노리고 다른 사람의 인권을 유린하는 행위를 견제하기 위한 것이다. 당시 성행하던 노예 제도는 불로소득을 노리는 자에게 항상 큰 유혹이 되었다. 함무라비 법전도 유괴범은 사형에 처하라고 규정하지만, 함무라비 법전의 경우 '자유인의 젊은/어린 아들'을 유괴했을 경우에만 적용되었다. 헷 족속의 법전은 유괴를 단순한 경제적 손실로 정의한다. 이 경우 범죄자는 사형에 처해지는 것이 아니라 보상을 해야 한다. 반면에 구약은 범죄자를 사형에 처하라고 한다.

> II. 시내 산에서 받은 율법(15:22-24:18)
> B. 시내 산 언약(19:1-24:18)
> 5. 율법: 세부 사항(21:1-23:33)

(3) 신체적인 피해에 관한 법(21:18-27)

[18]사람이 서로 싸우다가 하나가 돌이나 주먹으로 그의 상대방을 쳤으나 그가 죽지 않고 자리에 누웠다가 [19]지팡이를 짚고 일어나 걸으면 그를 친 자가 형

벌은 면하되 그간의 손해를 배상하고 그가 완치되게 할 것이니라 [20]사람이 매로 그 남종이나 여종을 쳐서 당장에 죽으면 반드시 형벌을 받으려니와 [21]그가 하루나 이틀을 연명하면 형벌을 면하리니 그는 상전의 재산임이라 [22]사람이 서로 싸우다가 임신한 여인을 쳐서 낙태하게 하였으나 다른 해가 없으면 그 남편의 청구대로 반드시 벌금을 내되 재판장의 판결을 따라 낼 것이니라 [23]그러나 다른 해가 있으면 갚되 생명은 생명으로, [24]눈은 눈으로, 이는 이로, 손은 손으로, 발은 발로, [25]덴 것은 덴 것으로, 상하게 한 것은 상함으로, 때린 것은 때림으로 갚을지니라 [26]사람이 그 남종의 한 눈이나 여종의 한 눈을 쳐서 상하게 하면 그 눈에 대한 보상으로 그를 놓아 줄 것이며 [27]그 남종의 이나 여종의 이를 쳐서 빠뜨리면 그 이에 대한 보상으로 그를 놓아 줄지니라

사람이 다투다가(ריב) 육체적 싸움으로 발생하는 상해에 대한 보상은 기본적으로 일을 하지 못해서 발생한 임금 손실과 완치될 때까지의 치료비 일체를 포함한다(18-19절). 물론 사람이 죽게 되면 이미 12-14절에 규정된 법규를 따르게 된다. 함무라비 법전은 육체적인 싸움에 관한 법률만 포함하고 있으며, 가해자가 자신은 결코 "일부러 때린 것이 아니다"라는 선언을 하면 치료비만 물어주도록 하고 있다.

노예 학대에 관한 율법(20-21절)은 주인의 폭행에서 노예를 보호하기 위해 제정된 법이다. 주인으로부터 노예의 인권을 보호하는 법률은 고대 근동의 다른 법전에서는 찾아볼 수 없는, 오직 이스라엘에만 있는 독특한 것이었다. 이 율법은 이스라엘이 사회적·인권적 차원에서 주변 사회와는 질적으로 다른 변혁된 사회로 자리 잡아가는 것을 목표로 한다. 주의 백성은 세상 사람과 다른 가치관과 생명의 존엄성을 가지고 살아야 한다는 것을 의미한다. 특히 21절의 내용이 이방인 노예를 전제로 하고 있다는 점이 이 율법의 고상함을 더욱더 부각한다(Sarna). 이스라엘은 이집트에서 400여 년간 노예로 살다가 하나님 은혜로 자유인이 되어 그 나라를 떠나왔다. 그들은 경험을 통해 노예의 삶이 얼마나 억울하고 원통한 삶인지를 잘 안다. 그러므로 하나님 은혜로 자유를 얻은 자들이 그들을 부리던 사람들처럼 잔인하게 노예를 부려서는 안 된다는 것이 이 율법의 배경이 된다.

주인의 매에 맞아 그 자리에서 노예가 죽으면, 주인은 12절에 기록된 법에 따라 사형을 받을 수 있다(20절). 자신이 소유한 노예를 죽인 주인이 살인에 해당하는 벌을 받을 수 있다는 사실은 노예의 인권을 말살해서는 안 된다는 것을 다시 한번 강조하는 것이다. 이 법은 노예에 대한 주인의 권한을 제한하는 데 목적이 있다(Kaiser). 랍비 문헌은 이러한 경우 주인을 참수형에 처할 것을 지시한다(Cassuto). 경우에 따라 주인에게 노예를 매로 징계하는 것을 허용했던 사회에서 주인의 지나친 폭력이 결코 용납될 수 없다는 규정이 나온 것은 매우 괄목할 만하다. 역시 성경은 인간 생명의 존엄성을 매우 중요하게 여긴다.

매 맞은 노예가 며칠 더 살다가 죽으면 주인은 처벌을 받지 않는다. 이러한 경우 주인의 폭행과 노예의 죽음이 직접적으로 연결되지 않을 수 있는 가능성에 대한 배려라고 할 수 있다. 또한 매맞은 노예가 며칠 더 생존한 것은 주인이 처음부터 노예를 죽이려는 의도가 없었음을 증명하는 것으로 간주되기 때문에, 법이 만에 하나 있을 수 있는 주인의 억울함(benefit of the doubt)을 보호해야 한다는 취지에서다. 주인은 노예에게 어떠한 배상도 해줄 필요가 없다. 아파서 누워 있는 노예의 노동력 상실과 약값 등은 모두 주인의 손해이기에 따로 보상할 필요가 없었던 것이다.

두 사람이 싸우다가 본의 아니게 옆에 서 있는 자 그것도 임신한 여자를 다치게 할 경우, 두 가지 가능성이 제시된다(23-25절). 여자는 다치지 않고 아이만 유산되었을 경우, 가해자는 그 여자의 남편과 협의하여 적절한 배상을 해주어야 한다. 수메리아 법전(Sumerian Laws), 함무라비 법전, 아시리아 법전(Middle Assyrian Laws) 등 고대 문헌도 여자가 유산할 경우 하나같이 금전적인 보상을 하도록 규정하고 있다(Kaiser). 남편이 지나친 액수를 요구할 경우, 가해자는 법원의 지시에 따라 적절한 금액만을 배상하게 된다. 지나친 독선이나 무리한 요구는 막겠다는 의도였다.

그러나 만일 여자가 다쳤다면 상황은 완전히 바뀐다. 이 경우 '눈에는 눈, 이에는 이'의 원리가 적용된다. 학자들은 이런 유형의 법을 동해보복법(同害報復法, lex talions)이라고 한다. 함무라비 법전도 이 같은 경우는 매우 강력한 처벌을 요구한다. 만일 임신 중이던 여자가 죽을 경우, 가해자의 딸을 처형하도록 했다. 아시리아 법전도 비슷한 처벌을 요구한다(Sarna).

주인의 노예 폭행에 관한 법(26-27절)은 경제적인 어려움 때문에 어쩔 수 없이 자신을 노예로 팔아야 했던 사람을 결코 학대해서는 안 된다는 점을 부각시키고 있다. 주인이 종을 징계할 수 있는 권한을 최대한으로 인정한 20-21절의 내용을 감안하여 이 규정을 풀이하면, 이 법률이 적용되는 경우는 주인이 노예를 해할 의도를 가지고 폭행했을 때다. 이러한 경우 주인은 의도적인 폭행죄(aggravated assault)를 범한 것이다(Sarna).

이 규정이 비록 눈과 이만을 언급하고 있지만, 외형적으로 드러나는 모든 장기에 적용된다는 것이 유태인의 전통적인 해석이다. 랍비 문헌은 손가락, 발가락, 귀, 코 등을 포함한 24개의 장기에 이 규정을 적용했다(Cassuto). 주인이 노예의 신체에 해를 가할 경우 노예는 피해 보상으로 자유를 얻게 되는 것이다. 주인은 노예가 자기 소유라고 해서 마음대로 학대할 수 없었다.

(4) 사람을 해하는 짐승에 관한 법(21:28-32)

[28]소가 남자나 여자를 받아서 죽이면 그 소는 반드시 돌로 쳐서 죽일 것이요 그 고기는 먹지 말 것이며 임자는 형벌을 면하려니와 [29]소가 본래 받는 버릇이 있고 그 임자는 그로 말미암아 경고를 받았으되 단속하지 아니하여 남녀를 막론하고 받아 죽이면 그 소는 돌로 쳐죽일 것이고 임자도 죽일 것이며 [30]만일 그에게 속죄금을 부과하면 무릇 그 명령한 것을 생명의 대가로 낼 것이요 [31]아들을 받든지 딸을 받든지 이 법규대로 그 임자에게 행할 것이며 [32]소가 만일 남종이나 여종을 받으면 소 임자가 은 삼십 세겔을 그의 상전에게 줄 것이요 소는 돌로 쳐서 죽일지니라

소를 예로 삼아서 제시되는 율법은 세 가지 정황을 감안한다. (1) 사람을 해한 적이 전혀 없는 짐승이 사람을 해했을 때, (2) 사람을 해한 적이 있는데도 주인이 적절한 조치를 취하지 않아 짐승이 사람을 해했을 때, (3) 짐승이 노예를 해했을 때. 주전 20세기에 수메리아의 한 도시였던 에스눈나(Eshnunna)에서 유래한 법전은 두 번째와 세 번째의 경우를 언급하며, 함무라비 법전은 세 가지 모두를 언급한다. 이 법전들은 성경처럼 주변의 경고를 받은 주인은 자신의 짐승의 행동에 대한 모든 법적 책임을 다해야 한다는 점을 강조한다. 그러나 이 고대 근동 법전은 경제적인 보상으로 모든 문제를 해결한다는 점에서 주인의 생명까지 요구하는 이스라엘의 율법과 현저한 차이를 보인다.

사람을 해한 적이 전혀 없는 짐승이 사람을 해했을 경우, 그 짐승은 돌로 쳐서 죽여야 하며 사람들은 그 짐승의 살코기를 먹어서는 안 된다(28절). 짐승을 죽여야 하는 이유는 짐승이 사람을 죽여 창조주 하나님이 정하신 창조 질서를 파괴했기 때문이다(Finkelstein). 이 짐승은 돌로 쳐서 죽이라고 하는데, 성경과 고대 사회에서 돌로 쳐 죽이는 것은 하나님이나 왕에게 반역을 했을 경우에만 사용되는 처형 방법이었다(Dozeman).[40] 사람을 받아 죽게 한 소는 단순히 살인을 한 것이 아니라 창조주 하나님이 정하신 질서에 반역했기 때문에 이 같은 방식으로 처형되어야 하는 것이다. 또한 사람들이 인간을 죽인 짐승을 죽이는 것은 자신들을 보호하기 위한 자연스러운 결정이기 때문이다. 이 짐승을 살려두면 매우 위험하기 때문에, 재발 방지 차원에서라도 짐승을 죽여야 한다.

그런데 왜 사람을 죽인 소의 고기를 먹으면 안 되는가? 가장 기본적인 이유는 고대 사람이 이런 짐승의 고기 먹는 것을 금기시했기(taboo) 때문이다(Paul). 더 나아가 한 학자는 사람을 들이받은 소는 부정하게 되어 제물로 사용될 수 없고, 이 소를 처형하는 곳은 사람들이 먹기 위해 짐승을 잡는 곳이 아니기 때문이라고 한다(Westbrook). 그러나 사람을 죽인 소가 단순히 살인을 한 것이 아니라 더 나아가 창조주가 정해 놓은 질서를 위협하여 하나님께 반역했다면 처형당한 소는 진멸(ban) 아래 있는 것이며(Finkelstein), 진멸 아래 있는 짐승은 하나님께 속한 것이기 때문에 그 고기를 먹어서는 안 된다.

짐승은 피해를 당한 사람이 속한 공동체 전체가 모인 가운데 처형되어야 한다. 사람이 죽임을 당하는 것은 땅을 심각하게 더럽히는 행위로 간주되었기 때문에 온 공동체가 짐승을 죽이는 것은 사람의 죽음이 가져온 오염을 씻어내는 기능을 한다(신 21장). 사람을 죽인 소를 죽이는 것은 공동체를 보호하는 행위가 되는 것이다. 사람을 죽이는 짐승에 대한 처형은 이미 창세기 9:5-6에 규정되어 있다. "내가 반드시 너희 피 곧 너희의 생명의 피를 찾으리니 짐승이면 그 짐승에게서, 사람

40 한 주석가(Stuart)는 돌로 쳐서 죽이는 이유가 사람들의 안전 거리를 확보하기 위해서라며 다른 방법으로 처형해도 상관없다고 하는데, 이는 별로 설득력 있는 해석이 아니다.

이나 사람의 형제면 그에게서 그의 생명을 찾으리라 다른 사람의 피를 흘리면 그 사람의 피도 흘릴 것이니 이는 하나님이 자기 형상대로 사람을 지으셨음이니라."

짐승이 사람을 공격하는 성향이 있어 주변 사람이 경고했는데도 주인이 적절한 조치를 취하지 않다가 사람을 해했을 경우에는 짐승뿐만 아니라 주인도 사형에 처해져야 한다(29절). 이 경우 주인은 과실치사(criminal negligence)에 해당하는 죄를 지은 것이다. 다만 피해자의 가족이 주인의 사형집행 대신 금전적인 보상을 요구할 때 주인은 적절한 액수를 지불하여 처형을 피할 수 있다(30절). 이와 같은 법은 어린아이가 짐승에게 죽임을 당했을 때도 똑같이 적용된다.

짐승이 노예를 해했을 경우에는 그 주인이 노예의 주인에게 30세겔을 지불해야 하며 소는 돌로 쳐죽여야 한다(32절). 이 액수는 하나님께 서원한 여자의 몸값이기도 하다(레 27:4). 함무라비 법전은 귀족이 죽음을 당했을 경우 짐승의 주인이 가족에게 30세겔을 지급해야 한다고 규정한다. 이 법전은 또한 희생자가 귀족의 노예였을 경우 20세겔을 지불하라고 지시한다. 에스눈나(Eshnunna) 법전은 희생자의 몸값을 15세겔로 규정한다.

II. 시내 산에서 받은 율법(15:22-24:18)
B. 시내 산 언약(19:1-24:18)
5. 율법: 세부 사항(21:1-23:33)

(5) 가축 피해에 관한 법(21:33-36)

[33]사람이 구덩이를 열어두거나 구덩이를 파고 덮지 아니하므로 소나 나귀가 거기에 빠지면 [34]그 구덩이 주인이 잘 보상하여 짐승의 임자에게 돈을 줄 것이요 죽은 것은 그가 차지할 것이니라 [35]이 사람의 소가 저 사람의 소를 받아 죽이면 살아 있는 소를 팔아 그 값을 반으로 나누고 또한 죽은 것도 반으

로 나누려니와 [36]그 소가 본래 받는 버릇이 있는 줄을 알고도 그 임자가 단속하지 아니하였으면 그는 소로 소를 갚을 것이요 죽은 것은 그가 차지할지니라

이 섹션은 한 사람이 판 구덩이에 남의 짐승이 빠져 죽은 경우를 언급한다. 우리 문화에서는 구덩이를 그리 깊지 않은 구멍을 생각하기에 짐승이 구덩이에 빠져 죽는 일이 잘 이해되지 않을 수 있다. 가나안 지역에서의 구덩이는 깊이가 12m까지 달했고, 건기 때는 몇 달 동안 비가 오지 않기 때문에 우기 때 물을 모아뒀다가 사용하는 물 저장탱크이기도 했다. 사람이나 짐승이 이런 곳에 빠지게 되면 밖에서 누가 구해주지 않는 한 나올 수가 없다. 요셉이 형들에 의해 구덩이에 감금된 적이 있는데, 건기가 끝나가는 때라 구덩이에 물이 없어 요셉의 생명이 위협을 받지는 않았다. 창세기는 이 사실을 강조하기 위해 구덩이가 말라 물이 없다는 사실을 두 차례나 언급한다(창 37:24).

구덩이를 판 사람은 죽은 짐승의 주인에게 짐승의 값을 보상해 주어야 하며 자신은 죽은 짐승의 고기를 갖게 된다. 이 규례는 사유지가 아닌 공공장소에 구덩이를 팠을 경우나, 공공장소에서 어떤 제재도 받지 않고 진입할 수 있는 사유지에 구덩이를 팠을 때를 전제한다(Sarna). 구덩이를 판 사람은 그 구덩이 때문에 짐승이나 사람이 뜻하지 않은 피해를 입지 않도록 적절하게 보호하거나 가려야 하는 책임이 있다. 이러한 책임을 다하지 않을 경우, 그는 과실(negligence)을 범하는 것이다.

동일한 가치의 소가 서로 싸워서 한 마리가 먼저 죽을 경우, 두 소의 주인들은 산(生) 소와 죽은 소의 가치를 이등분하여 나누어 가진다(35절). 에스눈나 법전도 동일한 규례를 담고 있다(Kaiser). 그러나 그 소가 과거에도 다른 소들을 들이받은 적이 있다면, 소 주인은 죽은 소의 주인에게 살아 있는 소의 값을 지불해야 하며 자신은 죽은 소를 갖게 된다(36절). 역시 태만에서 비롯된 사고는 용납하지 않겠다는 취지의 규정이다. 비록 사람이 부리는 짐승의 행동을 항상 정확하게 예측할 수는 없지만, 어느 정도는 짐작할 수 있기 때문에, 짐승을 소유한 사람은 모든 상황에 적절한 대책을 세워 대비해야 한다.

II. 시내 산에서 받은 율법(15:22-24:18)
B. 시내 산 언약(19:1-24:18)
5. 율법: 세부 사항(21:1-23:33)

(6) 재산권 침해에 관한 법[22:1-17(21:37-22:3)]

이 섹션은 주제와 적용할 상황이 각각 다른 일곱 가지 율법으로 구성되어 있으며, 모두 보상에 관한 율법이라는 점과 '만일…그렇다면'(if…then) 성격의 규례라는 공통점을 갖고 있다(Dozeman). 율법의 수를 다섯 가지로 보는 사람도 있다(Sprinkle). 개역개정, 새번역, NIV등은 16-17절을 이 섹션에 포함하지 않고 다음 섹션과 함께 다루지만, 16-17절이 보상에 관한 것이며 율법의 형태가 앞 섹션에 기록된 율법처럼 '만일…그렇다면'을 유지하고, 이 같은 패턴이 18절부터는 더 이상 사용되지 않는다는 사실이 이 법을 앞 섹션에 포함하도록 한다(Enns).

재산권이 침해당했을 때 어떻게 대처해야 하는가를 중심 주제로 다루고 있는 이 섹션은 하나님이 이스라엘에게 사법제도를 주실 때 범죄자를 수용하는 감옥은 처음부터 마음에 두지 않으셨다는 사실을 확인해 준다(Stuart). 이스라엘의 사법제도에는 감옥이 없다. 남에게 피해를 입힌 자를 감옥에 가두는 것보다는 그들이 피해자에게 보상해주는 것을 기본적인 원리로 삼았던 것이다. 보상을 중심으로 한 사법제도는 죄인을 감금하는 것에 비해 몇 가지 장점을 갖고 있다. 첫째, 범죄의 피해자가 당장 확실한 보상을 받을 수 있다. 둘째, 가해자가 피해자를 직접 대면하기 때문에 자신의 죄가 피해자에게 어떤 피해와 악영향을 미쳤는지 판단하게 한다. 셋째, 자신의 잘못을 인정하고 반성하는 가해자에게 생산적인 삶을 유지할 수 있도록 한다. 넷째, 감옥을 유지하는 비용을 사회가 떠안을 필요가 없다. 물론 피해자에게 보상만 해주면 어떠한 법적인 제제도 받지 않는 제도는 부자에 의해 악용될 수 있다는 부작용도 있다.

본문을 구성하는 일곱 가지 재산권에 관한 법은 주제에 따라 다음과 같이 네 종류로 구분할 수 있다. (1) 도둑에 관한 법(1-4절), (2) 곡식 피해에 관한 법(5-6절), (3) 보관 사고에 관한 법(7-15절), (4) 처녀를 유혹한 사람에 대한 법(16-17절). 일곱 가지의 율법 중 다섯 가지는 '보상하다'(שלם)라는 동사를 포함하며, 이 섹션의 핵심 이슈는 피해자에 대한 보상인 것이다.

II. 시내 산에서 받은 율법(15:22-24:18)
B. 시내 산 언약(19:1-24:18)
5. 율법: 세부 사항(21:1-23:33)
(6) 재산권 침해에 관한 법(22:1-17)

a. 도둑에 관한 법(22:1-4)

[1]사람이 소나 양을 도둑질하여 잡거나 팔면 그는 소 한 마리에 소 다섯 마리로 갚고 양 한 마리에 양 네 마리로 갚을지니라 [2]도둑이 뚫고 들어오는 것을 보고 그를 쳐죽이면 피 흘린 죄가 없으나 [3]해 돋은 후에는 피 흘린 죄가 있으리라 도둑은 반드시 배상할 것이나 배상할 것이 없으면 그 몸을 팔아 그 도둑질한 것을 배상할 것이요 [4]도둑질한 것이 살아 그의 손에 있으면 소나 나귀나 양을 막론하고 갑절을 배상할지니라

사람이 소나 양을 도둑질하여 잡거나 팔다가 잡히면, 소는 다섯 배, 양은 네 배로 갚아줘야 한다(1절). 그러면 왜 소는 다섯 배, 양은 네 배로 보상해야 하는가? 어떤 이들은 소는 수레를 끄는 짐승이었기에 더 많은 보상을 하도록 했다고 주장한다(Targ. Jonathan, Rabbi Meir, cf. Sarna). 다른 사람들은 율법이 인간의 품위를 중요시 하기 때문에, 이 같은 기준이 도둑에게도 적용된 것이라고 주장한다. 양을 훔쳐서 지고 가는 모습이 인간의 품위를 덜 떨어뜨리는 일이었기에 양에 대한 보상은 적었다는 것인데(Rabbi Jonathan ben Zakkai), 별로 설득력 있는 해석은 아니다. 항상 무리지어 움직이는 소와 달리 양은 종종 무리에서 떨어져 홀로 배회하는 짐승이기 때문에 도둑에게 훔칠 기회를 쉽게 제공했기 때문이라는 해석도 있는데(Stuart), 어느 정도는 설득력이 있는 듯하다. 또한 소는 훈련시키기에 많은 시간이 걸리며, 훈련된 소는 노동력을 가져오기에 소를 잃는 것은 이 모든 투자와 노동력의 손실을 의미하므로 더 많은 보상을 요구한 것이라고 해석되기도 했다.

도둑이 훔친 짐승을 산 채로 가지고 있다면 두 배로 보상하라고 규정하고 있다(4절). 만일 도둑이 보상을 할 수 없을 경우에는 자기 몸을 노예로 팔아서라도 보상하도록 규정한다(3절). 율법의 취지는 확고하다. 결코 도둑질을 통한 이익을 용납하지 않겠다는 것이다. 이렇게 도둑질에 대한 보상을 강화하여 도둑질을 원천적으로 봉쇄하겠다는 의도도 내포되어 있다. 그런데 왜 도둑이 아직 짐승을 산 채로 가지고 있으면 두 배만 보상하라고 하는가? 이는 율법의 기본적인 취지가 피해 규모를 제한하는 데 초점이 맞추어져 있기 때문이다(Stuart). 훔친 자가 가지고 있는 짐승이 아직 살아 있기 때문에, 다시 돌려받을 주인에게 짐승이 이미 처분된 상황보다는 적은 피해를 준 것이다. 한 유태인 문헌은 도둑이 법정에 자진 출두하여 자신의 죄를 고백할 경우에는 훔친 짐승만 보상하게 하고 더 이상 요구하지 않도록 했다고 전한다(Mishnah Ketubbot 3:9). 죄를 뉘우치는 자에 대한 선처다.

도둑이라 할지라도 기본적인 인권은 보호받게 된다. 누가 누군지 쉽게 분별할 수 없는 밤에 도둑질하다가 주인에게 죽임을 당할 경우, 주인에게는 살인죄가 적용되지 않는다(2절). 주인은 자신의 재산을 보호할 권한이 있는 것이다. 그러나 날이 밝은 상황에서 도둑질하다가 걸린 도둑을 죽이면 주인에게 살인죄를 적용한다(3절). 비록 주인이 자신의 재산을 보호할 권한을 지녔다 할지라도 과도한 힘(excessive force)을 사용한 것은 용납하지 않겠다는 의지를 바탕으로 한 율법이다. 이 경우 힘이 곧 잔인한 폭력이 되기 때문이다. 모든 일에는 균형이 있고, 이 균형을 유지하는 것은 법의 가장 중요한 역할 중 하나다.

II. 시내 산에서 받은 율법(15:22-24:18)
B. 시내 산 언약(19:1-24:18)
5. 율법: 세부 사항(21:1-23:33)
(6) 재산권 침해에 관한 법(22:1-17)

b. 곡식 피해에 관한 법(22:5-6)

[5]사람이 밭에서나 포도원에서 짐승을 먹이다가 자기의 짐승을 놓아 남의 밭에서 먹게 하면 자기 밭의 가장 좋은 것과 자기 포도원의 가장 좋은 것으로 배상할지니라 [6]불이 나서 가시나무에 댕겨 낟가리나 거두지 못한 곡식이나 밭을 태우면 불 놓은 자가 반드시 배상할지니라

이 본문은 두 가지 가능한 시나리오를 언급하고 있다. (1) 가축에 의해 곡식이 피해를 입었을 경우, (2) 불에 의해 곡식이 피해를 입었을 경우. 첫 번째 경우는 주인이 가축을 제대로 단속하지 못한 과실이 인정되기에 가장 좋은 소출로 피해를 보상해야 한다. 함무라비 법전도 비슷한 규례를 담고 있다. 두 번째 경우는 사고이기 때문에 보상은 하되 가장 좋은 소출로 보상할 필요는 없다. 만일 사고로 인한 불이 아니라, 일부러 놓은 불로 이웃에게 피해를 입혔다면 이 기준은 적용되지 않는다(Enns). 이 율법의 핵심은 가해자의 의도성이다.

율법은 과실과 사고를 분명하게 구분한다. 초래된 결과는 같을지라도 예방할 수 있는데 적절한 조치를 취하지 않아 빚어진 사고는 더 크게 보상해 주어야 한다. 하나님은 결과로 사람을 판단하지 않고 과정과 동기로 판단하는 분이기 때문이다.

II. 시내 산에서 받은 율법(15:22-24:18)
B. 시내 산 언약(19:1-24:18)
5. 율법: 세부 사항(21:1-23:33)
(6) 재산권 침해에 관한 법(22:1-17)

c. 보관 사고에 관한 법[22:7-15(22:6-14)]

[7]사람이 돈이나 물품을 이웃에게 맡겨 지키게 하였다가 그 이웃 집에서 도둑을 맞았는데 그 도둑이 잡히면 갑절을 배상할 것이요 [8]도둑이 잡히지 아니하면 그 집 주인이 재판장 앞에 가서 자기가 그 이웃의 물품에 손 댄 여부의 조사를 받을 것이며 [9]어떤 잃은 물건 즉 소나 나귀나 양이나 의복이나 또는 다른 잃은 물건에 대하여 어떤 사람이 이르기를 이것이 그것이라 하면 양편이 재판장 앞에 나아갈 것이요 재판장이 죄 있다고 하는 자가 그 상대편에게 갑절을 배상할지니라 [10]사람이 나귀나 소나 양이나 다른 짐승을 이웃에게 맡겨 지키게 하였다가 죽거나 상하거나 끌려가도 본 사람이 없으면 [11]두 사람 사이에 맡은 자가 이웃의 것에 손을 대지 아니하였다고 여호와께 맹세할 것이요 그 임자는 그대로 믿을 것이며 그 사람은 배상하지 아니하려니와 [12]만일 자기에게서 도둑 맞았으면 그 임자에게 배상할 것이며 [13]만일 찢겼으면 그것을 가져다가 증언할 것이요 그 찢긴 것에 대하여 배상하지 아니할지니라 [14]만일 이웃에게 빌려온 것이 그 임자가 함께 있지 아니할 때에 상하거나 죽으면 반드시 배상하려니와 [15]그 임자가 그것과 함께 있었으면 배상하지 아니할지니라 만일 세 낸 것이면 세로 족하니라

9절을 제외하면, 이 섹션에 있는 모든 규정이 짐승/물건을 맡겼다가 분실되었을 경우를 다루고 있다. 대체로 보관에 대한 대가가 커질수록 분실에 대한 보상과 책임도 커진다. 남의 물건을 보관하던 사람이 그 물건을 도둑맞았을 때, 도둑이 잡힐 경우에는 그 도둑이 두 배로 보상해야 하지만 도둑이 잡히지 않을 경우에는 보관하던 사람이 법정에 나가 자신의 결백을 입증해야 한다(7-8절). 보관을 맡은 자는 그 물건을 자신의 소유와 함께 집안에 보관하다가 도둑을 맞았기 때문에 보상해 줄 의무는 없다.

같은 물건을 두고 두 사람이 서로 소유권을 주장할 경우 하나님 앞에 가서 재판을 받아야 한다. 이 과정에서 유죄 판결을 받은 사람은 피해자에게 두 배로 물어주어야 한다(9절). 자기 것인지 확실하지도 않으면서 무조건 자기 것이라고 우기는 일을 막기 위한 조치다. 또한 이러한 경우 진짜 주인도 심리적으로 상당한 피해를 입기 마련인데, 이 율법은 이 같은 심리적인 피해에 대해서도 보상하도록 하고 있다. 이 규례는 남의 물건을 자기 것이라고 억지를 쓰는 경우에 적용된다.

보관하는 물건이 가축일 경우에는 각별한 주의가 필요하다. 만일 보관 중이던 짐승에게 이상이 생기면 적절한 대응이나 보상이 필요하다(10-13절). 첫째, 만일 보관자가 어찌할 수 없는 상황에서 짐승이 죽거나 다치거나 사라진다면, 보관자는 어떤 보상도 할 필요가 없다. 물론 증인이 없을 때는 하나님 앞에 맹세하여 본인의 무죄/무과실을 증명해야 한다(10-11절). 둘째, 그 손실이 도둑에 의해 발생한 것이라면 보관자의 과실이 인정되는 만큼 주인에게 적절한 보상을 해주어야 한다(12절). 셋째, 보관하던 짐승이 맹수에게 찢겨서 죽게 되면, 주인에게 증거를 제시하고 보상은 하지 않아도 된다(13절). 이 모든 경우에 자신의 무죄/무과실을 증명하는 것은 보관자의 몫이다.

빌려온 짐승이 죽거나 다칠 경우에는 두 가지 선택이 가능하다(14-15절). 첫째, 주인이 함께하지 않은 상태에서 짐승이 죽거나 다치면 짐승을 빌려온 사람이 물어주어야 한다. 둘째, 주인이 보고 있는 상황에서 짐승이 죽거나 다치면, 빌린 사람은 물어줄 필요가 없다. 다만 빌려온 삯만 지불하면 된다. 율법은 이스라엘에게 같은 결과를 두고도 모든 정황을 고려하여 융통성을 발휘할 것을 요구한다.

II. 시내 산에서 받은 율법(15:22–24:18)
B. 시내 산 언약(19:1–24:18)
5. 율법: 세부 사항(21:1–23:33)
(6) 재산권 침해에 관한 법(22:1–17)

d. 처녀를 유혹한 사람에 대한 법[22:16–17(22:15–16)]

[16]사람이 약혼하지 아니한 처녀를 꾀어 동침하였으면 납폐금을 주고 아내로 삼을 것이요 [17]만일 처녀의 아버지가 딸을 그에게 주기를 거절하면 그는 처녀에게 납폐금으로 돈을 낼지니라

훔친 물건(stolen goods)에 대한 법률로 시작된 이 섹션은 훔친 마음(stolen heart)에 관한 규례로 막을 내린다(Ibn Ezra). 남자가 아직 누구와 정혼하지 않은 처녀를 유혹하여 성관계를 갖게 되면, 그 사람은 여자의 아버지에게 여자의 몸값(מֹהַר)을 지불하고 그녀와 결혼해야 한다. 여자의 몸값은 결혼으로 인해 그녀의 가족에게 끼치는 노동력 상실에 대한 보상으로 지불되었다.

여자의 아버지가 딸의 결혼을 허락하지 않을 경우라도 그 남자는 여자의 몸값을 지불해야 한다. 고대 사회에서 처녀성을 잃어버린 처녀가 결혼하는 것은 쉽지 않았으며, 대부분의 경우 부모의 집에서 독신으로 일생을 마감했다. 만일 처녀성에 대하여 속이고 결혼했다가 발각되면 처형될 수 있었다.

본문은 신부의 몸값이 얼마인지는 언급하지 않는다. 신명기 22:29에 근거하여 일부 문헌은 50세겔이었다고 한다. 당시 노동자의 1년 봉급이 10세겔 정도였으니 매우 큰 금액이었다.

II. 시내 산에서 받은 율법(15:22–24:18)
B. 시내 산 언약(19:1–24:18)
5. 율법: 세부 사항(21:1–23:33)

(7) 종교에 관한 법[22:18–31(22:17–30)]

이 본문에 접어들면서 법의 형태가 바뀌고 있다. 이제는 더 이상 '만일…그렇다면'(if…then…)유형이 중심을 이루지 않는다. 이 섹션에서는 주로 '필연적인 법'(apodictic law)의 형태를 지닌다. 필연적인 법은 증명할 수 있는, 외형적으로 드러나는 명백한 범죄에 관한 것이다. 이 섹션은 어떠한 패턴이나 논리에 의해 순서대로 정리된 법이 아니다(Brueggemann). 그럼에도 일종의 통일성은 부분적으로나마 존재하는 듯하다. 이 본문은 다음과 같이 세 부분으로 구분할 수 있다.

A. 이방 풍습에 대한 규례(22:18–20)
B. 힘없고 연약한 자에 대한 배려(22:21–27)
C. 하나님에 대한 의무(22:28–31)

II. 시내 산에서 받은 율법(15:22–24:18)
B. 시내 산 언약(19:1–24:18)
5. 율법: 세부 사항(21:1–23:33)
(7) 종교에 관한 법(22:18–31)

a. 이방 풍습에 대한 법[22:18–20(22:17–19)]

[18]너는 무당을 살려두지 말라 [19]짐승과 행음하는 자는 반드시 죽일지니라 [20]여호와 외에 다른 신에게 제사를 드리는 자는 멸할지니라

이 세 율법은 모두 이스라엘 종교를 위협할 수 있는 이방인의 풍습에 관한 것이며, 이방 종교 혹은 우상숭배와 연관된 것이다(Cassuto). 율법은 이것을 가증스러운 행위로 규정하며 이러한 행위로 적발된 자들에게는 사형을 선고한다. 이 섹션이 언급하는 세 가지 율법을 어기는 자들이 치러야 할 대가가 점차 커지고 있다. 무당을 살려 두어서는 안 되고(18절), 짐승과 행음하는 자는 반드시 사형에 처해야 하며(19절), 다른 신을 숭배하는 자는 반드시 그의 소유와 함께 진멸해야(ban) 한다(20절).

첫째, 무당/점쟁이(מְכַשֵּׁפָה)를 살려 두어서는 안 된다(18절). 점을 보는 것은 다신주의 종교의 본질에 속했으며, 점술은 고대 근동 사회에서 흔히 행해졌던 종교 행위였다. 신명기 18:9-14은 이 같은 행위에 대해 다음과 같이 경고한다.

> 네 하나님 여호와께서 네게 주시는 땅에 들어가거든 너는 그 민족들의 가증한 행위를 본받지 말 것이니 그의 아들이나 딸을 불 가운데로 지나게 하는 자나 점쟁이나 길흉을 말하는 자나 요술하는 자나 무당이나 진언자나 신접자나 박수나 초혼자를 너희 가운데에 용납하지 말라 이런 일을 행하는 모든 자를 여호와께서 가증히 여기시나니 이런 가증한 일로 말미암아 네 하나님 여호와께서 그들을 네 앞에서 쫓아내시느니라 너는 네 하나님 여호와 앞에서 완전하라 네가 쫓아낼 이 민족들은 길흉을 말하는 자나 점쟁이의 말을 듣거니와 네게는 네 하나님 여호와께서 이런 일을 용납하지 아니하시느니라

둘째, 짐승과 행음하는 자도 사형에 처해야 한다(19절). 레위기 20:15-16은 다음과 같이 규정하고 있다. "남자가 짐승과 교합하면 반드시 죽이고 너희는 그 짐승도 죽일 것이며 여자가 짐승에게 가까이 하여 교합하면 너는 여자와 짐승을 죽이되 그들을 반드시 죽일지니 그

들의 피가 자기에게로 돌아가리라"(cf. 레 18:23). 고대 근동의 법전 중 짐승과 교미하는 것을 법으로 금한 것은 헷 족속의 법전(Hittite Laws)이 유일하다(Cassuto). 이 법전은 범법자를 사형에 처하도록 한다. 그러나 헷 족속의 법전에서도 사람과 말 혹은 당나귀와 교접하는 것은 범죄가 아니라고 규정하고 있다(ANET 196–97). 신명기 27:21은 어떤 짐승이든 교합하는 자는 저주를 받을 것이라고 한다. 이 율법은 하나님이 피조물을 종류대로 창조하셨는데, 이 종(種)을 섞어서는 안 된다는 것을 강조한다(Dozeman). 인류의 조상인 아담은 짐승의 이름을 명명하며, 자연에 있는 모든 짐승을 살펴보았지만 배필을 찾지 못했다(창 2장). 이 일 이후로 인간이 짐승과 교합하는 것은 하나님의 창조 질서와 자연의 섭리에 어긋나는 일이 된다.

셋째, 여호와 외(בִּלְתִּי לַיהוָה)에 다른 신에게 제사를 드리는 자는 사형에 처해야 한다(20절). 십계명에서 우상숭배를 금했던 것이 이제 구체화되어 다른 신에게 제물을 드리는 것을 금하는 것으로 표현되고 있다. 우상 숭배자에 대한 처벌이 '멸하는 것'(חרם)으로 규정되는데, 이 동사에서 파생된 명사가 '진멸'(ban)이다. 사람이 진멸을 당하는 경우 단순히 그의 생명이 거두어지는 데 그치는 것이 아니다. 그가 소유하던 모든 것이 함께 파괴된다(Targ. Jonathan, Sarna). 그러므로 이 율법은 단순히 사람만 죽이는 것이 아니라, 그의 모든 소유도 함께 파괴하라고 지시하는 것이다(Dozeman). 주의 백성은 일편단심 하나님만 바라보며 자신의 순수성을 보존하기 위해 최선을 다해야 한다.

b. 힘없고 연약한 자에 대한 배려[22:21-27(22:20-26)]

[21]너는 이방 나그네를 압제하지 말며 그들을 학대하지 말라 너희도 애굽 땅에서 나그네였음이라 [22]너는 과부나 고아를 해롭게 하지 말라 [23]네가 만일 그들을 해롭게 하므로 그들이 내게 부르짖으면 내가 반드시 그 부르짖음을 들으리라 [24]나의 노가 맹렬하므로 내가 칼로 너희를 죽이리니 너희의 아내는 과부가 되고 너희 자녀는 고아가 되리라 [25]네가 만일 너와 함께 한 내 백성 중에서 가난한 자에게 돈을 꾸어 주면 너는 그에게 채권자 같이 하지 말며 이자를 받지 말 것이며 [26]네가 만일 이웃의 옷을 전당 잡거든 해가 지기 전에 그에게 돌려보내라 [27]그것이 유일한 옷이라 그것이 그의 알몸을 가릴 옷인즉 그가 무엇을 입고 자겠느냐 그가 내게 부르짖으면 내가 들으리니 나는 자비로운 자임이니라

하나님은 이스라엘 사회에 들어와 정착하여 사는 '나그네/이방인 객'(גֵּר)을 학대하거나 억압하지 말라고 명령하신다. 그 이유는 무엇보다도 이스라엘 사람도 한때 이집트에서 나그네 생활을 했다는 사실 때문이다. 나그네의 서러움을 누구보다 잘 아는 이스라엘은 결코 그들 중에 거하는 궁핍한 나그네들을 멸시해서는 안 되는 것이다(21절).

고아와 과부를 괴롭혀서도 안 된다(22-24절). 사회에서 가장 천대받고 의지할 곳 없는 자들을 짓밟으면 하나님이 가만두지 않으시겠다는 경고다. 이스라엘 사람 중 약자의 인권을 지속적으로 짓밟는 자가 생긴다면 하나님은 분명히 그들을 짓밟으시고 그들을 고아와 과부로 만들어 버리겠다는 경고를 더하신다(24절). 하나님은 이처럼 이 세상에서 가장 의지할 곳이 없는 사람의 인권을 보장하는 데 앞장서고 계신다. 가장 비열한 사회는 힘없는 사람의 인권을 박탈하는 사회요, 가장 비겁한 인간은 자신에게 대항할 수 없는 자를 착취하고 인권을 유린하는 자다. 하나님은 이러한 비열함이 이스라엘을 오염시키는 것을 결코 용납하지 않으실 것이라는 의지를 보이신다. 사회가 썩고 부패할 때 제일 먼저 일어나는 일이 가장 힘없고 의지할 곳 없는 사람의 인권을 유린하는 행위다. 교회도 가장 연약하고 힘없는 지체가 무시당할 때 유의해야 한다.

돈을 꾸어주었을 경우에는 채무보다 인애와 자비가 앞서야 한다(25-27절). 고대 근동의 문헌을 살펴보면 거의 모든 문화권에서 빌려준 곡물에 대한 이자는 연(年) 33.3%에 달했으며, 빌려준 돈의 경우에는 이자가 연 20-25%에 달했다(Cassuto, Maloney). 그러나 누지(Nuzi)에서는 한때 연 50%에 달했던 것으로 기록되어 있다. 이러한 정황에서 성경이 어떠한 이자도 받지 말고 빌려준 돈 때문에 가난한 자를 독촉하지도 말라고 명시하는 것은 매우 획기적이라 할 수 있다(Maloney). 심지어 담보로 잡은 물건마저도 해지기 전에 돌려주라고 명령하신다(26-27절). 하나님을 경외하는 사람이 모인 이스라엘 공동체는 서로를 향한 자세와 태도부터 세상 사회와 달라야 하는 것이다.

이스라엘 사람이 이 권면을 귀담아듣지 않고 어려운 사람을 박대하면 하나님은 피해자의 부르짖음을 들으시고 이들을 벌하실 것이라고 선언하신다(27절). 인간의 부르짖음은 하나님의 관심을 끄는 힘이 있다(Dozeman). 하나님은 자비로운 성품 때문에(כִּי־חַנּוּן אָנִי) 약자의 울부짖음을 들어주시지 않을 수 없다. '자비/자애'(חַנּוּן)는 하나님의 본질에 속하는 성품이며 이 단어는 성경에서 대체로 '은혜'(רַחוּם)와 함께 쌍으로 사용되는데, 여기서는 '자비'(חַנּוּן)만 독립적으로 사용되고 있다. 여기에 근거해서 가난한 자가 해지기 전에 채무자로부터 담보로 맡긴 겉옷을 돌려받는 것은 그들의 권한이며 채무자의 배려가 아니라고 해석하는 학자가 많다(Sarna). 아모스 선지자는 하나님의 이러한 명령을 무시하고 가난한 자를 착취하고 약탈한 부자에게 하나님의 분노를 쏟아부었다(암 2:6-8). 인간의 권리는 그 사람의 필요에서 비롯되는 것이며, 인간의 고통은 결코 거래될 수 없다. 그러므로 사람의 생존권이 재산권에 의해 희생될 수 없으며, 두 가지 중 항상 생존권이 우선되어야 한다(Pixley).

이곳뿐만 아니라 레위기 25:35-38, 신명기 23:20-21, 24:10-13 등도 같은 원리를 반복하고 있다. 신명기 23:20-21의 경우에는 '외국 사람'(נָכְרִי)에게는 이자를 받아도 좋다고 규정한다. 그러나 이미 21-24절에서 보았듯이 하나님은 '외국 사람'(גֵּר)을 과부와 고아와 함께 사회의 가장 연약한 사람들로 여겨 이들에게 각별한 자비를 베풀 것을 당부하셨다. 그렇다면 두 규례가 상반되는 것은 아닌가?

그렇지 않다. 하나님이 자비를 베풀어 보살피라고 명령하신 '외국 사람'(גֵּר)은 이스라엘에 이주해 와서 자리를 잡고 살아가는 외국계 거주민을 두고 하는 말이다(HALOT, cf. NIDOTTE). 신명기 23장이 이자를 받아도 된다고 한 '외국 사람'(נָכְרִי)은 사업 등의 이유로 이스라엘에 잠시 체류하게 된 사람을 두고 하는 말이다(HALOT, cf. NIDOTTE). 즉, 이스라엘 영토에 뿌리를 내리고 살아가는 외국 이민자에게는 이자를 받지 말고, 잠시 체류하러 온 사람에게는 이자를 받으라는 것이다.

II. 시내 산에서 받은 율법(15:22-24:18)
B. 시내 산 언약(19:1-24:18)
5. 율법: 세부 사항(21:1-23:33)
(7) 종교에 관한 법(22:18-31)

c. 하나님에 대한 의무[22:28-31(22:27-30)]

[28]너는 재판장을 모독하지 말며 백성의 지도자를 저주하지 말지니라 [29]너는 네가 추수한 것과 네가 짜낸 즙을 바치기를 더디하지 말지며 네 처음 난 아

들들을 내게 줄지며 [30]네 소와 양도 그와 같이 하되 이레 동안 어미와 함께 있게 하다가 여드레 만에 내게 줄지니라 [31]너희는 내게 거룩한 사람이 될지니 들에서 짐승에게 찢긴 동물의 고기를 먹지 말고 그것을 개에게 던질지니라

번역본들의 28절 해석은 세 가지로 나뉜다. (1) "너희는 하나님께 욕되는 말을 하거나, 너희 백성의 지도자를 저주하지 못한다"(새번역, 공동, NIV, NAS, NRS, JPS), (2) "너는 재판장을 모독하지 말며 백성의 지도자를 저주하지 말지니라"(개역, 개정개역, Targum, Rabbi Ishmael), (3) "너는 신들을 욕되게 하거나, 너희 백성의 지도자를 저주하지 못한다"(KJV). 문제는 이 히브리어 단어(אֱלֹהִים)를 어떻게 해석하느냐이다(Hamilton). 문맥을 볼 때 KJV의 번역은 가능성이 별로 없다. 개역과 개정개역이 취하는 해석도 별로 설득력이 없어 보인다. 만일 이 단어가 재판장을 두고 하는 말이라면 그들 또한 백성의 지도자(נָשִׂיא)에 포함되기 때문에 같은 말을 두 번 반복하는 것이 된다. 그러므로 가장 많은 번역본이 택한 첫 번째 해석이 가장 설득력 있다 할 수 있다(Cassuto).

하나님을 욕되게 하는 것(קלל)이 무엇일까? 전통적으로 유태인은 이 구절과 21-27절은 이사야 8:21의 "이 땅으로 헤매며 곤고하며 굶주릴 것이라 그가 굶주릴 때에 격분하여 자기의 왕과 자기의 하나님을 저주할 것이며"라는 말씀에 언급된 일의 순서를 따르고 있다고 생각했다(Ibn Ezra, Bekhor Shor). 헐벗고 굶주린 자를 도와주지 않으면, 궁지에 처한 그들이 하나님을 원망하고 저주하게 된다는 것이다. 이 해석에 의하면 하나님을 욕되게 하는 것은 곧 가난하고 굶주린 자를 보살피지 않는 것이다(Sarna). 바로 앞에 등장하는 말씀과 연결하면 충분히 가능한 해석이다. 레위기 24:10-23은 서로 싸우다가 하나님의 이름을 욕되게 하고 저주한 사람을 돌로 쳐서 죽이는 예를 언급한다. 이 경우 하나님에 대해 망언했다는 것 때문에 처형당한다. 아합의 아내 이세벨은 남편을 위해 나봇의 포도원을 빼앗으면서 그에게 이 죄를 뒤집어씌워 돌로 쳐죽이도록 했다(왕상 21:1-16).

이스라엘은 하나님의 이름을 욕되게 하는 일을 하지 말아야 할 뿐만 아니라 소득의 일정한 양과 그들이 소유하는 모든 것의 첫 열매를 하나님께 드려야 한다(29-30절). 곡식의 경우 수확을 하고 나서 곧장 바칠 수 있지만, 짐승의 경우에는 7일이 지나고 8일째 되는 날 바쳐야 한다. 왜 8일째 되는 날에 바쳐야 할까? 출산이 잘못되었을 경우 태어난 후 일주일 사이에 가장 많이 죽게 되므로 짐승의 생존이 어느 정도 확실해지면 바치도록 한 것이다. 또한 사내아이가 태어나면 8일째 되는 날 할례를 했던 것과 하나님이 천지를 창조하실 때 7일 동안 하셨던 일을 기념하기 위해서일 것이다(Sarna).

하나님이 이스라엘 사람에게 이 모든 규정을 주시고 준수할 것을 요구하시는 것은 그들이 하나님의 거룩한 백성(אַנְשֵׁי־קֹדֶשׁ)이기 때문이다(31절). 세상 민족과 다른 신분을 지닌 백성답게 삶의 방식도 달라야 하는 것이다. 경제적인 원리에 따라 서로에게 매정하게 굴어서는 안 되며, 하나님의 이름에 폐를 끼치는 일도 삼가야 한다. 심지어 먹는 것도 달라야 한다. 그러므로 본문은 이스라엘이 결코 들짐승에게 '찢겨 죽은 짐승'(טְרֵפָה)의 고기를 먹어서는 안 된다는 말을 덧붙인다(31절). 이스라엘이 이런 고기를 먹지 않아야 하는 이유는 뭘까? 이는 위생상의 염려에서 비롯된 것일 수도 있지만(Stuart), 무엇보다 하나님의 거룩한 백성은 이렇게 죽은 짐승의 고기는 개들에게나 주어서 자신의 거룩함을 드러내야 하기 때문일 것이다(Dozeman).

II. 시내 산에서 받은 율법(15:22–24:18)
B. 시내 산 언약(19:1–24:18)
5. 율법: 세부 사항(21:1–23:33)

(8) 법정 행정에 관한 법(23:1–9)

[1]너는 거짓된 풍설을 퍼뜨리지 말며 악인과 연합하여 위증하는 증인이 되지 말며 [2]다수를 따라 악을 행하지 말며 송사에 다수를 따라 부당한 증언을 하지 말며 [3]가난한 자의 송사라고 해서 편벽되이 두둔하지 말지니라 [4]네가 만일 네 원수의 길 잃은 소나 나귀를 보거든 반드시 그 사람에게로 돌릴지며 [5]네가 만일 너를 미워하는 자의 나귀가 짐을 싣고 엎드러짐을 보거든 그것을 버려두지 말고 그것을 도와 그 짐을 부릴지니라 [6]너는 가난한 자의 송사라고 정의를 굽게 하지 말며 [7]거짓 일을 멀리 하며 무죄한 자와 의로운 자를 죽이지 말라 나는 악인을 의롭다 하지 아니하겠노라 [8]너는 뇌물을 받지 말라 뇌물은 밝은 자의 눈을 어둡게 하고 의로운 자의 말을 굽게 하느니라 [9]너는 이방 나그네를 압제하지 말라 너희가 애굽 땅에서 나그네 되었었은즉 나그네의 사정을 아느니라

이 섹션은 한 공동체를 이루고 사는 사람들의 서로에 대한 사회적 책임과 배려를 논한다. 앞 장(章)에서는 주제가 '자비'였는데, 23장에서는 '정의'로 바뀌고 있다(Kaiser). 이 중 재판의 고귀함에 관한 규정은 다섯 가지 금지사항으로 구성되어 있다(1–3절). 이스라엘 사람은 이 금지사항을 준수함으로써 법정의 순수성을 유지해야 한다. 그들은 여호와의 거룩한 백성이며 재판은 곧 하나님의 권위를 위임받아 하는 행위였기 때문에 더욱이 그러했다. 첫째 규정인 "거짓된 풍설을 퍼뜨리지 말라"(1a절)는 소송을 취한 자, 증인, 재판관에게 모두 적용되는 말이다. 법정에서 소문이나 근거 없는 말을 하는 것은 금지되어 있을 뿐만 아니라 이런 헛소문은 결코 증거로 채택될 수 없다.

둘째 규정인 "악인과 연합하여 위증하는 증인이 되지 말라"(1b절)는 상대방을 음해하기 위해 공모하는 행위를 금하고 있다. 본문에서 '악인'(רָשָׁע)은 행실이 악한 사람이 아니라 법적인 용어로 유죄(guilty) 판결을 받은 사람을 뜻한다(HALOT, Enns). 법적으로 유죄 판결을 받아 마땅한 사람과 한통속이 되어 공의와 정의가 왜곡되는 일이 없어야 한다. 피해자가 가해자가 되고 가해자가 피해자로 둔갑하는 일은 막아야 한다는 의미다. 법정이 진실을 밝히는 곳이 되어야 그 사회는 소망이 있다. 그런데 이런 식으로 진실을 왜곡한다면 법정은 스스로 권위를 상실할 뿐만 아니라 악인의 하수인 역할밖에 할 수 없다.

셋째와 넷째 규정인 "다수를 따라 악을 행하지 말며 송사에 다수를 따라 부당한 증언을 하지 말라"(2절)는 '양심의 자유 헌장'이라고 할 수 있다. 민주주의의 기본 원리는 대다수의 여론을 수렴하는 것이다. 사람은 본능적으로 대다수의 결정을 선호하고 따른다. 문제는 대다수가 잘못되었을 때 하나님의 백성이 어떤 자세를 취해야 하느냐이다. 이 규정들은 대다수가 잘못을 저지르거나 진실을 굽게 할 때 그들과 거리감을 두라고 권고한다. 주의 백성은 옳다고 느껴지거나 생각되는 일을 위해 부르심을 받은 것이 아니라 옳은 일을 행하라고 부르심을 받은 것이다(Enns). 물론 세상이 악하기에 옳은 일을 실천하는 것은 어렵고 위험할 수 있다. 그러나 이것이 바로 하나님의 거룩한 백성으로 살아가는 길이라면 이 길을 택하는 것이 우리의 본분이다.

다섯째 규정인 "가난한 자의 송사라고 해서 편벽되이 두둔하지 말라"(3절)는 재판과 증언 과정에서 결코 어떠한 불공정도 있어서는 안 된다는 것이다. 성경은 불쌍한 사람들에게 자비를 베풀라고 요구하며, 바로 앞부분인 22장에서도 가난한 자를 배려하라고 명령했다. 그러나 재판은 가난한 자의 송사라 해서 결코 두둔하거나 치우쳐서는 안 된다. 공과 사는 분명히 구분해야 한다. 하나님이 가난한 자와 불쌍한 자를 특별히 배려하시는 것은 사실이지만, 정의를 왜곡시키면서까지 무조건적으로 두둔하지는 않으신다. 모든 사람은 법 앞에 공평해야 한다. 법정이 경제적인 이유로 누군가를 특별히 선처하거나 차별하는 것 모두 옳지 않다. 안타깝게도 오늘날 법정은 유전무죄 무전유죄(有錢無罪 無錢有罪)의 장이 되어버렸다.

일부 학자들은 이 구절과 평행을 이루는 레위기 19:15에 근거하여 본문의 '가난한 자'(דַּל)를 '유능한 자'(גָּדוֹל)로 교정하기도 한다(Brueggemann, cf. BHS). 왜냐하면 가난한 자를 특별히 배려하는 것에 대한 경고는 현실적으로 생각할 때 별로 의미가 없기 때문이다. 역사적으로 볼 때 세상의 모든 법정은 가난한 자의 인권을 유린하고 권력가의 편에 섰기 때문이다. 물론 현실을 감안할 때 어느 정도 타당성 있는 해석이기도 하지만 이스라엘이 거룩한 민족으로 태어나기를 기대하며 이 헌장을 주신 하나님이 "이런 사회를 만들어 나가야 한다"라는 하나의 비전으로 이 말씀을 주셨다면, 있는 그대로 '가난한 자'로 남겨두어도 크게 어려움은 없다. 신명기 1:17도 비슷한 내용의 권면을 담고 있다.

하나님의 백성은 원수를 대할 때 자비로워야 한다(4-5절). 원수의 짐승이 길을 잃고 헤매거나 곤경에 처해 있으면 모른 체하지 말고 적절한 조치를 취해 원수의 손실을 막아주고 더불어 짐승의 불필요한 고통도 덜어주라는 규례다. 하나님의 백성은 원수를 용서했다는 사실을 원수의 짐승에게 자비를 베풂으로써 입증해야 한다(Calvin). 아울러 이 말씀이 전제하는 것은 친구의 짐승일 경우 당연히 이렇게 할 것이라는 점이다. 즉, 원수를 대할 때 친구를 대하듯 해보라는 권면이다. 일부 유태인 문헌은(Mekhilta) 본문이 말하는 '원수'(אֹיֵב)를 우상숭배하는 이방인, 유대 종교를 믿다가 변심한 이방인, 유태인 배교자, 다른 사람을 증오하는 유태인 등으로 정의하지만 별 의미는 없다.

그 외에도 이스라엘은 양심적이고 상식적으로 살아야 한다(6-9절). 저자는 이 섹션에서 다섯 가지 원리를 제시한다. (1) 가난한 자에게 부당한 판결을 하지 말 것, (2) 거짓 고발을 멀리할 것, (3) 죄 없는 사람이나 의로운 사람을 죽이지 말 것, (4) 뇌물을 받지 말 것, (5) 이스라엘에 살러 온 이방인을 억압하지 말 것. 가난하다는 이유만으로 그에게 유리한 판결을 하는 것도 문제지만(3절), 가난하다는 이유만으로 그에게 불리한 판결을 하는 것도 나쁜 일이다(6절). 이 같은 권면은 결코 새로운 것이 아니며 지금까지 제시되었던 규례를 통합적으로 정리하여 적용한 사례이다. 하나님의 백성은 서로를 대할 때 자비와 긍휼로 할 것이며, 공평과 정의를 추구하며 살아야 한다.

II. 시내 산에서 받은 율법(15:22-24:18)
B. 시내 산 언약(19:1-24:18)
5. 율법: 세부 사항(21:1-23:33)

(9) 종교 달력(23:10-19)

자연의 리듬과 계절의 변화에 따라 주어지는 이 율법은 이스라엘 공동체에 속한 모든 사람이 지켜야 하는 것이다. 하나님의 거룩한 백성으로서 이스라엘은 불쌍하고 의지할 곳 없는 사람을 각별히 배려해야 하며, 계절의 변화에 따라 하나님의 보호와 축복에 감사하며 그분을 기념하는 예배를 드려야 한다. 연약한 자에 대한 배려는 안식년과 안식일을 통해 표현되며(10-13절), 하나님의 주권을 인정하는 것은 세 개의 절기를 통해 고백되어야 한다(14-19절). 본문은 다음과 같이 두 부분으로 구분할 수 있다.

A. 안식년과 안식일(23:10-13)
B. 세 개의 절기(23:14-19)

II. 시내 산에서 받은 율법(15:22-24:18)
B. 시내 산 언약(19:1-24:18)
5. 율법: 세부 사항(21:1-23:33)
(9) 종교 달력(23:10-19)

a. 안식년과 안식일(23:10-13)

[10]너는 여섯 해 동안은 너의 땅에 파종하여 그 소산을 거두고 [11]일곱째 해에는 갈지 말고 묵혀두어서 네 백성의 가난한 자들이 먹게 하라 그 남은 것은 들짐승이 먹으리라 네 포도원과 감람원도 그리할지니라 [12]너는 엿새 동안에 네 일을 하고 일곱째 날에는 쉬라 네 소와 나귀가 쉴 것이며 네 여종의 자식과 나그네가 숨을 돌리리라 [13]내가 네게 이른 모든 일을 삼가 지키고 다른 신들의 이름은 부르지도 말며 네 입에서 들리게도 하지 말지니라

안식년에 관한 규례는 농토를 6년 동안 일구다가 7년째 되는 해에는 일구지 않고 묵힐 것을 요구한다. 땅을 혹사하지 말고 원기를 회복할 수 있는 기회를 주라는 의미다. 농사를 짓는 사람이 증언하듯, 땅을 쉬게 하지 않고 경작할 경우 땅의 영양분이 모두 빠져나가 수확량이 줄어든다. 그러므로 주기적으로 땅을 놀려 기운을 회복시켜 주는 것은 땅뿐만 아니라 농부에게도 좋은 일이다. 또한 안식년 규례는 안식일을 지키라는 넷째 계명의 추가적인 적용이라고 할 수 있다(20:8-11). 십계명에서 안식일에 일하지 않는 신학적 근거는 하나님의 창조 사역이었는데, 본문에서 안식하는 것은 모든 사람과 짐승이 생기를 되찾게(refresh) 하기 위함이다(Enns). 하나님은 생명을 주시는 분이다. 그러므로 그분의 백성과 모든 피조물도 생기를 되찾게 하기 위해 안식년을 지킴으로써 하나님을 닮아가야 한다. 안식일을 준수해야 하는 또 하나의 실용적인 이유가 제시되는 것이다.

그러나 안식년에 대한 규례의 근본 목적은 가난한 자를 배려하는 데 있다. 가난한 자의 복지와 직접적으로 연관되어 있는 것이 이스라엘의 안식년 규례다(Dozeman). 일구지 않은 땅에서 자라난 것은 가난한 자가 먹게 하고 나머지는 짐승이 먹도록 하며 주인은 전혀 손을 대지 말아야 한다(11절). "안식일이 사람을 위해 있는 것이지 사람이 안식일을 위해 있는 것이 아니다"라는 예수님의 말씀이 새롭고 신선하게 들린다(막 2:27). 포도밭과 올리브 농장처럼 다년생 과실나무의 경우에도 이 원리가 적용된다. 7년째 되는 해에는 이 나무에게 아무런 농법도 적용하지 말고 스스로 자라게 하며 모든 과실은 가난한 자와 들짐승이 누리도록 해야 한다. 안식년에 대한 규례는 레위기 25:1-7, 18-22와 신명기 15장에도 언급되어 있다. 오경에서 안식일과 안식년이 여러 번 언급되는 것은 이스라엘 종교에서 지니는 의미가 매우 중요함을 암시한다. 신명기의 경우 안식년이 되면 빚도 탕감해 주고(신 15:1-3) 노예도 놓아주라고 한다(신 15:12-18).

안식일에 관한 규례는 인간을 포함한 피조물의 기본 권리와 존엄성을 배려한 것이다. 이스라엘에 속한 사람만 안식일에 쉬는 것이 아니라 그들이 소유한 짐승 그리고 이방인도 함께 쉬도록 해야 한다. 안식일의 혜택이 이스라엘 사람과 관계를 맺은 모든 사람과 짐승에게도 주어진다. 이 말씀을 바탕으로 우리가 생각해 볼 것은 '주일성수'를 위해 주일에 일을 하지 않는 성도가 자신의 사업체에는 믿지 않는 사람을 데려다가 일을 시키는 사례에 관한 것이다. 원리적으로 생각할 때 이 일은 바람직한가? 아니면 경제적 손실을 감수하고 사업체를 닫아야 하는가?

안식일과 안식년 규례가 시내 산에 머물고 있는 이스라엘에게 무엇을 의미했는지 생각해 볼 필요가 있다. 이들은 얼마 전 구사일생으로 이집트에서 도망쳐 나온 노예들이다. 별로 가진 것도 없고 앞으로도 가나안에 입성하기 위한 험난한 여정이 그들을 기다리고 있다. 그런데 하나님은 그들이 앞으로 가나안에서 뿌리를 내리고 복된 삶을 살아갈 것을 전제하고 이 말씀을 하신다(Stuart). 그것도 7년마다 한 해씩 일을 하지 않아도 충분한 풍요를 누리며 살 수 있을 것을 약속하신다. 게다가 안식년에 발생하는 모든 수익은 가난한 자를 위해 쓰일 것이라니 참으로 너그럽고 풍요로운 사회를 그리고 있지 않은가! 생각만 해도 가슴이 벅차 올랐을 것이다. 이스라엘은 순종을 통해 이 약속을 자신의 것으로 만들기만 하면 된다.

하나님은 이 섹션을 다른 신들의 이름을 입 밖에도 꺼내지 말라는 당부로 마무리하신다(13절). 겉으로 보기에는 안식에 관한 규례와 별로 상관없어 보인다. 그러나 문맥을 살펴보면 이 말씀이 적절한 위치에 배치되어 있음을 알 수 있다(Childs). 다음 절부터 저자는 종교적 절기를 언급하는데, 고대 근동의 종교를 살펴보면 이 종교들에서 가장 중요한 것은 철에 따라 신들에게 제물을 바치며 제사를 지내는 것이었다. 하나님은 이런 종교적 정서를 완전히 무시하고 앞으로 제시될 절기와 이방 신은 무관하다는 점을 선포하시는 것이다(Sarna).

또한 이미 언급한 것처럼 안식년을 지키는 것은 땅의 생산성과 깊이 연관되어 있는 문제이기도 한데, 고대 근동의 우상은 대부분 땅의 풍요로움과 연관되어 숭배되었다. 그러므로 여기서 우상에 대한 경고가 선포되는 것은 당연하다. 이스라엘에게 풍요로움을 주시는 분은 오직 하나님이시다. 아울러 이스라엘은 안식일과 안식년을 지켜 여호와에 대한 그들의 충성을 확인할 수 있는데, 우상숭배는 이들을 안식으로부터 끌어냄으로써 이 관계를 위협한다(Brueggemann).

II. 시내 산에서 받은 율법(15:22-24:18)
B. 시내 산 언약(19:1-24:18)
5. 율법: 세부 사항(21:1-23:33)
(9) 종교 달력(23:10-19)

b. 세 개의 절기(23:14-19)

[14]너는 매년 세 번 내게 절기를 지킬지니라 [15]너는 무교병의 절기를 지키라 내가 네게 명령한 대로 아빕월의 정한 때에 이레 동안 무교병을 먹을지니 이는 그 달에 네가 애굽에서 나왔음이라 빈 손으로 내 앞에 나오지 말지니라 [16]맥추절을 지키라 이는 네가 수고하여 밭에 뿌린 것의 첫 열매를 거둠이니라 수장절을 지키라 이는 네가 수고하여 이룬 것을 연말에 밭에서부터 거두어 저장함이니라 [17]네 모든 남자는 매년 세 번씩 주 여호와께 보일지니라 [18]너는 네 제물의 피를 유교병과 함께 드리지 말며 내 절기 제물의 기름을 아침까지 남겨두지 말지니라 [19]네 토지에서 처음 거둔 열매의 가장 좋은 것을 가져다가 너의 하나님 여호와의 전에 드릴지니라 너는 염소 새끼를 그 어미의 젖으로 삶지 말지니라

이 섹션은 농경 사회를 바탕으로 한 세 절기(חָג)를 언급하고 있다. 땅은 하나님이 주신 선물이기에 땅을 통해서 얻은 것에 대해 하나님께 감사할 것과 하나님이 주신 땅을 지나치게 혹사하지 말라는 요구가 암시되어 있는 절기이다(Enns). 그러나 세 절기는 단순히 농사철이나 농법에 국한된 것이 아니라, 농경 사회를 바탕으로 한 국가로 출범하게 될 이스라엘이 하나님의 주권과 축복을 인정하고 기념하는 계기를 제공하는 시간이다. 이러한 이유에서 이 절기들은 앞으로 이스라엘 종교에서 매우 중요한 위치를 차지하게 된다. 이 절기들에 관한 규례는 출애굽기 34:18-26, 신명기 16:1-17에도 기록되어 있다.

신년(Rosh Hashanah), 속죄절(Yom Kippur), 유월절(Passover) 등도 이스라

엘 종교에서 매우 중요한 위치를 차지했던 절기이지만, 이 절기들은 농사와 연관되어 있지 않기 때문에 여기서 언급되지 않는다. 여기에 언급된 세 절기는 모두 하나님의 은혜에 감사하는 마음에서 비롯되는 것이다. 우리는 얼마나 하나님께 감사하는지 꾸준히 묵상해 보아야 한다.

무교절(Feast of Unleavened Bread)은 아빕월의 정한 때에 지키는 절기이며 유월절과 밀접한 관계가 있다. 이스라엘 종교 달력의 첫 달인 아빕월은 포로 후기 시대에는 니산월로 이름이 바뀌었으며, 오늘날의 달력에 의하면 3월 중순쯤에 시작된다. 농사철로 생각하면 이스라엘에서는 보리를 수확하기 시작할 시기다(Sarna). 유월절은 아빕월 14일이다. 이날 밤 이스라엘은 이집트의 고달픈 생활이 끝난 것을 기념하며 가족 단위로 양을 잡아 먹어야 한다(출 12:6). 유월절 밤부터 7일 동안 지속되어 아빕월 21일에 끝나는 것이 바로 무교절이다. 이 기간에 이스라엘은 누룩이 들어 있는 빵을 먹어서는 안 된다. 바로 전날이 유월절이었으므로 유월절 양의 고기가 남아 있어서도 안 된다. 이 절기를 통해 이스라엘은 이집트에서 그들을 이끌어내신 하나님의 은혜를 기념해야 한다(15절).

맥추절(Feast of the Harvest)은 칠칠절(Feast of Weeks, 34:22)로도 알려져 있으며, 유태인은 시내 산에서 하나님이 율법을 주신 날로 기념한다(Enns). 맥추절은 한해 수확의 첫 열매 중 제일 좋은 것을 하나님께 드리는 날이다. 훗날 헬라어를 사용한 유태인은 이날을 오순절(Pentecost: lit., 50번째 날)이라고 불렀다. 그 이유는 맥추절이 유월절에서 50일째 되는 날이기 때문이다(레 23:15-16). 이스라엘 달력에 의하면 시반월(Sivan) 6일이 된다. 유월절이 보리(barley) 수확을 알리는 절기였던 데 반해 맥추절은 밀(wheat) 수확의 완성을 알리는 절기였다. 이러한 이유에서 랍비 문헌은 이 절기를 '마감하는 절기'(concluding feast)라고 부르기도 했다. 예루살렘에 성전이 있을 때 이스라엘 사람은 맥추절에 신명기 8:8이 언급하는 일곱 가지 과일을 바구니에 담고 그 해 이스라엘에서 생산된 가장 좋은 밀가루로 만든 두 개의 빵을 흔들어 바치는 제물(wave offering, 출 29:24)로 가져왔다. 이 절기에 대하여는 레위기 23:15-22, 신명기 26:1-2에서 언급하고 있다.

수장절(Feast of Ingathering)은 출애굽기 34:22과 게셀에서 발견된 농사 달력에도 언급되어 있는 절기다. 게셀 달력은 주전 10세기의 것으로 추정된다(ABD). 수장절은 한해 수확이 다 끝난 후 하나님을 기념하는 감사의 시간이었다. 이스라엘의 추수 감사절이었으며 모든 수확이 끝난 후 우기가 시작되기 전에 지켜졌다. 이때에는 엄마의 젖을 뗀 짐승을 제물로 드릴 수 있다. 이 절기에서 유래된 또 하나의 절기가 초막절(Feast of Tabernacle)이다. 이때 이스라엘 사람은 포도나무 가지 등으로 초막을 세우고 이 안에 거하는데, 처음에는 추수 시기에 비로부터 추수할 작물을 보호하기 위해 시작되었다. 훗날 이스라엘은 초막절을 통해 광야 시절을 기념하게 되었다. 이 절기를 '바로 그 절기'(the Festival)라고 부른 데서도 초막절이 훗날 이스라엘의 가장 중요한 절기로 자리잡게 되었음을 알 수 있다(Sarna). 수장절은 일곱째 달인 티스레이월(Tishrei) 15일부터 21일까지 진행되었다.

이스라엘 남자는 사는 지역이 어디든 간에 모두 한해에 세 번씩 하나님의 전(殿)을 찾아야 한다(17절). 그들은 본문이 언급하는 바로 세 절기에 성전/성막에 가서 예배를 드렸다. 사무엘서가 시작되면서 등장하는 한나의 이야기를 감안하면 남자들이 절기에 성전을 방문할 때 형편에 따라 여자들과 동반했던 것으로 생각된다. 신명기 16:11, 14는 이 절기에 여자와 아이들도 하나님 앞에 나아올 것을 당부한다. 이들은 하나님의 전을 찾을 때 항상 하나님께 드릴 예물을 가지고 와야 한다(15절). 이스라엘 공동체에 속한 사람은 성전 순례를 통해 자신이 언약의 일원임을 확인해야 했다(Brueggemann).

또한 이 모든 종교절기를 지킬 때 이스라엘은 네 가지 원칙을 준수해야 한다(18-19절). 첫째, 유월절 양을 잡을 때 누룩을 지니고 있어서는 안 된다. 동일한 규정이 신명기 16:2-4에도 기록되어 있다. 누룩은 부패의 상징이기 때문이다(Milgrom). 둘째, 유월절 양에서 채취한 기름은 해 뜨기 전에 모두 태워 없애야 한다. 물론 고기도 아침까지 남겨서는 안 되고 모두 먹어 치워야 한다. 밤새 먹고 남은 고기는 아침이 되기 전에 모두 태워야 했다. 셋째, 맥추절에 이스라엘은 가장 좋은 첫 열매를 선별하여 하나님께 드려야 한다. 맥추절에 관한 율법에 대해서는 신명기 26:2-11, 민수기 18:12-13 등이 기록하고 있다. 넷째, "너희는 새끼 염소를 그 어미의 젖으로 삶아서는 안 된다"라고 하시는데, 이 말씀은 무엇을 뜻하는가? 옛 주석가 필로(Philo)는 이 말씀을 새끼를 잃은 어미에 대한 배려-새끼를 어미의 젖에 삶는 것은 너무 잔인한 일이라는 생각-로 해석했지만(Carmichael), 추측일 뿐 최근까지 정확한 의미는 수수께끼로 남아 있다(Durham). 이 말씀의 중요성은 모세 오경에서 두 차례나 더 반복되는 것에서 부각된다(출 34:26; 신 14:21). 라스삼라(Rash Shamra)에서 발견된 문헌에 의하면 새끼 염소를 어미의 젖에 삶는 것은 이방 종교의 예식이었다(Carmichael, Cassuto, Milgrom). 그렇다면 이 율법은 새끼를 잃은 어미를 배려한 것이 아니라, 이방인의 종교 행위를 모방하지 말 것을 요구하는 것이다.[41] 성경이 거듭 이러한 규례를 강조하는 것은 하나님에 대한 올바른 이해만이 올바른 예배와 직결되기 때문이다.

41 우유는 생명을 유지하는 데 매우 중요하기 때문에, 이것이 죽음을 초래하는 일에 사용될 수 없다는 것을 의미한다는 해석도 있다(Milgrom, Carmichael).

(10) 약속과 추가적인 지시 사항(23:20-33)

[20]내가 사자를 네 앞서 보내어 길에서 너를 보호하여 너를 내가 예비한 곳에 이르게 하리니 [21]너희는 삼가 그의 목소리를 청종하고 그를 노엽게 하지 말라 그가 너희의 허물을 용서하지 아니할 것은 내 이름이 그에게 있음이니라 [22]네가 그의 목소리를 잘 청종하고 내 모든 말대로 행하면 내가 네 원수에게 원수가 되고 네 대적에게 대적이 될지라 [23]내 사자가 네 앞서 가서 너를 아모리 사람과 헷 사람과 브리스 사람과 가나안 사람과 히위 사람과 여부스 사람에게로 인도하고 나는 그들을 끊으리니 [24]너는 그들의 신을 경배하지 말며 섬기지 말며 그들의 행위를 본받지 말고 그것들을 다 깨뜨리며 그들의 주상을 부수고 [25]네 하나님 여호와를 섬기라 그리하면 여호와가 너희의 양식과 물에 복을 내리고 너희 중에서 병을 제하리니 [26]네 나라에 낙태하는 자가 없고 임신하지 못하는 자가 없을 것이라 내가 너의 날 수를 채우리라 [27]내가 내 위엄을 네 앞서 보내어 네가 이를 곳의 모든 백성을 물리치고 네 모든 원수들이 네게 등을 돌려 도망하게 할 것이며 [28]내가 왕벌을 네 앞에 보내리니 그 벌이 히위 족속과 가나안 족속과 헷 족속을 네 앞에서 쫓아내리라 [29]그러나 그 땅이 황폐하게 됨으로 들짐승이 번성하여 너희를 해할까 하여 일 년 안에는 그들을 네 앞에서 쫓아내지 아니하고 [30]네가 번성하여 그 땅을 기업으로 얻을 때까지 내가 그들을 네 앞에서 조금씩 쫓아내리라 [31]내가 네 경계를 홍해에서부터 블레셋 바다까지, 광야에서부터 강까지 정하고 그 땅의 주민을 네 손에 넘기리니 네가 그들을 네 앞에서 쫓아낼지라 [32]너는 그들과 그들의 신들과 언약하지 말라 [33]그들이 네 땅에 머무르지 못할 것은 그들이 너를 내게 범죄하게 할까 두려움이라 네가 그 신들을 섬기면 그것이 너의 올무가 되리라

지금까지의 말씀, 특히 10-19절의 말씀은 이스라엘이 가나안 땅에 정착하는 것을 염두에 두고 선포된 율법이다. 이제 하나님은 이스라엘에게 가나안 정복을 보장한다는 파격적인 약속을 하신다. 물론 이 약속은 이스라엘이 지금까지 선포된 모든 말씀을 순종하는 것을 전제로 한다. 그러므로 이 시점에서 이 같은 약속이 재확인되는 것은 적절하다. 일종의 순종을 권장하는 동기가 되는 것이다.

하나님은 이스라엘이 순종하면 그들 앞에 세 가지를 보내어 그들의 가는 길을 지켜주며, 젖과 꿀이 흐르는 땅 가나안으로 그들을 인도할 것을 약속하신다(20절). 가나안 정복은 하나님이 성전(聖戰, holy war)을 통해 이루어내실 결과이며, 이스라엘이 가나안에 정착하게 되는 것은 곧 하나님의 사역의 열매를 선물로 받는 것을 암시한다. 본문은 천사(20절), 위엄(27절), 혼돈(27절), 벌떼(28절), 도망치는 원수(28절), 원수를 손에 붙이는 것(31절), 원수를 몰아내는 것(29, 31절) 등을 언급하는데, 이 모든 것이 본문의 중심 주제가 성전(聖戰)임을 강조한다. 주요 개념 몇 가지를 생각해보자.

첫째, 하나님은 이스라엘의 앞길에 사자를 보내 모든 것을 예비케 하실 것이다(20절). '사자'(מַלְאָךְ)는 단순히 메신저를 뜻하는 단어이며 하나님이 하늘에서 부리는 신적 존재일 수도 있고 하나님의 소명을 받은 인간적인 존재일 수도 있다. 그래서 학자들 사이에서 본문이 말하는 사자가 과연 누구를 의미하는가에 대해 많은 논란이 있다. 인간적인 존재라면 모세, 여호수아가 될 수 있다. 그러나 여호수아 5장(여호수아가 전쟁을 하기 위하여 강림한 천사장을 만난 사건)을 감안하면 이 말씀은 천군천사를 두고 하는 말인 것 같다. 사자는 하나님의 연장/확대(extension)이기 때문에 사자에게 순종하는 것은 곧 하나님께 순종하는 것이 된다(Durham). 아니면 단순히 하나님의 섭리가 차질 없이 진행되는 것을 표현하는 숙어일 수도 있다(Brueggemann, Sarna).

둘째, 하나님은 가나안 사람에게 자신의 '위엄'(אֵימָה)을 보내실 것이다(27절). 가나안 사람은 이스라엘과 싸워보기도 전에 그 마음이 녹아 내릴 것이다. 견디기 힘든 공포와 두려움이 그들을 엄습할 것이기 때문이다. 실제로 여호수아 2장에 라합 이야기를 읽어보면 그녀가 이스라엘 정탐꾼을 환대한 이유는 온 가나안 땅을 엄습한 여호와에 대한 두려움 때문이었다(수 2:9-11). 라합에 의하면, 이 공포는 하나님이 이스라엘을 구원하는 과정에서 이집트 사람에게 어떻게 했고, 광야에서 지금까지 그들을 어떻게 돌보았으며, 최근에 아말렉 족속을 어떻게 멸망시켰는가에 대한 정보다. 자기 백성에 대한 지칠 줄 모르는 하나님의 열정이 가나안 사람에게는 공포로 다가갔다. 이 같은 소식을 들은 가나안 사람치고 두려움에 떨지 않을 사람은 없을 것이다. 이스라엘을 대적하게 될 여섯 가나안 족속이 23절에 언급되어 있다. "아모리 사람과 헷 사람과 브리스 사람과 가나안 사람과 히위 사람과 여부스 사람." 그들은 결코 하나님이 함께하시는 이스라엘 군대를 이길 수 없고, 가나안 사람의 미래는 이미 결정되어 있다.

셋째, 하나님은 가나안 사람에게 재앙(צִרְעָה)도 보내실 것이다(28절). 이 단어는 때로 전염병으로 해석되지만(cf. 새번역 각주) 기본 의미는 '말벌/땅벌/왕벌'을 뜻한다(개역, 공동). 이집트 사람이 이스라엘을 떠나 보내기를 거부하다가 재앙을 당했던 것처럼, 이번에는 이스라엘의 가나안 정착을 막는 사람들이 재앙을 당할 것이다. 하나님은 가나안 사람을 공략할 때 공포감 조성 등 심리적인 작전만 사용하시는 것이 아니라 자연의 일부를 실제적인 무기로 사용하실 것이다.

선조 시대의 가나안 땅 소유에 대한 약속이 다시 한번 확인되는 순간이다. 중요한 것은 이스라엘에게 보호와 인도를 약속하는 분이 곧 그들에게 명령한 분이라는 점이다. 이스라엘이 여기에 언급된 축복을 누리려면 먼저 그분에게 순종하는 것을 배워야 한다. 그러나 아직까지 그들은 실패만 거듭해 왔을 뿐 성공적으로 평가될 만한 순종을 하지 못했다.

이스라엘이 가나안을 정복하고 그곳에 정착하는 것은 종교적·신학적 의미를 지닌다. 이스라엘은 그곳에 정착하면 온갖 가증스러운 이방 종교의 흔적을 모두 없애야 한다(24절). 이스라엘이 약속의 땅에서 하나님만을 일편단심으로 섬긴다면, 그들은 풍요로운 삶을 누리며 건강하게 오래 살 것이다(25-26절). 그러나 하나님은 가나안 사람을 한꺼번에 모두 몰아내지는 않으실 것이다. 이는 혹시 거주하는 사람이 부족하여 땅이 광야로 변하는 것을 막기 위한 조치다(29-30절). 하나님의 배려는 이처럼 섬세하다. 그러나 이스라엘은 훗날 하나님에 대한 불순종으로 가나안 사람과 함께 살아야 했으며, 가나안 사람은 이스라엘을 끊임없이 괴롭히는 가시 같은 존재가 된다(삿 2:20-23).

이스라엘이 차지하게 될 영토의 범위는 홍해에서 블레셋 바다(지중해)까지며 광야에서 유프라테스 강까지다. 어떻게 보면 매우 이상적인 국경선을 그리고 있으며 다윗-솔로몬 시대에도 이 모든 땅을 차지하지는 못했다. 이스라엘은 이 범위 내에 사는 사람들과 결코 어떠한 동맹을 맺어서도 안 되며, 그들의 종교를 받아들여서도 절대 안 된다(32절). 하나님이 무엇보다 염려하시는 것은 이스라엘이 가나안 원주민의 꼬임에 빠져 그들의 신들을 섬기는 것이다. 하나님이 가나안에서 이방 민족을 제거하시는 가장 큰 이유는 그들을 미워해서가 아니라 그들이 하나님의 백성인 이스라엘이 거룩하게 살아가는 것을 방해하기 때문이다.

II. 시내 산에서 받은 율법(15:22-24:18)
B. 시내 산 언약(19:1-24:18)

6. 하나님의 현현(24:1-18)

이스라엘이 준수해야 할 여러 가지 법규가 선포된 다음 하나님은 이스라엘과 언약 체결식을 거행하시고자 한다. 여러 가지 예식을 갖추고 성대히 거행되는 이 언약 체결식은, 모세가 시내 산에 올라가 지금까지 20-23장을 통해 선포한 여러 규례를 바탕으로 하고, 앞으로 하나님이 모세를 통해 선포하실 여러 율법도 이곳에서 체결된 언약의 일부가 된다. 하나님이 이스라엘에게 주신 모든 율법을 상징하는 십계명이 새겨진 두 돌판을 모세가 받는 것으로 체결식은 막을 내린다.

이스라엘이 하나님의 율법을 본격적으로 받기 시작한 19장과 본문은 일종의 수미쌍관(inclusio) 구조를 형성하며 20-23장에서 선포된 율법을 감싸고 있다. 19장과 24장은 '말하다/선포하다'(דבר)라는 동사를 각각 7회씩 사용하고 있다는 공통점을 지닌다(19:6[2x], 7, 8, 9[2x], 19; 24:3[3x], 4, 7, 8, 14). 반면에 19장은 '내려오다'(ירד)를 7회, 24장은 그 반대말인 '오르다'(עלה)를 7회 사용하여 틀(frame)의 역할을 감당한다. 이 본문은 다음과 같이 두 부분으로 구분할 수 있다.

A. 언약 체결식(24:1-11)
B. 모세가 돌판을 받음(24:12-18)

II. 시내 산에서 받은 율법(15:22-24:18)
B. 시내 산 언약(19:1-24:18)
6. 하나님의 현현(24:1-18)

(1) 언약 체결식(24:1-11)

[1]또 모세에게 이르시되 너는 아론과 나답과 아비후와 이스라엘 장로 칠십 명과 함께 여호와께로 올라와 멀리서 경배하고 [2]너 모세만 여호와께 가까이 나아오고 그들은 가까이 나아오지 말며 백성은 너와 함께 올라오지 말지니라 [3]모세가 와서 여호와의 모든 말씀과 그의 모든 율례를 백성에게 전하매 그들이 한 소리로 응답하여 이르되 여호와께서 말씀하신 모든 것을 우리가 준행하리이다 [4]모세가 여호와의 모든 말씀을 기록하고 이른 아침에 일어나 산 아

래에 제단을 쌓고 이스라엘 열두 지파대로 열두 기둥을 세우고 [5]이스라엘 자손의 청년들을 보내어 여호와께 소로 번제와 화목제를 드리게 하고 [6]모세가 피를 가지고 반은 여러 양푼에 담고 반은 제단에 뿌리고 [7]언약서를 가져다가 백성에게 낭독하여 듣게 하니 그들이 이르되 여호와의 모든 말씀을 우리가 준행하리이다 [8]모세가 그 피를 가지고 백성에게 뿌리며 이르되 이는 여호와께서 이 모든 말씀에 대하여 너희와 세우신 언약의 피니라 [9]모세와 아론과 나답과 아비후와 이스라엘 장로 칠십 인이 올라가서 [10]이스라엘의 하나님을 보니 그의 발 아래에는 청옥을 편 듯하고 하늘 같이 청명하더라 [11]하나님이 이스라엘 자손들의 존귀한 자들에게 손을 대지 아니하셨고 그들은 하나님을 뵙고 먹고 마셨더라

하나님은 모세에게 아론, 나답, 아비후와 함께 이스라엘을 대표하는 장로 70명을 데리고 시내 산 중턱으로 올라와 먼발치에서 경배하라고 명령하셨다(1절). 70명의 장로는 이스라엘 12지파를 대표하는 사람들이다. 훗날 이스라엘은 온 나라를 대표하는 70명의 장로를 공식적으로 임명한다(민 11:16). 고대 근동 문헌은 종속자가 종주에게 인사하는 것을 '먼발치에서 경배하는 것'으로 표현한다(Sarna). 야곱이 라반의 집을 떠나 고향으로 돌아올 때 형 에서 앞에서 취하던 자세도 바로 이 자세다. 나답과 아비후가 특별한 소개 없이 언급되는 것은 6:23에 아론의 계보가 언급되었기 때문이다. 나답과 아비후는 훗날 하나님의 진노를 사서 죽게 된다(레 10:1-3, 민 3:4). 대제사장이 될 아론이 함께하지만, 모세가 주도권을 가지고 모든 일을 진행한다. 모세는 아론과는 사뭇 다르며 이 세상 누구도 모세처럼 하나님을 접하는 사람은 없다는 것을 암시한다. 그러므로 신약은 예수님을 '제2의 모세'로 묘사하고 있다(히 3:1-6). 모세가 시내 산 언약을 중재한 것처럼 예수님은 새 언약을 중재하셨다(히 12:24). 모세는 여러 면에서 예수님의 모형이 된다.

모세가 산에서 내려와 백성에게 '여호와의 말씀'(דִּבְרֵי יְהוָה)과 '법규'(שְׁפָטִים

מִ)를 전하자 백성은 하나같이 하나님이 말씀하신 모든 것을 지키고 존중하겠다고 다짐한다(3절). 하나님과 계약을 체결하겠다고 동의하는 것이다. 학자들은 대체로 '말씀'(דָּבָר)은 십계명처럼 간단명료한 계명을, '법규'(מִשְׁפָּט)는 통치자와 법원이 유지하게 될 법률(viz., 21:1-22:16)을 뜻하는 것으로 해석한다(Sarna, cf NIDOTTE). 모세는 하나님이 주신 모든 말씀을 기록하고 아침에 산기슭에 제단을 쌓아 열두 지파를 기념하기 위한 기둥도 세웠다(4절). 백성은 그곳에서 젊은 사람들에게 수송아지를 잡아 하나님께 번제와 화목제로 드렸다(5절). 왜 젊은 사람들(남자들)이 제물을 잡아야 하는가? 아직 레위 지파가 사역자로 임명된 상황이 아니기 때문에(민 3:41), 이집트의 장자들이 모두 죽었는데도 생존한 이스라엘의 장자들이 이 일을 하는 것이다(Kaiser).

모세는 수송아지의 피 절반은 제단에 뿌리고 나머지 절반은 백성이 다시 한번 순종을 다짐한 후에 그들 위에 뿌렸다. 피를 둘로 나누어 뿌리는 것이 무엇을 상징하는가? 제단에 뿌려진 피는 하나님이 주의 백성을 용서했으며, 그들이 드린 제물을 받으신다는 것을 상징한다. 백성에게 반을 뿌리는 것은 백성을 순종에 엮는 효과를 발휘한다(Kaiser). 그러므로 모세는 "이는 여호와께서 이 모든 말씀에 대하여 너희와 세우신 언약의 피니라"라고 선포했다(8절). 이 과정에서 모세는 하나님을 종주로 섬기기를 원하는 주의 백성에게 '언약의 책'(סֵפֶר הַבְּרִית)을 낭독해 주었다. 모세는 이미 율법의 상당 부분을 문서화했던 것이다. 학자들은 이 일을 구약 성경의 정경화 작업의 시작 단계라고 생각한다.

이윽고 이스라엘을 대표하는 장로들이 모세 일행과 함께 산으로 올라갔다(9절). 그다음 문장이 충격적이다. "그들은 이스라엘의 하나님을 보았다"(וַיִּרְאוּ אֵת אֱלֹהֵי יִשְׂרָאֵל, 10절). 인간이 하나님을 보고도 살 수 있는가? 대답하기 쉽지 않은 질문이다. 유태인 주석가는 이들이 하나님의 모습을 직접 보았다는 것을 인정하려 하지 않는다. 마이모니데스(Maimonides)는 여기서 하나님을 '보다'라는 것은 인간의 감각 기관이 그분을 실제로 목격한 것이 아니라 지성(intellect)으로 본 것을 의미한다고 주장한다. 에스라(Ibn Ezra)는 선지자가 환상을 보는 것처럼 이들이 환상을 통해 하나님을 본 것이라고 해석한다(왕상 22:19; 사 6:1; 겔 1장; 암 9:1).

10절은 "그의 발 아래에는 청옥을 편 듯하고(לִבְנַת הַסַּפִּיר) 하늘 같이 청명하더라"라고 하나님의 모습에 대해 간접적으로 회고하지만, 이스라엘 장로들은 분명 하나님의 실체를 본 것이다. 또한 저자는 장로들이 하나님을 보고도 살 수 있었던 이유가 여호와께서 손을 대지 않으셨기 때문이라고 밝힌다(11절). 그들은 하나님을 보았기에 죽을 수 있었지만 하나님이 그들을 살리셨다는 것이다.

본문은 분명 인간이 하나님을 보고도 죽지 않았다고 한다. 만일 하나님이 주님의 모습을 본 장로들을 죽일 생각이었다면 처음부터 보지 못하도록 하셨을 것이다. 그러므로 이 구절은 구약에서 가장 놀랍고 난해한 말씀이다(Davies). 매우 신비적이지만 이 순간 장로들이 목격한 것은 이스라엘 역사에 다시는 반복되지 않을 놀라운 현상이며 이스라엘의 정체성을 뒷받침하는 매우 중요한 순간이다(Brueggemann). 예수님을 통해 하나님 자녀가 된 그리스도인에게는 이 땅의 모든 수고를 마치고 하늘나라에 가는 날, 하나님을 뵐 수 있는 소망이 있다.

또한 하나님이 장로들을 죽이지 않은 분명한 이유가 있다. 장로들은 이날 하나님과 언약을 체결하는 이스라엘을 대표하여 하나님 앞에 서 있다. 그들은 개인적인 자격이 아니라 온 이스라엘을 대표해서 하나님과 계약을 체결하기 위해 시내 산을 오른 것이다. 그러므로 하나님이 이스라엘을 대표하여 언약을 체결하러 온 이 사람들을 죽이지 않은 것이다. 고대 근동에서는 계약이 체결되면 쌍방이 함께 먹고 마시는 것이 정례화되어 있었다(11절). 그러므로 장로들이 죽지 않고 하나님 앞에서 먹고 마시는 것은 그들이 하나님과 언약을 체결했음을 뜻한다(Stuart). 장로들은 백성에게 돌아가서 자신들이 하나님을 직접 만나 언약을 체결했음을 보고해야 한다. 그러므로 이들은 하나님을 보고도 사명이 있었기에 살 수 있었다.

II. 시내 산에서 받은 율법(15:22-24:18)
B. 시내 산 언약(19:1-24:18)
6. 하나님의 현현(24:1-18)

(2) 모세가 돌판을 받음(24:12-18)

[12]여호와께서 모세에게 이르시되 너는 산에 올라 내게로 와서 거기 있으라 네가 그들을 가르치도록 내가 율법과 계명을 친히 기록한 돌판을 네게 주리라 [13]모세가 그의 부하 여호수아와 함께 일어나 모세가 하나님의 산으로 올라가며 [14]장로들에게 이르되 너희는 여기서 우리가 너희에게로 돌아오기까지 기다리라 아론과 훌이 너희와 함께 하리니 무릇 일이 있는 자는 그들에게로 나아갈지니라 하고 [15]모세가 산에 오르매 구름이 산을 가리며 [16]여호와의 영광이 시내 산 위에 머무르고 구름이 엿새 동안 산을 가리더니 일곱째 날에 여호와께서 구름 가운데서 모세를 부르시니라 [17]산 위의 여호와의 영광이 이스라엘 자손의 눈에 맹렬한 불 같이 보였고 [18]모세는 구름 속으로 들어가서 산 위에 올랐으며 모세가 사십 일 사십 야를 산에 있으니라

이 섹션은 책의 초점을 이스라엘의 시내 산 체험에서 출애굽기 나머지 부분(25-40장)의 중심이 될 두 주제로 옮기고 있다.[42] 첫 번째 주제

---

42 24:15-40:38에 대해 다음과 같은 구조 분석이 제시되기도 한다(Milgrom).
A. 하나님의 현현/모세가 산 정상으로 올라감(24:15-18)
B. 성막에 대한 지시 사항(25:1-31:11)
C. 안식일(31:12-18)
D. 배교, 용서, 언약 갱신(32-34장)
C'. 안식일(35:1-3)
B'. 지시 사항에 맞추어 성막을 완성함(35:4-40:33)
A'. 하나님의 현현/모세가 성막에 들어가지 못함(40:34-38)

는 장막 건축이며, 두 번째 주제는 금송아지 사건이다. 하나님은 모세에게 장막과 그 안에서 사용할 도구에 대해 계시하기 위해 40일 동안 그와 함께하신다. 문제는 이스라엘 사람이 40일 동안 금송아지를 만들었다는 것이다. 한 가지 흥미로운 사실은 아론과 훌이 분명 함께 있었는데(14절), 금송아지 사건에는 아론만 언급되어 있고, 훌은 아예 모습을 보이지 않는다(32장). 훌은 이때 무엇을 하고 있었을까?

잔치가 무르익어 갈 무렵 하나님이 모세를 따로 부르셨다. 이날 체결된 계약의 상징으로 돌판에 기록한 율법과 계명을 주시기 위해서였다(12절). 말씀이 새겨진 돌판이 언급되는 것은 이곳이 처음이다. 고대 근동에서 중요한 문서를 돌에 새기는 것은 흔히 있었던 일이다. 모세는 아론과 훌에게 자신이 돌아올 때까지 장로들과 함께 거하면서 기다리라고 말하고 여호수아만 데리고 시내 산 정상으로 향했다(13-14절).

모세가 정상에 올랐을 때 구름이 온 산을 덮고 있었다. 하나님의 영광이 시내 산 위에 머물고 있었기 때문이다. '머물다'(שכן)란 동사에서 '성막'(מִשְׁכָּן)이 유래했다. 이런 의미에서 성막은 하나님이 '머무시는 곳'이다. 시내 산 정상에 임하셨던 하나님이, 성막이 완성되면 성막을 통해 주의 백성과 함께 머무시게 된다. 모세가 정상에 올라간 지 6일이 지나고 7일째 되던 날 하나님이 모세를 부르셨다(16절). 하나님이 6일 동안 세상을 창조하고 7일째 되던 날을 안식일로 지정하여 특별한 의미를 부여하신 일과 연관성이 있는 듯하다(창 1:1-2:3). 7일째 되는 날은 하나님이 인간과 특별히 교제하는 날이다. 그래서 하나님은 인간을 첫째 날에 창조하신 것이 아니라, 6일째 되는 날 창조하셔서 다음날 바로 안식하게 했다. 하나님 말씀이 7일째 되는 날 임하면서 인간은 무엇을 하며 안식해야 하는지 생각하게 된다. 안식일은 함께 예배드리고 하나님 말씀을 더욱 깊이 묵상하는 날이다.

이 모든 광경이 이스라엘 사람에게는 산꼭대기에서 타오르는 불처럼 보였다. 일부 주석가들은 본문의 불이 시내 산의 화산 활동을 의미한다고 해석하지만, 결코 설득력 있는 해석은 아니다(Stuart). 만일 화산 활동으로 빚어진 불이라면, 모세가 이 불 근처에 가는 것은 고사하고 그와 이스라엘 장로들이 모두 타죽었을 것이다. 모세는 시내 산 정상에서 40일 동안 머물렀다. 모세가 구름을 헤치고 다시 백성 앞에 나타나는 것은 32장에 가서야 있는 일이다. 이 기간에 모세는 장막과 그 안에서 사용할 도구들을 어떻게 만들어야 하는지 배웠다.

III. 성막과 도구들
(25:1-40:38)

십계명과 율법을 주신 하나님이 책의 나머지 부분에서는 성막과 기구들에 대해 말씀하신다. 이 섹션을 이스라엘의 '예배 신학'(theology of worship)이라 부를 수 있다(Kaiser). 하나님은 시내 산에서 이스라엘과 맺은 언약의 증표로 장막/성막을 주셨다. 성막은 이스라엘 중에 거하시는 하나님 임재의 상징이었고, 시내 산 정상에 임하신 하나님의 임재가 재현되는 곳이기도 했다. 이스라엘 공동체는 이곳에서 하나님께 끊임없이 예배와 제사를 드림으로 하나님과의 관계를 유지해야 한다. 그러므로 성막 건축은 지속되는 하나님과의 관계를 통해 이스라엘이 영적 평안을 누릴 수 있는 여건이 조성되었음을 의미한다. 또한 이스라엘은 장막에서 함께 여호와께 드리는 예배를 통해 하나님 앞에서 한 백성으로서 연합을 도모하고 정체성을 되새기게 된다. 성막은 이스라엘의 민족적 정체성과 연합에도 매우 중요한 역할을 하는 것이다.

성막의 상징성에 대해서는 전통적으로 다양한 해석이 있다. 필로(Philo)와 요세푸스(Josephus) 등은 성막이 온 우주를 상징한다고 했다. 성막 뜰은 세상을, 성막은 하늘을, 촛대는 일곱 행성을, 진설병은 1년 12달을 상징한다고 보았다. 코케이우스(Cocceius)는 성막이 교회를 상징한다고 풀이했다. 성막 뜰은 눈에 보이는 지교회를, 성막은 보이지 않는 참 교회를 상징한다고 했다. 또한 매일 제사장이 사역하는 성소(Holy Place)는 투쟁하는/사역하는 교회를, 지성소(Most Holy Place)는 승리하는 교회를 상징한다고 풀이했다. 카일과 데일리츠(Keil and Delitzsch)는 성막이 이스라엘 중에 설립된 하나님 나라를 상징한다고 해석했다. 이 섹션이 구체적인 규격과 양식과 형식을 강조하는 것은 바로 이러한 이유 때문이라고 한다. 성막이 상징하는 하나님 나라가 언젠가는 온 세상을 아우르게 될 것인데(Kaiser), 이 일을 이루기 위해 예수님이 오셔서 자기 백성 중에 거하게 된다. 마치 하나님 나라를 상징하는 성막이 이스라엘 중에 거하는 것처럼 말이다.

성막은 미래에 세워질 성전의 이동형 형태(mobile version)가 되는 매우 중요한 기구이며, 훗날 이스라엘의 열두 지파 중 한 지파(레위 지파)를 구별하여 전적으로 관리할 정도로 장엄하고 엄숙한 것이다. 저자는 성막과 도구를 만드는 것에 대해 25:1-31:18에서 먼저 언급한 후 35:1-40:38에서 반복한다. 순서에 있어서 두 섹션은 다음과 같은 차이가 있다(Longacre).

성막 준비(25:1–31:18) 순서	성막 완성(35:1–40:38) 순서
1. 법궤(25:10–16)	5. 성막 덮개(36:8–19)
2. 속죄소(법궤 뚜껑)(25:17–22)	6. 성막 기둥(36:20–34)
3. 진설병 상(25:23–30)	7. 성막 휘장(36:35–36)
4. 등잔대(25:31–40)	8. 성소 앞 휘장(36:37–38)
5. 성막 덮개(26:1–14)	1. 법궤(37:1–5)
6. 성막 기둥(26:15–29)	2. 속죄소(법궤 뚜껑)(37:6–9)
7. 성막 휘장(26:31–33)	3. 진설병 상(37:10–16)
8. 성소 앞 휘장(26:36–37)	4. 등잔대(37:17–24)

9. 번제단(27:1-8)	17. 분향단(37:25-28)
10. 뜰(27:9-15)	19. 향유(37:29)
11. 뜰 앞 휘장(27:16-18)	9. 번제단(38:1-7)
12. 제사장 옷(28:6-14)	18. 물두멍(38:8)
13. 흉패(28:15-30)	10. 뜰(38:9-17)
14. 제사장 겉옷(28:31-35)	11. 뜰 앞 휘장(38:18-20)
15. 금관(28:36-38)	12. 제사장 옷(39:1-7)
16. 의복, 터번, 띠(28:39-41)	13. 흉패(39:8-21)
17. 분향단(30:1-10)	14. 제사장 겉옷(39:22-26)
18. 물두멍(30:17-21)	16. 의복, 터번, 띠(39:27-29)
19. 향유(30:22-33)	15. 금관(39:30-31)

성막은 출애굽기에서 두 차례나 언급될 정도로 종교적으로 중요한 공간이자 제도(institution)였다. 이 섹션은 다음과 같은 구조를 지녔다.

A. 성막 준비(25:1-31:18)
  B. 금송아지 반역과 언약 갱신(32:1-34:35)
A'. 성막 완성(35:1-40:38)

III. 성막과 도구들(25:1-40:38)

A. 성막 준비(25:1-31:18)

성막은 앞으로 이스라엘의 종교뿐만 아니라 사회, 정치에도 많은 영향을 끼치게 된다. 백성은 성전의 이동형 장막 형태라고 할 수 있는 성막이 세워지면 그곳에서 끊임없이 제물과 예배로 하나님을 섬기게 된다. 훗날 왕을 포함한 이스라엘의 지도자들은 제사장과 법궤를 통해 하나님의 뜻을 구할 것이다. 물론 이는 하나님의 통치권을 위임받아 그분의 백성을 다스리는 자들이 취해야 할 당연한 자세다. 이스라엘은 시내 산 언약을 통해 여호와를 왕으로 맞이하여 그의 백성이 되었다. 그러므로 신정통치를 지향하던 이스라엘 공동체와 각 개인은 모두 하나님의 임재의 상징인 성막을 중심으로 살아가는 것이 당연하다. 이스라엘 사람의 삶의 중심에 위치한 성막의 신학적 의미를 몇 가지로 간추려 보자.

첫째, 성막은 이스라엘 세계의 중심에 우뚝 서 있다. 이스라엘은 하나님이 열방에서 택하신 매우 특별한 민족이다. 이 특별한 민족의 삶은 시내 산 시절부터 이미 성막을 중심으로 형성되고 있다. 이스라엘이 광야에서 한 민족으로 탄생하는 순간부터 하나님의 임재를 상징하는 성막이 삶 깊숙한 곳에 자리를 잡았던 것이다. 그 후 그들의 세계는 항상 성막을 중심으로 형성되었다. 성막은 이스라엘 백성의 세계의 중앙에 있었던 것이다.

그렇다고 해서 이스라엘 백성이 장막에 쉽게 접근하도록 허락되었다는 뜻은 아니다. 백성이 가까이하기에 그곳은 너무나 거룩했으며, 이로 인해 백성은 가까이하기에 앞서 두려움을 느꼈기 때문이다. 이 같은 현실은 이스라엘이 시내 산을 떠나는 시점부터 시작되는 광야 생활에서도 역력하게 드러날 것이다. 성막이 움직이면 철거에서 운반 그리고 새로운 곳에 다시 세우는 것까지 모든 과정에 레위 사람만이 참여할 수 있다(민 1:51). 성막은 보통 사람과 거리를 두어야 했던 거룩한 곳이다. 성막의 철거, 운반, 설치 등을 전담했던 레위 사람의 또 다른 임무는 이스라엘 백성과 하나님 사이의 완충 지대 역할을 하여 하나님의 진노가 이스라엘에 임하지 않도록 하는 것이었다(민 1:53). 레위 사람은 장막을 보호할 뿐만 아니라, 백성을 보호하는 역할도 한 것이다.

이처럼 하나님의 성막은 백성이 가까이하기에는 너무나 부담스러운 곳이었을 뿐만 아니라 결코 가까이할 수도 없는 곳이었다. 그렇다고 해서 그들에게 성막에서 멀리 떠날 수 있는 자유가 있었던 것도 아니다. 성막이 한 곳에 머물면 백성도 그곳에 머물렀으며 성막이 움직일 때까지 움직이지 않았다(민 9:15-23). 그뿐만 아니라 각 지파는 하나님의 명령에 따라 지정된 위치에서 순서대로 회막을 중심으로 진을 치고 살았다. 회막의 동쪽(앞쪽)에는 유다 지파가, 남쪽에는 르우벤 지파가, 서쪽에는 에브라임 지파가, 북쪽에는 단 지파가 진을 쳤고 나머지 지파들은 사이사이에 쳤다(민 2:1-31). 회막이 이동할 때도 각 지파들은 이 대형을 그대로 유지하며 행군했다(민 2:34).

이스라엘의 회복과 성막의 회복을 예언했던 에스겔 선지자도 언젠가 이스라엘 지파들이 회복되어 다시 가나안 지역에 정착하게 되면 '성소는 그 중앙에 있을 것'이라고 예고한다(겔 48:8). 성막은 이스라엘이 국가로 탄생한 순간부터 망해버린 이스라엘이 완전히 회복될 먼 미래에 이르기까지 이스라엘 세계의 중앙에 있으며, 이스라엘의 삶은 성소를 중심으로 형성되었다.

둘째, 성막은 하늘과 땅이 만나는 곳이다. 거룩하신 하나님이 이스라엘을 택하고 관계를 유지하기로 언약을 맺으심에 따라 정기적으로, 꾸준히 그들을 만나실 수 있는 공간이 필요했고, 성막이 바로 이 기능을 감당했다. 레위기 16장에 의하면 아론의 두 아들이 부정한 불로 인해 하나님 앞에서 죽은 다음, 여호와께서는 모세를 통해 형 아론에게 함부로 지성소에 들어오지 말 것을 당부하셨다. 잘못 들어갔다가는 죽기 십상이라는 것이다. 왜 지성소에 들어간 제사장이 죽는가? 하나님은 "내가 구름 가운데서 속죄소 위에 나타남이니라"라고 하셨다(레 16:2). 하나님이 자신의 백성을 만나려고 임하시는 곳이 바로 성막이었으며, 이 성막을 통해 하나님은 백성의 기도를 들으셨던 것이다. 사람들이 가까이하기에는 너무 거룩한 곳이었고, 심지어 항상 하나님 앞에서 사역하는 제사장도 함부로 이 거룩한 곳으로 나아갈 수 없었다.

솔로몬의 헌당기도 역시 이러한 성전의 거룩함과 기능을 잘 표현하고 있다. "주의 종과 주의 백성 이스라엘이 이 곳을 향하여 기도할 때에 주는 그 간구함을 들으시되 주의 계신 곳 하늘에서 들으시고 들으시사 사하여 주옵소서"(왕상 8:30). 결코 거룩하신 하나님이 거하실 만한 곳은 될 수 없지만, 하나님이 백성을 만나시는 곳이 성전이기에 솔로몬은 이러한 기도를 드리는 것이다. 심지어 그는 이스라엘이 하나님께 죄를 범하여 이방인의 땅으로 끌려가게 되더라도 그들이 그 땅에서 뉘우치고 이 성전을 향해 기도하면 들어주실 것을 호소했다(왕상 8:46-50).

실제로 다니엘은 페르시아 왕 다리오의 금령에도 불구하고 예루살렘으로 향한 창을 열어놓고 하루에 세 번씩 무릎을 꿇고 기도하다가 사자 굴에 던져졌다(단 6:10). 그가 예루살렘을 향해 기도했다는 것은 곧 예루살렘에 있는 성전을 향해 기도했다는 의미다. 다니엘이 성전을 향해 기도할 때는 이미 성전이 파괴되어 성전 터만 남아 있었다. 이는 이스라엘에게 실제 성전보다는 성전이 상징하는 하나님의 임재가 더 중요했음을 드러낸다. 이처럼 이스라엘의 역사와 마음속에서 성막/성전은 하늘(하나님)과 땅(백성)이 만나는 곳이었다.

셋째, 성막은 하늘의 축소판이다. 성경은 성막이 인간의 지혜와 재능에 의해 설계되고 건축된 것이 아니라 하늘에 있는 원본을 그대로 따라 만든 일종의 복사본임을 암시한다. 고대 근동의 몇몇 문화권에서도 사람들이 신전을 지을 때 신들이 보여준 도면이나 환상에서 본 대로 건축했다고 주장하는 기록이 있다. 이미 주전 2200년경에 수메리아의 왕 구데아(Gudea of Lagash)도 신이 보여준 대로 신전을 건축했다고 회고하는가 하면 일부 이집트 문헌도 비슷한 내용을 전한다. 이들이 세운 신전들이 신들의 계시와 지시에 의해 세워졌다고 주장하는 것은 그 신전이 갖는 정통성 때문이다. 신들이 도면을 보여주고, 공정 과정을 지휘했으니 당연히 그 신들이 인정할 것이라는 주장이다. 성경의 성막 건축도 이러한 맥락에서 해석될 수 있는데, 성막은 하나님이 주신 도면에 따라 건축했으니 당연히 하나님이 인정하고 기뻐하실 것이다.

히브리서 저자는 예수 그리스도의 희생으로 이루어진 속죄를 설명하면서 다음과 같이 언급한다. "그러므로 하늘에 있는 것들의 모형은 이런 것들로써 정결하게 할 필요가 있었으나 하늘에 있는 그것들은 이런 것들보다 더 좋은 제물로 할지니라 그리스도께서는 참 것의 그림자인 손으로 만든 성소에 들어가지 아니하시고 바로 그 하늘에 들어가사 이제 우리를 위하여 하나님 앞에 나타나시고"(히 9:23-24; cf. 8:5; 9:11). 히브리서 저자는 이 세상의 성전은 하늘나라에 있는 본체의 모형이라고 주장한다. 물론 우리는 하늘에 있는 성전이 솔로몬 성전과 비교했을 때 어떤 면에서 비슷하고 어떤 면에서 다른지 전혀 알 수 없다. 그러나 두 성전이 깊은 연관성을 지녔다는 것만은 확실하다. 그렇다면 히브리서 저자의 이러한 주장이 구약에서도 발견되는가?

하나님은 모세를 시내 산으로 부르셔서 앞으로 백성이 건축할 성막(성전의 원형)에서 사용할 도구들을 어떻게 만들어야 하는지 가르쳐 주셨다(출 25장). 구체적인 규격을 상세히 가르쳐 주신 다음 하나님은 모세에게 다음과 같이 당부하셨다. "너는 삼가 이 산에서 네게 보인 양식대로 할지니라"(출 25:40; cf. 25:9). 하나님은 시내 산에서 모세에게 성막에서 사용할 도구들을 어떻게 만들지 가르쳐 주면서 동시에 무언가를 보여주셨던 것이다.

히브리서 저자는 이 말씀을 염두에 두었을 뿐만 아니라 직접 인용하면서 다음과 같이 말한다. "그들이 섬기는 것은 하늘에 있는 것의 모형과 그림자라 모세가 장막을 지으려 할 때에 지시하심을 얻음과 같으니 이르시대 삼가 모든 것을 산에서 네게 보이던 본을 따라 지으라 하셨느니라"(히 8:5). 성경은 이처럼 성막(성전)이 하늘에 있는 실체의 복사본/축소판임을 암시하고 있다. 성막이 세상에 속해 있으면서도 세상의 것과 전혀 다른 하늘의 실체를 반영하기 때문에, 이스라엘 사람은 이

곳을 세상에서 가장 거룩한 공간으로 간주했다. 성전이 하늘나라의 축소판이었기에, 백성은 성막을 보면서 하늘의 실체를 상상할 수 있을 뿐만 아니라 하나님이 계시는 하늘을 맛볼 수 있었다.

넷째, 성막은 하나님의 내재적·초월적 임재의 상징이었다. 하나님은 결코 어떠한 공간에도 제한될 수 없는 자유로운 분이다. 솔로몬은 헌당기도에서 이렇게 말한다. "하나님이 참으로 땅에 거하시리이까 하늘과 하늘들의 하늘이라도 주를 용납하지 못하겠거든 하물며 내가 건축한 이 성전이오리이까"(왕상 8:27). 그럼에도 성경은 성막을 하나님의 거처라고 말한다. "내가 그들 중에 거할 성소를 그들이 나를 위하여 짓되"(출 25:8). 자신이 건축한 성전의 압도적인 화려함과 아름다움에도 불구하고, 솔로몬은 성전이 결코 하나님의 거처가 되지 못한다고 고백했다. 그러면서도 그는 성전을 하나님의 처소라고 부른다. "그 때에 솔로몬이 이르되 여호와께서 캄캄한 데 계시겠다 말씀하셨사오나 내가 참으로 주를 위하여 계실 성전을 건축하였사오니 주께서 영원히 계실 처소로소이다"(왕상 8:12-13). 성전은 하나님이 그분의 백성을 만나는 장소일 뿐만 아니라 하나님이 거하시는 처소였다.

성막이 어떻게 하나님의 전이 될 수 없으면서 동시에 하나님의 처소란 말인가? 하나님의 초월성(transcendence)과 연결하여 말할 때, 그분의 범우주적인 초월성과 절대적인 거룩하심은 이 세상 어떤 장소나 건물도 그분을 감당할 수 없게 한다. 결과적으로 성전은 하나님의 전이 될 수 없었다. 그러나 이스라엘의 통치자로서 백성 사이에 내재하실(immanent) 때 하나님의 거처는 분명 성막이었다.

하나님은 성막에서 백성을 만나셨고 판결을 내려주셨다. 그뿐만 아니라 이스라엘의 통치자가 그들 사이에 내재하신다는 것은 이스라엘의 생존과 번영에 매우 중요한 전제 조건이었다. 하나님의 내재는 이스라엘의 안보, 번영과 필연적인 관계가 있었기 때문이다. 이러한 내재적 기능을 강조하기 위해 하나님은 성막에 가시적인 현상으로 임하시곤 했다. "구름이 회막에 덮이고 여호와의 영광이 성막에 충만하매 모세가 회막에 들어갈 수 없었으니 이는 구름이 회막 위에 덮이고 여호와의 영광이 성막에 충만함이었으며…이스라엘의 온 족속이 그 모든 행진하는 길에서 그들의 눈으로 보았더라"(출 40:34-35, 38; cf. 출 25:8; 레 9:22-24; 16:2; 민 9:15-23; 왕상 8:10-13; 대하 7:1-3). 온 이스라엘이 보는 앞에서 성막에 임하시는 모습을 보여주어 하나님은 그들 사이에 내재함을 확인해 주신 것이다.

다섯째, 성막 건축은 새로운 창조 사역이다. 이곳에 기록되어 있는 성막 도구에 대한 규례는 "여호와께서 말씀하셨다"(וַיְדַבֵּר יְהוָה)로 시작하는 일곱 개의 섹션을 포함하고 있다(25:1; 30:11, 17, 22, 34; 31:1, 12). 섹션 중 여섯 개는 창의력(creativity)에 관한 것이며 마지막은 안식일 규정에 관한 것이다. 특히 안식일에 관한 규례는 천지창조(창 1장)에 근거를 둔다. 성막과 안식일의 연관성은 레위기 19:30과 26:2에서 강조된다. "내 안식일을 지키고 내 성소를 귀히 여기라 나는 여호와이니라." 또한 완성된 성막이 세워진 날은 새해 첫날이다(출 40:17). 이러한 사실은 성막을 세우는 것이 이스라엘의 삶에서 새로운 시대의 시작을 알리는 이정표였으며, 성막이 온 세상의 중심에 위치한 점을 고려하면, 범우주적인 연관성도 지니고 있음을 시사하고 있다(Sarna). 성막 완성은 곧 온 세상이 새로운 역사의 장을 시작하는 순간이기도 하다.

이처럼 이스라엘의 종교와 삶에서 가장 중요한 요소로 자리잡았고, 성전의 초본인 성막의 평면도는 다음과 같으며 세 지역으로 구성되어 있었다. 세 지역은 거룩함의 정도에 따라 순서대로 나열되어 있다. 지성소(Holy of Holies), 성소(Holy Place), 뜰(Court). 이미 언급한 것처럼, 성막이 세 공간으로 구분되는 것은 시내 산이 세 지역으로 구분되는 것과 평행을 이룬다. 우리는 시내 산 정상이 가장 거룩하고, 내려올수록 거룩함이 점차 희석되는 경우를 보았다. 도표에 기록된 숫자의 단위는 모두 규빗(1규빗은 약 45cm)이다. 성막은 동-서를 기준으로 세워졌고,

입구는 동쪽이며, 가장 거룩한 곳은 서쪽에 있었다. 근동 지역에서는 아랍계 유목민을 중심으로 이동형 신전들이 중세기까지도 존재했으며, 가장 오래된 기록은 이집트의 람세스 2세 시대(1290–1224 BC)이다. 그뿐만 아니라 이 섹션에 기록된 건축 방법은 이미 잘 알려져 있던 이집트식(Egyptian techniques)인 것으로 밝혀졌다(Sarna).

오래전부터 학자들은 "여호와께서 모세에게 말씀하셨다"라는 말이 이 섹션(25–31장)에서 정확히 일곱 차례 사용된 것을 의식했다. 이 중 여섯 차례는 성막과 기구들을 만드는 일에 대해 지시하는 것이며(25:1; 30:11, 17, 22, 34; 31:1), 마지막 한 차례는 안식일에 대한 규례를 말씀하실 때 사용된다(31:12). 저자는 이 같은 방식으로 이 섹션을 진행하여 성막 건축과 7일의 천지창조 패턴을 연결한다(Enns). 하나님이 6일 동안 천지를 창조하시고 7일째는 안식하신 것처럼, 성막과 기구들을 만드는 일도 여섯 단계로 진행되었으며, 일곱 번째 단계에서는 안식하는 것이다. 이 본문은 다음과 같은 주제에 따라 여러 섹션으로 세분화할 수 있다.

A. 성막과 비품(25:1–40)
B. 성막 커튼과 기둥(26:1–37)
C. 제단, 뜰, 등 관리(27:1–21)
D. 제사장들의 옷(28:1–43)
E. 제사장 임직식(29:1–46)
F. 기타 규례(30:1–38)
G. 브살렐과 오홀리압(31:1–11)
H. 안식일(31:12–18)

1. 성막과 비품(25:1–40)

이스라엘이 만들어야 할 성막과 성막에 연관된 것에 대한 이야기가 책의 나머지 16장 중 13장을 차지한다. 이스라엘의 최종 목표는 약속의 땅 가나안에 정착하여 하나님의 복을 누리며 사는 것이지만, 중간 단계인 광야 생활에서는 성막 건축이 그들에게 가장 중요한 임무로 주어진 것이다. 앞으로 그들이 가나안에서 잘 살려면 시내 산에서 하나님과 맺은 언약과 받은 율법에 순종해야 하는데, 율법의 상당 부분이 성막에 관한 것이며 성막은 곧 이스라엘 중에 거하시는 하나님의 임재를 상징한다. 그러므로 이스라엘에게는 광야에서 사는 동안 하나님의 임재의 상징인 성막과 어떻게 함께 살 수 있는가를 훈련하고 연습하는 것이 매우 중요한 일이라 할 수 있다. 성막을 구성하는 집기 중에서도 핵심적인 것을 언급하는 이 장(章)은 다음과 같이 구분할 수 있다.

A. 예물 수집(25:1–9)
B. 법궤(25:10–16)
C. 속죄소(25:17–22)
D. 진설병을 두는 상(25:23–30)
E. 등잔대와 기구들(25:31–40)

III. 성막과 도구들(25:1-40:38)
A. 성막 준비(25:1-31:18)
1. 성막과 비품(25:1-40)

(1) 예물 수집(25:1-9)

[1]여호와께서 모세에게 말씀하여 이르시되 [2]이스라엘 자손에게 명령하여 내게 예물을 가져오라 하고 기쁜 마음으로 내는 자가 내게 바치는 모든 것을 너희는 받을지니라 [3]너희가 그들에게서 받을 예물은 이러하니 금과 은과 놋과 [4]청색 자색 홍색 실과 가는 베 실과 염소 털과 [5]붉은 물 들인 숫양의 가죽과 해달의 가죽과 조각목과 [6]등유와 관유에 드는 향료와 분향할 향을 만들 향품과 [7]호마노며 에봇과 흉패에 물릴 보석이니라 [8]내가 그들 중에 거할 성소를 그들이 나를 위하여 짓되 [9]무릇 내가 네게 보이는 모양대로 장막을 짓고 기구들도 그 모양을 따라 지을지니라

하나님의 영광이 거하실 성막과 도구를 어떻게 만들어야 하는가에 대한 말씀은 필요한 재료들을 모으라는 명령으로 시작한다. 그러나 모세는 단순히 건물을 짓기 위한 재료를 모으는 것이 아니다. 재료를 수집하는 행위는 곧 주의 백성이 하나님께 바치는 것을 의미한다. 이것을 강조하기 위해 하나님이 "내게 예물을 가져오라…내게 바치는 모든 것"(2절)이라고 말씀하신다. 이스라엘이 성막에 사용될 것을 드리는 것은 곧 주님께 나아가는 것이요 예배 행위인 것이다. 이 같은 사실은 이스라엘이 자신들의 헌물로 건축할 성막은 이스라엘의 소유가 아니라 하나님의 것임을 암시하기도 한다(Stuart).

히브리어 단어 '예물'(תְּרוּמָה, 2절)은 주인에 의해 신성한 일에 쓰이도록 따로 봉헌된 물건을 뜻한다(Milgrom). 모세가 이스라엘 사람들로부터 수집해야 하는 예물은 일곱 가지로 구분된다. 금속, 색실, 옷감, 목재, 기름, 향료, 보석. 모세는 이 모든 것을 강제로 징집하는 것이 아니라, 마음에서 우러나서 바치는 자에게서 수집해야 한다. 하나님께는 누가 무엇을 드리느냐보다 어떤 마음가짐으로 드리느냐가 중요하다. 이 사역에는 가난하든 부하든 각자가 처한 경제적인 여건에 상관없이 모든 사람이 동참해야 한다. 가난한 사람에 대한 배려가 필요하지 않느냐고 생각할 수 있지만, 성막은 몇몇 사람을 위한 것이 아니라 모두의 것이라는 점을 강조하기 위해 모든 사람이 함께 힘을 모아 짓도록 하나님이 이렇게 명령하신 것이다. 성막은 모든 사람이 함께 힘을 모아 지은 것이기에 모든 사람의 것이다. 그러므로 성막 건축 과정에 이스라엘 공동체에 속한 모든 사람이 자기 형편에 따라 성심껏 드려 참여할 수 있는 기회를 갖는 것은 당연한 일이며, 이 프로젝트에 참여하는 것은 의무라기보다 특권이었다.

우리는 오늘날 교회가 어떻게 프로젝트를 진행하는지와 본문에서 일어나는 일을 비교해보면 상당히 신선한 충격을 받는다. 오늘날 교회는 먼저 프로젝트에 대한 예산을 세우고 난 다음에 성도에게 그 프로젝트를 위해 헌금할 것을 권고한다. 나름 의미 있는 방법이라 생각된다. 반면에 모세는 먼저 재물을 모은다. 백성은 자신이 드리는 예물이 성막과 기구를 만드는 데 사용된다는 것은 알지만, 구체적으로 얼마나 많이 들고, 각자 얼마나 부담해야 하는지 모른다. 그저 하나님을 믿고, 리더십을 믿으며 각자 믿음의 분량대로 헌물을 한다. 믿음이 전제되는 참 아름다운 방법이라고 본다.

모세가 백성으로부터 수집해야 하는 금속은 금, 은, 놋의 순서로 나열되어 있다(3절). 귀중한 순서대로 나열되어 있는 것이다. 또한 귀한 것일수록 지성소에서 가까운 곳에 놓일 도구들을 만드는 데 사용되며, 지성소에서 먼 곳에 놓일 도구일수록 흔한 물질이 사용된다. 놋(נְחֹשֶׁת)은 구리와 주석을 섞은 청동을 뜻하며, 이 합금은 이미 주전 3000년대부터 고대 근동 지역에서 광범위하게 쓰이던 물질이다. 철이 여기에 언급되지 않은 이유는 이 시대에 매우 희귀했기 때문이든지, 사람을 죽이는 무기들의 재료로 사용되었기 때문에 성막을 건축하는 취지와 맞지 않아서였을 것이다(Sarna).

모세가 모아야 할 색실들도 가치의 순서에 따라 나열되어 있다. 청색, 자주색, 홍색. 물론 이 실들이 사용되는 위치를 살펴보면 귀한 색깔의 실일수록 지성소 가까이에 있는 물건을 만드는 데 사용된다. 그 당시 실에 물들이는 물감들은 모두 동물에서 채취된 것이었다(Sarna). '청색'(תְּכֵלֶת)은 청색보다는 보라색에 더 가까우며(Kaiser), 물감의 재료는 바다 달팽이의 일종에서 채취되었고 페니키아 해안에서 가공되었다. 우가릿(Ugarit)에서는 주전 15세기에 물감을 가공하는 데 사용했던 달팽이의 껍질이 무더기로 발견되기도 했다. '홍색'(תוֹלַעַת שָׁנִי)을 구성하는 첫 번째 히브리어 단어(תוֹלַעַת)는 지렁이를 뜻하며, 두 번째 단어(שָׁנִי)는 색깔을 의미하는 것으로, 물감의 재료는 참나무 나뭇잎에 기생하는 깍지벌레(scarlet insect)의 알에서 채취한 것이다(Sarna). 이 물감도 페니키아 사람이 주로 가공했다.

'모시실/베실'(שֵׁשׁ)은 이집트어에서 빌려온 단어로 매우 좋은 질의 옷감을 뜻한다(Lambdin, Hurvitz). 대체로 흰색을 지닌 옷감으로, 순결과 의로움을 상징한 것으로 해석된다(Kaiser). '염소 털'로 번역된 히브리어 단어(עִזִּים)는 사실 염소를 의미하는 명사이며 '털'은 해석자가 알아서 삽입하도록 본문에서 빠져 있다. 이 같은 현상을 문학적 기법에 따른 생략(ellipsis)이라고 한다. 염소 털로 짠 옷감은 검정색을 띄었으며 주로 텐트를 만드는 데 사용되었다(Kaiser). 출애굽기 35:26에 따르면, 염소 털을 만드는 것(spinning)은 훈련된 여자들의 특별한 기술이 필요했다. '해달/돌고래 가죽'(עֹרֹת תְּחָשִׁים)은 항상 성막의 덮개 역할을 했던 가죽을 뜻하지만, 정확히 이 단어(תְּחָשִׁים)가 어떤 짐승을 두고 하는 말인지는 확실하지 않다(Cassuto). 학자들은 홍해에서 서식하는 돌고래의 가죽으로 추측한다(Kaiser). 확실한 것은 이 짐승 가죽이 성막의 덮개가 된 것은 가죽이 지니는 방수 효과 때문이다.

'아카시아 나무/조각목'(עֲצֵי שִׁטִּים)은 성경에서 이사야 41:19을 제외하고 항상 장막과 도구들을 만드는 데 사용된 목재를 가리킨다. 성경에 등장하는 몇몇 지명은 이 나무의 서식지를 암시하는 듯하다(민 25:1; 33:49; 삿 7:22; 욜 3:18). 아카시아과에 속하는 나무는 총 800여 가지에 이르며, 그중 몇 종류만이 곧게 자라서 목재로 사용할 수 있는 것으로 알려졌다. 성막 기구에 사용된 아카시아 나무는 미모사(Mimosa Nilotica) 종류이며, 이 나무는 참나무보다 색이 더 짙고 단단하여 나무를 갉아 먹는 벌레에게 영향을 받지 않는다는 해석이 있다(Kaiser). '기름'(שֶׁמֶן)은 후에 올리브 기름으로 밝혀졌다(출 27:20; 레 24:2). 관유에 드는 향품(בְּשָׂמִים)에 대해서는 30:23-25에 자세하게 언급하고 있다. "너는 상등 향품을 가지되 액체 몰약 오백 세겔과 그 반수의 향기로운 육계 이백 오십 세겔과 향기로운 창포 이백오십 세겔과 계피 오백 세겔을 성소의 세겔로 하고 감람 기름 한 힌을 가지고 그것으로 거룩한 관유를 만들되 향을 제조하는 법대로 향기름을 만들지니 그것이 거룩한 관유가 될지라." 관유로 사용된 올리브유는 올리브를 으깨 만든 최상품이었다.

'호마노/홍옥수'(אַבְנֵי־שֹׁהַם)는 성경에 자주 등장하는 보석이지만 정확히 무엇을 뜻하는지 알 수 없다. 랍비 문헌도 많은 혼선을 빚고 있어서 별로 도움이 되지 않는다(Sarna). 창세기 2:12는 이 보석이 에덴동산 근처에 있던 '하윌라'라는 곳에서 생산된 것이라고 말한다. 모세는 이 모든 물품을 수집하여 성소를 지어야 한다(8절). 성경에서 성소(מִקְדָּשׁ)라는 단어가 이곳에서 처음 사용되는데, 훗날 이 단어는 예루살렘에 있는 성전을 뜻하는 것으로 널리 사용되었다.

성막은 하나님이 '그들 중에 거할 성소'(שָׁכַנְתִּי בְּתוֹכָם, 8절)다. 이 말씀의 의미를 생각해 보자. 첫째, 본문은 '그것[3인칭 남성 단수] 중'이 아니라 '그들[3인칭 남성 복수] 중'을 취하고 있다. 하나님이 성소에 거하시는 것이 아니라 그들[이스라엘 백성] 사이에 거하신다는 뜻이다. 둘째, '거하다'라는 동사는 일반적으로 사용되는 동사(ישׁב)가 아니라 '장막 치다'(שׁכן)이며, 이 동사는 특별한 의미를 지니고 있다. 이 동사(שׁכן)는 유목민의 삶에서 유래한 것으로 잠시 텐트에 머문다는 뜻이다(Sarna). 그러므로 성경은 성막을 히브리어로 흔히 미쉬칸(מִשְׁכָּן, 9절)이라고 한다. 성막은 결코 하나님의 거처가 아니다. 다만 이스라엘 사람이 하나님의 임재를 상징하는 것으로 생각할 수 있는 모형에 불과하다.

모세가 왜 성소를 성막(מִשְׁכָּן)이라고 부르는 동시에 회막(אֹהֶל מוֹעֵד)이라고 부르는지 생각해 보자. 많은 학자는 두 용어가 서로 다른 전승을 반영한다고 주장한다. 그러나 이 같은 주장은 별로 설득력이 없으며, 두 용어는 관점의 차이를 반영할 뿐이다. 하늘에 영원한 거처가 있으신 하나님의 관점에서 볼 때, 성소는 유목민이 이동용 텐트에 머무는 것처럼 잠시 머무는 곳이기 때문에 성막(מִשְׁכָּן)이다. 반면에 인간의 입장에서 이 성소는 하나님을 만날 수 있는 유일한 장소다. 그래서 그들에게 성소는 만남의 장소인 회막(אֹהֶל מוֹעֵד)인 것이다. 이런 면에서 성소는 하늘과 땅이, 하나님과 백성이 함께하는 곳으로 거룩함과 속됨이 함께하는 곳이기도 하다(Dozeman).

성소와 연관하여 풀리지 않는 문제는 정확한 그 위치다. 모세 오경은 성소가 이스라엘 진 중앙에 있었다고 한다. 반면에 회막은 이스라엘 진 밖에 있었다고 한다. 성경이 이스라엘 진 중앙에 있는 성소를 논할 때 항상 '성막/장막'(מִשְׁכָּן)을 사용하며, 진 밖에 있는 구조물을 논할 때는 항상 '회막'(אֹהֶל מוֹעֵד)이라 한다. 이 둘이 같은 곳을 의미한다면 어떻게 이런 일이 가능한가? 일부 주석가들은 회막은 성막이 완성되기 전에 잠시 사용했던 것이며, 성막이 완성된 다음에는 더 이상 사용되지 않았다고 주장한다(Stuart). 그러나 성막이 완성된 것을 전제하는 레위기, 민수기에도 회막은 계속 등장한다.

상징적인 의미는 확실하다. 성막은 이스라엘의 삶의 중심에 있는 곳이며, 회막은 잠시 하나님을 만나기 위해 찾아가는 곳이다. 또한 성막과 회막은 하나의 쌍이 되어 하나님의 통치와 임재가 이스라엘 삶의 중심부에서 변방에까지 이른다는 점을 상징한다(Sommer). 그러나 이 구조물이 실제로 진의 중앙에 있었는지, 진 밖에 있었는지, 아니면 상황에 따라 중앙에 있다가 변방으로 옮겨 갔는지는 확실하지 않다. 가장 쉬운 설명은 비평학자들이 주장하는 것처럼 중앙에 있는 성막은 제사장 문서(P-document)에 따른 것이며, 변방에 있는 회막은 비(非)제사장 문서(Non-P-document)에 따른 것이라고 구분하는 것이다. 그러나 이 같이 단순한 결론을 내리기 전에 더 많은 연구가 필요하다.

성막을 건축하는 데 필요한 모든 재료를 모은 다음, 모세는 무엇에 준하여 성막을 만들어야 하는 것일까? 일부 주석가는 하늘에 성막의 원형이 있었다는 점을 부인한다(Houtman). 그러나 하나님은 9절에서 "무릇 내가 네게 보이는 모양대로 장막을 식양(תַּבְנִית)과 그 기구의 식양(תַּבְנִית)을 따라 지을지니라"(개역)라고 말씀하신다. 개역성경의 '식양'이라는 말의 의미는 확실하지 않다. 공동번역은 이 단어를 설계와 도본으로 번역하고 있다. 개역개정과 새번역은 '모양'으로 번역한다. 한 가지 확실한 점은, 성막을 건축할 때 하늘에 있는 원형대로 만들든지 하나님이 보여주시는 청사진과 그림대로 만들라는 것이다(출 25:40; 26:30; 27:8; 민 8:4). 역대기 저자에 의하면 솔로몬은 성전을 건축할 때 아버지 다윗이 하나님께로부터 받은 설계도대로 건축했다(대상 28:11-19). 성막은 분명 하나님이 지시하고 보여준 대로 만들어진 건물임을 강조한다.

설계도는 하나님이 보여주지만 성소는 인간이 만들어야 한다. 비록 하나님이 하시는 일이라 할지라도 인간의 땀과 수고를 배제하지는 않는다. 하나님과의 교제(communion) 장소를 건설하는 것은 인간의 책임이며, 인간은 이 책임을 다하기 위해 하나님이 보여준 대로 만들어서 그분의 말씀에 절대적으로 순종하는 자세를 보여야 한다(Brueggemann). 게다가 이스라엘은 하나님을 예배하는 곳을 건축하는 중이다. 그렇다면 하나님이 원하시는 방식과 도식에 따라 성막을 세워가는 것은 당연한 일이다.

III. 성막과 도구들(25:1-40:38)
A. 성막 준비(25:1-31:18)
1. 성막과 비품(25:1-40)

(2) 법궤(25:10-16)

[10]그들은 조각목으로 궤를 짜되 길이는 두 규빗 반, 너비는 한 규빗 반, 높이는 한 규빗 반이 되게 하고 [11]너는 순금으로 그것을 싸되 그 안팎을 싸고 위쪽 가장자리로 돌아가며 금 테를 두르고 [12]금 고리 넷을 부어 만들어 그 네 발에 달되 이쪽에 두 고리 저쪽에 두 고리를 달며 [13]조각목으로 채를 만들어 금으로 싸고 [14]그 채를 궤 양쪽 고리에 꿰어서 궤를 메게 하며 [15]채를 궤의 고리에 꿴 대로 두고 빼내지 말지며 [16]내가 네게 줄 증거판을 궤 속에 둘지며

필요한 재료를 구하라는 명령 다음에 제일 먼저 법궤에 대한 청사진이 제시된다. 모세가 준비된 재료를 가지고 제일 먼저 만들어야 하는 것으로 성막이 아니라 법궤가 지목된 것은 다소 예상 밖이다(Enns). 성막이 가장 기본적인 건축물이고 예배에 사용되는 모든 기구를 소장하는 곳이기 때문이다. 실제로 성막과 기물들을 만들 때 법궤를 만드는 일(37:1-9)은 성막을 만드는 일(36:8-38)을 뒤따른다. 그렇다면 본문에서는 왜 법궤가 먼저 언급되는 것일까? 법궤의 중요성을 강조하기 위해서다. 실제로 시내 산 경험 이후 이스라엘에게 하나님의 임재를 상징하는 가장 중요한 물건은 성막이 아니라 법궤다(Durham). 법궤가 없는 성막은 하나님의 임재를 상징하지 못하기 때문이다. 또한 법궤는 성막에서 가장 중요한 기구이며, 유일하게 지성소에 소장되는 기구다. 법궤는 세상과 하늘의 만남을 상징하는 것이라 할 수 있다.

'법궤'(אֲרוֹן)는 위쪽이 열려 있는 사각형 상자였다. 성경에서 법궤를 180회나 언급하는 것은 이스라엘 종교에서 얼마나 중요했는가를 말해준다(Kaiser). 여기에 제시된 규격에 의하면 길이 2.5규빗, 너비 1.5규빗, 높이 1.5규빗이다. 1규빗(אַמָּה)은 성인의 팔꿈치에서 가운데 손가락 끝까지의 길이를 뜻하며, 보통 45㎝로 환산된다. 그렇다면 법궤의 규격은 가로 112㎝, 세로 67㎝, 높이 67㎝다. 법궤의 골격은 조각목(아카시아 나무)으로 하고 표면을 '순금'(זָהָב טָהוֹר)으로 얇게 씌웠다. 법궤를 제작하는 데 사용되는 금은 특별히 정제(refine)하여 가장 순도가 높은 것을 사용하라고 당부하신다. 어떠한 불순물이나 오염물도 허용하지 말라는 뜻이다. 이 같은 요구는 하나님의 경건과 거룩하심을 강조하는 것이다(Stuart).

법궤의 양면에는 네 개의 금고리가 있고 이 고리 사이로 금으로 씌운 아카시아 막대기를 넣어 영구적으로 두도록 했다(15절). 물론 이동할 때 편리하도록 한 장치이지만, 훗날 법궤가 솔로몬의 성전에 최종적으로 안치될 때도 이 막대들이 제거되지 않은 것으로 보아 이 고리들은 단순히 이동할 때만을 위한 것이 아님을 알 수 있다(왕상 8:8). 아마도 이 금막대기는 법궤의 이동성을 상징할 뿐만 아니라 부정한 것들로부터 법궤를 보호하는 역할도 했던 것으로 여겨진다(Sarna).

법궤의 유일하면서도 가장 중요한 기능은 십계명이 새겨진 돌판을 보관하는 것이다. 열왕기상 8:9에 따르면, 법궤가 솔로몬 성전에 안치될 때도 그 안에는 돌판밖에 들어 있지 않았다. 세월이 지나면서 아론의 싹난 지팡이와 만나 항아리가 사라진 사실은 매우 중요한 상징성을 지닌다. 세상 끝날까지 유일하게 영원히 남는 것은 하나님 말씀뿐이라는 것이다. 어떠한 기적과 징조는 모두 지나가지만 하나님 말씀은 영원히 사람의 삶을 변화시켜 간다. 중요한 계약서와 같은 법적 문서를 신성한 장소에 보관하는 것은 고대 근동에서 흔히 볼 수 있는 풍습이었다. 문서를 보관하는 장소의 신(들)이 문서를 보호할 뿐만 아니라 증인이 되어 문서의 내용이 잘 진행될 수 있도록 한다는 생각에서였다. 그러므로 고대 근동의 계약서에는 흔히 신들의 이름이 증인으로 등장한다. 중요한 것은 하나님이 이 법궤에 거하시거나 이 법궤 안에서 말씀하시는 것이 아니라, 법궤 위에서 말씀하신다는 것이다. 이는 하나님의 보좌가 하늘에 있고 법궤는 하나님의 발판(footstool)과 같다는 점을 강조하는 듯하다. 법궤는 성전(聖戰)에서 매우 중요한 역할을 했다(ABD). 그래서 이스라엘은 중요한 전쟁에서는 꼭 법궤를 앞세웠다.

III. 성막과 도구들(25:1–40:38)
A. 성막 준비(25:1–31:18)
1. 성막과 비품(25:1–40)

(3) 속죄소(25:17–22)

[17]순금으로 속죄소를 만들되 길이는 두 규빗 반, 너비는 한 규빗 반이 되게 하고 [18]금으로 그룹 둘을 속죄소 두 끝에 쳐서 만들되 [19]한 그룹은 이 끝에, 또 한 그룹은 저 끝에 곧 속죄소 두 끝에 속죄소와 한 덩이로 연결할지며 [20]그룹들은 그 날개를 높이 펴서 그 날개로 속죄소를 덮으며 그 얼굴을 서로 대하여 속죄소를 향하게 하고 [21]속죄소를 궤 위에 얹고 내가 네게 줄 증거판을 궤 속에 넣으라 [22]거기서 내가 너와 만나고 속죄소 위 곧 증거궤 위에 있는 두 그룹 사이에서 내가 이스라엘 자손을 위하여 네게 명령할 모든 일을 네게 이르리라

'속죄소'(כַּפֹּרֶת)는 법궤를 덮는 뚜껑 역할을 하기에, 너비 1.5규빗, 길이 2.5규빗인 법궤의 규격에 따른다. 그러나 아카시아 나무에 금을 씌운 법궤와 달리 순수하게 금으로만 만들어졌다는 점을 고려할 때, 단순히 법궤의 뚜껑 역할만을 하는 것이 아니라 오히려 법궤보다 훨씬 더 소중한 의미와 상징성을 가진 독자적인 물건임을 알 수 있다. 이곳에서 죄사함이 이루어지기 때문이다(Kaiser). 속죄소가 얼마나 중요한지는 22절 말씀이 요약해준다. "거기서 내가 너와 만나리라." 성막 전체가 하나님 임재를 상징하지만, 하나님이 자기 백성을 만나는 곳은 바로 속죄소다. 하나님이 사람을 이곳에서 만나는 것은 책망하고 탓하기 위해서가 아니라 용서와 화해를 위해서다. 이런 면에서 구약의 속죄소는 신약의 십자가를 의미한다. 그리스도의 십자가를 통해 우리가 하나님의 용서를 받고 주님과 화해했기 때문이다.

속죄소 양쪽에는 두 천사가 마주보는 상태에서 고개를 조금 숙인 자세를 취한 것으로 장식되어 있었다(18-20절). 그들의 펼쳐진 날개는 속죄소의 바닥과 법궤를 덮었다. 22절과 민수기 7:89에 의하면, 하나님의 음성이 속죄소 바닥과 두 천사 사이에서 들려왔다. 그러므로 법궤가 하나님의 발판이었다면, 속죄소의 두 천사는 하나님의 보좌를 받들고 있다고 생각할 수 있다(Haran). 속죄소는 하늘에 있는 하나님의 실제 처소의 상징인 것이다(Enns). 성경에는 하나님을 '그룹들 위에 좌정하신 분'으로 묘사하는 사례가 종종 등장하는데(삼상 4:4; 삼하 6:2; 대상 13:6; 왕하 19:15; 사 37:16; 시 80:1; 99:1), 이는 아마도 여기서 비롯된 개념일 것이다. 에스겔 환상에서도 그룹들 위에 있는 보좌에 앉아 계신 하나님이 보인다(겔 1:22, 26).

영어로는 속죄소를 'mercy-seat'(자비의 보좌)라고 하는데, 1534년에 성경을 영어로 번역했던 틴데일(Tyndale)에 의해 처음 사용된 표현이다. 이 단어는 칠십인역(LXX)의 ἱλαστήριον(죄가 용서받는 곳, 화해의 도구)과 라틴어역(Vg.)의 *propitiatorium*(속죄의 장소)에서 비롯된 개념이다. 최근에는 '시은좌'라는 말이 속죄소를 대신하고 있다. 레위기 16:15-16에 따르면 대제사장이 속죄일에 지성소에서도 바로 이곳에서 속죄 예식을 진행하는 것으로 보아 적절한 해석이라고 할 수 있다. 그러나 '속죄소'(כַּפֹּרֶת)는 '덮다'(כפר)에서 파생한 단어로 '[죄를] 덮는 곳'이라는 개념과 분리할 수 없다(HALOT, NIDOTTE).

법궤가 하나님의 발판이고 속죄소가 하나님의 보좌와 연관되어 있는 것은 여호와가 왕이시라는 점을 부각한다. 그러므로 왕이신 하나님은 앞으로 종종 모세를 법궤와 속죄소에서 만나, 말씀을 선포하고 명령하실 것이다. 히브리서 저자는 그리스도의 죽음으로 우리가 왕이신 하나님의 '은혜의 보좌'로 나아갈 수 있게 되었다고 한다(히 4:16).

III. 성막과 도구들(25:1-40:38)
A. 성막 준비(25:1-31:18)
1. 성막과 비품(25:1-40)

(4) 진설병을 두는 상(25:23-30)

[23]너는 조각목으로 상을 만들되 길이는 두 규빗, 너비는 한 규빗, 높이는 한 규빗 반이 되게 하고 [24]순금으로 싸고 주위에 금 테를 두르고 [25]그 주위에 손바닥 넓이만한 턱을 만들고 그 턱 주위에 금으로 테를 만들고 [26]그것을 위하여 금 고리 넷을 만들어 그 네 발 위 네 모퉁이에 달되 [27]턱 곁에 붙이라 이는 상을 멜 채를 꿸 곳이며 [28]또 조각목으로 그 채를 만들고 금으로 싸라 상을 이것으로 멜 것이니라 [29]너는 대접과 숟가락과 병과 붓는 잔을 만들되 순금으로 만들며 [30]상 위에 진설병을 두어 항상 내 앞에 있게 할지니라

성막 안에서 가장 거룩한 공간인 지성소(Holy of Holies)에 소장될 법궤와 속죄소 제작에 관한 지시가 끝난 다음, 지성소 다음으로 거룩한 곳인 성소(Holy Place)에 비치될 도구들에 대한 청사진이 제시된다. 첫 번째로 언급되는 것은 진설병을 두는 상이다. 이 상은 법궤(속죄소 포함) 다음으로 중요한 성막 기구여서(Hamilton), 항상 법궤 다음으로 언급되며(출 25:10-22와 25:23-30; 37:1-9와 37:10-16; 40:3과 40:4; 민 4:4-6과 4:7-8), 레위 사람이 운반을 위해 포장할 때는 세 겹으로 포장된다(민 4:7-8). 성막 기구 중 세 겹으로 포장되는 것은 법궤와 진설병 상이 유일하다. 진설병 상은 법궤처럼 아카시아 나무로 만들고 그 위에 금을 씌웠다. 규격은 너비 1규빗, 길이 2규빗, 높이 1.5규빗(45cm x 90cm x 67cm)이며 네 다리로 지탱된다.

이 상의 기능은 진설병[לֶחֶם פָּנִים, '얼굴(어전) 빵']을 전시하는 것이다. 그러므로 이 상은 때로 단순히 '어전 상'(שֻׁלְחַן הַפָּנִים, 'the table of presence', 민 4:7 우리말 성경에는 정확하게 드러나지 않음)이라고도 하고 '[빵] 줄 상'[שֻׁלְחַן הַמַּעֲרֶכֶת, 'the table of the row'(of breads), 대하 29:18]이라고도 한다. 아울러 레위기 24:6은 이 상을 '순결한 상'(הַשֻּׁלְחָן הַטָּהֹר)이라고 부른다. 이 상 위에는 빵과 함께 네 가지 순금으로 만든 도구들이 전시되어야 한다. 대접, 숟가락, 병, 붓는 잔(29절). 이 도구들은 '봉사하는 데 쓰는 기구들'(민 3:31), '제사 드리는 그릇'(대하 24:14)이라고 불리기도 한다. 이 도구들의 기능은 확실하지 않다.

진설병(לֶחֶם פָּנִים)의 상징성과 중요성에 대해서는 여러 가지 해석이 제시되어 왔다. 하나님 앞에 영구적으로 전시되는 것이기에 '어전 빵'이라는 해석이 있는가 하면(Ibn Ezra), '왕과 같은 귀한 사람이 먹기에 적절한 빵'이라는 해석도 있고(Rashi), 빵의 윗면/얼굴이 모두 보여야 하기에 '표면/얼굴(פָּנִים) 빵'이라는 해석도 있다(Mishnah Menahot). 진설병을 전시하는 상과 빵의 중요성은 시내 산 언약을 상징하는 데 있다. 모세의 인도에 따라 시내 산에 올랐던 이스라엘 장로 70명은 하나님과 언약을 맺은 후 언약이 체결된 후에는 쌍방이 함께 음식을 나누는 예식에 따라 하나님 앞에서 먹고 마셨다. 이 빵은 그 같은 사실을 두루 기념하기 위해 주신 것이다(Enns, Stuart). 그렇다면 진설병은 하나님을 위한 것(하나님이 백성이 바친 빵을 드신다는 것)이 아니라, 하나님이 자기 백성을 보호하고 먹이심을 상징하는 것이다(Kaiser). 어떤 해석을 따르든, 진설병이 얼마나 중요한 것이었는지는 이스라엘이 행군하는 도중에도 이 빵과 함께 이동했다는 사실에서 알 수 있다(민 4:7-8).

레위기 24:5-9에 따르면 진설병은 항상 열두 개씩 만들어야 하며, 각 빵은 10분의 2에바의 가장 고운 밀가루로 빚어야 한다. 에바의 크기는 때에 따라 변동이 있으며 보통 18ℓ에서 22ℓ로 계산한다. 그러므로 열두 개의 빵을 만드는 데 최대 53ℓ의 곡물가루가 사용된 것이다.

매우 많은 분량이다. 이스라엘 사람은 광야에서 매일 각 사람당 10분의 1에바의 만나를 먹었다. 요세푸스에 의하면 진설병은 누룩을 넣지 않고 만들었다. 열두 개의 빵은 두 줄로 나누어 전시되었으며, 일주일에 한 번씩 안식일이면 새로 빚은 빵으로 대체되었다. 오래된 빵은 버리는 것이 아니라 제사장이 먹었으며, 다윗이 놉에서 제사장들에게서 이 빵을 얻어 먹은 적이 있다(삼상 21:2-7).

III. 성막과 도구들(25:1-40:38)
A. 성막 준비(25:1-31:18)
1. 성막과 비품(25:1-40)

(5) 등잔대와 기구들(25:31-40)

[31]너는 순금으로 등잔대를 쳐 만들되 그 밑판과 줄기와 잔과 꽃받침과 꽃을 한 덩이로 연결하고 [32]가지 여섯을 등잔대 곁에서 나오게 하되 다른 세 가지는 이쪽으로 나오고 다른 세 가지는 저쪽으로 나오게 하며 [33]이쪽 가지에 살구꽃 형상의 잔 셋과 꽃받침과 꽃이 있게 하고 저쪽 가지에도 살구꽃 형상의 잔 셋과 꽃받침과 꽃이 있게 하여 등잔대에서 나온 가지 여섯을 같게 할지며 [34]등잔대 줄기에는 살구꽃 형상의 잔 넷과 꽃받침과 꽃이 있게 하고 [35]등잔대에서 나온 가지 여섯을 위하여 꽃받침이 있게 하되 두 가지 아래에 한 꽃받침이 있어 줄기와 연결하며 또 두 가지 아래에 한 꽃받침이 있어 줄기와 연결하며 또 두 가지 아래에 한 꽃받침이 있어 줄기와 연결하게 하고 [36]그 꽃받침과 가지를 줄기와 연결하여 전부를 순금으로 쳐 만들고 [37]등잔 일곱을 만들어 그 위에 두어 앞을 비추게 하며 [38]그 불 집게와 불 똥 그릇도 순금으로 만들지니 [39]등잔대와 이 모든 기구를 순금 한 달란트로 만들되 [40]너는 삼가 이 산에서 네게 보인 양식대로 할지니라

진설병을 올려놓는 상과 함께 성소에 두어야 할 것은 순금으로 만든 일곱 개의 가지(줄기)로 구성된 등잔대였다. 종종 일부 번역본이 이 기구를 촛대(candlestick)로 번역하는데(LXX, KJV), 잘못된 번역이다. 모세가 이 말씀을 받았을 때는 양초가 없었고, 양초는 로마 시대에 발명된 것이다(Kaiser). 그러므로 등잔대라는 번역이 훨씬 더 정확하다. 위치를 살펴보면 진설병 상은 성소의 북쪽에, 등잔대는 그 반대편인 남쪽에 있었다(출 26:35; 40:24). 탈무드를 보면 모세가 이 등잔대를 개념화하는 데 큰 어려움을 겪은 것으로 기록되어 있다(Menahot 29b). 민수기 8:4의 "모세가 여호와께서 자기에게 보이신 양식을 따라 이 등잔대를 만들었더라"라는 말씀도 이 같은 사실을 뒷받침하는 듯하다.

등잔대(מְנוֹרָה)를 구성하는 일곱 줄기 중 가운데 것과 주변 것과의 높이 차이에 대해서는 언급이 없다. 또한 등잔대의 크기도 언급하지 않고 있다. 훗날에 유래된 유태인 전승에 따르면 가운데 있는 것이 3규빗에 달했다고 한다. 많은 학자가 등잔대를 구성하는 줄기가 어떤 모양을 지녔을까에 관심을 갖는데, 올리브 가지, 아몬드 가지 혹은 올리브 가지에 아몬드 꽃으로 형성되었다는 추측이 지배적이다(Dozeman, Stuart). 일곱 개의 나뭇가지 모양으로 구성된 등잔대를 만드는 데 사용된 금의 양은 확실하지 않다. 물론 하나님은 여기에 나열된 모든 기구를 금 한 달란트를 사용하여 만들라고 하신다(39절). 한 달란트가 34kg에 달했으니 상당히 많은 양의 금이 이 기구들을 만드는 데 할당된 것이다. 그러나 등잔대는 어느 정도의 금이 필요한지 밝히지 않고 있다.

등잔대가 중심 줄기에서 뻗어 나오는 일곱 가지로 구성되어 있다는 점은 나무를 연상시킨다. 아마도 한때 인간이 에덴동산에서 보았던 생명나무를 상징하는 듯하다(ABD). 이 등잔대의 기능은 빛을 발하는 것이다. 빛은 삶을 상징하며, 세상의 모든 삶을 주관하시는 하나님의 능력을 상징하기도 한다(Meyers). 또한 빛은 하나님이 창조하신 최초의 피조물이기도 하다(창 1:3). 등잔대의 중요성은 범우주적인 면모를 지니며(Levenson), 창조주 하나님이 항상 주의 백성을 빛으로 보살피신다는 상징성도 지니고 있다(Stuart). 신약은 예수님이 빛이라며 그 빛 안에 거하라고 성도를 권면한다. 예수님은 곧 온 세상에 빛을 발하는 등잔대(Menorah)이신 것이다(Hamilton, cf. 요 8:12; 9:5; 12:46).

III. 성막과 도구들(25:1-40:38)
A. 성막 준비(25:1-31:18)

2. 성막 커튼과 기둥(26:1-37)

성막 안에 배치될 주요 도구들의 모습과 규격에 대한 말씀 이후 이번에는 성막 자체를 건축하는 데 필요한 정보와 규례를 주신다. 성막은 한마디로 말해서 커튼과 기둥들로 이루어진 건물이었다. 한동안 벨하우젠(J. Wellhausen)등의 비평학자들은 텐트 형태로 만들어진 이스라엘의 성소가 실제로 있었던 것이 아니라 제사장 문서 저자(Priestly writer)의 상상력에 의해 잉태된 것이라고 주장했지만, 오늘날 더 이상 이런 문제를 제기하는 사람은 없다. 지난 수십 년 동안 유목민이 이동식 성소를 많이 사용했다는 증거가 나왔기 때문이다(ABD). 성막의 구조와 크기는 다음 그림을 참고하라.

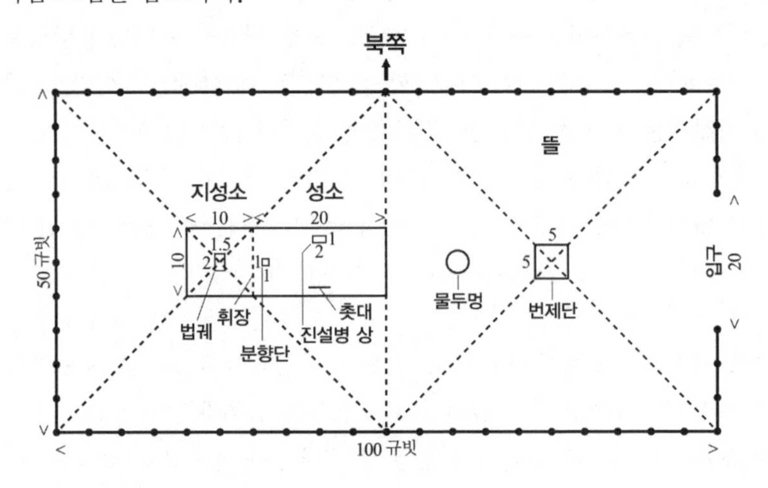

위 그림을 살펴보면 앞으로 언급될 성막(26:1-37), 번제단(27:1-7), 뜰(27:9-19)에 대한 지시 사항은 세 가지 수준의 거룩함에 따라 나열되어 있음이 확실하다. 가장 거룩한 성막, 그다음으로 거룩한 번제단, 마지막으로 뜰의 순서로 언급되고 있는 것이다(Dozeman). 그중 가장 거룩한 성막을 언급하고 있는 이 섹션은 다음과 같이 네 섹션으로 구분될 수 있다. 성막의 지붕이 나무 등 고정적인 것으로 되어 있지 않고 겹겹의 휘장들로 구성되어 있는 것은 장막의 이동성을 고려한 것이다.

A. 성막을 덮는 휘장들(26:1-14)
B. 성막의 기둥들(26:15-30)
C. 내부 커튼(26:31-35)
D. 외부 커튼(26:36-37)

III. 성막과 도구들(25:1-40:38)
A. 성막 준비(25:1-31:18)
2. 성막 커튼과 기둥(26:1-37)

(1) 성막을 덮는 휘장들(26:1-14)

[1]너는 성막을 만들되 가늘게 꼰 베 실과 청색 자색 홍색 실로 그룹을 정교하게 수 놓은 열 폭의 휘장을 만들지니 [2]매 폭의 길이는 스물여덟 규빗, 너비는 네 규빗으로 각 폭의 장단을 같게 하고 [3]그 휘장 다섯 폭을 서로 연결하며 다른 다섯 폭도 서로 연결하고 [4]그 휘장을 이을 끝폭 가에 청색 고를 만들며 이어질 다른 끝폭 가에도 그와 같이 하고 [5]휘장 끝폭 가에 고 쉰 개를 달며 다른 휘장 끝폭 가에도 고 쉰 개를 달고 그 고들을 서로 마주 보게 하고 [6]금 갈고리 쉰 개를 만들고 그 갈고리로 휘장을 연결하게 한 성막을 이룰지며 [7]그 성막을 덮는 막 곧 휘장을 염소털로 만들되 열한 폭을 만들지며 [8]각 폭의 길이는 서른 규빗, 너비는 네 규빗으로 열한 폭의 길이를 같게 하고

[9]그 휘장 다섯 폭을 서로 연결하며 또 여섯 폭을 서로 연결하고 그 여섯째 폭 절반은 성막 전면에 접어 드리우고 [10]휘장을 이을 끝폭 가에 고 쉰 개를 달며 다른 이을 끝폭 가에도 고 쉰 개를 달고 [11]놋 갈고리 쉰 개를 만들고 그 갈고리로 그 고를 꿰어 연결하여 한 막이 되게 하고 [12]그 막 곧 휘장의 그 나머지 반 폭은 성막 뒤에 늘어뜨리고 [13]막 곧 휘장의 길이의 남은 것은 이쪽에 한 규빗, 저쪽에 한 규빗씩 성막 좌우 양쪽에 덮어 늘어뜨리고 [14]붉은 물 들인 숫양의 가죽으로 막의 덮개를 만들고 해달의 가죽으로 그 윗덮개를 만들지니라

성막을 덮는 휘장들이 네 가지로 구분되어 있는데 각기 사용하는 재료는 다르다. (1) 실로 짠 옷감, (2) 염소 털로 짠 옷감, (3) 숫양 가죽, (4) 해달/돌고래 가죽. 이 순서는 가장 안쪽부터 바깥쪽으로 배치되는 순서이다. 성막을 가장 안쪽에서 덮는 휘장/앙장에 대하여는 1-6절에서 설명한다. 이 첫 번째 휘장은 파란색, 보라색, 붉은색 등 여러 색깔의 실로 짠 옷감을 사용하며 그룹들을 수놓은 것이다. 한 세트가 열 장으로 구성되어 있으며, 각 장의 규격은 가로 4규빗, 세로 28규빗(1.8m x 12.6m)이다. 이 휘장은 각기 다섯 장씩 옆으로 나란히 이어 두 장의 28규빗 x 20규빗(12.6m x 9m) 규모의 거대한 천을 구성한다. 두 천은 중간에 50개의 금고리로 연결되어 28규빗 x 40규빗(12.6m x 18m)의 거대한 천이 되어 성막을 덮게 되는 것이다. 성막의 규격은 30규빗 x 10규빗(13.5m x 4.5m)에 달하며, 이 천의 북쪽 벽과 남쪽 벽에는 땅에서 각기 1규빗씩 떨어지게 되어 있다. 서쪽 벽의 경우에는 땅과 닿았으며, 남쪽 벽의 경우에는 기둥을 넘어 흘러내리는 부분이 없다. 물론 이러한 계산은 기둥들의 두께를 본문에 제시된 장막의 규격에 포함시킨 결과다.

성막의 가장 안쪽을 여러 색깔의 실로 짠 옷감으로 덮은 다음, 그 위에 조금 더 거친 옷감, 염소 털로 짠 옷감을 덮는다(7-13절). 한 세트는 열한 조각으로 구성되어 있으며, 각 조각은 30규빗 x 4규빗(13.5m x

1.8m)에 달했다. 이 열한 조각은 각기 다섯, 여섯 조각씩 엮었으며, 다시 하나로 묶여 총 44규빗 x 30규빗(13.5m x 19.8m)에 달하는 천을 제공했다. 고리는 놋쇠로 만들었으며, 안쪽 휘장처럼 묶는 데 사용할 실의 색깔은 언급하지 않고 있다. 이 거대한 휘장은 성막의 동쪽에서부터 덮이기 시작해 뒤쪽으로 갔다. 동쪽 입구의 조각은 두 겹으로 겹쳐졌다. 그러므로 동쪽 입구만 제외하고 이 휘장은 다른 벽들을 완전히 덮고 있다.

셋째, 넷째 휘장의 규격은 주어지지 않았다(14절). 대체로 성막 전체를 덮었을 것이 확실하며, 이 가죽의 기능은 무엇보다 방수 효과를 노린 것으로 생각된다. 어떤 사람은 이 말씀이 두 겹이 아니라 한 겹의 가죽을 뜻하며, 이 경우 숫양 가죽과 해달 가죽이 섞여 엮인 휘장을 뜻한다고 한다(Sarna, Levine, Dozeman). 그러나 전통적으로 거의 모든 사람이 두 종류의 다른 휘장으로 이해해 왔다(Cassuto, Stuart, Kaiser). 이미 25:5에서 언급한 것처럼, 돌고래/해달로 번역되는 히브리어 단어(תַּחַשׁ)는 정확히 무엇을 의미하는지 분명하지 않다.

성막과 창조 세계는 매우 밀접한 관계가 있다는 것이 최근 학자들의 주장이다. 성막은 창조 세계의 축소판(microcosm)이라는 것이다(Enns). 창조 세계가 아름다운 것처럼 성막은 온갖 아름다운 것으로 치장되어 있으며, 하나님이 창조 세계에 균형과 질서를 주신 것처럼 창조 세계의 축소판인 성막에도 균형감과 질서는 매우 중요한 부분을 차지한다. 또한 이미 언급한 것처럼 성막과 도구들은 여섯 단계를 걸쳐 만들어지며, 일곱 번째 단계가 안식일에 대한 규례라는 것도 하나님이 6일 동안 세상을 창조하시고 7일째 되는 날 안식하셨던 것과 일맥상통하는 부분이다. 그래서 일부 학자들은 천지창조와 성막 건설을 두 개의 건축 프로젝트로 간주하며, 둘은 상호보완 관계를 유지한다고 주장한다. 성막은 우리가 사는 지루하고 죄로 얼룩진 세상과 달리 하나님이 창조하신 모든 것이 완벽하고 이상적인 세상을 상징한다(Levenson).

에덴동산은 이 세상에 세워진 하늘나라(heaven on earth)의 원형이었다. 죄를 범한 인간은 완벽했던 에덴동산에서 쫓겨났다(창 3장). 하나님은 다시 한 번의 창조 사역을 통해 타락 이전의 영광과 화려함으로 가득한 성막을 세우신 것이다(Enns). 그래서 성막은 구속적인 상징들로 가득하다. 성막에는 죄 문제를 해결하는 여러 가지 제사가 있으며, 길을 잃고 방황하는 세상에 거룩한 공간과 창조주를 만나기 위해 어디로 가야 하는지 방향성도 제시해 준다. 하나님을 뵈려면 성막으로 가면 된다. 성막에 이 같은 중요성이 있기 때문에, 모세가 출애굽기의 상당 부분을 성막과 도구들에 할애하는 것이다.

III. 성막과 도구들(25:1-40:38)
A. 성막 준비(25:1-31:18)
2. 성막 커튼과 기둥(26:1-37)

(2) 성막의 기둥들(26:15-30)

[15]너는 조각목으로 성막을 위하여 널판을 만들어 세우되 [16]각 판의 길이는 열 규빗, 너비는 한 규빗 반으로 하고 [17]각 판에 두 촉씩 내어 서로 연결하게 하되 너는 성막 널판을 다 그와 같이 하라 [18]너는 성막을 위하여 널판을 만들되 남쪽을 위하여 널판 스무 개를 만들고 [19]스무 널판 아래에 은 받침 마흔 개를 만들지니 이쪽 널판 아래에도 그 두 촉을 위하여 두 받침을 만들고 저쪽 널판 아래에도 그 두 촉을 위하여 두 받침을 만들지며 [20]성막 다른 쪽 곧 그 북쪽을 위하여도 널판 스무 개로 하고 [21]은 받침 마흔 개를 이쪽 널판 아래에도 두 받침, 저쪽 널판 아래에도 두 받침으로 하며 [22]성막 뒤 곧 그 서쪽을 위하여는 널판 여섯 개를 만들고 [23]성막 뒤 두 모퉁이 쪽을 위하여는 널판 두 개를 만들되 [24]아래에서부터 위까지 각기 두 겹 두께로 하여 윗고리에 이르게 하고 두 모퉁이 쪽을 다 그리하며 [25]그 여덟 널판에는 은 받침이 열여섯이니 이쪽 판 아래에도 두 받침이요 저쪽 판 아래에도 두 받침이니라

[26]너는 조각목으로 띠를 만들지니 성막 이쪽 널판을 위하여 다섯 개요 [27]성막 저쪽 널판을 위하여 다섯 개요 성막 뒤 곧 서쪽 널판을 위하여 다섯 개이며 [28]널판 가운데에 있는 중간 띠는 이 끝에서 저 끝에 미치게 하고 [29]그 널판들을 금으로 싸고 그 널판들의 띠를 꿸 금 고리를 만들고 그 띠를 금으로 싸라 [30]너는 산에서 보인 양식대로 성막을 세울지니라

성막의 벽 역할을 하면서 휘장들을 지탱할 기둥은 성막의 다른 도구처럼 아카시아 나무로 만들어야 하며, 각 기둥의 규격은 10규빗 x 1.5규빗(4.5m x 68cm)이다. 두께는 밝히지 않아 알 수 없다. 요세푸스(*Ant.* 3.6.3)는 기둥의 두께가 '네 손가락'(약 8cm)에 달했던 것으로 기록하고 있다. 그러나 유태인 해석가 중에는 두께를 1규빗(45cm)이라고 주장하는 사람도 있고(Rabbi Nehemiah), 기둥의 밑부분이 1규빗 두께로 시작했다가 끝에 가서는 손가락 두께였다고 주장한 사람도 있다(Rabbi Judah, Shabbat 98b).

성막의 남쪽과 북쪽 벽은 각각 스무 개의 기둥을 이은 것으로 구성되어 총 30규빗(13.5m)에 달하는 벽을 형성했으며, 서쪽은 여섯 개의 기둥을 이어 9규빗(4.5m) 길이의 벽을 제공하며, 양쪽에 기둥이 각각 하나씩 추가되어 10규빗의 벽을 만들어내는 데 기여할 뿐만 아니라 모서리를 보강하는 역할을 감당하도록 했다(22-23절). 성막의 입구인 동쪽에는 벽이 없었다. 이 건축물을 만드는 데 필요한 기둥은 총 마흔여덟 개에 달했다. 성막의 길이가 30규빗이고 너비가 10규빗이며, 서쪽에 있는 지성소가 이 공간의 3분의 1을 차지한다는 점을 감안하면, 지성소의 크기는 가로 10규빗, 세로 10규빗, 높이 10규빗(4.5m x 4.5m x 4.5m)이 된다. 훗날 솔로몬 성전은 가로 20규빗, 세로 60규빗이었다(왕상 6장). 성막의 면적은 솔로몬 성전의 4분의 1이었던 것이다.

성막의 벽은 이처럼 기둥들을 조립하여 형성되었다. 이 기둥들을 어떻게 이어서 고정시켰는가는 확실하지 않지만, 본문은 은 밑받침과 여러 가지 고리 등을 사용하여 이러한 일이 가능했음을 시사한다(21-24절). 이 목재들의 무게만 해도 엄청났으며 이 일을 위해 레위 족속 중 므라리 집안 사람이 임명되었고 이들은 소 두 마리가 끄는 달구지 네 개를 이용해 기둥을 운반했다(민 7:8). 성막에 대한 모든 지침은 하나님이 시내 산에서 모세에게 주신 것이다(30절).

Ⅲ. 성막과 도구들(25:1-40:38)
A. 성막 준비(25:1-31:18)
2. 성막 커튼과 기둥(26:1-37)

(3) 내부 커튼(26:31-35)

[31]너는 청색 자색 홍색 실과 가늘게 꼰 베 실로 짜서 휘장을 만들고 그 위에 그룹들을 정교하게 수 놓아서 [32]금 갈고리를 네 기둥 위에 늘어뜨리되 그 네 기둥을 조각목으로 만들고 금으로 싸서 네 은 받침 위에 둘지며 [33]그 휘장을 갈고리 아래에 늘어뜨린 후에 증거궤를 그 휘장 안에 들여놓으라 그 휘장이 너희를 위하여 성소와 지성소를 구분하리라 [34]너는 지성소에 있는 증거궤 위에 속죄소를 두고 [35]그 휘장 바깥 북쪽에 상을 놓고 남쪽에 등잔대를 놓아 상과 마주하게 할지며

성막의 총 규모는 가로 10규빗, 세로 30규빗(4.5m x 13.5m)이다. 이 내부 커튼은 지성소(Holy of Holies)와 성소(Holy Place)를 구분하는 도구다. 지성소는 10규빗 x 10규빗(4.5m x 4.5m) 크기의 방이며, 성소는 10규빗 x 20규빗(4.5m x 9m)의 공간이다. 두 방을 나누는 것이 내부 커튼(פָּרֹכֶת)의 역할인 것이다. 이 커튼은 때로 가장 거룩한 곳을 가리는 역할을 한다고 해서 '가리는 휘장'(פָּרֹכֶת הַמָּסָךְ, 출 35:12; 39:34; 40:21; 민 4:5)이라고 불리기도 하고, 이스라엘과 하나님 사이의 계약을 증거하는 법궤를 가리는 역할을 한다고 해서 '증거궤 휘장'(פָּרֹכֶת הָעֵדֻת, 레 24:3)이라고 불리기도 하며, 성소의 일부라 해서 '성소의 휘장'(פָּרֹכֶת הַקֹּדֶשׁ, 레 4:6)이라고 불리기도 했다.

이 내부 커튼은 덮개의 가장 밑에 들어가는 휘장처럼 여러 색깔의 실로 짠 옷감을 사용했고, 무늬도 같은 그룹들이었다. 규격이 언급되지 않지만, 성막의 구조상 가로 10규빗, 세로 10규빗(4.5m x 4.5m)이었음을 쉽게 짐작할 수 있다. 이 커튼은 네 개의 기둥에 걸도록 디자인되어 있었다(32절).

마태복음 27:51에 따르면, 예수님이 십자가에 매달려 숨을 거두시는 순간 성전의 휘장이 찢어졌다. 이 말씀이 분명 출애굽기 26:33-35과 깊은 연관성이 있다는 것이 학자들의 일반적인 견해다. 히브리서 10:20은 이 휘장이 예수님의 몸을 상징한다고 말한다. 예수님이 돌아가셨을 때 두 갈래로 찢어진 휘장이 바로 이 내부 커튼이다. 이 커튼은 원래 성소와 지성소를 구분하기 위해 설치되었지만, 결코 누구를 배척하기 위한 것이 아니라, 지성소를 하나님의 거룩하심의 중심이 되는 곳으로 구별하려는 목적이 있었던 것이다(Brueggemann). 예수님의 사역을 통해 커튼이 찢어져서 인간에게 하나님의 거룩하신 은혜의 보좌로 나아갈 수 있는 기회가 주어진 것이다.

III. 성막과 도구들(25:1-40:38)
A. 성막 준비(25:1-31:18)
2. 성막 커튼과 기둥(26:1-37)

(4) 외부 커튼(26:36-37)

[36]청색 자색 홍색 실과 가늘게 꼰 베 실로 수 놓아 짜서 성막 문을 위하여 휘장을 만들고 [37]그 휘장 문을 위하여 기둥 다섯을 조각목으로 만들어 금으로 싸고 그 갈고리도 금으로 만들지며 또 그 기둥을 위하여 받침 다섯 개를 놋으로 부어 만들지니라

이 커튼(מָסָךְ)은 성소와 성막의 뜰을 구분하는 역할을 한다. 이미 언급했듯이 성막의 동쪽은 열려 있다. 이러한 상황에서 이 커튼은 성소의 한계점을 표시하는 기능을 하여 불순물이 성소로 투입되는 것을 막는 역할을 한다. 외부 커튼은 내부 커튼을 만드는 데 사용된 것처럼 여러 색실을 엮어 만든 옷감으로 되어 있다. 그러나 이 커튼에는 그룹의 모형을 수놓지 않았다. 이 외부 커튼은 네 개의 기둥에 걸게 된 내부 커튼(פָּרֹכֶת)과 달리 다섯 개의 기둥에 걸게 되어 있었다(37절). 이 기둥들의 밑받침은 다른 기둥처럼 은이 아니라 놋이다. 성소의 가장 거룩한 곳에서 가장 멀리 있는 곳에 있었기 때문이다.

III. 성막과 도구들(25:1-40:38)
A. 성막 준비(25:1-31:18)

3. 제단, 뜰, 등 관리(27:1-21)

성막과 내부 기구에 대한 언급이 모두 끝난 다음, 초점이 성막 뜰에서 사용될 물건들로 옮겨진다. 이 섹션도 뜰에 있는 물건 중에서 가장 중요한 제단, 그다음 뜰을 막고 있는 울타리에 대한 규례를 순서적으로 제시한다. 그다음 앞에서 언급한 등을 어떻게 관리해야 하는지 언급함으로써 성막의 집기들에 대한 이야기를 마치고, 다음 섹션(28-29장)에서는 성막의 소프트웨어라 할 수 있는 제사장에 대한 규례와 취임식에 대해 지시한다. 이 섹션은 다음과 같이 구분할 수 있다.

A. 번제단(27:1-8)
B. 성막 뜰 울타리(27:9-19)
C. 등불 관리(27:20-21)

III. 성막과 도구들(25:1-40:38)
A. 성막 준비(25:1-31:18)
3. 제단, 뜰, 등 관리(27:1-21)

(1) 번제단(27:1-8)

[1]너는 조각목으로 길이가 다섯 규빗, 너비가 다섯 규빗의 제단을 만들되 네모 반듯하게 하며 높이는 삼 규빗으로 하고 [2]그 네 모퉁이 위에 뿔을 만들되 그 뿔이 그것에 이어지게 하고 그 제단을 놋으로 싸고 [3]재를 담는 통과 부삽과 대야와 고기 갈고리와 불 옮기는 그릇을 만들되 제단의 그릇을 다 놋으로 만들지며 [4]제단을 위하여 놋으로 그물을 만들고 그 위 네 모퉁이에 놋 고리 넷을 만들고 [5]그물은 제단 주위 가장자리 아래 곧 제단 절반에 오르게 할지며 [6]또 그 제단을 위하여 채를 만들되 조각목으로 만들고 놋으로 쌀지며 [7]제단 양쪽 고리에 그 채를 꿰어 제단을 메게 할지며 [8]제단은 널판으로 속이 비게 만들되 산에서 네게 보인 대로 그들이 만들게 하라

'제단'(הַמִּזְבֵּחַ)은 흔히 '번제단'(מִזְבַּח הָעֹלָה)이라고도 불리는데(출 30:28; 31:9; 35:16; 38:1; 40:6, 10, 29; 레 4:7, 10, 18, 25, 30, 34), 이곳에서 매일 두 차례씩 아침저녁으로 숫양 한 마리를 제물로 태웠기 때문이다(출 29:38-43; 민 28-29장). 이 제단은 겉이 놋으로 덮였다 해서 '놋 제단'(מִזְבַּח הַנְּחֹשֶׁת)이라고 불리기도 했다(출 38:30; 39:39; 왕상 8:64; 왕하 16:15; 대하 1:6; 4:1; 7:7; 겔 9:2). 반면에 성소에서 향을 피우게 될 제단은 '금 제단'으로 불려서 서로 구분되기도 했다. 랍비 문헌은 놋 제단을 '밖의 제단'(the outer altar), 금 제단을 '안의 제단'(the inner altar)이라고 부르며 구분하기도 했다(Sarna). 물론 이 제단의 위치에서 비롯된 이름이다. 번제단도 법궤처럼 이동성을 고려하여 고리들이 만들어진다.

제단은 하나님께 제사를 드리는 일에서 가장 중요한 요소이므로 이스라엘의 선조들은 이사할 때마다 제단을 쌓았다. 모세도 이미 두 차례나 제단을 쌓았다(17:15; 24:4). 그러므로 성막에 제단이 있어야 하는 것은 지극히 당연한 사실이기에 처음 언급되는 제단에도 정관사가 붙는다(1절). 제단이 사용될 때는 바닥에 상당한 양의 흙과 돌이 쌓였던 것으로 추측된다(Hamilton). 이렇게 하면 흙으로 제단을 쌓으라는 규례(20:24)도 적절하게 만족시킬 뿐만 아니라 놋이 감싸고 있는 아카시아 나무도 타지 않기 때문이다.

제단의 정확한 위치는 언급되지 않았다. 그러나 대략의 위치는 30:18, 40:6-7, 29-30 등에 기록되어 있다. 성막 뜰은 크기가 너비 50 규빗, 길이 100규빗(22.5m x 45m)이며, 이 공간을 둘로 나누면 한 면이 50규빗(22.5m)에 달하는 정사각형 두 개가 나온다. 두 정사각형에 각각 대각선을 그리면 뒤(서쪽)에 있는 정사각형에는 대각선이 교차하는 곳에 법궤와 속죄소가 놓여 있다. 앞(동쪽)에 있는 정사각형에는 대각선이 교차하는 곳에 제단이 있었다. 두 정사각형의 대각선들이 교차하는 곳에 법궤(뒤 쪽)와 제단(앞 쪽)이 놓여 있다. 이러한 구조로 사람들이 뜰에 있는 제단에서 제물을 드리면 속죄소에 열납된다고 할 수 있다. 법궤의 위치와 제단의 위치가 각각 대각선이 교차하는 위치에 놓이는 평행을 이루고 있기 때문이다. 이 제단을 어떻게 만들었는가에 대한 정보는 오늘날에도 별로 알려진 바가 없다. 본문에 따르면, 제단은 가로, 세로가 각각 5규빗(2.25m)의 정사각형이었으며, 높이는 3규빗(1.35m)이었다. 또한 네 개의 놋으로 만든 뿔이 각 코너에 붙어 있었다. 네게브(Negev)에 있는 아라드에서 발굴된 유태인의 성막에서도 이와 같은 규격의 번제단이 발견되었다(Aharoni, cf. Enns).

제단 위쪽의 각 모퉁이에 설치될 뿔은 먼저 나무로 깎은 다음 고정시키고 그 위에 놋을 입혀 제단 본체와 하나를 이루게 하고 있다. 금 제단도 뿔을 지니고 있었으며(30:1-2), 에스겔은 재건된 성막에 뿔이 있는 제단이 있는 환상을 보았다(겔 43:15). 이스라엘에서는 제단의 뿔이 매우 중요한 상징성을 지니고 있었다. 갖가지 제사로 드려지는 짐승의 피가 이곳에 발라졌고, 열왕기상 1:5-53과 2:28-34에 기록된 요압 사건이 밝히는 것처럼, 법에 쫓기는 자가 장막으로 도피하여 이 뿔을 잡는 것은 매우 오래된 전통이었다. 므깃도에서 발굴된 가나안 사람의 제단에도 뿔이 있는 것으로 보아, 제단에 뿔이 있는 것은 이스라엘 사람에게만 국한된 것이 아님을 알 수 있다(Sarna).

하나님은 제단뿐만 아니라 제단을 청소하는 데 사용할 삽, 재 담는 통 등 도구들과 태우는 고기를 뒤집는 갈고리 등을 함께 만들라고 하신다. 이것 중 아직까지 그 기능이 확실하게 밝혀지지 않은 것은 새번역이 '그물 모양의 석쇠'(מִכְבָּר, 4절)라고 번역하는 부분이다. 학자들은 대부분이 석쇠가 타는 나무의 숯 조각들을 모으는 역할을 했을 것으로 추정한다. 이 석쇠 역시 네 모퉁이에 고리를 달아 이동을 용이하게 하고 있다.

제단에 연관하여 한 가지 난해한 부분이 있다. 20:24-25에 의하면 다듬지 않은 돌이나 흙으로 제단을 쌓으라고 했는데, 여기서는 아카시아 나무에 놋을 입힌 것으로 제단을 만들라고 하신다. 둘의 관계를 어떻게 이해해야 하는가? 한 주석가는 놋 제단의 중간 부분이 비어 있기 때문에 이곳에 다듬지 않은 돌이나 흙으로 채웠을 것이라고 설명하여 이 문제를 해결하려 한다(Cassuto). 그러나 대부분의 학자는 만족스러운 설명이 아니라고 생각한다(Enns). 역시 가장 쉬운 설명은 둘의 차이를 이 규정들이 유래한 문서들(P와 Non-P)의 차이라고 보는 것이다(Dozeman). 한 가지 가능한 설명은 번제단에 대한 규례는 성막에서 준수되는 예배의식에 관한 것이고, 돌과 흙 제단은 성전이 건축되기 전에 산당에서 사용할 제단을 뜻하는 것이 아닐까 싶다. 성막에서는 꼭 놋 제단을 사용해야 하지만, 산당에서는 가능하면 놋 제단을 사용하되, 상황이 여의치 않으면 흙이나 돌 제단을 사용하라는 것으로 이해할 수 있다.

Ⅲ. 성막과 도구들(25:1-40:38)
A. 성막 준비(25:1-31:18)
3. 제단, 뜰, 등 관리(27:1-21)

(2) 성막 뜰 울타리(27:9-19)

[9]너는 성막의 뜰을 만들지니 남쪽을 향하여 뜰 남쪽에 너비가 백 규빗의 세마포 휘장을 쳐서 그 한 쪽을 당하게 할지니 [10]그 기둥이 스물이며 그 받침 스물은 놋으로 하고 그 기둥의 갈고리와 가름대는 은으로 할지며 [11]그 북쪽에도 너비가 백 규빗의 포장을 치되 그 기둥이 스물이며 그 기둥의 받침 스물은 놋으로 하고 그 기둥의 갈고리와 가름대는 은으로 할지며 [12]뜰의 옆 곧 서쪽에 너비 쉰 규빗의 포장을 치되 그 기둥이 열이요 받침이 열이며 [13]동쪽을 향하여 뜰 동쪽의 너비도 쉰 규빗이 될지며 [14]문 이쪽을 위하여 포장이 열다섯 규빗이며 그 기둥이 셋이요 받침이 셋이요 [15]문 저쪽을 위하여도 포장이 열다섯 규빗이며 그 기둥이 셋이요 받침이 셋이며 [16]뜰 문을 위하여는 청색 자색 홍색 실과 가늘게 꼰 베 실로 수 놓아 짠 스무 규빗의 휘장이 있게 할지니 그 기둥이 넷이요 받침이 넷이며 [17]뜰 주위 모든 기둥의 가름대와 갈고리는 은이요 그 받침은 놋이며 [18]뜰의 길이는 백 규빗이요 너비는 쉰 규빗이요 세마포 휘장의 높이는 다섯 규빗이요 그 받침은 놋이며 [19]성막에서 쓰는 모든 기구와 그 말뚝과 뜰의 포장 말뚝을 다 놋으로 할지니라

성막은 거룩한 장소이기에 뜰의 범위를 표시하여 사람이나 짐승의 출입을 제한해야 하며, 이 기능을 감당하도록 디자인된 것이 바로 이 울타리다. 울타리는 성막의 남쪽과 북쪽으로는 100규빗(45m), 동쪽과 서쪽은 50규빗(22.5m)이며, 울타리의 둘레는 총 300규빗(135m)이다. 아울러 이 울타리를 감싸는 성막의 뜰은 총 1,012.5㎡(306평)에 이르며 성막 자체의 면적은 약 41평이다.

울타리를 치는 도구는 가는 실로 짠 커튼/휘장이다. 휘장은 60개의 기둥에 걸리게 되어 있는데, 이 기둥의 길이는 각기 5규빗(2.25m)이며, 5규빗(2.25m) 간격으로 뜰을 에워쌌다. 남쪽과 북쪽 벽은 각기 스무 개의 기둥을 사용하고 서쪽 벽은 열 개를 사용한다. 동쪽의 경우 출입구가 있어서 배열이 조금 다르다. 양쪽에는 각기 세 개의 기둥이 사용되어 15규빗씩 막으며 중앙에 남은 20규빗은 네 개의 기둥을 사용한 막으로 되어 있고, 이 막은 여러 가지 색실로 짠 것이었다(14-16절).

성막은 가로 45m, 세로 22.5m에 달하는 직사각형이다. 마소라 사본에 따르면, 성막의 긴 면이 북쪽과 남쪽 벽이었으며 예배자는 성막의 동쪽 문으로 들어와야 한다. 지성소가 서쪽에 있었다는 것이다. 반면에 칠십인역(LXX)은 긴 면이 동쪽과 서쪽 벽이며 입구가 남쪽에 있었던 것으로 기록하고 있다(Dozeman). 이 같은 경우 지성소는 북쪽에 있다. 칠십인역을 번역한 사람들은 이집트의 도시 알렉산드리아에 살던 사람들이었는데, 이들의 위치에서는 모국 이스라엘이 북쪽에 있기 때문에 이렇게 해석한 것이라는 추측이 있다(Wevers). 우리는 마소라 사본에 따라 성막의 입구가 동쪽에 있었던 것으로 이해하는 것이 바람직하다.

III. 성막과 도구들(25:1-40:38)
A. 성막 준비(25:1-31:18)
3. 제단, 뜰, 등 관리(27:1-21)

(3) 등불 관리(27:20-21)

[20]너는 또 이스라엘 자손에게 명령하여 감람으로 짠 순수한 기름을 등불을 위하여 네게로 가져오게 하고 끊이지 않게 등불을 켜되 [21]아론과 그의 아들들로 회막 안 증거궤 앞 휘장 밖에서 저녁부터 아침까지 항상 여호와 앞에 그 등불을 보살피게 하라 이는 이스라엘 자손이 대대로 지킬 규례이니라

등잔대에 관한 청사진은 이미 앞에서 언급되었다(25:31-40). 하나님은 이제 이 등잔대에 올리브 기름을 넣어 불을 피우라고 말씀하신다. 주제만 생각하면 이 본문은 25장과 함께 있는 것이 더 논리적이다. 그래서 일부 주석가들은 본문의 위치가 잘못되어 있다고 주장한다(Noth). 그러나 등잔대에 기름을 넣고 관리해야 할 사람들이 바로 다음 섹션에서 위임식을 하게 될 제사장들이기에 이 위치에서 이 본문이 자연스럽게 전환적(transitional) 역할을 하고 있다고 생각하는 해석이 더 설득력을 얻는다(Durham, Dozeman).

사용할 기름은 올리브기름 중에서도 '맑은 것'(זָךְ)이다. 대중적으로 쓰였던 올리브를 갈아서 만든 기름은 찌꺼기가 섞여 있어 색깔이 투명하지 않았다. 맑은 올리브 기름을 얻기 위해서는 덜 익은 올리브를 가는 것이 아니라 방아 찧듯 찧어야 한다(Kaiser). 그다음 흘러나온 기름을 걸러내는 것이다. 하나님은 이러한 방식으로 생산된 기름만 사용하라고 명령하신다. 맑은 올리브 기름은 일반인이 사용하던 혼탁한 기름보다 불의 밝기가 훨씬 밝으며 그을음도 거의 나지 않는다(Enns). 아마도 실내에서 사용할 것이기 때문에 그을음을 최소화하기 위해 맑은 기름을 사용하라고 하신 것으로 생각된다(Haran). 성경에서 이 종류의 기름은 오직 성막의 등불에만 연관되어 언급된다. 당시 일반인은 맑은 기름을 요리용으로, 혼탁한 기름을 등잔용으로 사용했던 것으로 알려졌다(ABD).

하나님은 불을 '늘'(תָּמִיד) 켜두라고 말씀하시는데, 이는 어떤 경우를 말씀하시는 것인가? 하루 24시간인가 아니면 정기적으로 지정된 시간이 되면 켜라는 의미인가? 21절은 이 등잔불이 '저녁부터 아침까지' 타도록 하고 있다. 레위기 24:3도 저녁에서 아침을 규정하는 것으로 보아, 이 말씀은 하루 24시간이 아니라 저녁에서 아침까지 매일 정기적으로 켜두는 것으로 이해되어야 한다(삼상 3:3). 반면에 요세푸스는 성막 안에 낮이나 밤이나 항상 타는 등불이 있었다고 기록하고 있다(*Against Apion* 1.22). 람반은 본문이 언급하는 등불(נֵר תָּמִיד)은 성막 안에 있는 등잔에 불을 붙일 때 사용되는 불씨를 제공하는 것으로, 영구적으로 타는 것이라고 해석하기도 했다.

구약에서 '회막'이라는 말이 처음으로 사용된다(21절). '회막'(אֹהֶל מוֹעֵד) 혹은 '만남의 천막'이라는 용어는 앞으로 책이 마무리되기 전에 32차례 더 사용될 것이다. 이미 언급한 것처럼 하나님께 이 성소는 하늘 처소를 떠나 잠시 머무시는 곳이다. 그래서 성막(מִשְׁכָּן)이다. 반면에 이스라엘에게는 이 성소가 하나님을 만나는 곳이다. 그래서 회막(אֹהֶל מוֹעֵד)이다. 이스라엘은 이 회막에서 주로 하나님의 말씀을 듣는다. 그러므로 회막은 이스라엘이 하나님의 계시를 받는 곳으로의 기능이 가장 중요하다(Sarna).

III. 성막과 도구들(25:1-40:38)
A. 성막 준비(25:1-31:18)

4. 제사장들의 옷(28:1-43)

앞장의 마지막 절(27:21)에서 아론과 아들들이 언급되더니 28장에서 말씀의 주제가 이들을 중심으로 바뀌고 있다. 지금까지는 하나님이 성막과 도구들을 만드는 방법에 대해 말씀하셨는데, 이제는 성막에서 사역할 제사장들이 입을 예복을 만드는 법을 제시하신다. 이 일에 앞서 하나님은 아론과 아들 나답, 아비후, 엘르아살과 이다말을 제사장으로 삼도록 하신다. 이스라엘에서 제사장직은 이처럼 처음부터 아론과 아들들에게만 일임된 직분이었다. 그러므로 제사장직은 아론의 자손에게만 혈통적으로 전승되었다.

성막의 터가 커튼과 휘장 등으로 보통 땅에서 확실하게 구분되었던 것처럼, 성막에서 일할 제사장의 예복도 일반인의 것과 구분하기 위해서라도 확실하게 달라야 한다는 취지에서 제사장의 옷에 대한 규례가 주어지고 있다. 아론이 입을 옷은 대제사장이 입을 옷으로 간주되며, 그의 아들들이 입게 될 옷(40, 42절)은 보통 제사장이 입는 옷으로 간주된다(Sarna). 대제사장의 원형(archetype)으로서 아론은 여덟 가지/겹의 옷을 입는 반면, 일반 제사장인 그의 아들들은 네 가지/겹의 옷을 입는다. 본문이 많은 장식과 치장을 언급하지만, 이 모든 것의 기능과 모습이 충분히 연구된 것은 아니다. 우리가 가지고 있는 유일한 자료는 지혜서, 요세푸스의 저서, 일부 랍비 문헌 등이 고작이다. 머리를 치장하는 것도 언급되지만 발에 대한 예복용 치장은 없다. 제사장은 맨발로 사역했기 때문이다.

외경에 속해 있는 집회서에는, 시몬이라는 대제사장이 속죄일에 지성소에 들어가 속죄소에 피를 뿌리고 나온 모습이 기록되어 있다. 내용을 살펴보면 대제사장의 예복이 예배를 드리러 온 일반인에게 얼마나 감격적이고 강한 인상을 주었는가를 알 수 있다:

> 그가 지성소에서 나타나, 사람들에게 에워싸였을 때 그 얼마나 훌륭하였던가! 그는 구름 사이에서 빛나는 샛별과 같았고 쟁반처럼 둥근 달과 같았다. 그는 지극히 높으신 분의 성막을 비추는 태양과 같았고 영광의 구름 속에서 빛나는 무지개와 같았으며 봄날의 장미꽃 같았고 물가에 핀 백합 같았으며 여름철의 유향나무 가지와도 같았고, 향로에 담긴 불과 피어오르는 향과 같았으며 온갖 보석으로 장식한 순금그릇과 같았다. 그는 또 열매가 주렁주렁 달린 올리브 나무와 같았고 구름까지 치솟은 송백과 같았다. 시몬이 찬란한 제복을 입고 휘황찬란한 패물로 단장하고 거룩한 제단으로 올라가서 성소 안을 영광으로 충만하게 했을 때에 그 얼마나 장관이었던가!(집회서 50:5-11).

이미 언급한 것처럼 아론이 입게 될 옷은 대제사장의 예복이다. 일반 제사장의 옷과 달리 대제사장의 옷은 금색을 많이 활용하여 화려하게 만든 것이 특징이다. 그래서 유태인은 대제사장의 옷을 '금의'(golden attire)라고 부르기도 했다(Sarna). 그러나 속죄일에는 레위기 16:4이 규정하는 대로 대제사장은 하얀 옷을 입고 사역했다. 랍비들은 이 옷을 '백의'(white attire)라고 불렀다. 제사장의 의복에 관한 내용을 담고 있는 본 장(章)은 다음과 같이 구분할 수 있다.

A. 전반적인 소개(28:1-5)
B. 에봇(28:6-14)
C. 흉패와 우림과 둠밈(28:15-30)
D. 대제사장의 다른 예복(28:31-35)
E. 이마 장식 띠, 속옷, 관, 허리띠(28:36-39)
F. 일반 제사장의 옷(28:40-43)

III. 성막과 도구들(25:1-40:38)
A. 성막 준비(25:1-31:18)
4. 제사장들의 옷(28:1-43)

(1) 전반적인 소개(28:1-5)

[1]너는 이스라엘 자손 중 네 형 아론과 그의 아들들 곧 아론과 아론의 아들들 나답과 아비후와 엘르아살과 이다말을 그와 함께 네게로 나아오게 하여 나를 섬기는 제사장 직분을 행하게 하되 [2]네 형 아론을 위하여 거룩한 옷을 지어 영화롭고 아름답게 할지니 [3]너는 무릇 마음에 지혜 있는 모든 자 곧 내가 지혜로운 영으로 채운 자들에게 말하여 아론의 옷을 지어 그를 거룩하게 하여 내게 제사장 직분을 행하게 하라 [4]그들이 지을 옷은 이러하니 곧 흉패와 에봇과 겉옷과 반포 속옷과 관과 띠라 그들이 네 형 아론과 그 아들들을 위하여 거룩한 옷을 지어 아론이 내게 제사장 직분을 행하게 하라 [5]그들이 쓸 것은 금 실과 청색 자색 홍색 실과 가늘게 꼰 베 실이니라

하나님은 모세에게 이스라엘 자손 가운데서 아론과 아들들을 불러 내 제사장 일을 맡기라고 하신다(1절). 이 사건에 대해 역대상 23:13은 “아론은 그 자손들과 함께 구별되어 몸을 성결하게 하여 영원토록 심히 거룩한 자가 되어 여호와 앞에 분향하고 섬기며 영원토록 그 이름으로 축복하게 되었느니라”라고 회고한다. 아론의 아들 중 나답과 아비후는 훗날 제사장직을 잘못 수행하여 죽게 된다(레 10:1-2). 엘르아살과 이다말은 형들이 죽은 후에도 계속 제사장 사역을 했으며, 아버지 아론이 죽은 후에는 엘르아살이 그 자리를 계승했다(민 20:25-28; 신 10:6).

아론이 입게 될 옷은 ‘거룩한 예복’(בִּגְדֵי־קֹדֶשׁ)이라고 불린다(2절). 이 예복이 거룩하다는 것은 대제사장이 성소라는 거룩한 공간에서 사역할 때 입는 옷이기 때문이거나 옷 자체가 특별히 거룩한 의미를 지니고 있다고 간주하기 때문이다. 이 거룩한 예복은 영화롭고 아름다웠다(2절). 그러나 마이모니데스(Maimonides)가 주장하는 것처럼, 제사장이 이처럼 화려한 옷을 입은 것은 결코 자신을 과시하기 위해서가 아니라 하나님의 명령 때문이다. 이 예복은 또한 하나님이 주신 지혜로 충만한 매우 능숙한 장인이 만들어야 한다(3절). 즉, 대제사장이 입을 예복은 최고의 기술과 영성을 지닌 장인이 최고의 재료를 사용하여 제작해 낸 걸작품이었다. 아론은 이런 옷을 입을 만한 자격이 없는 사람이다. 특히 금송아지 사건 중심부에 그가 있었다는 사실을 생각하면 더욱 그렇다. 그런 의미에서 아론이 대제사장이 되어 이처럼 영광스러운 옷을 입을 수 있는 것은 전적으로 하나님의 은혜다. 그리스도인도 예수님의 은혜로 ‘제사장의 옷’을 입게 되었다. 참으로 감격스럽고 감사할 뿐이다.

III. 성막과 도구들(25:1-40:38)
A. 성막 준비(25:1-31:18)
4. 제사장들의 옷(28:1-43)

(2) 에봇(28:6-14)

[6]그들이 금 실과 청색 자색 홍색 실과 가늘게 꼰 베 실로 정교하게 짜서 에봇을 짓되 [7]그것에 어깨받이 둘을 달아 그 두 끝을 이어지게 하고 [8]에봇 위에 매는 띠는 에봇 짜는 법으로 금 실과 청색 자색 홍색 실과 가늘게 꼰 베 실로 에봇에 정교하게 붙여 짤지며 [9]호마노 두 개를 가져다가 그 위에 이스라엘 아들들의 이름을 새기되 [10]그들의 나이대로 여섯 이름을 한 보석에, 나머지 여섯 이름은 다른 보석에 새기라 [11]보석을 새기는 자가 도장에 새김 같이 너는 이스라엘 아들들의 이름을 그 두 보석에 새겨 금 테에 물리고 [12]그 두 보석을 에봇의 두 어깨받이에 붙여 이스라엘 아들들의 기념 보석을 삼되 아론이 여호와 앞에서 그들의 이름을 그 두 어깨에 메워서 기념이 되게 할지며 [13]너는 금으로 테를 만들고 [14]순금으로 노끈처럼 두 사슬을 땋고 그 땋은 사슬을 그 테에 달지니라

고대 근동 사회에서 옷은 권위와 신분을 상징했다(Stuart). 그러므로 여호와 하나님을 섬기는 제사장이 어떤 옷을 입고 일하느냐는 매우 중요한 사안이었다. 성막에 대해 말씀하실 때 제일 중요한 것부터 언급하셨듯이 제사장의 예복에 대해 말씀하실 때도 제일 중요한 에봇에 대한 말씀부터 시작하신다. 에봇의 중요성은 다섯 가지 색깔의 실로 짓는 것에서도 알 수 있다. 금실, 청실, 자주색 실, 홍색 실, 모시 실(5절). 이 색깔들은 성막에서 사용되는 휘장을 만드는 데도 사용되었다. 성막이 세상 모든 것에서 구별된 것처럼, 제사장의 옷도 다른 옷과 구별되고 차별화되었다(Enns). 제사장의 옷은 대제사장의 것처럼 아름다움과 영광에 초점을 맞추어 만들어진다. 세상 그 누구보다 제사장이 거룩하신 하나님의 영광과 아름다움을 반영해야 하기 때문이다.

본문에 따르면 에봇은 네 가지로 구성되어 있다. 몸체, 두 어깨 끈/멜빵, 화려하게 장식된 띠. 에봇이 제사장의 상체를 치장했는지, 하체를 치장했는지, 아니면 몸 전체를 치장했는지는 확실하지 않다. 그뿐만 아니라 에봇이 제사장의 등을 치장했는지 앞면을 치장했는지도 확실하지 않다. 본문이 세부적인 내용을 많이 담고 있기는 하지만, 우리가 정확하게 이해하기에는 역부족이다. 그러나 이 말씀을 처음 들었던 사람은 하나님이 정확히 무엇을 말씀하셨는지 알았을 것이다(Durham). 학자들은 에봇이 제사장들이 의복 위에 두른 앞치마 같은 것이라고 주장한다(Haran, Dozeman, Stuart, Hamilton).

에봇의 양쪽 어깨에는 보석이 있었으며, 이 보석에는 야곱의 열두 아들의 이름이 새겨진다(10절). 요세푸스는 가장 나이가 많은 여섯 명의 아들의 이름이 오른쪽 어깨의 보석에, 나머지 여섯 명의 아들의 이름은 왼쪽 어깨의 보석에 새겨져 있었다고 주장했다. 마이모니데스는 '오른쪽 어깨의 보석에는 르우벤, 레위, 잇사갈, 납달리, 갓, 요셉 순으로 새겨져 있었고, 왼쪽 어깨의 보석에는 시므온, 유다, 스불론, 단, 아셀, 베냐민의 순으로 새겨져 있었다'라고 주장했다. 이렇게 할 경우에 각 보석에는 히브리어 알파벳이 25개씩 새겨진다.

'에봇'(אֵפֹד)은 성경에서 자주 언급되는 물건이다. 어떤 경우에는 우상숭배와 경건치 못한 신앙을 유발하는 것으로 사용되었다(삿 17:3-5; 18:14, 17-20; 호 3:4). 기드온은 금색의 에봇을 만들어 온 이스라엘이 실족하게 한 적이 있다(삿 8:24-27). 사무엘상 21:9에 따르면, 에봇은 놉에 있던 장막의 한 곳에 소장되었으며 이 에봇 뒤에 골리앗의 칼이 소장되었다. 다른 곳에서 에봇은 손으로 운반된다(삼상 2:28; 23:6). 또한 하나님의 뜻을 묻는 도구로 사용되기도 했다(삼상 23:9-11; 30:7-8).

III. 성막과 도구들(25:1-40:38)
A. 성막 준비(25:1-31:18)
4. 제사장들의 옷(28:1-43)

(3) 흉패와 우림과 둠밈(28:15-30)

[15]너는 판결 흉패를 에봇 짜는 방법으로 금 실과 청색 자색 홍색 실과 가늘게 꼰 베 실로 정교하게 짜서 만들되 [16]길이와 너비가 한 뼘씩 두 겹으로 네모 반듯하게 하고 [17]그것에 네 줄로 보석을 물리되 첫 줄은 홍보석 황옥 녹주옥이요 [18]둘째 줄은 석류석 남보석 홍마노요 [19]셋째 줄은 호박 백마노 자수정이요 [20]넷째 줄은 녹보석 호마노 벽옥으로 다 금 테에 물릴지니 [21]이 보석들은 이스라엘 아들들의 이름대로 열둘이라 보석마다 열두 지파의 한 이름씩 도장을 새기는 법으로 새기고 [22]순금으로 노끈처럼 땋은 사슬을 흉패 위에 붙이고 [23]또 금 고리 둘을 만들어 흉패 위 곧 흉패 두 끝에 그 두 고리를 달고 [24]땋은 두 금 사슬로 흉패 두 끝 두 고리에 꿰어 매고 [25]두 땋은 사슬의 다른 두 끝을 에봇 앞 두 어깨받이의 금 테에 매고 [26]또 금 고리 둘을 만들어 흉패 아래 양쪽 가 안쪽 곧 에봇에 닿은 곳에 달고 [27]또 금 고리 둘을 만들어 에봇 앞 두 어깨받이 아래 매는 자리 가까운 쪽 곧 정교하게 짠 띠 위쪽에 달고 [28]청색 끈으로 흉패 고리와 에봇 고리에 꿰어 흉패로 정교하게 짠 에봇 띠 위에 붙여 떨어지지 않게 하라 [29]아론이 성소에 들어갈 때에는 이스라엘 아들들의 이름을 기록한 이 판결 흉패를 가슴에 붙여 여호와 앞에 영원한 기념을 삼을 것이니라 [30]너는 우림과 둠밈을 판결 흉패 안에 넣어 아론이 여호와 앞에 들어갈 때에 그의 가슴에 붙이게 하라 아론은 여호와 앞에서 이스라엘 자손의 흉패를 항상 그의 가슴에 붙일지니라

'흉패'(חֹשֶׁן)는 에봇처럼 여러 색상의 실로 만들어 에봇에 고정하여 대제사장의 가슴에 거는 장식품이다. 흉패에 대한 설명은 16절에 달하며, 다른 의복 부분보다 자세히 기록하고 있다. NRSV를 보면 에봇에 대한 설명은 196단어에 불과하지만, 흉패에 대한 설명은 400단어로 구성되어 있다(Meyers). 이처럼 흉패에 대하여 자세하게 언급하는 것은 이 기구의 중요성을 암시한다(Hamilton). 흉패는 면적이 58㎠ 크기의 작은 주머니다(16절; cf. 레 8:6-9). 이스라엘의 열두 지파를 상징하는 열두 개의 보석이 세 개씩 나뉘어져 네 줄로 흉패를 장식했다. 이 보석들의 이름만으로는 그것들이 어떤 것이었는지 도저히 추측할 수 없다. 보석 중 상당수의 이름이 이곳에서만 사용되기 때문이다. 이 이름 중 일부가 에스겔 27:16에서는 절대적인 교만을 상징하며, 욥기 28:16-19에서는 최고의 가치를, 아가 5:10-16에서는 상상을 초월하는 아름다움을 상징하는 데 사용되는 것으로 보아, 여기서도 인간이 상상할 수 있는 최고의 품격과 가치를 의미하는 데 사용된 것이 분명하다. 이 보석들에 새겨진 이스라엘 열두 아들의 이름은 하나님의 백성으로서 이스라엘이 그분께 얼마나 소중한 존재인가를 다시금 생각하게 한다. 하나님은 이들을 이미 세상에서 가장 '귀한 소유'(סְגֻלָּה, 19:5)라고 선언하신 바 있다. 예수님을 통해 그리스도인도 하나님께 가장 존귀한 자이다. 우리는 하나님께 가장 소중한 보석들인 것이다.

성막에서 사용될 도구를 만드는 데 요구되는 두 가지 사항이 흉패 제작에서도 강조된다. 정밀성(precision)과 호화로움(extravagance)이다(Brueggemann). 주머니에는 우림과 둠밈이 보관되었다. 흉패가 재판/판결(מִשְׁפָּט)이라는 단어와 함께 등장하는 것으로 보아, 이 흉패의 중요성은 정의롭고 공정한 법적 이행과 연관되어 있는 듯하다. 그렇다면 모세는 공정하고 정의로운 판결이 어떻게 가능하다고 생각했는가? 구약에서 흉패와 우림과 둠밈이 언급되는 구절을 살펴보면, 하나같이 하나님의 뜻을 묻는 데 사용된다. 하나님께 아뢰어 답을 받을 때 비로소 정의로운 판결과 분별이 가능한 것이다.

'판결 가슴받이', '이스라엘 자손의 시비를 가릴 때'(30절, 새번역)라는 말씀과 함께 등장하는 것으로 보아, 우림(הָאוּרִים)과 둠밈(הַתֻּמִּים)은 분명 인간의 생각과 판단력으로는 공정한 판결을 할 수 없다고 생각될 때 하나님의 뜻을 구하는 데 사용되는 도구였을 것이다(30절). 민수기 27:21에도 동일한 기능이 언급되어 있다. "그는 제사장 엘르아살 앞에 설 것이요 엘르아살은 그를 위하여 우림의 판결로써 여호와 앞에 물을 것이며 그와 온 이스라엘 자손 곧 온 회중은 엘르아살의 말을 따라 나가며 들어올 것이니라." 사무엘상 28:6에서는 하나님께 버림받은 사울이 그분의 뜻을 구할 때 언급된다. "사울이 여호와께 묻자오되 여호와께서 꿈으로도, 우림으로도, 선지자로도 그에게 대답하지 아니하시므로." 에스라 2:63도 우림과 둠밈의 이러한 기능을 증거하고 있다. 포로 생활에서 돌아온 이스라엘 자손 중 일부가 제사장의 후손이라고 주장했지만, 자신의 족보를 입증하지 못하자 "방백이 그들에게 명령하여 우림과 둠밈을 가진 제사장이 일어나기 전에는 지성물을 먹지 말라"라고 지시했다고 기록되어 있다.

이처럼 이 도구가 어떤 기능을 했는가는 쉽게 추측할 수 있지만(레 8:8; 신 33:8), 이 도구가 어떻게 생겼다거나 그 사용법이 어땠는지에 대해서는 전혀 알려진 바가 없다. 다만 일부 학자들은 사무엘상 14:37-41의 칠십인역을 근거로, 이 도구가 일종의 '제비뽑기'였다고 결론짓는다. 사무엘상 14장에서 사울이 하나님의 뜻을 구했을 때 하나님이 침묵하시자, 이 책임이 자기와 요나단 때문인지 아니면 백성들 때문인지 밝히기를 원한다. 칠십인역은 41절을 다음과 같이 번역했으며, 이것은 영어 번역본인 NRS에 그대로 반영되어 있다. "사울이 말하기를 '주 이스라엘의 하나님이여, 왜 오늘 주의 종에게 응답하지 않으셨습니까? 주 이스라엘의 하나님이여, 만일 저나 제 아들 요나단에게 죄가 있다면 우림을 주시고, 만일 이스라엘 백성들에게 죄가 있다면 둠밈을 주십시오.'" 요나단과 사울이 제비뽑기에 뽑혔고 이스라엘 백성은 무죄함이 드러났다(Then Saul said, "O LORD God of Israel, why have you not answered your servant today? If this guilt is in me or in my son Jonathan, O LORD

God of Israel, give Urim, but if this guilt is in your people Israel, give Thummim." And Jonathan and Saul were indicated by the lot, but the people were cleared).

성경에서는 우림과 둠밈이 여기에 처음으로 언급되지만, 이스라엘 사람은 이 도구를 이미 가지고 있었다. 학자들이 이렇게 간주하는 이유는 이 도구가 처음 언급되면서도 정관사를 대동하고 있기 때문이다. 이로 미루어보아, 이스라엘 사람은 우림과 둠밈이 어떤 용도로 사용되는 도구인지 이미 잘 알고 있었다. 또한 우림과 둠밈의 경우에는, 하나님이 "만들어라"라고 명령하신 대신에 단순히 "가슴에 붙이게 하라"라고 지시하신다(30절). 제사장은 종종 우림과 둠밈을 사용하여 하나님의 뜻을 분별해야 하는 의무를 가졌던 것이다. 그렇다면 우림과 둠밈은 제사장이 일상적으로 사용하는 매우 친숙한 물건이었음이 확실하다.

III. 성막과 도구들(25:1–40:38)
A. 성막 준비(25:1–31:18)
4. 제사장들의 옷(28:1–43)

(4) 대제사장의 다른 예복(28:31–35)

[31]너는 에봇 받침 겉옷을 전부 청색으로 하되 [32]두 어깨 사이에 머리 들어갈 구멍을 내고 그 주위에 갑옷 깃 같이 깃을 짜서 찢어지지 않게 하고 [33]그 옷 가장자리로 돌아가며 청색 자색 홍색 실로 석류를 수 놓고 금 방울을 간격을 두어 달되 [34]그 옷 가장자리로 돌아가며 한 금 방울, 한 석류, 한 금 방울, 한 석류가 있게 하라 [35]아론이 입고 여호와를 섬기러 성소에 들어갈 때와 성소에서 나올 때에 그 소리가 들릴 것이라 그리하면 그가 죽지 아니하리라

에봇과 가슴받이 밑에 입는 겉옷(מְעִיל)은 물들인 모시실을 소재로 하며 발목까지 드리워졌던 긴 옷으로 추정된다(Josephus, Ramban). 옷의 단에는 석류 모양을 한 세 가지 색깔의 매듭이 달려 있었고, 금방울도 달려 있었다(35절). 석류는 신명기 8:8에 기록된 이스라엘 땅의 일곱 가지 소산물 중 하나며, 솔로몬의 성전 기둥은 수백 개의 석류 모양으로 장식되었다(왕상 7:18, 20, 42; 렘 52:22-23; 대하 3:16; 4:13). 아가서에서는 석류가 아름다움과 풍요/다산을 상징한다(아 4:3, 13; 6:7, 11; 7:12; 8:2). 여러 가지 색상의 석류 모형과 금방울이 섞여서 제사장의 옷깃을 장식하고 있다. 유태인 전승에 따르면, 한쪽은 총 72개의 금방울이 사용되었던 데 반해 다른 쪽은 36개가 사용되었다고 주장하고 있다(Sarna). 성경 다른 곳에서 언급된 옷과 비교해 보면, 상류층 내지는 지위가 높은 자의 옷이라는 것을 알 수 있다.

수많은 금방울의 기능에 대해서는 해석이 다양하다(Houtman, Hamilton). 라시밤(Rashbam)은 레위기 16:16-17의 대제사장이 속죄일에 지성소로 들어가기 위해 성소에 들어설 때 그곳에 다른 제사장이 없어야 하는 규정을 감안하여, 이 방울들의 기능은 제사장들이 소리를 듣고 성소를 비우도록 하는 것이었다고 생각했다. 방울 소리가 예배드리는 자에게 대제사장의 다가옴을 알리는 역할을 했다는 사람도 있다. 대제사장이 자신의 방울 소리를 들으며 스스로 마음을 가다듬고 오직 하나님 앞에 드려야 할 제사에만 전념할 수 있도록 했다는 해석도 있다.

"머리 들어갈 구멍을 내고 그 주위에 갑옷 깃 같이 깃(תַּחְרָא)을 짜서 찢어지지 않게 하라"라는 말씀에서 '깃'은 대체로 목을 보호하기 위해 가죽으로 만들어 사용하던 보호대를 뜻하는 것으로 이해된다. 이 깃은 가나안 전차병이 사용한 기록이 있다.

III. 성막과 도구들(25:1-40:38) A. 성막 준비(25:1-31:18) 4. 제사장들의 옷(28:1-43)

(5) 이마 장식 띠, 속옷, 관, 허리띠(28:36-39)

[36]너는 또 순금으로 패를 만들어 도장을 새기는 법으로 그 위에 새기되 '여호와께 성결'이라 하고 [37]그 패를 청색 끈으로 관 위에 매되 곧 관 전면에 있게 하라 [38]이 패를 아론의 이마에 두어 그가 이스라엘 자손이 거룩하게 드리는 성물과 관련된 죄책을 담당하게 하라 그 패가 아론의 이마에 늘 있으므로 그 성물을 여호와께서 받으시게 되리라 [39]너는 가는 베 실로 반포 속옷을 짜고 가는 베 실로 관을 만들고 띠를 수 놓아 만들지니라

머리를 치장하는 데 사용되는 것을 언급하는 순서도 역시 중요한 것부터다. 머리 치장 중에서 가장 중요한 장식 띠는 금으로 만든 것이며, '여호와께 성결'(קֹדֶשׁ לַיהוָה)이라는 말이 새겨져 있다. 한 전승에 따르면, 이 띠는 귀에서 귀까지였으며 너비는 손가락 두 개였다(Shabbat 63b).

장식 띠에 새겨진 문구 '여호와께 성결'의 중요성은 이 띠를 이마에 두른 대제사장의 직분이 매우 성스러움을 의미하는 듯하다. 그는 평생 하나님을 섬기며 헌신하도록 특별히 구별되었음을 시사하는 것이다. 또한 백성의 대표로서 대제사장이 이 문구를 이마에 두르고 하나님 앞에서 사역하는 것은 이스라엘 민족과 하나님의 관계를 의미한다. 이스라엘이 전적으로 하나님께 드려진 거룩한 백성이라는 점을 상징한다.

'속옷'(הַכְּתֹנֶת)이 처음 소개되면서 정관사를 취하는 것으로 보아 이 옷도 이미 잘 알려진 것임을 알 수 있다. 이 옷은 보통 발목까지 오는 도포며, 다른 옷을 입거나 치장을 하기 전에 입는, 피부에 가장 가까이 있는 속옷이다. 야곱이 요셉에게 만들어 준 색동옷이 이 종류의 옷이다.

'관'(מִצְנֶפֶת)은 성경에서 왕족을 상징하는 표지이며, 오늘날의 터번

(turban) 개념이다(Sarna). 요세푸스는 자신의 저서에서 이것을 보석이 박힌 여성용 머리 장식인 티아라(tiara)처럼 생겼다고 하지만, 다른 곳에서는 모자처럼 생겼고 푸른색의 다른 모자와 엮인 것이며 세 층으로 구성된 왕관의 형태를 지녔다고 한다(Sarna). 요세푸스도 관의 정확한 모습은 알지 못했던 것이다.

'허리띠'(אַבְנֵט)는 '가는 베 실과 청색 자색 홍색 실'로 수놓아 만든 것이다(39:29). 마이모니데스의 주장에 따르면, 이 띠는 손가락 세 개의 너비였고 길이는 32규빗(14.4m)이었으며 몸을 칭칭 감는 데 사용되었다고 하며, 또 제사장의 상체와 하체를 구분하기 위해 사용된 것이라고도 한다.

III. 성막과 도구들(25:1–40:38)
A. 성막 준비(25:1–31:18)
4. 제사장들의 옷(28:1–43)

(6) 일반 제사장의 옷(28:40–43)

[40]너는 아론의 아들들을 위하여 속옷을 만들며 그들을 위하여 띠를 만들며 그들을 위하여 관을 만들어 영화롭고 아름답게 하되 [41]너는 그것들로 네 형 아론과 그와 함께한 그의 아들들에게 입히고 그들에게 기름을 부어 위임하고 거룩하게 하여 그들이 제사장 직분을 내게 행하게 할지며 [42]또 그들을 위하여 베로 속바지를 만들어 허리에서부터 두 넓적다리까지 이르게 하여 하체를 가리게 하라 [43]아론과 그의 아들들이 회막에 들어갈 때에나 제단에 가까이 하여 거룩한 곳에서 섬길 때에 그것들을 입어야 죄를 짊어진 채 죽지 아니하리니 그와 그의 후손이 영원히 지킬 규례니라

일반 제사장이 입을 네 가지 예복과 장식이 언급되고 있다. 속옷, 띠, 관, 속바지(고의, 잠방이). 일반 제사장이 쓰는 관은 대제사장의 관과 달랐던 것이 거의 확실하다. 아론이 쓰게 되는 '관'(מִצְנֶפֶת)과 본문이 언급하는 '관'(מִגְבָּעָה)의 히브리어 명칭이 다른 데서 이러한 사실을 알 수 있다. 일반 제사장이 쓴 관은 원뿔(cone) 형태의 터번이었을 것이라는 추측이 있고(Dozeman), 터번이 아니라 머리띠였다는 주장도 있다(Stuart). 그러나 아직까지도 정확하게 파악되지 않는다.

하나님은 이러한 치장과 옷을 아론과 아들들에게 입히고 그들을 제사장으로 기름 부어 위임하라고 하신다(41절). 물론 위임식은 장막이 완성될 때까지 보류되었다. 아론과 아들들이 제사장으로 기름 부음을 받는 것은 레위기 8장에 이르러서야 일어나는 일이다. 기름 부음(משח)의 순서는 제사장의 경우에는 입고 있던 예복에 기름이 뿌려졌으며(출 29:21; 30:30; 40:13, 15; 레 7:35-36; 8:30), 대제사장의 경우에는 머리에도 기름이 뿌려졌다(출 29:7; 레 8:12; 21:10).

'위임하다'(מִלֵּאתָ אֶת־יָדָם)의 문자적 의미는 '손을 채우다'이며(41절), 이는 구약에서 제사장을 임명하는 데 가장 많이 사용되는 표현이다(레 21:10; 민 3:3; 삿 17:5; 왕상 13:33; 대하 13:9). 이 표현은 안수식 때 안수받는 자의 손에 무언가를 쥐어준 데서 비롯된 것이라고 해석되기도 한다(Sarna).

'속바지'(מִכְנְסֵי: 새번역은 속바지, 공동번역은 잠방이로 번역)는 성경에서 제사장의 복장에만 연관지어 사용된다(출 39:28; 레 16:4; 겔 44:18). 속바지가 제사장의 다른 의복과 구분되어 따로 언급되는 것은 이 옷의 기능 때문이다. 다른 것은 모두 제사장을 '영광스럽고도 아름답게' 하는 것이지만(40절), 속바지는 인간의 벌거벗음을 가리는 속옷이니 사적인 공간에서 혼자 입는 것이 당연하기 때문이다(Sarna).

5. 제사장 임직식(29:1-46)

제사장들이 입고 사역할 예복과 갖가지 장식에 이어 제사장 임직식에 관한 규례가 제시된다. 모세는 이스라엘의 첫 제사장들의 임직식을 주도해야 한다. 제사장 임직식은 7일 동안 계속되며, 짐승과 빵 제사, 몸을 씻는 것, 착의식, 기름 부음 등으로 구성되어 있다. 실제적인 제사장 임직식은 레위기 8-9장에 기록되어 있고, 여기서는 그때 지켜야 할 예식 순서와 절차를 언급한다. 이 본문과 레위기 8-9장은 다음과 같은 관계를 지니고 있다(Dozeman).

주제	지시(출 29장)	성취(레 8장)
재료	29:1-3	8:1-5
예복	29:4-9	8:6-13
속죄제물로 쓰일 수소	29:10-14	8:14-17
번제로 쓰일 숫양	29:15-18	8:18-21
안수할 숫양	29:19-41	8:22-36
하나님의 예식적 임재	29:42-46	9:23-24/민 7:89

제사장 임직식에 필요한 예물과 물건과 절차를 언급하는 본 섹션은 다음과 같이 구분한다.

A. 임직식에 필요한 재료들(29:1-3)
B. 씻음과 착의식(29:4-9)
C. 짐승 제물과 빵(29:10-28)

D. 위임식(29:29-37)
E. 매일 바치는 제물(29:38-46)

(1) 임직식에 필요한 재료들(29:1-3)

[1]네가 그들에게 나를 섬길 제사장 직분을 위임하여 그들을 거룩하게 할 일은 이러하니 곧 어린 수소 하나와 흠 없는 숫양 둘을 택하고 [2]무교병과 기름 섞인 무교 과자와 기름 바른 무교 전병을 모두 고운 밀가루로 만들고 [3]그것들을 한 광주리에 담고 그것을 광주리에 담은 채 그 송아지와 두 양과 함께 가져오라

제사장의 임직식에는 수송아지 한 마리, 숫양 두 마리 등 세 마리의 짐승이 필요하다(1절). 레위기 8장은 이 짐승들을 '속죄 제물로 드릴 수소', '번제물로 바칠 숫양', '위임식에 쓸 숫양'이라고 부른다. 물론 제물로 드릴 모든 짐승은 흠이 없어야 한다.

예식에 필요한 '빵'(מַצָּה)은 누룩이 들어가지 않은 것으로, "누룩을 넣지 않은 빵, 누룩 없이 기름만 섞어 만든 과자와, 누룩 없이 기름만 바른 속 빈 과자"(2절, 새번역) 등 세 종류가 필요하다. 첫 번째 것인 '누룩을 넣지 않은 빵'은 단순히 화덕에서 구워낸 것이며, 두 번째 것인 '누룩 없이 기름만 섞어 만든 과자'는 누룩 없이 반죽을 하고 약간의 기름을 더한 것이다. 세 번째 종류의 빵인 '누룩 없이 기름만 바른 속 빈 과자'는 표면에 윤이 나게 기름을 바른 것을 뜻한다. 제사장 임직식에 왜 세 종류의 빵이 필요한지는 알 수 없다. 제물로 바쳐지는 짐승의 수와 같게 하기 위해서가 아닌가 싶다.

III. 성막과 도구들(25:1-40:38)
A. 성막 준비(25:1-31:18)
5. 제사장 임직식(29:1-46)

(2) 씻음과 착의식(29:4-9)

[4]너는 아론과 그의 아들들을 회막 문으로 데려다가 물로 씻기고 [5]의복을 가져다가 아론에게 속옷과 에봇 받침 겉옷과 에봇을 입히고 흉패를 달고 에봇에 정교하게 짠 띠를 띠게 하고 [6]그의 머리에 관을 씌우고 그 위에 거룩한 패를 더하고 [7]관유를 가져다가 그의 머리에 부어 바르고 [8]그의 아들들을 데려다가 그들에게 속옷을 입히고 [9]아론과 그의 아들들에게 띠를 띠우며 관을 씌워 그들에게 제사장의 직분을 맡겨 영원한 규례가 되게 하라 너는 이같이 아론과 그의 아들들에게 위임하여 거룩하게 할지니라

제사장 임직식이 있기 전에 아론과 아들들은 다시 한번 자신들을 물로 씻어 성결하게 해야 한다. 요나단 탈굼(Targum Jonathan)은 이때 아론과 아들들이 침례를 받은 것으로 번역한다. 원래 제사장은 성막에서 날마다 이어지는 사역을 위해 손과 발만 씻으면 된다(30:17-21). 이러한 정황을 감안하면 이 씻음은 목욕이나 침례가 아니라 간단히 형식적인 씻음이다. 모세는 이들을 성막과 물두멍 사이로 데려가 예식을 진행해야 한다.

물로 씻는 예식이 끝난 다음 모세는 이들에게 28장에 언급된 옷들-속옷, 에봇, 겉옷, 띠 등-을 입혀야 한다. 속바지는 여기서 언급되지 않는다. 아론과 아들들이 물에서 나와 스스로 입고 모세 앞에 나타날 것을 전제로 하기 때문이다. 그다음 관을 씌워주고 거룩한 패를 관에 매달아 주어야 한다(6절).

단장이 끝나면 머리에 기름을 부어야 한다. 본문은 아론만 기름 부음을 받는 것으로 기록하고 있다. 레위기 8:12도 아론의 아들들이 기름 부음 받는 것을 언급하지 않는다. 그러나 보통 제사장도 임직식 때 기름 부음을 받았음을 감안하면(출 28:41; 30:30; 40:14-15; 레 7:35-36; 10:7; 민 3:3), 본문에서는 아론을 상징적인 표본으로 삼고 있는 것이다. 아론의 착의식이 끝난 다음 아들들의 착의식이 시작된다(8-9절). 이렇게 하여 아론과 후손이 이스라엘에서 영원히 제사장 직분을 맡게 될 것이다.

Ⅲ. 성막과 도구들(25:1-40:38)
A. 성막 준비(25:1-31:18)
5. 제사장 임직식(29:1-46)

(3) 짐승 제물과 빵(29:10-28)

[10]너는 수송아지를 회막 앞으로 끌어오고 아론과 그의 아들들은 그 송아지 머리에 안수할지며 [11]너는 회막 문 여호와 앞에서 그 송아지를 잡고 [12]그 피를 네 손가락으로 제단 뿔들에 바르고 그 피 전부를 제단 밑에 쏟을지며 [13]내장에 덮인 모든 기름과 간 위에 있는 꺼풀과 두 콩팥과 그 위의 기름을 가져다가 제단 위에 불사르고 [14]그 수소의 고기와 가죽과 똥을 진 밖에서 불사르라 이는 속죄제니라 [15]너는 또 숫양 한 마리를 끌어오고 아론과 그의 아들들은 그 숫양의 머리 위에 안수할지며 [16]너는 그 숫양을 잡고 그 피를 가져다가 제단 위의 주위에 뿌리고 [17]그 숫양의 각을 뜨고 그 장부와 다리는 씻어 각을 뜬 고기와 그 머리와 함께 두고 [18]그 숫양 전부를 제단 위에 불사르라 이는 여호와께 드리는 번제요 이는 향기로운 냄새니 여호와께 드리는 화제니라 [19]너는 다른 숫양을 택하고 아론과 그 아들들은 그 숫양의 머리 위에 안수할지며 [20]너는 그 숫양을 잡고 그것의 피를 가져다가 아론의 오른쪽 귓부리와 그의 아들들의 오른쪽 귓부리에 바르고 그 오른손 엄지와 오른발 엄지에 바르고 그 피를 제단 주위에 뿌리고 [21]제단 위의 피와 관유를 가져다가 아론과 그의 옷과 그의 아들들과 그의 아들들의 옷에 뿌리라 그와 그의 옷과 그의 아들들과 그의 아들들의 옷이 거룩하리라 [22]또 너는 그 숫양의 기름과

기름진 꼬리와 그것의 내장에 덮인 기름과 간 위의 꺼풀과 두 콩팥과 그것들 위의 기름과 오른쪽 넓적다리를 가지라 이는 위임식의 숫양이라 [23]또 여호와 앞에 있는 무교병 광주리에서 떡 한 개와 기름 바른 과자 한 개와 전병 한 개를 가져다가 [24]그 전부를 아론의 손과 그의 아들들의 손에 주고 그것을 흔들어 여호와 앞에 요제를 삼을지며 [25]너는 그것을 그들의 손에서 가져다가 제단 위에서 번제물을 더하여 불사르라 이는 여호와 앞에 향기로운 냄새니 곧 여호와께 드리는 화제니라 [26]너는 아론의 위임식 숫양의 가슴을 가져다가 여호와 앞에 흔들어 요제를 삼으라 이것이 네 분깃이니라 [27]너는 그 흔든 요제물 곧 아론과 그의 아들들의 위임식 숫양의 가슴과 넓적다리를 거룩하게 하라 [28]이는 이스라엘 자손이 아론과 그의 자손에게 돌릴 영원한 분깃이요 거제물이니 곧 이스라엘 자손이 화목제의 제물 중에서 취한 거제물로서 여호와께 드리는 거제물이니라

1절에서 언급되었던 짐승들의 용도가 본문에서 밝혀진다. 세 짐승이 죽임을 당하기 전에 제사장은 이 짐승들 머리 위에 손을 얹는(סמך) 예식을 치러야 한다. 그러나 어떤 방식으로 짐승의 머리 위에 손을 올려놓는 것인지는 밝히지 않고 있다.

속죄 제물로 드릴 수송아지(10-14절)는 속죄를 목적으로 드리는 제물이다. 회막 입구에서 짐승을 죽여 적은 양의 피를 받아 제단의 뿔들에 바르고 나머지는 제단 밑으로 부어야 한다. 짐승의 내장에 붙어있는 기름을 떼어 제단에서 태우며 고기, 가죽, 똥은 진 밖에서 모두 태워야 한다. 이것이 제사장의 죄를 씻는 속죄제다. 많은 학자는 이것이 '속죄 제물'(sin offering)이라기 보다는 '정화 제물'(purification offering)이라고 생각하는데(Milgrom, Levine, Dozeman). 정황상 충분히 가능한 해석이다.

번제물로 바칠 숫양(15-18절)은 제단에서 완전히 불사르는 번제(עֹלָה) 숫양이다. 이 제물의 "이는 향기로운 냄새니"(18절)라는 표현은 하나님이 이 예식을 인정하고 기뻐하신다는 뜻이다. 일종의 의인화법이지 하나님이 실제로 냄새를 맡으신다는 의미는 아니다.

위임식에 쓸 숫양(19-22절)의 피 일부가 기름과 섞여 아론과 그의 옷에 뿌려져야 한다. 물론 아들들에게도 같은 예식을 치러 주어야 한다. 이 예식을 통해 아론과 아들들과 그들의 옷이 거룩해진다. 그리고 고기의 일부를 떼어 두어 예식이 끝나면 아론과 아들들이 먹도록 해야 한다(31-32절).

미리 준비한 세 가지 빵을 하나씩 가져다가 아론과 아들들에게 주어 흔들어 바치는 제물인 요제(תְּנוּפָה)로 드리게 해야 한다. 요제로 바쳐진 빵은 번제물로 바치기 위해 준비한 숫양과 함께 제단에서 번제로 태워야 한다(25절). 그렇게 한 후 위임식을 위해 준비한 숫양의 일부를 요제로 바쳐야 한다. 이 제물의 목적은 하나님과의 화목이다.

III. 성막과 도구들(25:1-40:38)
A. 성막 준비(25:1-31:18)
5. 제사장 임직식(29:1-46)

(4) 위임식(29:29-37)

[29]아론의 성의는 후에 아론의 아들들에게 돌릴지니 그들이 그것을 입고 기름 부음으로 위임을 받을 것이며 [30]그를 이어 제사장이 되는 아들이 회막에 들어가서 성소에서 섬길 때에는 이레 동안 그것을 입을지니라 [31]너는 위임식 숫양을 가져다가 거룩한 곳에서 그 고기를 삶고 [32]아론과 그의 아들들은 회막 문에서 그 숫양의 고기와 광주리에 있는 떡을 먹을지라 [33]그들은 속죄물 곧 그들을 위임하며 그들을 거룩하게 하는 데 쓰는 것을 먹되 타인은 먹지 못할지니 그것이 거룩하기 때문이라 [34]위임식 고기나 떡이 아침까지 남아 있으면 그것을 불에 사를지니 이는 거룩한즉 먹지 못할지니라 [35]너는 내가 네게 한 모든 명령대로 아론과 그의 아들들에게 그같이 하여 이레 동안 위임식을 행하되 [36]매일 수송아지 하나로 속죄하기 위하여 속죄제를 드리며

또 제단을 위하여 속죄하여 깨끗하게 하고 그것에 기름을 부어 거룩하게 하라 [37]너는 이레 동안 제단을 위하여 속죄하여 거룩하게 하라 그리하면 지극히 거룩한 제단이 되리니 제단에 접촉하는 모든 것이 거룩하리라

아론을 위하여 만든 옷은 그의 대를 이어 대제사장이 될 후손에게 전수되어야 한다. 그의 후손은 아론이 입던 옷을 입고 제사장으로 취임한다. 제사장은 이 예복을 입고 일주일 내내 회막에 거해야 한다.

위임식을 위해 잡은 숫양의 고기는 제사장인 아론과 아들들이 먹어야 한다. 이 음식은 거룩한 것이기에 다른 사람은 먹을 수 없으며, 오직 새로 취임하는 제사장만 먹을 수 있다. 먹고 남은 것은 아침에 불태워야 하며, 이는 출애굽 때 먹고 남은 유월절 양의 고기를 처분하는 것을 연상시킨다.

아론과 아들들의 위임식은 일주일 동안 계속된다. 이 기간에 날마다 수소를 한 마리씩 제물로 드려야 한다. 그렇게 하면 아론과 아들들뿐만 아니라 수소를 바쳤던 제단까지도 거룩해질 것이라고 하나님은 말씀하신다.

III. 성막과 도구들(25:1-40:38)
A. 성막 준비(25:1-31:18)
5. 제사장 임직식(29:1-46)

(5) 매일 바치는 제물(29:38-46)

[38]네가 제단 위에 드릴 것은 이러하니라 매일 일 년 된 어린 양 두 마리니 [39]한 어린 양은 아침에 드리고 한 어린 양은 저녁 때에 드릴지며 [40]한 어린 양에 고운 밀가루 십분의 일 에바와 찧은 기름 사분의 일 힌을 더하고 또 전제로 포도주 사분의 일 힌을 더할지며 [41]한 어린 양은 저녁 때에 드리되 아침에 한 것처럼 소제와 전제를 그것과 함께 드려 향기로운 냄새가 되게 하여

여호와께 화제로 삼을지니 [42]이는 너희가 대대로 여호와 앞 회막 문에서 늘 드릴 번제라 내가 거기서 너희와 만나고 네게 말하리라 [43]내가 거기서 이스라엘 자손을 만나리니 내 영광으로 말미암아 회막이 거룩하게 될지라 [44]내가 그 회막과 제단을 거룩하게 하며 아론과 그의 아들들도 거룩하게 하여 내게 제사장 직분을 행하게 하며 [45]내가 이스라엘 자손 중에 거하여 그들의 하나님이 되리니 [46]그들은 내가 그들의 하나님 여호와로서 그들 중에 거하려고 그들을 애굽 땅에서 인도하여 낸 줄을 알리라 나는 그들의 하나님 여호와니라

이스라엘은 회막에서 매일 1년 된 양 두 마리를 아침과 저녁에 한 마리씩 바쳐야 한다. 아침에 양을 바칠 때는 고운 밀가루 10분의 1에바(2.2ℓ)와 기름 4분의 1힌(0.9ℓ)을 함께 바치고, 포도주 4분의 1힌은 부어드리는 전제물로 드려야 한다. 저녁에도 똑같은 방식으로 드려야 한다.

이러한 매일 드리는 제사는 장막/성전이 있는 한 영원토록 지속되어야 한다(42절). 하나님은 그들이 끊임없이 제사를 드리는 한, 제사를 드리는 회막에서 그들을 만나주시겠다고 약속하신다(42-43절). 여호와께서 그들의 하나님이 되시기 때문이다(45절). 그뿐만 아니라 하나님은 이스라엘 백성과 함께하실 것을 약속하신다. 하나님은 이스라엘 중에 거하기 위해 그들의 출애굽을 실현했다고 회고하신다(46절). 하나님이 이스라엘과 함께 살고자 놀라운 은혜를 베푸신 것이다.

III. 성막과 도구들(25:1-40:38)
A. 성막 준비(25:1-31:18)

6. 기타 규례(30:1-38)

이 섹션은 성막에 사용되는 도구와 그 외 추가 규례를 모아두고 있다. 제사장의 의복과 위임식에 대해 언급하느라 잠시 멈추었던 성막에서 사용될 도구에 대한 규례가 다시 열거된다. 이 섹션은 다음과 같이 총 다섯 부분으로 구분할 수 있다.

A. 분향단(30:1–10)
B. 회막을 위한 세금(30:11–16)
C. 물두멍(30:17–21)
D. 향유(30:22–33)
E. 향(30:34–38)

III. 성막과 도구들(25:1–40:38)
A. 성막 준비(25:1–31:18)
6. 기타 규례(30:1–38)

(1) 분향단(30:1–10)

[1]너는 분향할 제단을 만들지니 곧 조각목으로 만들되 [2]길이가 한 규빗, 너비가 한 규빗으로 네모가 반듯하게 하고 높이는 두 규빗으로 하며 그 뿔을 그것과 이어지게 하고 [3]제단 상면과 전후 좌우 면과 뿔을 순금으로 싸고 주위에 금 테를 두를지며 [4]금 테 아래 양쪽에 금 고리 둘을 만들되 곧 그 양쪽에 만들지니 이는 제단을 메는 채를 꿸 곳이며 [5]그 채를 조각목으로 만들고 금으로 싸고 [6]그 제단을 증거궤 위 속죄소 맞은편 곧 증거궤 앞에 있는 휘장 밖에 두라 그 속죄소는 내가 너와 만날 곳이며 [7]아론이 아침마다 그 위에 향기로운 향을 사르되 등불을 손질할 때에 사를지며 [8]또 저녁 때 등불을 켤 때에 사를지니 이 향은 너희가 대대로 여호와 앞에 끊지 못할지며 [9]너희는 그 위에 다른 향을 사르지 말며 번제나 소제를 드리지 말며 전제의 술을 붓지 말며 [10]아론이 일 년에 한 번씩 이 향단 뿔을 위하여 속죄하되 속죄제의 피로 일 년에 한 번씩 대대로 속죄할지니라 이 제단은 여호와께 지극히 거룩하니라

분향단(מִקְטַר)은 향을 태우는 곳이다. 이스라엘뿐 아니라 고대 근동의 거의 모든 종교에서 예식을 진행하며 향을 사용하는 것은 일반화되어 있었다. 향의 연기는 출애굽과 광야 생활 동안 구름 기둥과 불기둥으로 함께하셨던 하나님의 임재의 상징으로 이스라엘의 예배 전승에서도 매우 중요한 상징성을 띤다(Sarna). 속죄일이 되면 대제사장은 지성소에 들어가기 전에 먼저 성막/성전을 향의 연기로 가득 채워야 한다(레 16:13).

이미 언급한 것처럼 분향단은 번제단으로부터 구분되기 위해 금 제단이라고 불리기도 한다(번제단은 놋 제단이라 불림). 물론 향 제단이라는 말도 일반화되어 있다. 랍비 문헌은 분향단을 내부 제단(inner altar)이라고 부름으로써 바깥 제단(outer altar)이라 불렸던 뜰에 있는 놋 제단과 구분하기도 했다.

분향단은 아카시아 나무로 만들고 그 위에 금을 씌운 것이다. 가로 1규빗, 세로 1규빗(45cm x 45cm)의 정사각형이었으며, 높이는 진설병을 전시해 놓는 상보다 약 22㎝ 높은 2규빗(90cm)이었다. 분향단은 성소에 있는 것으로, 아침 저녁으로 향을 피워야 한다. 향 외에는 그 어떠한 것도 향제단에 바칠 수 없다. 분향단도 성막의 다른 주요 도구처럼 막대를 사용하여 수월하게 이동하도록 디자인되어 있다. 이스라엘은 항상 하나님 앞에 아름답게 피어오르는 향기로운 삶을 살아야 한다. 많은 사람이 분향단의 향이 그리스도인이 항상 하나님께 올려 드리는 기도를 상징한다고 본다.

III. 성막과 도구들(25:1-40:38)
A. 성막 준비(25:1-31:18)
6. 기타 규례(30:1-38)

(2) 회막을 위한 세금(30:11-16)

[11]여호와께서 모세에게 말씀하여 이르시되 [12]네가 이스라엘 자손의 수효를

조사할 때에 조사 받은 각 사람은 그들을 계수할 때에 자기의 생명의 속전을 여호와께 드릴지니 이는 그것을 계수할 때에 그들 중에 질병이 없게 하려 함이라 [13]무릇 계수 중에 드는 자마다 성소의 세겔로 반 세겔을 낼지니 한 세겔은 이십 게라라 그 반 세겔을 여호와께 드릴지며 [14]계수 중에 드는 모든 자 곧 스무 살 이상 된 자가 여호와께 드리되 [15]너희의 생명을 대속하기 위하여 여호와께 드릴 때에 부자라고 반 세겔에서 더 내지 말고 가난한 자라고 덜 내지 말지며 [16]너는 이스라엘 자손에게서 속전을 취하여 회막 봉사에 쓰라 이것이 여호와 앞에서 이스라엘 자손의 기념이 되어서 너희의 생명을 대속하리라

학자들은 하나님이 성막에 대한 규례를 말씀하시던 도중에 갑자기 인구 조사를 할 때 발생하는 속전(贖錢)에 대해 언급하시는 것을 다소 의아해 한다. 또한 많은 학자가 이 말씀이 앞뒤 흐름과 잘 어울리지 않는다고 생각한다(Enns). 그러나 인구 조사에 대한 규례가 두 가지 이유에서 성막과 어울리는 부분이 있기 때문에 이곳에 있는 것이라고 추측해 볼 수 있다. 첫째는 인구 조사로 발생하는 속전의 용도다. 하나님은 이 속전을 회막 봉사에 사용하라고 하신다(16절). 정확히 어떤 용도로 사용하는 것이 회막 봉사에 쓰이는 것인지 확실히 알 수는 없지만, 일단 성막을 유지하는 데 필요한 비용으로 사용하라는 것은 분명하다. 그러므로 이 섹션의 중심 주제인 성막 유지를 위한 하나의 수입원을 언급한다고 볼 수 있다. 둘째, 이스라엘이 속전을 드리는 것은 하나님이 그들을 구원해 주셨으므로 주님의 주권과 주님을 의지한다고 고백하는 행위다. 이스라엘이 성막에 예물을 들여놓고 이곳에서 제사를 드리는 것도 하나님의 주권을 인정하고 주님을 예배하기 위해서다. 그러므로 두 관점에서 볼 때 인구조사 규례가 여기에 등장하는 것은 그다지 문맥과 동떨어진 것이 아니다.

인구 조사를 할 때마다 20세 이상의 남자 수대로 은 반 세겔씩 계산해서 성막/성전에 들여놓아야 한다. 이때 지불하는 돈은 생명의 값을 상징한다. 본문은 만일 그렇게 하지 않으면 재앙이 닥칠 것이라고 경고한다. 즉, 이 돈의 기능은 속죄(expiation)인 것이다. 이 '성전 세금'은 부자라고 해서 더 내고 가난한 자라고 해서 덜 내는 것이 아니라, 모든 사람이 동일한 액수를 내야 한다. 이때 성막에 드리는 돈은 그들이 하나님께 속했다는 고백을 상징하는 것이었기 때문에, 하나님 앞에 동일한 자격으로 동일한 액수를 드려야 했다. 걷힌 돈은 성막을 운영하는 비용으로 사용되어야 했다.

이 규례는 종종 인구조사를 해야 할 필요성을 인정한다. 특히 전쟁에 참가할 수 있는 남자의 수를 조사하는 것은 한 국가를 이끌어나가는 데 매우 중요한 사안이다. 고대 근동에서는 인구 조사가 대체로 전쟁을 하기 전에 행해졌다(Dozeman). 그래서 본문처럼 인구 조사를 할 때는 남자 중에서도 20세 이상만 계수했다(14절). 이처럼 인구 조사가 전쟁의 전(前)단계라는 당시 정서적 인식을 가졌기 때문에, 성경은 인구 조사에 대해 상당히 부정적인 입장을 고수한다(Stuart). 인구를 조사한 사람이, 많은 사람을 군인으로 동원할 수 있다는 사실을 인식함으로써 하나님을 의지하지 않고 군사력을 의지하는 것 또한 인구 조사의 부작용이라고 할 수 있다. 자칫 잘못하면 인구 조사는 인간이 교만할 근거를 만들어주게 된다.

인구 조사는 주로 전쟁을 위해 하는 것이기 때문에 평화를 누릴 때는 자제하는 것이 좋다. 그러나 꼭 해야 한다면 조심스럽게, 하나님이 주신 규례에 따라 하면 된다. 잘못될 경우에는 엄청난 대가를 치를 수 있기 때문이다. 잘못된 인구 조사의 전형적인 예가 다윗의 인구 조사였다(삼하 24장). 그는 특별히 인구 조사를 할 필요가 없는 평화로운 상황에서, 명령을 받은 요압의 반대에도 불구하고 진행했다가 엄청난 대가를 치렀다. 게다가 다윗은 인구 조사를 할 때마다 요구되는 속전을 성전에 들여놓지 않은 죄를 범했다.

본문에서 지시하는 인구 조사는 성막을 건설하기 위한 특별 조치다. 그러나 세월이 흘러서 성막의 필요에 따라 이스라엘 사람은 매년 남자 한 사람당 은 반 세겔을 성전세로 냈으며, 심지어 열방에 흩어져 있는 디아스포라 유태인도 매년 반 세겔씩 드렸다(Cassuto). 본문이 '성소의 세겔'로 규정하는 것으로 보아 성소에서 사용되었던 세겔은 일반 사회에 유통되었던 것과 다소 다르다는 것을 알 수 있다. 이스라엘에는 여러 기준의 세겔이 있었으며, 그 평균치는 한 세겔이 약 11.4g에 이르렀다. 성소 세겔은 일반 세겔보다 조금 더 무거운 것으로 알려져 있다.

III. 성막과 도구들(25:1-40:38)
A. 성막 준비(25:1-31:18)
6. 기타 규례(30:1-38)

(3) 물두멍(30:17-21)

[17]여호와께서 모세에게 말씀하여 이르시되 [18]너는 물두멍을 놋으로 만들고 그 받침도 놋으로 만들어 씻게 하되 그것을 회막과 제단 사이에 두고 그 속에 물을 담으라 [19]아론과 그의 아들들이 그 두멍에서 수족을 씻되 [20]그들이 회막에 들어갈 때에 물로 씻어 죽기를 면할 것이요 제단에 가까이 가서 그 직분을 행하여 여호와 앞에 화제를 사를 때에도 그리 할지니라 [21]이와 같이 그들이 그 수족을 씻어 죽기를 면할지니 이는 그와 그의 자손이 대대로 영원히 지킬 규례니라

'물두멍'(כִּיּוֹר)은 제사장이 사용하는 것으로, 성막/성전에 들어서기 전에 손과 발을 씻는 물을 저장해 놓는 곳이다. 놋(נְחֹשֶׁת)으로 만들어야 하며 받침대와 위에 물을 담아 놓는 통이 분리되도록 설계되어 있다. 역시 이동성을 고려한 디자인이라고 할 수 있다. 아론과 후손은 성소에 들어갈 때마다, 제물을 드릴 때마다 먼저 이곳에 물을 길어 손발을 씻어 정결 의식을 치러야 했다. 이 규례가 무시되면 그들이 하나님 앞에서 죽게 된다는 경고가 함께 주어져 있다.

물두멍의 규격은 본문이나 성경 어디에도 주어지지 않았다. 이스라엘 전승에 따르면, 물두멍에는 네 명의 제사장이 씻기에 충분한 양의 물을 담을 수 있었다(Zevahim 19b). 문제는 제사장이 손발을 씻기에 충분한 양이 어느 정도냐는 것이다. 약 20ℓ(양동이 하나)면 네 사람이 씻을 수 있었을까? 이동성을 고려한 것으로 보아 이보다는 훨씬 더 컸을 것으로 생각된다. 38:8은 이 물두멍은 회막 입구에서 봉사한 여인들이 제공한 거울을 사용하여 제작되었다고 한다.

Ⅲ. 성막과 도구들(25:1-40:38)
A. 성막 준비(25:1-31:18)
6. 기타 규례(30:1-38)

(4) 향유(30:22-33)

[22]여호와께서 모세에게 또 말씀하여 이르시되 [23]너는 상등 향품을 가지되 액체 몰약 오백 세겔과 그 반수의 향기로운 육계 이백오십 세겔과 향기로운 창포 이백오십 세겔과 [24]계피 오백 세겔을 성소의 세겔로 하고 감람 기름 한 힌을 가지고 [25]그것으로 거룩한 관유를 만들되 향을 제조하는 법대로 향기름을 만들지니 그것이 거룩한 관유가 될지라 [26]너는 그것을 회막과 증거궤에 바르고 [27]상과 그 모든 기구이며 등잔대와 그 기구이며 분향단과 [28]및 번제단과 그 모든 기구와 물두멍과 그 받침에 발라 [29]그것들을 지극히 거룩한 것으로 구별하라 이것에 접촉하는 것은 모두 거룩하리라 [30]너는 아론과 그의 아들들에게 기름을 발라 그들을 거룩하게 하고 그들이 내게 제사장 직분을 행하게 하고 [31]이스라엘 자손에게 말하여 이르기를 이것은 너희 대대로 내게 거룩한 관유니 [32]사람의 몸에 붓지 말며 이 방법대로 이와 같은 것을 만들지 말라 이는 거룩하니 너희는 거룩히 여기라 [33]이와 같은 것을 만드는 모든 자

와 이것을 타인에게 붓는 모든 자는 그 백성 중에서 끊어지리라 하라

하나님은 모세에게 성소에서 사용할 모든 도구에 발라 정결케 하는 기름을 만들라고 명하신다. 재료는 이러하다. 몰약 500세겔(5.7kg), 향기로운 육계 250세겔(2.85kg), 향기로운 창포 250세겔(2.85kg), 계피 500세겔(5.7kg), 좋은 올리브기름 1힌(3.6ℓ). 이 모든 재료를 섞어 만든 것을 성막, 언약궤, 성막에 사용하는 모든 기구에 발라 이것들이 하나님께 사용되기 위해 거룩하게 구별된 것임을 표시하게 되며, 이 물건들에 닿는 것마다 거룩해진다. 또한 아론과 후손에게도 이 기름을 발라 구별되도록 해야 한다.

오늘날도 그렇지만 옛날에는 더욱 독특한 향을 내는 향료가 귀했다. 이스라엘에서도 향료는 금과 같은 귀중품과 함께 왕의 창고에 보관되곤 했다(왕하 20:13). 향료가 비싼 이유는 많은 재료에서 적은 양만 추출할 수 있으며, 가나안 지역보다는 주로 다른 곳에서 생산되어 카라반 등을 통해 수입되는 것이 주류였기 때문이다. 몰약(מָר־דְּרוֹר)은 남아라비아와 소말리아 지역에서 생산되었던 것으로, 방향제, 방부제로 많이 사용되었던 향료다(Cassuto). 육계(קִנְּמָן־בֶּשֶׂם)는 계수나무의 껍질에서 추출한 진액이다(Sarna). 창포(קְנֵה־בֹשֶׂם)와 계피(קִדָּה)가 정확히 무엇을 뜻하는지는 아직까지 밝혀지지 않았다(Dozeman). 이 향유의 근본적인 사용 목적이 당시 매우 광범위하게 서식하며 사람을 괴롭혔던 이(lice)를 퇴치하는 데 있었다고 주장하는 학자도 있지만(Stuart), 정확한 사용 목적은 확실하지 않다.

III. 성막과 도구들(25:1–40:38)
A. 성막 준비(25:1–31:18)
6. 기타 규례(30:1–38)

(5) 향(30:34–38)

[34]여호와께서 모세에게 이르시되 너는 소합향과 나감향과 풍자향의 향품을 가져다가 그 향품을 유향에 섞되 각기 같은 분량으로 하고 [35]그것으로 향을 만들되 향 만드는 법대로 만들고 그것에 소금을 쳐서 성결하게 하고 [36]그 향 얼마를 곱게 찧어 내가 너와 만날 회막 안 증거궤 앞에 두라 이 향은 너희에게 지극히 거룩하니라 [37]네가 여호와를 위하여 만들 향은 거룩한 것이니 너희를 위하여는 그 방법대로 만들지 말라 [38]냄새를 맡으려고 이같은 것을 만드는 모든 자는 그 백성 중에서 끊어지리라

지금까지 분향단을 어떻게 만들 것인가와 백성으로부터 향료를 거두라는 명령이 있었지만, 아직까지 실제로 하나님께 피워 드릴 향을 어떤 재료로 만들어야 하는지는 언급되지 않았다. 하나님은 이제 그 향을 만드는 방법을 말씀하신다. 여러 가지 향료를 구해 동일한 분량으로 섞으라는 것이다. 여기에 사용되는 향료들의 종류는 소합향, 나감향, 풍자향, 유향이다. 이름이 무엇을 뜻하는지 명확하지 않은 것도 있다.

소합향(נָטָף)은 발삼나무(balsam) 혹은 석류나무의 진을 뜻하는 것으로 추측된다(Cassuto). 나감향(שְׁחֵלֶת)은 홍해의 해안에서 자라는 일종의 조개에서 채취한 것으로 이해되며, 아라비아에서는 향수로 썼다는 기록이 있다(Stuart). 풍자향(חֶלְבְּנָה)은 지중해, 중앙 아시아 등지에서 사는 회향풀(ferula)과에 속하는 나무에서 채취한 것으로, 불에 태우면 매우 역겨운 냄새를 발산한다(Sarna). 그러나 다른 향료와 함께 사용되면 다른 향료의 냄새를 더 강하고 자극성 있게 해주는 효과를 발휘한다. 유향(לְבוֹנָה)의 히브리어 이름은 문자 그대로 해석하면 '하얀'이란 뜻이다. 이 향료에 이 이름이 주어진 것은 향료를 태우면 하얀 연기를 내기 때문이다. 이 향료는 남아라비아와 소말리아 지역에서 자생하는 나무에서 채취한 것이다.

이 향료들을 배합한 후 소금을 치라고 하신다(35절). 소금이 향에 섞이면 연기를 더 내고 더 잘 타게 하는 효과를 주거나(Sarna), 당시에 알려진 유일한 방부제였기 때문이라는 해석이 있다(Stuart). 잘 섞은 향의 원료를 빻아 고운 가루로 만들어 언약궤 앞에 놓아 타게 해야 한다. 만일 한 개인이 이러한 향을 만들어 쓰면 이스라엘 공동체에서 추방당하게 된다.

III. 성막과 도구들(25:1-40:38)
A. 성막 준비(25:1-31:18)

7. 브살렐과 오홀리압(31:1-11)

[1]여호와께서 모세에게 말씀하여 이르시되 [2]내가 유다 지파 훌의 손자요 우리의 아들인 브살렐을 지명하여 부르고 [3]하나님의 영을 그에게 충만하게 하여 지혜와 총명과 지식과 여러 가지 재주로 [4]정교한 일을 연구하여 금과 은과 놋으로 만들게 하며 [5]보석을 깎아 물리며 여러 가지 기술로 나무를 새겨 만들게 하리라 [6]내가 또 단 지파 아히사막의 아들 오홀리압을 세워 그와 함께 하게 하며 지혜로운 마음이 있는 모든 자에게 내가 지혜를 주어 그들이 내가 네게 명령한 것을 다 만들게 할지니 [7]곧 회막과 증거궤와 그 위의 속죄소와 회막의 모든 기구와 [8]상과 그 기구와 순금 등잔대와 그 모든 기구와 분향단과 [9]번제단과 그 모든 기구와 물두멍과 그 받침과 [10]제사직을 행할 때에 입는 정교하게 짠 의복 곧 제사장 아론의 성의와 그의 아들들의 옷과 [11]관유와 성소의 향기로운 향이라 무릇 내가 네게 명령한 대로 그들이 만들지니라

하나님은 지금까지 성막과 도구에 대해 많은 것을 말씀하셨다. 물론

모세가 하나님의 말씀을 귀담아듣고 있기는 하지만, 그가 직접 이 모든 물건을 만들어야 한다면 상당한 한계에 부딪칠 것은 자명하다. 그러므로 하나님은 이 모든 일을 지휘하고 총체적으로 감독할 기술자를 지명하신다. 바로 유다 지파에 속한 훌의 손자요 우리의 아들 브살렐(בְּצַלְאֵל)이다(2절). 브살렐의 할아버지 훌은 아말렉 족속과의 전투(17:8-16)에서 아론과 함께 모세의 손을 부축했던 사람일 가능성이 크다(Hamilton). 브살렐이라는 이름은 '하나님의 그림자 아래' 혹은 '하나님의 보호 아래'라는 의미를 가졌다(Kaiser).

여호와께서 브살렐을 먼저 '하나님의 영'(רוּחַ אֱלֹהִים)으로 가득 채우신다(3절). 브살렐에게 임하는 하나님의 영은 그에게 지혜(חָכְמָה)와 총명(תְבוּנָה)과 지식(דַעַת)을 주신다. 성막과 도구들에 대한 설명이 상당 부분 생략된 상황에서 하나님이 브살렐에게 이 같은 능력을 주시는 것은 당연한 일이다(Cassuto). 그뿐만 아니라 하나님의 영은 브살렐이 여러 가지 재주(כָל־מְלָאכָה), 금, 은, 동을 노련하게 다루는 솜씨, 보석을 깎아 물리며 나무를 새겨서 다양한 것을 만드는 능력 등 실제적인 기술에도 밝게 하신다(3-5절). 성막과 도구들을 만드는 일이 매우 귀하고 중요한 일이기 때문에, 하나님은 이스라엘에게 필요한 모든 것을 주신다(Enns). 하나님이 성소에 대한 청사진을 보여주고 브살렐에게 자신의 영도 주셨지만, 결국은 인간의 노동이 그것을 완성해야 한다. 성막은 하나님의 섭리와 인간의 노력이 연합하여 이루어낸 걸작품인 것이다.

하나님은 브살렐을 도와 함께 일하도록 단 지파에 속한 아히사막(אֲחִיסָמָךְ)의 아들 오홀리압(אָהֳלִיאָב)을 추가로 지명하신다(6절). 오홀리압의 이름은 '아버지는 나의 장막이시다' 혹은 '아버지는 장막이시다'라는 뜻을 가졌다(Enns). 오홀리압과 브살렐 모두 성막에 대한 암시를 담고 있는 이름이다. 성막과 도구들을 만들기 위해, 모세는 두 사람과 함께 여러 방면의 기술자들을 모집하여 각기 할 일을 주어야 한다. 그러므로 성막과 도구를 만드는 일은 많은 사람을 동원해야 하는 것이며 이스라엘 모든 사람의 헌신을 요구한 프로젝트였다. 또한 하나님이 모세에게 적절한 사람들을 보내주셔서 함께 일하도록 하신 것도 인상적이다.

성막과 그 안에서 사용될 도구들을 만드는 일은 매우 중요하지만, 실제로는 매우 어려운 일이다. 특히 세부적인 사항들이 자세하게 주어지지 않은 상황에서 이것을 만들라고 하셔서 당혹스러울 수 있다. 그런데 이 모든 문제는 하나님이 해결하신다. 먼저 이 일을 할 만한 사람들을 세우신다. 그다음 그들에게 지혜와 능력을 주셔서 맡은 일을 잘 감당할 수 있게 하신다. 하나님은 일꾼들로 세우신 자를 내버려두지 않고 그들이 임무를 완수하는 데 필요한 모든 것을 채워주신다. 이것이 하나님의 사역 방식이다. 그러므로 하나님이 우리를 어떤 사역으로 부르시든지 걱정할 필요가 없다. 사역을 감당하는 데 필요한 부분은 하나님이 모두 채워주실 것이기 때문이다.

III. 성막과 도구들(25:1-40:38)
A. 성막 준비(25:1-31:18)

8. 안식일(31:12-18)

[12]여호와께서 모세에게 말씀하여 이르시되 [13]너는 이스라엘 자손에게 말하여 이르기를 너희는 나의 안식일을 지키라 이는 나와 너희 사이에 너희 대대의 표징이니 나는 너희를 거룩하게 하는 여호와인 줄 너희가 알게 함이라 [14]너희는 안식일을 지킬지니 이는 너희에게 거룩한 날이 됨이니라 그 날을 더럽히는 자는 모두 죽일지며 그 날에 일하는 자는 모두 그 백성 중에서 그 생명이 끊어지리라 [15]엿새 동안은 일할 것이나 일곱째 날은 큰 안식일이니 여호와께 거룩한 것이라 안식일에 일하는 자는 누구든지 반드시 죽일지니라 [16]이같이 이스라엘 자손이 안식일을 지켜서 그것으로 대대로 영원한 언약을 삼을 것이니 [17]이는 나와 이스라엘 자손 사이에 영원한 표징이며 나 여호와가 엿새 동안에 천지를 창조하고 일곱째 날에 일을 마치고 쉬었음이니라 하라

[18]여호와께서 시내 산 위에서 모세에게 이르시기를 마치신 때에 증거판 둘을 모세에게 주시니 이는 돌판이요 하나님이 친히 쓰신 것이더라

하나님이 시내 산 위에서 모세에게 마지막으로 하신 말씀, 곧 일곱 번째 말씀은 안식일에 관한 것이다. 성막이 천지창조와 관련이 있고 안식일이 한 주의 일곱 번째 날이라는 점을 감안할 때, 이는 적절한 마침이라고 할 수 있다. 말씀의 내용이나 성향에서도 지금까지 하신 말씀과 매우 다르다. 지금까지의 주제가 예배의 중심인 예식과 제사장에 관한 것인데 반해, 안식일에 관한 규례는 예배에 초점을 맞추지 않고 단순히 모든 노동을 멈추고 쉬는 것에 초점을 맞추고 있다. 즉, 여기서 안식일이 강조되는 것은 종교적인 차원이 아니라 이스라엘의 사회와 경제적 정서에 영향을 끼치기 위한 것이다. 이 섹션은 다음과 같은 구조를 갖고 있다(Brueggemann).

A. 안식일을 표징으로 지키라(13절)
    B. 안식일을 지키지 않는 자는 죽이라(14절)
    B'. 안식일을 지키지 않는 자는 죽이라(15절)
A'. 안식일을 표징으로 지키라(16-17a절)
결론: 여호와께서 안식하셨다(17b절)

본문에 따르면, 하나님이 안식일을 지키라고 하시는 근본적인 이유는 하나님의 백성으로 선택받은 이스라엘이 끝없는 생산-소비 사이클을 끊어서 세상 사람과 다르다는 것을 증거하게 하기 위함이다(Brueggemann). 이는 사람이 노동의 노예가 아니며 하나님의 기쁨, 복지, 생명에 참여하고 즐길 수 있음을 증언하는 것이다. 안식일이 사람을 위해 있는 것이지 사람이 안식일을 위해 있는 것이 아니라는 예수님의 말씀이 새롭게 들린다(막 2:27).

또한 안식일에 강제로라도 쉬어야 하는 것은 노동자와 사회에서 소외된 자에 대한 배려다. 부자야 언제든지 쉴 수 있지만, 가난한 자, 하루 벌어서 하루 살아야 하는 자는 자신의 의지로는 결코 쉴 수가 없다. 그러므로 법을 제정하여 강제로라도 쉬게 하는 것은 그들에게 휴식과 회복을 주기 위함이다. 하나님의 백성은 세상 사람보다 삶의 질을 추구하는 데 더 열심을 내야 한다. 우리가 세상에서 예수를 믿고 하늘나라 백성으로 살아가는 것도 삶의 질을 향상시키는 것과 깊은 연관성이 있다.

다람쥐 쳇바퀴 돌듯 정신없이 살아가는 사람에게 일주일에 하루만이라도 모든 것을 멈추고 쉬며 회복하라는 하나님의 의지가 더없이 강력하게 표현된다. "안식일을 범하는 자는 죽이라"라는 것이다. 그뿐만 아니라 하나님이 천지를 창조하실 때에 7일째 되는 날에 쉬셨다는 점을 강조하여 사람이 정기적으로 안식하는 것을 창조의 섭리와 연결한다.

하나님은 모든 말씀을 마치신 후에 모세에게 언약의 말씀을 새긴 두 개의 증거판(שְׁנֵי לֻחֹת הָעֵדֻת)을 주셨다(18절). 이 증거판은 돌로 만들어져 있었으며, 쓰인 글은 하나님의 손가락으로 새겨진 것이다(כְּתֻבִים בְּאֶצְבַּע אֱלֹהִים). 하나님이 직접 쓰신 것이라는 뜻이다. 돌판에 새겨졌다는 것은 내용이 영원토록 지켜져야 함을 의미한다.

III. 성막과 도구들(25:1-40:38)

B. 금송아지 반역과 언약 갱신(32:1-34:35)

하나님은 지금까지 성막과 도구들을 어떻게 만들어야 하며 그것들을 만드는 데 필요한 재료는 어떻게 구해야 하는지 말씀하셨다. 심지어 브살렐과 오홀리압을 감독으로 뽑아 온갖 지혜와 총명과 지식과 기술의 영으로 채워 주셔서 이 일을 감당하도록 하겠다고 하셨다. 이제 남은 것은 이스라엘의 순종뿐이다. 하나님이 보여주신 청사진대로 작업을 해나가는 것은 이스라엘의 몫이다. 이들은 시내 산에서 하나님과 계약을 맺었으며, 이 계약에 따라 성막과 모든 도구를 만들어야 하는 것이다.

그러나 모세가 시내 산 정상에 올라가 하나님의 말씀을 받는 시간이 길어지자 이스라엘은 그새를 못 참고 초대형 사고를 친다. 그것도 앞으로 대제사장이 되어 이스라엘의 영성을 지도해야 하고 그들의 마음이 하나님께 집중되도록 노력해야 하는 아론이 주동이 되어서 말이다. 참으로 어이없는 일이 벌어진 것이다. 물론 아론은 산 위에서 하나님이 그에게 어떤 직책을 축복으로 주시기로 결정했는지 알 리가 없다. 알았다면 이렇게는 하지 않았을 것이다. 하여튼 이스라엘의 죄 때문에 성막과 도구들을 만드는 일이 한동안 지연될 수밖에 없는 상황이 벌어졌다.

반역–중재–회복 순서로 이어지는 이 섹션은 이집트에 내렸던 재앙들과 진행 과정이 비슷하다. 불과 몇 달 전에 하나님이 죄지은 바로와 이집트 사람을 내리치신 것을 옆에서 지켜보던 이스라엘이 어느덧 이집트 사람처럼 되어 하나님의 심판을 받게 되었다. 참으로 안타까운 일이다. 이 섹션은 다음과 같은 구조를 지녔다.

A. 언약 파괴: 금송아지(32:1–35)
　B. 모세의 호소(33:1–23)
A'. 언약 갱신(34:1–28)
　B'. 모세의 얼굴(34:29–35)

III. 성막과 도구들(25:1–40:38)
　B. 금송아지 반역과 언약 갱신(32:1–34:35)

1. 언약 파괴: 금송아지(32:1–35)

얼마 전까지만 해도 시내 산 정상에 임한 하나님의 현현을 먼발치에서 바라보고서 생명에 위협을 느낄 정도로 두려워 떨었던, 그래서 모세에게 중재해 달라고 애원했던 사람들이 일을 벌였다. 모세가 산에 올라간 후 오랫동안 소식이 없자 불안해진 것이다. 24:18에 의하면 모세는 홀로 시내 산 정상에 올라가 40일 낮과 밤을 지냈다. 그동안 이집트에서부터 그들과 하나님 사이를 중재해 주던 모세가 40일이나 나타나지 않자 이스라엘은 영적 공허를 느끼기 시작했다(Sarna). 그들은 이 같은 불안을 하나님께 여쭤보고 그분께 귀를 기울여 해결하는 것이 아니라 보이지 않는 하나님의 형상을 만듦으로써 해결하려 했다. 여기까지 이르는 동안 이스라엘이 저지른 반역 중 최악의 것이며, 지금까지 하나님이 이들을 위해 베푸신 모든 은총과 주신 모든 말씀을 무효화하는 상황이 되었다(Enns). 이 이야기는 다음과 같이 구분할 수 있다.

A. 이스라엘과 금송아지(32:1-6)
B. 하나님의 진노와 모세의 중보(32:7-14)
C. 돌판과 금송아지 파괴(32:15-20)
D. 아론의 변명(32:21-24)
E. 레위 사람들(32:25-29)
F. 모세의 두 번째 중보(32:30-35)

III. 성막과 도구들(25:1-40:38)
B. 금송아지 반역과 언약 갱신(32:1-34:35)
1. 언약 파괴: 금송아지(32:1-35)

(1) 이스라엘과 금송아지(32:1-6)

[1]백성이 모세가 산에서 내려옴이 더딤을 보고 모여 백성이 아론에게 이르러 말하되 일어나라 우리를 위하여 우리를 인도할 신을 만들라 이 모세 곧 우리를 애굽 땅에서 인도하여 낸 사람은 어찌 되었는지 알지 못함이니라 [2]아

론이 그들에게 이르되 너희의 아내와 자녀의 귀에서 금 고리를 빼어 내게로 가져오라 [3]모든 백성이 그 귀에서 금 고리를 빼어 아론에게로 가져가매 [4]아론이 그들의 손에서 금 고리를 받아 부어서 조각칼로 새겨 송아지 형상을 만드니 그들이 말하되 이스라엘아 이는 너희를 애굽 땅에서 인도하여 낸 너희의 신이로다 하는지라 [5]아론이 보고 그 앞에 제단을 쌓고 이에 아론이 공포하여 이르되 내일은 여호와의 절일이니라 하니 [6]이튿날에 그들이 일찍이 일어나 번제를 드리며 화목제를 드리고 백성이 앉아서 먹고 마시며 일어나서 뛰놀더라

모세가 시내 산에 올라간 지 상당한 시간이 흘렀다. 불안해진 사람들은 아론을 찾아가 자신들을 인도할 신을 만들라고 요구했다. 아론은 금을 모아오면 만들어주겠다고 했다. 일부 주석가는 히브리어 성경을 시리아어로 번역한 페쉬타(Peshitta)를 근거로 아론이 백성이 두려워서 금송아지를 만들어주었다고 해석하지만(Houtman), 근거 없는 설명이다. 이 일은 아론이 자청해서 저지른 일이다. 이스라엘은 모세가 오랫동안 잠적한 데 불안을 느껴 여호와를 상징하는 우상으로 금송아지를 만들고 그 앞에서 절하며 "이 신이 우리를 이집트에서 구원한 신"이라고 외치는 것을 보면(4절), 그들이 여호와를 등지고 다른 신을 섬기기로 한 것은 아니다. 물론 이들이 처음부터 매우 부정적인 태도로 아론을 대한 것은 사실이다. 그들의 발언 중에 "이 사람 모세"(זֶה מֹשֶׁה הָאִישׁ, 1절)라는 말이 나오는데, 이 표현은 상대방을 비하하는 불손한 말이다(Cassuto, Houtman, Kaiser, Stuart, cf. 삼상 10:27; 21:15; 25:21).

또한 그들의 아내와 딸들이 금귀고리를 많이 소지했다는 것도 순수해 보이지는 않는다(2절). 야곱은 라반의 집에서 돌아와 우상과 함께 금귀고리를 땅에 묻은 적이 있다(창 35:4). 기드온은 백성에게 금귀고리를 모아 금에봇을 만들어 온 이스라엘로 실족하게 한 적이 있다(삿 8:24-27). 우상숭배와 금귀고리는 매우 밀접한 관계가 있기 때문이다.

그 당시 금귀고리의 상당수가 다름 아닌 우상의 형태를 취하거나 조각으로 되어 있었다는 점에서도 알 수 있다(Sarna).

그럼에도 본문에서 이스라엘이 '보이는 신'을 요구하는 것은 보이지 않는 하나님의 대변자였던 모세도 없이 광야를 걸어 가나안으로 입성하게 될 것에 대한 불안감 때문이었다. 그들은 자신들의 불안을 볼 수 있고, 느낄 수 있으며, 만질 수 있는 여호와의 우상을 통해 해소하려 했다. 중세기 유태인 학자는 여기서 이스라엘이 우상을 요구하는 것은 모세를 대신해서 자신들에게 여호와의 뜻을 분별할 수 있도록 도와줄 도구를 만들어 달라는 것이라고 해석하기도 했다(Rashbam). 어떤 이유에서든 우상은 안 된다. 표면적으로 우상숭배는 인간이 우상을 섬기는 것이지만, 내면적으로는 인간이 신을 조정하려는 욕심에서 비롯된 것이다(Moore, Dozeman).

그렇다면 하나님은 이들이 다름 아닌 여호와를 기리며 만든 이미지에 대해 왜 이렇게 분노하시는가? 하나님은 십계명을 통해 이스라엘에게 그 어떠한 형상으로도 하나님의 모형을 만들지 말라고 하셨다(20:4-5). 게다가 금송아지는 하나님을 이방 종교적인 관점에서 표현한 것이다(Enns). 이스라엘이 계명을 어기면서까지 하나님의 형상을 만들고자 했던 것은 인간의 본능적 성향을 잘 보여준다. 인간은 보이지 않는 것보다 확실하고 가시적인 것을 선호한다. 그러므로 어떻게 생각하면 눈에 보이고 만질 수 있는 우상은 이스라엘에게 끊임없이 시험이 될 것을 예고한다.

하나님은 왜 어떤 형상으로도 자신을 대신할 수 없다고 하시는가? 무엇보다도 하나님은 우리가 이 세상에서 볼 수 있는 그 어떠한 모형이나 형체와 전적으로 다른(wholly otherness) 분이기 때문이다. 이 세상의 보고 만질 수 있는 그 무엇도 하나님의 놀랍고도 아름다움을 형언할 수 없다. 또한 하나님의 형상이 허용되면 인간은 곧 그 형상을 하나님으로 섬기고 그 앞에 절하며 정작 그 형상이 상징하는 여호와는 망각할 것이다. 곧 본질을 놓쳐 버린 우상숭배 단계로 접어드는 것이다. 게다가 이 세상에서 우리 눈에 보이는 모든 것은 피조물이지 창조주가 아니라는 사실이다.

백성의 동요보다 더 심각한 문제는 아론이 이 일을 주관한다는 점이다. 그는 모세의 잠적에 대해 불안해 하는 백성을 달래고 위로하며 기다려 보자고 권면하기는커녕 오히려 금을 모아오면 신을 만들어주겠다는 제안을 한다. 아론이 이렇게 하는 이유는 그를 찾아온 사람들이 상당한 위협과 압력을 가해서였을 수도 있다(Stuart, cf. Enns). 그럼에도 아론은 앞으로 대제사장이 될 사람이 해서는 안 될 일을 하고 있다. 그에게 죽음을 각오하고 하나님의 말씀을 지키려는 의지가 있었다면 얼마나 좋았을까?

하나님이 이미 아론을 대제사장으로, 그의 아들과 자손을 영원한 제사장으로 임명하셨지만, 금송아지 사건으로 아론과 자손은 처음부터 제사장이 되어 하나님 앞에서 섬길 만한 믿음을 소유한 자들이 아니었다는 점이 확실하게 드러났다. 역시 아론이 대제사장이 될 수 있었던 것은 하나님의 일방적인 은혜에서 비롯된 것이지 결코 그의 자질이 훌륭해서가 아니었다. 생각해보면 이는 이스라엘이 처음부터 불안한 상황에서 한 국가로 출범했을 뿐만 아니라, 앞으로도 모든 시험을 이겨내고 여호와만을 바라보며 살아가는 것이 매우 어려울 것을 시사하는 듯하다. 백성이 눈에 보이는 형상을 요구하는 것도 문제지만, 그들을 하나님께 인도할 대제사장이 그들과 한통속이 되어 나섰다는 점이 더 문제다. 이스라엘의 지속적인 실패가 예견된다.

아론은 백성이 모아온 금귀고리들을 받아 녹여서 거푸집에 부어 송아지 상을 만들었다(공동, 새번역). 그러나 '거푸집'(חֶרֶט)은 실제로 물건을 조각하거나 이미지를 새기는 도구를 뜻한다. 그러므로 본문이 하고자 하는 말은 아론이 금송아지를 만든 과정은 단순히 곽을 짜서 거기에 부어 만든 것이 아니라, 많은 시간과 노력을 투자해 정교하게 다듬고 새긴 것이라는 점이다. 즉, 아론은 매우 심각한 죄를 범하고 있다. 잠시 후 모세에게 문책을 당할 때, 그가 "금을 불에 던지니 송아지가 나왔다"라고 변명하는 것은 순전히 거짓말이다. 많은 학자가 아론이 만든 송아지는 100% 금덩어리가 아니라 나무로 먼저 송아지 형태를 깎은 다음 그 위에 금을 씌운 것이라고 이해한다(Sarna, Kaiser).

왜 하필이면 송아지(עֵגֶל)인가? 고대 근동 지역에서는 소가 주권, 리더십, 힘, 넘치는 에너지 및 다산(多產)의 상징이었다(Kaiser, 호 13:2). 그래서 많은 사람이 소를 우상화하거나 자신이 섬기는 신들의 상징으로 섬겼다(Dozeman). 신이 서 있는 발판에 소가 새겨지는 것도 예사였다. 여로보암은 하나님의 임재를 상징하는 법궤의 대안으로 송아지를 선택한 적이 있다(왕상 12:27-30). 그러므로 아론이 금으로 송아지를 만든 것은 그 당시 근동에 팽배했던 신에 대한 관념을 그대로 표현한 것이다. 그렇다면 아론의 송아지 제작 사건의 가장 큰 문제는 바로 하나님의 전적인 초월성(complete otherness, transcendence)을 완전히 무시한 것이다. 그들은 하나님의 임재의 상징인 법궤를 금송아지로 대신했다(Enns).

드디어 금송아지가 완성되자 백성은 그 금송아지가 이집트에서 자신들을 인도해낸 '신들'이라고 떠들어댔다(4절). 거룩한 여호와 하나님이 하찮은 금송아지로 표현되어 버린 것이다! 그것도 지시 대명사와 명사와 동사를 복수형으로 사용하여 "이것들(אֵלֶּה)이 너희를 이집트에서 인도해낸(הֶעֱלוּךָ) 너희의 신들(אֱלֹהֶיךָ)이다"라고 한다. 물론 이스라엘 사람이 방금 구워낸 송아지가 여호와라고 생각할 정도로 바보는 아니었을 것이다. 그들은 단순히 송아지가 여호와를 상징한다고 생각하고 이런 일을 벌인 것이다(Houtman). 그렇다면 저자는 이들의 행동을 묘사하면서 왜 복수형을 사용했을까? 금송아지가 여러 개도 아니고 하나일 뿐인데 말이다. 아마도 이들의 행동이 결코 있을 수 없는 일이라는 점을 강조하기 위한 문법적 수단일 것이다(Sarna).

백성의 흥분된 분위기를 파악한 아론이 스스로 제사장직을 자청해서 그 송아지 상 앞에 제단을 쌓고는 이와 같이 선언했다. "내일 여호와를 위한 제사를 드립시다!"(5절). 물론 새로 만든 금송아지 앞에서 여호와께 제사를 드리겠다는 것이다! 여호와와 금송아지도 구분하지 못하는 아론은 하나님 말씀대로 살지 않고 인기를 추구하는 자의 가장 저질스러운 모습을 보이고 있다. 다음날 모든 백성은 송아지 상 앞에서 화목제와 번제를 드리며 즐거워했다. 종교 축제가 열린 것이다. 그러나 차분하고 절제된 분위기에서 진행된 종교 축제가 아니라, 술취함과 무분별한 성관계 등을 포함한 광란의 파티에 불과했다(BDB, Kaiser). 물론 그들은 이 모든 제물을 분명 여호와께 드렸다. 문제는 하나님이 받으셨는가다. 전혀 받으실 리 없다. 그들은 드렸지만 하나님은 받으신 적이 없으니, 그들의 제물은 모두 낭비된 것이다. 하나님께 드리는 제물이라고 해서 모두 하나님께 열납된다는 착각에 사로잡혀서는 안 된다. 특히 선지자들은 이 점에 대해 강력하게 경고한다. 하나님은 경건하지 못한 제물은 거부할 뿐만 아니라 혐오하신다. 유태인 사이에 이 금송아지 사건은 창세기 3장에 묘사된 '원죄'(original sin)에 가장 가까운 죄로 기억된다(Dozeman).

III. 성막과 도구들(25:1–40:38)
B. 금송아지 반역과 언약 갱신(32:1–34:35)
1. 언약 파괴: 금송아지(32:1–35)

(2) 하나님의 진노와 모세의 중보(32:7–14)

[7]여호와께서 모세에게 이르시되 너는 내려가라 네가 애굽 땅에서 인도하여 낸 네 백성이 부패하였도다 [8]그들이 내가 그들에게 명령한 길을 속히 떠나 자기를 위하여 송아지를 부어 만들고 그것을 예배하며 그것에게 제물을 드리며 말하기를 이스라엘아 이는 너희를 애굽 땅에서 인도하여 낸 너희 신이

라 하였도다 [9]여호와께서 또 모세에게 이르시되 내가 이 백성을 보니 목이 뻣뻣한 백성이로다 [10]그런즉 내가 하는 대로 두라 내가 그들에게 진노하여 그들을 진멸하고 너를 큰 나라가 되게 하리라 [11]모세가 그의 하나님 여호와께 구하여 이르되 여호와여 어찌하여 그 큰 권능과 강한 손으로 애굽 땅에서 인도하여 내신 주의 백성에게 진노하시나이까 [12]어찌하여 애굽 사람들이 이르기를 여호와가 자기의 백성을 산에서 죽이고 지면에서 진멸하려는 악한 의도로 인도해 내었다고 말하게 하시려 하나이까 주의 맹렬한 노를 그치시고 뜻을 돌이키사 주의 백성에게 이 화를 내리지 마옵소서 [13]주의 종 아브라함과 이삭과 이스라엘을 기억하소서 주께서 그들을 위하여 주를 가리켜 맹세하여 이르시기를 내가 너희의 자손을 하늘의 별처럼 많게 하고 내가 허락한 이 온 땅을 너희의 자손에게 주어 영원한 기업이 되게 하리라 하셨나이다 [14]여호와께서 뜻을 돌이키사 말씀하신 화를 그 백성에게 내리지 아니하시니라

시내 산 위에서 모세와 대화하시던 하나님이 상황을 판단하시고 강력한 어조로 말씀하신다. 이제 겨우 계약이 체결되었는데, 이스라엘은 계약서에 잉크가 채 마르기도 전에 계약을 위반하는 것이다! 하나님의 불편한 심기는 이스라엘을 두고 지금까지 '내 백성'이라고 불러오셨던 것을(3:7, 10; 5:1; 7:4, 16, 9:1, 13, 17; 10:3, 4) 멈추고 '네[모세] 백성'이라고 부르시는 것에서도 역력히 나타난다(7절, cf. Kaiser).

또한 이스라엘이 모세를 '이 사람 모세'(1절)라고 부르며 비아냥거렸던 것에 반박하듯 하나님은 이스라엘을 '이 백성'(הָעָם הַזֶּה)이라고 부르신다(9절). 하나님은 이스라엘이 '목이 뻣뻣하다'(קְשֵׁה־עֹרֶף)라고 하신다(9절). 이 개념은 농부가 일을 위해 부리는 짐승이 의도적으로 주인에게 반항하고 고집 피우는 데서 비롯되었다(Cassuto). 도대체 주인의 말을 듣지 않는 매우 불손한 짐승의 이미지가 배어 있는 말이다. 이스라엘은 송아지 상에게는 고개를 숙일지언정, 여호와 하나님께는 고개를 숙이지 않고 있다(Kaiser).

이 섹션이 취하는 양식은 선지자적 소송(prophetic lawsuit) 양식이다(Brueggemann). 먼저 고소가 있다. 이스라엘이 계명을 어겼다는 것이다(7-8절). 그다음 하나님이 이스라엘을 아예 세상에서 지워 버리겠다고 선언하신다(9-10절). 하나님이 이스라엘과 맺으신 언약은 처음부터 조건적이었다. 이제 이스라엘이 조건을 어겼으니 당연히 멸망당할 수밖에 없는 것이다. 하나님은 이스라엘을 멸절하고 모세만을 통해 큰 나라를 세우실 것이라는 말씀을 덧붙이신다.

설령 이스라엘이 송아지 상을 여호와라고 믿지 않고 여호와가 서 계실 발판으로 간주하기 위해 만들었으며, 그들이 하고자 하는 일이 그 위에 서 계시는 보이지 않는 하나님을 섬기고 예배하는 일이라 하더라도 하나님의 분노는 멈추지 않을 것이다. 그들의 행위가 말씀에 대한 불순종일 뿐만 아니라 결국 이 송아지 상을 이스라엘의 하나님으로 간주할 것이기 때문이다. 여호와가 고작 송아지로 전락할 위기가 생긴 것이다.

하나님은 먼저 "내가 하는 대로 두라/나를 말리지 마라"(הַנִּיחָה לִּי)라는 말로 모세에게 말씀을 시작하신다(10절). 그러나 이 말씀은 이스라엘을 위한 모세의 중보와 밀접한 관계가 있으며, 그의 중보기도를 기대한다는 것이 일반적인 해석이다(Balentine, Kinlaw, cf. Kaiser, Sarna). "모세야, 나를 말려라! 네가 말리지 않으면 나는 저들을 죽일 수밖에 없다". 물론 하나님의 분노가 이스라엘을 멸망에 이르게 하기에 충분하지만–특히 이집트에 있을 때부터 지금까지 얼마나 속을 썩여 왔는지 생각하면 더욱 그렇다–하나님은 모세가 말리기를 원하신 것이다. 하나님의 성품이 잘 드러난 구절이다.

하나님이 인간의 간구에 귀를 기울이시기 때문에, 하나님 앞에서 남을 위해 중보하는 것은 선지자의 필수적이고 중요한 역할이기도 했다. 실제로 선지자(נָבִיא)라는 말이 처음 사용되었을 때도 이러한 중보 기능이 부각되는 정황에서였다(창 20:7). "이제 그 사람의 아내를 돌려보내라 그는 선지자라 그가 너를 위하여 기도하리니 네가 살려니와 네가 돌려보내지 않으면 너와 네게 속한 자가 다 반드시 죽을 줄 알지니라." 하나님이 아브라함의 아내 사라를 아내로 삼으려고 했던 아비멜렉에게 경고하며 하셨던 말씀이다.

모세는 즉시 이스라엘을 위해 중보에 나섰다. 모세의 중보 내용을 살펴보면 다음 사항에 근거를 두고 있다. (1) 이스라엘은 여호와의 택함을 받은 백성이다(11a절), (2) 하나님은 이스라엘을 이집트에서 구원하기 위해 능력을 발휘하셨다(11b절), (3) 만일 하나님이 이스라엘을 멸하신다면 이집트 사람 사이에서 하나님의 명예가 훼손될 것이다(12절), (4) 하나님은 이미 선조들에게 약속하신 바가 있다(13절). 모세의 이러한 중보는 매우 이성적이고 체계적이다. 네 가지 중 그 어느 것 하나도 부인할 수 없는 역사적 사실이기에, 하나님도 이스라엘을 멸하지 않는 것이 최선의 선택임을 인정하신다. 가장 능력 있는 기도는 허무맹랑한 중언부언이 아니라, 정확한 역사적 사실과 논리를 바탕으로 한 기도이다. 전통적으로 유태인은 11-14절을 속죄일을 제외한 모든 금식하는 날 오후에 읽는 본문으로 정했다(Sarna). 이스라엘을 위한 모세의 중보 기도를 본받는 의미에서다.

하나님은 모세의 기도를 들어주셔서 이스라엘을 멸하지 않겠다고 약속하셨다(14절). 중세기의 에스라(Ibn Ezra) 이후로 많은 학자가 14절과 30-34절의 관계에 대해 문제를 제기했다. 하나님이 이미 14절에서 그들을 용서하기로 작정하셨는데, 30-34절에 기록된 모세의 또 하나의 중보가 왜 필요하냐는 것이다. 특히 모세가 중보를 위해 산에 올라가면서 남기는 "혹 너희를 위하여 속죄가 될까 하노라"라는 말은 14절과 잘 연결이 안 된다는 것이다. 여기에 더 큰 혼란을 더하는 것은, 이 사건을 회고하는 신명기 9:15-21에 이스라엘이 금송아지를 만든 상황을 파악한 모세가 중보를 하기 전에 산에서 내려온다는 점이다. 산에서 내려와서 증거 돌판을 깬 다음에야 중보에 나서는 점이 본문과 다르다.

에스라(Ibn Ezra)는 11-14절이 순서적으로 잘못 나열되었다는 결론을 내리고 이 구절이 31절 다음에 와야 된다고 생각했다. 대부분의 최근 학자는 본문에 서로 다른 전승이 섞이다 보니 빚어진 일이라고 결론짓는다(Childs). 그러나 람반(Ramban)은 다른 해석을 제시했다. 그는 모세가 11-14절과 30-34절에서 두 번 중보했다고 생각한다. 첫 번째 11-14절에서는 이스라엘을 파괴하겠다는 하나님의 의지를 돌리기 위해서였으며, 두 번째 30-34절에서는 하나님 백성에 대한 용서를 얻어내기 위해 중보했다는 것이다. 이 경우 둘 다 적절한 중보 행위가 된다(Cassuto).

모세는 하나님이 이스라엘을 지워 버리시고 그의 후손만을 통해 큰 백성을 만들겠다고 말씀하시는 것(10절)에 전혀 괘념하지 않고 중보에 나섰다. 우리는 여기서 이스라엘에 대한 모세의 사랑과 열정을 엿볼 수 있다. 그는 개인적인 이득이나 명예를 거부하고 공동체를 살리려고 최선을 다하고 있다. 우리도 이 같은 열정과 사랑으로 우리가 속한 공동체를 섬긴다면 얼마나 좋을까?

III. 성막과 도구들(25:1-40:38)
B. 금송아지 반역과 언약 갱신(32:1-34:35)
1. 언약 파괴: 금송아지(32:1-35)

(3) 돌판과 금송아지 파괴(32:15-20)

[15]모세가 돌이켜 산에서 내려오는데 두 증거판이 그의 손에 있고 그 판의 양면 이쪽 저쪽에 글자가 있으니 [16]그 판은 하나님이 만드신 것이요 글자는 하나님이 쓰셔서 판에 새기신 것이더라 [17]여호수아가 백성들의 요란한 소리를 듣고 모세에게 말하되 진중에서 싸우는 소리가 나나이다 [18]모세가 이르되 이는 승전가도 아니요 패하여 부르짖는 소리도 아니라 내가 듣기에는 노래하

는 소리로다 하고 [19]진에 가까이 이르러 그 송아지와 그 춤 추는 것들을 보고 크게 노하여 손에서 그 판들을 산 아래로 던져 깨뜨리니라 [20]모세가 그들이 만든 송아지를 가져다가 불살라 부수어 가루를 만들어 물에 뿌려 이스라엘 자손에게 마시게 하니라

모세는 하나님이 손수 새겨주신 돌판 두 개를 들고 하산하기 시작했다. 모세가 하나님께 받은 돌판의 크기가 어느 정도였는지는 알 수 없다. 다만, 이 돌판은 언약궤 안에 소장되어야 하기 때문에 아무리 커도 높이 2.5규빗(1.12m), 너비 1.5규빗(67cm)을 넘지 못한다. 한 랍비 문헌에 따르면 이 돌판들은 높이 1.5규빗(67cm), 너비 1규빗(45cm)이었다고 한다(Bava Batra 14a).

모세는 시내 산 정상에서 조금 떨어진 곳에서 그를 기다리던 여호수아와 만났다. 모세를 기다리는 중이라 움직일 수는 없었지만 여호수아도 이스라엘의 진중에서 들려오는 소리에 촉각을 곤두세우고 있었다. 그는 이스라엘이 편을 나누어 일종의 패싸움을 하는 것으로 생각했던 것 같다. 모세는 싸우는 소리가 아니라 즐거워하며 부르는 노랫소리일 뿐이라며 하산을 재촉했다.

드디어 이스라엘 진영에 이르니 금송아지 앞에서 노래하고 춤을 추는 사람들의 모습이 보였다. 화가 머리끝까지 치민 모세는 하나님이 만들어주신 두 돌판을 그들 앞에 내던졌다. 모세의 행위는 이스라엘과 하나님 사이에 맺어진 언약이 깨졌다는 것을 상징한다. 아카디아어에서도 계약을 파괴하는 것을 '돌판을 깬다'라고 표현한다(Sarna). 모세가 단단히 화가 난 것은 이해가 가는데 그렇다고 하나님이 만들어주신 돌판을 그렇게 쉽게 부숴 버린 것은 잘 이해되지 않는다.

모세는 즉각 금송아지를 녹이고 가루로 갈아서 백성에게 물에 타서 마시도록 했다. 금송아지가 나무에 새긴 조각에 금을 덧입힌 것이라고 보는 사람은 모세가 이 우상을 갈아 마시게 한 것을 추가적인 증거로

든다(Stuart). 우가릿 문헌에서도 이러한 행위가 기록된 적이 있는데, 이러한 행위는 추악한 물건을 완전히 소멸하여 배설물로 내보는 것을 상징한다(Cassuto). 여기서는 물의 출처가 언급되지 않지만, 이 사건을 회고하는 신명기 9:21은 "산에서 흘러내리는 시내"라고 밝히고 있다. 모세가 시내 산 계곡 내지는 골짜기로 범죄자들을 끌고가 이 일을 한 것이다.

III. 성막과 도구들(25:1-40:38)
B. 금송아지 반역과 언약 갱신(32:1-34:35)
1. 언약 파괴: 금송아지(32:1-35)

(4) 아론의 변명(32:21-24)

[21]모세가 아론에게 이르되 이 백성이 당신에게 어떻게 하였기에 당신이 그들을 큰 죄에 빠지게 하였느냐 [22]아론이 이르되 내 주여 노하지 마소서 이 백성의 악함을 당신이 아나이다 [23]그들이 내게 말하기를 우리를 위하여 우리를 인도할 신을 만들라 이 모세 곧 우리를 애굽 땅에서 인도하여 낸 사람은 어찌 되었는지 알 수 없노라 하기에 [24]내가 그들에게 이르기를 금이 있는 자는 빼내라 한즉 그들이 그것을 내게로 가져왔기로 내가 불에 던졌더니 이 송아지가 나왔나이다

모세는 일단 사태를 수습하고 나서 아론을 문책했다. "이 백성이 당신에게 어떻게 하였기에 당신이 그들을 큰 죄에 빠지게 하였느냐?"(21절) '큰 죄'(חֲטָאָה גְדֹלָה)라는 표현은 매우 제한된 범위에서 사용되며 특별한 의미를 지녔다. 우가릿과 이집트에서 발굴된 결혼 계약서에서 큰 죄는 항상 간음을 두고 하는 말이다(NIDOTTE). 이러한 이해가 성경에도 몇 차례 등장한다. 아비멜렉이 아브라함을 책망할 때(창 20:9)도, 요셉이 보디발의 아내를 책망할 때(창 39:9)도 간음을 염두에 두고 사용된다. 이스라엘이 이미 하나님과 결혼한 상태에서 금송아지를 만든 것은 곧 간음 행위라는 것이다(출 32:21, 30, 31; 왕하 17:21).

아론은 모든 죄를 백성에게 돌릴 뿐 자신의 잘못을 시인하지 않는다. 심지어 자신이 정성 들여 만들고 조각해준 송아지 우상에 대해서도 "금을 불에 던졌더니 송아지가 나왔다"라며 궁색한 변명을 늘어놓았다. 금을 불에 던졌더니 기적이 일어났다는 것이다(Brichto, Kaiser, Hamilton)! 죄를 지은 후 서로에게 책임을 떠맡기던 창세기 3장의 일이 그대로 재현된다(Fretheim). 아론은 이스라엘의 지도자가 될 자격이 없는 사람이다. 그는 하나님의 기준을 따르기보다 사람들의 눈치를 살피며 그들의 비위를 맞추다가 이 같은 죄를 저질렀다. 더 나아가 그는 책임 추궁을 당하자 모든 책임을 엉뚱한 데로 돌리며 가장 추한 지도자의 모습을 보인다. 하나님이 이처럼 형편없는 사람을 대제사장으로 세우신 것이 그저 충격적일 뿐이다. 우리는 아론과 같은 지도자가 되지 않기 위해 최선을 다해야 한다. 앞으로 이스라엘의 신앙생활은 아론과 그의 후손의 지도를 받아야 할 텐데 이 상황을 보면 그저 걱정과 불안만 앞선다.

모세는 아론에게 어떤 대꾸도 하지 않는다. 훗날 신명기에 기록된 회고를 보면, 모세는 아론의 변명이 대꾸할 가치도 없는 것이라 여겨 일축해 버렸다(신 9:12-22). 그뿐만 아니라 신명기에서 모세는 하나님이 아론을 죽이실 만큼 화가 나셨다고 회고한다. 오직 모세의 중보 기도가 아론을 살렸던 것이다. 우리도 때로는 죽을 죄를 저지르지만, 누군가의 중보 기도에 의해 살고 있는 것은 아닐까?

III. 성막과 도구들(25:1-40:38)
B. 금송아지 반역과 언약 갱신(32:1-34:35)
1. 언약 파괴: 금송아지(32:1-35)

(5) 레위 사람들(32:25-29)

[25]모세가 본즉 백성이 방자하니 이는 아론이 그들을 방자하게 하여 원수에게 조롱거리가 되게 하였음이라 [26]이에 모세가 진 문에 서서 이르되 누구든지 여호와의 편에 있는 자는 내게로 나아오라 하매 레위 자손이 다 모여 그에게로 가는지라 [27]모세가 그들에게 이르되 이스라엘의 하나님 여호와께서 이렇게 말씀하시기를 너희는 각각 허리에 칼을 차고 진 이 문에서 저 문까지 왕래하며 각 사람이 그 형제를, 각 사람이 자기의 친구를, 각 사람이 자기의 이웃을 죽이라 하셨느니라 [28]레위 자손이 모세의 말대로 행하매 이 날에 백성 중에 삼천 명 가량이 죽임을 당하니라 [29]모세가 이르되 각 사람이 자기의 아들과 자기의 형제를 쳤으니 오늘 여호와께 헌신하게 되었느니라 그가 오늘 너희에게 복을 내리시리라

모세가 금송아지를 파괴한 것이 화근이 되어 온 이스라엘 캠프가 술렁였다. 일종의 폭동이 일어난 것이다(Sarna). 이 모든 일에 대한 책임은 아론에게 있다. 그가 백성들로 하여금 이렇게 변하도록 주동했던 것이다(25절). 그러나 아론은 아무런 사과도 하지 않았고, 이미 살펴본 것처럼 그저 궁색한 변명만 늘어놓았다. 상황을 방관만 하는 아론은 참으로 어리석고 무책임한 리더다. 모세는 단호하게 여호와를 위해 이 폭동을 잠재울 자들을 징집했다. "누구든지 여호와의 편에 있는 자(מִי לַיהוָה)는 내게로 나아오라"(26절). 모세의 발언은 이스라엘 사람이 금송아지를 어떤 동기에서 만들고 섬겼든지 여호와 종교가 지향하는 진정한 유일신주의와는 결코 함께 갈 수 없음을 시사한다. 여호와 종교의 유일신주의는 어떠한 이미지도 허용하지 않는다.

모세가 속해 있던 레위 사람이 기꺼이 그의 부름에 응답했다. 그들은 하나님과의 언약에 신실하기를 원했으며, 이스라엘 예배의 순수성을 보존하는 데 사명감을 느꼈던 사람들이다. 아론은 대제사장직을 맡기에 부족한 사람이었지만, 레위 지파는 성소에서 예배를 돕고 이스라엘 종교의 순결을 지키는 데 적합한 지파였던 것이다(Dozeman).

모세는 그들에게 칼을 차고 이스라엘 진영을 돌아다니며 폭동에 가담한 자들을 모두 죽이라고 명령했다. 레위 사람은 어떤 기준으로 사람들을 색출하여 죽였던 것일까? 민수기 5:12-31에도 비슷한 사건이 기록되어 있는데, 우상 숭배자들이 물과 흙을 섞은 것을 마신 것으로 기록되어 있다. 금송아지 사건에서도 비슷한 상황이 전개되었을 가능성이 있다(Enns). 이 사건에 근거하여 금송아지 사건에서도 온갖 성적 문란이 성행했으리라는 추측도 있다(Stuart).

이날 레위 사람은 자신들의 친척을 포함하여 무려 삼천 명 가량을 죽였다. 레위 사람의 이러한 행동이 잔인하게 보일지 몰라도, 그들의 결단과 하나님에 대한 충성은 이스라엘에 미래를 가져다주었다(Brueggemann). 공동체를 우상숭배로 오염시키는 일은 매우 심각한 범죄이므로 형제를 처단하는 것을 감수하면서까지 순수성을 유지해야 한다는 것이다(Dozeman). 율법은 개인적인 권리보다 공동체의 순수성을 더 우선한다.

III. 성막과 도구들(25:1-40:38)
B. 금송아지 반역과 언약 갱신(32:1-34:35)
1. 언약 파괴: 금송아지(32:1-35)

(6) 모세의 두 번째 중보(32:30-35)

[30]이튿날 모세가 백성에게 이르되 너희가 큰 죄를 범하였도다 내가 이제 여호와께로 올라가노니 혹 너희를 위하여 속죄가 될까 하노라 하고 [31]모세가

여호와께로 다시 나아가 여짜오되 슬프도소이다 이 백성이 자기들을 위하여 금 신을 만들었사오니 큰 죄를 범하였나이다 [32]그러나 이제 그들의 죄를 사하시옵소서 그렇지 아니하시오면 원하건대 주께서 기록하신 책에서 내 이름을 지워 버려 주옵소서 [33]여호와께서 모세에게 이르시되 누구든지 내게 범죄하면 내가 내 책에서 그를 지워 버리리라 [34]이제 가서 내가 네게 말한 곳으로 백성을 인도하라 내 사자가 네 앞서 가리라 그러나 내가 보응할 날에는 그들의 죄를 보응하리라 [35]여호와께서 백성을 치시니 이는 그들이 아론이 만든 바 그 송아지를 만들었음이더라

이스라엘 진영이 잠잠해진 이튿날 모세가 백성에게 말했다. 자신들이 저지른 일이 얼마나 심각한 범죄 행위인지를 인식하라는 것이었다. 모세는 다시 하나님께 올라가서 중보해 보겠지만 하나님의 용서가 쉽지 않을 거라는 여운을 남기고 진을 떠났다(30절). 모세는 앞에서는 이스라엘의 멸망을 막기 위해 중재했고(11-13절), 이번에는 이스라엘의 죄를 용서해 달라고 중재하러 하나님께 나아가고 있다. 물론 모세는 하나님을 만나기 위해 다시 시내 산 정상으로 올라가야 한다. 나이가 많은 모세에게는 결코 쉬운 일이 아니다. 그러나 어떡하겠는가! 선한 일은 많은 노력과 희생을 요구한다.

이스라엘의 죄가 큰 만큼 모세의 중보도 비장하다. 먼저 그는 이스라엘이 지은 죄가 너무 심각해서 하나님이 그들을 용서하시기 어려울 것이라는 점을 충분히 이해한다(31절). 그럼에도 만일 하나님이 이스라엘의 죄를 용서하시지 않는다면, 자기도 그들과 함께 죽게 해 달라고 간구한다. "그들의 죄를 사하시옵소서 그렇지 아니하시오면 원한건대 주께서 기록하신 책(מִסִּפְרְךָ אֲשֶׁר כָּתָבְתָּ)에서 내 이름을 지워 버려 주옵소서"(32절).

본문이 책(סֵפֶר)을 언급하는 것은 고대 근동에 널리 퍼져 있던 사고를 반영한다. 그들은 신들이 거하는 곳 혹은 하늘에 존재하는 책이 있었다고 믿었다(Stuart). 이러한 관점에서 성경은 세 가지 책을 언급한다. 첫째, 생명의 책이다(시 69:28). 하나님이 살아 있는 모든 사람의 목록을 가지고 계신다는 뜻이다. 둘째, 하나님의 규례와 말씀이 기록된 책이다(겔 2:9-10; 슥 5:1-4; 시 40:7; 139:16). 선지자가 자신의 창의성을 사용하여 메시지를 만들어내는 것이 아니라, 하나님이 주신 '책'대로 기록된 메시지를 전하는 것이다. 셋째, 기념책이다(말 3:16). 사람들이 행동으로 보여준 선행과 악행을 모두 기록한 책이다. 이스라엘 사람이 이러한 책이 실제로 하늘에 소장되어 있다고 믿었는지 아니면 이 책이 단순히 비유적인 측면에서 언급되고 있는지는 확실하지 않다.

모세의 기도를 들으신 하나님은 모든 사람이 자신의 죄 때문에 하늘의 책에서 이름이 지워질 수 있지만, 결코 남의 죄 때문에 지워지지는 않을 것이라는 원리를 확인해 주셨다(33절). 즉, 모세의 이름을 하늘의 책에서 지우느니 이스라엘 백성을 용서하시겠다는 의지를 밝히시는 것이다. 하나님이 이스라엘을 용서하신다고 해서 그들에게 임할 벌까지 없어진다는 말은 아니다. 적절한 때에 이날의 죄에 대한 대가를 치르게 하실 것이다(34절).

많은 학자가 35절의 위치에 대해 문제점을 제기한다(Stuart). 이 구절은 20절 뒤에 와야 한다는 것이다(Sarna). 물론 20절 후에 바로 35절이 나오는 것이 이야기 진행이 더 매끄러운 것은 사실이다. 그러나 35절은 32장 전체를 회고하면서 요약적으로 표기하는 것으로 간주해도 별 어려움은 없다. 이렇게 하여 이스라엘이 시내 산에서 하나님과 언약을 맺자마자 범한 어처구니 없는 죄에 대한 이야기가 일단락되었다.

2. 모세의 호소(33:1-23)

바로 앞장에 기록된 금송아지 사건은 이스라엘에게 매우 비극적인 결과를 초래했다. 그들은 금송아지를 만들어 보이지 않는 하나님의 임재를 상징하는 도구로 사용하여 자신들을 위로하며 격려하려 했다. 불행하게도 하나님의 임재를 상징하는 바로 그 도구가 그들을 하나님으로부터 소외시킬 줄이야! 그뿐만 아니라 그들의 행동은 하나님과 바로 얼마 전에 맺은 언약을 곤경에 빠뜨렸다. 이스라엘은 아무것도 아닌 상태(no people)에서 하나님과 계약을 체결함으로써 정체성을 부여받고 한 민족(people)으로 출범했다. 그러므로 만일 하나님과의 계약이 깨진다면 다시 아무것도 아닌 상태(no people)로 돌아가는 위험이 이들을 위협하고 있다(Brueggemann).

모세의 중보가 그들의 멸망을 막을 수는 있었지만, 하나님은 아직 이들을 완전히 용서하지 않으셨으며, 하나님과의 관계가 회복되려면 시간이 필요한 것 같다. 금송아지 사건 이후 매우 어수선하고 상처 많은 상황에서 전개되는 이 이야기의 중심 주제는 이스라엘 공동체 안에서의 하나님의 지속적인 임재에 관한 모세의 우려이다. 또한 우리는 이 이야기에서 하나님도 매우 인간적인 면모를 지닌 분이므로, 깊은 상처를 받을 수 있는 분이심을 깨달아야 한다. 모세와 하나님의 대화를 중심으로 구성된 이 본문은 다음과 같이 구분될 수 있다.

A. 하나님이 떠나려 하심(33:1-6)
B. 모세의 특권(33:7-11)
C. 모세와 하나님의 대화(33:12-23)

III. 성막과 도구들(25:1-40:38)
B. 금송아지 반역과 언약 갱신(32:1-34:35)
2. 모세의 호소(33:1-23)

(1) 하나님이 떠나려 하심(33:1-6)

[1]여호와께서 모세에게 이르시되 너는 네가 애굽 땅에서 인도하여 낸 백성과 함께 여기를 떠나서 내가 아브라함과 이삭과 야곱에게 맹세하여 네 자손에게 주기로 한 그 땅으로 올라가라 [2]내가 사자를 너보다 앞서 보내어 가나안 사람과 아모리 사람과 헷 사람과 브리스 사람과 히위 사람과 여부스 사람을 쫓아내고 [3]너희를 젖과 꿀이 흐르는 땅에 이르게 하려니와 나는 너희와 함께 올라가지 아니하리니 너희는 목이 곧은 백성인즉 내가 길에서 너희를 진멸할까 염려함이니라 하시니 [4]백성이 이 준엄한 말씀을 듣고 슬퍼하여 한 사람도 자기의 몸을 단장하지 아니하니 [5]여호와께서 모세에게 이르시기를 이스라엘 자손에게 이르라 너희는 목이 곧은 백성인즉 내가 한 순간이라도 너희 가운데에 이르면 너희를 진멸하리니 너희는 장신구를 떼어 내라 그리하면 내가 너희에게 어떻게 할 것인지 정하겠노라 하셨음이라 [6]이스라엘 자손이 호렙 산에서부터 그들의 장신구를 떼어 내니라

하나님은 모세에게 예정대로 백성을 인도하여 가나안 땅으로 들어가라고 말씀하신다. 앞장에서 모세가 드린 중보기도를 받아들여 그들을 멸하지 않으시겠다는 것을 간접적으로 다시 확인하여 주시는 것이다. 여기서 중요한 것은 하나님이 이들을 용서하시기로 결정하신 것이 결코 이들이 용서받을 정도로 예쁜 구석이 있어서가 아니라 그들의 선조와의 약속 때문이라는 점이다(1절).

성경은, 이스라엘을 하나님의 진노에서 구원하신 것은 하나님이 그들의 조상과의 약속 때문에 자비를 베푸신 것이라는 주제를 반복적으로 강조한다. 이러한 예 중에서 결정적인 것 하나는 바로 다윗과 후손의 이야기다. 하나님은 다윗과 무조건적인 언약(royal grant)을 맺으셨다(삼하 7장). 그와 후손이 영원히 이스라엘을 통치할 것이라는 약속이었다. 그러나 이미 솔로몬 시대 때부터 다윗의 후손은 하나님의 기대에 미치지 못하기 시작했으며, 심지어 노골적으로 하나님을 대적하기도 했다. 그럴 때마다 하나님이 다윗 왕조를 멸하고 싶으셨지만 그렇게 하지 않으셨던 이유는 다윗과의 약속 때문이었다는 것이 열왕기 저자의 지속적인 증언이다. 하나님이 이처럼 선조와의 약속을 지키기 위해 그들의 후손을 보호하고 축복하는 것을 보면서 무엇을 느끼는가?

하나님은 모세가 이스라엘을 가나안 땅으로 이끌고 가는 것을 허락하며 '사자'(מַלְאָךְ)를 앞에 보내어 모든 것을 예비하고 돕겠다고 하신다. 그뿐만 아니라 하나님이 가나안 정복에도 적극적으로 참여하여 그들을 위하여 직접 싸우고 그 땅을 이스라엘에게 주겠다고 하신다(2절). 그러나 이 말씀을 자세히 살펴보면 모든 것이 긍정적이고 잘 되어가고 있다는 느낌이 들지 않는다. 앞장에서 이스라엘을 두고 하나님이 모세에게 '네가 이집트에서 인도해 낸 네 백성'(32:7)이라고 말씀하시며 거리를 두셨던 것을 본문에서는 '그/저 백성'(הָעָם), '곧 네가 이집트에서 인도해낸 [자들]'(אֲשֶׁר הֶעֱלִיתָ מֵאֶרֶץ מִצְרָיִם)로 조금은 완화시키는 감은 있다. 그러나 반면에 23:20-33과 32:34에서 이스라엘 백성 앞에 '내 사자'(מַלְאָכִי)를 보내겠다고 말씀하셨는데 여기서는 단순히 소유격을 떼고 천사(מַלְאָךְ)를 보내겠다고 말씀하신다. 아직도 하나님은 이스라엘과 거리를 두고 계시는 것이다.

이 와중에 하나님이 폭탄선언을 하신다. "나는 너희와 함께 올라가지 않겠다!"(3절) 무슨 말씀인가? 하나님은 이미 32:34, 33:2 등에서 이스라엘이 가나안 땅을 차지하는 과정에 깊이 관여하실 것을 선언하셨다. 또한 구약에서 사자들의 등장과 하나님의 현현은 대체로 잘 구분되지 않는다. 그러므로 일부 학자들은 이 말씀이 성막과 도구들을 만들라는 명령을 취소하는 것으로 이해한다(Ibn Ezra, Sarna). 그러나 비록 구약에서 하나님의 현현과 사자들의 임재가 쉽게 구분되지 않더라도 본문에서는 확연히 구별된다는 것이 대다수 학자의 해석이다. 하나님은 사자를 통해 이스라엘에게 가나안 땅을 주겠지만, 자신은 이스라엘과 함께하지 않으실 것이라는 의미다(Brueggemann). 하나님과 이스라엘의 거리감을 강조하는 표현으로 하나님의 감정이 아직은 예전 같지 않다는 뜻이다.

하나님이 이스라엘과 함께 가지 않으시겠다는 것은 그들에 대한 배려에서 비롯되었다. 이스라엘의 죄성을 고려할 때, 온 우주에서 가장 거룩하신 하나님이 그들과 함께하신다면 이스라엘 백성 중 살아남을 사람이 아무도 없을 것이라는 결론에서다. 어떻게 생각하면 참 슬픈 현실이다. 주의 백성의 꿈과 바람은 그들의 하나님 여호와와 동행하는 것이다. 그러나 그들의 죄에 절은 현실은 그분을 '가까이하기에는 너무 먼/부담스러운 당신'으로 만들어버렸다. 하나님이 이스라엘과 함께하시면 그들이 모두 죽는다는 것은 하나님이 일부러 찾아서 죽이시겠다는 뜻이 아니다. 단순히 하나님의 거룩하심이 너무 위대하고 놀라워서 상대적으로 너무나 추한 인간은 그 거룩하신 광채를 견디지 못하고 스스로 죽게 될 것이라는 의미다.

하나님의 의중을 알게 된 이스라엘 진영은 순식간에 장례식장으로 변한다(4절). 하나님을 가까이하려고 또한 가시화하려고 만든 송아지가 이렇게 하나님을 떠나시게 할 줄이야! 그러나 후회한들 무슨 소용이 있으랴! 이미 엎질러진 물인데! 이스라엘은 그저 하나님 앞에서 죄인이 되어 통곡할 뿐이다. 하나님은 백성에게 어떻게 할지 생각해볼 테니 몸에서 장신구를 떼어 내라고 말씀하신다(5절). 그런데 백성은 4절에서 이미 장신구를 제한 상태다. 그러므로 4절과 5절의 순서가 바뀌었을 가능성이 크다(Childs, Sarna).

하나님이 제거하라고 명령하시는 장신구(עֲדִי)는 무엇을 의미하는가? 아마도 아론이 송아지를 만들 때 거둬들였던 금고리 등을 포함한 모든 치장이었을 것이다. 이미 언급한 것처럼 이 물건들은 대부분 우상을 조각한 것이거나 우상을 표면에 새긴 것이다. 이스라엘은 이집트를 떠나면서 이러한 물건을 이집트 사람에게서 얻었을 것이며, 이 물건들이 송아지를 만드는 데 사용되었다. 옛적 야곱이 라반의 집에서 나와 우상과 함께 이 물건들을 나무 밑에 묻은 것처럼, 이스라엘에게도 과감하고 획기적인 결단이 필요한 것이다. 하나님이 축복하셔서 이집트 사람들로부터 이런 금붙이를 얻어 이집트를 떠나게 하셨는데, 우상숭배의 도구로 전락했기 때문이다. 물론 이스라엘 사람 중에 아론이 송아지를 만들기 위해 이 물건을 수거할 때 일부러 내놓지 않은 사람도 있었을 것이다.

이번에는 이스라엘이 온 마음을 다해 확실하게 순종한다(4, 6절). 지금이 어느 때인데 감히 하나님의 말씀을 거역하겠는가! 그래서 그들은 하나님이 말씀하신 대로 모든 장신구와 치장을 떼어 냈다. 근신하는 자의 차림과 모습을 하게 된 것이다. 일부 주석가는 이 장신구가 죄를 상징해서 모세가 죄를 겉옷 벗듯이 벗으라고 하는 것으로 해석한다(Hamilton). 그러나 장신구는 화려함과 사치를 상징할 뿐 죄를 상징하지는 않는다. 만일 장신구가 죄를 상징한다면, 시내 산을 떠난 후 가나안에 이를 때까지 이들이 장신구를 하지 않았다는 6절 말씀을 어떻게 해석할 것인가? 이스라엘은 시내 산을 떠난 후 가나안에 입성할 때까지 죄를 짓지 않았는가? 역사는 절대 그렇게 증언하지 않는다. 이스라엘은 화려함과 사치를 제거한 모습으로 40년간 광야 생활을 하게 된다(6절). "내가 너를 어떻게 할 것인지 생각해보아야 하겠다"라는 하나님의 의지가 그들을 엄습한 것이다. 이스라엘은 어떻게 해서든지 흔들리는 하나님의 마음을 붙잡아야 한다. 주의 백성이 항상 이 같은 적극성으로 하나님을 바라본다면 얼마나 좋을까!

(2) 모세의 특권(33:7-11)

[7]모세가 항상 장막을 취하여 진 밖에 쳐서 진과 멀리 떠나게 하고 회막이라 이름하니 여호와를 앙모하는 자는 다 진 바깥 회막으로 나아가며 [8]모세가 회막으로 나아갈 때에는 백성이 다 일어나 자기 장막 문에 서서 모세가 회막에 들어가기까지 바라보며 [9]모세가 회막에 들어갈 때에 구름 기둥이 내려 회막 문에 서며 여호와께서 모세와 말씀하시니 [10]모든 백성이 회막 문에 구름 기둥이 서 있는 것을 보고 다 일어나 각기 장막 문에 서서 예배하며 [11]사람이 자기의 친구와 이야기함 같이 여호와께서는 모세와 대면하여 말씀하시며 모세는 진으로 돌아오나 눈의 아들 젊은 수종자 여호수아는 회막을 떠나지 아니하니라

상황을 파악한 모세가 하나님을 찾아 나섰다(7절). 저자는 모세가 하나님의 장막(הָאֹהֶל)을 찾은 것을 그가 평소에 버릇처럼 하던 일로 묘사한다. 정기적으로 하나님을 찾은 것은 모세의 일과였던 것이다. 그만큼 모세는 하나님과의 관계에서 세상의 그 누구도 넘볼 수 없는 특권을 누렸다. 모세는 하나님과 만나는 장소로 사용했던 천막을 회막(מוֹעֵד אֹהֶל, tent of meeting)이라고 불렀으며, 이것은 이스라엘 진영 밖에 설치되어 있었다. 하나님의 뜻이나 말씀을 구하는 자들은 이 회막으로 가서 자문을 구했다.

많은 학자가 이 회막이 장막을 뜻한다고 해석하며 한참 후에 일어난 일을 기록한 본문이 여기에 삽입된 것이라고 생각한다(Durham, cf. Childs). 왜냐하면 그때까지 성막은 아직 건축되지 않았기 때문이다. 물론 이들의 말대로 성막/장막 이야기에서 장막(אֹהֶל)과 성막(מִשְׁכָּן)을 구분하지 않고 사용하지만, 그럼에도 본문에서 묘사하는 장막은 성막으로부터 구분되어야 한다는 것이 일반적인 견해다(Brueggemann, Sarna). 그뿐만 아니라 장막은 성막의 원시적인 모형이었다는 것이 많은 학자의 결론이다(Dozeman). 장막이 성막보다 한층 더 여호와의 임재의 이동성과 자유성을 보장한다는 이유로, 성막이 자리잡기 전까지는 장막이 선조들을 포함한 이스라엘 자손의 종교 생활에서 매우 중요한 자리를 차지한 것으로 추측되기도 한다(Kaiser). 성막은 하나님을 예배하는 장소인 반면에 회막은 하나님의 계시를 받기 위해 찾는 곳이라는 해석도 있다(Haran). 그러나 이미 언급한 것처럼 회막과 성막의 관계는 확실하게 규명하기 어렵다. 우리에게 전수된 자료가 많지 않기에 풀리지 않는 수수께끼로 남겨둘 수밖에 없다(Hamilton).

모세가 회막에 들어가자 여느 때처럼 하나님의 임재를 상징하는 구름 기둥이 장막에 임했다. 모세가 하나님과 대화하는 동안 구름은 항상 회막의 앞을 가렸다(9절). 이러한 광경을 목격할 때마다 이스라엘 사람은 자신의 장막 앞에 나아와 하나님께 절했다(10절). 이처럼 모든 사람이 지켜보는 가운데 모세는 하나님과 회막에서 긴밀한 대화를 나누었다.

모세가 회막에서 하나님과 대화하는 모습은 마치 친한 친구끼리 얼굴과 얼굴을 맞대고(פָּנִים אֶל־פָּנִים) 속삭이는 것과 같았다(11절). 얼굴과 얼굴을 맞댄다는 것은 하나님의 얼굴을 직접 보았다는 뜻이 아니라 친밀감을 상징하는 표현이다(Durham, Dozeman). 여기서 사용되는 이미지가 고린도전서 13:12의 배경이 된 것 같다. "우리가 지금은 거울로 보는 것 같이 희미하나 그 때에는 얼굴과 얼굴을 대하여 볼 것이요 지금은 내가 부분적으로 아나 그 때에는 주께서 나를 아신 것 같이 내가 온전히 알리라." 바울은 모세의 체험을 갈망하며 우리가 모두 옛적 모세처럼 하나님과 얼굴을 맞대고 대화할 때를 소망한다. 우리도 모두 이런 날을 꿈꾸며 살아가야 한다.

회막에서 하나님과의 대화가 끝나면, 모세는 백성에게 돌아가 하나님의 말씀을 선포하곤 했다. 그러나 그의 시종 여호수아는 뒤에 남아서 회막을 지켰다(11절). 오염이나 부정을 막기 위해서였다. 오늘날로 말하면 성막과 회막의 관계는 제한된 범위 내에서 예배당과 기도원에 비유될 수 있다.

III. 성막과 도구들(25:1-40:38)
B. 금송아지 반역과 언약 갱신(32:1-34:35)
2. 모세의 호소(33:1-23)

(3) 모세와 하나님의 대화(33:12-23)

[12]모세가 여호와께 아뢰되 보시옵소서 주께서 내게 이 백성을 인도하여 올라가라 하시면서 나와 함께 보낼 자를 내게 지시하지 아니하시나이다 주께서 전에 말씀하시기를 나는 이름으로도 너를 알고 너도 내 앞에 은총을 입었다 하셨사온즉 [13]내가 참으로 주의 목전에 은총을 입었사오면 원하건대 주의 길을 내게 보이사 내게 주를 알리시고 나로 주의 목전에 은총을 입게 하시며 이 족속을 주의 백성으로 여기소서 [14]여호와께서 이르시되 내가 친히 가리라 내가 너를 쉬게 하리라 [15]모세가 여호와께 아뢰되 주께서 친히 가지 아니하시려거든 우리를 이 곳에서 올려 보내지 마옵소서 [16]나와 주의 백성이 주의 목전에 은총 입은 줄을 무엇으로 알리이까 주께서 우리와 함께 행하심으로 나와 주의 백성을 천하 만민 중에 구별하심이 아니니이까 [17]여호와께서 모세에게 이르시되 네가 말하는 이 일도 내가 하리니 너는 내 목전에 은총을 입었고 내가 이름으로도 너를 앎이니라 [18]모세가 이르되 원하건대 주의 영광을 내게 보이소서 [19]여호와께서 이르시되 내가 내 모든 선한 것을 네 앞으로 지나가게 하고 여호와의 이름을 네 앞에 선포하리라 나는 은혜 베풀 자에게 은혜를 베풀고 긍휼히 여길 자에게 긍휼을 베푸느니라 [20]또 이르시되 네가 내 얼굴을 보지 못하리니 나를 보고 살 자가 없음이니라 [21]여호와께서 또 이

르시기를 보라 내 곁에 한 장소가 있으니 너는 그 반석 위에 서라 [22]내 영광이 지나갈 때에 내가 너를 반석 틈에 두고 내가 지나도록 내 손으로 너를 덮었다가 [23]손을 거두리니 네가 내 등을 볼 것이요 얼굴은 보지 못하리라

저자는 11절에서 하나님이 친구와 이야기하듯 모세와 얼굴을 맞대고 말씀하셨다고 했는데, 이제 한 예를 통해 이것이 무슨 의미인지를 설명해준다. 모세는 32:34와 33:1-3에서 하나님이 하신 말씀-그들과 함께 가나안으로 들어가지 않으시겠다는 말씀-에 초점을 맞추어 기도했다. 모세는 먼저 하나님이 누구(예를 들어, 어떤 천사)를 그와 함께 보내시어 이스라엘 백성을 가나안 땅으로 인도하실지 알고 싶어했다. 하나님은 23:20-21에서 약속하신 '사자'가 과연 누가 될 것인지 아직도 말씀하시지 않았다. 모세는 자신이 하나님이 말씀하신 것처럼 정말 특별한 은혜를 입은 사람이라면 속히 알려 달라고 재촉했다(13절).

모세는 하나님께 호소하면서 두 가지를 상기시킨다. (1) 하나님은 모세를 두고 "나는 이름으로 너를 안다"(יְדַעְתִּיךָ בְשֵׁם)라고 말씀하셨다, (2) 하나님은 모세를 두고 "너는 내 앞에서 은총을 입었다"(מָצָאתָ חֵן בְּעֵינָי)라고 말씀하셨다(12절). 매우 긴밀한 관계를 뜻하며 사용되는 "내가 이름으로 너를 안다"라는 문구가 하나님을 주어로 사용하는 경우는 성경에서 모세에게만 적용된다. 그만큼 모세와 하나님의 관계가 특별했던 것이다. "너는 내 앞에서 은총을 입었다"라는 말씀은 성경에서 모세 외에 노아에게만 적용되는 표현이다. 이 표현 역시 모세의 특별한 위치를 적절하게 나타낸다. 모세가 오늘에 이르기까지 이스라엘의 삶에 결정적인 역할을 한 것은 무엇보다도 하나님의 은총이었던 것이다. 하나님의 종은 그들을 사용하시는 하나님의 은총에 더욱더 감사해야 한다.

모세는 이스라엘에 대한 하나님의 계획을 알기 원한다(13절). 그리고 하나님이 어떤 분인가를 알기 원한다. 모세의 이처럼 간절한 소망을 34:6-7에 기록된 하나님의 말씀에 연결해서 이해하면, 그는 하나님의 본질적인 성품과 어떤 방식으로 인간을 대하시고 어떤 기준에 따라 세상을 통치하시는지 알고 싶어 한다(Sarna). 모세의 질문은, 하나님이 화내기를 더디 하시며 자비 베풀기를 즐기시는 분이라고 알고 있는데, 어떻게 이 백성을 모른 체하며 천사만 앞세워 가나안 땅으로 보내실 생각을 하실 수 있느냐는 뉘앙스를 내포한다. 그러면서 "이 족속을 주의 백성으로 여기소서"라고 호소한다(13절). 잘났거나 못났거나 함께 가야 하는 것 아니겠느냐는 뜻이다.

모세의 기도를 들은 하나님도 모세가 하고자 하는 말이 무엇인지 잘 알고 계신다. 그러나 호락호락 모세의 청을 들어주시지는 않는다. "내가 친히 가리라 내가 너를 쉬게 하리라"(פָּנַי יֵלֵכוּ וַהֲנִחֹתִי לָךְ). 하나님은 응답의 중요한 부분을 2인칭 단수로 말씀하신다. 모세와는 함께하겠지만, 이스라엘과는 함께하지 않겠다는 것이다(Childs). 그러므로 모세는 이스라엘 공동체를 위해 계속 간구한다. "주께서 친히 가지 아니하시려거든 우리를 이 곳에서 올려 보내지 마옵소서"(15절). 만에 하나 하나님은 안 가시고 모세만 가나안에 간다면 그것은 모세의 개인적인 영광이 아니라 온 이스라엘과 하나님의 수치이기 때문이다(Enns). 그러므로 모세는 하나님의 명예에 호소한다.

모세는 더 나아가 '하나님의 함께하심이 없는 은혜'의 허구성을 지적한다(16절). 주의 백성으로서 우리가 이 세상에서 가장 소중하게 생각하는 것은 하나님과 함께하는 것이다. 설령 우리가 온 세상을 다 얻는다 해도 하나님이 함께하지 않는다면 무슨 소용이 있겠는가! 그뿐만 아니라 모세는 이스라엘이 열방과 다른 가장 근본적인 이유는 바로 하나님이 이들과 함께하는 것이 아니냐고 호소한다. 이스라엘의 정체성에서 가장 중요한 부분은 천지를 창조하신 여호와 하나님과의 독특한 관계다. 모세는 매우 체계적이고 논리적으로 하나님께 함께해야 한다며 매달리고 있다. 모세의 눈물 어린 간구에 하나님은 이스라엘의 앞길에 천사만 보내는 것이 아니라 자신이 직접 함께하실 것을 약속하신다(17절). 드디어 하나님의 마음이 예전 같아진 것이다!

가까스로 하나님으로부터 이스라엘 백성과 함께하겠다는 약속을 얻어낸 모세가 이번에는 이 일을 보장하는 일종의 증표를 요구한다(18절). 하나님이 모세를 특별히 사랑하신다는 것과 그와 이스라엘이 하나님의 은총을 입어 하나님이 이들과 함께 가나안 땅으로 가실 것을 보장하는 증표를 요구하는 것이다. 모세가 요구한 증표는 하나님의 영광(כָּבוֹד)을 보여달라는 것이었다(18절).

모세가 하나님의 영광을 보여달라고 하는 말로 시작하는 하나님의 현현은 성경의 의인화법(anthropomorphism) 사례 중 가장 놀라운 것이지만, 이 현상의 의미를 파악하는 것은 불확실하다(Brichto). 하나님의 영광을 보여달라는 것이 정확히 무엇을 요구하는 것일까? 전통적으로 유태인 학자의 견해는 두 가지로 나뉘어져 있다. 한편은 모세가 요구하는 것은 감각기능을 통해 하나님을 체험하는 것이 아니라 하나님이 어떤 성품과 능력을 가진 분인지를 지적(知的)으로 알게 해 달라는 것으로 해석한다(Maimonides, Radak). 하나님의 영광을 보여달라는 요구를 비유적(figurative)으로 이해하는 것이다. 다른 한편은 모세의 요청을 문자 그대로 해석한다. 모세는 하나님의 실체를 보고자 하는 것이다(Ramban). 이 두 번째 해석이 본문의 흐름과 더 잘 어울리는 것 같다. 그뿐만 아니라 모세 오경에서 하나님의 영광(כָּבוֹד)은 항상 세 가지 공통점을 갖고 있다. (1) 하나님의 영광을 보는 것은 매우 큰 체험이다, (2) 하나님의 영광을 목격하는 자들은 항상 먼발치에서 본다, (3) 하나님은 자신의 영광을 드러내는 장소와 때를 정하신다(Sarna). 여기서도 이러한 원리들이 모두 적용된다.

그동안 출애굽기에서는 두 차례 하나님의 영광이 사람의 눈앞에 모습을 드러낸 적이 있다. 첫 번째는 호렙 산에서 모세를 부르실 때였다(3장). 두 번째는 이스라엘의 장로들이 하나님과 언약을 맺을 때였다(24장). 이제 모든 것이 망가져 버린 이 시점에 하나님이 세 번째로 자신의 모습을 모세에게 보여주신다. 세 사건의 공통점은 하나님이 앞으로 진행되어야 할 일에 함께하신다는 사실을 확인해 주신다는 점과 격려 차원에서 하나님의 영광이 모습을 드러낸다는 점이다(Enns). 첫 번째로 영광을 보여주셨을 때는 모세를 이집트로 보내셨다. 두 번째로 영광을 보여주셨을 때는 이스라엘이 앞으로 기준으로 삼고 살아야 할 율법을 주셨다. 본문이 언급하는 사건은 이스라엘의 죄에도 불구하고 하나님이 그들을 가나안 땅으로 인도하실 것을 확인하고 있다. 하나님의 영광은 다분히 미래지향적인 성향을 갖고 있는 것이다.

하나님은 모세에게 네 가지 원리로 답하신다. (1) 나의 모든 선한 형상(כָּל־טוּבִי, 개역한글)을 네 앞으로 지나게 하겠다, (2) 나의 이름 '여호와'를 네 앞에 선포하겠다, (3) 나는 은혜 줄 자에게 은혜를 주겠다(חנן), (4) 긍휼히 여길 자에게 긍휼을 베풀겠다(רחם, 19절). 하나님의 응답에서 우리는 다시 한번 하나님과 모세의 특별한 관계를 의식하게 된다. 하나님은 이 세상의 그 누구와도 맺지 않으셨던 독특하고 영광된 관계를 모세와 맺고 계셨던 것이다. 첫 번째 원리는 하나님이 자신의 모든 인격과 성품을 모세에게 보이시겠다는 뜻으로 해석된다(Brueggemann). 은혜와 긍휼은 자주 등장하는 단어로, 하나님의 정성을 다한 보살핌과 끊임없는 사랑과 관심을 뜻한다. 하나님의 은혜와 긍휼은 이스라엘의 삶에서 가장 쉽게 현실화되었다(Cassuto, Childs).

다만 한 가지 하나님이 모세에게 허락하지 않으신 것은 하나님의 얼굴을 보여주시는 것이다(20절). 이유는 간단하다. 그 누구도 하나님의 얼굴을 보고 살아남을 수 없기 때문이다. 훗날 이사야 선지자는 보좌에 앉으신 하나님을 섬기는 여섯 날개를 지닌 천사들을 보았는데, 이들은 모두 두 날개로 얼굴을 가리고 있었다(사 6장). 천사들도 차마 거룩하게 빛나는 하나님의 얼굴을 볼 수 없었던 것이다. 에스겔도 하나님을 본 적이 있는데 "사람 같이 생기신 자"라고 얼버무린다(겔 1장). 모두 다 인간이 하나님을 보고는 살 수 없다는 것을 잘 알기에 일어나는 현상이다.

얼굴을 보여주지는 않지만 대신 하나님은 모세를 바위 위에 서 있게 하고 자신의 영광이 지나가는 뒷모습만 보여주신다(23절). 하나님의 영광은 그 누구도 가까이서 볼 수 없다. 모세 같은 주님의 종도 먼발치에서 뒷모습만 볼 수 있다. 하나님은 그만큼 위대하신 분이다. '내[하나님] 영광이 지나갈 때'(הָיָה בַּעֲבֹר כְּבֹדִי, 22절)는 언약 갱신을 상징한다(Sarna). 하나님이 아브라함과 언약을 맺으실 때도 이러한 일(지나가시는 일)이 있었다(창 15:17; cf. 렘 34:18, 19). 즉, 금송아지 사건으로 망가져 버린 계약이 갱신되는 것이다. 물론 여기서 언약 갱신은 모세와 하나님 사이의 일이다. 하나님이 모세에게 개인적으로 약속하신 모든 것을 이루실 것이라는 상징성을 띠고 있다. 다음 사건에서 이스라엘의 모든 사람이 보는 앞에서 이스라엘과의 공식적인 언약 체결식이 다시 치러진다.

Ⅲ. 성막과 도구들(25:1-40:38)
B. 금송아지 반역과 언약 갱신(32:1-34:35)

3. 언약 갱신(34:1-28)

이 본문, 특히 34:1-3이 새로운 섹션을 시작하는지 아니면 33장의 결말 역할을 하는지에 대해 학자들 사이에 다소 논란이 있다(Houtman). 무엇보다도 모세가 아직 시내 산에 오르지 않은 상황에서 이 말씀을 받기 때문이다(Durham). 이야기의 흐름을 볼 때 34:1-3이 앞 섹션과 연결된 흐름이 있는 것은 확실하지만, 정황과 내용을 감안할 때 새로운 섹션을 시작하는 것으로 간주하는 것이 바람직하다(Dozeman).

모세가 시내 산 정상에서 하나님으로부터 율법을 받는 동안 이스라엘이 금송아지를 만들어 하나님과의 언약이 위기를 맞았다. 하나님은 이스라엘을 몰살시키고 모세를 통해 새 민족을 세우겠다고 하셨지만,

모세가 눈물 어린 기도와 비장한 각오로 하나님을 설득해 위기를 넘겼다. 그러나 그 후에도 한동안 하나님과 이스라엘의 관계는 서먹서먹했다. 결국 모세의 끈질긴 호소로 하나님은 마음을 돌이키셨고 이스라엘과 언약을 갱신하기를 원하신다. 그러므로 34장은 32장에서부터 시작된 사건의 결론이라고 할 수 있다. 언약이 깨졌다(32장), 모세가 중보했다(33장), 언약이 갱신된다(34장)(Brueggemann). 이스라엘과 하나님 사이에 체결된 언약을 재확인하는 본문은 다음과 같이 구분할 수 있다.

A. 준비 사항(34:1-3)
B. 하나님이 자신을 드러내심(34:4-9)
C. 부적절한 예배와 바람직한 예배(34:10-28)

III. 성막과 도구들(25:1-40:38)
B. 금송아지 반역과 언약 갱신(32:1-34:35)
3. 언약 갱신(34:1-28)

(1) 준비 사항(34:1-3)

[1]여호와께서 모세에게 이르시되 너는 돌판 둘을 처음 것과 같이 다듬어 만들라 네가 깨뜨린 처음 판에 있던 말을 내가 그 판에 쓰리니 [2]아침까지 준비하고 아침에 시내 산에 올라와 산 꼭대기에서 내게 보이되 [3]아무도 너와 함께 오르지 말며 온 산에 아무도 나타나지 못하게 하고 양과 소도 산 앞에서 먹지 못하게 하라

모세에게 자신의 지나가는 영광을 먼발치에서 보도록 허락하신 하나님이(33:21-23) 이번에는 금송아지 사건으로 위기에 빠진 이스라엘과의 언약을 원상태로 회복시킬 준비를 하라고 지시하신다. 이 같은 사실은 본문에 등장하는 여러 가지 개념과 이미지가 이스라엘과 언약을 맺기 위해 하나님이 시내 산에 맨 처음 임하셨던 때의 이야기와 연결되어 있는 것에서 역력하게 드러난다. (1) 언약 체결의 상징으로 하나님이 주셨던 돌판을 모세가 화가 나서 깨버렸고, 그 돌판이 다른 돌판으로 대체되고 있다, (2) 부서진 돌판에 새겨졌던 내용이 새 돌판에 다시 새겨진다, (3) 처음 사건에서 백성이 계약 체결식을 위해 만반의 준비를 했던 것처럼, 이번에는 모세가 아침까지 모든 준비를 마쳐야 한다, (4) 처음과 마찬가지로 이번에도 모세 외에는 누구도 하나님의 허락 없이 산에 오를 수 없다, (5) 처음처럼 하나님이 이번에도 시내 산 위에 강림하신다, (6) 백성이 예전처럼 공포와 두려움에 휩싸여 뒤로 물러선다.

모세가 시내 산에 오르기 전에 준비해야 할 것은 두 개의 돌판이다. 모세가 깨버린 처음 것은 하나님이 만드신 것이었다. 이번에는 모세가 사람을 시켜서 만들어야 한다. 하나님은 모세가 만들어 오는 돌판에 이전 돌판에 새기셨던 글을 다시 새겨 주시겠다고 하셨다. 무엇을 뜻하는가? 28절에 의하면, 십계명을 두고 하시는 말씀이다. 하나님이 이번에 새겨 주신 십계명이 신명기에 기록된 버전이라고 주장하는 사람도 있다(Ibn Ezra).

과거에는 아론과 아들들이 산의 일정한 곳까지 오를 수 있었지만 이번에는 이들마저도 아예 입산을 금하고 있다. 이스라엘이 금송아지를 만들어 하나님과 계약을 위반한 일에 아론이 중심 역할을 했던 점을 상기시키는 일이다. 거룩하신 하나님의 임재가 아론과 같은 죄인을 한순간에 죽일 수 있기에 아론은 산에 오를 수 없었던 것이다. 이처럼 죄는 우리가 하나님께 나아가는 것을 막는다.

III. 성막과 도구들(25:1-40:38)
B. 금송아지 반역과 언약 갱신(32:1-34:35)
3. 언약 갱신(34:1-28)

(2) 하나님이 자신을 드러내심(34:4-9)

[4]모세가 돌판 둘을 처음 것과 같이 깎아 만들고 아침에 일찍이 일어나 그 두 돌판을 손에 들고 여호와의 명령대로 시내 산에 올라가니 [5]여호와께서 구름 가운데에 강림하사 그와 함께 거기 서서 여호와의 이름을 선포하실새 [6]여호와께서 그의 앞으로 지나시며 선포하시되 여호와라 여호와라 자비롭고 은혜롭고 노하기를 더디하고 인자와 진실이 많은 하나님이라 [7]인자를 천대까지 베풀며 악과 과실과 죄를 용서하리라 그러나 벌을 면제하지는 아니하고 아버지의 악행을 자손 삼사 대까지 보응하리라 [8]모세가 급히 땅에 엎드려 경배하며 [9]이르되 주여 내가 주께 은총을 입었거든 원하건대 주는 우리와 동행하옵소서 이는 목이 뻣뻣한 백성이니이다 우리의 악과 죄를 사하시고 우리를 주의 기업으로 삼으소서

다음날 모세가 하나님의 명령대로 돌판을 준비하여 시내 산에 올랐을 때, 여호와께서 구름 속으로 내려와 자신을 드러내셨다. 전에는 하나님의 현현에 따른 실제적인 현상이 상세하게 묘사되었지만, 이번에는 단순히 하나님의 말씀에만 초점을 맞추고 있다. 일부 주석가들은 6절에 기록된 '여호와! 여호와!'(יְהוָה יְהוָה)라는 외침을 모세가 하는 것으로 간주하지만(Hyatt), 모세가 아니라 하나님이 이렇게 외치며 자신에 대한 선포를 시작하시는 것이다(JPS, Houtman, Dozeman, Moberly). 이 외침의 의미는 '여호와이시며, 여호와로 존재하신다'(YHWH is and remains YHWH)이다(Houtman). 금송아지 사건으로 하나님이 상처를 받으셨지만, 이스라엘을 향한 은총과 자비는 변함이 없을 것을 강조하는 표현이다.

이스라엘 사람은 전통적으로 6-7절을 '하나님의 열세 가지 성품'이라고 불렀다. 이 열세 가지는 이 본문뿐만 아니라 출애굽기 전반에 걸쳐 나타난 하나님의 성품이기도 하다(Enns). 구분하는 사람에 따라 열세 가지의 성품이 조금씩 다르기는 하지만, 이 열세 가지 하나님의 성품이 바로 자신들이 하나님을 닮아가기 위해 배워야 하는 것이라고 생각했다(Sarna). 그래서 이 말씀은 이스라엘의 신앙고백이 되어 대대로 종교 절기 때마다 고백되어 왔다(Trible, Freedman). 이스라엘이 금송아지로 하나님을 분노케 한 다음에 바로 이 같은 성품이 강조되는 것은 이스라엘과 하나님의 관계가 새로이 도약하게 될 것을 기대하게 한다(Fretheim).

이 열세 가지 중 구약에서 하나님의 성품을 논할 때 중심을 차지하는 일곱 가지를 생각해 보자. 첫째, 하나님은 자비로우시다(רַחוּם). 이 단어는 어머니의 자궁(womb)과 연관된 것으로 아이를 향한 어머니의 모성애적 사랑과 관심을 뜻한다(Trible).

둘째, 하나님은 은혜로우시다(חַנּוּן). 이는 아무런 전제 조건 없이, 심지어 받을 자격이 전혀 없는 사람에게까지 베푸시는 일방적인 배려를 뜻한다(33:12, 16-17). 학자들은 하나님의 질투가 은혜를 베푸시는 근거가 되기도 한다고 주장한다(Aurelius).

셋째, 하나님은 노하기를 더디 하시는 분이다(אֶרֶךְ אַפַּיִם). 이 문구를 문자적으로 해석하면 '긴 코를 가지다'라는 뜻이다. 히브리 사람은 사람이 화가 나면 코에서 열이 난다고 생각했다. 그러므로 코가 길면 그만큼 열을 식힐 수 있는 공간이 많아서 화를 더디 낸다고 생각했던 것이다(Brueggemann).

넷째, 하나님은 인자가 많은(רַב־חֶסֶד) 분이다. 인자(חֶסֶד)는 근본적으로 언약/계약을 충실하게 이행한다는 뜻을 바탕으로 한다(Sakenfeld, Glueck). 그러므로 하나님이 인자가 많은 분이라는 것은 이스라엘과의 언약을 충실하게 지키며 이행하실 뿐만 아니라 필요에 따라서는 이스라엘의 많은 과오도 용서하고 용납하여 언약 관계를 유지하겠다는 의지를 밝히시는 분이라는 의미다.

다섯째, 하나님은 진실하신(אֱמֶת) 분이다. 이 히브리어 단어는 성경에서 인자(חֶסֶד)와 쌍이 되어 자주 등장하며 크게 두 가지 의미를 지니고 있다. 진실과 신실. 우리말 번역본은 하나같이 진실로 번역하지만 영어 번역본의 경우 둘로 나뉘어 있다. 진실(truth: NAS, JPS), 신실(faithfulness: NIV, NRS). 본문의 정황에서는 하나님의 신실하심을 뜻하는 것으로 이해하는 것이 바람직하다. 이 단어는 하나님은 꾸준하고 신실한 분이기에 항상 신뢰하며 의지할 수 있는 분이라는 점을 강조한다.

여섯째, 하나님은 지속적으로 인자(נֹצֵר חֶסֶד)하신 분이다. 하나님은 인자가 많은 분일 뿐만 아니라 항상 인자한 분이며, 영원토록 인자를 베풀기를 즐기시는 분이다. 본문은 이러한 하나님의 성품을 '인자를 천대까지 베푸시는 분'으로 묘사한다.

일곱째, 하나님은 갖가지 죄를 용서하는(נֹשֵׂא עָוֹן וָפֶשַׁע וְחַטָּאָה) 분이다. 이 히브리어 동사(נשׂא)의 문자적인 해석은 '들어올리다'이다. 하나님과의 언약을 위반하여 지게 되는 무거운 짐을 들어 올려 주시겠다는 뜻이다(Brueggemann).

하나님의 말씀이 끝나자 모세는 급히 엎드려 절하며 다시 한 번 33:3에서 선언하신 것-이스라엘 사람을 가나안 땅으로 인도할 사자는 보내주겠지만, 하나님 자신은 그들과 함께 올라가지 않겠다고 말씀하신 것-을 거두어 주시기를 간구한다(9절). 여호와께서 "나는 이런 하나님이다"라고 방금 선포하신 내용을 최대한 이용하여 하나님께 호소한다. 모세는 "예, 저도 잘 압니다. 그러니 은혜와 자비가 충만하신 하나님, 우리와 함께 올라가셔서 이러한 하나님의 놀라운 은혜와 사랑을 보여주십시오"라고 간구하는 것이다. 모세의 최고 관심사는 어떻게 해서든 이스라엘을 가나안으로 인도하는 것이다. 우리 사역자도 이런 열정으로 하나님이 각자에게 맡겨주신 양떼를 천국으로 인도해야 한다.

Ⅲ. 성막과 도구들(25:1–40:38)
B. 금송아지 반역과 언약 갱신(32:1–34:35)
3. 언약 갱신(34:1–28)

(3) 부적절한 예배와 바람직한 예배(34:10–28)

[10]여호와께서 이르시되 보라 내가 언약을 세우나니 곧 내가 아직 온 땅 아무 국민에게도 행하지 아니한 이적을 너희 전체 백성 앞에 행할 것이라 네가 머무는 나라 백성이 다 여호와의 행하심을 보리니 내가 너를 위하여 행할 일이 두려운 것임이니라 [11]너는 내가 오늘 네게 명령하는 것을 삼가 지키라 보라 내가 네 앞에서 아모리 사람과 가나안 사람과 헷 사람과 브리스 사람과 히위 사람과 여부스 사람을 쫓아내리니 [12]너는 스스로 삼가 네가 들어가는 땅의 주민과 언약을 세우지 말라 그것이 너희에게 올무가 될까 하노라 [13]너희는 도리어 그들의 제단들을 헐고 그들의 주상을 깨뜨리고 그들의 아세라 상을 찍을지어다 [14]너는 다른 신에게 절하지 말라 여호와는 질투라 이름하는 질투의 하나님임이니라 [15]너는 삼가 그 땅의 주민과 언약을 세우지 말지니 이는 그들이 모든 신을 음란하게 섬기며 그들의 신들에게 제물을 드리고 너를 청하면 네가 그 제물을 먹을까 함이며 [16]또 네가 그들의 딸들을 네 아들들의 아내로 삼음으로 그들의 딸들이 그들의 신들을 음란하게 섬기며 네 아들에게 그들의 신들을 음란하게 섬기게 할까 함이니라 [17]너는 신상들을 부어 만들지 말지니라 [18]너는 무교절을 지키되 내가 네게 명령한 대로 아빕월 그 절기에 이레 동안 무교병을 먹으라 이는 네가 아빕월에 애굽에서 나왔음이니라 [19]모든 첫 태생은 다 내 것이며 네 가축의 모든 처음 난 수컷인 소와 양도 다 그러하며 [20]나귀의 첫 새끼는 어린 양으로 대속할 것이요 그렇게 하지 아니하려면 그 목을 꺾을 것이며 네 아들 중 장자는 다 대속할지며 빈 손으로 내 얼굴을 보지 말지니라 [21]너는 엿새 동안 일하고 일곱째 날에는 쉴지니 밭 갈 때에나 거둘 때에도 쉴지며 [22]칠칠절 곧 맥추의 초실절을 지키고 세말에는 수장절을 지키라 [23]너희의 모든 남자는 매년 세 번씩 주 여호와

이스라엘의 하나님 앞에 보일지라 [24]내가 이방 나라들을 네 앞에서 쫓아내고 네 지경을 넓히리니 네가 매년 세 번씩 여호와 네 하나님을 뵈려고 올 때에 아무도 네 땅을 탐내지 못하리라 [25]너는 내 제물의 피를 유교병과 함께 드리지 말며 유월절 제물을 아침까지 두지 말지며 [26]네 토지 소산의 처음 익은 것을 가져다가 네 하나님 여호와의 전에 드릴지며 너는 염소 새끼를 그 어미의 젖으로 삶지 말지니라 [27]여호와께서 모세에게 이르시되 너는 이 말들을 기록하라 내가 이 말들의 뜻대로 너와 이스라엘과 언약을 세웠음이니라 하시니라 [28]모세가 여호와와 함께 사십 일 사십 야를 거기 있으면서 떡도 먹지 아니하였고 물도 마시지 아니하였으며 여호와께서는 언약의 말씀 곧 십계명을 그 판들에 기록하셨더라

일부 학자들은 오래전부터 이곳에 기록된 율법과 십계명의 관계를 어떻게 이해할지 고민했다. 본문도 십계명을 언급하는데(28절), 내용이 20장에 기록된 것과 현저한 차이를 보이기 때문이다. 벨하우젠(Wellhausen) 이후로 많은 비평학자가 본문에 기록된 것이 예배에 관한 규례를 중심으로 하고 있다고 해서 '예식적 십계명'(ritual Decalogue)이라고 했으며, 윤리와 도덕성을 강조한 '도덕적 십계명'(ethical Decalogue, cf. 20장)보다 훨씬 더 오래된 것으로 간주했다(Noth, Blenkinsopp). 그러나 최근 들어서 이 같은 주장은 더 이상 학자들의 지지를 받지 못하며, 본문은 십계명과 전혀 다른 장르의 문서로 이해된다(Dozeman).

모세의 간구 때문이 아니라 하나님이 이미 이스라엘을 용서하고 언약을 갱신하고자 하는 의지를 가지고 시내 산에 다시 강림하셨기 때문에 새로운 각오로 모세의 탄원에 응답하신다. 하나님은 이스라엘과 다시 언약을 세우실 것이며, 그 증거로 세상이 알지 못했던 새롭고 놀라운 일들을(נִפְלָאֹת) 이스라엘을 위해 창조하실 것(ברא)이라고 선언하신다(10절). 하나님이 이러한 언어를 사용하시는 것은 이집트에 재앙을 내리실 때의 분위기를 조성하는 것 같다(9:18; 10:14). 하나님은 그때처럼 새로운 각오와 열정을 가지고 이스라엘에게 놀라운 은혜를 베푸실 것을 다짐하신다. 정확히 이 놀라운 일들이 무엇을 뜻하는지는 밝히지 않는다. 앞으로 진행될 광야 생활 동안의 보살핌과 11절에서 선언하는 것처럼 가나안 정복 도중 열방을 내쫓는 사역을 뜻하는 것으로 이해하는 것이 바람직하다(Brueggemann, Sarna).

내용에 있어서 34:11-26절은 23장과 매우 흡사하다는 것이 학자들의 보편적인 이해다. 다음을 참고하라(Hamilton).

주제	34장	23장
나라를 멸함	11절	23절
가나안 사람과 동맹을 맺지 말 것	12절	32절
그들은 다른 신들을 섬기게 할 것	13절	33절
무교절과 순례	18절	15절
빈손으로 성소를 찾지 말 것	20절	15절
안식일에 일하지 말 것	21절	12절
칠칠절과 순례	22절	16절
수장절과 순례	22절	16절
성인 남자는 매년 3차례 순례갈 것	23절	17절
제물의 피를 유교병과 함께 드리지 말 것	25절	18절
아침까지 제물을 두지 말 것	25절	18절
어미의 젖에 새끼를 삶지 말 것	26절	19절

새롭게 언약을 체결하시는 하나님이 이스라엘을 위해 이처럼 놀라운 일을 할 것을 약속하시지만, 이스라엘도 주의하고 결코 해서는 안 될 일들이 있다. 바로 가나안 사람과 어우러져 동맹을 맺고 그들의 우상

을 섬기는 일이다. 이스라엘은 결코 어떤 경우에도 가나안 사람과 언약을 맺어서는 안 된다(12절). 만일 그들과 언약을 맺으면 하나님의 재앙이 가나안이 아니라 이스라엘에게 임할 것이라는 강한 경고가 동반된다. 이스라엘은 가나안 사람의 잡다한 종교들에 동요되어서도 안 되며, 오히려 그들의 종교의 우상과 제단을 모두 부숴 버려야 한다(13절). 금송아지 사건에서 배운 교훈이 있다면 그들은 꼭 그렇게 해야 한다.

하나님은 한 예로 아세라(אֲשֵׁרָה) 신상을 파괴하라고 명하신다. 아세라는 성경에 자주 등장하는 우상이다. 이 우상의 원조는 바빌론의 여신 아스랏(Ashrat)이며, 아스랏은 아무루(Amurru)의 아내이며 '하늘 왕의 신부'(bride of the king of heaven)와 '성적(性的) 욕구와 즐거움의 여왕'(mistress of sexual vigor and rejoicing)이라는 타이틀을 소유한다(ABD). 아스랏(아세라)이 우가릿(Ugarit)에서는 아티랏(Athirat)이라는 이름으로 등장하며 일(Il)이라는 모든 신의 우두머리의 아내였다. 아티랏은 '모든 신의 어머니'(mother of the gods), '바다의 여인/여신 아티랏'(Lady Athirat of the Sea)으로 알려졌다(Sarna). 아세라는 근본적으로 다산(多産)의 여신이었으며 열왕기하 23:7에 비추어진 대로 종교적 매춘에 연관되어 있었다. 이스라엘 사람의 일부가 이 종교와 여호와 종교를 혼합하기도 했다. 시내 광야의 북서쪽에 있는 쿤틸렛 아즈루드(Kuntillet 'Ajrud)에서 발견된 사사 시대의 한 비문에는 "여호와와 그의 [아내] 아세라"라는 글이 새겨져 있다.

이스라엘이 가나안 사람의 신들을 좇아가면 '질투의 신'(אֵל קַנָּא)이라는 이름을 가진 여호와께서 가만두지 않으실 것이다(14절). 심지어 이스라엘 사람이 가나안 사람의 초대를 받으면 그들이 가나안 사람과 함께 우상에게 바친 제물을 먹을 수도 있으니 초청에 응하지 말라고 당부하신다(15절). 그리고 이스라엘 종교의 순수성을 위해 가나안 사람과 결혼해서는 안 된다(16절). 물론 가나안 신들의 신상을 만들어서도 안 된다. 이미 금송아지 사건을 통해 한 번 실패한 이스라엘에게 이러한 하나님의 경고는 매우 각별하게 들렸을 것이다. 하나님은 새로이 맺는 언약에 매우 강력한 요구와 규칙 사항을 동반하게 하신다.

18절부터는 종교 절기와 의무에 대해 말씀하신다. 특별히 여기서 종교 절기가 다시 언급되는 것은 이스라엘이 금송아지를 만들어 놓고 '여호와께 절기를 지켰기' 때문이다(32:5-6). 훗날 여로보암은 단과 벧엘에 금송아지를 세워 놓고 특별한 절기를 지정했다(왕상 12:28-33). 이처럼 고대 근동의 정서에서 우상을 만들면 절기를 정하는 것이 일반화되어 있었기 때문에 하나님은 이스라엘이 영원토록 지켜야 할 정당한 여호와의 종교적 절기를 다시 한번 상기시키시는 것이다. 이스라엘은 오직 이 절기를 지키도록 하신다. 여기에 등장하는 절기들은 이미 23:12-19에 언급된 것이다. 그러므로 각 절기에 대해서는 23:12-19 주해를 참고하라.

하나님은 이스라엘 남자들은 일 년에 세 번씩 하나님께 나아오라고 두 차례나 강조하신다(23-24절). 이 말씀은 두 가지 의미를 내포한다. 첫째, 하나님에 대한 예배는 때가 되면 한 곳에서 드려질 것이다. 역사는 성전이 세워지게 될 예루살렘이 바로 그곳이라고 한다. 그러므로 경우에 따라서는 많은 사람이 먼 길을 떠나 하나님께 예배를 드리는 경우가 생길 것을 시사한다. 둘째, 이 말씀은 믿음을 시험한다. 남자들이 한곳에, 그것도 집에서 먼 곳에 모여서 예배드리는 동안 주변의 적이 쳐들어올 수 있고, 이런 경우에 성인 남자가 없는 마을은 무방비 상태에 노출되는 위험을 감수해야 한다는 요구다. 그러므로 이 말씀은 이같이 어려운 일이 생길 수도 있지만, 모든 것을 여호와께 맡기고 믿음으로 매년 세 차례씩 하나님이 정하신 곳으로 순례를 가라는 요구다.

말씀을 마치신 후, 하나님은 모세에게 이 모든 것을 기록하라고 지시하신다(27절). 물론 모세는 하나님이 지시하신 대로 모두 적었고 이 일을 위해 시내 산 정상에서 다시 40일을 지냈다. 성경에서 40이란 숫자는 죄의 대가로 혹은 죄를 씻고 정결하게 되는 과정을 상징하는 숫자다(Sarna). 아마도 모세는 이스라엘을 대표하여 그들의 죄를 씻기 위해 이 기간을 산 위에서 보낸 것으로 생각된다. 이 기간에 누군가가 십계명을 돌판에 새겼다(28절). 28절의 마지막 문장의 히브리 원문을 직역하면 "그는 계약의 조문들인 십계명을 판에 기록했다"(וַיִּכְתֹּב עַל־הַלֻּחֹת אֵת דִּבְרֵי הַבְּרִית עֲשֶׂרֶת הַדְּבָרִים)이다. 문제는 '그'가 누구냐는 것이다. 이 구절의 흐름을 감안하면 본문은 모세가 기록하는 것이다(새번역, 공동번역, 거의 모든 영어 번역본). 그러나 1절과 신명기 10:2, 4을 감안하면 여호와께서 직접 기록하셨다(개역, 개역개정). 일부 주석가는 이처럼 이 섹션에서 모세와 하나님의 구분이 희미해지는 것을 의도적인 것으로 풀이한다(Dozeman). 모세가 하나님의 말씀을 이스라엘에게 중개했으며, 그의 말은 곧 하나님의 말씀임을 강조하기 위해 이런 기법을 사용하는 것이다.

III. 성막과 도구들(25:1-40:38)
B. 금송아지 반역과 언약 갱신(32:1-34:35)

4. 모세의 얼굴(34:29-35)

[29] 모세가 그 증거의 두 판을 모세의 손에 들고 시내 산에서 내려오니 그 산에서 내려올 때에 모세는 자기가 여호와와 말하였음으로 말미암아 얼굴 피부에 광채가 나나 깨닫지 못하였더라 [30]아론과 온 이스라엘 자손이 모세를 볼 때에 모세의 얼굴 피부에 광채가 남을 보고 그에게 가까이 하기를 두려워하더니 [31]모세가 그들을 부르매 아론과 회중의 모든 어른이 모세에게로 오고 모세가 그들과 말하니 [32]그 후에야 온 이스라엘 자손이 가까이 오는지라 모세가 여호와께서 시내 산에서 자기에게 이르신 말씀을 다 그들에게 명령하고 [33]모세가 그들에게 말하기를 마치고 수건으로 자기 얼굴을 가렸더라 [34]그러나 모세가 여호와 앞에 들어가서 함께 말할 때에는 나오기까지 수건을

벗고 있다가 나와서는 그 명령하신 일을 이스라엘 자손에게 전하며 [35]이스라엘 자손이 모세의 얼굴의 광채를 보므로 모세가 여호와께 말하러 들어가기까지 다시 수건으로 자기 얼굴을 가렸더라

모세가 40일을 하나님과 함께 시내 산 정상에서 지내고 내려왔다. 그러나 이스라엘 사람은 양손에 두 돌판을 들고 나타난 모세의 얼굴을 보고 두려워 떨며 숨었다. 그의 얼굴에서 빛나는 신적(神的) 광채가 나왔기 때문이다(Cassuto). 하나님의 광채가 모세에게서 묻어났던 것이다. 그는 참으로 하나님과 '얼굴과 얼굴을 맞대고' 대화한 사람이었다. 모세는 그를 피하는 사람들을 불러 하나님이 그에게 하신 모든 말씀을 들려주었다(32절). 그러나 사람들의 두려움은 계속되었고, 결국 모세는 사람들 앞에 나타날 때는 그의 빛나는 얼굴을 수건으로 가리고 나타났다. 반면에 회막에서 하나님과 대화할 때는 항상 수건을 풀었다.

이 이야기는 어떻게 생각하면 매우 기이한 일을 언급하는 것이다. 학자들은 출애굽기에서 이 이야기의 중요성을 다방면으로 연구해 보았지만 별로 얻은 소득은 없다(Dozeman). 다만 브루그만(Brueggemann)의 제안이 나름대로 매력적이다. 그는 이 이야기를 출애굽기의 다른 두 구절과 연결시킨다. 24:15-18과 40:34-38이다. 모세는 시내 산 위에 임하신 하나님의 영광 안에서 하나님의 말씀을 받았다(24:15-18). 앞으로 하나님의 영광은 이스라엘이 건축한 장막에 임할 것이다(40:34-38). 이 중간 단계로 모세는 하나님의 영광을 자신의 얼굴에 담아 산에서 내려온 것이다. 즉, 모세는 이스라엘에 임한 하나님의 영광의 중개자 역할을 하고 있으며, 모세 없이는 하나님의 영광이 이스라엘에게 임하지 않았을 것이라는 점이다. 모세를 통해 이스라엘에게 임한 하나님의 영광은 그들을 두렵게 하는 것이며 동시에 생기를 주는 것이다. 내용을 요약해 보면 다음과 같다.

24:15-18	34:29-35	40:34-38
하나님의 영광이 산 위에 있음	하나님의 영광이 모세에 의해 산에서 내려옴	하나님의 영광이 장막에 거함

III. 성막과 도구들(25:1-40:38)

C. 성막 완성(35:1-40:38)

금송아지 사건을 통해 엄청난 패배를 체험했고, 죄의 대가를 톡톡히 치른 이스라엘은 하나님의 자비와 은혜로 34장에서 하나님과의 언약을 갱신할 수 있었다. 끊어졌던 하나님과의 관계가 회복된 것이다. 그러므로 이스라엘은 과거의 실수를 거울삼아 지금부터 열심과 성실함으로 하나님의 말씀에 순종해야 한다. 하나님의 말씀에 순종하는 첫 번째 프로젝트는 하나님이 25-31장에서 보여주신 청사진대로 장막과 도구를 만드는 것이다. 한 치의 오차도 없이 모든 면에서 완벽하게 말씀대로 해야 한다.

금송아지 사건으로 하나님과의 관계가 서먹해진 이스라엘은 무슨 일이 있어도 이번에는 하나님의 말씀에 철저하게 순종하여 자신들의 원하는 방식과 기준에 의해서가 아니라 하나님이 지시하신 기준과 방식에 따라 성막과 도구들을 만들어야 한다. 성막 건설을 관계 회복의 기회로 삼아야 하기 때문이다. 그래서 이스라엘은 모세를 통해 하나님이 주신 기준과 규격에 따라 한 치의 오차도 없이 기구들을 만든다. 모세는 이스라엘의 철저한 순종을 강조하기 위해 앞에서(25-31장) 제시한 각 기구의 규격과 방식에 대한 세부 사항을 거의 그대로 반복하며 이스라엘이 성막과 기구들을 만드는 일에 심혈을 기울였음을 회고한다.

그러다 보니 내용이 앞 섹션(25-31장)과 중복되는 부분이 너무나 많다. 물론 순서는 다르다. 앞 섹션에서는 가장 거룩한 것에서 점차적으로 거룩성이 덜한 것의 순서에 따라 지시가 내려졌다. 반면에 이 섹션은 이 도구들이 실제로 만들어진 순서에 따라 기록한다(Stuart). 그러나 내용이 앞 섹션의 것과 거의 비슷하기 때문에 거의 모든 주석가는 이 섹션에 대한 주해를 거의 생략한다(Cassuto, Sarna, Stuart, Enns, Dozeman). 앞 섹션과 이 섹션에 기록된 내용은 다음과 같다(Dozeman, cf. Kaiser, Stuart).

주제	성막 기구 제작(35-40장)	성막 기구 계시(25-31장)
1부: 안식일	35:1-3	31:12-17
2부: 성막과 도구		
자재: 헌물	35:4-29	25:1-7
건축		
A. 성막	36:8-38	26:1-37
1. 법궤	37:1-9	25:10-22
2. 진설병 상	37:10-16	25:23-30
3. 등잔	37:17-24	25:31-40
4. 분향단	37:25-28	30:1-9
B. 번제단	38:1-7	27:1-8
C. 물두멍	38:8	30:17-21
D. 뜰	38:9-20	27:9-19
자재: 인구조사/세금	38:21-31	30:11-16
3부: 제사장 예복		
A. 재료	39:1	28:1-5
B. 에봇	39:2-7	28:6-14
C. 흉패	39:8-21	28:15-30
D. 겉옷	39:22-26	28:31-35
E. 속옷	39:27-29	28:39-43
F. 관	39:30-31	28:36-38
4부: 사찰	39:32-43	
5부: 회중 모임	40:1-33	
6부: 현현	40:34-38	24:15-18; 25:8-9

이 섹션에 기록된 내용 분석 대부분을 앞 섹션(25-31장)에 대한 적절한 상호 참고(cross reference)를 이용하여 대신할 것이며, 본문의 차이를 보여주기 위해 대조하고자 한다. 이 섹션은 다음과 같이 구분할 수 있다.

A. 성막 건축 준비(35:1-36:7)
B. 성막 건축 과정(36:8-38:31)
C. 제사장들의 예복(39:1-31)
D. 모세의 사찰(39:32-43)
E. 신년 예배(40:1-33)
F. 하나님의 영광이 임함(40:34-38)

III. 성막과 도구들(25:1-40:38)
C. 성막 완성(35:1-40:38)

1. 성막 건축 준비(35:1-36:7)

하나님이 모세에게 두 돌판을 주시어 이스라엘과의 언약을 갱신하셨기에 모세는 성막 세우는 일을 진행하고자 했다. 모세는 먼저 백성을 한곳에 불러 모으고 그들에게 이러한 사실을 알렸을 뿐만 아니라 필요한 물질을 헌납할 것을 요청했다. 하나님께 저지른 죄를 만회하기 위해서였는지, 백성은 적극적으로 이 일에 동참했다. 모든 일을 감독할 오홀리압과 브살렐도 세웠다. 백성이 얼마나 많은 물품을 가져왔는지 모세가 더 이상 가져오지 말라고 당부할 정도였다. 중요한 것은 이 모든 일이 기쁨과 즐거움으로 진행되었다는 사실이다. 이 본문은 다음과 같이 구분할 수 있다.

A. 안식일 규례(35:1-3)

B. 성막 자재 헌납 요청(35:4-9)
C. 성막 기구들(35:10-19)
D. 백성의 헌물(35:20-29)
E. 성막 기술자(35:30-36:1)
F. 넘치는 헌물(36:2-7)

III. 성막과 도구들(25:1-40:38)
C. 성막 완성(35:1-40:38)
1. 성막 건축 준비(35:1-36:7)

(1) 안식일 규례(35:1-3; cf. 31:12-17)

35:1-3	31:12-17
[1]모세가 이스라엘 자손의 온 회중을 모으고 그들에게 이르되 여호와께서 너희에게 명령하사 행하게 하신 말씀이 이러하니라	[12]여호와께서 모세에게 말씀하여 이르시되 [13]너는 이스라엘 자손에게 말하여 이르기를 너희는 나의 안식일을 지키라 이는 나와 너희 사이에 너희 대대의 표징이니 나는 너희를 거룩하게 하는 여호와인 줄 너희가 알게 함이라
[2]엿새 동안은 일하고 일곱째 날은 너희를 위한 거룩한 날이니 여호와께 엄숙한 안식일이라 누구든지 이 날에 일하는 자는 죽일지니	[14]너희는 안식일을 지킬지니 이는 너희에게 거룩한 날이 됨이니라 그 날을 더럽히는 자는 모두 죽일지며 그 날에 일하는 자는 모두 그 백성 중에서 그 생명이 끊어지리라 [15]엿새 동안은 일할 것이나 일곱째 날은 큰 안식일이니 여호와께 거룩한 것이라 안식일에 일하는 자는 누구든지 반드시 죽일지니라 [16]이같이 이스라엘 자손이 안식일을 지켜서 그것으로 대대로 영원한 언약을 삼을 것이니 [17]이는 나와 이스라엘 자손 사이에 영원한 표징이며 나 여호와가 엿새 동안에 천지를 창조하고 일곱째 날에 일을 마치고 쉬었음이니라 하라
[3]안식일에는 너희의 모든 처소에서 불도 피우지 말지니라	

시내 산에서 새로운 돌판을 들고 내려온 모세는 백성을 모았다. 그는 백성에게 제일 먼저 안식일에 대한 규례를 선포했다(2-3절). 하나님은 성막과 도구에 대한 지시를 안식일에 대한 규례로 마치셨다(31:12-17). 모세는 성막 건축을 시작하기 전에 안식일에 대한 규례를 선포한다. 금송아지 사건으로 깨어진 흐름을 회복하고자 하는 의도에서다. 또한 안식일에 대한 규례는 앞으로 이스라엘이 지켜야 할 가장 기본적이고 중요한 율법 중 하나라 할 수 있다. 모세는 안식일 율법을 상기시켜 이스라엘이 정말 하나님이 주신 율법을 준수하며 살 각오가 되어 있는지 다시 한번 점검하고자 한다. 또한 여러 율법 중에 안식일 율법의 준수 여부는 가장 쉽게 드러난다. 그러므로 누구든 이 율법을 준수하지 않는 것은 곧 자신은 율법을 준수할 생각이 없음을 공개적으로 표현하는 것으로 이해될 수 있다(Stuart).

31:12-17에 기록된 내용과 비교할 때, 본문에 기록된 안식일 규례는 안식일에는 불도 피우지 말라(לֹא־תְבַעֲרוּ)는 명령이 추가되었다(3절). 아마도 이것이 사람들이 안식일을 범하면서 할 수 있는 가장 손쉬운 일이 불을 피우는 것이었기 때문일 것이다(Stuart). 안식일에도 불은 필요하기에 여러 가지로 합리화될 수 있는 것이다. 그렇다면 이 규례는 꼭 필요한 일이라고 생각되는 일도 하나님의 말씀을 거역하는 것이라면 자제하라는 의미를 지니고 있다. 합리성과 필요성보다 순종이 앞서야 한다는 뜻이다.

탈무드는 안식일에 불을 피워서는 안 되지만 안식일이 되기 전에 이미 피워진 불에 장작만 더하지 않으면 괜찮다고 이 말씀을 해석했다(Sarna). 오늘날에도 많은 유태인이 안식일에는 요리도 안 할 뿐 아니라 오븐/스토브도 켜지 않는다. 필자가 토론토 유태인 촌에서 살 때 같은 아파트에서 알고 지내던 유태인에게 안식일(토요일)에 전화를 받은 적이 있었다. 잠시 자기 집으로 올라와 도와 달라는 것이었다. 영문도 모른 채 올라간 필자에게 친구는 웃으며 레인지의 불을 켜 달라는 부탁을 했다. 영문인즉, 안식일에 먹을 음식을 전날 해놓았는데, 이 음식은 꼭 데워 먹어야 하는 것이라 필자의 도움이 필요했다는 것이다. 보수적인 유태인은 안식일에 일을 하면 안 되는데, 레인지의 스위치를 돌리는 것이 일이었기 때문이다! 그때 전원을 켜주고 기다렸다가 다 데운 다음 다시 전원을 꺼주고 내려온 기억이 있다. 필자에게는 아직까지도 풀리지 않는 수수께끼가 있다. 어찌하여 한 손으로 레인지 스위치를 돌리는 것은 일인데, 두 손을 사용하여 전화를 거는 것은 일이 아니었을까?

구조적으로 생각할 때 금송아지 이야기는 안식일에 대한 규례로 둘러싸여 있다. 안식일(31:12-17), 금송아지 사건(32-34장), 안식일(35:1-3). 이러한 구조는 이스라엘 공동체가 안식일을 잘 지키는 것을 하나님께 대한 최고의 순종으로 삼고 있음을 암시한다. 안식일에는 주의 백성이 자발적으로 그리고 감사함으로 자신들의 삶을 여호와께 드리기 때문이다(Brueggemann). 이런 차원에서 안식일 규례는 이스라엘 예배에 대한 가장 핵심적인 율법이다.

Ⅲ. 성막과 도구들(25:1-40:38)
C. 성막 완성(35:1-40:38)
1. 성막 건축 준비(35:1-36:7)

(2) 성막 자재 헌납 요청(35:4-9; cf. 25:1-7)

35:4-9	25:1-7
[4]모세가 이스라엘 자손의 온 회중에게 말하여 이르되 여호와께서 명령하신 일이 이러하니라 이르시기를 [5]너희의 소유 중에서 너희는 여호와께 드릴 것을 택하되 마음에 원하는 자는 누구든지 그것을 가져다가 여호와께 드릴지니	[1]여호와께서 모세에게 말씀하여 이르시되 [2]이스라엘 자손에게 명령하여 내게 예물을 가져오라 하고 기쁜 마음으로 내는 자가 내게 바치는 모든 것을 너희는 받을지니라 [3]너희가 그들에게서 받을 예물은 이러하니

곧 금과 은과 놋과 [6]청색 자색 홍색 실과 가는 베 실과 염소 털과 [7]붉은 물 들인 숫양의 가죽과 해달의 가죽과 조각목과 [8]등유와 및 관유에 드는 향품과 분향할 향을 만드는 향품과 [9]호마노며 에봇과 흉패에 물릴 보석이니라	금과 은과 놋과 [4]청색 자색 홍색 실과 가는 베 실과 염소 털과 [5]붉은 물 들인 숫양의 가죽과 해달의 가죽과 조각목과 [6]등유와 관유에 드는 향료와 분향할 향을 만들 향품과 [7]호마노며 에봇과 흉패에 물릴 보석이니라

모세는 백성에게 안식일에 대한 규례를 선포한 다음 성막과 각종 기구들을 만드는 데 필요한 재료를 헌납하라고 요청한다(4-9절). 그는 모든 사람이 자신의 하나님께 '바치고 싶은 마음대로'(נְדִיב לִבּוֹ)(5절, 새번역) 하라고 한다. '바치고 싶은'(נְדִיב)은 전혀 강요당하지 않고 자원해서 그리고 머뭇거리지 않고 드리는 것을 의미한다. 성경에서 흔하게 사용되는 용어는 아니지만 대체로 성전에 기부하는 것을 논할 때 이 단어가 주로 사용된다. 하나님께 드리는 것은 바치고 싶은 마음에서 비롯되어야 하는 것이다.

모세는 필요한 것과 그 물건으로 무엇을 만들 것인가를 백성에게 밝혀 투명성을 확보하고 있다. 본문과 가장 비슷한 유형의 말씀은 역대상 28-29장이다. 다윗은 앞으로 아들 솔로몬이 성전을 건축하는 데 사용할 재료에 대해 헌납을 요청한다. 다윗의 요구(29:5-9)에 대해 사람들은 차고 넘치도록 많은 물건을 헌납한다. 감동한 다윗은 기도를 통해 이 모든 백성의 노력을 확인함과 동시에 하나님이 이스라엘에게 베풀어 주신 은혜에 비하면 아무것도 아니라는 사실도 고백한다(29:10-19). 본문에 묘사된 모세의 요청은 하나님이 25:1-9에서 말씀하신 것을 그대로 반영하여 따르는 것이다.

III. 성막과 도구들(25:1-40:38)
C. 성막 완성(35:1-40:38)
1. 성막 건축 준비(35:1-36:7)

(3) 성막 기구들(35:10-19)

[10]무릇 너희 중 마음이 지혜로운 자는 와서 여호와께서 명령하신 것을 다 만들지니 [11]곧 성막과 천막과 그 덮개와 그 갈고리와 그 널판과 그 띠와 그 기둥과 그 받침과 [12]증거궤와 그 채와 속죄소와 그 가리는 휘장과 [13]상과 그 채와 그 모든 기구와 진설병과 [14]불 켜는 등잔대와 그 기구와 그 등잔과 등유와 [15]분향단과 그 채와 관유와 분향할 향품과 성막 문의 휘장과 [16]번제단과 그 놋 그물과 그 채와 그 모든 기구와 물두멍과 그 받침과 [17]뜰의 포장과 그 기둥과 그 받침과 뜰 문의 휘장과 [18]장막 말뚝과 뜰의 말뚝과 그 줄과 [19]성소에서 섬기기 위하여 정교하게 만든 옷 곧 제사 직분을 행할 때에 입는 제사장 아론의 거룩한 옷과 그의 아들들의 옷이니라

이어서 모세는 성막과 기구들을 제작할 기술자를 구한다(10절). 성막과 기구들은 무엇보다도 아름다워야 한다. 그러므로 모세는 각 분야에서 최고의 기술자들이 나서줄 것을 당부한다. 이 기술자들은 지혜로워야/능숙해야(חָכָם) 한다. 이들이 만들어야 할 기구는 성막/회막과 필요한 기둥들(11, 18절; cf. 25:9; 26:1-6), 덮개(11절; cf. 26:7-14), 증거궤/언약궤(12절; cf. 25:10-16), 속죄소(12절; 25:17-22), 떡을 진설하는 상(13절; 25:23-30), 촛대(14절; 25:31-40), 분향단(15절; cf. 30:1-10), 번제단(16절; cf. 27:1-8), 물두멍(16절;cf. 30:17-21), 제사장들의 의복(19절; cf. 28:1-43) 등이 포함되어 있다. 이 본문은 기술자들이 제작해야 할 성막 기구들과 성막에서 사역하게 될 제사장들의 예복까지 만들어야 함을 요약적으로 말하며, 잠시 후에 이곳에 언급된 것을 어떻게 만들어야 할지에 관한 세부 사항을 지시한다.

(4) 백성의 헌물(35:20-29)

[20]이스라엘 자손의 온 회중이 모세 앞에서 물러갔더니 [21]마음이 감동된 모든 자와 자원하는 모든 자가 와서 회막을 짓기 위하여 그 속에서 쓸 모든 것을 위하여, 거룩한 옷을 위하여 예물을 가져다가 여호와께 드렸으니 [22]곧 마음에 원하는 남녀가 와서 팔찌와 귀고리와 가락지와 목걸이와 여러 가지 금품을 가져다가 사람마다 여호와께 금 예물을 드렸으며 [23]무릇 청색 자색 홍색 실과 가는 베 실과 염소 털과 붉은 물 들인 숫양의 가죽과 해달의 가죽이 있는 자도 가져왔으며 [24]은과 놋으로 예물을 삼는 모든 자가 가져다가 여호와께 드렸으며 섬기는 일에 소용되는 조각목이 있는 모든 자는 가져왔으며 [25]마음이 슬기로운 모든 여인은 손수 실을 빼고 그 뺀 청색 자색 홍색 실과 가는 베 실을 가져왔으며 [26]마음에 감동을 받아 슬기로운 모든 여인은 염소 털로 실을 뽑았으며 [27]모든 족장은 호마노와 및 에봇과 흉패에 물릴 보석을 가져왔으며 [28]등불과 관유와 분향할 향에 소용되는 기름과 향품을 가져왔으니 [29]마음에 자원하는 남녀는 누구나 여호와께서 모세의 손을 빌어 명령하신 모든 것을 만들기 위하여 물품을 드렸으니 이것이 이스라엘 자손이 여호와께 자원하여 드린 예물이니라

모세의 요청을 받은 백성이 자발적으로 많은 것을 내놓았다. 지금까지 보지 못했던 헌신적인 기부였다. 물질적인 희생은 컸지만 그들은 마음에서 우러난 감사함으로 기꺼이 드렸다. 저자는 이 순간 이들의 마음을 휘어잡고 있는 깊은 종교성에 대해 마음에 관련한 여러 가지 표현으로 묘사하고 있다. 마음이 움직인 사람(21절), 스스로 바치기를 원하는 사람(21절), 바치기를 원하는 사람(22절), 돕기를 원하는 사람(26절),

일을 돕기 원하는 사람(29절). 이 순간만큼은 이스라엘 전체가 출애굽의 역사를 이루신 하나님께 진정으로 감사하며 실리를 따지지 않고 상상을 초월할 정도로 많이 드렸다는 것이 저자의 회고다.

그뿐만 아니라 이날 이스라엘 공동체에 속한 모든 사람이 자신들의 역량이 허락하는 대로 성심껏 드렸다고 저자는 회고한다. 그래서 본문에는 '모든'(כֹּל)이란 단어가 자주 등장한다. 저자는 이 단어를 두 가지 의미로 사용한다. 첫째, 이스라엘에 속한 모든 사람이 이 일에 참가했다(20-26, 29절). 부자와 가난한 자, 남자와 여자, 젊은이와 늙은이 등 신분을 초월하여 모든 사람이 이 일에 동참했다는 것이다. 둘째, 이스라엘 사람은 모세가 요구한 모든 물질과 기술력을 충분히 조달했다(22, 24, 26, 29절). 성막과 도구를 만드는 데 필요한 모든 것이 이 순간 흡족하게 헌납되었다는 것이다. 저자는 이스라엘 백성의 행동을 이렇게 묘사하여 이날만큼은 온 이스라엘 공동체가 한마음이 되어 그들의 하나님 여호와께 마음속 깊은 곳에서 우러나는 진정한 경외와 예물을 드렸다고 회고하는 것이다. 이러한 자세가 지속되었다면 이스라엘은 얼마나 더 행복해졌을까! 이 순간만큼은 그들이 하나님께 드린 헌물의 양만큼이나 그들의 마음은 부자가 되었고 행복했다.

이스라엘이 하나님께 이렇게 많은 것을 드릴 수 있었던 것은 이집트에서 해방된 이후 지금까지의 일을 생각해본 결과였으며, 성막이 앞으로 그들의 삶에 어떤 영향을 미칠 것인가에 대한 이해 때문이었다. 물론 그들은 아무런 조건 없이 하나님께 드리고 있지만, 희생적으로 드리면서 과거에 그들에게 임했던 하나님의 은혜가 얼마나 컸었는지 묵상하게 되었고, 앞으로 성막을 통해 부어주실 하나님의 은혜를 생각하니 그저 더 드리고 싶은 마음이 생겼던 것이다. 이스라엘이 처한 상황을 몇 가지로 정리해 보자.

성막은 하나님의 임재를 상징하는 곳이다. 이스라엘은 모세가 잠시 자취를 감추자 이집트에서부터 여기까지 모세를 통해 함께하셨던 하나님의 임재에 대해 불안을 느낀 나머지 금송아지를 만들었다. 금송아지 위에 여호와의 보이지 않는 임재가 임하는 것으로 생각했던 것이다. 이처럼 하나님의 끊임없는 임재를 희망하는 백성에게 성막은 불안을 해소해 줄 도구다. 하나님의 영광이 성막에 머물 것이기 때문이다. 그러므로 성막을 건축하는 것은 이스라엘의 불안을 해소하는 데 큰 역할을 한다. 하나님의 영광이 성막에 머무는 한, 그들은 결코 불안해 할 필요가 없다.

이스라엘은 말로 형언할 수 없는 하나님의 은혜를 최근에 경험했다. 금송아지 사건으로 이스라엘은 멸종의 위기를 맞았지만, 하나님이 그들을 용서했을 뿐만 아니라 언약까지 갱신해 주셨다! 즉, 금송아지 사건(32장)을 계기로 그들은 이집트나 광야에서 체험했던 은혜보다 더 큰 자비와 용서를 체험했다. 그러므로 상황을 판단할 수 있는 능력을 가진 사람이라면 하나님의 놀라운 은혜에 당연히 감동했을 것이고, 감동한 사람이 정성을 다해 기쁜 마음으로 헌물하는 것은 당연한 일이다. 그뿐만 아니라 이들은 아론이 금송아지를 만들 때도 많은 것을 희사했으니, 이번에 하나님께 드리는 헌물은 더욱더 많이, 성심껏 드려서 자신들의 과오를 조금이라도 씻어 보려는 의도도 포함되어 있었을 것이다.

즉, 백성의 이 같은 행동이 이집트에서 종살이하던 그들을 온갖 불만과 원망에도 불구하고 은혜로 해방시키시고, 지금까지의 광야 생활에서도 무엇 하나 잘한 것이 없고, 그저 교만하고 투정만 부릴 줄 알았던 자신들을 마다하지 않고 끝까지 함께하겠다는 하나님의 변함없는 의지와 사랑에 대한 당연한 반응이라고 생각했다. 이집트를 떠나올 때 이집트 사람에게 반 강제로 금품을 요구했던 이스라엘이(3:21-22; 11:2-3; 12:35-36) 이제는 기쁨으로 하나님께 드릴 수 있는 여유로움을 누리고 있다. 그들은 이 사건을 통해 처음으로 '받는 것보다 주는 것이 더 복되고 기쁜 일이다'라는 것을 깨닫게 되었다.

Ⅲ. 성막과 도구들(25:1–40:38)
C. 성막 완성(35:1–40:38)
1. 성막 건축 준비(35:1–36:7)

(5) 성막 기술자(35:30–36:1; 31:1–11)

35:30–36:1	31:1–11
[30]모세가 이스라엘 자손에게 이르되 볼지어다 여호와께서 유다 지파 훌의 손자요 우리의 아들인 브살렐을 지명하여 부르시고 [31]하나님의 영을 그에게 충만하게 하여 지혜와 총명과 지식으로 여러 가지 일을 하게 하시되 [32]금과 은과 놋으로 제작하는 기술을 고안하게 하시며 [33]보석을 깎아 물리며 나무를 새기는 여러 가지 정교한 일을 하게 하셨고 [34]또 그와 단 지파 아히사막의 아들 오홀리압을 감동시키사 가르치게 하시며 [35]지혜로운 마음을 그들에게 충만하게 하사 여러 가지 일을 하게 하시되 조각하는 일과 세공하는 일과 청색 자색 홍색 실과 가는 베 실로 수 놓는 일과 짜는 일과 그 외에 여러 가지 일을 하게 하시고 정교한 일을 고안하게 하셨느니라	[1]여호와께서 모세에게 말씀하여 이르시되 [2]내가 유다 지파 훌의 손자요 우리의 아들인 브살렐을 지명하여 부르고 [3]하나님의 영을 그에게 충만하게 하여 지혜와 총명과 지식과 여러 가지 재주로 [4]정교한 일을 연구하여 금과 은과 놋으로 만들게 하며 [5]보석을 깎아 물리며 여러 가지 기술로 나무를 새겨 만들게 하라 [6]내가 또 단 지파 아히사막의 아들 오홀리압을 세워 그와 함께 하게 하며 지혜로운 마음이 있는 모든 자에게 내가 지혜를 주어 그들이 내가 네게 명령한 것을 다 만들게 할지니
	[7]곧 회막과 증거궤와 그 위의 속죄소와 회막의 모든 기구와 [8]상과 그 기구와 순금 등잔대와 그 모든 기구와 분향단과 [9]번제단과 그 모든 기구와 물두멍과 그 받침과 [10]제사직을 행할 때에 입는 정교하게 짠 의복 곧 제사장 아론의 성의와 그의 아들들의 옷과 [11]관유와 성소의 향기로운 향이라 무릇 내가 네게 명령한 대로 그들이 만들지니라
[1]브살렐과 오홀리압과 및 마음이 지혜로운 사람 곧 여호와께서 지혜와 총명을 부으사 성소에 쓸 모든 일을 할 줄 알게 하신 자들은 모두 여호와께서 명령하신 대로 할 것이니라	

하나님은 이미 31:1-11에서 브살렐과 오홀리압이 성막과 도구들을 만드는 일을 총괄하는 데 적합하다고 밝히신 적이 있다. 모세는 그러한 하나님의 의도를 백성에게 발표한다. 성막은 하나님의 영광이 임할 곳으로 하나님이 청사진을 보여주셨지만 백성이 경제적인 부담을 감당해야 하는 것처럼, 백성의 기술력으로 그 건물을 지어야 한다.

성막을 짓는 것은 이스라엘의 종교 지도자 모세와 아론의 몫이 아니다. 이 일은 특별한 은사와 기술이 있는 사람의 몫이다. 교회에서도 사역자의 역할과 성도의 역할이 구분되어야 한다. 사역자는 가르치고 양육하는 데 전념하고, 성도는 교회 재정과 운영을 담당해야 한다. 함께 어우러져 건강하고 아름다운 공동체를 이루어 나가는 것이다. 그러므로 사역자가 교회의 모든 일을 도맡아하는 것은 바람직하지 않을 뿐만 아니라 성경적이지도 않다.

하나님이 거하실 성스러운 곳을 건축하는 데는 특별한 은사와 재능이 필요하다. 세상의 지식과 기술로는 한계가 있다. 저자는 이 점을 30-35절의 주어를 여호와로, 목적어를 브살렐과 오홀리압으로 삼아 강조한다. 하나님이 모든 것을 주관하시고 브살렐과 오홀리압은 하나님의 결정과 행동의 대상일 뿐이다. 하나님이 브살렐을 지명하셨다(30절), 여호와께서 브살렐을 하나님의 영으로 가득 채우셨다(31, 35절), 하나님이 브살렐과 오홀리압에게 남을 가르칠 수 있는 능력을 주셨다(34절). 34절을 두고 한 주석가는 "학자 중에도 다른 사람을 잘 가르치는 은사가 없는 자들이 많다"라고 비난했다(Ibn Ezra). 사역자는 분명히 가르치는 은사가 필요하다.

특히 31절은 하나님이 브살렐에게 자신의 영(רוּחַ אֱלֹהִים)으로 가득 채워주셔서 기술, 능력, 지식을 겸비하게 했다고 증언하고 있다. 비록 이스라엘이 재료를 모으고, 기술자들이 일은 하지만, 결국에는 모든 것이 여호와 하나님의 사역인 것이다. 여기서 우리는 하나님의 섭리와 인간의 최선이 잘 어우러져 하나님의 역사를 이루어내는 한 예를 보고 있다.

Ⅲ. 성막과 도구들(25:1-40:38)
C. 성막 완성(35:1-40:38)
1. 성막 건축 준비(35:1-36:7)

(6) 넘치는 헌물(36:2-7)

[2]모세가 브살렐과 오홀리압과 및 마음이 지혜로운 사람 곧 그 마음에 여호와께로부터 지혜를 얻고 와서 그 일을 하려고 마음에 원하는 모든 자를 부르매 [3]그들이 이스라엘 자손의 성소의 모든 것을 만들기 위하여 가져온 예물을 모세에게서 받으니라 그러나 백성이 아침마다 자원하는 예물을 연하여 가져왔으므로 [4]성소의 모든 일을 하는 지혜로운 자들이 각기 하는 일을 중지하고 와서 [5]모세에게 말하여 이르되 백성이 너무 많이 가져오므로 여호와께서 명령하신 일에 쓰기에 남음이 있나이다 [6]모세가 명령을 내리매 그들이 진중에 공포하여 이르되 남녀를 막론하고 성소에 드릴 예물을 다시 만들지 말라 하매 백성이 가져오기를 그치니 [7]있는 재료가 모든 일을 하기에 넉넉하여 남음이 있었더라

모세에게서 돌아온 브살렐과 오홀리압은 자신들을 도울 많은 기술자를 불렀다(36:2). 그들은 하나님이 세우셨다고 해서 이 일을 모두 자신들이 하는 것은 아니라는 점을 알고 있었다. 하나님이 그들에게 가르치는 은사를 주신 것도 바로 이러한 일 때문이었을 것이다. 그들은 몰려온 기술자들에게 일을 배당하고 가르쳤다. 물론 모두 성막 건축을 돕기 원해서 기쁨으로 자원하는 사람만 모였다. 이스라엘 사람이 하나님의 성막을 짓는 데 얼마나 적극적인지 매일 아침 예물을 너무 많이 가져와 오히려 공사에 차질이 생길 정도였다(3-4절). 기술자들이 일을 해야 하는데 백성이 가져오는 헌물을 정리하느라 할 일을 못하게 된 것이다! 참으로 아름다운 공동체의 모습이다.

이렇게 해서 성막과 기구들을 만들 만반의 준비가 완수되었다. 백성이 성막 건축을 위해 넘치게 기부했기에 이제는 더 이상의 재료도 필요 없다. 하는 수 없이 모세는 예물을 더 이상 가져오지 말라고 명령해야 했다(6절).

얼마나 즐거운 일인가! 이스라엘 역사에서 백성이 이처럼 많은 물질을 예물로 성심껏 드린 적이 없다. 하나님의 거처가 될 성막은 이스라엘 백성이 이 프로젝트를 위해 아낌없이 헌물하는 것으로 시작되었다. 이들의 헌물은 바로 하나님의 은혜에 대한 감사의 표현이었다. 하나님의 사역을 하고자 하는 교회에 이러한 풍요로움이 있으면 참으로 좋을 텐데!

2. 성막 건축 과정(36:8-38:31)

모든 재료와 기술자들을 모집한 브살렐과 오홀리압은 드디어 일을 시작했다. 물론 하나님이 모세에게 말씀하신 것을 따라서 하나하나 만들어 나갔다. 이스라엘은 장막을 만들어 가는 일을 통해 하나님의 말씀에 대한 순종을 유감없이 보여주었던 것이다. 금송아지 사건을 계기로 새로운 각오로 거듭난 공동체의 의지가 적절하게 표현되는 프로젝트였다.

비록 본문이 자세히 보여주지는 않지만 이처럼 순종하는 것이 얼마나 많은 노력과 열심이 필요한지는 두말할 필요도 없다. 나무를 켜고 다듬는 노고, 대장간에서 일하며 흘리는 비지땀, 한 치의 오차도 없게 하기 위하여 흔들리려는 손을 억제하는 자제력, 신들린 듯한 정교한 손놀림. 이 모든 인간의 노력과 헌신 역시 하나님께 드려지는 아름다운 제물이 되었던 것이다.

성막을 건축하는 과정에서 모세는 거의 보이지 않는다. 건축 과정에서 브살렐과 오홀리압이 주동이 되어 기술자들을 주도하고 있기 때문이다. 설령 모세가 이 일에 참여한다 할지라도 그 역시 브살렐과 오홀리압의 지시에 따라야만 한다. 이처럼 믿음의 공동체에 속한 사람의 역할은 각기 다른 것이다. 성막 건축 사역은 하나님의 임재가 성막에 임하시는 것을 묘사하는 40장을 향해 가고 있다. 모든 것이 완성되었을 때, 드디어 하나님의 영광이 그들이 건축한 성막에 찾아오신다. 하나님의 임재가 이스라엘이 건축한 성막에 임하는 일에 있어서는 모세가 다시 주도권을 행사한다. 인간의 노력과 수고가 이루어낸 성막에 하나님의 영광이 강림하신다는 것은 사람의 노력이 하나님의 임재를 가능케 했다는 것을 뜻한다(Brueggemann). 오홀리압과 브살렐이 중심이 되어 성막과 도구들을 제작한 순서는 다음과 같다.

A. 성막(36:8–38)
B. 법궤(37:1–9)
C. 진설병 상(37:10–16)
D. 등잔(37:17–24)
E. 분향단(37:25–29)
F. 번제단(38:1–7)
G. 물두멍(38:8)
H. 뜰(38:9–20)
I. 자재: 인구 조사/세금(38:21–31)

III. 성막과 도구들(25:1–40:38)
C. 성막 완성(35:1–40:38)
2. 성막 건축 과정(36:8–38:31)

(1) 성막(36:8–38; cf. 26:1–37)

36:8–38	26:1–37
[8]일하는 사람 중에 마음이 지혜로운 모든 사람이 열 폭 휘장으로 성막을 지었으니 곧 가늘게 꼰 베 실과 청색 자색 홍색 실로 그룹들을 무늬 놓아 짜서 지은 것이라 [9]매 폭의 길이는 스물여덟 규빗, 너비는 네 규빗으로 각 폭의 장단을 같게 하여 [10]그 다섯 폭을 서로 연결하며 또 그 다섯 폭을 서로 연결하고	[1]너는 성막을 만들되 가늘게 꼰 베 실과 청색 자색 홍색 실로 그룹을 정교하게 수 놓은 열 폭의 휘장을 만들지니 [2]매 폭의 길이는 스물여덟 규빗, 너비는 네 규빗으로 각 폭의 장단을 같게 하고 [3]그 휘장 다섯 폭을 서로 연결하며 다른 다섯 폭도 서로 연결하고
[11]연결할 끝폭 가에 청색 고를 만들며 다른 연결할 끝폭 가에도 고를 만들되 [12]그 연결할 한 폭에 고리 쉰 개를 달고 다른 연결할 한 폭의 가에도 고리 쉰 개를 달아 그 고들이 서로 대하게 하고 [13]금 갈고리 쉰 개를 만들어 그 갈고리로 두 휘장을 연결하여 한 막을 이루었더라	[4]그 휘장을 이을 끝폭 가에 청색 고를 만들며 이어질 다른 끝폭 가에도 그와 같이 하고 [5]휘장 끝폭 가에 고 쉰 개를 달며 다른 휘장 끝폭 가에도 고 쉰 개를 달고 그 고들을 서로 마주 보게 하고 [6]금 갈고리 쉰 개를 만들고 그 갈고리로 휘장을 연결하게 한 성막을 이룰지며
[14]그 성막을 덮는 막 곧 휘장을 염소털로 만들되 열한 폭을 만들었으니 [15]각 폭의 길이는 서른 규빗, 너비는 네 규빗으로 열한 폭의 장단을 같게 하여 [16]그 휘장 다섯 폭을 서로 연결하며 또 여섯 폭을 서로 연결하고	[7]그 성막을 덮는 막 곧 휘장을 염소털로 만들되 열한 폭을 만들지며 [8]각 폭의 길이는 서른 규빗, 너비는 네 규빗으로 열한 폭의 길이를 같게 하고 [9]그 휘장 다섯 폭을 서로 연결하며 또 여섯 폭을 서로 연결하고 그 여섯째 폭 절반은 성막 전면에 접어 드리우고
[17]휘장을 연결할 끝폭 가에 고리 쉰 개를 달며 다른 연결할 끝폭 가에도 고리 쉰 개를 달고 [18]놋 갈고리 쉰 개를 만들어 그 휘장을 연결하여 한 막이 되게 하고	[10]휘장을 이을 끝폭 가에 고 쉰 개를 달며 다른 이을 끝폭 가에도 고 쉰 개를 달고 [11]놋 갈고리 쉰 개를 만들고 그 갈고리로 그 고를 꿰어 연결하여 한 막이 되게 하고 [12]그 막 곧 휘장의 그 나머지 반 폭은 성막 뒤에 늘어뜨리고 [13]막 곧 휘장의 길이의 남은 것은 이쪽에 한 규빗, 저쪽에 한 규빗씩 성막 좌우 양쪽에 덮어 늘어뜨리고

[19]붉은 물 들인 숫양의 가죽으로 막의 덮개를 만들고 해달의 가죽으로 그 윗 덮개를 만들었더라 [20]그가 또 조각목으로 성막에 세울 널판들을 만들었으니 [21]각 판의 길이는 열 규빗, 너비는 한 규빗 반이며 [22]각 판에 두 촉이 있어 서로 연결하게 하였으니 성막의 모든 판이 그러하며 [23]성막을 위하여 널판을 만들었으되 남으로는 남쪽에 널판이 스무 개라 [24]그 스무 개 널판 밑에 은 받침 마흔 개를 만들었으되 곧 이 널판 밑에도 두 받침이 그 두 촉을 받게 하였고 저 널판 밑에도 두 받침이 그 두 촉을 받게 하였으며 [25]성막 다른 쪽 곧 북쪽을 위하여도 널판 스무 개를 만들고 [26]또 은 받침 마흔 개를 만들었으니 곧 이 판 밑에도 받침이 둘이요 저 판 밑에도 받침이 둘이며 [27]장막 뒤 곧 서쪽을 위하여는 널판 여섯 개를 만들었고 [28]장막 뒤 두 모퉁이 편을 위하여는 널판 두 개를 만들되 [29]아래에서부터 위까지 각기 두 겹 두께로 하여 윗고리에 이르게 하고 두 모퉁이 쪽을 다 그리하며 [30]그 널판은 여덟 개요 그 받침은 은 받침 열여섯 개라 각 널판 밑에 두 개씩이었더라	[14]붉은 물 들인 숫양의 가죽으로 막의 덮개를 만들고 해달의 가죽으로 그 윗 덮개를 만들지니라 [15]너는 조각목으로 성막을 위하여 널판을 만들어 세우되 [16]각 판의 길이는 열 규빗, 너비는 한 규빗 반으로 하고 [17]각 판에 두 촉씩 내어 서로 연결하게 하되 너는 성막 널판을 다 그와 같이 하라 [18]너는 성막을 위하여 널판을 만들되 남쪽을 위하여 널판 스무 개를 만들고 [19]스무 널판 아래에 은 받침 마흔 개를 만들지니 이쪽 널판 아래에도 그 두 촉을 위하여 두 받침을 만들고 저쪽 널판 아래에도 그 두 촉을 위하여 두 받침을 만들지며 [20]성막 다른 쪽 곧 그 북쪽을 위하여도 널판 스무 개로 하고 [21]은 받침 마흔 개를 이쪽 널판 아래에도 두 받침, 저쪽 널판 아래에도 두 받침으로 하며 [22]성막 뒤 곧 그 서쪽을 위하여는 널판 여섯 개를 만들고 [23]성막 뒤 두 모퉁이 쪽을 위하여는 널판 두 개를 만들되 [24]아래에서부터 위까지 각기 두 겹 두께로 하여 윗고리에 이르게 하고 두 모퉁이 쪽을 다 그리하며 [25]그 여덟 널판에는 은 받침이 열여섯이니 이쪽 판 아래에도 두 받침이요 저쪽 판 아래에도 두 받침이니라
[31]그가 또 조각목으로 띠를 만들었으니 곧 성막 이쪽 널판을 위하여 다섯 개요 [32]성막 저쪽 널판을 위하여 다섯 개요 성막 뒤 곧 서쪽 널판을 위하여 다섯 개며 [33]그 중간 띠를 만들되 널판 중간 이 끝에서 저 끝에 미치게 하였으며 [34]그 널판들을 금으로 싸고 그 널판에 띠를 꿸 금 고리를 만들고 그 띠도 금으로 쌌더라	[26]너는 조각목으로 띠를 만들지니 성막 이쪽 널판을 위하여 다섯 개요 [27]성막 저쪽 널판을 위하여 다섯 개요 성막 뒤 곧 서쪽 널판을 위하여 다섯 개이며 [28]널판 가운데에 있는 중간 띠는 이 끝에서 저 끝에 미치게 하고 [29]그 널판들을 금으로 싸고 그 널판들의 띠를 꿸 금 고리를 만들고 그 띠를 금으로 싸라
	[30]너는 산에서 보인 양식대로 성막을 세울지니라

[35]그가 또 청색 자색 홍색 실과 가늘게 꼰 베 실로 휘장을 짜고 그 위에 그룹들을 정교하게 수 놓고 [36]조각목으로 네 기둥을 만들어 금으로 쌌으며 그 갈고리는 금으로 기둥의 네 받침은 은으로 부어 만들었으며	[31]너는 청색 자색 홍색 실과 가늘게 꼰 베 실로 짜서 휘장을 만들고 그 위에 그룹들을 정교하게 수 놓아서 [32]금 갈고리를 네 기둥 위에 늘어뜨리되 그 네 기둥을 조각목으로 만들고 금으로 싸서 네 은 받침 위에 둘지며 [33]그 휘장을 갈고리 아래에 늘어뜨린 후에 증거궤를 그 휘장 안에 들여놓으라 그 휘장이 너희를 위하여 성소와 지성소를 구분하리라 [34]너는 지성소에 있는 증거궤 위에 속죄소를 두고 [35]그 휘장 바깥 북쪽에 상을 놓고 남쪽에 등잔대를 놓아 상과 마주하게 할지며
[37]청색 자색 홍색 실과 가늘게 꼰 베 실로 수 놓아 장막 문을 위하여 휘장을 만들고 [38]휘장 문의 기둥 다섯과 그 갈고리를 만들고 기둥 머리와 그 가름대를 금으로 쌌으며 그 다섯 받침은 놋이었더라	[36]청색 자색 홍색 실과 가늘게 꼰 베 실로 수 놓아 짜서 성막 문을 위하여 휘장을 만들고 [37]그 휘장 문을 위하여 기둥 다섯을 조각목으로 만들어 금으로 싸고 그 갈고리도 금으로 만들지며 또 그 기둥을 위하여 받침 다섯 개를 놋으로 부어 만들지니라

앞 섹션에서는 하나님이 가장 먼저 법궤(25:10-22)와 성막 기구 중 일부(25:23-40)를 어떻게 만들어야 하는지 말씀하신 후에 성막(26:1-37)에 대한 규례를 주셨는데, 오홀리압과 브살렐은 실제로 공사를 시작했을 때 왜 성막을 먼저 지은 것일까? 아마도 실용성 때문일 것이다. 법궤 및 주요 기구들은 성막 안에 안치되어야 한다. 또한 이동할 때마다 성막을 장식하는 휘장들로 싸여 보호를 받아야 하는데, 성막이 완성되지 않은 상태에서 이것을 만들면 오염과 부정으로 피해를 받을 수 있다. 그러므로 오홀리압과 브살렐은 이 모든 것의 보호막이 될 성막을 제일 먼저 제작한 것이다(Stuart).

저자는 본문에서 이스라엘이 하나님의 지시에 따라 성막을 완성했다는 사실을 과거형 동사를 사용해 강조한다(8절). 성막은 커튼과 기둥들로 이루어진 건물이었다. 한동안 비평학자들은 천막 형태로 만들어진 이스라엘의 성소가 실제로 있었던 것이 아니라 제사장 문서 저자(Priestly writer)의 상상력에 의해 잉태된 것이라고 했지만, 오늘날 더 이상 이런 문제를 제기하는 사람은 없다. 지난 수십 년 동안 유목민이 이동식 성소를 많이 사용했다는 증거가 나왔기 때문이다(ABD).

성막과 창조된 세계는 매우 밀접한 관계가 있다는 것이 학자들의 주장이다. 성막이 창조 세계의 축소판(microcosm)이라는 것이다(Enns). 창조 세계가 아름다운 것처럼 성막은 온갖 아름다운 것으로 치장되어 있으며, 하나님이 창조 세계에 균형과 질서를 주신 것처럼 창조 세계의 축소판인 성막도 균형과 질서가 매우 중요한 부분을 차지한다. 또한 이미 언급한 것처럼 성막과 도구들이 여섯 단계를 거쳐 만들어지고, 일곱 번째 단계가 안식일에 대한 규례라는 것은 하나님이 6일 동안 세상을 창조하셨고 7일째 되는 날 안식하셨던 것과 일맥상통하는 부분이 있다. 그래서 일부 학자들은 천지창조와 성막 건설을 두 개의 건축 프로젝트로 간주하며, 이 둘은 상호보완 관계를 유지한다고 주장한다. 성막은 우리가 살고 있는 지루하고 죄로 얼룩진 세상과 달리 하나님이 창조하신 모든 것이 완벽한 이상적인 세상을 상징한다(Levenson).

에덴동산은 이 세상에 세워진 하늘나라(heaven on earth)의 원형이었다. 인간은 죄로 인해 그 완벽한 에덴동산에서 쫓겨났다(창 3장). 하나님은 다시 한번 창조 사역을 통해 타락 이전의 영광과 화려함으로 가득한 성막을 세우신 것이다(Enns). 그래서 성막은 구속적인 상징성으로 가득하다. 성막에 인간의 죄 문제를 해결하는 여러 가지 제사가 있었기 때문만이 아니라, 길을 잃고 방황하는 세상에서 성막이 거룩한 공간과 방향성을 제시하기 때문이다. 성막에 이 같은 중요성이 있기 때문에 모세는 출애굽기의 상당 부분을 성막과 도구들에 할애한다. 이스라엘의 삶은 성막/성전을 중심으로 형성되었다고 말해도 과언이 아니다. 우리의 삶도 그랬으면 좋겠다. 물론 성도가 지나치게 교회에서 진행하는 프로그램 중심으로 움직이느라 세상에서 빛과 소금의 역할을 할 시간이 없다면 분명 문제다. 그러나 대부분의 사람은 지금보다 훨씬 더 교회 중심으로 살아야 할 필요성이 있다. 교회는 하나님이 자기 백성과 만나 교제하기를 원하시는 곳이기 때문이다.

III. 성막과 도구들(25:1-40:38)
C. 성막 완성(35:1-40:38)
2. 성막 건축 과정(36:8-38:31)

(2) 법궤(37:1-9; cf. 25:10-22)

37:1-9	25:10-22
[1]브살렐이 조각목으로 궤를 만들었으니 길이가 두 규빗 반, 너비가 한 규빗 반, 높이가 한 규빗 반이며 [2]순금으로 안팎을 싸고 위쪽 가장자리로 돌아가며 금 테를 만들었으며 [3]금 고리 넷을 부어 만들어 네 발에 달았으니 곧 이쪽에 두 고리요 저쪽에 두 고리이며 [4]조각목으로 채를 만들어 금으로 싸고 [5]그 채를 궤 양쪽 고리에 꿰어 궤를 메게 하였으며	[10]그들은 조각목으로 궤를 짜되 길이는 두 규빗 반, 너비는 한 규빗 반, 높이는 한 규빗 반이 되게 하고 [11]너는 순금으로 그것을 싸되 그 안팎을 싸고 위쪽 가장자리로 돌아가며 금 테를 두르고 [12]금 고리 넷을 부어 만들어 그 네 발에 달되 이쪽에 두 고리 저쪽에 두 고리를 달며 [13]조각목으로 채를 만들어 금으로 싸고 [14]그 채를 궤 양쪽 고리에 꿰어서 궤를 메게 하며 [15]채를 궤의 고리에 꿴 대로 두고 빼내지 말지며 [16]내가 네게 줄 증거판을 궤 속에 둘지며
[6]순금으로 속죄소를 만들었으니 길이가 두 규빗 반, 너비가 한 규빗 반이며 [7]금으로 그룹 둘을 속죄소 양쪽에 쳐서 만들었으되 [8]한 그룹은 이쪽 끝에, 한 그룹은 저쪽 끝에 곧 속죄소와 한 덩이로 그 양쪽에 만들었으니 [9]그룹들이 그 날개를 높이 펴서 그 날개로 속죄소를 덮었으며 그 얼굴은 서로 대하여 속죄소를 향하였더라	[17]순금으로 속죄소를 만들되 길이는 두 규빗 반, 너비는 한 규빗 반이 되게 하고 [18]금으로 그룹 둘을 속죄소 두 끝에 쳐서 만들되 [19]한 그룹은 이 끝에, 또 한 그룹은 저 끝에 곧 속죄소 두 끝에 속죄소와 한 덩이로 연결할지며 [20]그룹들은 그 날개를 높이 펴서 그 날개로 속죄소를 덮으며 그 얼굴을 서로 대하여 속죄소를 향하게 하고 [21]속죄소를 궤 위에 얹고 내가 네게 줄 증거판을 궤 속에 넣으라 [22]거기서 내가 너와 만나고 속죄소 위 곧 증거궤 위에 있는 두 그룹 사이에서 내가 이스라엘 자손을 위하여 네게 명령할 모든 일을 네게 이르리라

'법궤'(אֲרוֹן)는 윗쪽이 열려 있는 사각형 상자였다. 여기에 제시된 규격에 의하면 길이가 2.5규빗, 너비가 1.5규빗, 높이가 1.5규빗이다. 한 규빗(אַמָּה)은 성인의 팔꿈치에서 가운데 손가락 끝까지의 길이를 뜻하며, 보통 45㎝로 환산된다. 그렇다면 법궤의 규격은 가로 112㎝, 세로 67㎝, 높이 67㎝다. 법궤의 골격은 조각목(아카시아 나무)으로 만들고 표면을 '순금'(זָהָב טָהוֹר)으로 얇게 씌웠다. 하나님은 법궤를 제작하는 데 사용되는 금은 특별히 정제(refine)하여 가장 순도가 높은 것을 사용하라고 당부하신다. 어떠한 불순물이나 오염도 허용하지 말라는 뜻이다. 이 같은 요구는 하나님의 경건과 거룩하심을 강조한다(Stuart).

법궤의 양면에는 네 개의 금고리가 있고 이 고리 사이로 금으로 씌운 아카시아 막대기를 넣어 영구적으로 두도록 했다. 물론 이것은 이동할 때 편리하도록 한 장치다. 그러나 법궤가 훗날 솔로몬의 성막에 최종적으로 안치될 때도 이 막대들이 제거되지 않은 것으로 보아 이 고리들이 단순히 이동할 때를 위한 것이 아님을 알 수 있다(왕상 8:8). 아마도 부정한 것으로부터 법궤를 보호하는 역할도 했던 것으로 여겨진다.

법궤의 유일하고 가장 중요한 기능은 십계명이 새겨진 돌판을 저장하는 것이다. 열왕기상 8:9에 의하면 법궤가 솔로몬 성전에 안치될 때도 그 안에는 돌판밖에 들어 있지 않았다. 중요한 계약서와 같은 법적인 문서를 신성한 장소에 보관하는 것은 고대 근동에서 흔히 볼 수 있는 풍습이었다. 문서를 보관하는 장소의 신(들)이 문서를 보호할 뿐만 아니라 증인이 되어 문서의 내용이 잘 진행되도록 한다는 생각에서였다. 중요한 것은 하나님이 이 법궤 안에 거하시거나 이 법궤에서 말씀하시는 것이 아니라 법궤 위에서 말씀하신다는 것이다. 하나님의 보좌가 하늘에 있고, 법궤는 하나님의 발판(footstool)과 같다는 점을 강조하는 듯하다. 법궤는 성막뿐만 아니라 성전(聖戰)에서 매우 중요한 역할을 했다(ABD).

(3) 진설병 상(37:10-16; cf. 25:23-30)

37:10-16	25:23-30
[10]그가 또 조각목으로 상을 만들었으니 길이가 두 규빗, 너비가 한 규빗, 높이가 한 규빗 반이며 [11]순금으로 싸고 위쪽 가장자리로 돌아가며 금 테를 둘렀으며 [12]그 주위에 손바닥 넓이만한 턱을 만들고 그 턱 주위에 금으로 테를 만들었고	[23]너는 조각목으로 상을 만들되 길이는 두 규빗, 너비는 한 규빗, 높이는 한 규빗 반이 되게 하고 [24]순금으로 싸고 주위에 금 테를 두르고 [25]그 주위에 손바닥 넓이만한 턱을 만들고 그 턱 주위에 금으로 테를 만들고
[13]상을 위하여 금 고리 넷을 부어 만들어 네 발 위, 네 모퉁이에 달았으니 [14]그 고리가 턱 곁에 있어서 상을 메는 채를 꿰게 하였으며 [15]또 조각목으로 상 멜 채를 만들어 금으로 쌌으며	[26]그것을 위하여 금 고리 넷을 만들어 그 네 발 위 네 모퉁이에 달되 [27]턱 곁에 붙이라 이는 상을 멜 채를 꿸 곳이며 [28]또 조각목으로 그 채를 만들고 금으로 싸라 상을 이것으로 멜 것이니라
[16]상 위의 기구 곧 대접과 숟가락과 잔과 따르는 병을 순금으로 만들었더라	[29]너는 대접과 숟가락과 병과 붓는 잔을 만들되 순금으로 만들며 [30]상 위에 진설병을 두어 항상 내 앞에 있게 할지니라

이 상의 기능은 진설병(לֶחֶם פָּנִים, lit., '얼굴[어전] 빵')을 전시하는 일이다. 그러므로 이 상은 때로 단순히 '어전 상'(שֻׁלְחַן הַפָּנִים, 'the table of presence', 민 4:7: 우리말 성경에는 정확하게 드러나지 않음)이라고 불리기도 하고, '[빵] 줄상'[שֻׁלְחַן הַמַּעֲרֶכֶת, 'the table of the row(of breads), 대하 29:18]이라고 불리기도 한다. 아울러 레위기 24:6은 이 상을 '순결한 상'(הַשֻּׁלְחָן הַטָּהֹר)이라고 부르기도 한다. 이 상 위에는 빵과 함께 네 가지 순금으로 만든 도구들이 전시되어야 한다. 대접, 숟가락, 병, 붓는 잔(16절). 이 도구들은 '봉사하는 데 쓰는 기구들'(민 3:31), '제사 드리는 그

릇'(대하 24:14)이라고 불리기도 한다. 이 도구들의 기능은 확실하지 않다.

진설병(לֶחֶם פָּנִים)의 상징성과 중요성에 대해 여러 가지 해석이 제시되어 왔다. 하나님 앞에 영구적으로 전시되는 것이기에 '어전 빵'이라는 해석이 있는가 하면(Ibn Ezra), '왕과 같은 귀한 사람이 먹기에 적절한 빵'이라는 해석도 있고(Rashi), 빵의 윗면/얼굴이 모두 보여야 하기에 '표면/얼굴(פָּנִים) 빵'이라는 해석도 있다(Mishnah Menahot). 진설병을 전시하는 상과 빵의 중요성은 시내 산 언약을 상징하는 데 있다. 모세의 인도에 따라 시내 산에 올랐던 이스라엘 장로 70명은 하나님과 언약을 맺은 후 장로들은 언약이 체결된 후에는 쌍방이 함께 음식을 나누는 예식에 따라 하나님 앞에서 먹고 마셨다. 이 빵은 그 같은 사실을 두루 기념하기 위해 주신 것이다(Enns, Stuart). 어떤 해석을 따르든, 진설병이 얼마나 중요한지 이스라엘이 행군하는 도중에도 이 빵과 함께 이동했다(민 4:7-8).

III. 성막과 도구들(25:1-40:38)
C. 성막 완성(35:1-40:38)
2. 성막 건축 과정(36:8-38:31)

(4) 등잔(37:17-24; cf. 25:31-40)

37:17-24	25:31-40
[17]그가 또 순금으로 등잔대를 만들되 그것을 쳐서 만들었으니 그 밑판과 줄기와 잔과 꽃받침과 꽃이 그것과 한 덩이로 되었고 [18]가지 여섯이 그 곁에서 나왔으니 곧 등잔대의 세 가지는 저쪽으로 나왔고 등잔대의 세 가지는 이쪽으로 나왔으며 [19]이쪽 가지에 살구꽃 형상의 잔 셋과 꽃받침과 꽃이 있고 저쪽 가지에 살구꽃 형상의 잔 셋	[31]너는 순금으로 등잔대를 쳐 만들되 그 밑판과 줄기와 잔과 꽃받침과 꽃을 한 덩이로 연결하고 [32]가지 여섯을 등잔대 곁에서 나오게 하되 다른 세 가지는 이쪽으로 나오고 다른 세 가지는 저쪽으로 나오게 하며 [33]이쪽 가지에 살구꽃 형상의 잔 셋과 꽃받침과 꽃이 있게 하고 저쪽 가지에도 살구꽃 형상의 잔 셋과 꽃받침과 꽃이 있게 하여

과 꽃받침과 꽃이 있어 등잔대에서 나온 가지 여섯이 그러하며 [20]등잔대 줄기에는 살구꽃 형상의 잔 넷과 꽃받침과 꽃이 있고 [21]등잔대에서 나온 가지 여섯을 위하여는 꽃받침이 있게 하였으되 두 가지 아래에 한 꽃받침이 있어 줄기와 연결하였고 또 두 가지 아래에 한 꽃받침이 있어 줄기와 연결하였고 또 다시 두 가지 아래에 한 꽃받침이 있어 줄기와 연결되게 하였으니 [22]이 꽃받침과 가지들을 줄기와 연결하여 전부를 순금으로 쳐서 만들었으며 [23]등잔 일곱과 그 불 집게와 불 똥 그릇을 순금으로 만들었으니 [24]등잔대와 그 모든 기구는 순금 한 달란트로 만들었더라	등잔대에서 나온 가지 여섯을 같게 할지며 [34]등잔대 줄기에는 살구꽃 형상의 잔 넷과 꽃받침과 꽃이 있게 하고 [35]등잔대에서 나온 가지 여섯을 위하여 꽃받침이 있게 하되 두 가지 아래에 한 꽃받침이 있어 줄기와 연결하며 또 두 가지 아래에 한 꽃받침이 있어 줄기와 연결하며 또 두 가지 아래에 한 꽃받침이 있어 줄기와 연결하게 하고 [36]그 꽃받침과 가지를 줄기와 연결하여 전부를 순금으로 쳐 만들고 [37]등잔 일곱을 만들어 그 위에 두어 앞을 비추게 하며 [38]그 불 집게와 불 똥 그릇도 순금으로 만들지니 [39]등잔대와 이 모든 기구를 순금 한 달란트로 만들되 [40]너는 삼가 이 산에서 네게 보인 양식대로 할지니라

많은 학자가 등잔대를 구성하는 줄기가 어떤 모양을 지녔을지 관심을 갖는데, 대체로 올리브 가지, 아몬드 가지 혹은 올리브 가지에 아몬드 꽃으로 형성되었다는 추측이 지배적이다(Dozeman, Stuart). 일곱 개의 나뭇가지 모양으로 구성된 등잔대를 만드는 데 어느 정도의 금이 사용되었는지는 확실하지 않다. 물론 하나님은 여기에 나열된 모든 기구를 금 한 달란트를 사용해 만들라고 하신다. 한 달란트가 34㎏에 달했으니 상당히 많은 양의 금이 이 기구들을 만드는 데 할당되었다. 그러나 등잔대가 한 달란트의 금 중에서 어느 정도의 금을 사용하여 제작되었는지 밝히지 않는다.

등잔대가 중심 줄기에서 뻗어 나오는 일곱 가지로 구성되어 있다는 점은 나무를 연상시킨다. 아마도 한때 인간이 에덴동산에서 보았던 생명나무를 상징하는 듯하다(ABD). 이 등잔대의 기능은 어둠 속에서 빛을 발하는 것이다. 빛은 삶을 상징하며, 세상의 모든 삶을 주관하시는 하나님의 능력을 상징하기도 한다(Meyers). 또한 빛은 하나님이 창조하신 최초의 피조물이기도 하다(창 1:3). 등잔대의 중요성은 범우주적인 면모를 지닌 것이다(Levenson). 창조주 하나님이 항상 주의 백성을 빛으로 보살피시는 상징성도 갖고 있다(Stuart).

III. 성막과 도구들(25:1-40:38)
C. 성막 완성(35:1-40:38)
2. 성막 건축 과정(36:8-38:31)

(5) 분향단(37:25-29; cf. 30:1-9)

37:25-29	30:1-9
[25]그가 또 조각목으로 분향할 제단을 만들었으니 길이는 한 규빗이요 너비도 한 규빗이라 네모가 반듯하고 높이는 두 규빗이며 그 뿔들이 제단과 연결되었으며 [26]제단 상면과 전후 좌우 면과 그 뿔을 순금으로 싸고 주위에 금 테를 둘렀고 [27]그 테 아래 양쪽에 금 고리 둘을 만들었으되 곧 그 양쪽에 만들어 제단을 메는 채를 꿰게 하였으며 [28]조각목으로 그 채를 만들어 금으로 쌌으며 [29]거룩한 관유와 향품으로 정결한 향을 만들었으되 향을 만드는 법대로 하였더라	[1]너는 분향할 제단을 만들지니 곧 조각목으로 만들되 [2]길이가 한 규빗, 너비가 한 규빗으로 네모가 반듯하게 하고 높이는 두 규빗으로 하며 그 뿔을 그것과 이어지게 하고 [3]제단 상면과 전후 좌우 면과 뿔을 순금으로 싸고 주위에 금 테를 두를지며 [4]금 테 아래 양쪽에 금 고리 둘을 만들되 곧 그 양쪽에 만들지니 이는 제단을 메는 채를 꿸 곳이며 [5]그 채를 조각목으로 만들고 금으로 싸고 [6]그 제단을 증거궤 위 속죄소 맞은편 곧 증거궤 앞에 있는 휘장 밖에 두라 그 속죄소는 내가 너와 만날 곳이며 [7]아론이 아침마다 그 위에 향기로운 향을 사르되 등불을 손질할 때에 사를지며 [8]또 저녁 때 등불을 켤 때에 사를지니 이 향은 너희가 대대로 여호와 앞에 끊지 못할지며 [9]너희는 그 위에 다른 향을 사르지 말며 번제나 소제를 드리지 말며 전제의 술을 붓지 말며

분향단(מִקְטָר)은 향을 태우는 곳이다. 이스라엘 종교뿐 아니라 고대 근동의 거의 모든 종교가 예식을 진행하면서 향을 사용하는 것은 일반

화되어 있었다. 향의 연기는 출애굽과 광야 생활 동안 구름 기둥과 불 기둥으로 함께하셨던 하나님 임재의 상징으로 이스라엘의 예배 전승에서도 매우 중요한 상징성을 나타낸다(Sarna). 또한 하늘을 향해 올라가는 향과 연기는 성도의 기도를 상징하기도 한다. 속죄일이 되면 대제사장은 지성소에 들어가기 전에 먼저 성막/성전을 향의 연기로 가득 채워야 한다(레 16:13).

이미 언급한 것처럼 분향단은 번제단으로부터 구분되기 위하여 금제단이라고 불리기도 한다(번제단은 놋 제단이라 불림). 물론 향 제단이라는 말도 일반화되어 있다. 랍비 문헌은 분향단을 내부 제단(inner altar)이라고 부름으로써 바깥 제단(outer altar)이라고 불렸던 뜰에 있는 놋 제단과 구분하기도 했다.

분향단은 아카시아 나무로 만들고 그 위에 금을 씌운 것이다. 가로 1규빗, 세로 1규빗(45cm x 45cm)의 정사각형이었으며, 높이는 진설병을 전시해 놓는 상보다 약 22㎝ 정도 높은 2규빗(90cm)이다. 분향단은 성소에 있고, 아침 저녁으로 향을 피워야 한다. 향 외에는 그 어떠한 것도 이것을 통해 바칠 수 없다. 또한 성막의 다른 주요 도구처럼 분향단도 막대를 이용해 수월하게 이동하도록 디자인되어 있었다. 이스라엘은 항상 하나님 앞에 아름답게 피어오르는 향기로운 삶을 살아야 한다.

III. 성막과 도구들(25:1-40:38)
C. 성막 완성(35:1-40:38)
2. 성막 건축 과정(36:8-38:31)

(6) 번제단(38:1-7; cf. 27:1-8)

38:1-7	27:1-8
[1]그가 또 조각목으로 번제단을 만들었으니 길이는 다섯 규빗이요 너비도 다섯 규빗이라 네모가 반듯하고 높이는 세 규빗이며 [2]그 네 모퉁이 위에 그 뿔을 만들되 그 뿔을 제단과 연결하게 하고 제단을 놋으로 쌌으며 [3]제단의 모든 기구 곧 통과 부삽과 대야와 고기 갈고리와 불 옮기는 그릇을 다 놋으로 만들고 [4]제단을 위하여 놋 그물을 만들어 제단 주위 가장자리 아래에 두되 제단 절반에 오르게 하고 [5]그 놋 그물 네 모퉁이에 채를 꿸 고리 넷을 부어 만들었으며 [6]채를 조각목으로 만들어 놋으로 싸고 [7]제단 양쪽 고리에 그 채를 꿰어 메게 하였으며 제단은 널판으로 속이 비게 만들었더라	[1]너는 조각목으로 길이가 다섯 규빗, 너비가 다섯 규빗의 제단을 만들되 네모 반듯하게 하며 높이는 삼 규빗으로 하고 [2]그 네 모퉁이 위에 뿔을 만들되 그 뿔이 그것에 이어지게 하고 그 제단을 놋으로 싸고 [3]재를 담는 통과 부삽과 대야와 고기 갈고리와 불 옮기는 그릇을 만들되 제단의 그릇을 다 놋으로 만들지며 [4]제단을 위하여 놋으로 그물을 만들고 그 위 네 모퉁이에 놋 고리 넷을 만들고 [5]그물은 제단 주위 가장자리 아래 곧 제단 절반에 오르게 할지며 [6]또 그 제단을 위하여 채를 만들되 조각목으로 만들고 놋으로 쌀지며 [7]제단 양쪽 고리에 그 채를 꿰어 제단을 메게 할지며 [8]제단은 널판으로 속이 비게 만들되 산에서 네게 보인 대로 그들이 만들게 하라

제단은 제사를 드리는 일에서 가장 중요한 요소이므로 이스라엘의 선조들은 이사를 할 때마다 제단을 쌓았다. 제단이 실제로 사용될 때는 바닥에 상당한 양의 흙이 쌓였던 것으로 추측된다. 이렇게 하면 흙으로 제단을 쌓으라는 규례(20:24)도 적절하게 만족시킬 뿐만 아니라 놋이 감싸고 있는 아카시아 나무도 타지 않게 하기 위한 것이다.

제단 위쪽의 각 모퉁이에 설치될 뿔은 먼저 나무로 깎은 다음 고정시키고 그 위에 놋을 입혀 제단 본체와 하나를 이루게 한다. 금 제단도 뿔을 지니고 있었으며(30:1-2), 에스겔은 재건된 성막에 뿔이 있는 제단이 있는 환상을 보았다(겔 43:15). 이스라엘에서는 제단의 뿔이 매우 중요한 상징성을 지니고 있었다. 갖가지 제사로 드려지는 짐승의 피가 이곳에 발라졌고, 열왕기상 1:5-53과 2:28-34에 기록된 요압 사건이 밝히는 것처럼 법에 쫓기는 자가 장막으로 도피하여 이 뿔을 잡는 것은 매우 오래된 전통이었다. 므깃도에서 발굴된 가나안 사람의 제단에도 뿔이 있는 것으로 보아 제단에 뿔이 있는 것은 이스라엘 사람에게만 국한된 것이 아니었다(Sarna).

III. 성막과 도구들(25:1-40:38)
C. 성막 완성(35:1-40:38)
2. 성막 건축 과정(36:8-38:31)

(7) 물두멍(38:8; 30:17-21)

38:8	30:17-21
[8]그가 놋으로 물두멍을 만들고 그 받침도 놋으로 하였으니 곧 회막 문에서 수종드는 여인들의 거울로 만들었더라	[17]여호와께서 모세에게 말씀하여 이르시되 [18]너는 물두멍을 놋으로 만들고 그 받침도 놋으로 만들어 씻게 하되 그것을 회막과 제단 사이에 두고 그 속에 물을 담으라 [19]아론과 그의 아들들이 그 두멍에서 수족을 씻되 [20]그들이 회막에 들어갈 때에 물로 씻어 죽기를 면할 것이요 제단에 가까이 가서 그 직분을 행하여 여호와 앞에 화제를 사를 때에도 그리 할지니라 [21]이와 같이 그들이 그 수족을 씻어 죽기를 면할지니 이는 그와 그의 자손이 대대로 영원히 지킬 규례니라

'물두멍'(כִּיּוֹר)은 제사장이 사용하는 것으로 성막/성전에 들어서기 전에 손과 발을 씻는 물을 저장해 놓는 곳이다. 놋(נְחֹשֶׁת)으로 만들어야 하며 받침대와 위에 물을 담아 놓는 통이 분리되도록 설계되어 있다. 역

시 이동성을 고려한 디자인이라고 할 수 있다. 아론과 후손은 성소에 들어갈 때나 제물을 드릴 때마다 먼저 이곳에서 물을 길어 손발을 씻음으로써 정결 의식을 치러야 한다. 이 규례가 무시되면 그들은 하나님 앞에서 죽게 된다는 경고도 함께 있다.

물두멍의 규격은 성경 어디에도 주어지지 않았다. 이스라엘 전승에 따르면 네 명의 제사장이 씻기에 충분한 양의 물을 담을 수 있었다(Zevahim 19b). 문제는 제사장이 손발을 씻기에 충분한 양은 어느 정도냐는 것이다. 약 20ℓ(양동이 하나)면 네 사람이 씻을 수 있을까? 이동성을 고려한 것으로 보아 이보다는 훨씬 더 컸을 것으로 생각된다.

본문은 이 물두멍이 회막 입구에서 봉사한 여인들이 제공한 거울을 사용하여 제작되었다고 한다(8절). 모세 오경 그 어디에도 이 여인들에 대한 규례는 없다. 본문은 우리가 모르는 전혀 새로운 정보를 제공한다. 모세와 청중은 이 여인들의 역할에 대해 잘 알았지만, 우리에게는 정보가 주어지지 않았다. 아마도 성막이 완성된 후에 고용된 여성들이 성막 입구에서 어떤 일을 했던 것으로 생각된다. 물론 우리는 이들이 어떤 일을 했는지 정확히 알 수 없다. 아마도 성막 주변 청소와 정결을 유지하는 등 자원봉사의 역할을 했을 수도 있다(Stuart). 성막이 존재하는 한, 이 여인들의 사역은 계속되었다(삼상 2:22).

III. 성막과 도구들(25:1–40:38) C. 성막 완성(35:1–40:38) 2. 성막 건축 과정(36:8–38:31)

(8) 뜰(38:9–20; cf. 27:9–19)

38:9–20	27:9–19
[9]그가 또 뜰을 만들었으니 남으로 뜰의 남쪽에는 세마포 포장이 백 규빗이	**[9]너는 성막의 뜰을 만들지니 남쪽을 향하여 뜰 남쪽에 너비가 백 규빗의**

라 [10]그 기둥이 스물이며 그 받침이 스물이니 놋이요 기둥의 갈고리와 가름대는 은이며	세마포 휘장을 쳐서 그 한 쪽을 당하게 할지니 [10]그 기둥이 스물이며 그 받침 스물은 놋으로 하고 그 기둥의 갈고리와 가름대는 은으로 할지며
[11]그 북쪽에도 백 규빗이라 그 기둥이 스물이며 그 받침이 스물이니 놋이요 기둥의 갈고리와 가름대는 은이며	[11]그 북쪽에도 너비가 백 규빗의 포장을 치되 그 기둥이 스물이며 그 기둥의 받침 스물은 놋으로 하고 그 기둥의 갈고리와 가름대는 은으로 할지며
[12]서쪽에 포장은 쉰 규빗이라 그 기둥이 열이요 받침이 열이며 기둥의 갈고리와 가름대는 은이며 [13]동으로 동쪽에도 쉰 규빗이라 [14]문 이쪽의 포장이 열다섯 규빗이요 그 기둥이 셋이요 받침이 셋이며 [15]문 저쪽도 그와 같으니 뜰 문 이쪽, 저쪽의 포장이 열다섯 규빗씩이요 그 기둥이 셋씩, 받침이 셋씩이라 [16]뜰 주위의 포장은 세마포요 [17]기둥 받침은 놋이요 기둥의 갈고리와 가름대는 은이요 기둥 머리 싸개는 은이며 뜰의 모든 기둥에 은 가름대를 꿰었으며	[12]뜰의 옆 곧 서쪽에 너비 쉰 규빗의 포장을 치되 그 기둥이 열이요 받침이 열이며 [13]동쪽을 향하여 뜰 동쪽의 너비도 쉰 규빗이 될지며 [14]문 이쪽을 위하여 포장이 열다섯 규빗이며 그 기둥이 셋이요 받침이 셋이요 [15]문 저쪽을 위하여도 포장이 열다섯 규빗이며 그 기둥이 셋이요 받침이 셋이며
[18]뜰의 휘장 문을 청색 자색 홍색 실과 가늘게 꼰 베 실로 수 놓아 짰으니 길이는 스무 규빗이요 너비와 높이는 뜰의 포장과 같이 다섯 규빗이며	[16]뜰 문을 위하여는 청색 자색 홍색 실과 가늘게 꼰 베 실로 수 놓아 짠 스무 규빗의 휘장이 있게 할지니 그 기둥이 넷이요 받침이 넷이며
[19]그 기둥은 넷인데 그 받침 넷은 놋이요 그 갈고리는 은이요 그 머리 싸개와 가름대도 은이며	[17]뜰 주위 모든 기둥의 가름대와 갈고리는 은이요 그 받침은 놋이며 [18]뜰의 길이는 백 규빗이요 너비는 쉰 규빗이요 세마포 휘장의 높이는 다섯 규빗이요 그 받침은 놋이며
[20]성막 말뚝과 뜰 주위의 말뚝은 모두 놋이더라	[19]성막에서 쓰는 모든 기구와 그 말뚝과 뜰의 포장 말뚝을 다 놋으로 할지니라

성막은 거룩한 장소이기 때문에 뜰의 범위를 표시하여 사람이나 짐승의 출입을 제한해야 하며, 성막이 오염되는 것을 예방하는 기능을 감당하도록 디자인된 것이 바로 이 울타리다. 울타리는 성막의 남쪽과 북쪽으로는 100규빗(45m), 동쪽과 서쪽으로는 50규빗(22.5m)이며, 울타리의 둘레는 총 300규빗(135m)이다. 아울러 이 울타리를 감싸고 있

는 성막의 뜰은 총 1,012.5㎡(306평)에 이르며 성막 자체의 면적은 약 41평이다.

울타리를 치는 도구는 가는 실로 짠 커튼/휘장이다. 휘장은 60개의 기둥에 걸리게 되어 있는데, 이 기둥은 각기 5규빗(2.25m) 길이며, 5규빗(2.25m) 간격으로 뜰을 에워쌌다. 남쪽과 북쪽 벽은 각기 스무 개의 기둥을 사용하고 서쪽 벽은 열 개를 사용한다. 동쪽의 경우 출입구가 있어서 배열이 조금 다르다. 양쪽에는 각기 세 개의 기둥이 사용되어 15규빗씩 막으며 중앙에 남은 20규빗은 네 개의 기둥을 사용한 막으로 되어 있다. 이 막은 여러 가지 색실로 짠 것이었다.

Ⅲ. 성막과 도구들(25:1-40:38)
C. 성막 완성(35:1-40:38)
2. 성막 건축 과정(36:8-38:31)

(9) 자재: 인구 조사/세금(38:21-31; cf. 30:11-16)

38:21-31	30:11-16
[21]성막 곧 증거막을 위하여 레위 사람이 쓴 재료의 물목은 제사장 아론의 아들 이다말이 모세의 명령대로 계산하였으며 [22]유다 지파 훌의 손자요 우리의 아들인 브살렐은 여호와께서 모세에게 명령하신 모든 것을 만들었고 [23]단 지파 아히사막의 아들 오홀리압이 그와 함께 하였으니 오홀리압은 재능이 있어서 조각하며 또 청색 자색 홍색 실과 가는 베 실로 수 놓은 자더라 [24]성소 건축 비용으로 들인 금은 성소의 세겔로 스물아홉 달란트와 칠백삼십 세겔이며 [25]계수된 회중이 드린 은은 성소의 세겔로 백 달란트와 천칠백칠십오 세겔이니 [26]계수된 자가 이십세 이상으로 육십만 삼천오백오	[11]여호와께서 모세에게 말씀하여 이르시되 [12]네가 이스라엘 자손의 수효를 조사할 때에 조사 받은 각 사람은 그들을 계수할 때에 자기의 생명의 속전을 여호와께 드릴지니 이는 그것을 계수할 때에 그들 중에 질병이 없게 하려 함이라 [13]무릇 계수 중에 드는 자마다 성소의 세겔로 반 세겔을 낼지니 한 세겔은 이십 게라라 그 반 세겔을 여호와께 드릴지며 [14]계수 중에 드는 모든 자 곧 스무 살 이상 된 자가 여호와께 드리되 [15]너희의 생명을 대속하기 위하여 여호와께 드릴 때에 부자라고 반 세겔에서 더 내지 말고 가난한 자라고 덜 내지 말지며 [16]너는 이스라엘 자손에게서 속전을 취하여 회막 봉사

십 명인즉 성소의 세겔로 각 사람에게 은 한 베가 곧 반 세겔씩이라 [27]은 백 달란트로 성소의 받침과 휘장 문의 기둥 받침을 모두 백 개를 부어 만들었으니 각 받침마다 한 달란트씩 모두 백 달란트요 [28]천칠백칠십오 세겔로 기둥 갈고리를 만들고 기둥 머리를 싸고 기둥 가름대를 만들었으며 [29]드린 놋은 칠십 달란트와 이천사백 세겔이라 [30]이것으로 회막 문 기둥 받침과 놋 제단과 놋 그물과 제단의 모든 기구를 만들었으며 [31]뜰 주위의 기둥 받침과 그 휘장 문의 기둥 받침이며 성막의 모든 말뚝과 뜰 주위의 모든 말뚝을 만들었더라	에 쓰라 이것이 여호와 앞에서 이스라엘 자손의 기념이 되어서 너희의 생명을 대속하리라

인구 조사를 할 때마다 20세 이상의 남자 수대로 은 반(半) 세겔씩 계산해서 성막/성전에 들여놓아야 한다. 이때 지불하는 돈은 생명의 값을 상징한다. 그렇게 하지 않으면 재앙이 이들에게 닥칠 것이라고 경고한다. 즉, 이 돈의 기능은 속죄(expiation)인 것이다. 이 세금은 부자든 가난한 사람이든 모두 동일한 액수를 내야 한다. 이때 성막에 드리는 돈은 곧 그들이 하나님께 속한 것을 고백하는 상징이었기에, 하나님 앞에 동일한 자격으로, 동일한 액수를 드려야 한다. 걷힌 돈은 성막을 운영하는 비용으로 사용되어야 한다.

이스라엘이 성막과 도구들을 만드는 데 사용한 재료는 다음과 같다. 금 29달란트(1,000kg), 은 100달란트와 1,775세겔(3,450kg + 20.2kg = 3,470.2kg), 놋 70달란트와 2,400세겔(2,415kg + 27.4kg = 2,442.4kg). 참으로 엄청난 양의 귀중품이 사용되었다. 고대 근동의 기록을 참고하면 지역마다 달란트의 가치가 조금씩 달랐다. 이스라엘과 우가릿에서 한 달란트는 3,000세겔이었는가 하면 메소포타미아에서는 3,600세겔이었다. 학자들은 이스라엘의 1달란트는 34.5kg(적은 양을 계산할 때는 35kg으로 계산)에 달한 것으로 추측한다(Dozeman). 1세겔은 11.5g이었다. 1베

가는 2분의 1세겔이었으므로 약 6g에 달했다(26절).

III. 성막과 도구들(25:1-40:38)
C. 성막 완성(35:1-40:38)

3. 제사장들의 예복(39:1-31)

기술자들이 제사장의 예복을 만드는 과정에 특별히 심혈을 기울였던 것이 역력하다. 저자는 옷을 만드는 기술자들이 모든 것에 '여호와께서 모세에게 명령하신 대로' 했다는 점을 일곱 차례나 강조한다(39:1, 5, 7, 21, 26, 29, 31). 여호와 앞에서 제사를 드릴 때 사용하는 예복이니 각별히 신경을 썼다는 뜻이며, 앞으로 이 예복을 입고 사역하게 될 아론과 아들들에게 하나님의 말씀과 규례에서 한치도 어긋나서는 안 된다는 권면을 담고 있는 듯하다. 특히 금송아지 사건을 주도했던 아론은 이 말씀을 귀담아들어야 한다. 제사장들의 예복 제작을 언급하는 이 섹션은 다음과 같이 구분할 수 있다.

A. 재료(39:1)
B. 에봇(39:2-7)
C. 흉패(39:8-21)
D. 겉옷(39:22-26)
E. 속옷(39:27-29)
F. 관(39:30-31)

(1) 재료(39:1; cf. 28:1–5)

39:1	28:1–5
[1]그들은 여호와께서 모세에게 명령하신 대로 청색 자색 홍색 실로 성소에서 섬길 때 입을 정교한 옷을 만들고 또 아론을 위해 거룩한 옷을 만들었더라	[1]너는 이스라엘 자손 중 네 형 아론과 그의 아들들 곧 아론과 아론의 아들들 나답과 아비후와 엘르아살과 이다말을 그와 함께 네게로 나아오게 하여 나를 섬기는 제사장 직분을 행하게 하되 [2]네 형 아론을 위하여 거룩한 옷을 지어 영화롭고 아름답게 할지니 [3]너는 무릇 마음에 지혜 있는 모든 자 곧 내가 지혜로운 영으로 채운 자들에게 말하여 아론의 옷을 지어 그를 거룩하게 하여 내게 제사장 직분을 행하게 하라 [4]그들이 지을 옷은 이러하니 곧 흉패와 에봇과 겉옷과 반포 속옷과 관과 띠라 그들이 네 형 아론과 그 아들들을 위하여 거룩한 옷을 지어 아론이 내게 제사장 직분을 행하게 하라 [5]그들이 쓸 것은 금 실과 청색 자색 홍색 실과 가늘게 꼰 베 실이니라

아론이 입을 옷을 거룩하다고 하는데, 이는 대제사장이 성소라는 거룩한 공간에서 사역할 때 입은 옷이기 때문이기도 하고, 옷 자체가 특별히 거룩한 의미를 갖고 있다고 간주하기 때문이기도 하다. 이 옷은 영화롭고 아름다웠다(28:2). 제사장이 이처럼 화려한 옷을 입은 것은 결코 자신을 과시하기 위해서가 아니라 하나님의 명령 때문이다. 이 예복은 또한 하나님이 주신 지혜로 가득한 매우 능숙한 장인이 만들어야 한다. 즉, 이 옷은 최고의 기술과 영성을 지닌 자가 최고의 재료를 사용하여 생산해 내는 걸작품인 것이다.

III. 성막과 도구들(25:1-40:38) C. 성막 완성(35:1-40:38) 3. 제사장들의 예복(39:1-31)

(2) 에봇(39:2-7; cf. 28:6-14)

39:2-7	28:6-14
[2]그는 또 금 실과 청색 자색 홍색 실과 가늘게 꼰 베 실로 에봇을 만들었으되 [3]금을 얇게 쳐서 오려서 실을 만들어 청색 자색 홍색 실과 가는 베 실에 섞어 정교하게 짜고	[6]그들이 금 실과 청색 자색 홍색 실과 가늘게 꼰 베 실로 정교하게 짜서 에봇을 짓되
[4]에봇에는 어깨받이를 만들어 그 두 끝에 달아 서로 연결되게 하고 [5]에봇 위에 에봇을 매는 띠를 에봇과 같은 모양으로 금 실과 청색 자색 홍색 실과 가늘게 꼰 베 실로 에봇에 붙여 짰으니 여호와께서 모세에게 명령하신 대로 하였더라 [6]그들은 또 호마노를 깎아 금 테에 물려	[7]그것에 어깨받이 둘을 달아 그 두 끝을 이어지게 하고 [8]에봇 위에 매는 띠는 에봇 짜는 법으로 금 실과 청색 자색 홍색 실과 가늘게 꼰 베 실로 에봇에 정교하게 붙여 짤지며 [9]호마노 두 개를 가져다가 그 위에 이스라엘 아들들의 이름을 새기되 [10]그들의 나이대로 여섯 이름을 한 보석에, 나머지 여섯 이름은 다른 보석에 새기라
도장을 새김 같이 이스라엘의 아들들의 이름을 그것에 새겨	[11]보석을 새기는 자가 도장에 새김 같이 너는 이스라엘 아들들의 이름을 그 두 보석에 새겨 금 테에 물리고
[7]에봇 어깨받이에 달아 이스라엘의 아들들을 기념하는 보석을 삼았으니 여호와께서 모세에게 명령하신 대로 하였더라	[12]그 두 보석을 에봇의 두 어깨받이에 붙여 이스라엘 아들들의 기념 보석을 삼되 아론이 여호와 앞에서 그들의 이름을 그 두 어깨에 메워서 기념이 되게 할지며 [13]너는 금으로 테를 만들고 [14]순금으로 노끈처럼 두 사슬을 땋고 그 땋은 사슬을 그 테에 달지니라

본문에 의하면 에봇은 네 가지로 구성되어 있다. 몸체, 두 어깨 끈/멜빵, 화려하게 장식된 띠. 확실하지 않은 것은 에봇이 제사장의 상체나 하체를 치장했느냐 아니면 몸 전체를 치장했느냐다. 그뿐만 아니라 제사장의 등 혹은 앞면을 치장했는가도 확실하지 않다. 본문이 비교적

세부적인 내용을 많이 담고 있지만, 우리가 정확하게 이해하기에는 자료가 역부족이다. 그러나 이 말씀을 처음 들었던 사람들은 하나님이 정확히 무엇을 말씀하셨는지 알았을 것이다(Durham). 학자들은 에봇이 제사장의 의복 위에 두른 앞치마 같은 것이라고 한다(Haran, Dozeman, Stuart).

에봇의 양쪽 어깨에는 보석이 있었으며, 이 보석에는 야곱의 열두 아들의 이름이 새겨진다. 요세푸스에 의하면 가장 나이가 많았던 여섯 아들의 이름이 오른쪽 어깨의 보석에, 나머지 여섯 아들의 이름은 왼쪽 어깨의 보석에 새겨져 있었다. 마이모니데스는 오른쪽 어깨의 보석에는 르우벤, 레위, 잇사갈, 납달리, 갓, 요셉 순으로 새겨져 있었고, 왼쪽 어깨의 보석에는 시므온, 유다, 스불론, 단, 아셀, 베냐민의 이름 순으로 새겨져 있었다고 주장했다. 이렇게 할 경우에 각 보석에는 히브리어 알파벳이 25개씩 새겨진 것이다.

III. 성막과 도구들(25:1-40:38)
C. 성막 완성(35:1-40:38)
3. 제사장들의 예복(39:1-31)

(3) 흉패(39:8-21; cf. 28:15-30)

39:8-21	28:15-30
[8]그가 또 흉패를 정교하게 짜되 에봇과 같은 모양으로 금 실과 청색 자색 홍색 실과 가늘게 꼰 베 실로 하였으니 [9]그것의 길이가 한 뼘, 너비가 한 뼘으로 네 모가 반듯하고 두 겹이며 [10]그것에 네 줄 보석을 물렸으니 곧 홍보석 황옥 녹주옥이 첫 줄이요 [11]둘째 줄은 석류석 남보석 홍마노요 [12]셋째 줄은 호박 백마노 자수정이요 [13]넷째 줄은 녹보석 호마노 벽옥이라 다 금 테에 물렸으니 [14]이 보석들은 이스라엘	[15]너는 판결 흉패를 에봇 짜는 방법으로 금 실과 청색 자색 홍색 실과 가늘게 꼰 베 실로 정교하게 짜서 만들되 [16]길이와 너비가 한 뼘씩 두 겹으로 네 모 반듯하게 하고 [17]그것에 네 줄로 보석을 물리되 첫 줄은 홍보석 황옥 녹주옥이요 [18]둘째 줄은 석류석 남보석 홍마노요 [19]셋째 줄은 호박 백마노 자수정이요 [20]넷째 줄은 녹보석 호마노 벽옥으로 다 금 테에 물릴지니 [21]이 보석들은 이스라엘 아들들의 이름대로

의 아들들의 이름 곧 그들의 이름대로 열둘이라 도장을 새김 같이 그 열두 지파의 각 이름을 새겼으며	열둘이라 보석마다 열두 지파의 한 이름씩 도장을 새기는 법으로 새기고
15그들이 또 순금으로 노끈처럼 사슬을 땋아 흉패에 붙이고 16또 금 테 둘과 금 고리 둘을 만들어 그 두 고리를 흉패 두 끝에 달고 17그 땋은 두 금 사슬을 흉패 끝 두 고리에 꿰매었으며 18그 땋은 두 사슬의 다른 두 끝을 에봇 앞 두 어깨받이의 금 테에 매고 19또 금 고리 둘을 만들어 흉패 두 끝에 달았으니 곧 그 에봇을 마주한 안쪽 가장자리에 달았으며 20또 금 고리 둘을 만들어 에봇 앞 두 어깨받이 아래 매는 자리 가까운 쪽 곧 정교하게 짠 에봇 띠 위쪽에 달고	22순금으로 노끈처럼 땋은 사슬을 흉패 위에 붙이고 23또 금 고리 둘을 만들어 흉패 위 곧 흉패 두 끝에 그 두 고리를 달고 24땋은 두 금 사슬로 흉패 두 끝 두 고리에 꿰어 매고 25두 땋은 사슬의 다른 두 끝을 에봇 앞 두 어깨받이의 금 테에 매고 26또 금 고리 둘을 만들어 흉패 아래 양쪽 가 안쪽 곧 에봇에 닿은 곳에 달고 27또 금 고리 둘을 만들어 에봇 앞 두 어깨받이 아래 매는 자리 가까운 쪽 곧 정교하게 짠 띠 위쪽에 달고
21청색 끈으로 흉패 고리와 에봇 고리에 꿰어 흉패로 정교하게 짠 에봇 띠 위에 붙여서 에봇에서 벗어지지 않게 하였으니 여호와께서 모세에게 명령하신 대로 하였더라	28청색 끈으로 흉패 고리와 에봇 고리에 꿰어 흉패로 정교하게 짠 에봇 띠 위에 붙여 떨어지지 않게 하라
	29아론이 성소에 들어갈 때에는 이스라엘 아들들의 이름을 기록한 이 판결 흉패를 가슴에 붙여 여호와 앞에 영원한 기념을 삼을 것이니라 30너는 우림과 둠밈을 판결 흉패 안에 넣어 아론이 여호와 앞에 들어갈 때에 그의 가슴에 붙이게 하라 아론은 여호와 앞에서 이스라엘 자손의 흉패를 항상 그의 가슴에 붙일지니라

'흉패'(חֹשֶׁן)는 에봇처럼 여러 색깔의 실로 만들어 에봇에 고정하며 대제사장의 가슴에 거는 장식품으로 58㎠ 크기의 주머니다(레 8:6-9). 이스라엘의 열두 지파를 상징하는 열두 개의 보석이 세 개씩 나뉘어져 네 줄로 흉패를 장식했다. 이 보석들의 이름만 가지고는 이것이 정확히 어떤 것인지 추측하기 어렵다. 보석 중의 상당수의 이름이 이곳에서만 사용되기 때문이다. 이 이름 중 일부가 에스겔 27:16에서는 절대적인 교만을 상징하고, 욥기 28:16-19에서는 최고의 가치를 상징하

며, 아가 5:10-16에서는 상상을 초월하는 아름다움을 상징하면서 사용되는 것으로 보아, 여기서도 인간이 상상할 수 있는 최고의 품격과 가치를 의미하며 사용되는 것은 분명하다. 이 보석들에 새겨진 이스라엘의 열두 아들의 이름은 이스라엘이 하나님의 백성으로서 그분께 얼마나 소중한 존재인가를 다시금 생각하게 한다.

우림(הָאוּרִים)과 둠밈(הַתֻּמִּים)이 '판결 가슴받이', '이스라엘 자손의 시비를 가릴 때'(28:30, 새번역)라는 말씀과 함께 등장하는 것으로 보아 이것은 인간의 생각과 판단력으로는 공정한 판결을 할 수 없다고 생각될 때 하나님의 뜻을 구하기 위해 사용되는 도구가 확실하다. 민수기 27:21에도 동일한 기능이 언급되어 있다. "그는 제사장 엘르아살 앞에 설 것이요 엘르아살은 그를 위하여 우림의 판결로써 여호와 앞에 물을 것이며 그와 온 이스라엘 자손 곧 온 회중은 엘르아살의 말을 따라 나가며 들어올 것이니라." 사무엘상 28:6은 하나님께로부터 버림받은 사울이 그분의 뜻을 구하는데, "사울이 여호와께 묻자오되 여호와께서 꿈으로도, 우림으로도, 선지자로도 그에게 대답지 아니하시므로"라고 기록되어 있다. 에스라 2:63에도 우림과 둠밈의 이러한 기능을 증거하고 있다. 포로 생활에서 돌아온 이스라엘 자손 중 일부가 제사장의 후손이라고 주장했지만, 자신들의 족보를 입증하지 못하자 "방백이 그들에게 명령하여 우림과 둠밈을 가진 제사장이 일어나기 전에는 지성물을 먹지 말라"라고 지시했다고 기록되어 있다.

III. 성막과 도구들(25:1–40:38)
C. 성막 완성(35:1–40:38)
3. 제사장들의 예복(39:1–31)

(4) 겉옷(39:22–26; cf. 28:31–35)

39:22–26	28:31–35
[22]그가 에봇 받침 긴 옷을 전부 청색으로 짜서 만들되 [23]그 옷의 두 어깨 사이에 구멍을 내고 갑옷 깃 같이 그 구멍 주위에 깃을 짜서 찢어지지 않게 하고 [24]청색 자색 홍색 실과 가는 베 실로 그 옷 가장자리에 석류를 수 놓고 [25]순금으로 방울을 만들어 그 옷 가장자리로 돌아가며 석류 사이사이에 달되 [26]방울과 석류를 서로 간격을 두고 번갈아 그 옷 가장자리로 돌아가며 달았으니 여호와께서 모세에게 명령하신 대로 하였더라	[31]너는 에봇 받침 겉옷을 전부 청색으로 하되 [32]두 어깨 사이에 머리 들어갈 구멍을 내고 그 주위에 갑옷 깃 같이 깃을 짜서 찢어지지 않게 하고 [33]그 옷 가장자리로 돌아가며 청색 자색 홍색 실로 석류를 수 놓고 금 방울을 간격을 두어 달되 [34]그 옷 가장자리로 돌아가며 한 금 방울, 한 석류, 한 금 방울, 한 석류가 있게 하라
	[35]아론이 입고 여호와를 섬기러 성소에 들어갈 때와 성소에서 나올 때에 그 소리가 들릴 것이라 그리하면 그가 죽지 아니하리라

에봇과 가슴받이 밑에 입는 겉옷(מְעִיל)은 물들인 모시실을 소재로 하며 발목까지 드리워진 긴 옷이었던 것으로 추정된다(Josephus, Ramban). 옷의 단은 석류 모양을 한 세 가지 색깔의 매듭을 달고 있었고, 금방울도 달려 있었다(25절). 석류는 신명기 8:8에 기록된 이스라엘 땅의 일곱 가지 소산물 중 하나이며, 솔로몬의 성전 기둥에는 수백 개의 석류 모양이 장식되었던 것으로 기록되어 있다(왕상 7:18, 20, 42; 렘 52:22–23; 대하 3:16; 4:13). 아가서에서는 석류가 아름다움과 풍요/다산을 상징한다(아 4:3, 13; 6:7, 11; 7:12; 8:2).

여러 가지 색깔의 석류 모형과 금방울이 섞여서 옷깃을 장식하고 있다. 유태인 전승에 따르면 한쪽은 총 72개의 금방울이 사용되었던 데 반해 다른 쪽은 36개가 사용되었다는 설이 있었다(Cassuto). 성경 다른 곳에서 언급된 옷들과 비교해 보면 상류층 내지는 지위가 높은 자의 옷이라는 것을 알 수 있다.

III. 성막과 도구들(25:1-40:38)
C. 성막 완성(35:1-40:38)
3. 제사장들의 예복(39:1-31)

(5) 속옷(39:27-29; cf. 28:39-43)

39:27-29	28:39-43
[27]그들이 또 직조한 가는 베로 아론과 그의 아들들을 위하여 속옷을 짓고 [28]세마포로 두건을 짓고 세마포로 빛난 관을 만들고	[39]너는 가는 베 실로 반포 속옷을 짜고 가는 베 실로 관을 만들고 띠를 수 놓아 만들지니라 [40]너는 아론의 아들들을 위하여 속옷을 만들며 그들을 위하여 띠를 만들며 그들을 위하여 관을 만들어 영화롭고 아름답게 하되 [41]너는 그것들로 네 형 아론과 그와 함께 한 그의 아들들에게 입히고 그들에게 기름을 부어 위임하고 거룩하게 하여 그들이 제사장 직분을 내게 행하게 할지며
가는 베 실로 짜서 세마포 속바지들을 만들고 [29]가는 베 실과 청색 자색 홍색 실로 수 놓아 띠를 만들었으니 여호와께서 모세에게 명령하신 대로 하였더라	[42]또 그들을 위하여 베로 속바지를 만들어 허리에서부터 두 넓적다리까지 이르게 하여 하체를 가리게 하라 [43]아론과 그의 아들들이 회막에 들어갈 때에나 제단에 가까이 하여 거룩한 곳에서 섬길 때에 그것들을 입어야 죄를 짊어진 채 죽지 아니하리니 그와 그의 후손이 영원히 지킬 규례니라

일반 제사장이 입을 네 가지 예복과 장식이 언급되고 있다. 속옷, 띠, 관, 속바지(고의, 잠방이). 일반 제사장이 쓰는 관은 대제사장의 관과 다

르다. 아론이 쓰게 되는 '관'(מִצְנֶפֶת)과 본문이 언급하고 있는 '관'(מִגְבָּעָה)의 히브리어 명칭이 다른 것에서 이러한 사실을 알 수 있다. 일반 제사장이 쓴 관은 원뿔(cone)형태의 터번(Turban)이었을 것이라는 추측이 있다(Dozeman). 터번이 아니라 머리띠였다는 주장도 있지만(Stuart), 아직까지 정확하게 알려지지는 않았다.

'속바지'(מִכְנְסַיִם: 개역은 고의, 공동번역은 잠방이로 번역함)는 성경에서 제사장의 복장에만 연관해서 사용된다(레 16:4; 겔 44:18). 속바지가 여기서 제사장의 다른 의복과 구분되어 따로 언급되는 것은 이 옷의 기능 때문이다. 다른 것은 모두 영광스럽고도 아름답게 하는 것이지만, 속바지는 속옷으로서 인간의 벌거벗음을 가리는 것이니 혼자 입는 것이 당연하기 때문이다(Sarna).

III. 성막과 도구들(25:1-40:38)
C. 성막 완성(35:1-40:38)
3. 제사장들의 예복(39:1-31)

(6) 관(39:30-31; cf. 28:36-38)

39:30-31	28:36-38
[30]그들이 또 순금으로 거룩한 패를 만들고 도장을 새김 같이 그 위에 '여호와께 성결'이라 새기고 [31]그 패를 청색 끈으로 관 전면에 달았으니 여호와께서 모세에게 명령하신 대로 하였더라	**[36]너는 또 순금으로 패를 만들어 도장을 새기는 법으로 그 위에 새기되 '여호와께 성결'이라 하고 [37]그 패를 청색 끈으로 관 위에 매되 곧 관 전면에 있게 하라 [38]이 패를 아론의 이마에 두어 그가 이스라엘 자손이 거룩하게 드리는 성물과 관련된 죄책을 담당하게 하라 그 패가 아론의 이마에 늘 있으므로 그 성물을 여호와께서 받으시게 되리라**

머리를 치장하는 데 사용되는 것을 언급하는 순서도 역시 중요한 것

부터다. 머리 치장 중에서 가장 중요한 장식 띠는 금으로 만든 것이며 '여호와께 성결'(קֹדֶשׁ לַיהוָה)이라는 말이 새겨져 있다. 한 전승에 의하면 이 띠는 귀에서 귀까지의 길이였으며 너비는 손가락 두 개 정도였다고 한다(Shabbat 63b).

장식 띠에 새겨진 문구 '여호와께 성결'의 중요성은 이 띠를 이마에 두른 대제사장의 직분이 매우 성스러움을 의미하는 듯하다. 그는 평생 하나님을 섬기며 헌신하도록 특별히 구별되었음을 시사하는 것이다. 또한 백성의 대표로서 대제사장이 이 문구를 이마에 두르고 하나님 앞에서 사역하는 것은 이스라엘 민족 전체와 하나님의 관계를 의미한다. 이스라엘은 전적으로 하나님께 드려진 거룩한 백성이라는 점을 상징한다.

4. 모세의 사찰(39:32-43)

[32]이스라엘 자손이 이와 같이 성막 곧 회막의 모든 역사를 마치되 여호와께서 모세에게 명령하신 대로 다 행하고 [33]그들이 성막을 모세에게로 가져왔으니 곧 막과 그 모든 기구와 그 갈고리들과 그 널판들과 그 띠들과 그 기둥들과 그 받침들과 [34]붉은 물을 들인 숫양의 가죽 덮개와 해달의 가죽 덮개와 가리는 휘장과 [35]증거궤와 그 채들과 속죄소와 [36]상과 그 모든 기구와 진설병과 [37]순금 등잔대와 그 잔 곧 벌여놓는 등잔대와 그 모든 기구와 등유와 [38]금 제단과 관유와 향기로운 향과 장막 휘장 문과 [39]놋 제단과 그 놋 그물과 그 채들과 그 모든 기구와 물두멍과 그 받침과 [40]뜰의 포장들과 그 기둥들과 그 받침들과 뜰 문의 휘장과 그 줄들과 그 말뚝들과 성막 곧 회막에서 사용할 모든 기구와 [41]성소에서 섬기기 위한 정교한 옷 곧 제사 직분을 행할 때에 입는 제사장 아론의 거룩한 옷과 그의 아들들의 옷이라 [42]여호와께서 모세에

게 명령하신 대로 이스라엘 자손이 모든 역사를 마치매 [43]모세가 그 마친 모든 것을 본즉 여호와께서 명령하신 대로 되었으므로 모세가 그들에게 축복하였더라

제사장들의 예복을 만드는 것으로 모든 것이 끝났다. 본문은 이 모든 일을 하는 데 얼마의 시간이 지났는지 언급하지 않는다. 다만 모든 일이 끝났다는 것과 하나님이 모세에게 말씀하신 대로 이 모든 일을 했다는 것을 반복적으로 강조할 뿐이다(32-33, 42-43절). 중간에 끼어 있는 섹션(34-41절)은 이스라엘이 헌납한 것으로 만든 물건을 나열한다. 하나님이 앞 섹션(25-31장)에서 만들라고 하신 것이 모두 완성되었음을 강조한다. 이스라엘은 어느덧 하나님께 철저하게 순종하는 백성이 되어 있는 것이다. 물론 그들의 순종은 오래 가지는 못한다.

모든 것을 점검해 본 모세가 이스라엘이 온 정성을 다해 하나님이 말씀하신 대로 모든 일을 마쳤다는 점을 인정하고 그들에게 복을 빌어 주었다(43절). 아마도 훗날 민수기 6장에 기록될 그 복이 아닐까 싶다(Stuart). "여호와는 네게 복을 주시고 너를 지키시기를 원하며 여호와는 그의 얼굴을 네게 비추사 은혜 베푸시기를 원하며 여호와는 그 얼굴을 네게로 향하여 드사 평강 주시기를 원하노라"(24-26절). 모든 것을 마치고 난 후 복이 임하는 것은 창세기 1장의 천지창조 이야기의 패턴을 따르고 있다(Sarna). 더 나아가 성막 완성은 창세기 1장에서 시작된 천지창조의 완성이라고 할 수 있다(Blenkinsopp). 또한 성막의 완성은 이스라엘의 새로운 시작을 예고하고 있다. 성막의 완성과 시작을 동시에 상징하는 것이다.

III. 성막과 도구들(25:1–40:38)
C. 성막 완성(35:1–40:38)

5. 신년예배(40:1–33)

[1]여호와께서 모세에게 말씀하여 이르시되 [2]너는 첫째 달 초하루에 성막 곧 회막을 세우고 [3]또 증거궤를 들여놓고 또 휘장으로 그 궤를 가리고 [4]또 상을 들여놓고 그 위에 물품을 진설하고 등잔대를 들여놓아 불을 켜고 [5]또 금 향단을 증거궤 앞에 두고 성막 문에 휘장을 달고 [6]또 번제단을 회막의 성막 문 앞에 놓고 [7]또 물두멍을 회막과 제단 사이에 놓고 그 속에 물을 담고 [8]또 뜰 주위에 포장을 치고 뜰 문에 휘장을 달고 [9]또 관유를 가져다가 성막과 그 안에 있는 모든 것에 발라 그것과 그 모든 기구를 거룩하게 하라 그것이 거룩하리라 [10]너는 또 번제단과 그 모든 기구에 발라 그 안을 거룩하게 하라 그 제단이 지극히 거룩하리라 [11]너는 또 물두멍과 그 받침에 발라 거룩하게 하고 [12]너는 또 아론과 그 아들들을 회막 문으로 데려다가 물로 씻기고 [13]아론에게 거룩한 옷을 입히고 그에게 기름을 부어 거룩하게 하여 그가 내게 제사장의 직분을 행하게 하라 [14]너는 또 그 아들들을 데려다가 그들에게 겉옷을 입히고 [15]그 아버지에게 기름을 부음 같이 그들에게도 부어서 그들이 내게 제사장의 직분을 행하게 하라 그들이 기름 부음을 받았은즉 대대로 영영히 제사장이 되리라 하시매 [16]모세가 그같이 행하되 곧 여호와께서 자기에게 명령하신 대로 다 행하였더라 [17]둘째 해 첫째 달 곧 그 달 초하루에 성막을 세우니라 [18]모세가 성막을 세우되 그 받침들을 놓고 그 널판들을 세우고 그 띠를 띠우고 그 기둥들을 세우고 [19]또 성막 위에 막을 펴고 그 위에 덮개를 덮으니 여호와께서 모세에게 명령하신 대로 되니라 [20]그는 또 증거판을 궤 속에 넣고 채를 궤에 꿰고 속죄소를 궤 위에 두고 [21]또 그 궤를 성막에 들여놓고 가리개 휘장을 늘어뜨려 그 증거궤를 가리니 여호와께서 모세에게 명령하신 대로 되니라 [22]그는 또 회막 안 곧 성막 북쪽으로 휘장 밖에 상을 놓고 [23]또 여호와 앞 그 상 위에 떡을 진설하니 여호와께서 모세에게 명령하신

대로 되니라 [24]그는 또 회막 안 곧 성막 남쪽에 등잔대를 놓아 상과 마주하게 하고 [25]또 여호와 앞에 등잔대에 불을 켜니 여호와께서 모세에게 명령하신 대로 되니라 [26]그가 또 금 향단을 회막 안 휘장 앞에 두고 [27]그 위에 향기로운 향을 사르니 여호와께서 모세에게 명령하신 대로 되니라 [28]그는 또 성막 문에 휘장을 달고 [29]또 회막의 성막 문 앞에 번제단을 두고 번제와 소제를 그 위에 드리니 여호와께서 모세에게 명령하신 대로 되니라 [30]그는 또 물두멍을 회막과 제단 사이에 두고 거기 씻을 물을 담고 [31]모세와 아론과 그 아들들이 거기서 수족을 씻되 [32]그들이 회막에 들어갈 때와 제단에 가까이 갈 때에 씻었으니 여호와께서 모세에게 명령하신 대로 되니라 [33]그는 또 성막과 제단 주위 뜰에 포장을 치고 뜰 문에 휘장을 다니라 모세가 이같이 역사를 마치니

하나님이 모든 것이 만족스럽게 완성된 것을 보시고 모세에게 언제 성막을 칠 것인지 명령하셨다. 첫째 달 초하루, 즉 신년 첫째 날(New Year's Day)에 성막을 세우라고 하셨다. 새해를 맞이하며 성막을 치는 것도 천지창조라는 주제를 연상시킨다. 이날은 출애굽 일주년이 되는 첫째 달 14일에 2주 못 미치는 때다. 또한 시내 산에 도착한 지 정확히 9개월이 되는 날이기도 하다(19:1).

천지창조(창 1장)가 1년 1월 1일에 시작되었다고 하면, 성막이 완성된 해는 2667년 1월 1일이다(Dozeman). 4,000년 사이클에서 정확히 3분의 2가 되는 시점이다(Blenkinsopp). 노아 홍수 이후에 인류에게 새로운 시대가 열렸던 것처럼 금송아지 사건으로 심판을 받았던 이스라엘에게 새로운 역사가 시작되는 순간이다(Dozeman). 하나님이 그들에게 새로운 기회를 주신 것이다.

"모세는 모든 일을 여호와께서 명령하신 대로 했다"(16절). 이 문구와 비슷하지만 조금은 다른 문장이 본문에서 일곱 번이나 강조된다. 바로 "여호와께서 자기에게 명령하신 대로 했다"라는 표현이다(19, 21,

23, 25, 27, 29, 32절). 모든 것이 완벽한 순종 속에서 진행되었음을 강조하는 것이다. 이렇게 해서 모세는 모든 일을 마쳤다(33절). 역시 하나님이 천지를 창조하셨던 때를 연상시킨다. 그러나 장막을 통해 이루어진 새 창조는 세상에 보이지 않는다. 오직 예배를 통해서 이스라엘만 보일 뿐이다(Brueggemann).

III. 성막과 도구들(25:1–40:38)
C. 성막 완성(35:1–40:38)

6. 하나님의 영광이 임함(40:34–38)

[34]구름이 회막에 덮이고 여호와의 영광이 성막에 충만하매 [35]모세가 회막에 들어갈 수 없었으니 이는 구름이 회막 위에 덮이고 여호와의 영광이 성막에 충만함이었으며 [36]구름이 성막 위에서 떠오를 때에는 이스라엘 자손이 그 모든 행진하는 길에 앞으로 나아갔고 [37]구름이 떠오르지 않을 때에는 떠오르는 날까지 나아가지 아니하였으며 [38]낮에는 여호와의 구름이 성막 위에 있고 밤에는 불이 그 구름 가운데에 있음을 이스라엘의 온 족속이 그 모든 행진하는 길에서 그들의 눈으로 보았더라

하나님의 영광이 장막에 임했다. 맨 처음 시내 산 정상에 임했던 하나님의 영광이 드디어 이스라엘의 진영 중심으로 내려오신 것이다(Dozeman). 두꺼운 구름이 회막을 덮어서 모세는 성막 안으로 들어갈 수가 없었다. 시내 산에서 있었던 일이 재현되고 있다. 그러므로 성막은 일종의 '이동형 시내 산'인 것이다(Sarna). 모세가 시내 산 정상에서 하나님을 만났던 것처럼 이제는 성막을 통해서 하나님을 만나게 된다.

이스라엘이 광야 생활을 하는 동안 성막은 하나님의 임재와 보호의 상징일 뿐 아니라 언제 이동하고 언제 머물고 쉬는지를 표시해 주는 지표가 되었다. 구름이 성막에서 떠오르지 않으면 며칠이라도 그곳에 머물렀고, 구름이 떠올라 이동할 때는 그 구름을 따라갔다. 이스라엘은 앞으로 이 같은 방법으로 가나안에 이르게 된다. 그들은 모든 여정을 하나님께 맡기고 그분이 인도하시는 대로 따라가면 된다. 하나님이 한곳에 머무시면 이스라엘도 그곳에 머물게 되고, 하나님이 이동하시면, 이스라엘도 이동하게 된다. 이스라엘은 스스로 갈 길을 개척할 필요가 없다. 그저 하나님의 인도하심을 따라가기만 하면 된다. 또한 중요한 것은 하나님을 앞서서는 안 된다는 점이다. 우리의 삶에서도 하나님을 앞서가는 실수를 저질러서는 안 될 것이다.